"十三五"江苏省高等学校重点教材　　　　编号:2017-2-126

船舶定位与导航

缪克银　刘晓峰　主编

大连海事大学出版社

图书在版编目(CIP)数据

船舶定位与导航 / 缪克银,刘晓峰主编. — 大连:
大连海事大学出版社,2019.3
"十三五"江苏省高等学校重点教材
ISBN 978-7-5632-3756-2

Ⅰ.①船… Ⅱ.①缪… ②刘… Ⅲ.①船舶定位—高等学校—教材②航海导航—高等学校—教材 Ⅳ.①U675

中国版本图书馆 CIP 数据核字(2018)第 286693 号

大连海事大学出版社出版

地址:大连市凌海路1号 邮编:116026 电话:0411-84728394 传真:0411-84727996

http://www.dmupress.com E-mail:cbs@dmupress.com

大连住友彩色印刷有限公司印装 大连海事大学出版社发行

2019 年 3 月第 1 版 2019 年 3 月第 1 次印刷

幅面尺寸:184 mm×260 mm 印张:24.75

字数:550 千 印数:1~2000 册

出版人:徐华东

责任编辑:张 华 责任校对:张宏声 刘长影

封面设计:张爱妮 版式设计:解瑶瑶

ISBN 978-7-5632-3756-2 定价:69.00 元

内容简介

本书按照“项目——任务——知识点”三级确定编写框架,共分十三个项目,分别为:项目一认知坐标、向位、距离,项目二熟练使用海图,项目三航迹推算,项目四陆标定位,项目五天文航海基础,项目六测罗经差,项目七计算潮汐和潮流,项目八查阅航海图书资料,项目九识别浮标,项目十航线及航行方法,项目十一拟定航行计划及记录航海日志,项目十二管理船舶交通,项目十三使用电子海图显示与信息系统。

另外,本书翻页处留有空白笔记区域,并穿插有微课、电子书、图片、动画和视频的二维码,手机扫码即可跳转阅览,为学生提供了碎片化资源,便于随时随地地利用零散时间学习。

本书为航海类高职学校船舶驾驶专业教材,也可作为海船驾驶与管理人员及航海从业人员的技术参考书。

前　言

“船舶定位与导航”是根据国际海事组织《海员培训、发证和值班标准国际公约》(以下简称《国际公约》)和交通运输部海事局《中华人民共和国海船船员适任考试发证规则》(以下简称《发证规则》)等法规文件要求组织编写的,是高职航海技术专业学生所必修的一门重要的专业核心课程,也是学生参加海船船员适任证书国家考试的必考课程之一。按照新的《国际公约》和《发证规则》要求,新编的《船舶定位与导航》教材能够体现航运业发展的新知识、新技术、新工艺和新方法,与当前海员职业标准和岗位需求对接,体现航运业对船舶驾驶员定位与导航能力素质等方面的普遍要求。教材编写时,依照“项目—任务—知识点”三级确定编写框架,内容完全符合职业需求,层次清晰,便于学生学习。

同时,伴随着网络信息技术的飞速发展,数字化在线学习风起云涌,新编的教材突破了传统纸质载体的限制,在其中注入数字信息资源,利用视频、微课、动画、仿真软件、电子挂图、电子文本等多种形式的素材资源,使教材更加生活化、情景化、动态化和形象化,能激发学生的阅读兴趣,满足学生个性化学习需求。

本书中二维码均可用手机扫描,所提供碎片化的资源,方便学生随时随地利用零散时间学习。学生还可以登录课程的在线学习平台,进行网络在线学习。

本书由江苏海事职业技术学院缪克银、刘晓峰共同主编,臧继明、赵默洋担任副主编,丁振国、完剑侠、苏文明参加了教材的编写。全书共 13 个项目,其中项目四、五、六由刘晓峰编写,项目七由缪克银编写,项目一、十三由赵默洋编写,项目三、十由臧继明编写,项目九、十一、十二由丁振国编写,项目八由完剑侠编写,项目二由苏文明编写。全书由缪克银统稿。

本书中的不当之处,欢迎广大读者批评指正。

编者

2018 年 11 月

目　录

项目一
认知坐标、向位、距离

学习目标

◆知识目标

1. 熟悉大地球体基本概念,掌握经差、纬差等的计算方法;
2. 掌握各种向位的概念以及各种向位之间的关系与换算;
3. 掌握海里的定义及能见距离的计算;
4. 掌握中英版图书资料中灯标射程的定义及标注方法;
5. 掌握航速、航程的基本概念,了解航速及计程仪改正率的测定方法。

◆能力目标

1. 能够熟练进行经差、纬差计算;
2. 能够熟练进行向位换算;
3. 掌握距离的确定及灯标射程的标注;
4. 掌握航速与航程的测定。

◆素质目标

1. 养成严谨细致的工作作风;
2. 培养航海安全意识。

任务一 经差与纬差的计算

一、地球形状

地球是人类繁衍生息的家园。地球半径约 6 367 km,拥有广阔的海洋,为人们提供了舟楫便利,也因此有了航海和航海学。

微课:
地球的形状

地球是太阳系的八大行星之一。地球在绕地轴自西向东自转的同时又沿椭圆轨道绕太阳自西向东公转。

(一)地球的自然表面

地球表面的 29% 是陆地,71% 是海洋。大陆表面高低起伏,有高山、丘陵、平地和凹地;海洋表面虽然平滑,但海底有海岭、海山、海堆和海沟,同样凹凸不平。在大陆上,最高点珠穆朗玛峰的海拔为 8 844.43 m;在海洋中,最深点在西太平洋的马里亚纳海沟,最深达 11 034 m。所以地球的自然表面是非常复杂而又不规则的曲面,不能用简单的数学关系式表达。为了在地球表面建立坐标系,以便确定点的位置以及确定方向基准和距离单位,必须用一个相近的数学表面取代地球的自然表面。

(二)大地水准面

虽然地球表面高低起伏,最高与最低点相差近 20 km,但与地球半径相比,这些局部起伏是微不足道的。还有,相对陆地,海洋表面形状是比较规则的,而地球表面的 71% 是海洋。所以用一定的海平面来描述地球的自然表面是可行的。

静止的海平面就是水准面。由于潮汐等原因,海平面有高低变化,其长期的平均高度称为平均海面。假设海洋高度为平均海面,并将平均海面延伸到陆地内部,且在延伸中一直保持与当地的铅垂线相垂直,由此而形成的一个连续、光滑的假想闭合曲面称为大地水准面。

(三)大地球体

所谓的大地球体,也就是由大地水准面所围成的球体。大地球体非常接近地球实体,并且具有唯一性和长期稳定性。因此,人们通常用大地球体代替地球实体。

在航海领域,所谓的地球形状,并不是指地球自然形状,而是指由大地水准面所包围的几何体的形状,即大地球体的形状。

由于地球内部物质分布不均匀及地球表面起伏的影响,大地球体还是一个不规则的几何体,大地水准面依然不是一个数学表面。

(四)大地球体的近似体

经过长期的实践发现圆球体表与椭圆体表面是两个与大地水准面非常接近的数学表面。所以,通常将地球圆球体作为大地球体的第一近似体;将地球椭圆体作为大地球体的第二近似体。地球、大地球体、地球圆球体、地球椭圆体的比较示意图如图 1-1-1 所示。

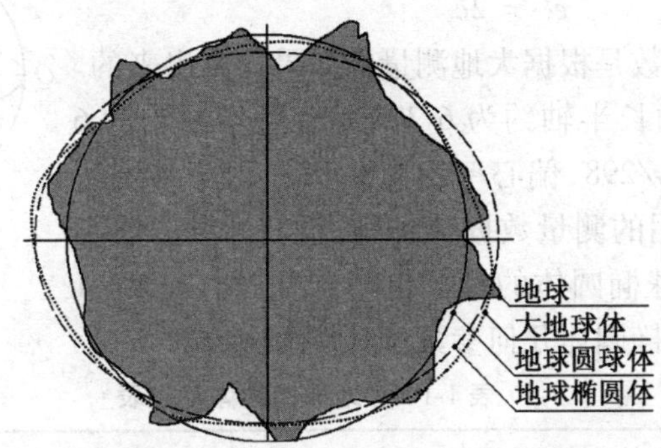

图 1-1-1　地球、大地球体、地球圆球体与地球椭圆体

地球圆球体的半径通常用以下方法确定。

将地球圆球体的大圆 1′弧长定义为 1 n mile(海里)，根据国际规定，1 n mile 等于 1 852 m，则地球圆球体半径 R_E 为：

$$R_E = 360 \times 60 \times 1\ 852 / 2\pi = 6\ 366\ 707\ \text{m}$$

地球圆球体的半径也可以利用其与地球椭圆体体积相当的方法求取，椭圆体的参数可以采用我国 CGCS2000（2000 国家大地坐标系）的参数，即长半轴 a = 6 378 137 m，短半轴 b = 6 356 752. 314 14 m，通过以下计算得出。

$$\text{椭圆体体积} = \frac{4}{3}\pi a^2 b$$

$$\text{圆球体体积} = \frac{4}{3}\pi R_E^3$$

$$\frac{4}{3}\pi R_E^3 = \frac{4}{3}\pi a^2 b$$

$$R_E^3 = a^2 b$$

将上述的 a、b 值代入，即可算出：

$$R_E = 6\ 371\ 000\ \text{m}$$

航海上为了计算方便，通常是将大地球体当作地球圆球体。

地球椭圆体是由椭圆(子午圈)绕其短轴(地轴)旋转而成的几何体，是一个旋转椭圆体(见图 1-1-2)。

地球圆体短轴的两个端点是两个地极 P_N 和 P_S，长轴端点旋转而成的圆是赤道 QQ'。

表示地球椭圆体的参数有长半轴 a、短半轴 b、扁率 c 和偏心率 e，它们之间的相互关系是：

$$c = \frac{a - b}{b}$$

$$e = \frac{\sqrt{a^2 - b^2}}{a}$$

$$e^2 = 2c$$

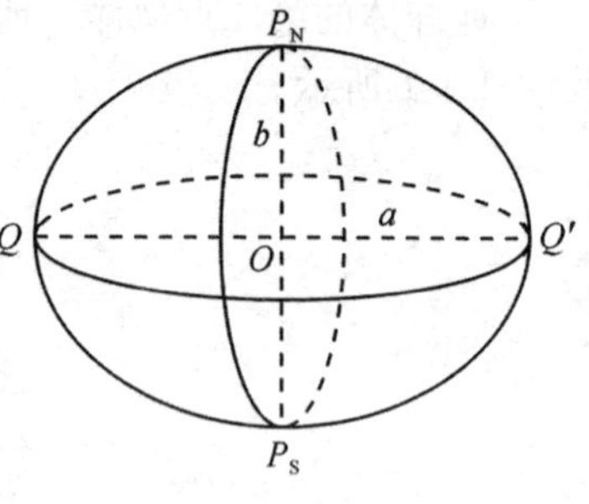

图 1-1-2　地球椭圆体

地球椭圆体参数是根据大地测量的结果计算出来的。通常地球椭圆体的长半轴约为 6 378 km,短半轴约为 6 357 km,扁率约为 1/298,偏心率约为 0.08。由于各国所处地区不同,所采用的测量数据、数据质量及计算方法不同,因此所得的地球椭圆体的参数也略有差异。表 1-1-1 是几种较著名地球椭圆体几何参数及其使用国家。

表 1-1-1　地球椭圆体参数表

名称	年份	长半轴 a(m)	短半轴 b(m)	扁率 c	使用国家和说明
白塞尔	1841	6 377 397.155	6 356 078.962	1:299.1528	德国、瑞士、日本
克拉克	1866	6 378 206.4	6 356 583.7	1:294.978	美国、加拿大、墨西哥
海福特	1910	6 377 388	6 356 912	1:297.0	英国、法国等西欧国家
克拉索夫斯基	1940	6 378 245	6 356 863	1:298.3	苏联、东欧、中国
IUGG 推荐值	1967	6 378 160	6 356 774.5	1:298.247	14 届 IUGG 推荐
IUGG 推荐值	1975	6 378 140 ± 5	6 356 755 ± 5	1:298.257	16 届 IUGG 推荐
WGS-84	1984	6 378 137 ± 2	6 356 752.7 ± 2	1:298.257 ± 0.001	美国 GPS 全球定位系统
CGCS2000	2000	6 378 137	6 356 752.314 14	1:298.257 222 101	中国

我国的大地测量在 1952 年时曾采用白塞尔椭圆体参数,1954 北京坐标系采用的是克拉索夫斯基椭圆体参数,1980 西安坐标系采用的是国际大地测量学和地球物理学联合会(IUGG)1975 年推荐的椭圆体参数。自 2008 年 7 月 1 日起,我国启用 2000 国家大地坐标系,即 CGCS2000。

二、地理坐标

地理坐标用以表示某点在地球椭圆体表面上的位置,该坐标建立在地球椭圆体表面上。要建立地理坐标首先应在地球椭圆体表面上确定基准的点、线、圈,由此确定坐标的起算点和坐标线格网,最后才能确定地理坐标值。地球椭圆体上基本的点、线、圈如图 1-1-3 所示。

(一)地球椭圆体上基本的点、线、圈

1. 地轴与地极

地轴是地球自转的轴 P_NP_S。地极是地球自转轴与地球表面相交的两点 P_N、P_S。从地极上空俯视,以极为中心地球逆时针旋转的一极是北极 P_N;反之,顺时针旋转的一极为南极 P_S。

2. 子午圈和子午线

过地轴的平面与地球椭圆体表面相交的截痕是一个椭圆,称为子午圈,其中由北极到南极的半个椭圆,叫作子午线或经线。

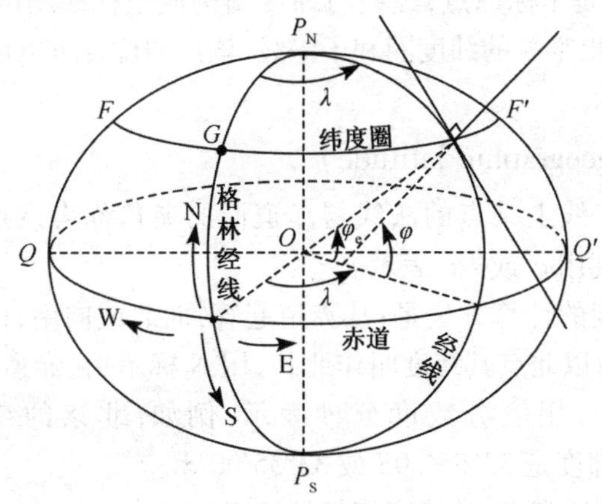

图 1-1-3　地理坐标

3. 格林子午线

通过英国伦敦格林尼治天文台子午仪的子午线，叫作格林子午线，又称为本初子午线或零度经线，如图 1-1-3 中的 P_NGP_S。

格林子午圈将地球分为东西两个半球，其中从格林子午线向东直到东经 180°称为东半球；从格林子午线向西直到西经 180°称为西半球。东经 180°和西经 180°是同一条经线。

微课：
地球坐标系

在地图学史上，本初子午线曾先后定在非洲西北外海的加纳立及马德拉群岛、罗马、巴黎和费城等，最后定在了伦敦。事实上，本初子午线的确定找不到任何客观依据。在地球椭圆体上，不同经度的经度线，彼此没有任何差别。因此，如何测定经度，在人类的航海史上曾经是世界性的科学难题。在 1714 年，英国甚至颁布了《经度法案》并成立了包括牛顿在内的经度局，在全世界悬赏测定经度的方法。1884 年 10 月 13 日，国际天文学家代表会议决定，以经过格林尼治的经线为本初子午线，作为计算地理经度的起点，这也就成为世界标准“时区”的起点。18 世纪对经度攻关的一个直接结果是有力地推动了钟表业的发展。

格林子午线是地理坐标的基准线。

4. 赤道

过地心且垂直于地轴的平面与大地球体表面的交线称为赤道，如图 1-1-3 中的大圆 QQ'。赤道将地球分为南北两个半球，包含北极的半个球为北半球，包含南极的半个球为南半球。

赤道是地理坐标基准圈。

5. 纬度圈

平行于赤道平面的平面与地球椭圆体表面相交的截痕是一个小圆，称为纬度圈，又称纬度平行圈，如图 1-1-3 中的 FGF'。纬度圈与赤道都是圆。

（二）地理坐标

地理坐标建立在地球椭圆体表面上，格林子午线和赤道是地理坐标的基准线

(圈),它们的交点就是坐标原点,经线与纬度圈构成坐标线图网。过地球椭圆体表面任意一点,均可作出唯一的纬度圈和子午线,该点的位置可以用地理坐标即地理纬度和地理经度来表示。

1. 地理纬度(geographic latitude)

地球椭圆体子午线上某点的法线与赤道面的夹角称为该点的地理纬度,如图1-1-3所示。地理纬度用 φ 或 *Lat* 表示。

某点的地理纬度的计算方法是:从赤道起算,向北或向南,由 0°~90°计量到该点的纬度圈。在赤道以北点其纬度叫作北纬,用 N 标示;在赤道以南的叫南纬,用 S 标示。具体数据通常用度分或度分秒表示,例如,北京的纬度是39°54′.4N或39°54′24″N,悉尼的纬度是33°55′.0S或33°55′00″S。

同一纬度圈上的所有点,其纬度值都是相等的。

在航海上个别场合还可以用地心坐标表示地面上某点的位置。地心坐标是由该点的地心纬度和该点的地理经度组成的。某点的地心纬度是该点和地球椭圆体中心连线与赤道面的夹角 φ_e(见图1-1-3)。除赤道和两极外,同一点的地理纬度总是大于地心纬度。地理纬度与地心纬度之差称为地心纬度改正量。

$$\varphi - \varphi_e = 690''.5\sin 2\varphi$$

在地球圆球体上,地理纬度等于地心纬度。

2. 地理经度(geographic longitude)

地面上某点的地理经度为地球椭圆体格林子午线与该点子午线在赤道上所夹的劣弧弧距,或该劣弧所对应的球心角或极角,用 λ 或 *Long* 来表示。

地理经度的计算方法是:从格林子午线起算,向东或向西,从0°至180°计量,算至该点所在的子午线,向东计算的叫作东经,用 E 标示;向西计算的叫作西经,用 W 标示。具体数据的表示方法类似纬度,例如北京的经度是116°28′.2E或116°28′12″E,纽约的经度是73°50′.0W或73°50′00″E。

同样,同一经线上任一点的经度都是相等的。

(三)纬差和经差

到达点纬度与起航点纬度之差称为纬差,用 $D\varphi$ 表示;到达点经度与起航点经度之差称为经差,用 $D\lambda$ 表示。

纬差和经差都具有方向性,确定的原则是根据到达点在起航点之南或之北,来确定纬差方向是南或是北;同样,根据到达点在起航点之东或之西,来确定经差的方向是东或是西,其计算公式如下:

$$D\varphi = \varphi_2 - \varphi_1 \quad (1\text{-}1\text{-}1)$$

$$D\lambda = \lambda_2 - \lambda_1 \quad (1\text{-}1\text{-}2)$$

在利用上式计算时,应注意以下几点:

北纬、东经取正值(+),南纬、西经取负值(-)。

纬差、经差也有符号,北纬差、东经差为正值(+),南纬差、西经差为负值(-)。

经差的绝对值应不大于180°,如果计算结果大于180°时,应用360°减去该绝对值,并改变符号。

例 1-1-1:某船由 25°39′.4N,150°42′.2E 航至 12°43′.2N,176°28′.2W,求两地经差和纬差。

解:

	φ_2	$+12°43'.2$	λ_2	$-176°28'.2$
−)	φ_1	$+25°39'.4$	−) λ_1	$+150°42'.2$
	$D\varphi$	$-12°56'.2$	$D\lambda$	$-327°10'.4W$
		12°56′.2S		327°10′.4W
				32°49′.6E

例 1-1-2:从上海港(31°14′.0N,121°29′.0E)到夏威夷群岛的檀香山(21°18′.0N,157°52′.0W),求两地的纬差和经差。

微课:
经纬差计算

解:

	φ_2	$+21°18'.0$	λ_2	$-157°52'.0$
−)	φ_1	$+31°14'.0$	−) λ_1	$+121°29'.0$
	$D\varphi$	$-9°56'.0$	$D\lambda$	$-279°21'.0$
		9°56′.0S		279°21′.0W
				80°39′.0E

例 1-1-3:已知起航点(35°39′.4N,167°42′.2E),两地纬差和经差分别为 12°43′.2S,26°28′.6E,求到达点的纬度和经度。

解:

	φ_1	$+35°39'.4$	λ_1	$+167°42'.2$
−)	$D\varphi$	$-12°43'.2$	−) $D\lambda$	$+26°28'.6$
	φ_2	$+22°56'.2$	λ_2	$+194°10'.8$
		22°56′.2N		194°10′.8E(用360°减后变向)
				165°49′.W

例 1-1-4:已知到达点(30°39′.4N,135°40′.2W),两地纬差和经差分别为 32°43′.8S,16°25′.6E,求起航点的纬度和经度。

解:

	φ_2	$+30°39'.4$	λ_2	$-135°40'.2$
−)	$D\varphi$	$-32°43'.8$	−) $D\lambda$	$+26°28'.6$
	φ_1	$+63°23'.2$	λ_1	$-162°08'.8$
		63°23′.2N		162°08′.8W

三、大地坐标系

在大地测量中,必须建立一定的大地坐标系。大地坐标系就是对具有一定参数的椭圆体进行定位和定向。不同的椭圆参数对应于不同的椭圆体,同样的椭圆参数也因定位不同而有不同的椭圆体。因此,确定椭圆体的参数(定量)、椭圆体中心位置(定位)、坐标轴的指向(定向)是建立大地坐标系的三个方面。

大地坐标系建立后,才能确定地面或空间某点的位置,地理坐标也不例外。前面已述,地理坐标是建立在地球椭圆体表面上的,在此,更确切地说,地理坐标是建立在相应的大地坐标系所确定的地球椭圆体的表面上的。

显然,大地坐标系也不具有唯一性。不同的大地坐标系,相应于不同的坐标值。也就是说,相同船舶的位置与相同物标的位置在不同的大地坐标系中,其地理经、纬度是不一样的。同样,由于世界各国海图采用的坐标系的不同,使得不同坐标系下的海图上同一点的坐标不一致,这就需要进行坐标转换,得出经纬度的修正值,对船位进行修正。还有,卫导仪使用的坐标系也往往与一些海图的坐标系不同,同样也需修正。关于经纬度的修正值在海图标题栏中有具体说明。例如,在英版 1918 号海图上,海图标题栏中有这样两段说明:

CHART 341—POSITION

To agree with smaller scale chart 341 which is referred to the datum of Chinese charts position, this chart should be moved 0. 10 minutes southward and 0. 12 minutes eastward.

微课:
大地坐标系

SATELLITE-DERIVED POSITION

Positions obtained from satellite navigation systems, such as the GPS, are normally referred to the WGS-84 datum. Such positions must be adjusted by 0. 09 minutes northward and 0. 15 minutes westward before plotting on this chart.

前一段的意思是,341 号小比例尺海图采用的是我国大地坐标系(1980 西安坐标系),与 1918 号海图坐标系(1950 欧洲坐标系)不同,因此 1918 号海图上的位置即纬度和经度分别需要向南和向东移动 0′. 1 和 0′. 12 后才能与 341 号海图位置相同。

后一段的意思是,GPS 船位采用的是 WGS-84 世界大地坐标系,与 1918 号海图也不同,所以 GPS 上得到的船位必须向北和向西分别移动 0′. 09 和 0′. 15 后才能标绘到 1918 号海图上。

以上经纬度的修正,对于大比例尺海图应予重视,而对于小比例尺海图一般可以忽略。

就一个国家来说,采用最新的椭球参数,并使椭球在本国领域内进行定位,以建立自己国家的大地基准,使地球椭圆体表面与所在区域大地水准面最佳拟合(如图 1-1-4 所示),尽量减小本国范围内地球椭圆体表面的线段和角度与大地水准面上相应元素的误差,以供测图和各种工程测量之用。

建立大地坐标系还有一个主要任务,那就是确定大地原点,只有通过精密测定及测算大地原点的位置,才可以对参考椭圆体进行定位。大地原点的经度和纬度和由该点出发的某一边的大地方位角以及椭球参数 a 和 e 称为大地基准参数。大地坐标系所定位的地球椭圆体,其短轴与地轴平行,其赤道面与地球赤道面平行。而且,在大地原点,地球椭圆体表面的法线与同一点上的铅垂线相重合。

我国大地坐标系的建立经过了漫长的时间。新中国成立初期,我国建立了 1954 北京坐标系,其实是从苏联测过来的,其坐标原点是苏联玻尔可夫天文台,这种状况与我国的建设和发展极不相称。为此,国家有关方面决定建立我国独立的大地坐标

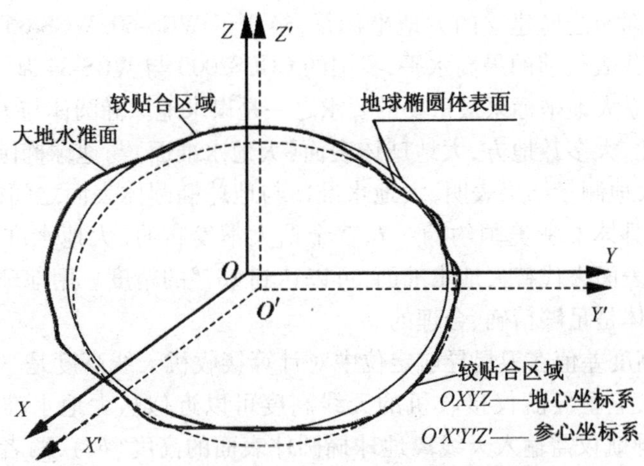

图 1-1-4 大地坐标系

系。从 1975 年开始组织人力，搜集分析了大量资料，并根据“原点”的要求，对郑州、武汉、西安、兰州等地的地形、地质、大地构造、天文、重力和大地测量等因素实地考察、综合分析，最后将我国的大地原点，确定在西安泾阳县永乐镇石际寺村境内，从而建立了 1980 西安坐标系。随着现代科学的不断发展，特别是空间技术的发展，1980 西安坐标系已经不能满足要求。经过我国科学家的多年努力，自 2008 年 7 月 1 日起，我国启用 2000 国家大地坐标系，即 CGCS2000，该坐标系的建立，大大提高了测绘精度，在大地测量、全球导航、空间探索、全球合作等方面具有重大意义。表 1-1-2 是部分国家采用的坐标系。

表 1-1-2 部分国家采用的坐标系

大地坐标系名称	使用国家	原点	椭圆体参数
1954 北京坐标系	中国	北京	a = 6 378 245 m、e = 1∶298.3（克拉索夫斯基 1940 年）
1980 西安坐标系	中国	西安	a = 6 378 140 m、e = 1∶298.253（IUGG1975）
1942 年坐标系	苏联、东欧	玻尔可夫	a = 6 378 245 m、e = 1∶298.3（克拉索夫斯基 1940 年）
1941 年东京坐标系	日本	东京	a = 6 377 397 m、e = 1∶299（白塞尔 1841 年）
1927 年北美坐标系	美、加和墨西哥	堪萨斯州	a = 6 378 206.4 m、e = 1∶294.978（克拉克 1866 年）
1950 年欧洲坐标系	英、法、德、荷、比、挪、土	波茨坦	a = 6 378 388 m、e = 1∶297（海福特 1910 年）
NWL-8D	NNSS 卫导系统	地球质心	a = 6 378 145 m、e = 1∶298.25
WGS-72	美军用卫导、罗兰 C 和奥米伽系统	地球质心	a = 6 378 135 m、e = 1∶298.26
WGS-84	GPS 卫导系统	地球质心	a = 6 378 137 ± 2 m、e = 1∶298.257 ± 0.001
CGCS2000	中国	地球质心	a = 6 378 137 m、e = 1∶298.257 222 101

美国国防部测绘局建立的大地坐标系，经历了 WGS-60、WGS-66、WGS-72，到现在的 WGS-84，代表目前的最高水平，我国的 CGCS2000 与 WGS-84 基本相容。

前述的建立大地坐标系最重要的要求之一是谋求地球椭圆体与大地球体的最佳拟合，虽然如此，大多数地方，大地球体表面（大地水准面）与地球椭圆体表面是不吻合的，现代的大地测量结果表明，大地水准面与地球椭圆体表面之间的高度差（Δh）约为 ±100 m，具体参考美国约翰 · 霍普金斯大学发布的《大地水准面等高线图》。用地球椭圆体表面去代替大地水准面，可以达到 10^{-5} 的精度。用地球椭圆体作为大地球体的近似体是足够精确、合理的。

但是，该高度差值在卫星导航定位中对计算接收机天线高度是一个不可忽略的因素。在船上，卫星导航仪接收机的天线高度可以近似从大地水准面起算的高度（h_E），而卫星导航仪需输入天线离地球椭圆体表面的高度（h_S），两者之间相差一高度差（Δh）（如图 1-1-5 所示）。

$$h_S = h_E + \Delta h$$

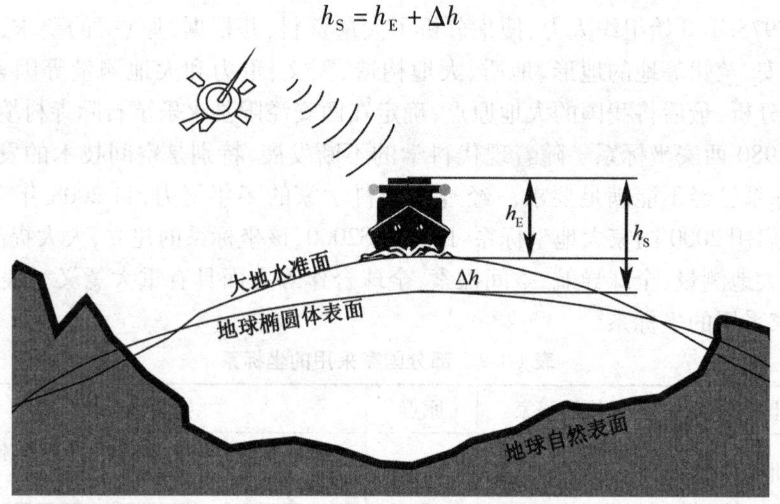

图 1-1-5 卫星导航仪天线高度修正

任务二 向位换算

一、方向的确定和度量

（一）测者地面真地平平面

测者铅垂线：凡通过测者眼睛，并与视点重力方向重合的直线称为测者铅垂线。

在这里，通常将地球看作均匀介质的圆球体，因此，地球表面任一点的铅垂线通过地心。图 1-2-1 中，A 点与地心 O 连线 AO 即 A 点测者的铅垂线。

测者地平平面：凡与测者铅垂线相垂直的平面均称为测者地平平面。

测者地面真地平平面：测者地平平面有无数个，其中，通过测者眼睛的地平平面

称为测者地面真地平平面。图 1-2-1 中,A'点为测者 A 的眼睛,通过 A'点且垂直于测者铅垂线 AO 的平面 $A'NESW$ 即 A 点测者的地面真地平平面。

还有,通过地心的地平平面称为测者真地平平面,测者真地平平面是一个不可见平面,在天文定位中有具体应用。

在航海上,方向是用罗经测定的,而在观测方向时测者总是将眼睛与罗经平面保持平齐,显然,罗经平面就是测者地面真地平平面,是一个可见的有真实表象的平面。所以,测者周围的方向是建立在以罗经平面所代表的测者地面真地平平面上的。

(二)方向基准线

为了确定测者周围的方向,首先必须确定测者的方向基准线。

如图 1-2-1 所示,测者位于 A 点,眼高为 AA',$P_N AQP_S Q'$ 是测者子午圈平面,$A'NESW$是测者地面真地平平面,它们的交线 $NA'S$ 就是测者 A 的方向基准线——南北线。南北线近北极 P_N 的一端即 $A'N$ 方向为正北方向,近南极 P_S 的一端即 $A'S$ 方向为正南方向。其中,从测者眼睛 A'指向北极的射线 $A'N$ 称为真北线,一般用 N_T 表示。船舶的航向和陆地物标的方位均以真北线为基准。

微课:
方向的确定与度量

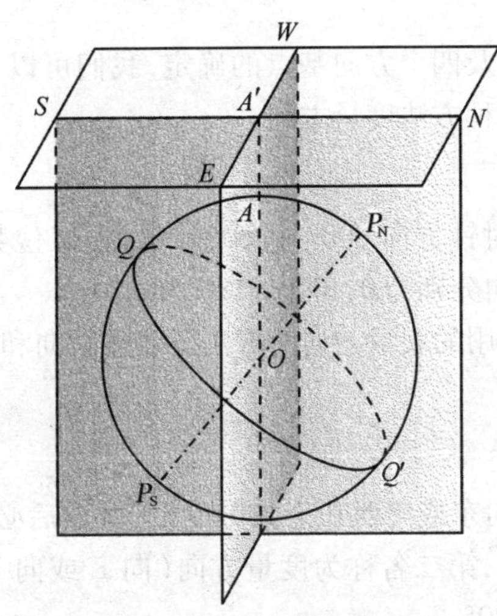

图 1-2-1 方向的确定

通过测者铅垂线 $A'AO$,并与测者子午圈平面相互垂直的平面,叫作测者的卯酉圈平面。卯酉圈平面与测者地面真地平平面相交的直线 $EA'W$,叫作测者的东西线。当测者面北背南时,测者东西线的右方即 $A'E$ 方向是正东方向,左方即 $A'W$ 方向是正西方向。

以上在测者地面真地平平面确定的 N、E、S、W 四个方向称为基点方向,如图 1-2-2 所示。

不同的测者有不同的方向基准线,同一测者位置改变后其方向基准线也随之改变。位于地球两极的测者,测者子午圈平面有无数个,也就没有方向基准线。因此在北极,测者的眼睛就是方向基准点 N,相对于 N 点,四周方向都是南。同样,在南极四周方向都是北。

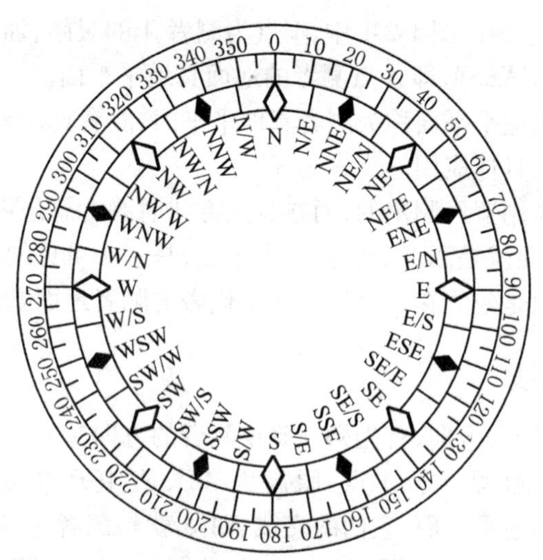

图 1-2-2 方向的划分

(三)方向的度量

通过以上方向基准线及四个方向基点的确定,我们可以对各种方向进行具体的度量。航海上常用以下三种方法度量方向。

1. 圆周法

以真北线为基准,顺时针方向 000°~360°计量,用三位数字表示,不需加名称。N、E、S、W 四个基点的方向分别为 0°、090°、180°和 270°。

圆周法是航海上最常用的表示方向的方法。船舶航向和陆地物标方位均用圆周法表示。

2. 半圆法

从正北或正南起算,向东或向西 0°~180°度量,度数后必须加两个名称,第一名称为起算点(N 点或 S 点),第二名称为度量方向(向 E 或向 W 方向)。如 120°NW,表示正北起算向西度量 120°。

半圆法方向主要用于天文航海中表示天体的方位。

在航海观测和计算中,圆周方向和半圆方向均准确到 0°.1。非整数度数,在书写时航海的专业习惯是将度符号记在其整数的个位数字上,随后写小数点,如 108°.5,而不能写成 108.5°。

圆周方向和半圆方向可以相互换算,换算法则为:

$$B°\text{NE} = B°$$

$$B°\text{NW} = 360° - B°$$

$$B°\text{SE} = 180° - B°$$

$$B°\text{SW} = 180° + B°$$

换算时,可用图解法。如图 1-2-3 所示,M'的方向 25°SE = 180° - 25° = 155°,M 的方向 50°NW = 360° - 50° = 310°。

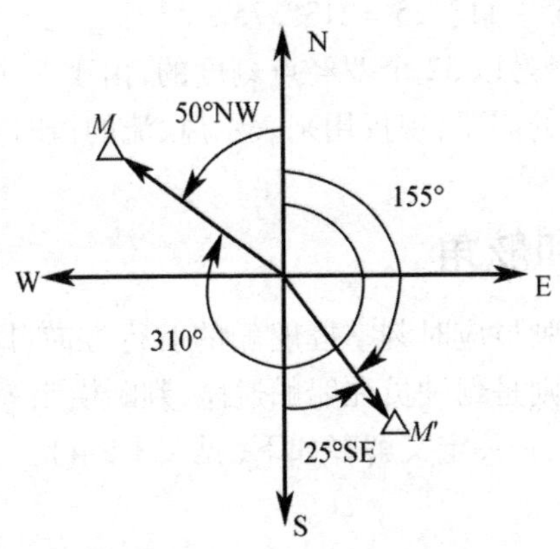

图 1-2-3　圆周方向和半圆方向互换

例 1-2-1：将 53°.3NE、162°SE、126°.5SW、49°NW 换算成圆周方向。

解：53°.3NE = 053°.3

162°SE = 180° − 162° = 018°

126°.5SW = 180° + 126°.5 = 306°.5

49°NW = 360° − 49° = 311°

3. 罗经点法

如图 1-2-2 所示。首先将测者地面真地平平面上确定的 N、E、S、W 四个方向作为罗经的四个基点，其次是等分四个基点得四个隅点：NE、SE、NW、SW，再次是等分基点和隅点得八个三字点(基点在前，隅点在后)：NNE、ENE、ESE、SSE、SSW、WSW、WNW、NNW，最后把基点、隅点、三字点间等分成 16 个偏点(基点或隅点/基点)：N/E(北偏东)、NE/N(北东偏北)、NE/E、E/N、E/S、SE/E、SE/S、S/E、S/W、SW/S、SW/W、W/S、W/N、NW/W、NW/N、N/W。

以上所确定的 4 个基点、4 个隅点、8 个三字点和 16 个偏点共计 32 个点，就将一个圆周均匀划分为 32 个方向点，叫作 32 个罗经点。32 个罗经点是测者周围的 32 个方向，每个罗经点代表一个特定的方向。

1 个罗经点也可以看作是两个相邻的罗经点之间的角度，则：

$$1 \text{罗经点} = 11°.25 = 11°15'$$

根据 1 罗经点等于 11°.25，可以方便地进行罗经点方向和圆周方向的换算。

换算时首先应熟记基点和隅点的圆周方向度数。四个隅点的度数分别为 NE = 045°，SE = 135°，SW = 225°，NW = 315°。

三字点是等分基点与隅点方向的罗经点，与基点和隅点都相差两个罗经点，据此便不难求出三字点的圆周方向。根据三字点的结构，即“基点 + 隅点”，三字点换算成圆周方向的法则是：基点度数 ±22°.5，三字点度数比基点大用“ + ”，否则用“ − ”。如 SSE，SSE 比 S 点小 22°.5，所以 SSE = 180° − 22°.5 = 157°.5。

偏点与基点、隅点或三字点偏差(或大或小)一个罗经点，根据偏点的结构，即“基点或隅点/基点”，偏点换算成圆周方向的法则是：基点或隅点度数 ±11°.25，同样偏点度数比基点或隅点大用“ + ”，否则用“ − ”。如 SW/S 比 SW 点小 1 个罗经点

(11°.25),则 SW/S = 225° - 11°.25 = 213°.75。

以往航海用的磁罗经是以 32 个罗经点刻度的,由于一个罗经点为 11°.25,不够精细,不能满足现代航海的需要,现仅用来表示风、流的概略方向。

二、航向、方位和舷角

船舶在海上航行,驾驶员应时刻掌握船舶的航行方向,即航向,而在定位中常用到的是物标的方位,舷角则是驾驶员在船舶避碰、判断横距等方面经常使用的。这三者之间有着紧密的联系。有关定义解释如下(见图 1-2-4):

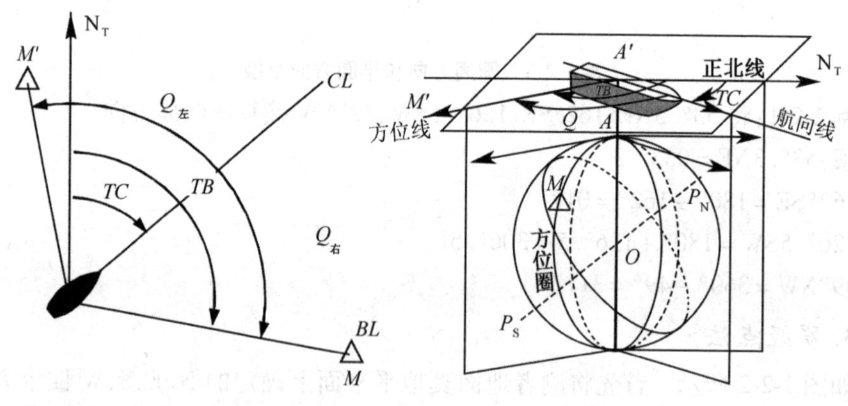

图 1-2-4 航向、方位与舷角关系图

航向线(course line):当船舶正浮时,船舶首尾方向的连线在测者地面真地平平面上的投影叫作船首尾线,以测者为起始点,首尾线向船首方向的延长线,叫作航向线,代号 *CL*。

真航向(true course):船舶航行时,在测者地面真地平平面上,从正北线顺时针计算到航向线的角度,代号 *TC*。真航向按 000° ~ 360°计量,通常用三位数字表示。

船首向(heading):指在任何情况下,船舶某一瞬间的船首方向。

方位线(bearing line):在地球表面上经过测者与物标的大圆 *AM* 叫作物标的方位圈,而物标的方位圈平面与测者地面真地平平面的交线 *A'M'*,叫作物标的方位线,代号 *BL*。也就是在测者地面真地平平面上,以测者为中心指向某一方向、某一定点或某一物标 *M'* 的射线。

微课:
航向、方位和舷角

真方位(true bearing):在测者地面真地平平面上,从正北线顺时针计算到物标方位线的角度,代号 *TB*。真方位也按 000° ~ 360°计量,通常也用三位数字表示。

舷角(relative bearing):在测者地面真地平平面上,从航向线到物标方位线的夹角,叫作物标舷角,也称相对方位,代号 *Q*。

舷角的度量通常有两种方法,一是圆周法,即自船首线开始按顺时针方向计算到物标方位线的角度,以 000° ~ 360°计量,通常也用三位数字表示;二是半圆法,即自船首线开始,向右或者向左计算到物标方位线的角度,以 0° ~ 180°计量,它们分别叫作物标的右舷角 $Q_{右}$ 和物标的左舷角 $Q_{左}$,通常用度数后加左或右来表示。圆周舷角与半圆舷角可以互换。

$$\text{半圆舷角} = \begin{cases} \text{圆周舷角}(\text{圆周舷角} < 180°,\text{为右舷角}) \\ 360° - \text{圆周舷角}(\text{圆周舷角} > 180°,\text{为左舷角}) \end{cases}$$

例如,圆周舷角分别为036°和236°,换算成半圆舷角分别为36°右和124°左。

在航海中,物标的左正横与右正横是驾驶员经常关注的,例如判断物标的正横距离,利用物标的正横方位转向等等。当舷角 $Q=090°$,或者 $Q=90°$右时,叫作物标的右正横;当舷角 $Q=270°$,或者 $Q=90°$左时,叫作物标的左正横。

真航向、真方位和舷角的关系(见图1-2-4)是:

$$TB = TC + Q = \begin{cases} Q_{\text{右}} \text{ 为“+”} \\ Q_{\text{左}} \text{ 为“-”} \end{cases}$$

物标的真方位是以真北线为基准度量的,与船舶的航向变化无关。而物标舷角是以航向线为基准度量的,随航向变化而改变。也就是说,当测者位置不变时,随着船舶的转向,船舶的航向和物标的舷角随之发生改变,而物标的方位线没有变化,所以,物标的真方位保持不变。如果测者位置发生变化,物标的真方位一般情况下会随之变化。

例1-2-2:某船 $TC=125°$,测得某物标舷角 $Q=100°$,求该物标的真方位 TB。

解:$TB=TC+Q=125°+100°=225°$

例1-2-3:某船 $TC=150°$,测得某物标舷角为50°左,求该物标的真方位 TB。

解:$TB=TC+Q=150°-50°=100°$

例1-2-4:某船 $TC=080°$,求某物标左正横时的真方位 TB。

解:$TB=TC+Q=080°-90°=350°$

例1-2-5:某船 $TC=280°$,测得某物标真方位 $TB=295°$,求该物标的舷角。

解:$Q=TB-TC=295°-280°=15°$或15°右

例1-2-6:某船 $TC=230°$,测得某物标真方位 $TB=185°$,求该物标的舷角。

解:$Q=TB-TC=185°-230°+360°$(不够减加360°)$=315°$或45°左

三、向位换算

(一)罗经差及陀罗差

1. *磁罗经和陀螺罗经*

航海上用来测定航向与方位的仪器是罗经(compass)。船上配备的罗经有磁罗经(magnetic compass)和陀螺罗经(gyrocompass)(俗称电罗经)。

磁罗经是由我国古代四大发明之一的指南针演变发展而来的。它是根据水平面内自由旋转的磁针,在地磁磁力的作用下,能稳定指示地磁磁北方向的特性制成的。陀螺罗经是根据高速旋转的陀螺仪,借助于控制设备与阻尼设备,能迫使其主轴稳定在子午圈平面内而指北的原理制成的。

磁罗经和陀螺罗经都有各自的优缺点。磁罗经结构简单、不易损坏,且不依赖于电源,但易受外界磁场的影响。陀螺罗经指向稳定、准确性高,基本不受外界磁场的

微课：
陀螺罗经向位

影响，且可给自动舵、雷达、GPS 等提供航向信号，是海船上主要的指向仪器。但陀螺罗经依赖于电源，结构复杂，对维护保养要求较高。

2. 罗经差

磁罗经和陀螺罗经都有指北的特性，然而，罗经作为一种指向仪器，无论从原理上还是结构上或多或少都存在着误差，使罗经北向与真北方向之间存在一个偏差，即罗经差。

罗经差分为陀螺罗经差（gyrocompass error，ΔG）与磁罗经差（compass error，ΔC），分别简称为陀罗差和罗经差。

由于磁罗经和陀螺罗经各自的构造、工作原理的不同，所以各自指向不同的北向。磁罗经刻度盘0°所指的方向称为罗北（compass north，N_C）；陀螺罗经刻度盘0°所指的方向称为陀罗北（gyrocompass north，N_G）。

陀罗差是陀罗北（N_G）偏离真北（N_T）的角度。当陀罗北偏在真北的东面时为（+）；当陀罗北偏在真北的西面时为（-），见图1-2-5。

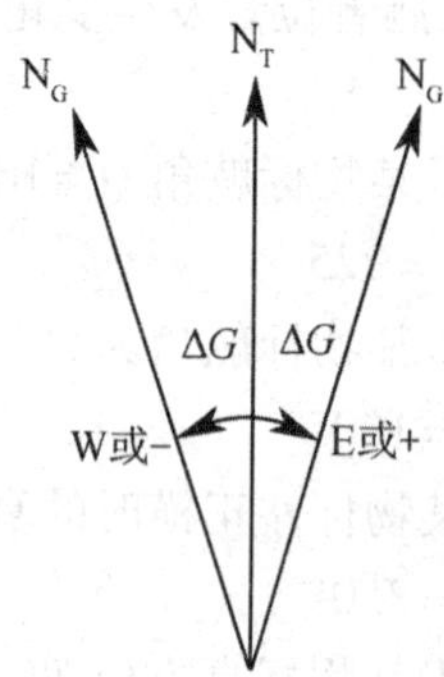

图1-2-5 陀罗差

以陀罗北（N_G）为基准的航向称为陀罗航向（gyrocompass course，GC）；以陀罗北为基准的物标方位称为陀罗方位（gyrocompass bearing，GB）。它们与真向位之间的关系是：

$$GC = TC - \Delta G$$
$$GB = TB - \Delta G$$

微课：
磁罗经向位

陀螺罗经在稳定工作时，ΔG 是一个定值，且与航向无关。但在地理纬度变化和航速正在改变时，ΔG 会发生改变，另外电压的不稳也会引起陀罗差的变化。当航向正在改变时，ΔG 会发生暂时的改变。特别是在陀螺罗经重新启动后，或者在进行了清洁和维修保养后，陀罗差往往会有新的改变。因此，每次启动陀螺罗经并待稳定后，应仔细核对主罗经与分罗经的读数，并尽快测定罗经差。另外，还要经常与磁罗经进行比对。

罗经差是罗北（N_C）偏离真北（N_T）的角度。当罗北偏在真北的东面时为（+）；当罗北偏在真北的西面时为（-），见图1-2-6。

以罗北（N_C）为基准的航向称为罗航向（compass course，CC）；以罗北（N_G）为基准的物标方位称为罗方位（compass bearing，CB）。它们与真向位之间的关系是：

$$CC = TC - \Delta C \tag{1-2-1}$$

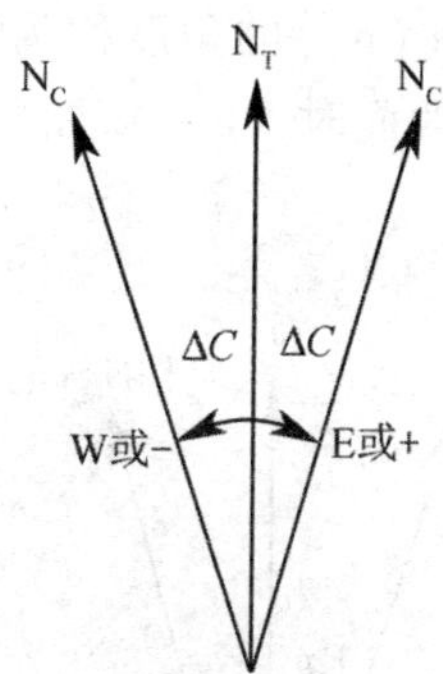

图 1-2-6　罗经差

$$CB = TB - \Delta C \tag{1-2-2}$$

罗经差包含有两个部分,即磁差(variation,*Var*)和自差(deviation,*Dev*)。罗经差是磁差 *Var* 和自差 *Dev* 的代数和:

$$\Delta C = Var + Dev \tag{1-2-3}$$

以下将详细叙述罗经差的上述两个组成部分。

(二)磁差(variation,*Var*)

1. 磁差的产生

地球是一个天然大磁体,就好像是在地球内部放置了一条大磁棒一样,如图 1-2-7所示。地磁磁场的两个极与地理的南北极并不重合,但很靠近,近地理北极的称为地磁北极,近地理南极的称为地磁南极。地磁磁极在地面上的位置也是不固定的,而是绕地极缓慢地作有规律的位移,大约 650 年绕地极变化一周。据测,1980 年地磁北极约在加拿大巴瑟斯特岛西北部 78°12′N,102°54′W 附近,1985 年地磁南极在 65°18′S,140°02′E 附近。根据 2010 年最新地磁场观测数据,地磁北极在 85°06′N,133°00′W 附近,地磁南极在 64°16′S,137°24′E 附近。

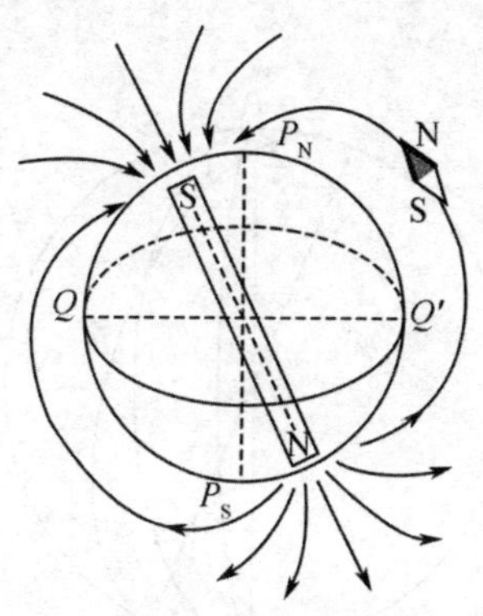

图 1-2-7　地磁

当磁罗经仅受地磁的影响下,其磁针的指北端,也就是磁罗经刻度盘 0°所指的方向指向地磁北极,该方向在测者地面真地平平面上的投影,称为磁北(magnetic north,N_M)。由于地理北极和地磁北极并不重合,因此地球上某点的磁北线与真北线

微课：
磁差

往往不重合。把磁北(N_M)偏离真北(N_T)的角度称为磁差 *Var*。当磁北偏在真北的东面时为(+);当磁北偏在真北的西面时为(-),如图 1-2-8 所示。磁差以0°~180°计算。

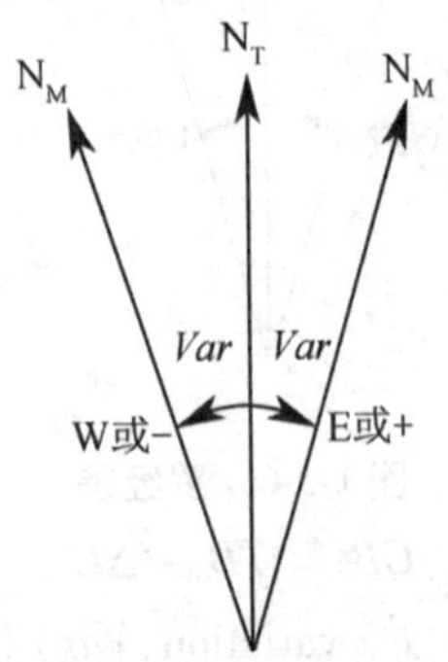

图 1-2-8　磁差

以磁北(N_M)为基准的航向称为磁航向(magnetic course,*MC*);以磁北(N_M)为基准的物标方位称为磁方位(magnetic bearing,*MB*)。它们与真向位之间的关系是:

$$MC = TC - Var \quad (1\text{-}2\text{-}4)$$

$$MB = TB - Var \quad (1\text{-}2\text{-}5)$$

2. 磁差的变化

磁差的变化主要体现在以下几个方面:

(1)磁差随地点的变化

由于地磁南北极与地理南北极不重合,再加上地质结构的不均匀,使得地面上磁力线的分布相当复杂,造成磁差因地而异,磁差小的地方可为0°,越近磁极磁差越大,最大可达到180°,如图 1-2-9 所示,*A* 点的磁差为0°,*B* 点磁差为180°,*E* 点的磁差为0°,*C* 点的磁差为∠2,*D* 点的磁差为∠1。所以在极区航行磁罗经一般无法使用。

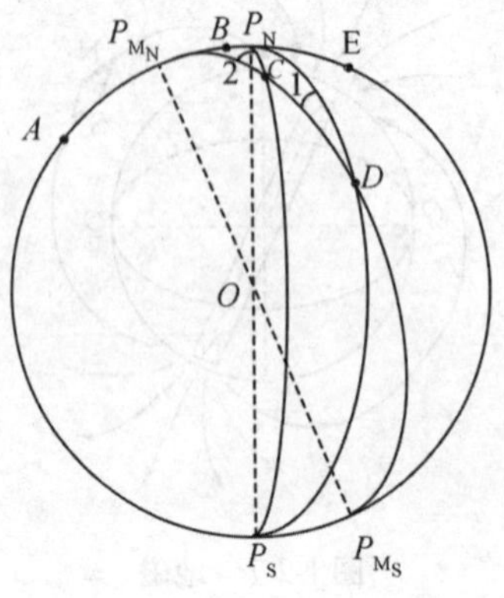

图 1-2-9　磁差随地点的变化

(2)磁差随时间的变化

由于磁极绕地极缓慢移动,使各地磁差随时间发生变化。磁差绝对值每年的变化量叫作年差,通常在 ±0°.2 以内。年差的表示方法有以下两种:

①用磁差的绝对值的增加(+)(increasing)或减少(-)(decreasing)表示年差的变化。这种表示方法在新的英版海图图式中已不采用。应特别注意的是,这里年差的(+)和(-)并不是指磁差向东(E)和向西(W)变化,而是指在原来磁差基础上的绝对值的增加(+)和减少(-)。

②用(E)或(W)来表示年差的向东(E)或向西(W)的变化。新的英版海图图式采用的就是这种表示方法。

海图上给出的年差是在出版该海图时该地区几年内磁差的年平均值。使用陈旧的磁差资料,可能会产生较大的误差,所以尽量使用新的磁差资料。中版海图的年差表示方法基本与英版相同。

(3)地磁异常与磁暴

由于某地区地下所埋藏的磁性矿物质的影响,使该地区的磁差与附近的磁差有明显的差异,称为地磁异常;磁差的偶然和罕见的波动,称为磁暴。它主要与太阳黑子的暴发有关。发生磁暴的时间虽然很短暂,但一昼夜可以使磁差变化几度到几十度。因此,当发现磁罗经读数有异常变化时,应仔细判断,并及时与陀螺罗经比对。

3. 磁差的查取

航海上,磁差可以从以下几方面查取:

一般航行图和港泊图的向位圈(即罗经花 compass rose)上,都给出该向位圈所在地点的磁差资料,包括磁差的大小和方向、所给磁差的年份、年差数据,如图 1-2-10 所示。一张海图一般有几个罗经花,驾驶员应使用就近的罗经花,如果船舶位于两个罗经花之间,可用目测估计,按比例内插求得。

例 1-2-7:某海图罗经花上注有 *Var* 2°30′W(1986) increasing about 2′ annually,求该地 1997 年的磁差。

解:*Var* = 2°30′W + (1997 - 1986) × 2′ = 2°52′W

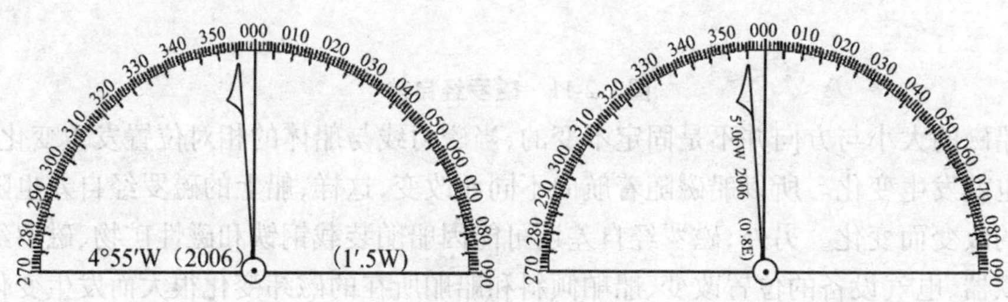

图 1-2-10 罗经花(局部)

例 1-2-8:某海图罗经花上注有:磁差偏西 5°35′(1995),年差 +5′。求该地 2001 年的磁差。

解:*Var* = 5°35′W + (2001 - 1995) × 5′ = 6°05′W

例 1-2-9:某海图罗经花上注有 *Var* 4°05′W(1991)(5′E),求该地 2000 年的磁差。

解：$Var = 4°05'W + (2000 - 1991) \times 5'E = 3°20'W$

远洋航行图和总图上，磁差资料以等磁差曲线表示。每条曲线上都注有磁差与年差值，而磁差的测定年份则记载在海图标题栏内。在求取航行地区的磁差时，应该首先分别求出航行地区的两条等磁差曲线上的当年磁差后，用目视内插，求取航行地区的磁差。如果大洋航行使用空白定位图，磁差资料应从相应的小比例尺海图上查取。

在大比例尺港泊图上，因图区范围小，磁差资料标在海图标题栏内。

另外，磁差还可以从现代化的电子定位设备，如 GPS 中读取。

（三）磁罗经自差

磁罗经的工作依赖于周围的磁场环境，当周围的磁场环境发生变化，其磁性及指向也将改变。安装在钢制船上的磁罗经，除受到地磁作用外，还受到船磁——船上钢铁被地磁磁化而形成的磁场，以及磁罗经附近的电器设备形成的电磁场的影响。使磁罗经磁针指向偏开磁北（N_M）而指向罗北（N_C）。我们把罗北（N_C）偏开磁北（N_M）的角度，称为磁罗经自差（deviation），用缩写 *Dev* 或符号 δ 表示。当罗北偏在磁北之东时，是东自差，用 E 或（+）表示；当罗北偏在磁北之西时，是西自差，用 W 或（-）表示，如图 1-2-11 所示。

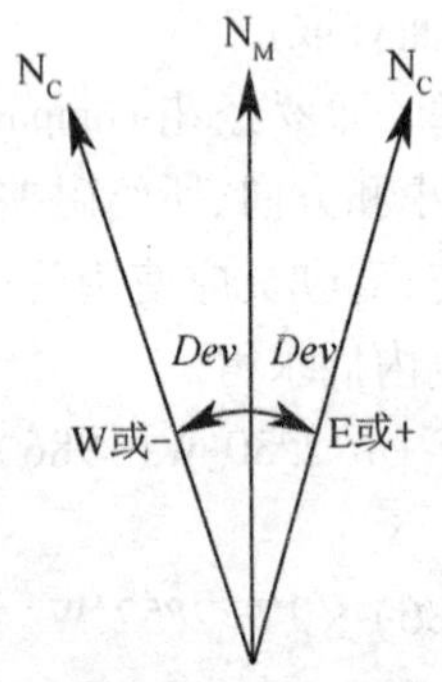

图 1-2-11　磁罗经自差

船磁的大小与方向并不是固定不变的，当磁力线与船体的相对位置发生变化时，船磁也就发生变化。所以船磁随着航向不同而改变，这样，船上的磁罗经自差也随着航向的改变而变化。另外，磁罗经自差还可能因船舶装载钢铁和磁性矿物、磁罗经附近的铁器、电气设备的位置改变、船舶倾斜和船舶所在的磁纬变化很大而发生变化。

微课：
自差

当自差值过大时，会产生船舶已改向而罗盘上却没有反应或变化很小的现象，而在某些航向上又会引起罗盘的大幅摆动。这说明，作用于罗盘上的某些船磁力过大，已影响到磁针的指北能力。这显然对航行安全构成威胁。所以，必须对磁罗经进行自差消除，但不可能把各个航向上的自差消除干净，一般还会剩下 0° ~ ±3°的自差，叫作剩余自差。在消除自差后应将 4 个基点和 4 个隅点这 8 个主要航向上的剩余自差值测定出来，并通过公式算出任意航向上的自差，然后制成自差表或自差曲线图，

如表 1-2-1 和图 1-2-12 所示。

表 1-2-1 某船标准罗经自差表

自差	罗经航向		自差
+3°.0	360°	000°	+3°.0
+2°.8	345°	015°	+2°.6
+2°.7	330°	030°	+2°.0
+2°.3	315°	045°	+1°.2
+1°.9	300°	060°	+0°.1
+1°.5	285°	075°	-1°.2
+1°.7	270°	090°	-2°.5
+2°.2	255°	105°	-3°.4
+2°.4	240°	120°	-3°.5
+2°.3	225°	135°	-3°.2
+1°.8	210°	150°	-2°.5
+0°.9	195°	165°	-1°.5
-0°.3	180°	180°	-0°.3

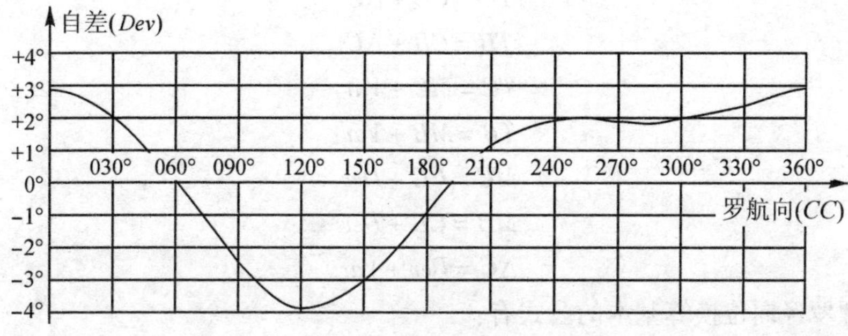

图 1-2-12 某船标准罗经自差曲线

由于船磁随时间、地点不断变化着。自差表和自差曲线图不是一成不变的,它们只能代表当时当地的自差特征,或近似认为是测定后的一定时间内和测量地的一定范围内的自差特征。为了获得航行中船舶航向上的准确自差值或为了验证所采用的自差的可靠性,必须利用一切机会测定航行中实际自差值,并将测定结果记入航海日志和磁罗经自差记录簿中,以便在今后的相同航行条件下参考使用。当发现自曲线或自差表与所测得的实际自差值有较大出入时或船磁发生较大变化时,都必须重新进行自差校正,制定新的自差表或自差曲线图。

自差表和自差曲线图中的自差均以罗航向为引数查取。如果,仅知道真航向而不知道罗航向时,可用磁航向代替罗航向作为引数,查得自差,在剩余自差不大时,由此引起的误差可忽略。但不能用真航向代替罗航向,否则在查取自差时会有较大的误差。

例 1-2-10:已知 $CC = 215°$,利用表 1-2-1 求自差 Dev。

解:查表并进行内插得:

$$Dev = +1°.8 + \frac{2°.3 - 1°.8}{225° - 210°} \times (215° - 210°)$$

$$\approx +1°.8 + 0°.2$$

$$= +2°.0 \text{ 或 } 2°.0E$$

例 1-2-11：已知 $TC = 162°$，$Var = 12°E$，利用表 1-2-1 求磁罗经自差。

解：$MC = TC - Var = 162° - 12° = 150°$

以 MC 代替 CC 查表得：

$Dev = -2°.5$ 或 $2°.5W$

（四）向位换算

航海中用磁罗经或陀螺罗经测出来的方位和航向是罗方位（CB）、罗航向（CC）或陀罗方位（GB）、陀罗航向（GC）。而海图上都是用真北作为方向基准的，因此，要把它们反映在海图上，则必须将其换成真方位与真航向；同理，在海图上得到的真方位与真航向，也必须转换成罗方位、罗航向或陀罗方位、陀罗航向，才能让磁罗经或陀螺罗经去执行。航海上把各种航向之间或各种方位之间的相互转换叫向位换算。

磁罗经向位换算的基本公式有：

$$TC = CC + \Delta C$$

$$TB = CB + \Delta C$$

$$TC = MC + Var$$

$$TB = MB + Var$$

$$MC = CC + Dev$$

$$MB = CB + Dev$$

$$\Delta C = Dev + Var$$

陀螺罗经向位换算基本的公式有：

$$TC = GC + \Delta G$$

$$TB = GB + \Delta G$$

微课：
向位换算

对磁罗经而言，在换算过程中，应特别注意三个北（真北、磁北和罗北），三条北线相互之间的夹角（ΔC、Var、Dev）及其相互关系。磁罗经的罗经差（ΔC）磁差（Var）与自差（Dev 或 δ）之间关系图见图 1-2-13。

例 1-2-12：已知 $CC = 150°$，$CB = 175°$，$\Delta C = 3°.0W$，求真航向（TC）和真方位（TB）。

解：$TC = CC + \Delta C = 150° - 3°.0 = 147°$

$TB = CB + \Delta C = 175° - 3°.0 = 172°$

例 1-2-13：2006 年 6 月 12 日，某船真航向 $TC = 200°$，某灯塔真方位 $TB = 110°$，海图上注明该地磁差资料为 5°13′W（1996）（3′E），自差表见表 1-2-1，求该船的罗航向 CC 和该灯塔的罗方位 CB。

解：$Var = 5°13'W + 3' \times (2006 - 1996) = -5°13' + 30' = -4°43' = 4°.7W$

$MC = TC - Var = 200° - (-4°.7) = 204°.7$

以 MC 代替 CC 查表得：$Dev = +0°.9$

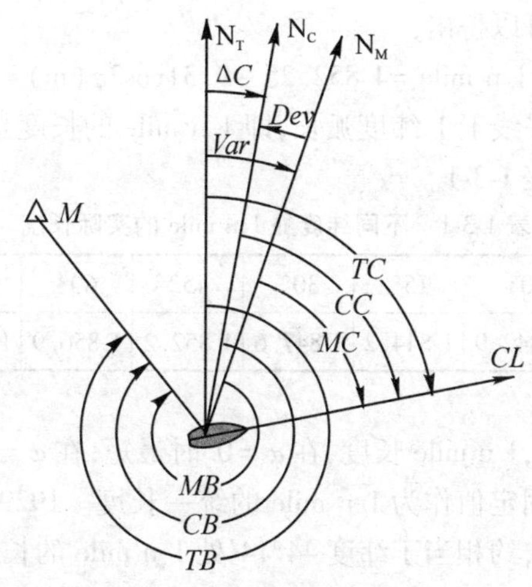

图 1-2-13 各种向位之间关系图

$\Delta C = Dev + Var = 0°.9 - 4°.7 = -3°.8$

$CC = TC - \Delta C = 200° - (-3°.8) = 203°.8$

$CB = TB - \Delta C = 110° - (-3°.8) = 113°.8$

任务三 距离的确定及灯标射程的标注

一、航海距离单位与速度单位

1. 航海距离单位

航海上最常用的距离单位是海里(nautical mile, n mile),它是地球椭圆子午线上纬度 1 分(1′)的弧长。海里还可定义为:地球椭圆子午线上曲率圆中心角 1′所对的曲率圆弧长,如图 1-3-1 所示。

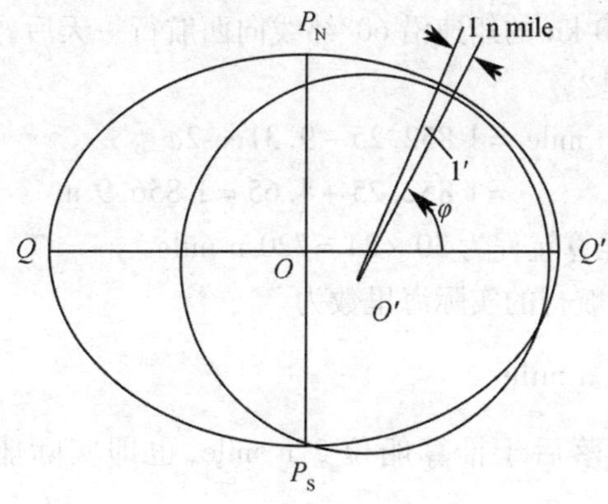

图 1-3-1 海里的确定

通过数学的推导，可以得出：

$$1\ \text{n mile} = 1\ 852.25 - 9.31\cos 2\varphi(\text{m}) \qquad (1\text{-}3\text{-}1)$$

由此可知，椭圆子午线上1′纬度弧长，即1 n mile的长度是不固定的。它随纬度的不同而略有差异，见表1-3-1。

表1-3-1　不同纬度处1 n mile的实际长度

φ	0°	15°	30°	45°	60°	75°	90°
1 n mile(m)	1 842.9	1 844.2	1 847.6	1 852.2	1 856.9	1 860.3	1 861.6

微课：
海上距离单位

从上表中可以看出，1 n mile长度，在$\varphi=0°$时最短；在$\varphi=90°$时最长。为了航海的实际需要，必须用一固定值作为1 n mile的统一长度。1929年国际水文地理学会决定1 n mile＝1 852 m，约相当于纬度44°14′处1 n mile的长度，我国及世界上大多数国家，均采用该标准。航海上用于测量航速与航程的仪器也是用此标准进行标定的。航海上，“海里”通常用“′”表示，比如，“100.5 n mile”就表示为“100′.5”。

海里作为度量距离的标准单位，是固定的，即1 n mile＝1 852 m。而地球椭圆体上，1 n mile的实际长度随纬度的增加而变长。故对同样的距离，用标准值1 n mile＝1 852 m换算出的海里数，与用当地实际1 n mile值换算出的海里数也必然不同。例如，某船沿赤道向正东航行，船速为20 kn，航行30 h后，累计航程为600 n mile。由于赤道上1 n mile＝1 842.9 m，船舶实际在赤道上航行的海里数为：

$$\frac{600\times 1\ 852}{1\ 842.9}\approx 603\ \text{n mile}$$

从计算结果可以看出，两者相差仅3 n mile，仅占航行距离的0.5%。所以，将1 n mile固定为1 852 m后，在航海实践中产生的误差并不大，可以忽略不计。

这个例子也说明了由于标准海里值与实际海里值的差异，造成实际船位与推算船位之间的偏差，上述可知1 n mile＝1 852 m，约相当于纬度44°14′处1 n mile的长度，当纬度大于44°14′时，无论航向如何，实际船位总是落后于推算船位；当纬度小于44°14′时，实际船位总是超前于推算船位。很明显，在上述例子中，实际船位超前推算船位3 n mile。

例1-3-1：某船以30 kn的船速沿60°纬线向西航行一天后，实际船位在推算船位以东还是以西多少海里？

解：纬度60°处，$1\ \text{n mile} = 1\ 852.25 - 9.31\cos 2\varphi$

$$= 1\ 852.25 + 4.65 = 1\ 856.9\ \text{m}$$

船舶航行一天的推算航程为$30\times 24 = 720$ n mile

船舶在60°纬线上航行的实际海里数为

$$\frac{720\times 1852}{1856.9}\approx 718\ \text{n mile}$$

该例中，实际船位落后于推算船位2 n mile，也即实际船位在推算船位以东2 n mile。

在航海工作中，还经常会用到以下一些长度单位：

链(cable,cab)：1链等于十分之一海里，约为185 m。

米(meter,m):国际上通用长度单位。航海上常用它作为高程与水深的单位。

在英文版航海图书资料中,目前仍可能会遇到以下长度单位:

英尺(foot,ft):1 in 等于0.304 8 m。

码(yard,yd):1 yd 等于3 ft 或0.914 4 m。

拓(fathom,fm):1 fm 等于6 ft 或1.828 8 m。

2. 航海速度单位

航速的单位是节(knot),用 kn 表示。1 kn = 1 n mile/h,它是国际航海上通用的速度单位,也可用来度量风速与流速。

其他常用的速度单位有 km/h、m/s 等。

二、物标能见距离

1. 测者能见地平距离

船舶在海上航行,放眼远眺,远处海天相接,有一条明显的水平分界线,这就是通常所说的水天线。

所谓的测者能见地平距离就是地面上测者能够看到水天线的最远距离,用 D_e 表示。

如图 1-3-2,测者 A 的眼高为 e,所能看到的最远处,水天似交成一圆圈 BB',这个圈所在的平面叫测者能见地平平面或视地平平面,该圈就是测者能见地平或视地平,俗称水天线。

通过相关数学分析,我们可以得出在平均蒙气差和平均曲率情况下,如果 D_e 以海里为单位,e 以米为单位时,其计算关系为:

$$D_e = 2.09\sqrt{e}\ (\text{n mile}) \tag{1-3-2}$$

2. 物标能见地平距离

微课:
海上能见地平距离

假设将眼睛放在物标的顶端,则此时眼睛所看到的能见地平距离,叫作物标能见地平距离。用 D_h 表示,如图 1-3-2 所示。这也相当于测者眼高为 0 时,在能见度良好的情况下,理论上所能看见物标的最远距离。它和测者能见地平距离一样,可按下面公式求得:

$$D_h = 2.09\sqrt{H}\ (\text{n mile}) \tag{1-3-3}$$

公式中,H 为物标顶点离海面的高度(m)。

3. 物标地理能见距离

上述的物标能见地平距离,相当于眼高为 0 时,在能见度良好的情况下,理论上能看到物标的最大距离,而实际上测者有一定眼高 e。所以,当能见度良好时,仅由于地面曲率和地面蒙气差的影响,测者理论上能够看到物标的最大距离,叫作物标地理能见距离,用 D_o 表示,如图 1-3-3 所示。物标的地理能见距离 D_o,可以由下面公式求得:

$$D_o = D_e + D_h = 2.09(\sqrt{e} + \sqrt{H})\ (\text{n mile}) \tag{1-3-4}$$

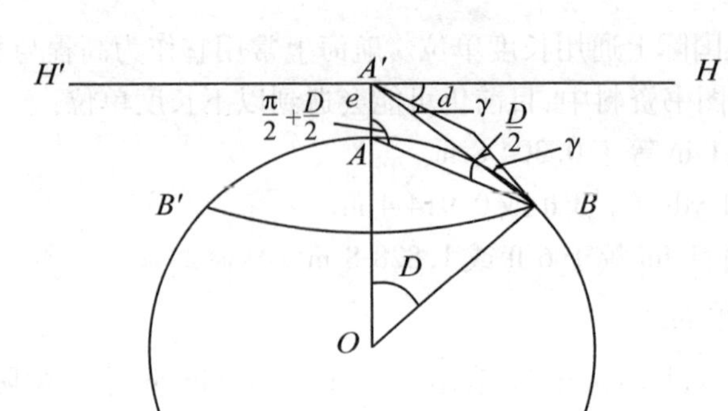

图 1-3-2　测者能见地平距离

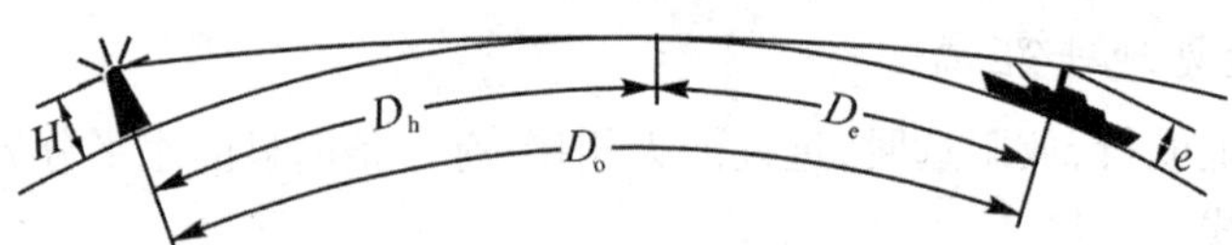

图 1-3-3　物标地理能见距离

例 1-3-2：某物标高度 $H = 29.5$ m，测者眼高 $e = 15.8$ m，求该物标的地理能见距离。

解：$D_o = 2.09(\sqrt{e} + \sqrt{H}) = 2.09(\sqrt{29.5} + \sqrt{15.8}) \approx 19.7$ n mile

物标的地理能见距离只是一个理论值。而实际上测者所能看到物标的最远距离与很多因素有关，如当时的能见度、测者眼睛的分辨力、物标本身情况及海面状况等。即便能见度良好，波平浪静，测者所能看到物标的最远距离也总是小于物标的地理能见距离。

三、灯光初显、初隐与灯标射程

1. 灯光初显、初隐

晴天黑夜，船舶驶近灯标，灯标灯芯初露水天线的那一瞬间，称灯光初显；相反，当船舶驶离灯塔时，灯塔灯芯初没于水天线的那一瞬间，称为灯光初隐。初显初隐的距离就是灯塔的地理能见距离。

显然，并不是所有的灯标都有初显与初隐，只有光力足够强，才可能有初显初隐，倘若灯标光力较弱，往往在刚发现灯塔灯光时，灯塔灯芯早已高出水天线了。此时灯塔与测者间的距离小于灯塔的地理能见距离。

航行中，驾驶员可以用初显初隐来概略估计船舶到灯塔的距离。如同时测得该灯塔方位，可以估算本船船位。

2. 中版海图灯标射程

中版海图和《航标表》中关于灯标射程的定义是：晴天黑夜，当测者眼高为 5 m时，能够看到灯塔灯光的最大距离。

晴天黑夜，灯光所能照射的最大距离，叫作光力能见距离，也叫光力射程。光力能见距离仅与光强[用“坎德拉(cd)”表示]和气象能见度有关，而与眼高、灯高、地面曲率及地面蒙气差均无关。

海图上标示的灯塔射程有两种，一种标示的是地理射程，即测者眼高为5 m时灯标的地理能见距离；另一种标示的是光力射程，即光力能见距离。射程单位为海里，在标注中通常用“m”表示。射程不足10 m，注至0.1 m，大于10 m的，注至整海里，舍去小数。

微课：
灯标的射程

当灯标的光力能见距离大于或等于测者眼高5 m时的灯标地理能见距离时，标注的是地理射程，其值为测者眼高5 m时的灯标地理能见距离，该灯标即属于强光灯标，可能有初显初隐；若灯标的光力能见距离小于测者眼高5 m时的灯标地理能见距离，标注的是光力射程，其值就等于该灯标的光力能见距离，该灯标即属于弱光灯标，无初显初隐。

可见，中版海图和《航标表》上的图注灯标射程为测者眼高5 m时的灯标地理能见距离与该灯标光力能见距离两者中较小值。

设眼高e，灯塔射程D_s，塔高为H，眼高5 m时灯标地理能见距离$D_o=2.09(\sqrt{5}+\sqrt{H})$，当$D_o \approx D_s$时，标注的是地理射程，是强光灯标，可能有初显初隐，其初显初隐距离D为当时眼高下的灯标地理能见距离，即：$D=2.09(\sqrt{e}+\sqrt{H})$或$D=$射程$+2.09(\sqrt{e}-\sqrt{5})$。当$D_o > D_s$时，标注的是光力射程，是弱光灯标，无初显初隐。

例1-3-3：中版海图上某灯高58 m，射程20 m，我船高16 m，问该灯塔有无初显初隐，距离多少？

解：$D_o=2.09(\sqrt{5}+\sqrt{H})=2.09(\sqrt{5}+\sqrt{58})\approx 20.6(\text{n mile})$

取整即为20 n mile，等于灯塔射程，则该灯塔属强光灯标，有初显初隐，初显初隐距离：

$D=2.09(\sqrt{e}+\sqrt{H})=2.09(\sqrt{16}+\sqrt{58})=24.3(\text{n mile})$

例1-3-4：中版海图上，某灯塔灯高为38 m，射程15 n mile，我船眼高18 m，问该灯塔有无初显初隐，初显初隐距离是多少？

解：$D_o=2.09(\sqrt{5}+\sqrt{H})=2.09(\sqrt{5}+\sqrt{38})\approx 17.6(\text{n mile})>D_s$

所以，该灯塔标注的是光力射程，属弱光灯标，无初显初隐。

例1-3-5：中版海图上，某灯塔射程23 n mile，我船眼高20 m，求该灯塔的初隐距离。

解：$D=$射程$+2.09(\sqrt{e}-\sqrt{5})=23+2.09(\sqrt{20}-\sqrt{5})=27.7(\text{n mile})$

3. 英版海图的灯标射程

英版海图和《灯标表》中灯标射程分光力射程与额定光力射程两种。光力射程是指在某一气象能见度条件下，灯光光力的最大能见距离。额定光力射程是指在气象能见度为10 n mile条件下，灯光光力的最大能见距离。这两种射程都仅与灯光强度和气象能见度有关，而与眼高、灯高、地面曲率及地面蒙气差无关。

世界上大多数国家采用额定光力射程作为灯标射程。英版海图中大多数是以额定光力射程作为图注灯光射程,也有一些是采用光力射程作为图注灯光射程。采用额定光力射程的国家和地区,在《灯标表》的“特殊说明”(special remarks)中注明。

英版资料中灯标的灯光最大可见距离与初显初隐的判断,可以用以下方法:

当图注灯光射程大于或等于该灯标的地理能见距离 D_o时,该灯标可能有初显初隐,灯光最大可见距离等于 D_o;当图注射程小于 D_o时,该灯标无初显初隐,灯光最大可见距离等于图注射程。也就是说,英版海图上,灯光最大可见距离等于图注射程和该灯标的地理能见距离两者的较小值。

例 1-3-6:英版海图上标注某灯塔射程 33 n mile,该灯塔高 90 m,我船眼高为 20 m,问该灯塔有无初显初隐?我船可见该灯塔灯光的最大距离约为多少海里?

解:$D_o = 2.09(\sqrt{e} + \sqrt{H}) = 2.09(\sqrt{20} + \sqrt{90}) \approx 29$(n mile) <33(n mile)

该灯塔有初显初隐,其灯光的最大可见距离为 29 n mile。

例 1-3-7:英版海图上某灯塔图注射程 27 n mile,灯高为 120 m。我船眼高为 18 m,问该灯塔灯光的最大可见距离是多少?

解:$D_o = 2.09(\sqrt{e} + \sqrt{H}) = 2.09(\sqrt{18} + \sqrt{120}) \approx 31.8$(n mile) >27 (n mile)

该灯塔无初显初隐,其最大可见距离约为 27 n mile。

以上的计算并不一定与实际相符。事实上,测者能够看到灯标灯光的最大距离还与很多因素有关,如灯光强度、气象能见度、地面蒙气差、灯高、眼高、人眼能够发现最弱灯光的能力、灯光背景等因素。特别是气象能见度发生变化的情况下,测者能够看到灯标灯光的最大距离随即发生变化。如例 1-3-7 中,如能见度小于10 n mile,则其灯光最大可见距离将小于 27 n mile。

通过对灯光的最大可见距离或初显初隐的判断,驾驶员在拟定航行计划时,可以预求出灯标被发现的时间地点,据此来判断船位的准确性。

任务四　航速与航程的测定

一、航速和航程

1. 船速、航速和实际航速

在航海上,船速(ship speed)一般是指船舶在无风、流情况下的航行速度,即船舶在静水中单位时间内航行的距离。船速是船舶的一个重要性能指标,一般通过实测求得。新建或坞修后的船舶都需在船速校验线上进行船速的实际测定。

航速则是船舶考虑到有风的情况下,相对于海水的速度,与流速无关。通常是用相对计程仪测定出来的。

实际航速是指船舶相对于海底的航行速度,受风、流的共同影响的速度。

在实际航海中,习惯上把航迹推算中预配或考虑风、流影响后航行速度,叫作推算航速或计划航速。其实就是预计的实际航速,是拟定航行计划的重要参数,在预算航行时间、求预计抵达时间(*ETA*)等方面都要用到它。

实际航速,航速与流速之间的关系为:

$$\overrightarrow{\text{实际航速}} = \overrightarrow{\text{航速}} + \overrightarrow{\text{流速}}$$

2. 根据主机转速求船速

以螺旋桨作为推进器航行的船舶,其航行速度与主机转速有着直接的关系。理论上将螺旋桨在固体中每旋转一周所推进的距离,叫作螺距,用 P 表示,螺旋桨的转速用 n 表示,那么螺旋桨的理论推进速度是 nP。由于螺旋桨在水中工作,再加上船舶有很大的阻力,因此,螺旋桨旋转一周推动船舶相对水前进的距离远小于螺距。把螺旋桨推动船舶相对水的前进速度叫作主机航速,用 V_E 表示,也即航海上习惯称呼的船速。把螺旋桨理论速度 nP 与主机航速 V_E 之差 nP 的比值用百分率来表示叫滑失(slip)。

$$\text{滑失} = \frac{nP - V_E}{nP} \times 100\%$$

$$V_E = nP(1 - \text{滑失})$$

根据上式,已知滑失和主机转速,便可估算出主机航速来。

但滑失是一个变数,它与船舶的航行条件有关。例如风浪对船舶的影响、吃水和吃水差的不同以及污底等因素,都会使滑失发生变化。所以船速与主机转速之间的关系,一般通过船舶在船速校验线上实际测定求得。

3. 用计程仪求航程

计程仪(log)是测量船舶航速和航程的主要仪器。目前根据计程仪能够提供速度和航程性质,可以将计程仪分为相对计程仪(relative log)和绝对计程仪(absolute log)两大类。

相对计程仪只能显示船舶相对于水的航速与航程,即只记录受风影响后的航速与航程,而不能显示受水流影响后的航速与航程,也就是通常所说的"计风不计流"。比如说,在无风的海面,船舶停车,随流漂移,这时,船舶没有对水做相对运动,相对计程仪无法计算出其漂移速度,即流速。但是,如果船舶在静水中,停车随风漂移,相对计程仪可以计算出其漂移速度,这是因为船舶受风作用对水做相对运动之故。

绝对计程仪则可以测量船舶相对于海底的航速与航程,即船舶受风、流影响后船舶的实际航速与实际航程。

计程仪的种类很多,主要有回转式计程仪、水压力计程仪、电磁式计程仪、多普勒计程仪与声相关计程仪。其中电磁式计程仪,多普勒计程仪和声相关计程仪目前在船上用得比较多。电磁式计程仪是相对计程仪。而多普勒和声相关计程仪其发射的超声波有效作用距离只有几米到十几米,因此,水深不大时,该两种计程仪可作为绝对计程仪,一般情况下它们也是相对计程仪。

计程仪与所有仪器一样不可避免地存在着误差。计程仪显示出来的里程数叫计程仪读数,用 L 表示。计程仪的改正率为 ΔL,它是用百分率表示的计程仪误差与计程仪读数差的比值,表达式为:

$$\Delta L = \frac{S_L - (L_2 - L_1)}{L_2 - L_1} \times 100\% \qquad (1\text{-}4\text{-}1)$$

式中：ΔL——计程仪改正率，用百分率表示；

S_L——准确的船舶相对于水的航程，也即计程仪航程；

L_1、L_2——航行于航程 S_L 的始末的两次计程仪读数。

当计程仪改正率为(+)时，表示计程仪慢了或航程少计了；反之，则表示计程仪快了或航程多计了。因此，准确的计程仪航程，必须经计程仪改正率修正后才能得到，也即：

$$S_L=(L_2-L_1)(1+\Delta L) \tag{1-4-2}$$

根据这个公式，我国《航海表》Ⅲ-6 列出了"计程仪改正率表"利用 L_2-L_1 和 ΔL 为引数可查得计程仪航程 S_L。

若要预求某时刻或船舶到达某地点的计程仪读数时，使用的公式为：

$$L_2=L_1+\frac{S_L}{1+\Delta L} \tag{1-4-3}$$

微课：
计程仪改正率

例 1-4-1：某船计程仪改正率 $\Delta L=+2.8\%$，0900 计程仪读数 $L_1=88.8$ n mile；1030 计程仪读数 $L_2=104.8$ n mile。求 0900～1030 的计程仪航程。

解：$S_L=(L_2-L_1)(1+\Delta L)=(104.8-88.8)(1+2.8\%)=16.4$ n mile

例 1-4-2：某船相对计程仪改正率 $\Delta L=-4\%$，0800 从甲地驶向乙地，此时计程仪读数 $L_1=120$ n mile。甲乙两地相距 62 n mile，顺流流速 4 kn，1030 抵达乙地。求抵达乙地时的计程仪读数 L_2。

解：从甲地到乙地的流程为 $4\times2.5=10$ n mile

则该船计程仪航程为 $62-10=52$ n mile，所以：

$$L_2=L_1+\frac{S_L}{1+\Delta L}=120+\frac{52}{1-4\%}=174.2\ \text{n mile}$$

例 1-4-3：某船从甲地到乙地逆流而行，船速为 15 kn，流速为 2 kn。海区有顺风，风使船速增加 1 kn，船在甲地时计程仪读数 $L_1=120$ n mile，2 h 后抵达乙地时的计程仪读数 $L_2=150$ n mile，求相对计程仪改正率 ΔL。

解：该船对水的相对速度为 $15+1=16$ kn，则计程仪航程 $S_L=16\times2=32$ n mile，所以：

$$\Delta L=\frac{S_L-(L_2-L_1)}{L_2-L_1}\times100\%=\frac{32-(150-120)}{150-120}\times100\%=6.7\%$$

二、船速和计程仪改正率的测定

1. 船速校验线应具备的条件

船速校验线一般设在一些重要港口附近的测速场上，有专供船舶试航时用来测定船速和计程仪改正率用的横向叠标组，如图 1-4-1 所示。它一般由三对横向叠标，或加一对导航叠标构成。有关这方面的资料可查阅《航路指南》及《航标表》等。良好的船速校验线应具备以下条件：

(1)校验线的长度应当适当，如果过短或过长都会影响测定精度。一般用于船速18 kn以下的船舶，其长度应为 1～2 n mile，用于船速 18 kn 以上的船舶，其长度为

2 ~3 n mile。

(2)船速校验线上的水深应满足：

$$h \geqslant 1.5\frac{V^2}{g}+d$$

式中：h——水深(m)；

V——船速(m/s)；

g——重力加速度(m/s^2)；

d——船舶吃水(m)。

如不满足上述条件，会产生浅水附加阻力，影响测速精度。

(3)在船速校验线的两端，应该有宽广的旋回余地，以便船舶在到达第一对横向叠标之前的一定距离上，能够尽早驶上船速校验线。

(4)测速线应能避风浪且最好无流，如果有流，测速线应与流向平行。

(5)测速线附近应确保不存在危险物，而且助航标志易于辨认。

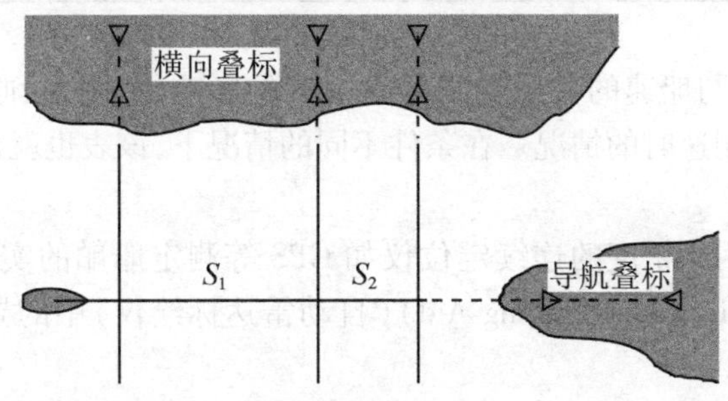

图 1-4-1　测速场

2. 测定船速和计程仪改正率的方法

测定船速的基本计算公式为：

$$V_E = 3\,600 \times S/t$$

式中：V_E——船速(kn)；

S——船速校验线上的某一段距离(n mile)；

t——在船速校验线上航行 S 距离所需的时间(s)。

如果在船速校验线上没有水流影响，船舶只要沿校验线航行一次，便可直接按上述公式计算出船速。如果有水流影响，则必须在短时间内往返重复测定多次，以消除水流影响。

(1)在恒流影响下，只要往返测定两次，分别求出每次测定的船速 V_1 和 V_2，然后利用算术平均值的计算方法就能得到船速：

$$V_E = (V_1 + V_2)/2$$

(2)在等加速水流影响下，则必须在短时间内往返重复测定三次，分别求出每次测定的船速 V_1、V_2 和 V_3，则有：

$$V_E = (V_1 + 2V_2 + V_3)/4$$

(3)在变加速水流影响下，则在短时间内往返重复测定四次，然后分别求出每次测定的船速 V_1、V_2、V_3 和 V_4，按下列公式求得：

$$V_E = (V_1 + 3V_2 + 3V_3 + V_4)/8$$

船速一般应在满载、压载情况下分别测定,还可以在半载情况下进行测定。船速测定后,应该列出该船的主机转速与船速对照表,如表 1-4-1 所示。该表放在海图室和驾驶台,供驾引人员估计船速和主机转速之用。

表 1-4-1 某船主机转速与船速对照表

主机转速(r/min)	船速(kn)		主机转速(r/min)	船速(kn)	
	满载	压载		满载	压载
140	14.2	14.8	90	9.4	10.1
130	13.2	14.0	80	8.3	9.4
120	12.3	13.0	70	7.4	8.5
110	11.4	12.4	60	6.5	7.7
100	10.4	11.5	50	5.5	6.6

由于主机转速与船速的关系受到多方因素的影响,如吃水、吃水差、风浪、污底等,上表仅能说明测速时的情况。在条件不同的情况下,该表也就只能作为航行中的参考。

目前,可以利用高精度的连续定位仪如 GPS 等测定船舶的实际航速;也可以利用 ARPA(Auto-matic Radar Plotting Aid)(自动雷达标绘仪)中的导航功能测定船舶的实际航速。

例 1-4-4:某船在 2000 年 8 月 12 日,在某测速场测速,两组叠标间的距离为 1 n mile,该海区为等加速水流,往返航行测定三次,记下时间分别为 $t_1 = 239$ s,$t_2 = 246$ s,$t_3 = 230$ s,求船速。

解:

$V_1 = 3\,600 \times S/t_1 = 3\,600 \times 1/239 = 15.06$ kn

$V_2 = 3\,600 \times S/t_2 = 3\,600 \times 1/246 = 14.63$ kn

$V_3 = 3\,600 \times S/t_3 = 3\,600 \times 1/230 = 15.65$ kn

$V_E = (V_1 + 2V_2 + V_3)/4$

$= (15.06 + 2 \times 14.63 + 15.65)/4$

$= 14.99$ kn

计程仪的改正率 ΔL 也应通过实测求得。对 ΔL 的测定,也应该在船速校验线上进行,并按计程仪改正率 ΔL 的公式计算求出。为了消除水流对测定的影响,也要在短时间内在船速校验线上往返重复测定多次,并按以下各种情况求得计程仪改正率 ΔL。

(1)恒流影响下:$\Delta L = (\Delta L_1 + \Delta L_2)/2$

(2)在等加速度水流影响下:$\Delta L = (\Delta L_1 + 2\Delta L_2 + \Delta L_3)/4$

(3)在变加速水流影响下:$\Delta L = (\Delta L_1 + 3\Delta L_2 + 3\Delta L_3 + \Delta L_4)/8$

式中:ΔL_1、ΔL_2、ΔL_3、ΔL_4 分别是在船速校验线上,各次测定的计程仪改正率。

例 1-4-5:某船在测速场测定航速及计程仪改正率,设两组横向叠标间距为

2.2 n mile，在等加速水流中往返测定三次，记录如下：

$t_1 = 6^m08^s$　　$L_1 = 120'.8$　　$L_2 = 123'.2$

$t_2 = 5^m32^s$　　$L_3 = 123'.7$　　$L_4 = 126'.2$

$t_3 = 6^m14^s$　　$L_5 = 126'.9$　　$L_6 = 129'.3$

求该船船速和计程仪改正率。

解：$V_E = 3\ 600 \times S/t$

$V_1 = 3\ 600 \times 2.2/368 \approx 21.5$ kn

$V_2 = 3\ 600 \times 2.2/332 \approx 23.9$ kn

$V_3 = 3\ 600 \times 2.2/374 \approx 21.2$ kn

$V_E = (V_1 + 2V_2 + V_3)/4$

$= (21.5 + 2 \times 23.9 + 21.2)/4$

$= 22.6$ kn

$$\Delta L_1 = \frac{2.2 - (132.2 - 120.8)}{132.2 - 120.8} \times 100\% = -8\%$$

$$\Delta L_2 = \frac{2.2 - (126.2 - 123.7)}{126.2 - 123.7} \times 100\% = -12\%$$

$$\Delta L_3 = \frac{2.2 - (129.3 - 126.9)}{129.3 - 126.9} \times 100\% = -1\%$$

$\Delta L = (\Delta L_1 + 2\Delta L_2 + \Delta L_3)/4$

$= [-8\% + 2 \times (-12\%) + (-8\%)]/4 = -10\%$

项目二 熟练使用海图

学习目标

◆知识目标

1. 掌握海图投影的方法；
2. 掌握各种投影海图的特点及使用要领；
3. 掌握墨卡托海图的制图基本原理；
4. 掌握中英版海图的识读；
5. 掌握灯标灯质的表示方法；
6. 掌握海图的分类、使用及保管方法。

◆能力目标

1. 海图投影、分类及使用；
2. 中、英版海图的识读；
3. 墨卡托海图的绘制；
4. 墨卡托海图的使用。

◆素质目标

1. 养成严谨细致的工作作风；
2. 培养航海安全意识。

任务一 海图投影、分类及使用

一、概述

海图(chart)是为了航海需要而专门绘制的一种地图。图上详细绘画了航海所需要的各种资料,如岸线、水深、底质、航行危险物以及助航标志等。海图是航海的重要工具之一,对航海工作者来说,海图是须臾不能离开的。它用于航行前拟定计划航线、制订航行计划;航行中进行航迹推算和定位、导航和避险;航行后总结航行经验,以及发生海事时判断事故责任等。所以,驾驶员必须正确了解海图特点,熟悉海图上表示的各种航海资料,正确地使用和保管海图。

在我国,海图的使用历史可以追溯到公元 13 世纪初。公元 1405 年至 1433 年间,我国明代杰出的航海家郑和就利用当时绘制的“郑和航海图”创下了七下西洋的壮举。这些图对航海资料已经有较详细的描述,是现代海图的雏形。

微课:
海图概述

世界上许多国家都出版本国沿海海图,有的还出版全球范围的海图。目前,我国除出版沿海海图外,为适应远洋运输需要,已出版了西北太平洋、东南亚和世界各大洋的海图,但在远洋船队中,仍大量使用外版海图,主要是英版海图。因此,熟悉英版海图也十分重要。

随着电子技术的发展,电子海图已经在航海上得到广泛使用。

二、地图投影分类

地图是将地球表面的部分或全部,按一定的数学法则,并按一定比例绘画到平面上的投影图。这种数学投影的方法,就是地图投影。

由于曲面与平面的差异,投影不可避免地会产生变形,如长度变形,面积变形和角度变形等,故应根据不同需要,选用不同的投影方法控制地图的变形。

(一)按变形性质分类

1. 等角投影

等角投影又称正形投影。在等角投影中,地面上某地一个角度,投影到地图上后仍能保持其角度的大小不变,但不能保证对应的面积成恒定比例。航海上,通常要求海图上的向位与地面上观测到的向位保持一致,这类投影图就满足了这一要求,因此绝大多数海图都采用该投影方式。

2. 等积投影

它是保持地面上与图上相对应处的面积成恒定比例的一种投影方法,但这种投影不能同时保持等角,也即等角与等积不能在同一投影中同时被满足。这种投影便于面积比较,多用于行政地图。

3. 任意投影

任意投影指既不等角也不等积的投影方式。它是根据某种特殊需要或为了解决某种特定问题,而制定的地图投影方法。如航海中使用的大圆海图等。

(二)按构成地图图网的方法分类

1. 圆柱投影

设想将一圆柱套在地球上,圆柱轴通过地心,圆柱表面与地球表面相切或相割,通过某种数学方法将经纬线投影到圆柱面上,然后沿母线将圆柱切开展平,就得到圆柱投影图网。按圆柱轴与地轴重合、垂直或斜交三种位置关系,投影可分别叫作正圆柱投影、横圆柱投影或斜圆柱投影,见图 2-1-1。同时,按投影的变形性质又可分为等角、等积或任意投影。墨卡托海图属于等角正圆柱投影,高斯投影属于等角横圆柱投影。

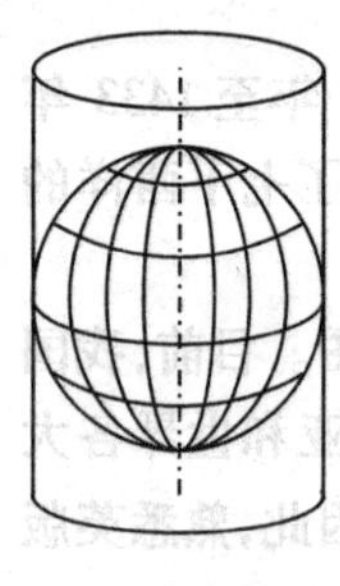

正圆柱投影

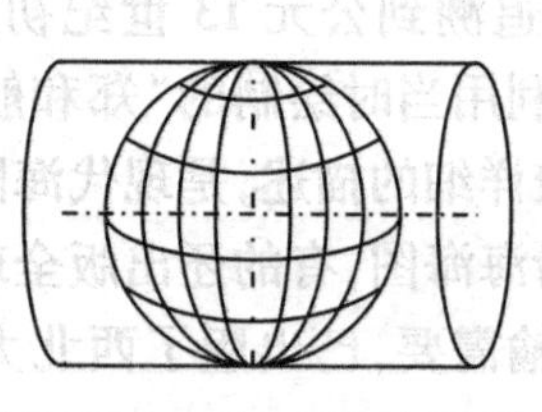

横圆柱投影

斜圆柱投影

图 2-1-1 圆柱投影

动画:
正圆锥投影

2. 圆锥投影

设想将一圆锥套于地球上,圆锥面与地球表面相割或相切,通过某种数学法则将地球上的经纬线投影到圆锥表面上去,然后沿圆锥母线切开展平,即得到圆锥投影经纬线图网。按圆锥轴与地轴的重合、垂直或斜交三种位置关系,可分别叫作正圆锥投影,横圆锥投影或斜圆锥投影。

同时,按投影的变形性质又可分为等角、等积或任意投影。另外如果投影在一个圆锥上,叫单圆锥投影,如果投影在几个相切于不同纬度圈的圆锥上制成的图,叫作多圆锥投影图,见图 2-1-2。

3. 平面投影

平面投影又称方位投影。它是将地面上的经线和纬线直接投影到与地面相切或相割的平面上的投影方法。此种投影的投影中心到任何一点的方位角均保持与实地相等,故又称为方位投影。方位投影属透视投影,即以某一点为视点,将地球表面上的物标直接投射到投影面上。根据视点的位置不同,平面投影又可分为:

外射投影:视点在球外,见图 2-1-3(a)。

极射投影:视点在球面上,见图 2-1-3(b)。航海上常用它来绘制半球星图。

心射投影:又称日晷投影。视点在球心,见图 2-1-3(c)。航海上常用的心射投影的投影平面是与地球面相切的平面。由于这种投影图上的任意直线都是大圆弧,所

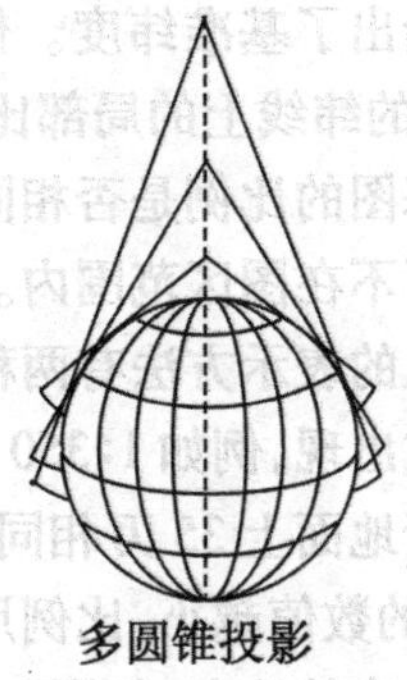

图 2-1-2 圆锥投影

以航海上设计大圆航线的大圆海图就是心射投影图。另外，某些大比例尺港湾图及极区海图也常用心射投影图。

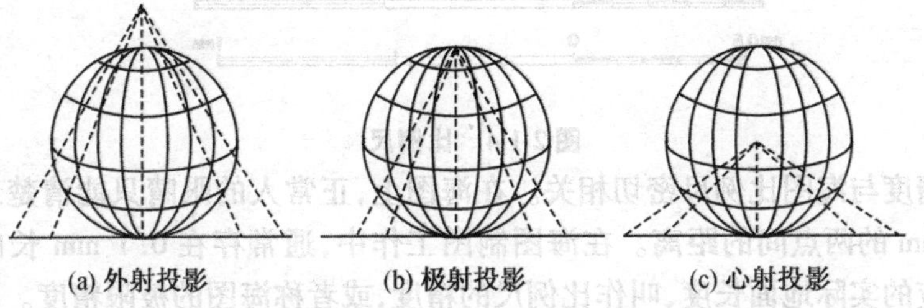

图 2-1-3 平面投影

动画：心射投影

三、海图比例尺

地球表面情况按一定的数学方式投影到平面上后，必须按一定比例缩小后才能绘制到海图上，这个缩小的比率就是比例尺。通常所说的比例尺就是图上任意线段的长度与地面上与之对应的实际长度之比，即：

$$比例尺 = \frac{图上任意线段的长度}{地面上对应的实际长度}$$

然而，由球面到平面的投影过程中，不可避免地存在着投影变形，而且，不同部位变形的程度一般也不相同。因此，同一张地图各点的比例尺可能都不相同，有时同一地点上的各个不同方向上的比例尺也可能不相同。

微课：海图的比例尺

设 A 为地面上任意一点，在它的某一定方向上有线段 AB，将它投影到地图上后的线段为 ab，则该地图在 A 点的这个方向上的比例尺(C)为：

$$C = \lim_{AB \to 0} \frac{ab}{AB}$$

我们称这种比例尺为局部比例尺。局部比例尺在投影中的变化，可以反映出地图投影的变形特点。如果在图上某一点的各个方向上的局部比例尺都相等，则该点处的微小图形与对应的地面形状保持相似，并且在这一点上能够保持角度不变形，这就是等角投影，如墨卡托投影图、高斯投影图等。

在地图上注明的比例尺，称为普通比例尺或基准比例尺。它是图上某点或某条线上的局部比例尺，或者是图上各个局部比例尺的平均值。在墨卡托海图上，在给出比例尺的同时给出了基准纬度。例如比例尺表示为1∶350 000(基准纬度30°)意思就是在纬度30°的纬线上的局部比例尺为1∶350 000其他纬度上的比例尺则各不相等。判断各张海图的比例是否相同,那就看它们在同一基准纬度的比例尺是否相同,有时基准纬度可不在图区范围内。

海图比例尺的表示方法有两种,即数字比例尺与直线比例尺。数字比例尺用比例或分数的形式出现,例如1∶350 000或1/350 000就是数字比例尺,表示海图上一个单位长度等于地面上35万相同单位长度。这种比例尺表示分母的数值越大,则比例尺越小;分母的数值越小,比例尺就越大。直线比例尺是用比例图尺绘画在海图标题栏内或图边适当的地方,如图2-1-4所示。

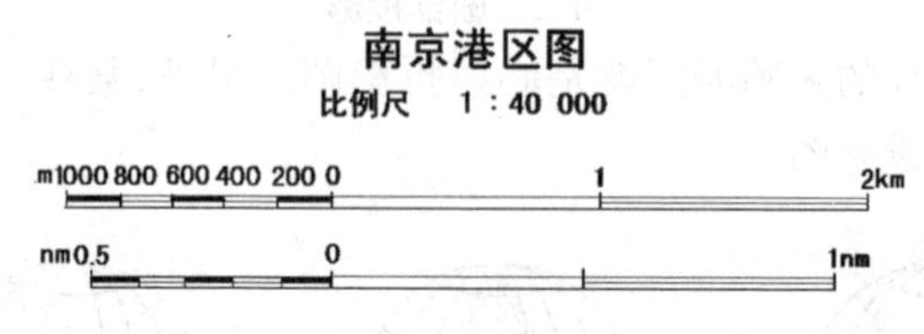

图2-1-4　比例尺

海图精度与海图比例尺密切相关。在海图上,正常人的眼睛只能清楚地分辨出大于0.1 mm的两点间的距离。在海图制图工作中,通常存在0.1 mm长的绘画误差。其对应的实际地面长度,叫作比例尺的精度,或者称海图的极限精度。不同比例尺的海图都有自己的极限精度,如表2-1-1所示。在海图作业中,通常用削尖的铅笔尖在图上点一小点,其最小直径为0.2 mm。这是海图作业时能够分辨和量出的最小距离。在比例尺1∶250 000的海图上,0.2 mm相当于实际地面长度的50 m,因此,在该海图上无法量取小于50 m的长度。很明显,比例尺越大,作图精度就越高。

表2-1-1　各种比例尺海图的极限精度

海图比例尺	极限精度
小于1∶3 000 000	大于300 m
1∶1 000 000～1∶2 990 000	100～299 m
1∶200 000～1∶990 000	20～99 m
1∶100 000～1∶190 000	10～19 m
1∶20 000～1∶90 000	2～9 m
大于1∶20 000	小于2 m

海图比例尺的大小也决定了图上资料的详尽程度及图区范围大小。比例尺越大,则图上的资料越详细,但图区范围就越小,海图作业时,尽可能选择大比例尺海图,这样既可获得更多航海资料,又可提高海图作业精度;比例尺越小,图区范围越大,但资料就粗略些,在拟定航行计划时,应使用小比例的总图。

微课:
恒向线

四、恒向线

恒向线(rhumb line)是地球表面上与子午线保持恒定交角的曲线。如果船舶始终按恒定的航向航行,船舶航行的理想轨迹就是一条恒向线,恒向线又称等角航线,如图 2-1-5 所示。

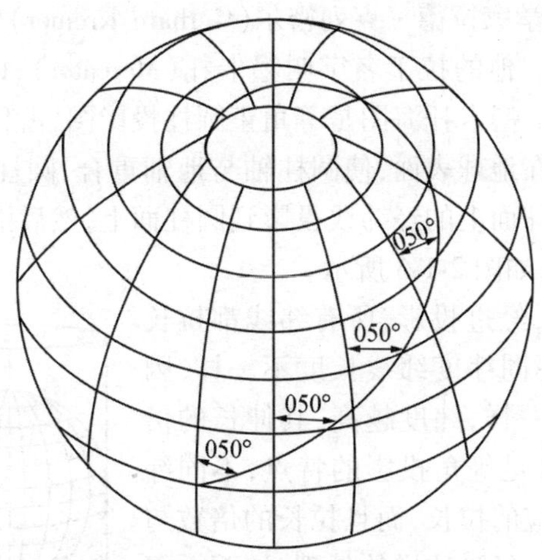

图 2-1-5 恒向线

船舶在海上航行时,在可能的情况下,如能保持稳向航行,无疑大大方便了操作。事实上,在纬度不太高,航程不太远的海区,一般都采用恒向线航行。即便在跨越大洋航行时使用的大圆航线,大部分还是采用分段恒向线航行,也就是说,将大圆航线分成若干段,每段仍按恒向线航行,有关具体内容将在航线设计中详述。设船舶从 $A(\varphi_1,\lambda_1)$ 点出发,以航向 C 向 $B(\varphi_2,\lambda_2)$ 点航行,可以证明其恒向线方程为:

$$\lambda_2-\lambda_1=\tan C\left\{\ln\left[\tan\left(\frac{\pi}{4}+\frac{\varphi_2}{2}\right)\left(\frac{1-e\sin\varphi_2}{1+e\sin\varphi_2}\right)^{\frac{e}{2}}\right]-\ln\left[\tan\left(\frac{\pi}{4}+\frac{\varphi_1}{2}\right)\left(\frac{1-e\sin\varphi_1}{1+e\sin\varphi_1}\right)^{\frac{e}{2}}\right]\right\}$$

如视地球为圆球体,同样可以推导出恒向线方程为:

$$\lambda_2-\lambda_1=\tan C\left[\ln\tan\left(\frac{\pi}{4}+\frac{\varphi_2}{2}\right)-\ln\tan\left(\frac{\pi}{4}+\frac{\varphi_1}{2}\right)\right]$$

可见,恒向线是一条趋向极地的对数螺旋曲线。

根据恒向线方程可总结得出恒向线具有以下特点:

(1)恒向线与所有经线相交成同等角度。故沿恒向线航行,不需改变航向。但它一般不是地面上两点间的最短航程。

(2)当航向为 000°或 180°时,恒向线是一条经线,所以经线既是恒向线又是大圆弧。

(3)当航向为 090°或 270°时,恒向线与等纬圈重合。如纬度为 0°,则恒向线与赤道重合,即赤道既是恒向线又是大圆弧。

(4)除航向为 000°、090°、180°和 270°外,恒向线和每条纬线相交一次,和每条经线相交无数次,它逐渐接近极点,但始终到不了极点。

五、墨卡托海图

1. 墨卡托投影原理

为了便于在航用海图上绘画恒向线航线和方位线,航用海图必须具备以下两个条件:一是恒向线在海图上是直线;二是海图投影性质应是等角投影。

1569 年荷兰制图学家拉德·克列密尔(Gerhard Kremer)创造了能同时满足上述两个条件的投影方法。他的拉丁名字叫墨卡托(Mercator),以后用这种方法制成的海图称为墨卡托海图。墨卡托海图是等角正圆柱投影图,占目前海图的 95% 以上。

设想将一圆柱套在地球表面,使圆柱轴与地轴重合,圆柱面与赤道相切,通过某一数学计算法则将地球面上的经纬线投影到圆柱面上,然后沿圆柱母线切开展平,就得到墨卡托投影网图,如图 2-1-6 所示。

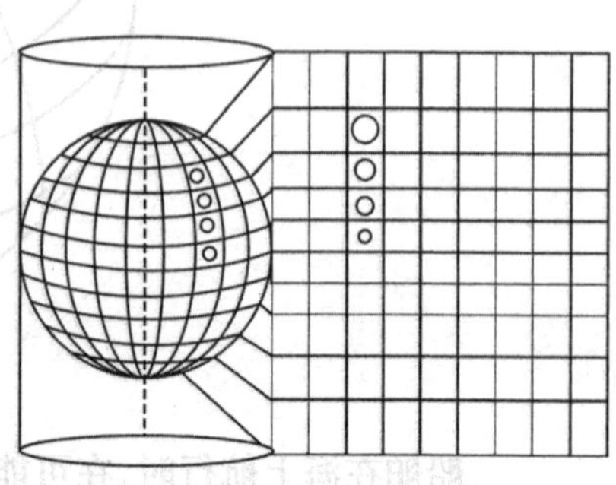

图 2-1-6　墨卡托投影原理

从图中可以看出,经过投影,所有纬线都拉长到与赤道等长,由于不同纬度纬线长度不一样,因而其拉长的倍数也不一样,纬度越高,其伸长的倍数就越大,这样为了满足等角投影的特点,不同纬度处的经线也要作相应的拉长,而且拉长的倍数与纬线拉长的倍数相等。经过这样的处理,地面上不同纬度处大小相等的微分圆,投影后,高纬度处小圆面积变大了,但它们的实际形状和实地相似。即墨卡托投影图在各个方向上的局部比例尺相等,是等角正圆柱投影。

2. 纬度渐长率

以上所述,墨卡托投影是通过某种数学计算法则将地球面上的元素投影到圆柱面上,使投影具有等角的性质。以下简要说明其数学推导过程。

微课:
纬度渐长率

如图 2-1-7 所示,地球椭圆体表面上微量球面梯形 $ABCD$,将它投影到墨卡托海图上,变成矩形 $abcd$,由于它是等角投影,即地图上任意一点的各个方向上的局部比例尺都相等。数学上已经证明,只要任意点的经线和纬线在两个相互垂直的主方向上的局部比例尺相等,则该点在各个方向上的局部比例尺也一定相等。

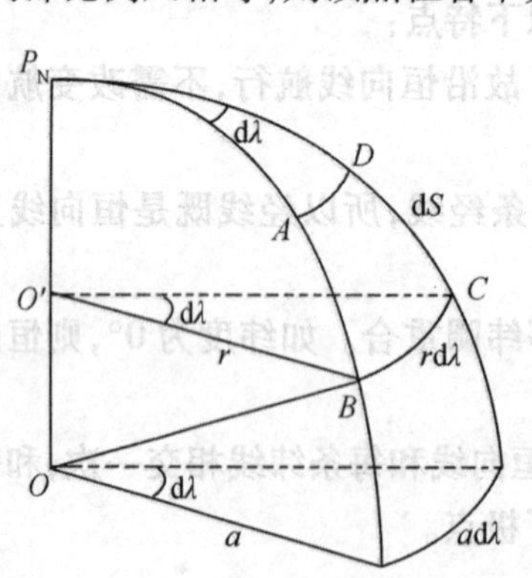

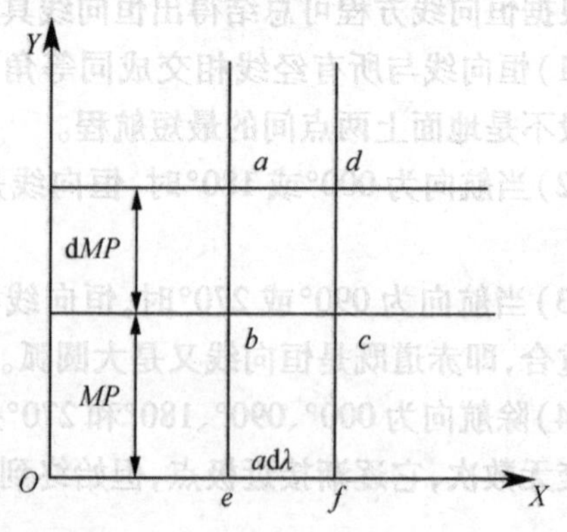

图 2-1-7　地球椭圆体微量梯形面投影

据上所述，等角投影须满足：

$$\lim_{AB\to 0}\frac{ab}{AB}=\lim_{BC\to 0}\frac{bc}{BC}$$

即：

$$\frac{\mathrm{d}MP}{\mathrm{d}S}=\frac{a\mathrm{d}\lambda}{r\mathrm{d}\lambda}=\frac{a}{r}$$

故：

$$\mathrm{d}MP=\frac{a}{r}\mathrm{d}S$$

上式中，$\mathrm{d}MP$ 为纬度 φ 处纬线到赤道的投影距离 MP 的微小增量，$\mathrm{d}S$ 为对应于 $\mathrm{d}\varphi$ 的椭圆子午线上的微小增量，a 为赤道半径，r 为纬度 φ 处的纬度圈半径。

通过数学推导，得知：

$$r=\frac{a\cos\varphi}{\sqrt{1-\mathrm{e}^2\sin^2\varphi}}$$

$$\mathrm{d}S=\frac{a(1-\mathrm{e}^2)}{\sqrt{(1-\mathrm{e}^2\sin^2\varphi)^3}}\mathrm{d}\varphi$$

将其代入上式得：

$$\mathrm{d}MP=\frac{a}{r}\mathrm{d}S=\left(\frac{1}{\cos\varphi}-\frac{\mathrm{e}^2\cos\varphi}{1-\mathrm{e}^2\sin^2\varphi}\right)a\mathrm{d}\varphi$$

积分后得到：

$$MP=a\ln\left[\tan\left(\frac{\pi}{4}+\frac{\varphi}{2}\right)\left(\frac{1-\mathrm{e}\sin\varphi}{1+\mathrm{e}\sin\varphi}\right)^{\frac{\mathrm{e}}{2}}\right]$$

上式中，a 为赤道的半径，显然 MP 与 a 单位相同。为了制图方便，引进赤道里的概念，即1赤道里为赤道上经度1′的弧长，其长度根据各国所采用的地球椭圆体参数不同而略有不同，约为1 855.36 m。

1赤道里 $=a\mathrm{arc}1'$，$a=1/\mathrm{arc}1'$赤道里 $=3\ 437.746\ 771$ 赤道里。将其代入上式，并将自然对数换算成常用对数，得：

$$MP=7\ 915.704\ 47\lg\left[\tan\left(\frac{\pi}{4}+\frac{\varphi}{2}\right)\left(\frac{1-\mathrm{e}\sin\varphi}{1+\mathrm{e}\sin\varphi}\right)^{\frac{\mathrm{e}}{2}}\right]\text{赤道里} \qquad (2\text{-}1\text{-}1)$$

在式中，任一纬度线到赤道的图上距离 MP，就可以赤道里为单位进行计算了。为方便制表等起见，将 MP 看作任一纬度线到赤道的距离与图上1赤道里，即与图上经度1′长度的比值，故 MP 被称为纬度渐长率。

$$MP=7\ 915.704\ 47\lg\left[\tan\left(\frac{\pi}{4}+\frac{\varphi}{2}\right)\left(\frac{1-\mathrm{e}\sin\varphi}{1+\mathrm{e}\sin\varphi}\right)^{\frac{\mathrm{e}}{2}}\right] \qquad (2\text{-}1\text{-}2)$$

我国《航海表》Ⅲ-3 纬度渐长率表，就是根据该式计算出来的，其数值表示某纬线到赤道以图上1赤道里（图上经度1′的长度）为单位的距离数。例如在《航海表》Ⅲ-3 中查得纬度36°的纬度渐长率为2 304.5，如果某图上经度1′的长度定为1 cm，就表示在该图上36°纬线到赤道的图上距离为2 304.5 cm；如果某图上经度1′的长度定为0.4 cm，则该图上36°纬线到赤道的图上距离为2 304.5 ×0.4 =921.8 cm。

所以,在绘制墨卡托海图图网时,距离单位是图上经度1′的长度,经线之间的距离等于两条经线之间的经差的分数;纬线之间的距离等于这两条纬线的纬度渐长率之差(*DMP*)。只要满足这样的条件,则该图就满足等角投影的要求,就是墨卡托海图图网。

上述结论,可以利用某墨卡托海图来检验。例如,我国海图12 000成山角到长江口的图幅为678.4×984.2,单位为mm。图幅范围是119°09′E～124°41′E和30°49′N～37°29′N。根据图幅宽度和图幅经度,可以计算出图上1′经度的长度:

$$\frac{\text{图幅宽度}}{\text{图幅经度}} = \frac{678.4}{124°41'\text{E} - 119°09'\text{E}} = \frac{678.4}{332} = 2.0434\ \text{mm}$$

根据图幅纬度查纬度渐长率表,可求出海图图廓南北纬线之间的*DMP*:

φ	37°29′N	MP_N	2 415.044 7
φ	30°49′N	−) MP_S	1 933.396 9
		DMP	481.647 8

这样,图廓南北纬线的距离 = *DMP* × 图上经度1′的长度

$$= 481.6478 \times 2.0434 = 984.2\ \text{mm}$$

计算结果与图幅数据是一致的,说明上述计算方法是正确的。用同样的方法可以求得其他不同纬线间的距离,以此绘制出墨卡托海图图网。

利用以上方法,可根据需要自行绘制一张空白定位图。空白定位图是一种用墨卡托投影法绘制的空白海图,图上只绘出经线、纬线、经度图尺、纬度图尺及罗经花,大洋航行时,使用的是小比例尺海图,这样利用空白定位图可以减小海图作图误差,另外,当发生海事,需要绘事故分析图时,也需要空白定位图。如果船上缺少空白定位图,则可自行绘制,步骤如下:

(1)据图幅大小和经差范围,计算出图上1′经度的长度;

(2)根据“经差(分)×图上1′经度长度”画出图幅内整度或相隔2°、3°的且相互平行的经线;

(3)根据图幅纬度,查得各纬线的纬度渐长率*MP*,并计算出相邻纬线的渐长率差,乘以图上1′经度的长度,得相邻纬线的图上间距,按比例画出各相互平行的纬度线,并与经线垂直。

例2-1-1:以图上1°经度等于6 cm的比例尺,绘制一张范围为120°E～124°E,32°N～36°N的墨卡托图网。

解:(1)图上经度1′的长度 = 6 ÷ 60 = 0.1 cm;

(2)经度范围为124° − 120°E = 4°,图幅宽度为6×4 = 24 cm。按6 cm的间隔分别画出120°E、121°E、122°E、123°E和124°E的经线,且互相平行;

(3)各纬线间的间隔,查纬度渐长率表,列表计算如表2-1-2所示:

表 2-1-2　各纬线间的距离间隔表

纬度 φ	纬度渐长率 MP	纬度渐长率差 DMP	相邻纬线在图上间隔 $DMP\times1'$经度长度(cm)
36°N	2 304.5	73.4	7.34
35°N	2 223.1	72.5	7.25
34°N	2 158.2	71.6	7.16
33°N	2 087.0	70.8	7.08
32°N	2 016.2		

按上述计算结果，画出各整度纬线，并且相互平行，且垂直于经线，如图 2-1-8 所示。

微课：
简易墨卡托海图

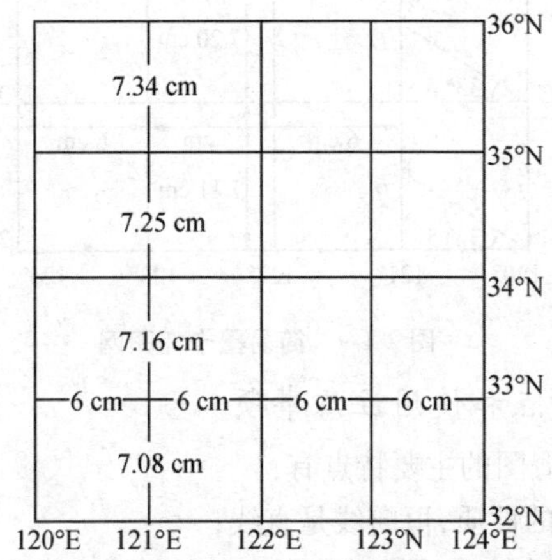

图 2-1-8　墨卡托图网

3. 绘制简易墨卡托图网

根据墨卡托海图投影原理，在实际工作中，如果对构制的墨卡托图网的精度要求不高，可以使用简易的方法绘制墨卡托海图。如图 2-1-7，把地球看作圆球体，$ABCD$ 为地面上一微小球面梯形，微小经差为 $\mathrm{d}\lambda$，取相同微小纬差 $\mathrm{d}\varphi$，赤道上对应的弧长为 $a\mathrm{d}\lambda$，从球面几何得知 BC 弧长 $=r\mathrm{d}\lambda=a\mathrm{d}\lambda\cos\varphi$，投影到地图上后，$bc=a\mathrm{d}\lambda$，故 $bc=BC\sec\varphi$，也就是说纬度圈弧长是被扩大了 $\sec\varphi$ 倍后画在海图上的，为了保持等角关系，沿经线方向上的弧长 AB 也应扩大 $\sec\varphi$ 倍画在海图上，即 $ab=AB\sec\varphi=a\mathrm{d}\lambda\sec\varphi=bc\sec\varphi$。在实际作图时，由于范围较大，两纬线间经线上各点的纬度不同，故其伸长倍数也不同，为画图方便，取相邻纬线间的平均纬度(φ_m)的 $\sec\varphi_m$ 作为两纬线间经线上的平均伸长率。下面用例题说明绘制方法。

例 2-1-2：以 1°经差等于 6 cm 的比例尺，绘制范围 120°E ~ 124°E，32°N ~ 36°N 的简易墨卡托海图。

解：如图 2-1-9 所示。

(1) 过适当点 A 画 32°N 纬线，自该点起间隔 6 cm 画 5 条经线，即 120°E、121°E、122°E、123°E、124°E 的经线；

(2)以 A 为顶点,32°N 纬线为始边,作一角度 $\varphi_m = (32° + 33°)/2 = 32°.5$ 其终边交于邻近经线(121°E 经线)一点为 B;

(3)以 AB 为半径画弧,交 120°E 经线于 C 点,则过 C 点的纬线即为 33°N 的纬线;

(4)用同样的方法可画出 34°N、35°N、36°N 的纬线。

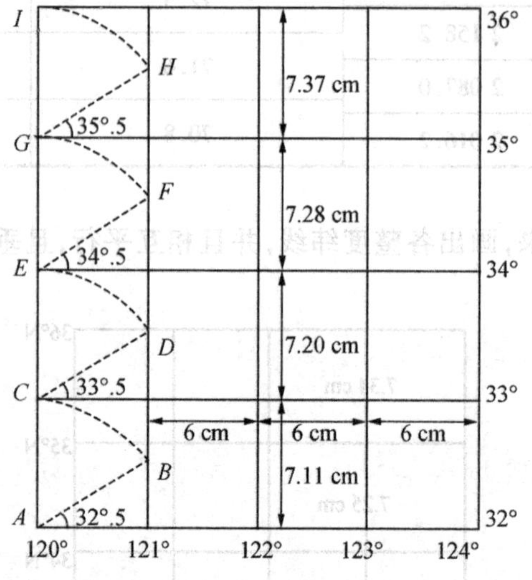

图 2-1-9 简易墨卡托图网

4. 墨卡托海图特点和使用注意事项

综上所述,墨卡托海图的主要特点有:

(1)具有等角投影的性质,恒向线是直线;

(2)所有经线相互平行,间隔相等;所有纬线相互相行,纬线越高,间距越大;经纬线相互垂直;

(3)图上任一点在各个方向上的比例尺均相等,同一纬线各点局部比例尺相同,不同纬线局部比例尺不同,纬度越高比例尺越大;

(4)图上纬度 1′的长度随纬度升高而渐长。

在墨卡托海图中,纬度 1′的长度随纬度的升高而逐渐变长,因此墨卡托海图也称为渐长纬度海图。为此,在墨卡托海图上量取距离时,应该在相应的纬度尺上量取,或者说在所量地区的平均纬度的纬度尺上去量取。另外由于纬度的渐长,这种海图不适合用于高纬度区域,因此墨卡托海图一般不超过 70°,很少有接近 80°的。

六、其他海图

1. 高斯投影图

高斯投影是由德国数学家、物理学家、天文学家高斯于 19 世纪 20 年代拟定,后经德国大地测量学家克吕格于 1912 年对投影公式加以补充,故又称为高斯-克吕格投影,是等角横圆柱投影。

如图 2-1-10 所示,设想将一圆柱横切于地球椭圆体的某一子午圈上。这条相切

动画：
横圆柱投影

的子午线叫作轴子午线(或中央经线、中央子午线),这时的圆柱轴与地轴垂直且在赤道平面上。然后,通过一定的数学投影法则将地球表面的元素投影到圆柱表面,再将圆柱展开成平面,成为高斯-克吕格投影图。

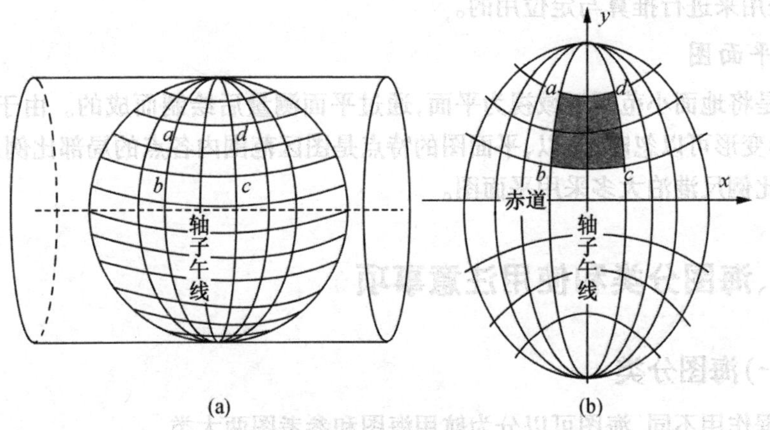

图 2-1-10 高斯投影

可以看出,轴子午线投影后没有长度变形,离轴子午线越远的子午线变形也就越大,最大变形为 1/750。因此用高斯投影来描绘轴子午线附近的狭长地带变形很小,也能保证小范围图像与地面实际形状相似,即具有等角正形的特点,这个狭长的带状的经纬线网叫作高斯-克吕格投影带。通常在实际制图中,每隔 6°作为一个投影带,全球分为 60 个投影带,也有的 3°作为一个投影带的。在我国各种大、中比例尺地形图采用了不同的高斯-克吕格投影带,通常比例尺大于 1∶10 000 的地形图采用 3°带;1∶25 000 至 1∶50 000 的地形图采用 6°带。高斯投影图具有以下特点:

(1)具有等角正形投影的性质;

(2)轴子午线投影后为直线,无变形,其余经线是对称于轴子午线的曲线;

(3)轴子午线附近变形小,它适用于描绘经差小,纬差大的狭长地带;

(4)赤道是垂直于轴子午线的另一直线,其余纬线是对称于赤道的曲线;

(5)极区变形也较小,可以用来绘制高纬度区域的地图。

根据以上特点,高斯投影通常用来绘制大比例尺港泊图,高纬度海区的海图以及其他一些特殊用途的海图。在我国,一些比例尺在 1∶20 000 及更大的港泊图常用高斯投影法绘制。中纬度以下的港泊图,由于图区范围小,投影后经纬线变形甚微,可以把它们当作直线看待,因此,这种海图可以把它看作与墨卡托海图一样来使用。

2. 心射投影图

心射投影是将球相切于平面,投影中心与地心重合,将地球上的经纬线直接投影到平面上。根据切点不同,可分切点在极地的极切投影,适合绘制极区图;切点在赤道的赤道切投影以及任意切投影。

心射投影切点附近变形小,英版大比例尺港泊图,常采用这种投影。

另外,心射投影的另一个重要特点就是大圆弧投影后是直线,根据这一特点,航海上使用它来绘制大圆海图。

大圆海图主要用于绘制大圆航线,驾驶员可以直接用直尺画出表示大圆弧的直线,这样很容易将大圆弧用几个分点分成几段,以恒向线的形式将各段移画到航用海图上。大圆海图不是等角投影,不可在大圆海图上直接量取方向或夹角,也不能直接量取距离。不过对航海工作者来说,这些并不重要,因为大圆海图主要任务就是求分点,不是用来进行推算与定位用的。

3. 平面图

它是将地面小范围区域视为平面,通过平面测量后绘制而成的。由于图区范围小,投影变形可以忽略,所以,平面图的特点是图区范围内各点的局部比例尺都相等。英版大比例尺港泊大多采用平面图。

微课:
海图的分类

七、海图分类和使用注意事项

(一)海图分类

根据作用不同,海图可以分为航用海图和参考图两大类。

航用海图用于拟定航线、航迹推算和定位等海图作业。航用海图按比例尺的大小,一般又可以分为以下五类。

1. 总图(general charts)

其比例尺一般小于1:3 000 000。总图比例尺较小,图区包括范围甚广。只对远离海岸航行时,能看到的重要物标和灯塔,以及与海岸有一定距离的航海危险物进行标注。对沿岸航海危险物,仅作概略描述。总图只能作为船舶在大洋航行时,研究总的航行条件、拟定大洋航线和制定总的航行计划用。

2. 远洋航行图(ocean sailing charts)

其比例尺一般在1:1 000 000~1:2 900 000。图上详细标有海上平台、井架等近海设施,一般还标有图区主要的山头及岛顶高程、主要无线电助航标志和特别重要的灯塔、灯桩、灯船及浮标等。远洋航行图一般可用于远洋航行或作为航行参考图用。

3. 近海航行图(offshore sailing charts)

其比例尺一般在1:200 000~1:990 000。图上详细标有近海航行所需要的灯塔、灯桩、灯船、浮标、无线电助航标志及航行障碍物等。图上一般还标有沿海较主要的航道、码头、防波堤、港外较大的锚地和港口沿岸较显著的建筑物。近海航行图主要供船舶在近海航行时海图作业用。

4. 沿岸航行图(coastal sailing charts)

其比例尺一般在1:100 000~1:190 000。图上一般都详细标有除供港湾内用的助航标志以外的其他各种助航标志,还详细标有港口附近的航道及其疏浚深度或扫海深度、港外锚地和较大港湾内的码头、防波堤、海上平台等近海设施和沿海陆地主要地貌、地物等。沿岸航行图可供船舶沿岸和狭水道航行用。

5. 港湾图(harbour charts)

其比例尺一般大于1:100 000。图上详细标有各种助航标志。还详细标有各种航道及其疏浚深度或扫海深度、锚地和锚位,以及码头、防波堤、船坞、系船浮筒和系船灯桩等港口资料。港湾图一般可供船舶进出港湾、锚地,通过狭窄水道及港口管理等使用。

参考图是为了某种航海的特殊需要而专门绘制的海图。一般不可以用作航迹推算和定位。如供无线电定位系统用的“位置线图网”(latticed charts),为设计大洋航线用的“航路设计图”(routeing charts)、“大圆海图”(gnomonic charts)、“气候图”(climatic charts)、“世界载重线区域图”(zones,areas and seasonal periods for commercial vessels),以及“等磁差曲线图”(magnetic variation charts)、“冰况图”(ice charts)等。

按绘制图网的方法,即地图投影方法的不同,海图又可分为墨卡托海图、高斯投影海图、大圆海图和平面图等。

我国出版的海图中,比例尺小于1∶20 000的海图,一般采用墨卡托投影原理绘制,其基准纬线一般为本图的中央纬线。比例尺相同的成套航行图,以覆盖区域的中央纬线为基准纬线。国内海区1∶20 000及更大比例尺海图采用平面图或高斯-克吕格投影,通常又称为港泊图;国外海区1∶20 000及更大比例尺海图一般采用平面图。制图区域60%以上地区纬度高于75°时,图幅采用日晷投影。

英版海图按水深和高程单位可分米制海图和拓制海图。米制海图水深和高程单位均为米,拓制海图水深单位为拓或英尺,高程单位为英尺。目前,大部分的拓制海图已被米制海图所替代。

(二)海图的可靠性

海图的可靠性直接影响到船舶的航行安全。一张海图的可靠与否可以从以下几个方面来考虑。

1.资料来源和测量时间

一般海图出版国的海道测量机构所测绘的资料是比较可靠的。如果是引用外国资料或从外国海图翻印的,就必须对它的可靠性有所考虑。

从海图测量时间上来讲,时间越近,可靠性越高。早期航海测量,由于测量仪器和技术都比较落后,测量精度和完整性较差,可靠性较低;经常变迁的浅滩和沙滩等,水深也可能出现较大的变化,船舶航行在这些海区,应特别注意海图资料的测量时间,以便对当时实际水深做出准确的评价;此外,由于时间推移,航行资料越来越充分,还有一些当时被认为对船舶航行无影响的航海危险物或浅滩等,也可能不能满足现代船舶的要求。

2.海图的出版、新版或改版日期

海图的出版有新图、新版图和改版图。

新图(new chart)是指第一次制版或全部重新制版的海图,英版海图出版的新图主要包括下列几种:

新图(new chart):指原先未制作过的某一地区的海图,或者它的比例尺及包括的海区范围与图号均以全新的面貌出现的海图。

新米制海图(new metric chart):是新图的一种,其陆地高程和水深均以米为单位。

代替同图号的新图(new chart superseding chart of the same number):对其原版进行重制,但图号保持不变。

英国复制的澳大利亚和新西兰海图(UK reproduction of AUS and NZ government-chart):1963 年以后,英国取得澳、新两国政府同意,有权复制两国政府的海图以逐步替代该地区的原英版海图。

新版图(new edition chart)是对旧版图版做全面的改正和补充后,重新刊印出版的,新版图大部分采用了新的测量资料。新版图图号、比例尺及所包括的地区与旧版图一样,其新版日期印在海图原版日期的右侧。

改版图是对原版图某些局部范围做较大修改和补充后,重新印刷出版的海图。

海图的出版、新版及作废消息均发布于《航海通告》之中。

因此,所使用海图的出版、新版或改版日期应是最近期的,所标注的日期应与最新的《航海图书总目录》中载明的现行版日期一致。每张海图使用前必须按航海通告改正至最新一期。英版"最新航海通告累积表"(The Latest Cumulative List of Admiralty Notices to Mariners),每半年出版一期,刊载有英版海图现行版本的出版日期和近两年来的永久性通告号码。根据其后出版的各期周版航海通告核查海图小改正栏所登记的已改通告号码,可确定每张海图是否有漏改和已改正至最新。

3. 海图比例尺

海图比例尺越大,资料记载越详细,物标、水深点和航标等的位置越准确,海图作业精度也越高;此外,需通过海图新版或改版对海图进行改正时,往往优先改正大比例尺海图;再者,海图变形时,比例尺越大所受影响越小。因此,海图比例尺越大,其可靠性就越高。

4. 测深的详尽程度

图上测深线的间距、水深点的密集程度以及水深变化情况等也能用来判断海图资料的可靠程度。

可靠测深的海图,水深点密集且排列有规则,水深变化明显可辨,等深线为实线且层次分明、连续不中断,并且不应存在异常的较大空白区。

海图空白处,表示未经测量,应视为航海危险区而避开;不精确等深线是根据稀少水深勾绘的,采用虚线描绘,可靠性较低;在大比例尺海图上,实测水深一般用斜体字表示,而直体注记的水深表示深度不准或采用旧的测深资料,可靠性较低;此外,凡水深旁标注有"疑深"(SD)或"据报"(Rep)的,其可靠性也较低。

5. 地貌精度与航标位置

海图资料的可靠性,还可根据岸形、陆地地貌的标注方式加以判断。在大比例尺海图上,虚线描绘岸线和等高线,是草绘岸线和草绘等高线,表示地貌测绘的精度不符合规范的要求;山形线仅仅是表示山体形状的曲线,同一条曲线上高程不一定相等,描绘时可能不闭合,它们的可信赖程度较低。显著山峰、灯塔、孤立的岛屿和烟囱等显著建筑物的位置一般比较准确,但无人看守的灯船、灯浮、浮标等的位置,可能因大风浪、强流、被碰撞等原因移位、灯光熄灭甚至漂失，而又不能及时发布航海通告，对它们的位置不能过分信赖。

(三)使用海图注意事项

微课：
海图的使用注意事项

海图的使用应注意以下几点：

(1)应尽量选用较大比例尺的海图，特别是在浅滩、岸边和航行障碍物附近。因为在大比例尺海图上航海资料比较完整、准确。

(2)海图上也可能存在有不够准确的地方，特别是资料陈旧的旧版海图，不能盲目信赖。在使用中，应该经常利用准确的船位进行比对检查。

海图空白处，表示未经测量，应视为航海危险区避开。未经扫海区域，相邻测深线之间可能存在测深时未被发现的孤立陡峭的危险物。即使现代化的测量，也往往难以发现海区内的每一危险物。船舶使用资料陈旧、水深点稀少的海图，在船舶活动较少的海区航行时，应尽可能将航线设计在水深点上。

(3)海图应根据航海通告及时进行改正和更新。改正内容不要掩盖海图上原有的资料。对永久性通告应使用不渗水的红墨水笔和规定图式进行更改，而临时性通告和预告则用铅笔进行改正。改正后应在海图左下角小改正处填写改正通告的年份和编号，并查对上次改正是否已完成。一张新购置的海图，图上资料也不一定是最新的，因为各地海图代销店一般只对永久性通告加以改正，没有对临时性的、预告性的通告和航行警告进行改正，驾驶员仍应根据航海通告及时进行改正。

(4)海图作业应该采用软质铅笔(一般选用 2B)和松质橡皮。应轻画轻擦，不能在海图上乱画、乱涂或打草稿。海图作业应按规定进行，图上标注位置要适当。

(5)海图作业应保留到航次结束后方可擦去，并整理好归位。如发生海事，应及时封存海图，并保存到海事处理结束。

(6)海图应存放在干燥的地方，防止受潮霉烂或变形。海图受潮或弄湿后，不要日晒、烘烤，以防变形，应压平阴干。搬运海图时，应卷成筒状，切勿随意折叠，并及时放平恢复原状。

任务二 中版和英版海图识读

在航用海图上除有经、纬度网以外，还必须将各种航海资料，如各种地形、地物、航行障碍物、助航标志、港湾设施、潮流海流和水深等用一定的符号或缩写准确地绘制到图网上去，这些符号或缩写叫作海图图式。我国现行出版的海图是根据国家技术监督局 1998 年 12 月发布的 GB 12319—1998“海图图式”，英版海图是根据英版海图 5011“英版海图符号与缩写(Symbols and Abbreviations used on Admiralty Charts)”绘制而成的。驾驶人员必须了解和熟悉各种海图图式的含义及图上各种图注与说明，才能正确使用海图。

电子书：
中版海图图式

一、海图标题栏与图廓注记

(一)海图标题栏(chart legend)

海图标题栏是用来标示海图图名和各种说明的部位，一般刊印在海图内陆处，或航行不到的水面上，特殊情况下也可能印在图廓外适当的地方。

电子书：
英版海图图式

标题栏的内容包括出版机关的徽志、图幅的地理位置、图名、比例尺、投影、深度和高程的基准面及计量单位、图式版别、基本等高距和坐标系等编图资料的说明等。有关使用图的重要说明也印在此栏内，例如禁航区、雷区、禁止抛锚区、航标、分道通航制和地磁资料等与航行安全有关的说明及重要注意事项或警告。有些海图标题栏还附有图区内重要物标的对景图、潮信表、潮流表和换算表等资料。以下分别是某中、英版海图标题栏：

中 国　　黄 海
大 连 湾 及 附 近
1:45 000 (38°55′)
墨卡托投影
深度、高程……米

CHINA　YELLOW　SEA
DALIAN　WAN　AND　APPROACHES
Mercator Projection
Soundings and Heights in Metres

CHINA-EAST COAST
NINGBO GANG
TO
CHANGJIANG KOU
DEPTHS IN METRES
SCALE 1:3 000 000 at lat 30°00′
Depths…………
Heights…………
Navigational marks: ………..
Projection: ………..
Sources: ……….

(二)图廓注记(marginal notes)

微课：
海图的标题栏

在海图图廓四周注记有许多与出版和使用海图有关的资料，主要有：

1. 海图图号(chart number)

海图图号印在海图图廓的四个角位置上。中版海图图号印在海图图廓的4个角上，不论该图怎样放置，均可从该图的右下角读出。中版海图图号是按海图所属地区编号的，总图图号为三位数，航行图和港湾图为五位数。

图片：
中版海图图面配置示意图

英版海图图号印刷在海图的右下角和左上角。英版海图图号与地区无关，是按出版海图的时间先后编号的。若有需要，图号前缀有“BA”，以区别英版系列海图与其他海图。有些海图图号前还印有该图的国际系列图号，如“1918”号海图，其国际系列图号为“INT 5512”。

2. 出版和发行情况(publication note)

出版和发行情况印在图廓外下边中间，给出新图的出版和发行单位、日期。其右边还印有该图新版(New Edition)或改版(Large Correction)日期、制版年份和印刷方法等。自1972年以来英版海图的不同修正版统称为新版。

3. 小改正(small correction)

小改正印在图廓外左下角,用以登记自该图出版(新版或改版)以来改正过的所有小改正的通告年份和通告号码,以备查考图是否已及时改正至最新。

4. 图幅(dimensions)

图幅印在图廓外右下角,在括号内给出通常以毫米为单位的海图内廓界限尺寸,用以检查海图图纸是否有伸缩变形,例如“986.5 ×687.4”,指的是该海图经度与纬度范围的尺寸。英版拓制海图以英寸为单位。

5. 对数图尺(logarithmical scale)

某些大比例尺的港湾图和航行图的外廓图框上,通常印有用对数原理编制出的对数图尺,位于该图右下方或左上方,以便用来速算航程(S)、航速(V)和航行时间(t)之间的关系,如图 2-2-1 所示。

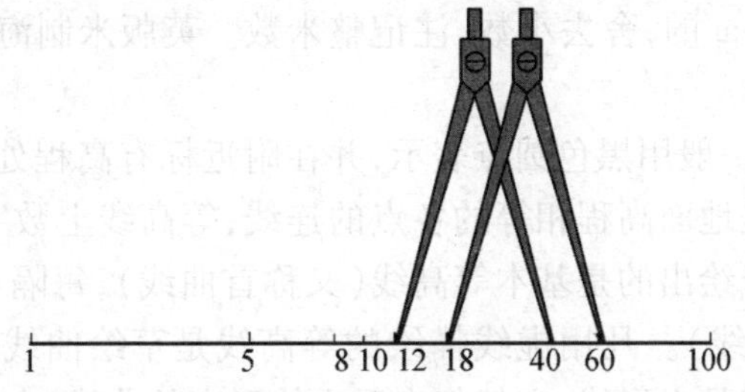

图 2-2-1　利用对数图尺求航程、航速或航行时间

6. 邻接图号(adjoining chart)

邻接图号印在图廓外或图廓内适当地方,表示相同或相近比例尺的邻接图图号。

微课:
海图基准面

二、海图基准面

物标的高程、海图的水深、潮高、水位等,都是从一定的基准面开始起算的。海图的高程基准面和水深基准面,总称为海图基准面(vertical datum)。

1. 高程基准面(height datum)

高程基准面是物标高程的起算面。海图上所标的山头、岛屿和明礁等的高度都是从高程基准面起算的。我国沿海海图高程基准面一般采用“1985 国家高程基准面”或当地平均海面。英版海图在以半日潮为主的海区采用平均大潮面,以日潮为主的海区采用平均高高潮面,在无潮海区采用当地平均海面为高程基准面。

2. 深度基准面(chart datum,CD)

海图深度基准面是海图上标注的水深的起算面,也是干出高度的起算面,通常潮高的起算面也常用它。深度基准面是进行水深订正的重要依据,对航海安全来说是相当重要的,不能定得过高或过低,通常应选择足够低的潮面作为深度基准面,尽可能使低潮不低于它。我国沿海系统测量区域采用理论最低潮面(旧称理论深度基准面)作为深度基准面。英版海图水深通常用天文最低潮面(lowest astronomical tide,LAT)作为起算面。

平均海面也是最基本的基准面。高程基准面、深度基准面通常都是以平均海面为基准来标注的,例如:“深度基准面在平均海面下×××厘米”等。平均海面常用来作为高程基准面,我国的“1985国家高程基准面”其实就是平均海面,它是根据由青岛验潮站1952年到1979年的验潮数据确定的黄海平均海平面所定义的高程基准,我国陆地的海拔高度都是从这个基准面起算的。

微课:
海图上的高程、水深及底质标注

三、高程、水深和底质

1. 高程(height)

陆上物标自高程基准面至物标顶端的海拔高度简称高程。海图陆上所标数字,以及部分水上带括号的数字,都表示该数字附近物标的高程。它们的起算面和单位,一般在海图标题栏内加以说明。中版海图高程单位为米。高程不足10 m的,注记精确到0.1 m;大于10 m的,舍去小数,注记整米数。英版米制海图高程单位为米,拓制海图单位为英尺。

山高,除高程点一般用黑色圆点表示,并在附近标有高程处,其他各点高程用等高线描绘。等高线是地面高程相等的各点的连线,等高线上数字表示该等高线的高程。其中用细的实线绘出的是基本等高线(又称首曲线),每隔4条基本等高线画一条加粗等高线(计曲线)。凡用虚线描绘的等高线是草绘曲线,它表示未经精确测量。没有高程的曲线是山形线,它仅仅表示山体形态的曲线,在同一条曲线上高程不一定相等,描绘时可不闭合。

灯高(elevation):一般系自平均大潮高潮面至光源中心的高度。中国沿海地区中版海图,灯高不足10 m的,注至0.1 m,大于10 m的,注至整米,舍去小数。

桥梁净空高度(charted vertical clearance):自平均大潮高潮面或江河高水位(设计最高通航水位)到桥下净空宽度中下梁最低点的垂直距离。架空管道、电线等净空高度是自平均大潮高潮面或江河高水位到管线下垂最低点的垂直距离。净空高度不足10 m的,注至0.1 m;大于10 m的,注至整米,舍去小数。英版海图净空高度一般自平均大潮潮面、平均高高潮面或平均海面起算。

干出高度系指深度基准面以上的高度。

建筑物符号旁标注的数字为建筑物高程,是指高程基准面至建筑物基部地面的高程;建筑物旁所注带括号的数字表示建筑物顶高,即自高程基准面至建筑物顶端的高程;建筑物旁括号内所注上有“⌒”的数字表示建筑物比高,比高指地物、地貌基部至建筑物顶部的高度,即物标本身的高度。上有“—”的高程数字表示树梢概略高度,从高程基准面起算。

2. 水深(sounding)

水深是海图深度基准面至海底的深度,又称图注水深。凡海图水面上的数字均表示水深。水深点位于水深数据的整数部分中心,实测水深一般用斜体数字标注,直体数字则表示采自小比例尺海图或深度不准确。但在1:500 000或更小比例尺图上,水深注记一律用斜体表示。中版海图水深浅于31 m的保留一位小数,第二位舍去;深于31 m的注至整米,小数舍去。英版米制海图水深单位为米;拓制海图(1拓约等于 1.83 m),用拓或英尺表示。

“疑存”(existence doubtful,ED)表示对礁石、浅滩等的存在有疑问。“疑深”(sounding of doubtful depth,SD)表示实际深度可能小于已标明的水深注记。“据报”(reported,Rep)表示未经测量,据报的航行障碍物。等深线是图上海图水深相等的各点的连线,用细实线描绘,不精确等深线是根据稀少水深勾绘的等深线,位置不准确,采用虚线描绘。

“$\overline{\dot{2}90}$”表示未测到底的水深注记。

在标注时,水深数据小数位以下标形式出现,如某处水深为 9.2 m,标注为“9_2”;当海底高出基准面时标注“干出高度”,如“$\underline{2_2}$”,表示该处海底在深度基准面上$\underline{2_2}$ m。

图注水深不是实际水深,当潮高基准面与深度基准面一致时它们之间通常要修正一个潮高,如图 2-2-2 所示,即:

$$实际水深 = 图注水深 + 潮高 \tag{2-2-1}$$

当潮高基准面与深度基准面不一致时,除修正潮高外,还需修正两基准面之间的差值,如图 2-2-2 所示,即:

$$实际水深 = 图注水深 + 潮高 + (CD - TD) \tag{2-2-2}$$

有关实际水深等的计算在将项目七(潮汐推算)中详述。

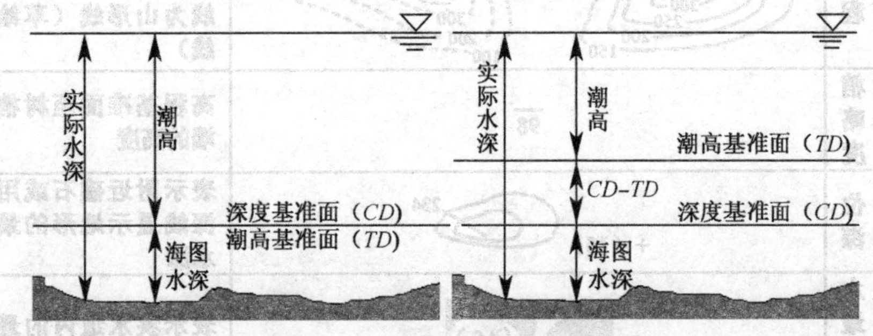

图 2-2-2 实际水深与海图水深

常见高程、水深图式见表 2-2-1。

3. 底质(nature of the seabed)

底质即海底的性质,中、英版海图的标注基本相同,用英文缩写标注,标注方法:形容词+底质名,如“软泥”(soM)。两种混合的底质,先注成分多的,后注成分少的,如“沙石”(S St);上下层底质不同的,先注上层后注下层,如“沙/泥(S/M)”。

底质类型主要有:沙(sand,S)、泥(mud,M)、黏土(clay,Cy)、淤泥(silt,Si)、石(stone,St)、岩石(rock,R)、珊瑚和珊瑚藻(coral,Co)以及贝(shells,Sh)等。

形容沙的形容词:细(fine,f)、中(medium,m)和粗(coarse,c)。

其他形容词:碎(broken,bk)、软(soft,so)、硬(stiff,sf)、坚硬(hard,h)等。

底质可以为选择锚地和测深辨位提供依据。

表 2-2-1　常见高程、水深图式

类别	中版图式	英版图式	说明
建筑物高程	27.5		高程基准面至建筑物基部地面的高度
建筑物顶高	（47.5）	（47.5）	高程基准面至建筑物顶端的高度
建筑物比高	(20)	(20)	建筑物基部地面至顶端的高度
存在可疑	疑存	ED	表示对礁石、浅滩等的存在有疑问
深度可疑	疑深	SD	表示深度可能小于已标明的水深注记
据报	据报（2012）	Rep（2012）	表示未经测量，据报的航行障碍物（据报年份）
等高线及高程点	355 300 250 200 150	380 300 200 100	实线表示精测等高线，虚线或无高程的等高线为山形线（草绘曲线）
树梢概略高度	$\overline{98}$		高程基准面至树梢顶端的高度
移位水深	+（15）　234		表示附近礁石或用等深线显示地形的最浅水深
狭水道最浅水深	(15_8)		表示狭水道内的最浅水深
干出高度	$\underline{6}_5$		表示深度基准面以上的高度
实际位置	14_8		实测水深，注记（整数）中心即为水深实测（斜体数字）
直体注记水深	8_4		表示深度不准或采自小比例尺图的水深体（直体数字）
未测到底的深	$\overline{290}$		表示测到一定深度尚未测到底的深度

微课：
航行障碍物

四、航行障碍物

航行障碍物是指海上各种礁石、沉船和其他障碍物。

1. 礁石（rocks）

礁石是海中突出、孤立的岩石，可分为明礁、干出礁、适淹礁和暗礁。中英版海图的标注也基本相同

明礁是指平均大潮高潮时露出的孤立岩石，与小岛表示方法同，括号内数字表示高程。同一明礁，由于中、英版海图采用的高程基准面不一定相同，其所注记的高程也不一定相同。

干出礁是指位于平均大潮高潮面以下，深度基准面以上的孤立岩石。高潮时淹没，低潮时露出。数字注记系干出高度（深度基准面以上的高度）。如“＊($\underline{3}_6$)”，指干出礁，礁石顶端在深度基准面上3.6 m。

适淹礁是在深度基准面适淹的礁石，符号为“⁜”。

暗礁是指深度基准面以下的孤立礁石，数字注记系深度基准面至礁石顶部的深度。如“+(6_8)”，指该暗礁顶端在深度基准面下6.8 m。水下珊瑚礁是指位于深度基准面以下的珊瑚礁。浪花（breakers，Br）用于表示多礁地区，该地区海浪冲击波涛汹涌，船只要注意避开。

2. 沉船（wrecks）

现在，中英版海图沉船的标注也基本相同，大体可分为三大类，即：露出大潮高潮面的沉船、干出沉船、深度基准面以下的沉船。具体可细分为许多种类，如：船体露出水面的沉船、部分露出水面的沉船、仅桅杆露出水面的沉船、危险沉船、非危险沉船、经扫海的沉船、测得深度的沉船和深度未精测的沉船。危险沉船是指其上水深小于等于20 m（英版海图小于等于28 m）的沉船或深度不明，但有碍水面航行的沉船。非危险沉船是指其上水深大于20 m（英版海图大于28 m）的沉船，或深度不明，但不影响水面航行的沉船。深度未精测的沉船指未进行精确的测量，沉船最浅深度不明，但表示的深度是采用其他方法估计的安全深度。

3. 其他障碍物（other obstructions）

除礁石与沉船外，其他障碍物，如捕鱼设备、水下桩（柱）、渔礁等，一般以符号表示，有的也用文字注记说明，如“附近多渔棚”。

常见的礁石、沉船和其他障碍物的海图图式和含义见表2-2-2。

扫海测量简称扫测，是在一定海区内以一定的深度进行面的扫测，以查明该区域所规定的深度上是否存在航行障碍物的一种测量。

凡危险物外加点圈者，均为对水面航行有碍的危险物，提醒航海者予以特别注意。危险物位置未经精确测量的，须加注“概位”（position approximate，PA）；对危险物位置有疑问时，则加注“疑位”（position doubtful，PD）；对危险物的存在有疑问时也加注“疑存”（ED）；未经测量，据报的航行障碍物，同样也加注“据报”（Rep）。

表 2-2-2 常见的礁石、沉船和其他障碍物的海图图式和含义

危险物名称	中版图式	英版图式	说明
明礁(屿)	4.8 (1.2) (1.5)	4.3 (1.2) (4.8)	平均大潮高潮面时露出的孤立岩石
干出礁	1_2 *(2_2) (3_2)	(2_2) Dr 2.4 m(英)	平均大潮高潮面下，深度基准面上的礁石
适淹礁			在深度基准面适淹的礁石
暗礁	+ +(1_2) (6_8)	16 R（英）	在深度基准面下，深度不明和已知深度的礁石
非危险暗礁	26 岩	30 R	中版指水深大于 **20 m** 的暗礁
珊瑚礁	珊	Co	位于深度基准面以下的珊瑚礁
浪花	5_4 浪花	6_3 Br	多礁区，海浪冲击波涛汹涌，船只不能靠近的区域
船体露出水面沉船	船	Mast(1.6) Wk	船体露出大潮高潮面，按比例画出
干出沉船	船	Mast(1_2) Wk	大潮高潮面下，深度基准面上，按比例画出
深度基准面水下沉船	2_2 船 船	4_2 Wk Wk	已知深度和深度不明的深度基准面下的沉船
部分船体露出沉船			部分船体露出深度基准面，不按比例画出
仅桅杆露出的沉船	桅	Masts	仅桅杆露出深度基准面以上的沉船
已知深度沉船	4_5 船 23 船	4_5 Wk 23 Wk	经测深或扫海已知最浅深度的沉船

续表

危险物名称	中版图式	英版图式	说明
危险沉船			深度≤20 m(英版≤28 m)的沉船
非危险沉船			深度>20 m（英版>28 m）的沉船
未精测沉船	23 船	23 Wk	未经精确测量，最浅水深不明的沉船
碍锚地	碍锚地 #	Foul # Foul	船残骸及其他有碍抛锚和拖网地区
障碍物	碍 碍 6碍 12碍	Obstn 7 Obstn 21 Obstn Obstn	深度不明、已知深度、经扫海或潜水探测到深度的障碍物
鱼栅			捕鱼用木栅、竹栅或系网捕鱼的桩等
鱼礁		5₄ (2₈)	深度不明或已知深度的供鱼类繁衍生息的人工鱼礁
贝类养殖场	贝	Shellfish Beds	养殖贝类的场地
渔网	渔网	Fish trapes	渔网等捕鱼设施

五、其他重要图式

除以上介绍的各种图式外，航海者还应了解和掌握其他一些常用的重要海图图式，如助航标志、航道、界限、设施等（表 2-2-3 所示），其中，无线电报告点（radio calling-in point）又称船舶动态报告点（reporting point），设在繁忙的水道上或港区附近，有助于航道畅通，确保航行安全。船只经过这些点时，须用甚高频无线电话向船舶安全航行控制中心报告。符号尖端表示船舶只在航行方向与其指示方向一致时需要报告，数字表示编号。有关助航标志内容在随后做专门介绍。

微课：
其他重要图式

六、助航标志

助航标志，简称航标。它以其特定的形状、颜色、顶标、灯质、音响、无线电信号和编号等，供船舶定位、导航、避险以及其他特殊需要之用。

助航标志包括灯塔、灯标、浮标、立标、雷达站、无线电导航设备及雾号等，其中，灯标又区分为灯塔、灯桩、灯船和灯浮。常用航标的海图图式见表 2-2-4。

表 2-2-3 常用的部分其他重要海图图式

名称	中版图式	英版图式	说明
生产平台、井架	 青龙	 Z-44	生产平台及其他平台、井架，并加注名称或编号
单点系泊	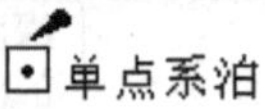 单点系泊	 SPM	系泊塔、铰链式输油平台、单柱式单点系泊
深水航道	 深水26m	 DW25m	已知最浅水深供深吃水或限于吃水船的航道
已知最大吃水的航道、推荐航道	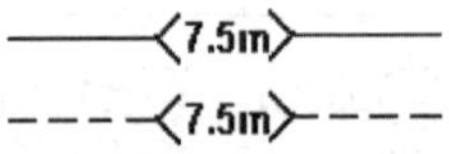 7.5m 7.5m		已知最大吃水深度的航道和推荐航道
无线电报告点	 A 6		又称船舶动态报告点，数字、字母表示编号
引航站			表示引航巡逻船或引航船会船（登船）位置
限制区界线			用以表示因某种原因，航行受限制的区域界限
海底电缆	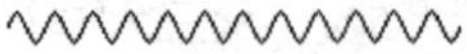		铺设在海底的电缆
领海线			领海基线外一定区域界线，一般为 12 n mile
毗邻区界线			领海线外一定区域界线

表 2-2-4 常用航标的海图图式

名称	中版图式	英版图式	说明
灯塔、灯桩		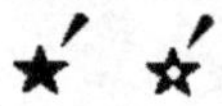	左图为灯塔，右图为灯桩
设灯平台			装有灯标的海上平台
蓝比			大型助航灯浮（Lanby）
灯船		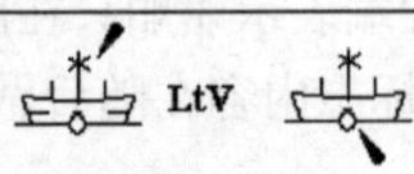 LtV	中版左为有人看守，右为无人看守的灯船或船形灯浮，英版图式也称船形灯浮，不属于 IALA
浮标	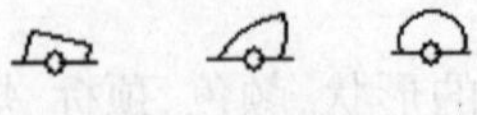		罐形、锥形、球形浮标
	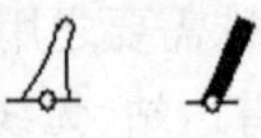		柱形、杆形浮标

续表

名称	中版图式	英版图式	说明
顶标			各种顶标
雷达反射器		Ra.Refl.	装有雷达反射器的航标
海岸雷达站	雷达	Ra	据船舶要求，能提供其方位和距离的海岸雷达站
雷达指向标	雷信	Ramark	能连续发射信号的雷达信标，可显示其方位
雷达指向标	雷康(K)	Racon(K)	具有莫尔斯信号（K），在 3 cm 频带内应答
	雷康(K)(10cm)	Racon (K)(10cm)	具有莫尔斯信号（K），在 10 cm 频带内应答
	雷康(K)(3&10cm)	Racon(K)(3&10cm)	具有莫尔斯信号（K），在 3 cm 和 10 cm 频带内应答
无线电信标	环向	Name RC	全向无线电信标
	定向 270°	RD 270° RD	定向无线电信标
	旋向	RW	旋转辐射无线电信标
无线电测向台	测向	RG	提供无线电定位业务的岸基无线电测向台
航空信标	空指向	Aero RC	航空用的无线电信标
DGPS 信标	差分		差分 GPS
AIS 信标		AIS	船舶自动识别系统（AIS）基站

助航标志在白天可以通过形状、颜色、顶标等来加以区别，而夜间则主要以灯质(light character)来相互区别。灯质是指灯光的性质，它是以灯光亮灭的规律（即节奏，rhythm）和灯光颜色来相互区别的。灯质种类很多，基本灯质有：定光(fixed)、闪光(flashing)、明暗光(occulting)和互光(alternating)4 种。常见的几种灯质及其说明

见表 2-2-5。

表 2-2-5　常见的几种灯质海图图式

灯质名称	图式	图解	说明
定光	F		颜色亮度不变，常明不断的灯光
明暗光	Oc		1 周期内明的时间长于暗的时间的灯光
联明暗光	Oc（2）		1 周期内连续熄灭两次或两次以上，明长于暗的灯光
混合联明暗光	Oc（2+3）		1 周期内相继出现几个不同熄灭次数的联明暗光
等明暗光	Iso		明暗交替且时间相等的灯光
单闪光	Fl		1 周期内只显单次闪光，明比暗短的灯光
联闪光	Fl（3）		1 周期内以两次或两次以上的闪光组成一个组
混合联闪光	Fl（2+1）		1 周期内相继出现几个不同闪光次数的联闪光
长闪光	LFl		持续时间不少于 2 s 的闪光，我国规定持续时间 2 s
连续快闪光	Q		每分钟发 50~80 次闪光，我国每分钟 60 次
联快闪光	Q（3）		1 周期内以两次或两次以上的快闪光组成一个组
间断快闪光	IQ		有间断的快闪光
连续甚快闪光	VQ		明暗次数每分钟 80 ~160 次，我国为 120 次
联甚快闪光	VQ（3）		1 周期内以两次或两次以上的甚快闪光组成一个组
间断甚快闪光	IVQ		有间断的甚快闪光
连续超快闪光	UQ		每分钟发闪光 160 次以上，一般 240~300 次
间断超快闪光	IUQ		有间断的超快闪光
莫尔斯灯光	Mo（A）		按莫尔斯码节奏显示的灯光
定闪光	FFl		每隔一定时间加发一次更亮闪光的定光灯
互光	Al.WR	W R W R W R W R W	交替显示两种或两种以上不同颜色的灯光，长明不灭
互闪光	Al.Fl.WR	R W	两种或两种以上不同颜色的灯光交替闪亮

在大比例尺海图上，灯标通常以灯质、灯光颜色、周期、灯高、灯光射程的顺序来表示其特定性质，例如，Fl(3) W. 15s20m20M。此外，根据具体情况可能注有雾号种类、光弧、无线电导航设施等。它们的具体含义是：

周期(period)：有节奏的灯光，自开始到以同样的节奏重复时所经过的时间间隔(s)。

灯高(elevation):中版海图是指平均大潮高潮面至灯光中心的高度(m)。英版海图是指平均大潮高潮面或平均高高潮面,无潮汐海区是指平均海面至灯光中心的高度,米制海图单位为米,拓制海图单位为英尺。

灯光射程(range):中版海图上所标射程是在晴天黑夜条件下,航海者的眼高在海面上 5 m 处所能看见到航标灯光的最大距离(n mile)。英版海图上的射程为光力射程(luminous range)或额定光力射程(nominal range)。

雾号(fog signals):即雾警设备,是附设在航标上雾天发出音响的设备。如:爆响号(explosive)、低音雾号(diaphone)和雾笛(siren)、雾角(horn)、雾钟(bell)、雾哨(whistle)、雾锣(gong)。

光弧(sector):用于表示扇形光灯的扇形区域,不同光色扇形应分别注明,所注方位为观测者由海上观测灯标的真方位(在航标表中可以查到),顺时针方向计算,如图 2-2-3 所示。

动画:
灯质图解

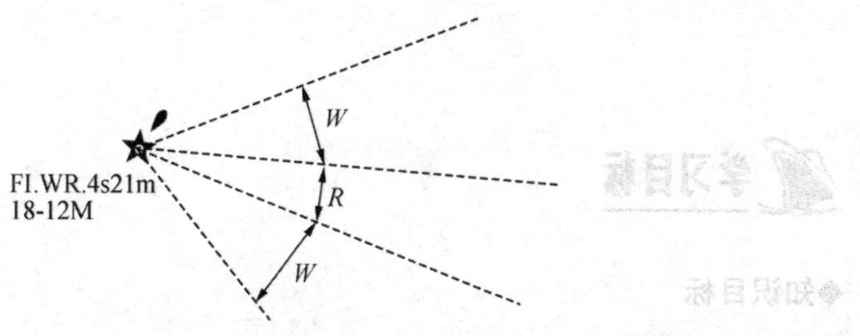

图 2-2-3　光弧

灯标如白天和夜间的灯光性质不同时,应将白天的灯光性质括注在夜间光性质的下方并在其后加注“昼(by day)”。有雾时灯光性质发生改变,或仅在雾天显示的雾灯,应括注“雾(in fog)”。无人看守的灯可在其灯光性质之后括注“无(U)”注记,“临(temp)”表示临时设置的灯,“熄(extingd)”表示灯光已熄灭的灯。在灯光性质后括注“空(Aero)”的灯标表示为航空导航而设置的航空灯。

动画:
灯质图解练习

项目三 航迹推算

学习目标

◆知识目标

1. 掌握航迹绘算中各种概念；
2. 熟练掌握各种作图工具的使用及船舶在各种条件下的航迹绘算；
3. 掌握船位差的基本概念；
4. 掌握航迹计算的基本方法。

◆能力目标

1. 能够熟练使用各种作图工具；
2. 能够熟练进行各种航行条件下的航迹绘算；
3. 能够熟练使用不同方法测定风流压差角；
4. 能够熟练使用两种航迹计算方法进行航迹计算。

◆素质目标

1. 养成严谨细致的工作作风；
2. 培养航海安全意识。

任务一 航迹绘算

船舶在航行中确定船位的方法，按照取得船位所采取的手段不同，通常可以分为两大类：航迹推算和观测定位。

航迹推算是根据船上的罗经和计程仪所指示的航向、航程并结合航行海区的风流资料，在不借助外界的导航物标的情况下，从已知的推算起始点开始，推算出有一定精度的船舶航迹及某一时刻的船位的方法；观测定位是利用航海仪器观测位置确知的外界物标，根据观测的结果确定观测时刻的船位的方法，目前航海上常用的观测定位方法包括陆标定位、天文定位和电子定位三类。

微课：
海图作业规定

航迹推算包括航迹绘算和航迹计算两种。航迹绘算简单直观，是目前常用的一种方法；航迹计算可作为对航迹绘算不足的一种补充，也有利于实现驾驶自动化。观测定位包括陆标定位、天文定位和无线电定位。

航迹推算工作应该在船驶出引航水域或港界、定速航行后立即开始。推算起始点必须是准确的观测船位。准确的起始点可以采用过港界（门）时的船位或离锚地时的锚位或利用港内附近的显著物标进行定位后的船位。在整个航行过程中航迹推算工作应该是连续不断的，不得无故中断，直到驶抵目的地或领航水域或接近港界有物标可供导航时，方可终止。但当船驶经险要航区，如渔区、狭水道，由于机动操纵频繁，可暂时中止，驶过后应立即恢复。航迹推算的起始点、终止点应载入航海日志，途中的中止点和复始点应在海图上画出并记入航海日志。

航迹推算工作，在沿岸水流影响显著的航区应该每小时进行一次，在其他航区应该每 2 ~4 h 进行一次。

一、海图作业的基本要求

1. 有关海图作业的基本概念

微课：
基本概念

（1）观测船位（OP）：用某种观测手段（陆标、天文、电子观测手段之一），对已知确切地理位置的物标进行观测而得到的船位，陆测船位以符号⊙在图上标示。

（2）推算起始点：被选作航迹推算开始的观测船位点。

（3）推算船位（EP）：通过航迹推算所确定的船位。

（4）积算船位（DR）：无风、流情况下，根据计程仪航程在计划航线或真航向线上所截取的船位。

（5）航迹线（TR）：船舶在海上运动的轨迹线，实际上是一条接近直线的曲线，推算时以直线视之。

（6）计划航迹线（简称计划航线，ITR）：本着安全和经济的原则，在船舶开航前在海图上拟定的航线，即：船舶计划航行的轨迹线。

（7）推算航迹线：在已知航向、计程仪航程（速）和风流要素的前提下，推算出的航迹线。

(8)计划航迹向(简称计划航向,*CA*):沿着顺时针方向,由真北线量到计划航线的角度,用以表达计划航迹前进的方向。

(9)推算航迹向(*CG*):沿着顺时针方向,由真北线量到推算航迹线的角度,用以表示推算航迹前进的方向。

2. 标定航迹绘算起始点

以观测船位点为推算起始点,在其附近用分数形式标明观测船位的时刻和计程仪读数,分子用四位数字表示时刻,前两位为小时数,后两位为分钟数,精确到整分数。分母为当时计程仪读数,而不是航程,精确到0.1 n mile,中间横线应大致与纬线平行。

3. 标注航迹线

在计划或推算航迹线上应进行标注,标注内容包括:计划航迹向或推算航迹向*CA*、陀罗航向*GC*或磁罗经航向*CC*、陀罗差ΔG或磁罗经差ΔC、风流压差(α,β,γ)。(如图3-1-1所示)其中后两者应标在小括号内。若不便标在线上或者当航迹线接近南北方向时,则标在航线附近的某一个合适的地方,并用指示线标出(如图3-1-2所示)。

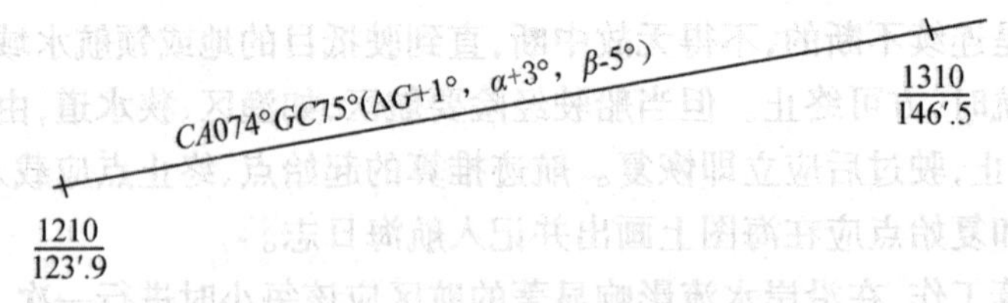

图3-1-1 起始点和航线的标绘图

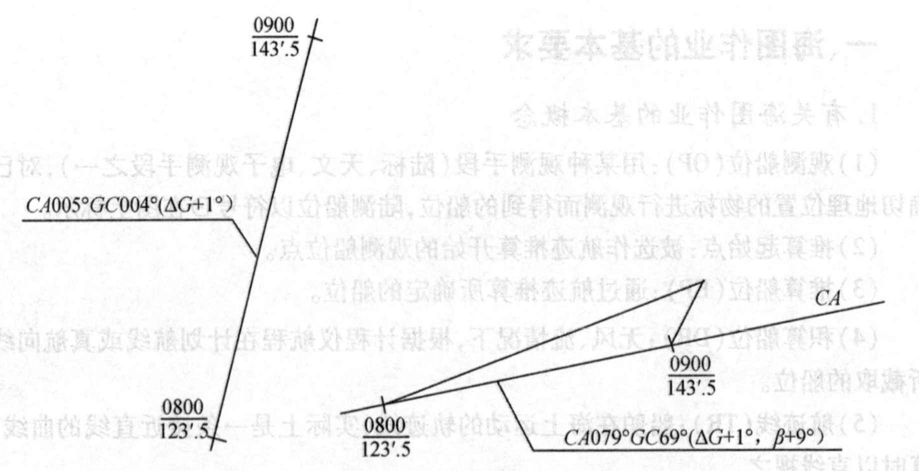

图3-1-2 推算船位和航线接近南北等情况的标绘图

4. 标注推算船位

推算船位是指驾驶员根据航向航程和风流资料,从推算起始点开始推算出的下

一个指定时刻的船位(包括绘算船位和计算船位),代号为 EP,在图上用符号"+"标示;推算船位的标注与推算起始点的标注相同,如图 3-1-1、3-1-2 所示。

在海图上从推算起(始)点画计划航线或真航向线,以推算航程截取积算点、得到积算船位(它属于一种特殊的推算船位)。标注如图 3-1-3 所示。

5. 转向

转向以后的推算,将以转向点作为新的推算起始点。所以要掌握船到转向点的时间,计程仪读数,以便推算出船到转向点的准确船位。条件许可时最好通过观测获取转向点船位。转向后,风流压差往往随之改变,即使在转向前后风向、风力、水流要素不变,但风舷角、流舷角变了,风流压差也会变。转向会引起磁罗经自差和陀螺罗经冲击误差的变化,因此转向后应查算出新的磁罗经自差和陀螺罗经冲击误差,并待航向刻度盘稳定后再读取罗经航向。

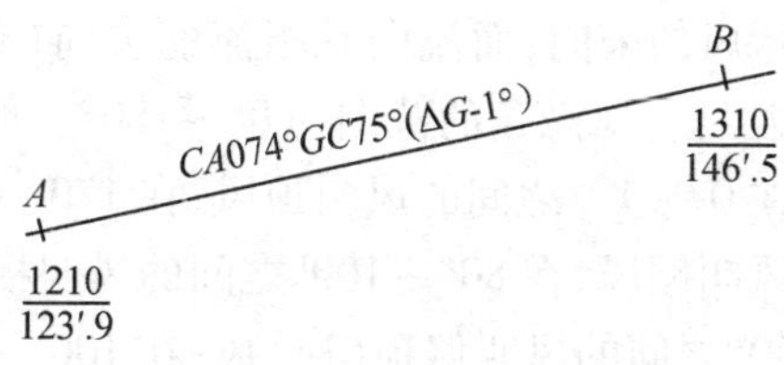

图 3-1-3 无风无流时的航迹绘算图

6. 换图

航线所需的一套海图中,每两张邻接图应相互衔接得当,有一定的重叠区,中间不得有脱节,比例尺大小不得相差太大。

在前一张海图上的计划或推算航线上定出推算终止点,量出其经纬度、航迹向,求出船抵达该点时的时间计程仪读数;在后一张海图上定出前图上的推算终止点,以此作为新的推算起始点。

在前图航线结束处标注"下接××号图"或"下接××号航线",在后图航线开端处标注"上接××号图"或"上接××号航线。"

二、无风无流时的航迹绘算

微课:
无风流航迹绘算

所谓无风、流影响,是指风、流很小,其对航向的影响小于 ±1°,可以忽略不计。此时的航迹绘算最为简单,具体做法是:

一方面,在海图上拟定计划航线、量出计划航向、以计划航向作为真航向、再把它换算成罗经的航向,即 $CA = TC = GC + \Delta G$ 或 $TC = CC + \Delta C$。航行中驾驶人员只要实施此罗经航向,则船舶一定会行驶在计划航线上。另一方面,推算航程就是绝对计程仪航程或相对计程仪航程(此时 $S = S_L$),或者是实际航速或对水航速乘以航行时间。

三、有风无流情况下的航迹绘算

微课:
风对船舶航迹的影响

(一)船风、真风和视风

船舶航行时,由于船舶自身运动而产生的风叫船风,船风的方向与航迹向相同,船风的速度大小等于船速。例如船朝正东航行(即航迹向为 90°),则船风的方向为 90°(东风)。真风是指海面上吹的实际风。船在风中航行时驾驶人员测量到的风是真风与船风的合成风，叫视风，它是实际作用在船上的风。视风是船风与真风的矢量之和，船风、真风和视风三者的矢量关系如图 3-1-4 所示。

(二)风舷角(Q_W)

风舷角是指风向与船首向间的夹角。风向是指风的来向，而流向是指流的去向(俗称"风来流去")。风舷角的范围为 0°～180°。航海上，把 Q_W 在 0°～10°之间的风叫顶风；在 170°～180°之间的风叫顺风，在 80°～100°之间的风叫横风；在 10°～80°之间的风叫偏顶(逆)风；在 100°～170°之间的风叫偏顺风(如图 3-1-5 所示)。

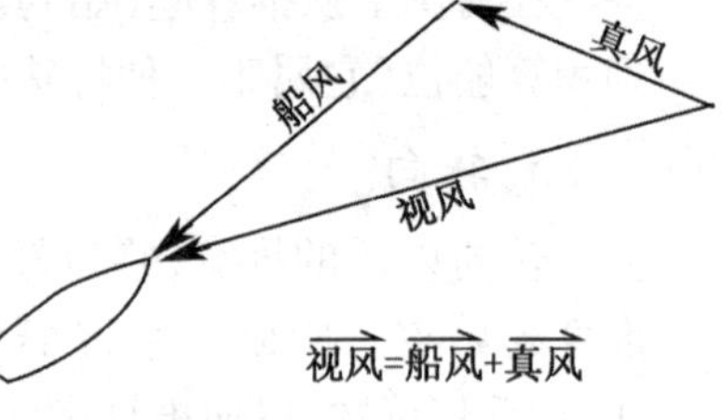

图 3-1-4　风速矢量三角形

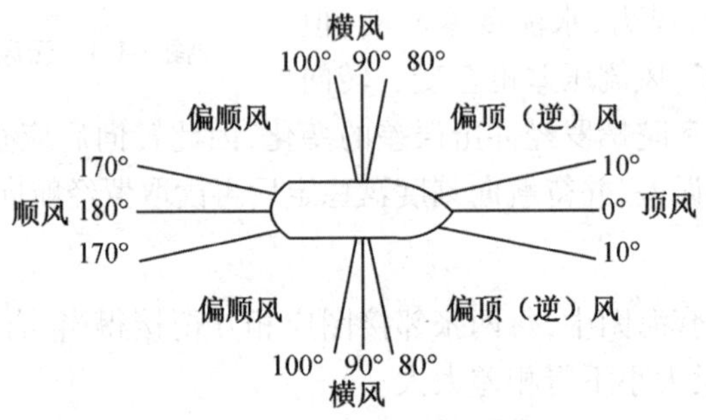

图 3-1-5　不同方位风的名称图

(三)风压差(Leeway，α)

1. 定义

船在风中航行时，一方面在推力作用下，以船速 V_E 沿着船首向运动，另一方面在风的作用下以速度 R 向下风侧漂移，在推力和风力的共同作用下，船沿着新的方向——风中航迹线运动，如图 3-1-6 所示。风中航迹向与真航向之差叫风压差，$CA = CG_\alpha = TC + \alpha$，或者真航向线与风中航迹线的夹角，叫风压差。风压差有正负之分，左舷受风时为正，右舷受风时为负。如图 3-1-7(a)、(b)所示。

动画：
风对船舶航迹的影响

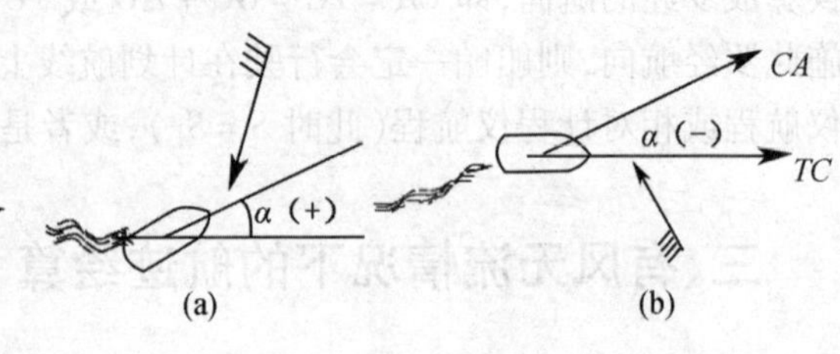

图 3-1-6　船在风中的运动图　　图 3-1-7　风压差符号图

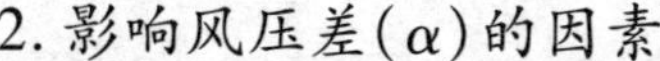

2. 影响风压差(α)的因素

(1)风舷角(Q_W):Q_W接近90°时α最大;

(2)风速(V_W):V_W越大则α越大;

(3)航速(V_L):V_L越大则α越小;

(4)吃水和水下船型:吃水越大α越小,平底船产生的α要比尖底船大;

(5)船舶受风面积和水上船型:同一船舶受风面积越大则α越大。

3. 求取风压差

由于影响风压差的因素较多,且影响复杂,船在风中漂移的速度和方向又不易掌握,因此,风压差的求取,不采用速度矢量三角形求解,往往采取直接观测或估计的方法。

风压差还可用公式求取,经实测并经统计处理,可得到风压差公式:

(1)仅适用于实际风压差的绝对值不超过10°~15°的公式:

$$\alpha = K(V_W/V_L)^2 \sin Q_W$$

(2)通用公式:

$$\alpha = K(V_W/V_L)^{1.4}(\sin Q_W + 0.15\sin 2Q_W)$$

其中:V_W为风速(m/s),V_L为航速(m/s),K为平均风压差系数(°)

客船和军舰,由于其装载情况稳定,因此K为常数;而货船,由于其装载情况不稳定,因此K是变数。

K通常通过实际测定后获取。各船必须在各种风力和吃水条件下,实测风压差25~30次,然后用公式反推出风压差系数$K_1, K_2, \cdots, K_{25}$。最后求出风压差系数的平均值K。有了K后,就不必再实测各种条件下的风压差了,在已知K的前提下用公式直接算出,算出的风压差的误差约为0°.5~1°.0。

将实测的风压差和用公式算出的风压差汇总起来,列出风压差表,供航迹绘算时查取使用,如表3-1-1所示。对表中所列数据还要不断地进行实船检验和修正,以求更为准确地掌握风压差。

表3-1-1 ×××船风压差表

风舷角(°) \ 吃水 \ 风力	4级		5级		6级		7级		8级	
	满	空	满	空	满	空	满	空	满	空
0	0	0	0	0	0	0	0	0	0	0
20	0.8	2.2	1.3	3.4	1.9	5.0	2.7	6.9	3.6	9.2
40	1.6	3.9	2.5	6.2	3.5	8.9	4.9	12.5	6.5	16.6
…	…	…	…	…	…	…	…	…	…	…
160	0.5	1.2	0.8	1.9	1.1	2.8	1.5	3.9	2.0	5.2
180	0	0	0	0	0	0	0	0	0	0

(四)风中航迹绘算

在有风无流的情况下,推算航程与风中推算航程相等,都近似等于计程仪航程;

而推算航迹向(或)计划航向具有以下关系:

$$CG_{\alpha}(CA) = TC + \alpha \tag{3-1-3}$$

风中航迹推算可分为已知真航向求航迹向(或计划航向)和已知航迹向(或计划航向)求真航向两种情况。

1. 由真航向求风中航迹向($TC \Rightarrow CG_{\alpha}$)的绘算步骤

(1)画出真航向线

确定推算起始点,从推算起始点,以按真航向作一条带箭头的长 2 ~4 cm 的线段,以此代表真航向线。

(2)确定风压差

根据当时的风舷角、风速和船舶装载情况查风压差表,确定风压差值 α。风压差的正负根据左"+"右"-"(左舷受风为正,右舷受风为负)原则判断。

(3)确定风中航迹向(CG_{α})

根据式(3-1-3)算出风中航迹向,据此作出风中航迹线,或者以真航向线为基准,按照风压差的大小向下风侧作风中航迹线。

(4)确定推算船位

根据公式 $S_L = (L_2 - L_1) \times (1 + \Delta L)$ 或 $S_L = V_L \times t$ 算出计程仪航程,再在风中航迹线上截取之,所得的截点即推算船位(注:在本模块中如无特别说明,计程仪是指相对计程仪);确定推算的时间间隔。

(5)标注

在风中航迹线上正确标注。

例 3-1-1:某船 0800 观测船位在 A 点,真航向 090°,$\Delta G = +2$,$\Delta L = +2\%$,$L_1 = 151'.5$,视风 SE,风力 6 级,α 取 8°。0930$L_2 = 169'.4$,求 0930 时的推算船位。(为保证作图精度,比例尺应尽量取大些,如 1 cm = 2 n mile)

解:如图 3-1-8 所示。

①标出 0800 观测船位 A 点(即推算起始点)。

②自 A 点以 TC090°作真航向线。

③因右舷受风,故 $\alpha = -8°$,风中航迹向 $CG_{\alpha} = TC + \alpha = 082°$,自 A 点以 CG_{α}082°作风中航迹线。

④算得计程仪航程 S_L18'.3,有风无流时,S_L即是推算航程,在风中航迹线上截取 S_L得 0930 推算船位。

微课:
有风无流航迹绘算

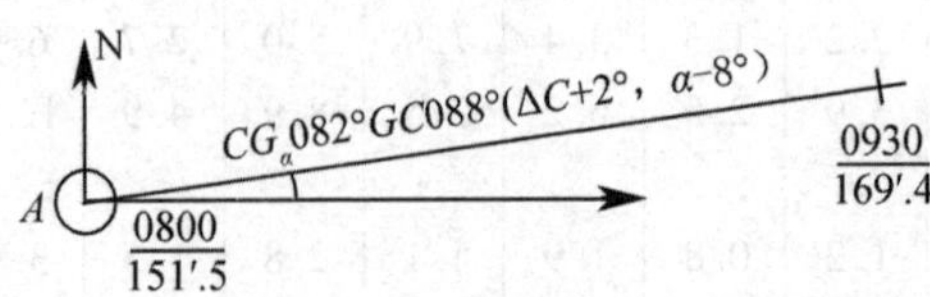

图 3-1-8 "$TC \Rightarrow CG_{\alpha}$"型风中绘算图

⑤在风中航迹线上正确标注。

2. 由计划航迹向求真航向($CA \Rightarrow TC$)的绘算步骤

(1)确定推算时间间隔,从推算始点起,以计划航迹向画计划航线;

(2)判断风压差的正负,根据公式 $CA = TC + \alpha$ 算出真航向,以真航向作真航向线,或者以计划航线为基准,按照风压差的大小向上风侧作真航向线;

(3)算出计程仪航程,在计划航线上截取之,截点即推算船位;

(4)在计划航线上正确标注。

例 3-1-2:某船 $CA082°$,$\Delta G-1°$,$\Delta L-5\%$,所在航区刮偏北风、风力 3~4 级、α 的绝对值取 4°,0800 $L_1 11'.0$、1000 $L_2 41'.5$。求:在 0800—1000 时段应采取的 GC 和 1000 时刻的推算船位。

解:如图 3-1-9 所示。

①因左舷受风,故 $\alpha = +4°$,$TC = CA - \alpha = 082° - (+4°) = 078°$。

$GC = TC - \Delta G = 078° - (-1°) = 079°$

②从推算起始点起,以 $TC078°$ 作真航向线、以 $CA082°$ 作计划的风中航线(或以真航向线为基准、按风压差的大小向下风侧作计划的风中航线)。

③$S_L = (L_2 - L_1) \times (1 + \Delta L) = (41'.5 - 11'.0) \times (1 - 5\%) = 29'.0$(在有风无流时 S_L 既是对水的航程也是实际的推算航程),在计划的风中航线上截取 29′.0 得 1000 的推算船位。

④在计划的风中航线上正确标注。

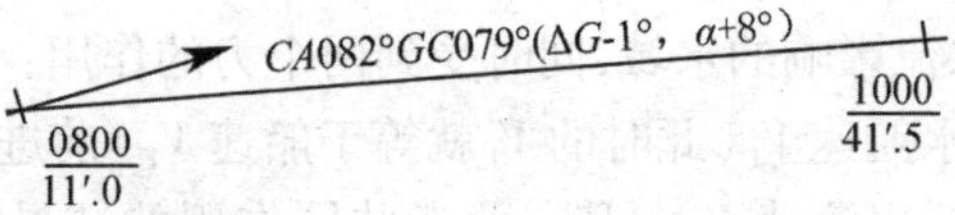

图 3-1-9　"$CA \Rightarrow TC$"型风中绘算图

四、有流无风情况下的航迹绘算

(一)水流要素

航海上经常遇到的水流有:海流(current)、潮流(tidal stream)和风海流(wind current)。

海流又称洋流(ocean current),它是由于相邻海区之间海水长期存在温度、密度或气压的不同,或长期受定向风的作用,而产生的海水水平方向的流动。海流一般在一段较长的时间内保持流向、流速基本稳定。

海图上表示海流的图式是,0.8 kn 箭头的方向表示流向,其上的数字表示平均流速。

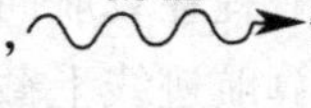

一般大洋航行时,主要考虑洋流对船舶航行的影响。虽然洋流的流速并不大,通常约为 1 kn,但大洋航行时间较长,对航行有较大影响。

潮流是由于潮汐而形成的海水周期性的水平流动。在受潮汐影响较明显的区域(如通海江河、近海等)航行,主要考虑潮流的影响。

潮流分为往复流和回转流两种。往复流的流向、流速大致随潮汐周期而往复变化。在通海江河口外的海图上,常会看到回转流的资料。回转流的流向、流速在

360°范围内不断变化着。实际航迹推算中，通常用矢量合成法求取某段时间里的平均流向流速。如图 3-1-10 所示。图中可以看出 0800—1100 的 3 h 内平均流向为 068°，平均流速为 2.8 kn。

风海流又称风生流，它是海水表层在一定的时间内受定向风的作用而产生的水流，它一般在风作用一段时间后才产生，风停后它还会持续一段时间才消失。

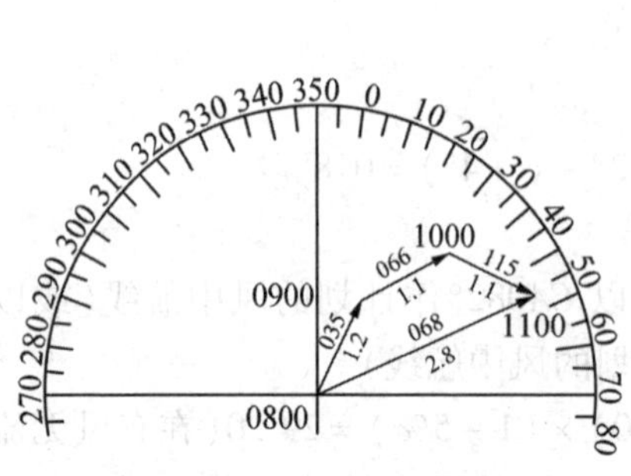

图 3-1-10　潮流矢量合成图

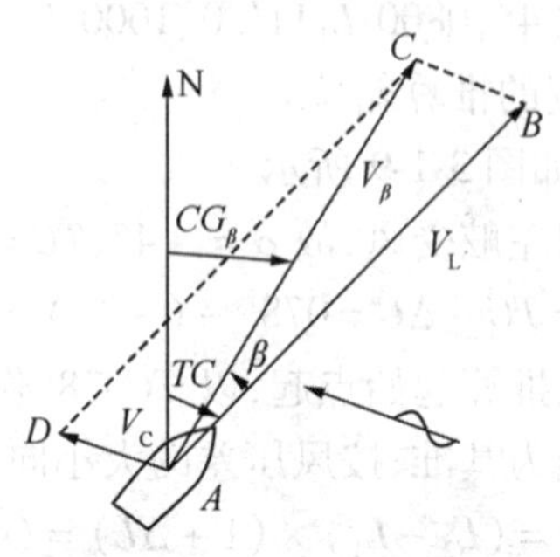

图 3-1-11　船在流中运动

(二)流压差

船舶航行在仅有水流影响的水域，同时受到两个力的作用：一是推进器的推力使船沿着真航向线，以对水航速 V_L（此时的 V_L就等于船速 V_E）前进；二是水流产生的水动力使船沿着水流方向，以流速 V_C漂移。两者共同作用的结果使船舶沿着 V_L和 V_C的合速度方向行驶，合速度（即实际航速）为 V_L和 V_C的矢量和，合速度的方向即流中船舶航迹线的方向，如图 3-1-11 所示。流中航迹向与真航向的差值叫流压差，用 β 表示。

$$\beta = CG_\beta - TC \text{ 或}$$
$$\beta = CA - TC$$

β 符号规定为：船舶左舷受流为正、右舷受流为负。

微课：
流对船舶航迹的影响

(三)流中航迹绘算

在已知计程仪航程（航速）、风流要素的前提下，流中航迹绘算要解决的问题有两种类型：一是已知真航向 TC 求推算航迹向 CG_β、推算航程 S（推算航速 V）、推算船位；另一种是已知计划航迹向 CA，求真航向、推算航程或推算航速和推算船位。

仅有流影响时的绘算特点是：计程仪航程在真航向线上截取，但在用绝对计程仪计程时，实际航程 S 应在计划航迹线或推算航迹线上截取。

1. 已知真航向求推算航迹向（$TC \Rightarrow CG_\beta$）的绘算步骤

(1)确定积算船位

根据推算的时间间隔 t，利用公式 $S_L = (L_2 - L_1) \times (1 + \Delta L)$ 或 $S_L = V_L \cdot t$ 算出计程仪航程，从推算起始点画出真航向线，在真航向线上截取 S_L得到积算船位。

(2)确定推算船位

根据公式 $S_C = V_C \cdot t$ 算出流程，从积算点按流向和流程作出水流矢量线，矢量线的终点即推算船位。

(3)确定β、CG_{β}等

连接推算起始点和水流矢量线终点得到一条线段,此线即推算航迹线,其长度即推算航程,将它除以推算时间即得推算航速 V;量出推算航迹向 CG_{β},算出 $\beta = CG_{\beta} - TC$。

(4)正确标注

归纳起来,绘算步骤的核心是作水流三角形,作水流三角形时应遵循“对水航程矢量加流程矢量⇒实际航程矢量”的原则。

例 3-1-3:某船 1800 观测船位在 A 点,真航向 320°,$\Delta G-2°$,L20′.0,$\Delta L+3\%$,流向 060°,流速 2 kn,1900L36′.0 求 1900 推算船位及 CG。(作图比例尺:1 cm = 2 n mile)。

解:如图 3-1-12 所示。

①1800 的观测船位 A 标绘在海图上,将它作为推算起始点。

②算得计程仪航程 S_L为 16′.5;从 A 点起作 320°的真航向线;在真航向线上截取 S_L16′.5 得到 1900 积算船位 B 点。

③算出流程 $S_C=V_C\cdot t=2\times1=2'$;从 B 点以流向 060°截取流程 2′得 C,即 1900 推算船位。

④连接 AC 即流中航迹线,量得 $CG=327°$,$\beta=CG-TC=+7°$。

⑤正确标注。

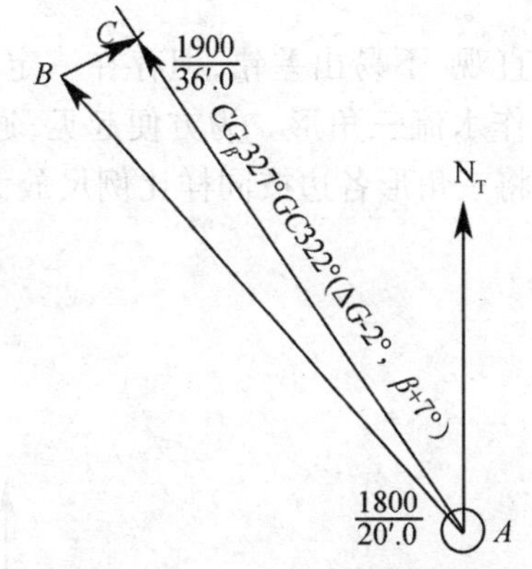

图 3-1-12 “$TC \Rightarrow CG_{\beta}$”型流中绘算图

2. 已知计划航向求真航向($CA \Rightarrow TC$)的绘算步骤

(1)画出计划航线

确定推算的时间,从推算起始点起以 CA 画出计划航线。

(2)画出水流矢量

根据公式 $S_C=V_C\cdot t$ 算出流程;从推算起始点出发,根据流向、流程画出水流矢量,得到水流矢量终点。

(3)确定推算船位

根据公式 $S_L=(L_2-L_1)\times(1+\Delta L)$或 $S_L=V_L\cdot t$ 算出计程仪航程。

微课：
有流无风航迹绘算

以水流矢量终点为圆心，以 S_L 为半径画圆弧，与计划航线相交于一点，该点即推算船位。从推算起始点到推算船位的距离即推算航程，将它除以时间即得推算航速。

(4)确定 β、TC 等

从推算起始点出发，作水流矢量终点与推算船位连线的平行线，该线即真航向线；量出 TC，算出 $CC(GC)=TC-\Delta C(\Delta G)$、算出 $\beta=CA-TC$。

(5)正确标注

归纳起来，绘算步骤的核心是作航程矢量三角形，作航程矢量三角形时应遵循"流程矢量+对水航程矢量=实际航程矢量"的原则。

例 3-1-4：某船 0800 观测船位在 A 点，计划航向 283°，$\Delta G-2°$，航速 16 kn，流向 045°，流速 2 kn，求 0800—0900 应行驶的陀罗航向(作图比例尺：1 cm = 2 n mile)。

解：如图 3-1-13 所示。

①标出 0800 的观测船位 A，将它作为推算起始点；从 A 出发根据 283°画出计划航线。

②计算流程：$S_C=V_C\cdot t=2\times1=2'$；从 A 出发，根据流向 045°、流程 2′画出水流矢量，得到水流矢量终点 B。

③计算计程仪航程：$S_L=V_L\cdot t=16\times1=16'$；以 B 为圆心，以 S_L 为半径画弧与计划航线交于一点 C，则 C 即 0900 推算船位，BC 方向即真航向线的方向。

④过 A 作 BC 的平行线即真航向线 TC；量得 $TC276°$，$GC=TC-\Delta G=276°-(-2°)=278°$，$\beta=CA-TC=283°-276°=+7°$。

⑤正确标注。

作图的优点是简单、直观、不易出差错，但存在一定的作图误差，为减小作图误差，应尽量采用大比例尺作水流三角形。为方便起见，通常作一个小时的水流三角形。如海图比例尺小，可将三角形各边按同样比例尺放大作图或者作两个小时以上的水流三角形。

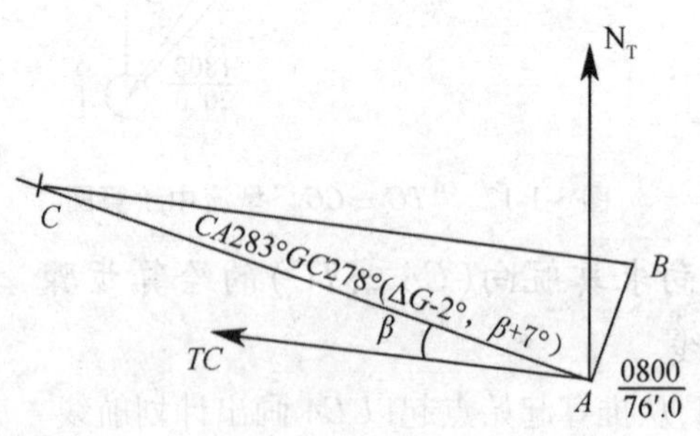

图 3-1-13 "$CA\Rightarrow TC$"型流中绘算图

五、有风、有流时的航迹绘算

在有风有流时，真航向与航迹向之间的关系是：计划或推算航迹向(CA 或 CG_γ)

等于真航向 TC 加风、流合压差 γ。

$$CG_{\gamma} = TC + \gamma \tag{3-1-1}$$

或

$$CA = TC + \gamma \tag{3-1-2}$$

γ 是指:在风、流影响下的航迹向与真航向之差,即 $\gamma = CG_{\gamma} - TC$;风流合压差也等于风压差与流压差的代数和;航迹线偏在航向线右侧时 γ 为正值,航迹线偏在航向线左侧时 γ 为负值。

$$\gamma = \alpha + \beta \tag{3-1-3}$$

在已知计程仪航程(航速)和风流要素的前提下,风、流中的航迹绘算主要解决两种类型的问题:一类是已知真航向 TC,求推算航迹向 CG_{γ}、推算航程 S、推算航速 V 和推算船位 EP 等要素;另一类是已知计划航迹向 CA,求真航向 TC、推算航程 S_G(或推算航速 V_G)和推算船位 EP 等要素。

1. 已知真航向求航迹向的基本绘算($TC \Rightarrow CG_{\gamma}$)

(1)基本方法

采用“先风后流”的作图方法,先配风再配流:即首先在真航向上加上风压差,求取风中航迹向,画出风中航迹线,接着配水流要素、作水流三角形,最后求取航迹向等要素。

(2)绘算步骤

①确定推算的时间间隔,从推算起始点出发作真航向线。

②算出风中航迹向($CG_{\alpha} = TC + \alpha$),画出风中航迹线。

③在风中航迹线上截取相对计程仪航程,得截点。

④从截点出发作水流矢量,则矢量终点就是推算船位。

⑤连接推算起始点和推算船位,此线即为推算航迹线,其长度代表推算航程,将它除以推算时间即得推算航速 V;其方向代表推算航迹向,量出推算航迹向 CG_{γ},算出流压差,即航迹向与风中航迹向之差:

$$\beta = CG_{\gamma} - CG_{\alpha}$$

航迹线偏在风中航迹线之右 β 为正,航迹线偏在风中航迹线之左 β 为负。

在“$CA \Rightarrow TC$”型的风流绘算中,流压差公式为:

$$\beta = CA - CG_{\alpha}$$

⑥正确进行标注。

例 3-1-5:某船 1200 计程仪读数 142′.0,罗航向 CC093°,罗经差 ΔC −3°,相对计程仪航速 V_L12 kn,航行海区有北风 5 级、风压差 α 的绝对值取 4°,东北流 4 kn。试求推算航迹向 CG 和推算航速 V。

微课:
有风、流航迹绘算

解:如图 3-1-14 所示,按“先风后流”的顺序作图:

①$CG_{\alpha} = TC + \alpha = 090° + (+4°) = 094°$

$S_L = V_L \cdot t = 12'$

②从推算起始点 A 点出发作真航向线和风中航迹线。

③作 1 h 的水流三角形:在风中航迹线上量得 $AB = 12'$。

④根据流向 045°、流速 3 kn，从 B 点作水流矢量线 BC、得到 C 点。

⑤连接 AC、量出 AC 的长度为 12′.1，它就是推算航程，则推算航速 $V=12.1$ kn。量出推算航迹向 $CG_{\gamma}=080°$，而流压差 $\beta=CG_{\gamma}-CG_{\alpha}=080°-094°=-14°$，$\gamma=\alpha+\beta=-10°$。

⑥正确标注。

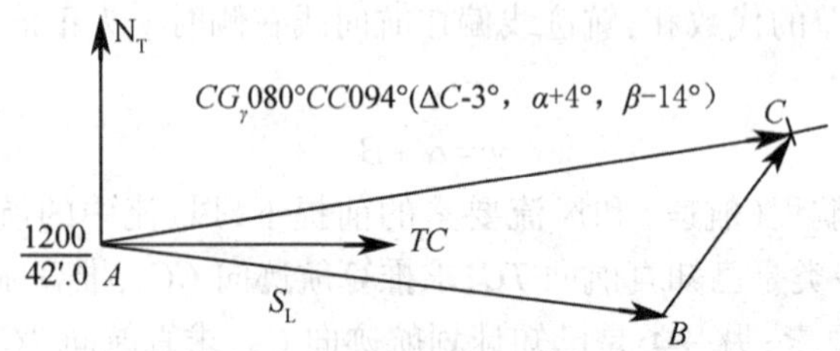

图 3-1-14 “$TC\Rightarrow CG\gamma$”型风流绘算图

2. 已知计划航向求真航向的基本绘算（$CA\Rightarrow TC$）

(1)基本方法

采用“先流后风”的作业方法，先配流再配风：即首先预配流压差作水流三角形，从中求出风中航迹向，接着向上风侧配风压差，最后求取在风、流影响下为确保船舶走在计划航线上而应采取的真航向等要素。

由于所预配的风流压差是近似的，若严格按照所求的真航向航行不一定能保证船舶航行在计划航线上。因此，船舶驾驶员在航行中应不断地测定船位和实际航迹向。分析船位和实际航迹偏离计划航线的程度，以便及时地修正预配的风流压差，使船舶航行在计划航线上。

(2)绘算步骤

①确定推算的时间间隔，从推算起始点出发作计划航迹线；

②从推算起始点起作水流矢量线；

③以水流矢量线终点为圆心、以相对计程仪航程为半径作圆弧，交计划航迹线于一点，此点即推算船位；

④从推算起始点出发作水流矢量终点与推算船位连线的平行线，得风中航迹线；

⑤以风中航迹线为基准，顶风预配风压差得到真航向线；

⑥推算起始点到推算船位的距离即推算航程，将之除以推算时间得到推算航速；

⑦正确标注。

例 3-1-6：某船计划航向 090°，罗经差 $\Delta C+3°$。船速 12 kn，航区北风 6 级，风压差的绝对值为 4°，北流 3 kn。问该船应驶的真航向和推算航速是多少？

解：如图 3-1-15 所示，按“先流后风”的作图方法：

①从推算起始点起作计划航迹线。

②作 1 h 的水流三角形：从推算起始点 A 起作水流矢量线 AD。

③以 D 点为圆心、以 S_L12 为半径作圆弧，交计划航线于 C 点，此点即航行 1 h 船所抵达的推算船位；连接 DC、则 DC 的方向代表了风中航迹向。

④从 A 点起作 DC 的平行线，此线即风中航迹线，量得风中航迹向 $CG_{\alpha}=104°.5$，

$\beta = CA - CG_\alpha = -14°.5$。

⑤预配风流压差后应驶的真航向是：$TC = CG_\alpha - \alpha = 104°.5 - (+4°) = 100°.5$，或 $TC = CA - \alpha - \beta = 090° - 4° - (-14°.5) = 100°.5$，据此从 A 点出发作真航向线。

⑥量出 AC 为 11′.6，它就是 1 h 的推算航程，则推算航速 $V = 11'.6$ kn。

⑦正确标注。

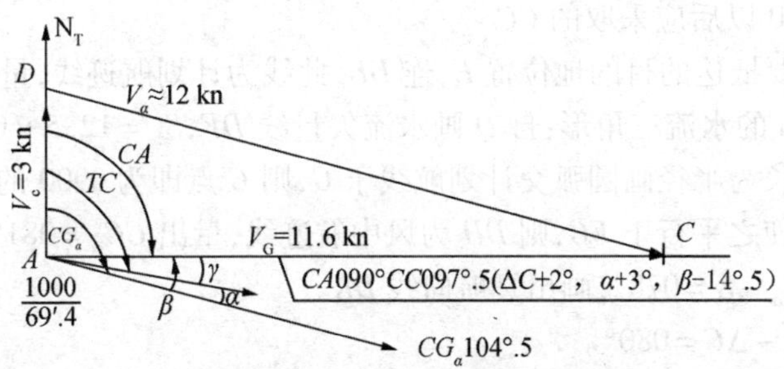

图 3-1-15 "$CA \Rightarrow TC$"型风流绘算图

六、综合绘算

例 3-1-7：某船满载航行，0800 观测船位 36°51′N、122°07′.5E，L_1 546′.4，ΔL −5%，陀螺罗经航向 122°（ΔG −2°），航区风向 N/W、风力 5 级（α 的绝对值取 3°），北流、流速 2 kn，0830 时 L_2 552′.7。求 0830 推算船位及推算航程。0830 拟转向驶抵 36°55′N、122°37′E 处，风流不变，计程仪航速 12.5 kn。求应采取的陀螺罗经航向、灯塔 L 的正横距离及正横时间。

解：如图 3-1-16 所示。

（1）求 0830 推算船位及推算航程

①在海图上标出 0800 观测船位 A 点（即推算起始点）。

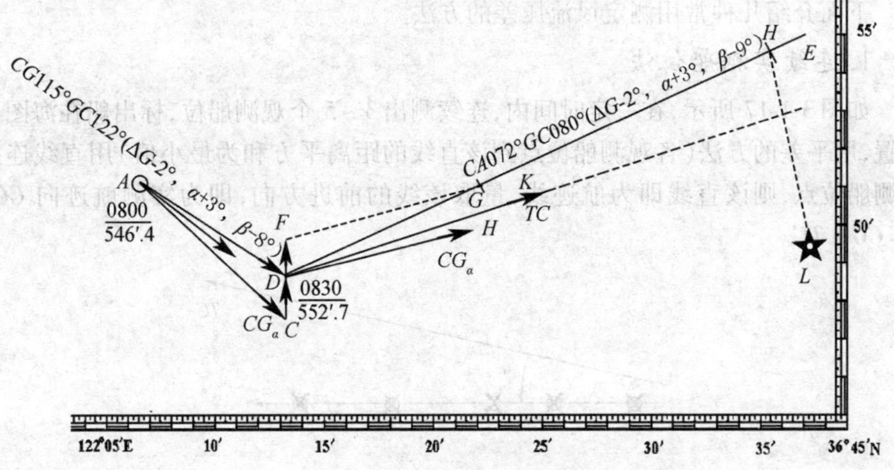

图 3-1-16 综合绘算图

②$TC = GC + \Delta G = 120°$，从 A 点出发作真航向线 TC。

③因左舷受风，故 $\alpha = +3°$，$CG_\alpha = TC + \alpha = 123°$，从 A 点出发作风中航迹线。

④$S_L = (L_2 - L_1) \times (1 + \Delta L) = 6'$，在风中航迹线上截取 $6'$ 得到 C 点。

⑤从 C 点出发以 $S_C = 2 \times 0.5 = 1'$、流向 000°作水流矢量线 CD，则 D 为 0830 的推算船位。AD 的长为推算航程 $S = 5'.5$，量出航迹向 $CG = 115°$，算出 $\beta = -8°$。

⑥正确标注。

(2)求 0830 以后应采取的 GC

①标出船要抵达的目的地位置 E，连 DE，此线为计划航迹线，量出 $CA = 072°$

②作 0.5 h 的水流三角形：自 D 画水流矢量线 DF，$S_L = 12.5 \times 0.5 = 6'.25$，以 F 为圆心、$6'.25$ 长为半径画圆弧交计划航线于 G，则 G 点即为 0900 的推算船位。

③作 DH，使之平行于 FG，则 DH 为风中航迹线，量出 $CG_\alpha = 081°$；$\beta = -9°$。

④$TC = CG_\alpha - \alpha = 078°$，画出真航向线 DK。

⑤$GC = TC - \Delta G = 080°$。

⑥正确标注。

(3)求正横距离与正横时间

过 L 作 TC 的垂线交推算航迹线 DE 于 H 点，则 H 点为船舶正横灯塔时的船位，LH 为正横距离，量得为 $5'.8$，即 $D_\perp = 5'.8$。

由于 G 点为 0900 的推算船位，量得 DG 为 $6'.5$，求得推算航速 $V_G = 13$ kn，又量得 GH 为 $9'.5$，船舶由 G 点到 H 点的航行时间为：$\Delta t = 9.5 \times 60/13 \approx 44$ m；则正横时间为：$T_\perp = 0944$。

七、风流压差的测定方法

当船舶航行于风流要素未知的海区，势必在风流压差作用下产生偏航。为提高航迹推算的精度，确保船舶在计划航线上航行，必须预配风流压差。因此，风流压差的测定成了驾驶员的一项必不可少的工作。

下面介绍几种常用测定风流压差的方法。

1. 连续实测船位法

如图 3-1-17 所示，在一定时间内，连续测出 3 ~ 5 个观测船位，标出船在海图上的位置，用平差的方法（各观测船位点到该直线的距离平方和为最小值）用直线连接各观测船位点，则该直线即为航迹线，量取该线的前进方向，即为实测航迹向 CG，则 $\gamma = CG - TC$。

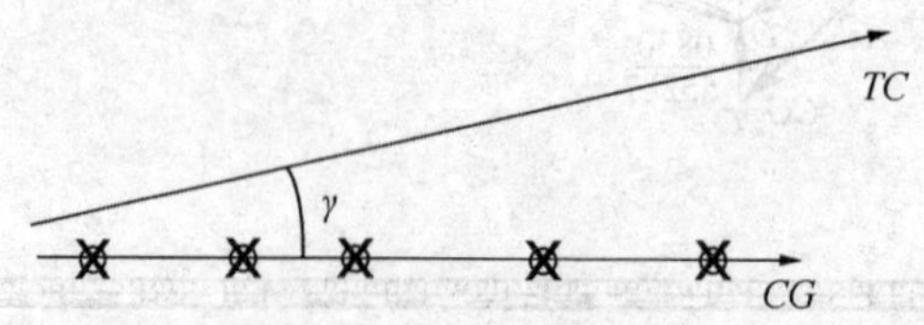

图 3-1-17 连续实测船位法求 γ

2. 叠标导航法

如图 3-1-18 所示，操纵船舶沿着某叠标线航行，即始终保持两个叠标串视，则此

时的叠标方位线即是船舶的实际航迹线，叠标的真方位即是实际航迹向，在海图上量出叠标的真方位，减去真航向，即为风流压差。

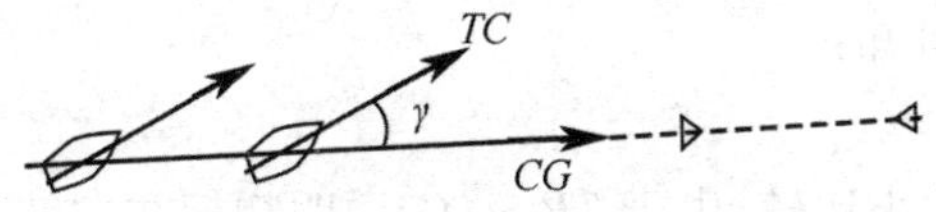

图 3-1-18 叠标导航法求 γ

图片：
雷达观测法求航迹向

3. 雷达观测法

雷达采用船首向上显示方式，屏上的船首标志线即代表船首线。观测某一固定目标的相对运动方向。在无风流时，固定目标回波在屏上的轨迹应该与船首标志线平行。若发现回波轨迹线与船首标志线存在夹角。说明风流压差不等于零。如图 3-1-19 所示，在一段时间内，回波点分别为 $A_1, A_2, A_3, \cdots$，转动雷达方位标尺，使其上面的某根平行线压住回波轨迹线或与回波轨迹线平行，则方位标尺中心线在固定刻度盘上所示的度数即为风流压差。

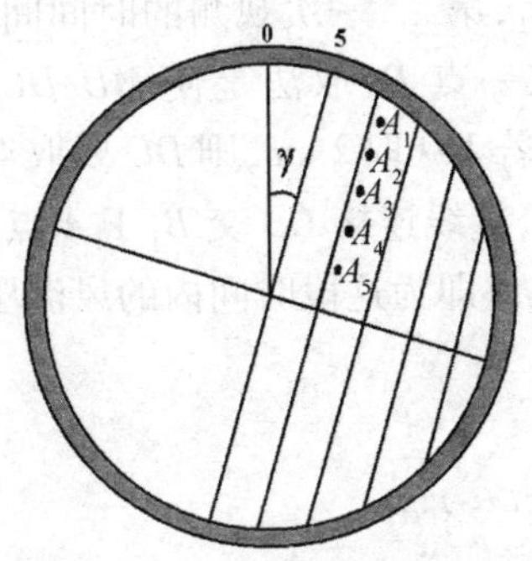

图 3-1-19 雷达观测法求 γ

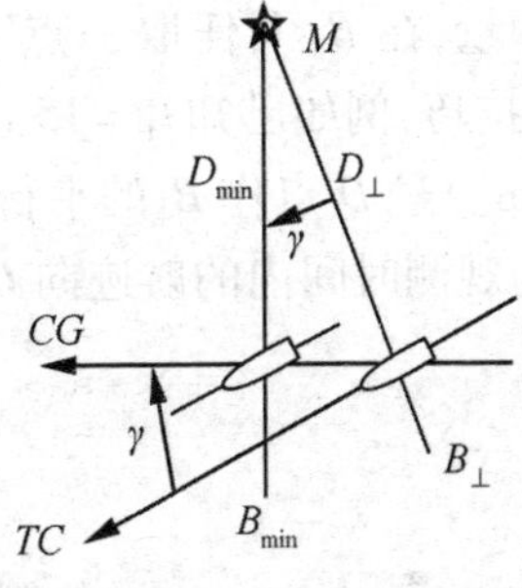

图 3-1-20 物标最小距离方位与正横方位差法求 γ

4. 物标最小距离方位与正横方位差法

动画：
物标最小距离方位和正横方位法求风流压差

在无风流时，正横距离与最小距离相等，正横方位就是最小距离方位，但在有风流影响时，两者不一致，两者之差，就是风流压差 γ。如图 3-1-20 所示，物标最小距离方位用 $B_{\min}$ 表示。正横方位用 $B_{\perp}$ 表示。

$$B_{\min} = CG \pm 90^\circ\text{（左舷受风为正，右舷受风为负）}$$

$$B_{\perp} = TC \pm 90^\circ\text{（右正横为正，左正横为负）}$$

则

$$\gamma = CG - TC = B_{\min} - B_{\perp} \tag{3-1-4}$$

在实际应用时，首先要估计出物标正横时的大概时刻。在物标正横前后的这段时间内，不断地观测物标的方位和距离，通过比较便会发现：物标距离将由大到小、再由小到大，其中最小距离时的方位即可选出。如有可能，最好两人同时测定，一人测雷达距离，一人测罗经方位，观测及计算结果将更为准确。

例 3-1-8：某船 $TC265^\circ$，用雷达连续测得某物标的真方位和距离如下，求风流压差与航迹向。

TB	350°	355°	000°	003°	005°	008°	012°	015°	018°
D	6′.5	6′.3	6′.1	6′.0	5′.9	5′.8	5′.7	5.′8	5′.9

解:从观测结果可知:

$B_{\min} = 012°$

根据 TC、TB 的大小比较,由于 $TB > TC$,说明物标在右舷,要有正横,那一定是右正横,从而确定在公式中是加还是减 90°。

$B_{\perp} = TC + 90° = 265° + 90° = 355°$

$\gamma = B_{\min} - B_{\perp} = 012° - 355° = 17°$

$CA = B_{\min} - 90° = 282°$,或 $CA = TC + \gamma = 265° + 17° = 282°$

5. 单物标三方位求航迹向

若船舶定向定速航行,风流影响不变时,在不同时刻测出某单个物标的三个方位,就可用下述方法求得这段时间内的风流压差和航迹向。

如图 3-1-21,在海图上或空白纸上,由已知物标 M 分别画出不同时刻的三条方位线 B_1、B_2、B_3,设第一、二次观测的时间间隔为 t_1,第二、三次观测的时间间隔为 t_2,均为已知量,在 B_3 上任取一点 C,再在 MC 上取一点 D,取法是使 $MD/DC = t_1/t_2$。(要注意技巧,例如已知 $t_1 = 15$ min,$t_2 = 30$ min。若 MD 取 2 cm,则 DC 要取 4 cm,MC 要取 6 cm。)过 D 点作 B_1 的平行线,交 B_2 于 B 点,直线连接 CB 交 B_1 于 A 点,则直线 ABC 即为观测时间内的航迹向 CG,它与真航向之差即为这段时间内的风流压差。

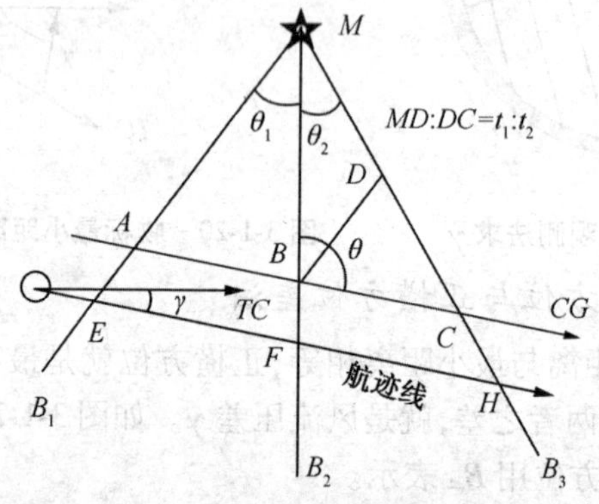

图 3-1-21　单物标三方位求航迹向作图法图

作图依据:$\because DB /\!/ MA$

$\therefore \triangle CMA \backsim \triangle CDB$

$\therefore t_1/t_2 = MD/DC = AB/BC$

又$\because EF/FH = Vt_1/Vt_2 = t_1/t_2$($V$ 是船舶实际航速)

$\therefore AB/BC = EF/FH$

进而得到 $AB/EF = BC/FH$

故$\triangle AMC \backsim \triangle EMH$

$AC /\!/ EH$

特别要注意:ABC 的连线并非航迹线,但它一定与航迹线平行,是航迹线的平行线;如在空白纸上作图,物标 M 点可以任意定,不影响求航迹线。

风流压差的采用或改变由船长决定,或由驾驶员根据船长的指示进行,航行中,驾驶员对所采用的风流压差值,应不断地进行测校,发现变化大时,应及时报告船长。

6. 尾迹流法

由于尾迹流可以视为船舶在风中的航迹,因此可以利用测定船尾水花,即尾迹流与船首尾线的夹角的方法,求取风压差 α 的近似值。如果从船尾抛下自制的简易小浮标,用它来标示尾迹流的方向,这样测定就更为有效。测定时机最好选择在涌浪不大时,以便减少船舶摇摆和操舵不稳等对测定精度的影响(如图 3-1-22 所示)。测定时,应在短时间内(每隔 5 s)反复测定,取其平均值作为航迹向,以便减少随机误差的影响。

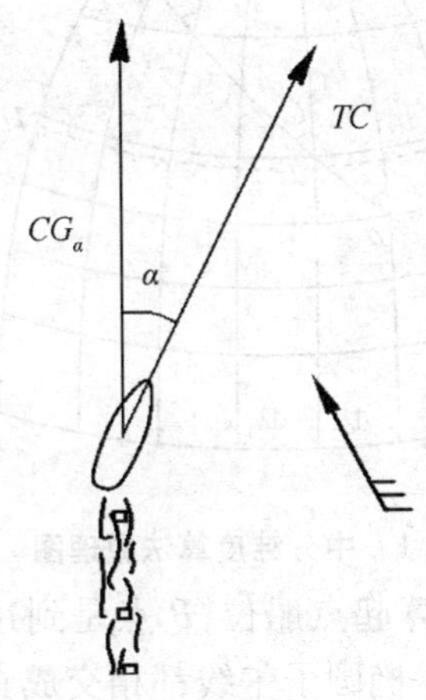

图 3-1-22 尾迹流法测风压差图

任务二 航迹计算

航迹计算是指根据推算起始点的经纬度、航向和航程,用数学公式求取到达点船位经纬度的方法。航迹计算主要适用于下列几个方面:

(1)在小比例尺海图上进行航迹绘算,作图误差较大,若辅以航迹计算,可以提高航迹推算的精度;

(2)船舶在渔区或雾中等航行时需要频繁转向或变速,航迹绘算有困难,采用多航向航迹计算,可以求得较为准确的推算船位;

(3)在计划航线的起航点与到达点不在同一张海图上时,可以用航迹计算法来帮助海图作业;

(4)随着电子计算机技术在航海上的普及使用,利用电脑航迹计算来设计综合导航仪进而发展船舶驾驶自动化,已成为必然趋势。

应当指出的是:要指导船舶航行,就必须把航迹计算的结果标到海图上去,因而它不如航迹绘算来得直观明了,所以航迹计算并不能完全替代航迹绘算。

一、航迹计算公式

通常情况下，航迹计算法应用于恒向线航法的计算。设起航点的船位为(φ_1，λ_1)，若能求得起航点与到达点之间的纬差($D\varphi$)和经差($D\lambda$)，则可求得到达点的地理坐标(φ_2，λ_2)，即：$\varphi_2 = \varphi_1 + D\varphi$，$\lambda_2 = \lambda_1 + D\lambda$。因此，航迹计算的核心问题是如何根据已知的航向和航程求取纬差和经差。

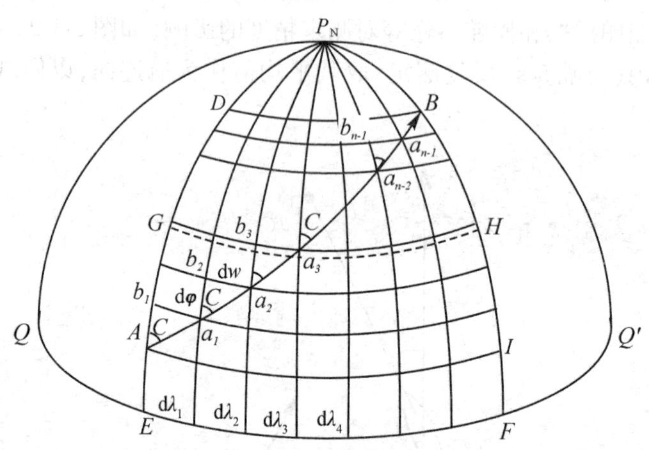

图 3-2-1 中分纬度算法原理图

在图 3-2-1 中，A 点是航迹计算起点船位，B 点是到达点推算船位，整条恒向线 AB 的航程为 S。恒向线 AB 与每一椭圆子午线都相交成真航向 TC，将恒向线航程 S 分成 n 个等分，等分点为 $a_1, a_2, a_3, a_4, \cdots, a_{n-1}$，在等分点处画上经线和纬线，由此经线、纬线和恒向线就可围成 n 个球面直角三角形，如果 n 值足够大，那么 n 个微小的球面直角三角形就可以认为是 n 个全等的平面直角三角形，其各自的斜边 $\mathrm{d}S$ 和锐角 C 都相等。$\mathrm{d}\varphi$ 表示一小段恒向线航程 $\mathrm{d}S$ 的南北分量，$\mathrm{d}w$ 表示 $\mathrm{d}S$ 的东西分量，于是可得：

$$\mathrm{d}\varphi = \mathrm{d}S\cos C$$
$$\mathrm{d}w = \mathrm{d}S\sin C$$

通过积分计算得：

$$D\varphi = S\cos C$$
$$W(Dep) = S\sin C$$

上式表明，纬差等于航程乘以航向的余弦，但航程乘以航向的正弦并不是我们所要求的经差，而是东西距 Dep 或 W，东西距即恒向线航程的东西分量，因此，航迹计算要解决的主要问题是如何由东西距求出经差。下面介绍两种求经差的方法。

1. 中分纬度算法

从图 3-2-1 可以看到，AB 两点间的东西距必然比起航点和到达点子午线之间的纬度圈弧长 AI 小，但比纬度圈弧长 DB 大，因此，一定可以在 A、B 两地所在的子午线之间找到一条长度正好等于东西距的纬度圈弧长 GH，该纬度圈所在的纬度，叫作中

微课：
中分纬度法

分纬度 φ_n。如果将地球看作圆球体时，应有 $GH = EF\cos\varphi_n$，其中 EF 是到达点 B 与起航点 A 之间的经差 $D\lambda$。

当视地球为圆球体时，赤道上 1′经度的弧长（1 赤道里）= 1 n mile，于是有：

$$D\lambda = Dep \cdot \sec\varphi_n = S \cdot \sin C \cdot \sec\varphi_n(') \tag{3-2-1}$$

船在中低纬海区航行且航程不太长时，中分纬度与起航点和到达点的平均纬度 φ_m 相差不大，因此可用 φ_m 代替 φ_n 求经差，即：

$$D\lambda = Dep \cdot \sec\varphi_m$$

在这里，中分纬度算法实际上就是平均纬度算法。

微课：
墨卡托算法

2. 墨卡托算法（Mercator sailing）

它是利用墨卡托海图投影具有等角及恒向线为直线的特点而得出的经差计算法，是一种精确的航迹计算方法。在墨卡托海图上，如图 3-2-2：

$$\tan C = D\lambda / DMP$$

$$D\lambda = DMP \cdot \tan C(') \tag{3-2-2}$$

式中：DMP 为起航点 A 与到达点 B 之间的纬度渐长率差，可用公式求取。

利用公式 $D\varphi = S\cos C$ 求出纬差后，再求得到达点 B 的纬度 φ_2，则：

$$DMP = MP(\varphi_2) - MP(\varphi_1)$$

如果利用纬度渐长率公式求 DMP，则可以得到比较精确的数据。DMP 也可用查表法求取，但必须注意：在高纬海区，MP 值应进行非线性内插，否则将会产生较大的误差。

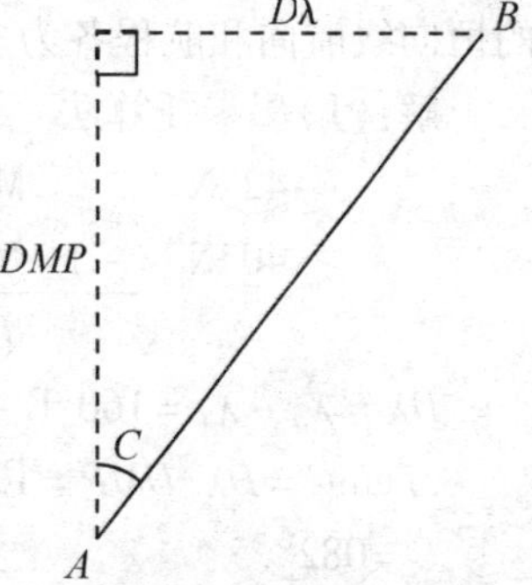

图 3-2-2 墨卡托算法

综合上述两种求经差的方法，可以得出以下结论：

（1）墨卡托算法是精确的航迹计算法，除在等纬圈上航行外，其他任何场合都可以使用。

（2）在赤道一侧的低纬度海区和中纬度海区且航程不太长时，可以使用简易中分纬度算法。

二、单航向的航迹计算法

船舶从起航点保持不变的航向航至到达点的航迹计算称之为单航向的航迹计算，通常利用中分纬度算法或墨卡托算法进行计算。下面分别举例说明：

例 3-2-1：某船 1200 船位在 $\varphi_1 = 44°45'$N、$\lambda_1 = 178°48'$W，航向 210°、航速 15 kn，若无风流影响，求次日中午将到达何位置？

解：（1）求取到达点纬度

$S = 15 \times 24 = 360$（n mile）

$D\varphi = S\cos C = 360 \cdot \cos 210° = -311'.8 = -5°11'.8 = 5°11'.8$S

$\varphi_2 = \varphi_1 + D\varphi = 44°45'$N $+ 5°11'.8$S $= 39°33'.2$N

（2）求经差

①墨卡托算法求经差:

39°33′.2N	MP_2	2 573.152 7
44°45′.0N	－) MP_1	2 992.554 5
	DMP	－419.4018

$\therefore D\lambda = DMP \cdot \tan C = -419.401\,8\tan 210° = -242'.1 = 4°02'.1W$

$\lambda_2 = \lambda_1 + D\lambda = 178°48'W + 4°02'.1W = 182°50'.1W = 177°09'.9E$

②平均纬度算法求经差:

$\varphi_m = (\varphi_1 + \varphi_2)/2 = 42°09'.1N$

$D\lambda = Dep \cdot \sec\varphi_n = S \cdot \sin C \cdot \sec\varphi_m$

$= 360\sin 210° \cdot \sec 42°09'.1 = -242'.8 = 4°02'.8W$

(3)求到达点经度

$\lambda_2 = \lambda_1 + D\lambda = 178°48'W + 4°02'.8W = 182°50'.8W = 177°09'.2E$

则次日中午将到达位置为:$\varphi_2 = 39°33'.2N, \lambda_2 = 177°09'.9E$

例 3-2-2:某船拟由 $\varphi_1 = 40°N$、$\lambda_1 = 140°E$,驶往 $\varphi_2 = 42°N$、$\lambda_2 = 160°E$,求两地间的恒向线航向和航程各为多少?

解:(1)墨卡托算法

42°N	MP_2	276 6.299 7
40°N	－) MP_1	260 7.885 8
	DMP	158.413 9

$D\lambda = \lambda_2 - \lambda_1 = 160°E - 140°E = 20°E = 1200'E$

$\therefore \tan C = D\lambda / DMP = 1200/158.4139 = 7.575$

$C = 082°.5$

$S = D\varphi \cdot \sec C = 919.4$ n mile

(2)平均纬度算法

因船处在中低纬地区且 $D\varphi$ 小,故可用此法作简便运算。

$\because D\varphi = S \cdot \cos C \quad Dep = S \cdot \sin C \quad Dep = D\lambda \cdot \cos\varphi_m$

$\therefore \tan C = S \cdot \sin C/(S \cdot \cos C) = Dep/D\varphi = D\lambda \cdot \cos\varphi_m / D\varphi$

其中:$D\varphi = 42°N - 40°N = 2°N = 120'N$

$D\lambda = 160°E - 140°E = 20°E = 1200'E$

$\varphi_m = 41°N$

$\therefore \tan C = 1200'\cos 41°/120' = 7.547$

$C = 082°.5$

$S = D\varphi \cdot \sec C = 120' \times \sec 82°.5 = 919.4$ n mile

总结:运用平均纬度算法得出的结果与墨卡托算法一模一样,说明平均纬度算法在这种情况下运用是很合适的。

项目四
陆标定位

学习目标

◆知识目标

1. 熟悉位置线的种类和特点；
2. 熟悉陆标定位中的各种误差源及其对定位精度的影响。

◆能力目标

1. 能够选用合适的方法识别陆标；
2. 能够利用常见工具测算陆标的方位和近距离；
3. 能够利用两陆标进行两方位定位和两距离定位；
4. 能够利用三陆标进行三方位定位和三距离定位；
5. 能够对三方位定位产生的误差三角形做出评判并处理；
6. 能够利用单陆标进行方位距离定位。

◆素质目标

1. 养成严谨细致的工作作风；
2. 培养航海安全意识。

任务一　认识位置线与船位线

保持函数等于常数的点的轨迹称为等值线。航海上的航舶位置线是指保持观测值等于常数的点的轨迹。位置线(*LOP*,line of position)也是等值线。由于位置线绘画在墨卡托海图上的形状较复杂(特别是远距离时),而且没有必要将整条位置线画出,实际航海活动中经常取推算船位附近的一小段位置线(直线或曲线的切线)用于定位,因此,称该段位置线为船位线。航海实践中也经常称船舶位置线为船位线。

对航行的船舶而言,位置线具有时间性和绝对性两个特点。时间性即在观测时刻船舶一定位于位置线上的某一点;绝对性即在观测时刻位置线上的所有点都须符合观测值,而符合于观测值的所有点都必定在该位置线上。

目前航海上常用的位置线有方位位置线、距离位置线、方位差位置线和距离差位置线。对地球上测者附近的小范围内的地面(一般认为小于30 n mile范围内),我们可以忽略测者与物标之间的地面曲率,而将其视为平面,测者与物标同处于该平面上,这些位置线也统称为平面位置线。当测者与物标距离较远时,地面曲率不能忽略,上述的位置线只能存在在一个曲面上,我们称为球面位置线。

一、平面位置线

1. 方位位置线

根据测者所在位置不同,方位位置线又可分为船测岸方位位置线与岸测船方位位置线:

(1)船上测者对岸上某一已知坐标的固定物标 *M* 进行方位测量(船测岸)时,由物标 *M* 画出的与 *M* 点的子午线相交成 *TB* ±180°的方位线 *MP*,就是相应的船测岸方位位置线,如图4-1-1(a)所示。在 *MP* 上任一点的测者测物标 *M* 的真方位均为 *TB*,而在该线外任何一点观测物标 *M* 的真方位均不等于 *TB*。

微课:
平面位置线

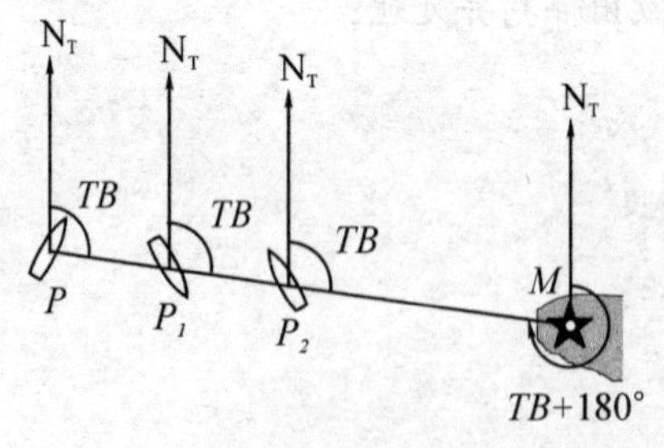

(a)船测岸方位位置线

(b)岸测船方位位置线

图4-1-1　方位位置线

(2)从岸上某一已知坐标的固定物标 *M* 对船舶进行方位测量(岸测船)时,则相应的岸测船方位位置线,就是由物标 *M* 画出的与 *M* 点的子午线相交成 *TB* 的方位线MP,如图4-1-1(b)所示。测者在 *M* 点测量位于 *MP* 上任一点的船舶的真方位均为

TB，而测量在该线外任何一点的船舶的真方位均不等于 TB。

总之，在平面上，船测岸与岸测船的方位位置线都是船舶和陆标两点之间的直线，在墨卡托海图上，方位位置线表现为一条连接物标和测者的恒向线。

2. 距离位置线

船上测者对已知坐标的固定物标 M 进行距离测量时，所测得的船与物标 M 间的距离位置线，是以物标 M 为圆心、所测距离 D 为半径的圆，如图 4-1-2 所示。可见，在该圆上任一点，到物标 M(圆心)的距离均等于 D，而在该圆周以外的任何一点观测物标 M 的距离均不等于 D。在墨卡托海图上，我们只需用圆规以物标所在位置为圆心，观测距离为半径作圆即可得到位置线。

3. 方位差位置线

方位差位置线又称水平角位置线，船上测者测量岸上两个已知坐标的固定物标之间的水平角时，即测量它们的方位差时，方位差位置线是船与两物标所连的三角形的外接圆圆弧的一部分，如图 4-1-3 所示。在该段圆弧上的任一点，对两物标所张的水平角，均等于该圆周角 α，而在该圆弧以外的任何一点，对两物标所张的水平角均不等于该圆周角 α。

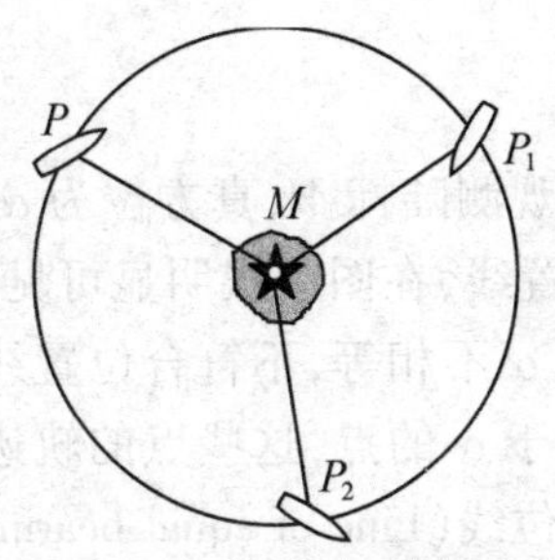

图 4-1-2　距离位置线

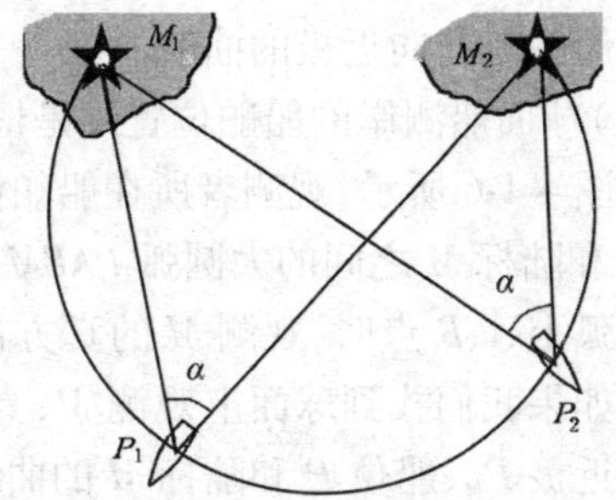

图 4-1-3　方位差位置线

4. 距离差位置线

船上测者若对岸上已知坐标的两个物标(例如台站)进行距离差的测量时，则距离差位置线是以两物标(台站)为焦点的双曲线，如图 4-1-4 所示，在该双曲线上任一点至两焦点的距离差值均为观测所得的常数。

二、球面位置线

1. 球面方位位置线

在平面方位位置线中，可以认为位置线就是连接测者和陆标的一条直线(恒向线)，此时测者观测陆标和路标上的测者观测船的位置线是同一条线，观测值相差 180°。但在球面上，船测岸与岸测船之间的真方位相差一般不是 180°(两者同在赤道或者同在一条子午线上除外)。所以岸上测者观测船舶得到的船舶位置线和船上测者观测岸上陆标得到的船舶位置线的形式也不一样。

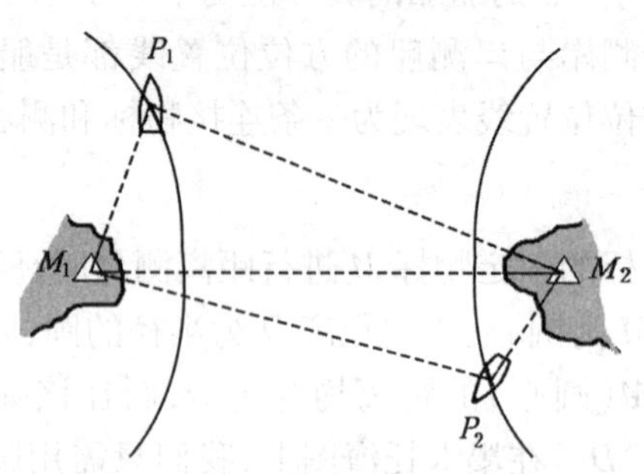

图 4-1-4　距离差位置线

(1)球面岸测船的船舶位置线是大圆弧

如图 4-1-5 所示,测者位于岸上某固定点 M 点上,船舶位于 P 点,此时船舶位置线是连接 M 和船舶的大圆弧 $MP_3P_2P_1P$,观测者的观测船舶的真方位是真北方向与测者的视线方向(图中过测者作的大圆弧的切线)的夹角 α。很显然,对于线上的 P_3、P_2、P_1 位置、观测者 M 观测时,真方位都是 α,所以,此时的船舶位置线是连接观测者 M 与船舶 P 之间的大圆弧。在墨卡托海图上,大圆弧位置线表现为一条连接观测者和船舶且凸向近极的曲线。

(2)球面船测岸的船舶位置线是恒位线

如图 4-1-6 所示,观测者所在船舶位于 P 点,观测陆标 M,真方位为 α,此时连接测者 P 和陆标 M 之间的大圆弧 $PABM$ 不再是位置线,在图中很明显可见,当船舶位于大圆弧上 A、B 点时,观测 M 的真方位 α_1、α_2 与 α 不相等,不符合位置线等值线的特点。如果我们找到球面上观测 M,真方位都等于 α 的点,这些点的轨迹形成了一条通过近极 P_N、船位 P 和陆标 M 的曲线,称为恒位线(Line of equal bearing),在墨卡托海图上,两点之间的恒位线表现为凸向赤道的曲线。

微课:
球面位置线

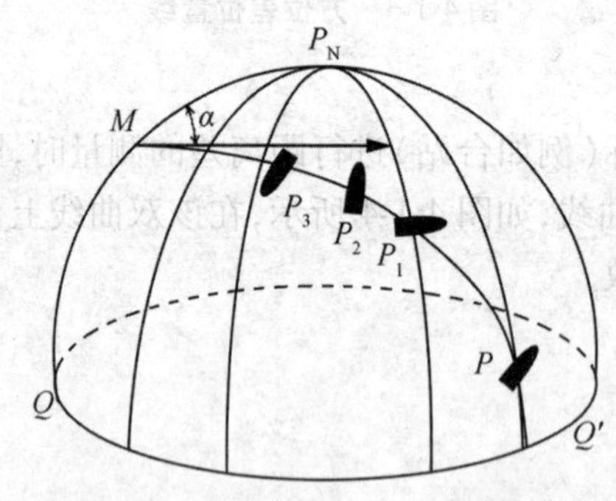

图 4-1-5　球面岸测船方位位置线

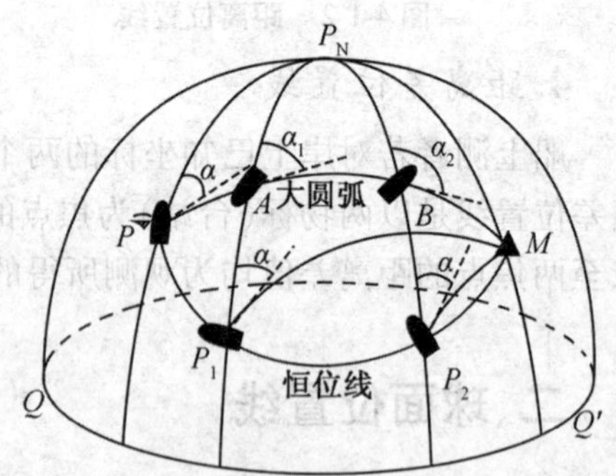

图 4-1-6　球面船测岸方位位置线

2. 球面距离位置线

球面的距离位置线是以观测陆标为圆心,以观测距离为球面半径,在球面上所做的球面小圆(如图 4-1-7 所示),天文定位中的天文船位圆就是其中的一种。平面中,在墨卡托海图上,近距离的纬度渐长率可以忽略,所以距离位置线可以直接以陆标为圆心,观测距离为半径作圆得到。但球面上,距离远的情况下,纬度渐长率不能忽略,距离位置线表现为一条复杂的周变曲线。

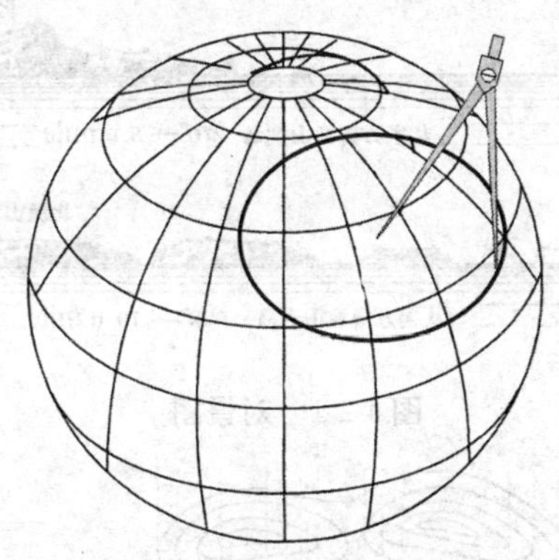

图 4-1-7　球面距离位置线

任务二　识别陆标

陆标定位必须准确地辨认物标，确保事先在海图上所选定的定位物标和实际所测定的物标是同一物标。如果在实际测定或海图作业时错认了物标，必将出现错误的观测船位，从而威胁船舶的航行安全。航海上常用的识别陆标的方法如下：

一、孤立、显著物标的识别

孤立的小岛、显著的山峰和岬角等陆标、灯塔和灯桩等航标，可直接根据它们的形状、颜色、相对位置关系和顶标、灯质等特点加以识别。因此，这些物标往往是陆标定位中的首选物标。

二、利用对景图识别

在航用海图和航路指南中，经常附有一些重要山头和岛屿等的照片或有立体感的对景图，将实际观察到的景象与相应的对景图相比对，便可方便地辨认出对景图中所标明的一些重要物标。

同一物标，在不同的方位和距离上观看，其形状也各不相同。因此，每幅对景图都注有该图相对于图中某一物标的方位和距离，使用时要特别加以注意。如图 4-2-1 所示，下方标注的方位和距离，均表示测者看到同样景象时的观测方位和观测距离。

图片：
对景图

三、利用等高线识别

航用海图上，地貌特征通常是以等高线（地面上高程相等的各点连线）来描绘的，有时也用草绘等高线（草绘曲线）或山形线来表示。等高线的疏密，体现山形的陡峭程度，等高线越密，山形越陡峭；反之，等高线较疏时，表示山形较平坦。因此，可以根据等高线的疏密和形状来判断出地貌的立体形状来（见图 4-2-2）。

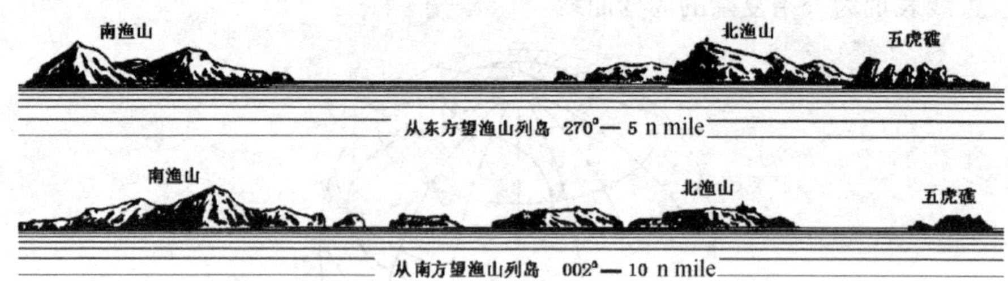

图 4-2-1 对景图

动画：
利用等高线识别陆标

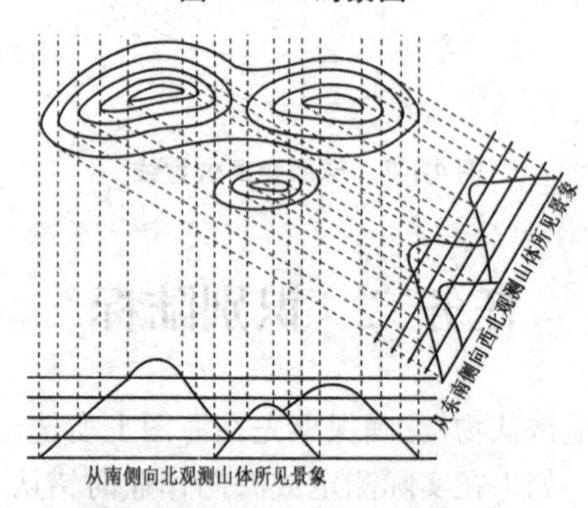

图 4-2-2 利用等高线识别物标

四、利用船位识别

如图 4-2-3 所示，实际工作中，可在测定附近易于识别的两三个物标（M_1和 M_2）定位的同时，测定所需识别的物标 M_3的方位，然后先在海图上根据已知物标 M_1和 M_2确定测量当时的船位 A，再自该船位绘画待识别物标的方位线 TB_1，如此反复多次，则图上这些方位线（TB_1，TB_2，TB_3，…）的交点处的物标，就是所需辨认的物标。

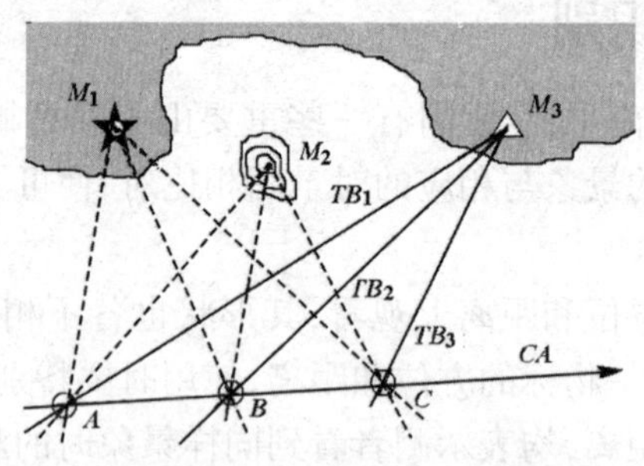

图 4-2-3 利用船位识别物标

同理，我们可以用上述方法，将某些并没有标绘在海图上，但具有显著的特征和一定的航海意义的物标，诸如新设置的钻井平台、沿岸和港口附近新建的高大建筑物和烟囱等逐一标绘在海图上，为船舶以后在该海区航行提供更多、更好的定位和导航物标。

任务三 观测陆标

一、陆标方位的测定

1. 利用罗经观测物标方位

航海上通常利用方位仪配合罗经观测物标的方位。方位仪(如图 4-3-1 所示)有两套互相垂直的观测方位的装置,其中一套装置由目视照准架和物标照准架组成。在物标照准架的中间有一竖直线,下面装有天体反射镜、棱镜和水平仪,目视照准架中间有一细缝,当测者通过细缝观测到物标与照准架上的竖直线重合时,从棱镜上所读取的度数,就是物标的观测方位。该方位仪既可用于测定陆标的方位,又可用于观测天体的方位。

另一套装置由可转动的凹面镜和允许细缝光线通过的反光棱镜组成,主要用来观测太阳的方位。将凹面镜朝向太阳,使太阳光线经棱镜的细缝投射到罗盘上,此时光线所照亮的罗盘刻度即为太阳的罗方位。

利用磁罗经或陀螺罗经所观测到的物标方位分别为物标的罗方位和陀罗方位,在海图作业前,必须进行罗经差或陀螺罗经差的修正,将它们换算成相应的真方位。

微课:
陆标方位的测定

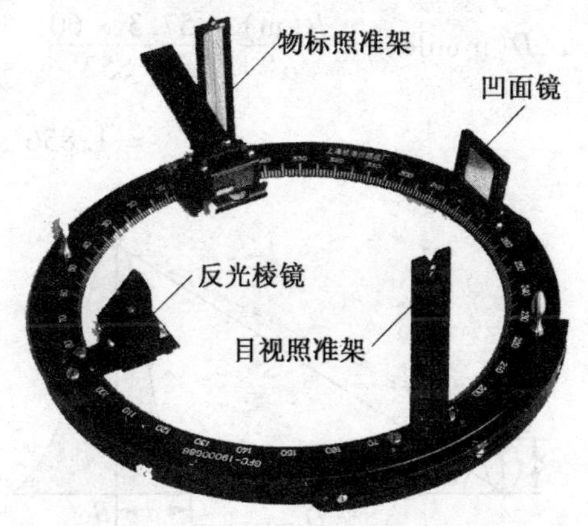

图 4-3-1 方位仪

2. 利用雷达观测物标方位

利用航用雷达的机械方位标尺或电子方位线可以方便地测量物标的方位。孤立的灯塔、灯桩、明礁和小岛等点状物标,应测量回波中心的方位。范围较大的物标应测量岸角,并使电子方位线或机械方位标尺与回波的同侧外缘相切。采用北向上相对运动显示方式,陆标回波在雷达荧光屏上的分布情况与它们在海图上的图像一致,有利于目标的辨认。此外,在这种显示方式下,荧光屏固定方位刻度圈的 0°代表陀罗北,不仅可以在该方位仪上直接读得物标的陀罗方位,而且当本船转向或船首偏荡时,物标回波在荧光屏上不动,图像清晰,观测方便、准确,可以避免船首偏荡引起的方位测量误差。应避免在船舶倾斜时测量物标的方位,以减小方位测量误差。不可避免时,可选择在横摇时测量正横方向的物标方位,纵摇时测量艏艉线方向的物标方位。使用机械方位标尺测量物标方位时,应确保扫描中心与雷达荧光屏中心重合。

二、陆标距离的测定

航海实践中,可以利用六分仪观测陆标的垂直角来测定距离,也可以利用雷达来测定陆标的距离。

1. 测量陆标的垂直角求距离

利用六分仪测定陆标的垂直角求距离时,必须知道陆标在水面以上的实际高度,一般在有潮汐的海区,需要将海图上所标注的物标高度修正到当时的水面以上的高度。

微课:
陆标距离的测定

如图 4-3-2 所示,用六分仪测得视界内某已知高度 H 的物标 M 的垂直角 α,不考虑地面蒙气差和地面曲率的影响,则船舶到该物标的距离 D 为:

$$D = AB = \frac{H}{\tan\alpha}$$

因为 α 很小,通常以分(′)为单位,在其小于 600′(5°)时,近似可以用其弧度值代替 $\tan\alpha$,即:

$$\tan\alpha = \alpha'\text{arc}1' = \frac{\alpha'}{3\ 428}$$

所以公式可以改为:

$$D(\text{n mile}) = \frac{H(\text{m})}{\alpha'} \times \frac{57.3 \times 60}{1\ 852}$$

$$= 1.856 \times \frac{H(\text{m})}{\alpha'} \qquad (4\text{-}3\text{-}1)$$

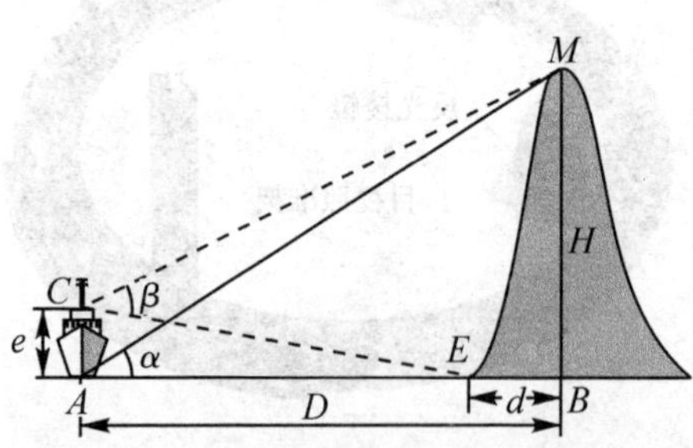

图 4-3-2 观测陆标垂直角求距离

由于测者都具有一定的眼高 e,物标顶点的垂足 B 也不可能在岸水线 E 点,因此,实际所测得的是 β 角 $\angle MCE$,而不是角 $\angle MAB$。为了尽可能减小眼高 e、岸距 BE 对所测距离的影响,应选择岸距小、高度大(陡直的物标)和距离近的物标。

综上所述,只要船舶与所选物标 M 之间的距离 D 远大于物标的高度 H,而 H 又大于测者眼高 e,并且物标高度 H 又大于物标顶点垂足 B 到岸水线 E 点的岸距 d,即:$D \gg H > e, H > d$,则按上述公式计算所得的距离 D 的误差 ΔD 将小于三倍的测者眼高,即:

$$\Delta D < 3e$$

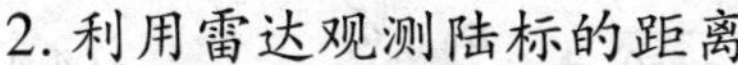

2. 利用雷达观测陆标的距离

雷达是航海当中最常用的测距仪器。利用雷达测距时，应当选择回波图像稳定、清晰、回波位置能与海图上的位置准确对应的陆标，例如孤立的小岛、岬角或者突堤等。避免使用回波形状可能较大变形或者难以在海图上确定准确位置的陆标，例如平坦的岸线、斜缓的山坡、未经核实的浮标灯。

测量陆标距离时，应当尽量选用包含被测陆标的最小量程，且陆标回波最好位于距离显示屏中心 2/3 半径附近。点状物标应当测量中心，雷康信号取其脉冲信号的前沿（靠近屏幕中心的一端）。岸线等物标在雷达地平之内时，应当使距标圈前沿与物标内沿（靠屏幕中心一侧）相切；在之外则应当使距标圈前沿与物标外沿相切。

任务四　方位定位

利用罗经同时观测两个或者两个以上的陆标，得到两条或以上的方位位置线，通过这些方位位置线来确定船位的过程和方法称为方位定位（Fixing by cross bearing）。方位定位作图简单、迅速、直观，是最基本和最常用的定位方法，尤其是在沿岸航行时，使用极为频繁。常见的有两方位定位和三方位定位。

一、两方位定位步骤及误差分析

1. 两方位定位的步骤

在推算船位附近选择两适当的物标 M_1 和 M_2，并注意辨认，然后用罗经或雷达观测两物标的陀罗方位 GB_1、GB_2 或罗方位 CB_1、CB_2，罗经差修正得到两物标的真方位 TB_1 和 TB_2，如图 4-4-1 所示，在海图上分别自 M_1 和 M_2 向测者的方向，即 $TB_1 \pm 180°$，$TB_2 \pm 180°$ 的方向，绘画方位位置线，其交点即为观测船位。在交点上画上一个小圆表示观测船位。

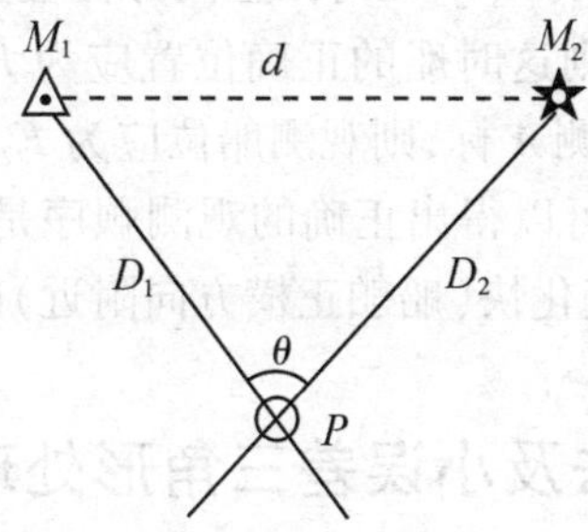

图 4-4-1　两方位定位

2. 两方位定位的误差分析

两方位定位，观测船位的误差可分为系统误差与随机误差。

系统误差 ε_B 主要表现为罗经差中存在的误差。若两方位观测精度相等，即 $\varepsilon_1 = \varepsilon_2 = \varepsilon_B$，则由于系统误差影响所引起的船位系统误差 δ 为：

$$\delta = \frac{\varepsilon_B}{57°.3\sin\theta}\sqrt{D_1^2 + D_2^2 - 2D_1D_2\cos\theta} = \frac{\varepsilon_B \cdot d}{57°.3\sin\theta} \quad (4\text{-}4\text{-}1)$$

随机误差 σ_B 主要包括观测误差(即罗方位 CB 或陀罗方位 GB 的读数误差)和海图作业误差。当 $\sigma_1 = \sigma_2 = \sigma_B$ 时,随机误差影响下的船位误差圆半径 M 为:

$$M = \frac{\sigma_B}{57°.3\sin\theta}\sqrt{D_1^2 + D_2^2} \quad (4\text{-}4\text{-}2)$$

通过公式分析可知,为了提高两方位定位观测船位的精度,即减小观测船位系统误差 δ 和船位误差圆半径 M,除了尽可能减小观测方位的系统误差和随机误差之外,还应注意尽可能选择离船近的物标,同时两条方位位置线的夹角 θ 应大于 30°并小于 150°,最好为 90°。

同时,我们还应当注意选择海图上位置准确、显著易于识别的陆标。

二、异时误差的处理

实际工作中,一个驾驶员往往是不可能同时用罗经观测两个物标的方位的,而是在短时间内先后观测所选物标方位,并以观测第二个物标的时间作为定位时间,这就必将因船舶的航行而产生船位的异时误差。

为了尽量缩小这一异时误差,我们在观测中需要遵循先难后易的原则,先观测不容易观测的物标,然后观测容易观测的陆标,尽可能缩小两次观测时间的间隔。在夜间观测灯标时,按照这一原则,我们应当先测周期长的、后测周期短的;先测闪光灯,后测定光灯;先测弱光灯,后测强光灯。

由于定位时间一般都是选择观测第二个物标的时间为定位时间,对于同样观测难易度的两个陆标,在选择顺序上的不同,也会产生不同的误差,如图 4-4-2 所示,在船首方向附近有一物标 A,而在正横方向附近有一物标 B,由物标方位的变化特点可知,正横方向的物标方位变化较快,船首尾方向的物标方位变化较慢。设船舶位于 P_1 点时,先测船首方向 A 标的方位,得方位位置线 AP_1。当测正横方向的 B 标时,船已移动到 P_2 点,测得方位位置线 BP_2,在海图上两方位位置线相交得观测船位 F_1,因为是先测完两方位后记时间,则这时船的正确位置应为 P_2 点,可见船位的误差值为 P_2F_1;反之,如果先测 B 标,后测 A 标,则观测船位应为 F_2 点,船位误差值为 P_2F_2;则 P_2F_2 大于 P_2F_1。由以上分析可以得出正确的观测顺序是,先测方位变化慢(船首尾方向附近)的物标,后测方位变化快(船舶正横方向附近)的物标。

图片:
方位定位观测顺序

三、三方位定位方法及小误差三角形处理

两方位定位简单、直观,但难以判断观测船位的准确性。如条件允许,应使用三方位定位法,即同时观测三个物标的方位来测定船位,并判断是否存在粗差等影响。三方位定位时,由于误差的存在,三条方位位置线通常并不相交于一点,而形成一个三角形,在大比例尺海图上尤为明显。三方位定位中,由合理的、不可避免的误差所引起的三角形称为船位误差三角形。

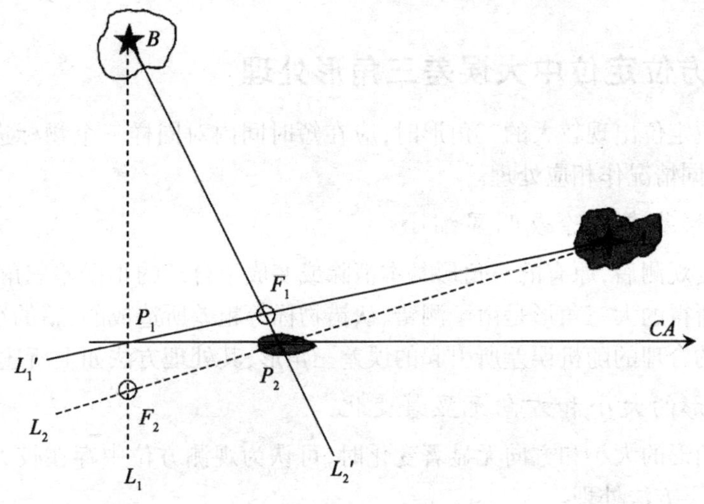

图 4-4-2　方位定位观测顺序分析

1. 船位误差三角形的成因

(1)观测三物标方位的时间不一致;

(2)观测方位中,存在观测误差;

(3)罗经差 $\Delta C/\Delta G$ 本身存在误差;

(4)作图误差;

(5)所测物标的海图位置不准所引起的误差。

2. 船位误差小误差三角形的处理

在大比例尺海图(比例尺大于 1∶200 000)上,如果船位误差三角形各边长小于 5 mm,一般可以认为是由于合理的随机误差所引起的。通常按照"短边大角"的原理来确定概率船位,即:直角三角形靠近直角处;等腰三角形短边中心附近;狭长等腰三角形底边中点;等边三角形中心(如图 4-4-3 所示)。当三角形附近存在危险物时,应将船位定在最接近危险物或对以后航行安全最不利的一点上。

微课:
三方位定位及小误差三角形处理

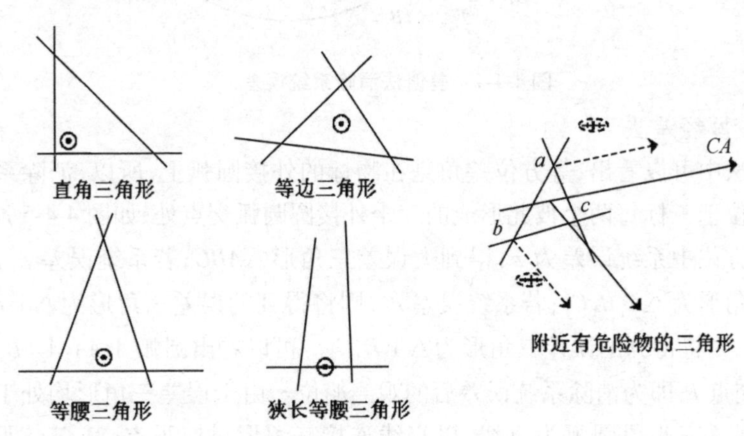

图 4-4-3　船位误差小三角形处理

四、三方位定位中大误差三角形处理

当三方位定位出现较大的三角形时，应在短时间内对同样三个物标进行重复观测，再根据不同情况作相应处理。

1. 三角形基本消除或明显缩小

如果重复观测后，原有的三角形基本消除或变成了合理的小误差三角形，可以认为初次观测所得的大三角形是由于测错、认错物标等粗差所造成的，新的小三角形是消除粗差后的合理的随机误差所引起的误差三角形，其处理方法如上所述。

2. 三角形的大小和方向无显著变化

如果三角形的大小和方向无显著变化时，可认为观测方位中存在较大的系统误差，可采用以下方法处理。

(1)差值法

由于系统误差与两物标的方位差角没有关系，即：

微课：
大误差三角形处理

$$\alpha = CB_2 - CB_1 = TB_2 - TB_1$$
$$\beta = CB_3 - CB_2 = TB_3 - TB_2$$

这样，我们就可以利用水平角定位法来确定概率船位，如图 4-4-4 所示。

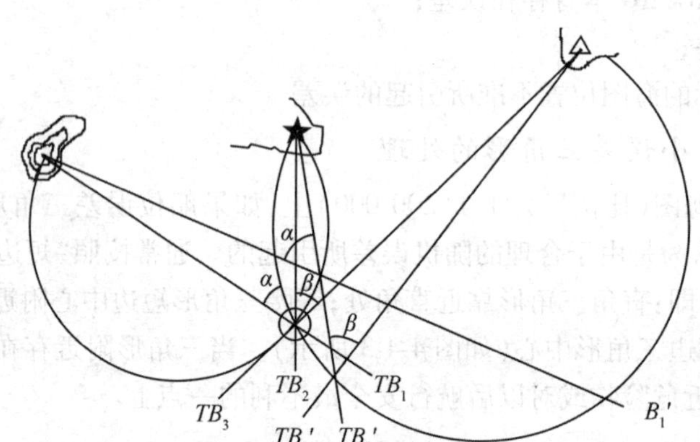

图 4-4-4 差值法消除系统误差

(2)改变罗经差法

从差值法中可以看出，等方位差角是在物标的外接圆弧上，所以，消除系统误差后的船位应位于三标每两个彼此形成的三个外接圆圆弧交点处，如图 4-4-5 所示。

若观测方位中系统误差为 ε，得到大误差三角形$\triangle ABC$；若系统误差 ε_1，则将得到的误差三角形为$\triangle A_1B_1C_1$；若系统误差 ε_2，则将得到的误差三角形为$\triangle A_2B_2C_2$；若系统误差 ε_3，则将得到的误差三角形为$\triangle A_3B_3C_3$。可以看出圆弧 $A_1AA_2A_3$、$B_1BB_2B_3$、$C_1CC_2C_3$的交点 P 即为消除系统误差后的观测船位。由于误差三角形均处于实际船位附近，可视这三小段圆弧为直线，以直线连接三角形对应顶点，其交点即为观测船位。

所以，在实际工作中，可以将罗经差改变 ±2° ~4°，重作三条方位线，得到一个新

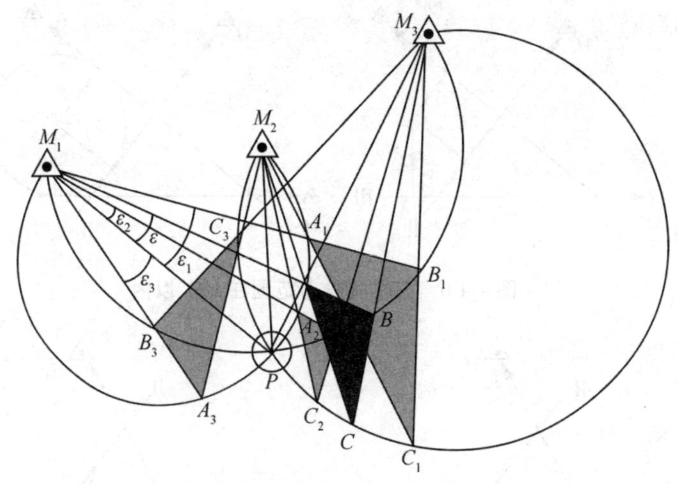

图 4-4-5　改变罗经差法消除系统误差

的误差三角形，用直线连接两三角形对应的顶点，三条连线的交点即为消除了系统误差后的观测船位。如果上述三条连线相交成一小三角形，则该三角形是消除了系统误差后，由合理的随机误差造成，可采用小误差三角形处理方法确定观测船位。

在图中可以看出，与原误差三角形相比较，新的误差三角形可以有以下四种情况：

①新误差三角形变大，说明改变的罗经差是增加了方位的系统误差，如 $\triangle A_1B_1C_1$；

②新误差三角形缩小，说明改变的罗经差是缩小了方位的系统误差，如 $\triangle A_2B_2C_2$；

③新误差三角形消失，说明改变的罗经差刚好消除了方位的系统误差，如 P 点；

④新误差三角形倒置，说明改变的罗经差产生了相反的方位系统误差，如 $\Delta A_3B_3C_3$。

根据以上分析，我们还可以求取观测时刻的实际罗经差及方位系统误差的大小和方向。在利用上述方法确定船位 P 后，可以得到真方位 TB，根据观测时的罗方位 $CB(GB)$，求得 $\Delta C(\Delta G)$，即：$\Delta C(\Delta G) = TB - CB(GB)$。

可以采用数学平均值的方法求得更准确的罗经差，同时与原来的罗经差比较，得到系统误差的大小与方向。

在航海实际工作中，三物标的观测通常认为是等精度的，消除了系统误差后的船位位于：

①当三物标分布范围在 180°以内时（在同一侧），消除了系统误差的船位在误差三角形外（见图 4-4-6）；

②当三物标分布范围在 180°以上时，船位在误差三角形内（见图 4-4-7）；

③当三条方位位置线的系统误差均相等时，如三物标分布范围在 180°以内，消除了系统误差后的船位位于误差三角形的旁心；如三物标分布范围在 180°以上，消除了系统误差后的船位位于误差三角形的内心，见图 4-4-6、图 4-4-7 右图。

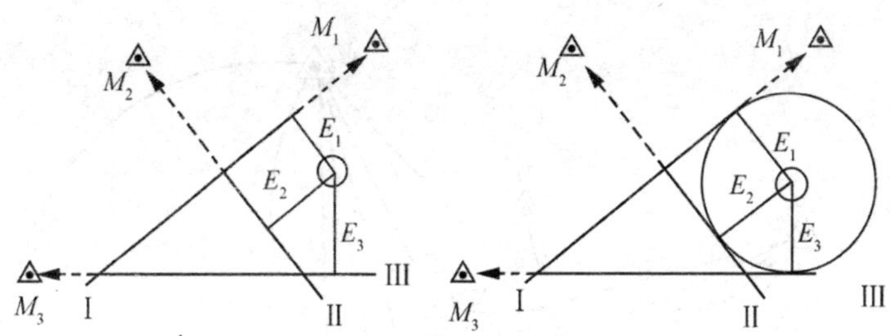

图 4-4-6　三物标分布范围在 180°以内

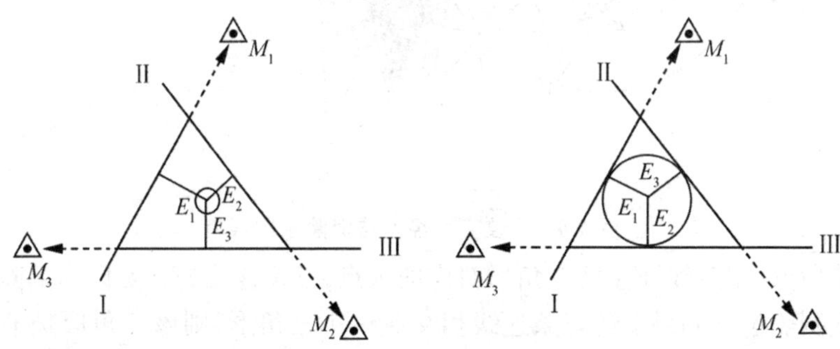

图 4-4-7　三物标分布范围在 180°以上

3. 三角形的大小和方向变化无规律

重新观测后，新的误差三角形的大小和方向变化无规律，说明该三角形是由于较大的随机误差所引起的。这时，最好采用其他有效的定位方法加以核对，判定观测船位所在，或者如前所述，将船位定在三角形中最接近危险物或对以后航行安全最不利的一点上。

在实际航海活动中，三条等精度船位线的误差三角形的最概率船位应在三角形之内，且靠近三角形的"大角短边"处。通常可以采用反中线法来确定船位。

微课：
提高三方位定位精度的方法

五、提高三方位定位精度的方法

数学分析可得，三方位定位最概率船位的船位误差即标准误差圆的半径为：

$$M = \frac{m_B}{57°.3}\sqrt{\frac{D_1^2D_2^2 + D_2^2D_3^2 + D_1^2D_3^2}{D_1^2\sin^2\beta + D_2^2\sin^2(\alpha+\beta) + D_3^2\sin^2\alpha}} \tag{4-4-3}$$

式中：m_B——等精度观测方位的标准差；

D——测者到物标的距离；

α——第一条方位船位线与第二条方位船位线的交角；

β——第二条方位船位线与第三条方位船位线的交角。

在概率一定的前提下，当 $\alpha=\beta=60°$（或 120°）时，误差圆的半径最小，即最概率船位的精度最高。

所以，当三物标分布范围在 180°以内时，船舶沿岸航行时大多是这种情况，从误差理论考虑，相邻两物标之间的方位差角即船位线交角要求不小于 30°，以趋近 60°

为好；如果三物标分布的范围在 180°以上，则相邻两物标之间的方位差角即船位线交角要求不大于 150°，以趋近 120°为好。总之一般情况下位置线交角 θ 应满足 $30° < \theta < 150°$。

根据前面的讨论，我们还可以得出结论，即尽量选择三物标分布的范围在 180°以上，这样无论按系统误差处理还是按随机误差处理，概率船位都在误差三角形之内。

同样，在三方位定位中，应选择孤立、显著、海图位置准确的近距离物标。

在观测顺序上，三方位定位时，同样应遵循“先慢后快”“先难后易”的观测顺序，即白天应先观测船首尾线方向的、方位变化慢的物标，后观测正横附近的、方位变化快的物标；夜间应本着“先闪后定”“先长后短”“先弱后强”的原则，先观测灯光较弱的、闪光周期长的难以观测的物标，再观测灯光强的、闪光周期短的容易观测的物标，尽量减小异时观测所产生的船位误差。

六、船位差

同一时刻的推算船位与观测船位之间的位置差称为船位差（position difference），用同一时刻的推算船位到观测船位的方向和距离来标示，符号“ΔP”，如 ΔP 060°—1′.5 表示从推算船位到观测船位的方向为 060°，距离 1.5 n mile。

微课：
船位差

当船位差不大时，可以仍按推算船位继续进行航迹推算，仅仅从观测船位绘画一小箭矢，指向同一时刻的推算船位点，来表示它们之间的关系。当船位差较大，并且经系统地观测定位分析，确定观测船位比较可靠时，应报经船长同意后，将观测船位作为新的航迹推算起始点，继续进行航迹推算。海图作业时，应用一曲线连接相应的推算船位点和观测船位点如图 4-4-8 所示，并将船位差记入航海日志中。

进行长时间的航迹推算后，当船舶接近海岸测得第一个观测船位时，必须对船位差进行认真的分析，做好记录，供以后参考。

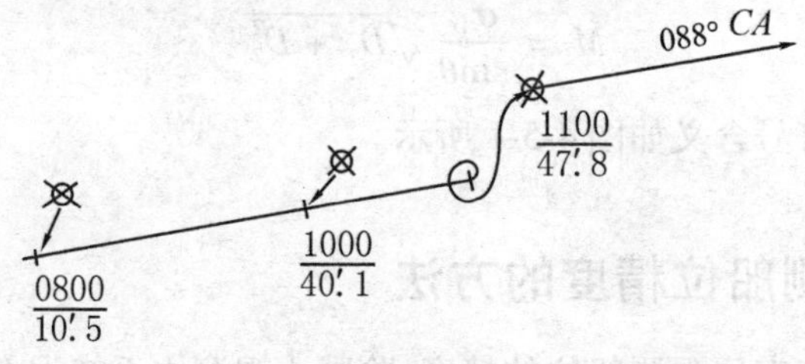

图 4-4-8　船位差

任务五　距离定位

微课：
距离定位

如果能同时测得船舶与附近两个物标之间的距离，则可以分别以被测物标为圆心，以相应的距离为半径绘画距离位置线，其中靠近推算船位的一个交点即为观测时刻的船位，这种方法和过程称为距离定位（fixing by distances）。

一、距离定位的方法

如图 4-5-1 所示，同时测得本船到物标 M_1 和 M_2 的距离 D_1 和 D_2，分别以 M_1 和 M_2 为圆心、D_1 和 D_2 为半径绘画圆弧，两距离位置线通常有两个交点，其中接近推算船位的一点即为当时的观测船位 P。

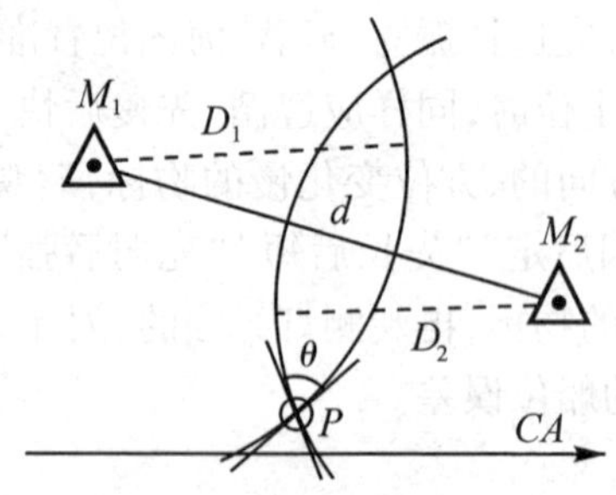

图 4-5-1　两距离定位

二、船位误差

两距离定位误差同样分系统误差与随机误差。

如果观测船位的系统误差相等，即 $\varepsilon_1=\varepsilon_2=\varepsilon_D$，则由于系统误差影响所引起的船位系统误差 δ 为：

$$\delta=\frac{\varepsilon_D}{\sin\theta}\sqrt{D_1^2+D_2^2-2D_1D_2\cos\theta}=\frac{\varepsilon_D\cdot d}{\sin\theta} \tag{4-5-1}$$

如果观测船位的随机误差相等，即 $\sigma_1=\sigma_2=\sigma_D$，则随机误差影响下的船位标准差即误差圆半径 M 为：

$$M=\frac{\sigma_D}{\sin\theta}\sqrt{D_1^2+D_2^2} \tag{4-5-2}$$

以上两式中的符号含义如图 4-5-1 所示。

三、提高观测船位精度的方法

为了提高两距离定位观测船位的精度，除减小观测中系统误差和随机误差外，还应注意选择适当的定位物标和遵循一定的观测顺序。

1. 物标的选择

(1)孤立、显著、海图位置准确且离船较近的物标；

(2)两物标距离位置线交角 θ 应尽可能接近 90°，至少应满足：$30°<\theta<150°$。

2. 观测顺序

为了减小“异时”观测所造成的船位误差，在观测顺序上，应遵循“先慢后快”的原则，先观测正横附近，距离变化慢的物标；后观测首尾线附近，距离变化快的物标。

任务六　方位距离定位

利用视界内唯一可供观测的物标，同时测定其方位和距离，可得到该物标同一时刻的方位位置线和距离位置线，它们的交点即为观测时刻的船位。这种定位方法称为单物标方位距离定位。

单物标方位距离定位，是航海上经常使用的一种定位方法。只要能同时测得某物标的方位和距离，就可以确定观测时刻的船位。同时用雷达观测物标的方位和距离，以及同时用六分仪和罗经测定物标的垂直角和方位等，都可用来进行方位距离定位。

一、单物标方位距离定位

同时观测某一物标的方位和距离，可以得到同一时刻的一条方位船位线和距离船位线，它们的唯一交点就是观测时刻的船位 F，如图 4-6-1 所示。

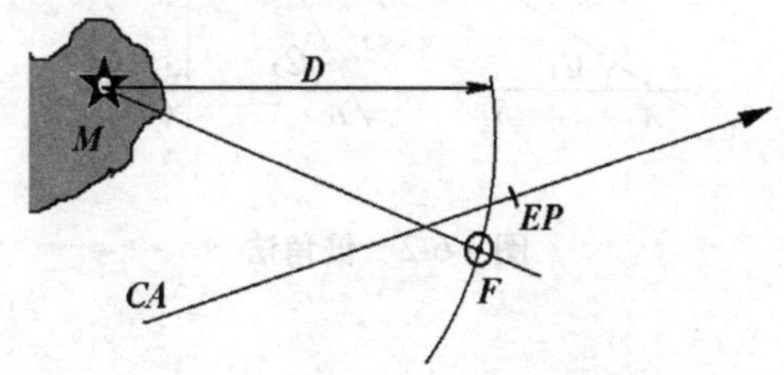

图 4-6-1　单物标方位距离定位

具体方法是：同时测得某物标的方位与距离后，过该物标向测者作一条方位线，然后以该标为圆心，以所测距离为半径作一圆弧交方位线于一点，如图 4-6-1 中的 F 点，该点就是观测时刻的船位。

观测单一物标的方位和距离定位，既可解决某些物标因距离较远、方位变化慢造成的移线定位困难，又可避免推算误差和风流等对移线定位的影响。此外，单物标方位距离定位，两位置线的交角始终等于 90°，因此船位误差相对比较小。

单物标方位距离定位，船位误差主要取决于观测方位和观测距离的精度，为了提高单物标方位距离定位的精度，除了要尽可能消除观测和绘画方位距离的系统误差，缩小观测和绘画方位距离时的随机误差外，还应尽量选择离船较近的物标。

二、特殊方位距离定位

特殊方位距离定位一般是在无风流影响，船舶定向、定速航行情况下，利用特殊的舷角，求得某物标在某时刻、状态下的方位、距离，将较复杂的移线定位转化为单物标方位、距离定位。

航海上常用的特殊方位距离定位方法有倍角法、四点方位法和特殊角法三种。

1. 倍角法

船舶在定向定速航行时，第一次观测某物标方位时的舷角为 Q_1，第二次观测该物标方位时的舷角为 Q_2，且 $Q_2=2Q_1$，前后两次观测间的计程仪航程等于 S_L，于是就可以得到第二次观测时刻的船位和正横船位。

如图 4-6-2 所示，显然，第二次观测时船位到物标的距离：

$$MB=AB=S_L$$

而且，还可以求得该物标的正横距离：

$$D_{\perp}=MB\cdot\sin Q_2=S_L\cdot\sin Q_2$$

图片：
倍角法

这样，利用单物标方位距离定位很容易得到第二次观测时刻的船位和正横船位。自物标 M 绘画第二次观测所得的方位线和该物标的正横方位线，并在其上分别截取 S_L 和 $D_{\perp}$，截点 B、C 即为第二次观测时刻和物标正横时刻的船位。

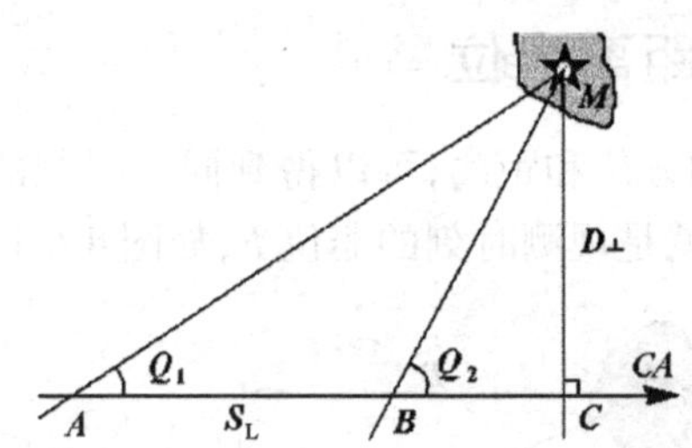

图 4-6-2 倍角法

2. 四点方位法

这里的四点指的是四个罗经点，因为一个罗经点为 11°.25，四点就等于 45°，此法名称由此而来。

四点方位法是倍角法的特例，如图 4-6-3 所示，如果在 A 点测得物标 M 的舷角 $Q_1=45°$，航行到 B 点时测得舷角 $Q_2=90°$，则物标正横距离就等于两次观测间的计程仪航程 S_L。

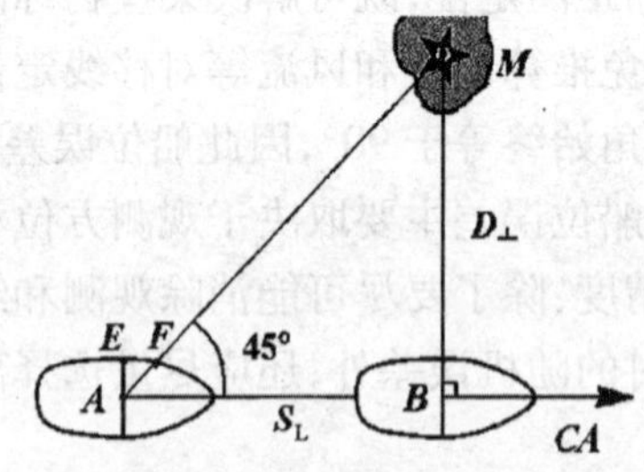

图 4-6-3 四点方位法

实际工作中，如果测者位于驾驶台某固定位置 A，在舷角 45°和 90°（正横）处各有一固定的参照物 E 和 F（如羊角、滑车、窗框等），航行中，只要测者分别记下物标通过 AF、AE 串视线的时间和计程仪读数，就能推算出物标的正横距离，并由此确定物标正横时的船位。可见，四点方位法的应用，并不一定要借助罗经来观测物标的方位。

3. 特殊角法

如图 4-6-2 所示当 $Q_1 = 26°.5$、$Q_2 = 45°$时，即：

第一次观测物标方位时的舷角为 26°.5，而第二次观测物标方位时的舷角为 45°时，物标正横距离 $D_{\perp}$ 就等于两次观测间的计程仪航程 S_L，而第二次观测物标方位到物标正横之间的航程，等于物标的正横距离 $D_{\perp}$，也等于两次观测间的计程仪航程 S_L。利用这对特殊的舷角，不仅可以在物标正横以前预知物标的正横距离，而且还可预测第二次观测物标方位到物标正横之间的航程，同时也提供了两次测定物标正横距离的时机。

图片：特殊角法

特殊角法是根据 26°.5 和 45°的正切值分别等于 1/2 和 1 的特性而选定的一种特殊的移线定位方法，即：

$$\tan 26°.5 = 1/2, \tan 45° = 1$$

在图 4-6-3 中，因为：

$$\tan\angle MAC = \frac{MC}{AC} = \tan 26°.5 = \frac{1}{2}$$

$$\tan\angle MBC = \frac{MC}{BC} = \tan 45° = 1$$

所以：

$$AC = 2MC, MC = BC$$

$$AC = BC = MC = S_L$$

$$D_{\perp} = BC = AB = S_L$$

项目五 天文航海基础

学习目标

◆知识目标

1. 掌握天球上的基本点线圈；
2. 掌握天球上的常用坐标系；
3. 掌握天文三角形的组成；
4. 理解天体周日视运动的成因及天体出没、中天的基本规律；
5. 了解太阳、月亮视运动；
6. 掌握视时、平时、区时、标准时与法定时的概念及相互之间的关系；
7. 熟悉常见天文表册的结构。

◆能力目标

1. 能够利用球面三角函数解算天文三角形；
2. 能够绘制天球图；
3. 掌握时间的基本计算方法；
4. 掌握拨钟的基本方法和船用计时工具的使用方法；
5. 能够利用天文表册求取天体的赤纬和时角，计算天体计算方位。

◆素质目标

1. 养成严谨细致的工作作风；
2. 培养航海安全意识。

任务一 认识天球坐标系

天文航海是古老的航海技术，其是研究如何利用天体以确定船舶位置（天文定位）以及求取罗经差（天测罗经差）的一门学科。虽然天文定位因精度较低、受天气影响、计算复杂等原因，同时由于受到越来越稳定、精度越来越高的卫星定位系统的广泛运用的影响，使其在实际运用的重要性越来越低，但由于其定位依据的是恒定的自然天体，且观测设备简单可靠，在大洋航行时仍然是比对卫星船位、求测罗经差的主要方法。

研究天文，就必须要在天空中建立坐标系，用数字坐标来描述天体的位置，这样测者与天体之间才能借助数学方法相互联系起来，从而可以解决天文航海中诸多实际问题。

一、天球以及天球上的基本点线圈

（一）天球的概念

人们在仰望天空时，总觉得天空像一个巨大的半球罩在我们头顶上，所有可见的天体都像是固定在这个球面上一样，而地球恰好位于这个半球的中心。因此，为了方便研究，我们把以地球中心为球心，以无限长为半径所作的假想球体称为天球，所有天体无论远近，都以视点在球心的透视投影的方法投影在天球表面上，即将地心与某天体中心的连线无限延长交天球表面于一点，这个交点称为天体位置。而地心和天体位置中心的连线与地球表面的交点，称为天体的地理位置，如图5-1-1所示，B 为天体位置，b 为天体地理位置。

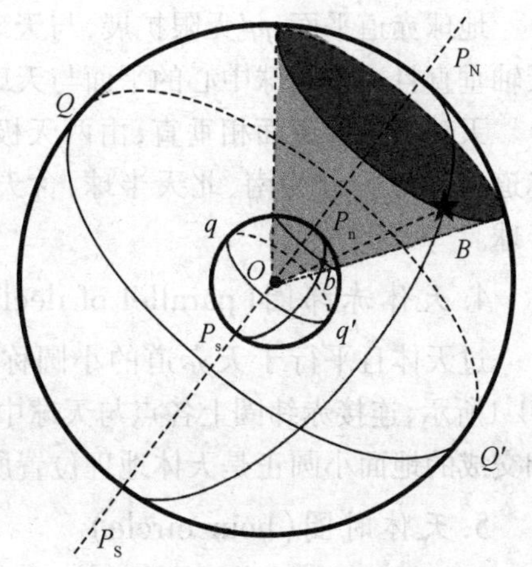

图 5-1-1 天球上的点线圈 1

（二）天体上的基本点、线、圈

为了将天体与地球间的联系进一步具体化，需要在天球面上建立坐标系，这就要先在天球上确定坐标系所需要的基本点、线、圈。如果采用视点在球心的透视投影方式，这些点、线、圈与地球上的点、线、圈存在着一定的对应关系。具体如表 5-1-1 所示。

微课：
天球上的基本点线圈

表 5-1-1 天球点、线、圈与地球点、线、圈的对应关系

地球	地轴	地极	赤道	纬度圈	经线	格林经线	测者经线
天球	天轴	天极	天赤道	赤纬圈	时圈	格林午圈	测者午圈

各种圈又有大圆和小圆之分。我们将凡是通过球心的平面与球表面所交的球面圆称为大圆，而不通过球心的平面与球面所交的球面圆称为小圆，在数学上，大圆的圆弧是连接两点之间最短的球面距离。

1. 天轴(celestial axis)

将地轴 P_nP_s向两端无限延伸，与天球相交而成的线段称之为天轴，如图 5-1-1 中的 P_NP_S。

2. 天极(celestial poles)

天极在天球上的两个端点称为天极，其中，靠近地北极 P_n的称为天北极 P_N，靠近地南极 P_s的称为天南极 P_S。

3. 赤道(celestial equator)

地球赤道平面 qq'无限扩展，与天球面截得的大圆 QQ'称为天赤道，或定义为与天轴垂直且通过天球中心的平面与天球相交而成的大圆，如图 5-1-1 所示。

天轴与天赤道面相垂直，由两天极至天赤道上任一点的球面距离均为 90°。天赤道将天球等分为南、北天半球，含天北极的称为北天半球，含天南极的称为南天半球。

4. 天体赤纬圈(parallel of declination)

过天体且平行于天赤道的小圆称为天体赤纬圈，又称天体周日平行圈。如图 5-1-1所示，连接赤纬圈上各点与天球中心，构成一个正圆锥，这个圆锥面与地球表面相交成的地面小圆正是天体地理位置所在的纬度圈。

5. 天体时圈(hour circle)

过两天极和天体中心的半个大圆称天体时圈。图 5-1-1 中的 P_NBP_S为天体 B 的时圈，并与其地理位置 b 的经度线相对应且在同一平面。天体时圈与天赤道垂直，时圈所在的平面与地球表面所交的同侧的半个地面大圆正是天体地理位置的经度圈。

6. 天顶与天底(zenith & nadir)

将地球视为圆球体，连接地心与地面任一点的直线即为该点的铅垂线，其中，通过测者的称为测者铅垂线。向两端无限延长测者铅垂线，与天球相交于两点，其中向上靠近测者的那一点称为测者天顶，向下远离测者的那一点称为测者天底。同样，向两端无限延长通过格林尼治天文台中心的铅垂线，与天球相交于两点，其中向上的那一点称为格林天顶，向下的那一点称为格林天底。如图 5-1-2 所示，A 为测者在地球上的位置，Z 为测者天顶，Z'为测者天底，Z_g为格林天顶，Z_g'为格林天底。

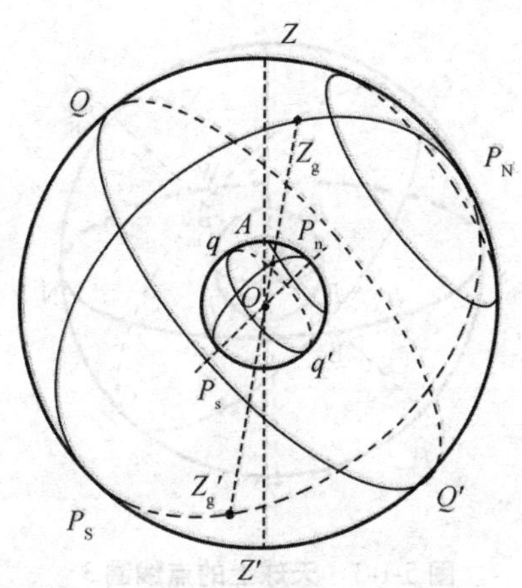

图 5-1-2　天球上的点线圈 2

7. 子午圈(meridian)

(1)测者子午圈

过测者天顶、天底和两天极的大圆称为测者子午圈,如图 5-1-2 中 P_NZP_SZ'。其可以认为是将地球上测者所在的经线圈无限延伸后与天球所交的截痕。

测者子午圈被两天极分成两半,其中,包含天顶的半个大圆称为测者午圈,包含天底的半个大圆称为测者子圈,如图 5-1-2 中,P_NZP_S为测者午圈,$P_NZ'P_S$为测者子圈。午圈和测者经线对应,子圈和与测者经线关于地轴对称的经线对应。

测者子午圈将天球等分为东、西两天半球。

(2)格林子午圈

过格林天顶、天底和两天极的大圆 $P_NZ_gP_SZ_g'$称为格林子午圈。其中两天极之间包含格林天顶的半个大圆 $P_NZ_gP_S$称为格林午圈,包含格林天底的半个大圆 $P_NZ'_gP_S$称为格林子圈。很显然格林午圈与地球上的 0°经线相对应,格林子圈与 180°经线相对应,四者都在同一个平面内。

8. 测者真地平圈(celestial horizon)与方位基点(cardinal points)

过地心且垂直于测者铅垂直线的平面与天球表面截得的大圆称为测者真地平圈,也称为地心真地平圈,如图 5-1-3 所示,NESW 即为测者真地平圈。

测者真地平圈将天球等分为上、下天半球。包含天顶 Z 的为上天半球,包含天底 Z'的为下天半球。天顶或天底至测者真地平圈上任一点的球面距离均为 90°。

测者真地平圈与测者子午圈相交于两点,其中靠近天北极的交点称为北点 N,靠近天南极 P_S的交点称为南点 S。测者真地平圈与天赤道也相交于两点,面向北点,右侧的交点为东点 E,左侧的交点为西点 W。这就是测者真地平圈上的 N、E、S、W 四个方位基点。四个方位基点将真地平分成 NE、NW、SE、SW 四个象限,每个象限为 90°。

9. 仰极(elevated pole)与俯极(depressed pole)

仰极与俯极并非天球上的新极,而是将原来的天南极与天北极按照测者角度命名。其中,测者真地平以上的天极称为仰极,即与测者纬度同名的天极;测者真地平

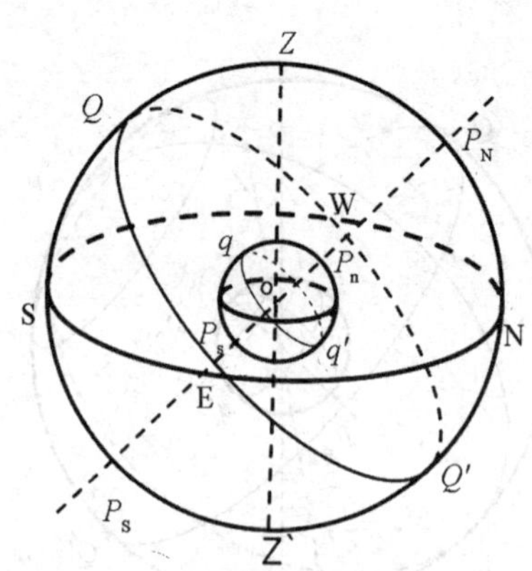

图 5-1-3　天球上的点线圈 3

以下的天极称为俯极,即与测者纬度异名的天极。简单来说,北纬测者仰极为天北极,南纬测者仰极为天南极。如图 5-1-3 所示,此时 P_N为仰极,P_S为俯极。

10. 天体垂直圈(vertical circle)

过天顶、天底和天体中心的半个大圆称为天体垂直圈,也称为天体方位圈。其与测者真地平圈垂直,如图 5-1-4 所示,ZBZ'即为天体 B 的垂直圈。其中,通过东点和西点的垂直圈合称为东西圈(prime vertical circle),也称为卯酉圈,其不但与测者真地平圈垂直,还与测者子午圈垂直,如图 5-1-4 中 $ZEZ'W$ 即为东西圈。

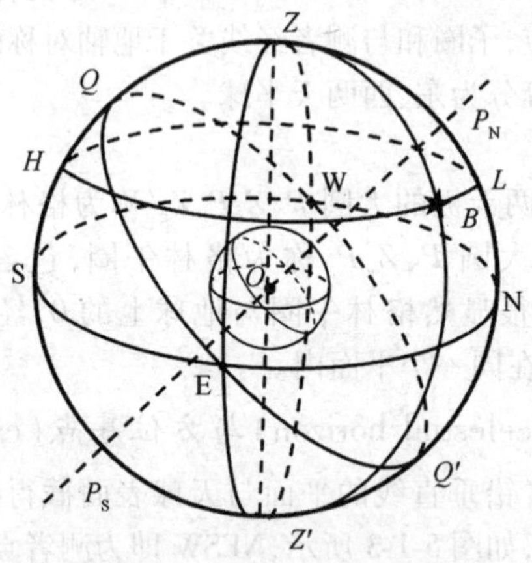

图 5-1-4　天球上的点线圈 4

11. 天体高度平行圈(parallel of altitude)

过天体中心且与测者真地平圈平行的平面与天球表面截得的小圆,称天体高度平行圈,也称等高度圈,如图 5-1-4 中 HBL 即为天体 B 的高度平行圈。

12. 春分点时圈(hour circle of vernal equinox)

地球绕太阳的公转轨道平面与天球截得的大圆称为黄道(ecliptic),黄道与赤道的夹角为 23°27′,称之为黄赤交角(obliquity of the ecliptic)。黄道与天赤道交于两点,春分点♈(vernal equinox)和秋分点♎(autumnal equinox),这两点在天球上的位置是不变的,其中过两天极和春分点的半个大圆称为春分点时圈,如图 5-1-5 中

P_N ♈ P_S 即为春分点时圈。

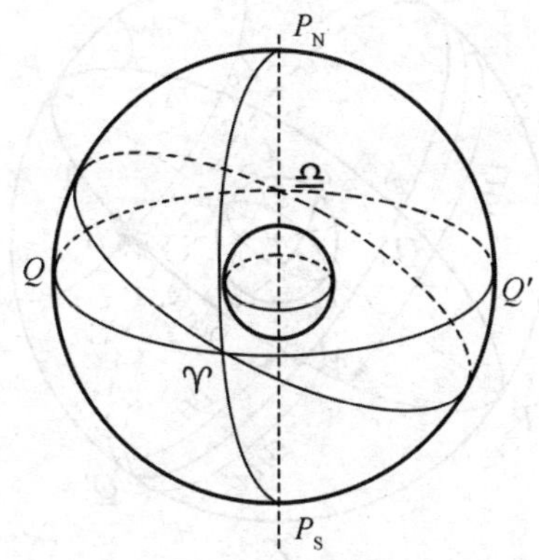

图 5-1-5　天球上的点线圈 5

依据上述点线圈就可以在天球上建立坐标系，从而确定天体在天球上的位置。航海上常用的天球坐标系主要有第一赤道坐标系、第二赤道坐标系和地平坐标系，这些坐标系都是建立在球面上的二维坐标系，通过两个坐标值就可以确定天体的位置。

二、第一赤道坐标系

第一赤道坐标系(first celestial equator system of coordinates)又称时角赤道坐标系，其以天北极为几何极，天赤道和格林(测者)午圈为基准圆，两者交点为坐标原点，天体时圈和天体赤纬圈为辅助圆。其坐标值为时角及赤纬。

(一)纵坐标——天体赤纬(declination, *Dec*)

微课：第一赤道坐标

赤纬是指天赤道和天体在天体时圈上所夹的弧距。其值自天赤道起，沿天体时圈向北或向南量至天体中心，范围在 0°～90°。其中，向北天极度量的天体赤纬的命名为北(N)；向南天极度量的天体赤纬的命名为南(S)，如图 5-1-6 中 *MB* 弧距即为天体 *B* 的赤纬。由图中分析可见，赤纬在数值和方向上应当与天体地理位置的纬度 φ_g 一致，即：

$$\varphi_g = Dec$$

纵坐标的另一种表示方法称极距(polar distance, *P*)，极距是仰极与天体在天体时圈上所夹的弧距。从仰极起，沿天体时圈一直度量到天体中心，范围在 0°～180°。如图 5-1-6 中，P_NB 弧距即为天体 *B* 的极距。

很显然，赤纬与极距之间存在如下代数关系：

$P = 90° \pm Dec$(赤纬与纬度异名取“+”；同名取“-”)

(二)横坐标——天体时角(hour angle)

由于横坐标可选择格林午圈或测者午圈作为基准圆，所以横坐标分为天体地方时角和天体格林时角两种表示方法。

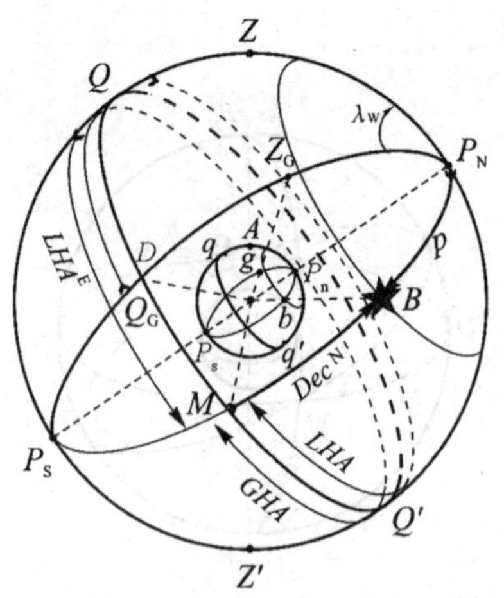

图 5-1-6 第一赤道坐标系

1. 天体地方时角(local hour angle,*LHA*)

天体地方时角是指测者午圈与天体时圈在仰极所夹的球面角,也可定义为测者午圈与天体时圈在天赤道上所夹的弧距。地方时角有圆周和半圆时角两种量法。

(1)圆周法

从测者午圈起,沿天赤道向西或顺时针度量到天体时圈,范围在 0° ~360°,不必命名。如图 5-1-6 中,天体 *B* 的地方圆周时角 LHA_B 为优弧 $QQ'M$。

(2)半圆法

从测者午圈起,沿天赤道向西或向东度量到天体时圈,范围在 0° ~180°,其中,向西量的地方半圆时角的命名为西(W),向东量的则命名为东(E)。如图 5-1-6 中,天体 *B* 的地方半圆时角 LHA_B 为劣弧 QM。

在天文计算中,一般采用半圆地方时角,半圆地方时角与圆周地方时角之间存在以下关系:

若圆周 $LHA<180°$,则圆周 LHA = 半圆 LHA(W);

若圆周 $LHA>180°$,则 360° - 圆周 LHA = 半圆 LHA(E)。

例如,圆周 $LHA=280°$,半圆 $LHA=(360-280°)\mathrm{E}=80°\mathrm{E}$

圆周 $LHA=070°$,半圆 $LHA=70°\mathrm{W}$

半圆时角都必须在后面标注方向,未标注的均视为圆周时角。

2. 天体格林时角(greenwich hour angle,*GHA*)

天体格林时角是指格林午圈与天体时圈在天赤道上所夹的弧长或在仰极处所夹的球面角,也可定义为格林午圈与天体时圈在天赤道上所夹的弧距。其度量方向为西,范围在 0° ~360°,不用半圆法表示。如图 5-1-6 中,天体 *B* 的格林时角 GHA_B 为优弧 $DQQ'M$。

由于格林午圈、天体时圈、天赤道三者与地球上的格林经线、天体地理位置所在经线、赤道三者之间存在一一对应关系,很显然,*GHA* 应当与天体地理位置的经度 λ_g 存在以下关系:

$$\lambda_g=\begin{cases} GHA(\mathrm{W}) & (GHA<180°) \\ 360°-GHA(\mathrm{E}) & (GHA>180°) \end{cases} \tag{5-1-1}$$

3. *LHA* 与 *GHA* 之间的关系

对于同一个天体的格林时角和圆周地方时角，由于其度量方法一样，只是度量起始线不同，所以，两者之间存在的差值为格林午圈与测者午圈在天赤道上所夹的劣弧，该弧在数值上等于测者经度，三者关系如下：

$$圆周\ LHA = GHA + \lambda$$

式中当经度 λ 为东经时取"+"，西经时取"-"。

例 5-1-1：已知 *GHA*298°30′.0，测者经度 λ126°20′.0E，求 *LHA*。

解：

$$\begin{array}{lll} & GHA & 298°30'.0 \\ +) & \lambda & +126°20'.0 \\ \hline & LHA & 424°50'.0 \quad (超过 360°，应减 360°) \\ & & 64°50'.0 或 \\ & & 295°10'.0W \end{array}$$

例 5-1-2：已知 *GHA*15°20′.8，测者经度 λ81°35′.0W，求 *LHA*。

解：

$$\begin{array}{lll} & GHA & 15°20'.8 \\ +) & \lambda & -81°35'.0 \\ \hline & LHA & -66°14'.2 \quad (负数，应加 360°) \\ & & 293°45'.8 或 \\ & & 66°14'.2E \end{array}$$

例 5-1-3：已知测者经度 λ120°25′.0E，*LHA*60°10′.0，求 *GHA*。

解：

$$\begin{array}{lll} & LHA & 60°10'.0 \\ -) & \lambda & +120°25'.0 \\ \hline & GHA & -60°15'.0 \quad (负数，应加 360°) \\ & & 299°45'.0E \end{array}$$

(三) 天体的地理位置 P_G 与第一赤道坐标系之间的关系

根据上述总结，我们可以建立天体的第一赤道坐标系坐标值与其地理位置 $P_G(\varphi_g, \lambda_g)$ 的关系如下：

$$P_G \begin{cases} \varphi_g = Dec \\ \lambda_{g\,W}^{\ E} = \begin{cases} GHA(GHA < 180°) \\ 360° - GHA(GHA > 108°) \end{cases} \end{cases} \tag{5-1-2}$$

例 5-1-4：已知测者经纬度为 φ32°18′.0S，λ143°47′.0E，天体 *M* 赤纬 *Dec* = 31°38′.0S，其地方时角 *LHA* = 123°42′.0E，求天体的地理位置。

解：天体地理位置纬度 $\varphi_g = Dec = 31°38'.0S$

	LHA	123°42′.0
−)	λ	+143°47′.0
	GHA	−20°05′.0(负数,应加上 360°)大于 180°
		339°55′.0

天体地理位置经度 $\lambda_g = 360° - 339°55'.0 = 020°05'.0\text{E}$

(四)第一赤道坐标系坐标与地球自转之间的关系

第一赤道坐标系中,由于地球自转,测者子午圈和测者天顶的位置实际上都在不断改变,而天体时圈固定不变,在这一过程中,天体赤纬不发生变化,但时角在随之发生改变。所以,第一赤道坐标系中得到的坐标值是瞬时的,只能针对某一测者在某一特定时刻。为了使天体坐标与地球自转无关,引入了第二赤道坐标系。

三、第二赤道坐标系

第二赤道坐标系(second celestial equator system of coordinates)又称春分点赤道坐标系,其以天北极为几何级,天赤道和春分点时圈为基准圆,春分点♈为坐标原点,天体时圈和天体赤纬圈为辅助圆。其坐标值为天体赤纬及赤经。

PPT:
第二赤道坐标系

1. 纵坐标——天体赤纬(declination,*Dec*)

第一赤道坐标系中赤纬并不随地球自转而发生变化,所以在第二赤道坐标系中纵坐标赤纬与第一赤道坐标系一致。

2. 横坐标

(1)天体赤经(right ascension,*RA*)

天体赤经是指从春分点♈起,沿天赤道向东量到天体时圈的弧距,由 0° ~360°计算,其度量方向与之前时角度量方向正好相反,如图 5-1-7 所示。

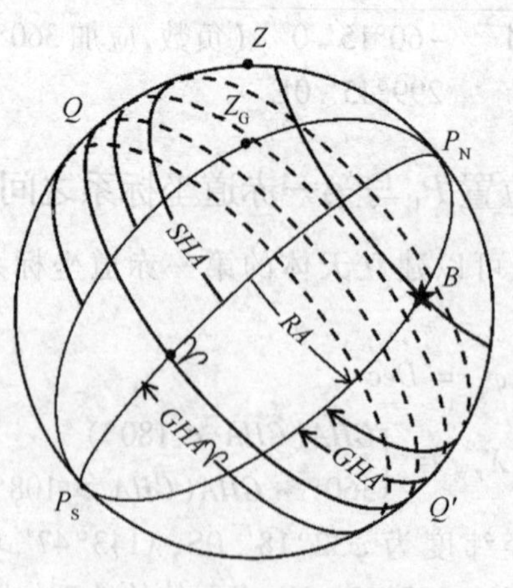

图 5-1-7　第二赤道坐标系

(2)天体共轭赤经(sidereal hour angle,*SHA*)

天体共轭赤经是指从春分点♈起,沿天赤道向西量到天体时圈的弧距,由0°～360°计算。很显然,*SHA*与*RA*两者度量起始点一样,只是方向相反,所以两者数值之和应当为360°,即:

$$RA + SHA = 360°$$

3. 第二赤道坐标系与第一赤道坐标系之间的关系

由于黄道与赤道在天球上的位置是基本固定的(变化非常缓慢),所以春分点可以视作是天球上的一颗恒星,其位置基本不会随着地球的自转而发生改变,则天体的赤经不会随着地球自转而发生改变,第二赤道坐标系是稳定的。

虽然第二赤道坐标系具有稳定性,但是由于春分点无法观测到,所以无法直接获取*RA*或*SHA*的数值,只能通过第一赤道坐标系进行关系转换。为了将其与第一赤道坐标系之间建立联系,我们引入了春分点格林时角的概念。

春分点格林时角(*GHA*♈)是把春分点视为星体的一个特殊格林时角,其是指从格林午圈起,沿天赤道向西度量到春分点时圈的弧距,由0°～360°计算。

如图5-1-7所示,*GHA*♈与*RA*、*SHA*、*GHA*、*LHA*之间的关系如下:

$$GHA = GHA\,♈ + SHA = GHA\,♈ - RA \tag{5-1-3}$$

已知 $LHA = GHA \pm \lambda_{W}^{E}$,所以:

$$LHA = GHA\,♈ + SHA \pm \lambda_{W}^{E} = LHA\,♈ + SHA \tag{5-1-4}$$

这样,在编制天文历时,就不需要对所有星体按照每小时给出格林时角值,只需要计算出每整小时的*GHA*♈,然后给出各可测星体的固定的*RA*值,就可以计算出星体的格林时角,给天文历编制带来了极大的简化。

例5-1-5:查表的某时刻春分点格林时角*GHA*♈215°23′.5,某恒星*SHA*176°37′.2,求该恒星的格林时角。

解:$GHA = GHA\,♈ + SHA = 215°23'.5 + 176°37'.2 = 032°00'.7$

四、地平坐标系

地平坐标系(horizon system of coordinates)以天顶极为几何极,测者真地平圈和测者子午圈为基准圆,以两者交点(N点或S点)为坐标原点,天体高度平行圈和天体垂直圈为辅助圆。其坐标值为天体高度和方位,如图5-1-8所示。

PPT:
地平坐标系

1. 纵坐标——天体高度(altitude,h)

天体高度是由测者真地平圈起,沿天体方位圈量到天体中心的弧距,范围在0°～90°之内。天体在上半天球,天体高度为正(+);天体在下半天球,天体高度为负(−)。如图5-1-8中,天体*B*的高度为*BM*弧,为正,天体*H*的高度为*KH*弧,为负。当然,负高度一般无法观测。

纵坐标还可以用顶距来表示,顶距(zenith distance,z)是由测者天顶起,沿天体方位圈量到天体中心的弧距,范围在0°～180°之内。如图5-1-8中,天体*B*的顶距为*ZB*弧,小于90°;天体*H*的高度为*ZKH*弧,大于90°。

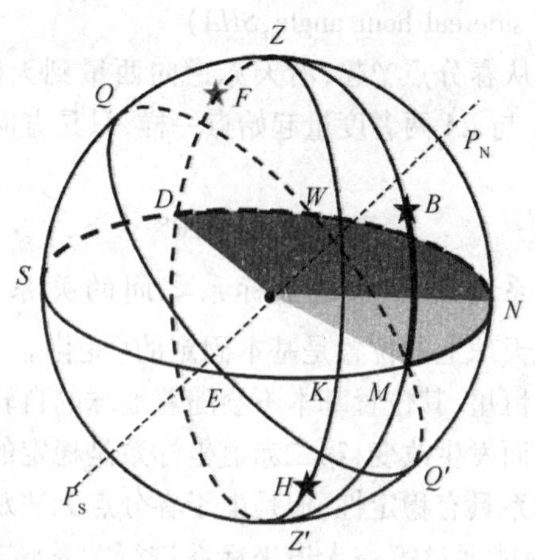

图 5-1-8 地平坐标系

很显然，对同一天体，顶距与高度两者之和为90°，即：

$$Z+h=90°$$

由图5-1-8分析可知，图中仰极的高度为P_NN，弧QZ等于测者纬度。

由于天顶到测者真地平圈及两天极到赤道的距离都等于90°，即图中$QZP_N=ZP_NN=90°$。对比可知，$QZ=P_NN$，即——仰极高度等于测者纬度。这句话的意义在于，如果仰极处存在一个星体（如对于北半球测者，北极星就非常接近仰极），观测其高度就可得到观测者所在的纬度，即可得出一条船位线。

2. 横坐标——天体方位（azimuth，A）

测者子午圈和天体垂直圈在真地平上所夹一段弧距，称天体方位，也等于测者子午圈和天体垂直圈在测者天顶所夹的球面角。其有两种度量法：

（1）圆周法

无论北纬还是南纬测者，都从北N点开始（北半球测者从测者子圈，南半球测者从测者午圈起算），沿真地平圈顺时针（向E方向），度量到天体方位圈的弧距，范围在0°～360°之间。如图5-1-8中，天体B的圆周方位为弧NM，图5-1-9中B天体的圆周方位为弧$NESM$。

（2）半圆法

根据测者所在的纬度不同，度量起点不一样，北纬测者从北点N起算，南纬测者从南点S起算，均沿测者真地平圈向东或向西度量至天体垂直圈的弧距，范围在0°～180°之间。度量的结果必须命名，第一名称与测者纬度同名（或与度量起始点同名），第二名称与度量的方向（E或W）同名。

如图5-1-8中星体F的半圆方位为弧NWD，方位命名为NW，星体B的半圆方位为弧NM，方位命名为NE。图5-1-9及图5-1-10是同一测者（南纬）对天体B采取两种命名方式的示意图，很显然，用圆周法度量B的方位为弧$NESM$，而半圆法度量为SM，方向为SW。

（3）半圆法与圆周法之间的转换

很显然，半圆法与圆周法之间的转换与前文中半圆方位和圆周方位的转换基本

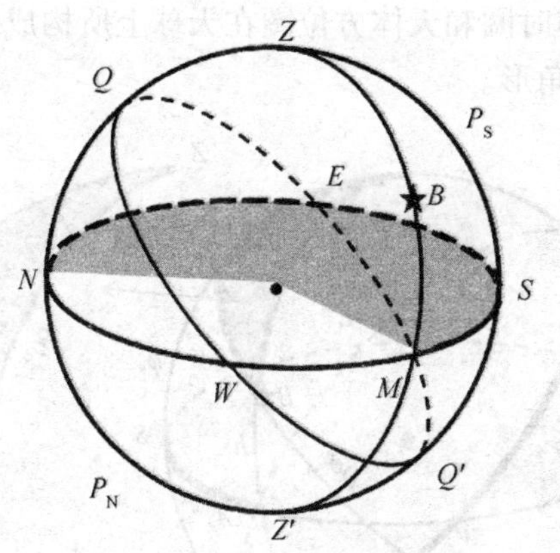

图 5-1-9 圆周方位

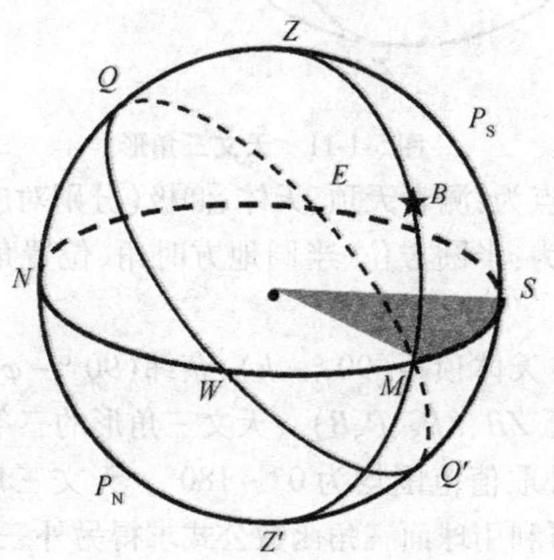

图 5-1-10 半圆方位

一致,方法如下:

北纬测者:

$$\text{半圆方位 } A^{NE} = \text{圆周方位}$$

$$360° - \text{半圆方位 } A^{NW} = \text{圆周方位}$$

南纬测者:

$$180° - \text{半圆方位 } A^{SE} = \text{圆周方位}$$

$$180° + \text{半圆方位 } A^{SW} = \text{圆周方位}$$

3. 地平坐标系的特点

利用地平坐标系确定天体位置比较直观,但由于地球的自转,天顶在天球上的位置发生改变,同时伴随垂直圈、高度平行圈的改变,所以任意天体的高度和方位是时刻在改变的。故地平坐标系确定的天体坐标只是测者在某一时刻的瞬时坐标,对于不同地点的测者,同一天体即使在同一时刻地平坐标也是不一样的。

五、天文三角形

赤道坐标和地平坐标之间的相互转换,可通过解算球面三角形来实现。天文三角形是由测者午圈、天体时圈和天体方位圈在天球上所构成球面三角形，如图 5-1-11 中阴影部分即为天文三角形。

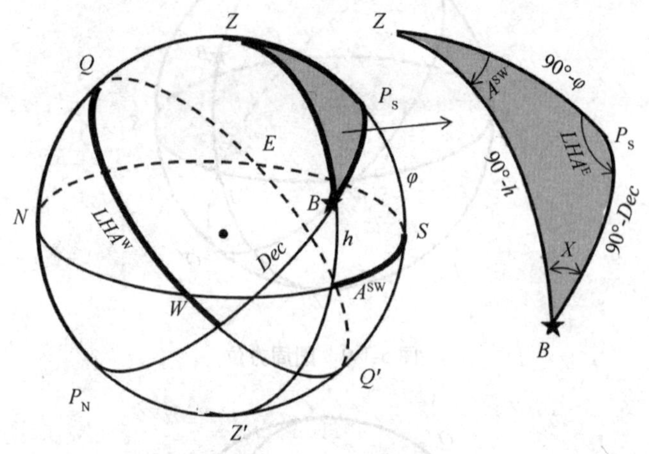

图 5-1-11　天文三角形

天文三角形三个顶点为：测者天顶、天体、仰极（分别对应图 5-1-11 中 Z、B、P_S）

天文三角形三个角为：半圆方位、半圆地方时角、位置角（分别对应图 5-1-11 中 A^{SW}、LHA^E、X）

天文三角形三边为：天体顶距（$90°-h$），余纬（$90°-\varphi$），天体极距（$90°-Dec$）（分别对应图 5-1-11 中弧 ZB、ZP_S、P_SB）。天文三角形的三条边和三个角称作天文三角形的六要素，除余纬外取值范围均为 0°～180°。天文三角形的六要素中，只要已知其中任意三要素，便可利用球面三角函数公式求得另外三要素。

六、解算天文三角形

球面三角形解算公式很多，对于天文航海而言，由于主要是利用已知或易于查表获取的纬度 φ，赤纬 Dec，半圆地方时角 LHA 来求取观测星体的计算方位 A_c 及计算高度 h_c。具体公式如下：

$$\sin h_c = \sin\varphi\sin Dec + \cos\varphi\cos Dec\cos LHA \tag{5-1-5}$$

$$\cot A_c = \cos\varphi\tan Dec\csc LHA - \sin\varphi\cot LHA \tag{5-1-6}$$

$$\cos A_c = \frac{\sin Dec - \sin\varphi\sin h_c}{\cos\varphi\cos h_c} = \frac{\sin Dec}{\cos\varphi\cos h_c} - \tan\varphi\tan h_c \tag{5-1-7}$$

利用公式解算三角形注意事项如下：

(1) 纬度 φ 恒为正值，无论测者是北纬还是南纬；

(2) 赤纬 Dec 与纬度 φ 同名时取正值，与纬度 φ 异名时取负值；

(3) LHA 为半圆地方时角，无论名称 E 或 W 一律取正值；

(4) A_c 为半圆方位，第一名称与测者纬度 φ 同名，第二名称与半圆地方时角 LHA 同名；

(5) $\sin h_c$ 值为正，h_c 取小于 90°的正值；$\sin h_c$ 值为负，h_c 取小于 90°的负值，即为负高度，在实际工作中无意义；

(6)按公式(5-1-2)计算方位,角度取0°~180°之间。即如反余切后求得的A_c为负值,直接加上180°(余切函数的周期)改为正值即可。

具体解算常用方法有以下两种:

①函数计算器法

该方法利用函数计算器混合运算功能进行计算,要注意使用前将数字模式改为角度,有的计算器可以直接输入度分秒,有的只能输入度,需要在计算前将分秒转换为度的小数。由于函数计算器形式及使用方法各异,本书不做详细介绍,可参见计算机说明书。但该方法操作步骤较为烦琐,容易出错,在船上实际运用较少,仅举例如下:

例5-1-6:已知推算船位 φ22°32′.5N,λ118°18′.5E,天体 *Dec*31°19′.6N,天体 *GHA*197°24′.6,求天体计算高度 h_c和计算方位 A_c。

解:

GHA	197°24′.6
+λ	118°18′.5E
LHA	315°43′.1
	44°16′.9E

则将 φ=22°32′.5N,*Dec*31°19′.6N,*LHA*=44°16′.9E(此例三者都取+)代入式(5-1-1),即

$\sin h_c = \sin\varphi\sin Dec + \cos\varphi\cos Dec\cos LHA$

$= \sin 22°32'.5\sin 31°19'.6 + \cos 22°32'.5\cos 31°19'.6\cos 44°16'.9$

$h_c = \arcsin 0.764\ 138\ 682 = 49°49'.8$

$\cot A_c = \cos\varphi\tan Dec\csc LHA - \sin\varphi\cot LHA$

$= 0.412063634$

$A_c = \arctan(1/0.412\ 063\ 634) = 67°.6\text{NE} = 067°.6$

②卫星导航仪计算法

如图5-1-12所示,天文三角形的三边——测者午圈(P_NZ_c)、天体时圈(P_NB)和天体方位圈(Z_cB)实际上与地球上测者经线(P_nc)、天体地理位置的经线(P_nb)、测者观测天体地理位置的大圆方位线(cb)存在意义对应关系,图中天文三角形 Z_cP_NB 与地面三个大圆形成的球面三角形 cP_nb 为相似三角形,两者三边、三角角度值相等。

很显然,半圆地方时角 *LHA* 对应着 c、b 两点的经差 $D\lambda$,cb 弧长以分为单位恰好等于两点之间的以海里为单位的大圆距离。只要求出地球上 c、b 两点之间的大圆方位与大圆距离即可转换为对应的天体方位和高度(以分为单位)。

一般船上装配的卫星导航仪(主要是GPS)都有求算任意两点之间的大圆航向和大圆航程的功能,只需要输入起始点和到达点的经纬度即可自动计算出结果。我们可以将测者推算纬度和推算经度作为起始点的经纬度输入GPS,将天体的地理位置 $P_G(\varphi_g,\lambda_g)$(如前所述,P_G可以通过 *LHA* 和 *Dec* 求解)当作到达点的经纬度输入GPS,就能自动计算出天体的计算方位 A_c和顶距 Z(以分为单位)。最后得出 A_c和 h_c(计算高度 h_c=90°−Z)。

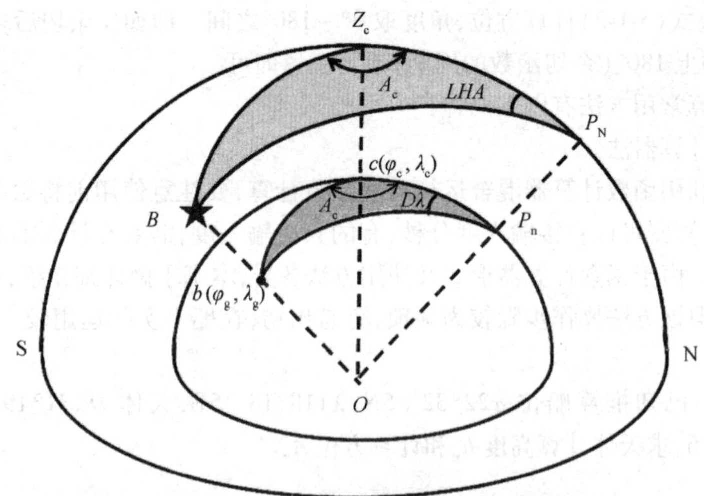

图 5-1-12 天文三角形与地面的对应关系

图片：
天文三角形与地面的对应关系

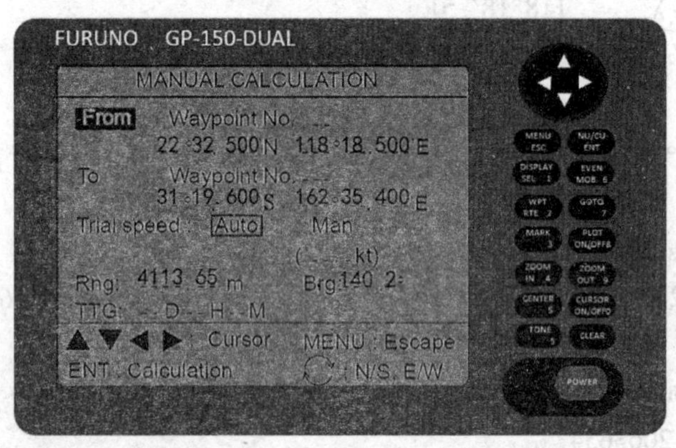

图 5-1-13 卫星导航仪解算天文三角形操作界面

例 5-1-7：同例 5-1-6 条件，用 GPS 求天体计算高度 h_c 和计算方位 A_c。

解：

起始点：$\varphi_c 22°32'.5N, \lambda_c 118°18'.5E$

到达点：$\varphi_g = Dec = 31°19'.6N$

$\lambda_c = 360° - GHA = 360° - 197°24'.6 = 162°35'.4E$

将 GPS 计算功能改为大圆计算模式（Great circle），分别输入两点经纬度，GPS 自动计算并显示两点大圆方位 067°.6，大圆距离 2 410.17 n mile

可知：$A_c = 067°.6$

$h_c = 90° - (2\,410.17/60)° = 90° - 40°.169\,5 = 49°.83 = 49°49'.8$

很显然，该方法更加简单，不易出错。不光在 GPS 中，船上电子海图及相关航路设计软件中都包含这种计算公式，唯一要注意的是，在计算前一定要确认选择的是大圆计算模式而不是恒向线计算模式（rhumb）。

除上述两种方法外，还可利用船上配备的《天体高度方位表》（中版 B105 表，英版 NP 401 表）等表册来查取，这两个表册基本一样，查表引数实际上就是公式中的三个已知量，需要针对每个量进行内插。该方法是曾经船上使用最多的传统方法，但其内插相对较为复杂，而且随着计算机技术的发展，该方法的使用已经较少了，其使用方法在表册中都有详细说明，本书不做介绍。

七、天球作图

绘制天球图虽然不能准确求算天文三角形的各个要素并进行坐标转换，但这种直观的图形表示方法能清楚地表现出了各个要素之间的关系，可以加深我们对天球坐标的理解，为后面学习各种天文概念打下基础。

航海中常用的天球图主要有三种：测者子午面天球图、天赤道面天球图和测者真地平面天球图。其中，测者子午面天球图以测者子午圈为投影面，能较好地反映天体的赤纬、地方时角和高度；天赤道面天球图以天赤道为投影面，能直观地反映并度量天体地方时角和赤纬；测者真地平面天球图以测者真地平圈为投影面，能较直观地反映高度、方位及时间系统。下面举例说明三种天球图的具体作法。

例 5-1-8：已知测者纬度 φ_c40°N，天体赤纬 *Dec*50°N，天体地方时角 *LHA*80°W，绘出天球图并标出天体的高度 h_c 和方位 A_c 以及天文三角形。

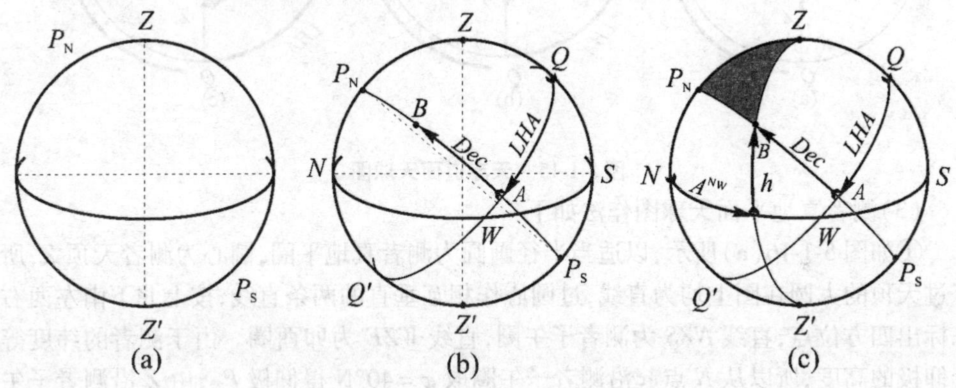

图 5-1-14 测者子午面天球图

解：(1)测者子午面天球图作法如下：

①如图 5-1-14(a)所示，以适当半径画圆为测者子午圈，过圆心作相互垂直的两条直线，上标 *Z* 为天顶，下标 *Z'* 为天底，并绘出测者真地平圈。

②如图 5-1-14(b)所示，由于测者在北纬，先要确定 *N* 点的位置，图 5-1-14(a)中真地平圈与子午圈交点有两个，由于时角为 *W*，想要作图时 *W* 点方向朝向纸外，则图中 *N* 点必须为左侧，*S* 点即为右侧点。

由于测者纬度等于仰极的高度，靠近 *N* 点标出仰极 P_N，使 $NP_N=40°$。连接 P_N 与圆心并延长交于子午圈另一侧即为 P_S。

过圆心作 P_NP_S 的垂线，交子午圈于 *Q*、*Q'* 两点，用弧线连接两点成 *QQ'* 弧，即为赤道，其与真地平圈交点即为 *W* 点。

在天赤道上以 *Q* 为起点向西量弧 $QA=LHA=80°W$，作弧线连接 P_N、*A*、P_S 为天体时圈，在天体时圈上从 *A* 点起向 P_N 量取弧 $AB=Dec=50°N$，确定天体 *B* 的位置。

③如图 5-1-14(c)所示，作弧线连接天顶 *Z*、天体 *B*、天底 *Z'* 得天体垂直圈，从真

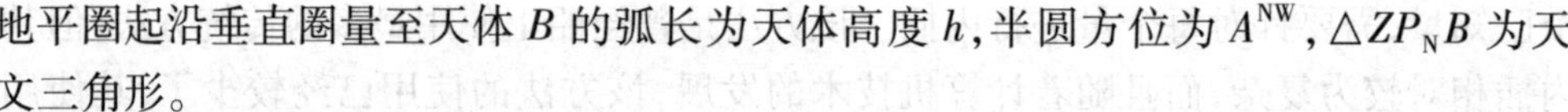

图片：
测者子午面天球图

地平圈起沿垂直圈量至天体 B 的弧长为天体高度 h，半圆方位为 A^{NW}，$\triangle ZP_NB$ 为天文三角形。

(2) 天赤道面天球图作法如下：

①如图 5-1-15(a)所示，以适当半径画圆为天赤道，圆心为仰极 P_N，逆时针方向旋转为 E。所有过两极的大圆在图上均为直线，过 P_N 向下画直线 P_NQ 为测者午圈，向上画虚线 P_NQ' 为测者子圈，在测者午圈上找一点 Z，使 $ZQ=\varphi=40°$，Z 为天顶。

②如图 5-1-15(b)所示，在天赤道上，以 Q 为起点向西量取弧 $QA=LHA=80°\text{W}$，连接 A 和 P_N 得到直线 AP_N 即天体时圈，在该圈上从 A 点起向 P_N 量取天体赤纬 $Dec=AB=50°\text{N}$ 得天体地理位置 B。

图片：
天赤道面天球图

如图 5-1-15(c)所示，过天顶 Z，天体 B 作圆弧为天体垂直圈，即得天文三角形。

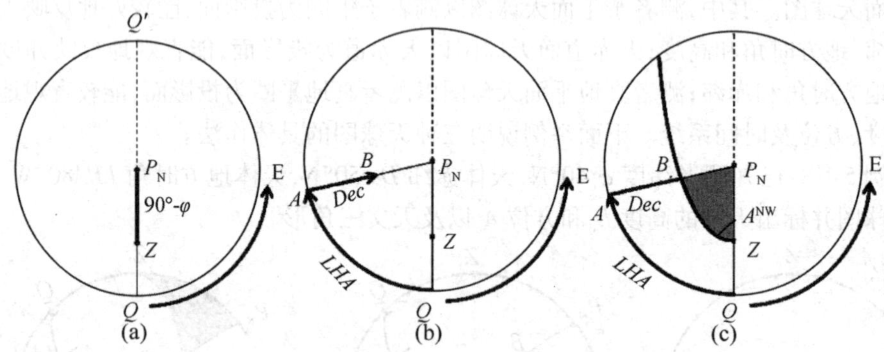

图 5-1-15　天赤道面天球图

图片：
测者真地平面天球图

(3) 测者真地平面天球图作法如下：

①如图 5-1-16(a)所示，以适当半径画圆为测者真地平圈，圆心为测者天顶 Z，所有过天顶的大圆在图上均为直线，过圆心作相互垂直的两条直线，按上北下南左西右东标出四方位点，直线 NZS 为测者子午圈，直线 WZE 为卯酉圈。由于测者的纬度等于仰极的高度，所以从 N 点起沿测者子午圈取 $\varphi=40°\text{N}$ 得仰极 P_N，由 Z 沿测者子午圈向南量取 $\varphi=40°\text{N}$ 得 Q 点，过 Q、E、W 点作圆弧为天赤道圈。

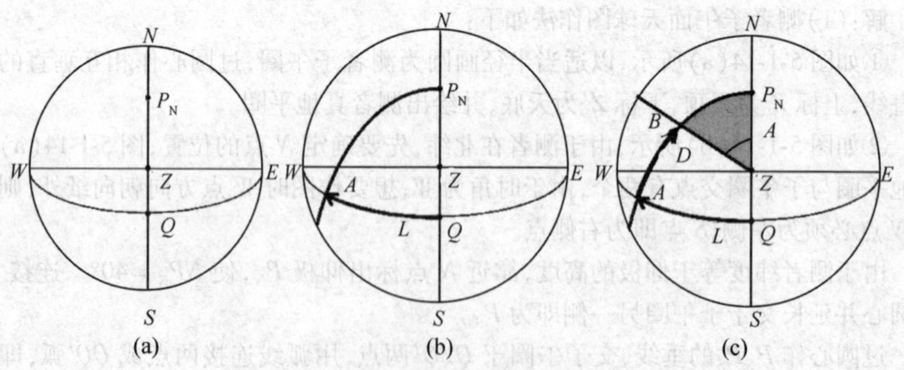

图 5-1-16　测者真地平面天球图

②如图 5-1-16(b)所示，由 Q 沿天赤道向西量取 $LHA=80°\text{W}$ 得 A 点，过 A 点和仰极 P_N 作圆弧得天体时圈。

③如图 5-1-16(c)所示，由 A 点沿天体时圈量取 $Dec=50°\text{N}$ 得天体位置 B，过天

顶 Z、天体 B 作直线即为天体垂直圈，即得天文三角形。

任务二　认识天体周日视运动

一、天球周日视运动的成因

人们在地球上观测到的天体在天球上的位置称为视位置，由于地球的自转和绕太阳的公转，以及天体自身的运行，天体视位置随时间在不停地运动着，这种视位置的变化现象称为天体视运动(apparent motion of celestial body)。只有研究这些视运动现象，掌握其基本规律，才能解决天文定位当中一些关键问题。由于地球的运动包含自转与公转，周期分别为一天和一年，我们可以简单地将天体的视运动分解为周日视运动和周年视运动分别进行研究。

地面测者所观测到的天体每日东升西落，以一昼夜为周期的运动现象称为天体周日视运动(diurnal apparent motion of celestial body)。

地球绕地轴自西向东进行自转，而天体在天球上保持不动，但在视觉上是天球带着所有天体按照地球自转的反方向(自东向西)旋转一周，其运动周期与地球自转周期相同。

对于恒星，赤纬基本保持不变，其周日视运动轨迹是平行于天赤道的天体赤纬圈(周日平行圈)；而对于太阳、月亮和行星，虽然赤纬在不断变化，但每天变化量很小，可认为当天不变，所以也可以认为其运动轨迹是天体赤纬圈，如果考虑赤纬的细微变化，其周日视运动轨迹应当是一条连续的球面螺旋线。

在研究天体周日视运动时，我们是将测者所在的位置确定下来，此时与之相关的天顶、测者午圈、东西圈、测者真地平圈、四方位基点都保持不变，而天体在赤纬圈上运动，导致与之相关的天体垂直圈、高度平行圈、天体时圈、都在发生变化，则对应的各种坐标发生变化(如表 5-2-1 所示)。

表 5-2-1　周日视运动中天球坐标的变化情况

坐标值	第一赤道坐标系				第二赤道坐标系		地平坐标系		
	赤纬	极距	*LHA*	*GHA*	赤经	共轭赤经	高度	顶距	方位
变化与否	不变	不变	变化	变化	不变	不变	变化	变化	变化

即使纬度相同的测者，对于赤纬不同天体，坐标变化规律各不相同，产生的周日视运动现象也不相同；同时，同一天体对于不同纬度的测者，坐标变化规律及对应的视运动现象也不相同。我们主要研究当测者纬度与天体赤纬一定时的周日视运动现象。

二、天体的出没现象

在周日视运动中，当天体中心通过测者地心真地平时称为天体真出没。其中当天体中心位于东方真地平时称为真出（true rise），位于西方真地平时称真没（true set）。

图片：
天体的出没现象

由于天体是在赤纬圈上运动的，凡是能观测到出没现象的天体，其赤纬圈必须要和测者真地平圈相交。各种出没现象及条件如表5-2-2所示。

很显然，天体的出没现象取决于赤纬与纬度的关系，当 $Dec>90°-\varphi$ 时无出没现象。同样，对于给定天体，则只有当 $\varphi>90°-Dec$，才会不出或不没。其中当太阳不出时，称为极夜（polar night），不没时称为极昼（polar day）由于太阳赤纬在23°27′S～23°27′N之间变化，所以，能够出现极昼或极夜的位置应当为 $\varphi>66°33'$ 的区域，其中每年3月21日到9月23日，北半球可以出现极昼，南半球可以出现极夜，下个半年正好相反。

例5-2-1：查《太阳方位表》可知2012年5月16日太阳赤纬为16°18′N，求可见极昼及极夜测者的纬度界限。

解：$\varphi>90°-Dec=90°-16°18'=73°42'$

即当测者纬度高于73°42′N时，可见极昼现象，测者纬度高于73°42′S时，可见极夜现象。

表5-2-2总结了不同情况下的天体出没及在上半天球上的运行情况。

表5-2-2 天体出没现象及条件

<table>
<tr><th>示意图</th><th colspan="2">条件</th><th>现象</th></tr>
<tr><td>Z, Q, P_N, W, φ, S, A, N, E, P_S, 90°−φ, Z′, Q′</td><td colspan="2">天体 $Dec=0$，即天体在天赤道上（如图中天体A）</td><td>天体在天赤道上做周日视运动，从E点出，没于W点，在上下半天球运行的时间相同</td></tr>
<tr><td rowspan="2">Z, Q, 90°−φ, P_N, W, M, φ, S, N, K, E, P_S, 90°−φ, Z′, Q′</td><td rowspan="2">天体 $Dec=90°-\varphi$</td><td>天体赤纬与测者纬度同名（如图中天体M）</td><td>天体刚好不没，赤纬圈经过与纬度同名方位基点（即对于北纬测者，该天体赤纬圈过N点，南纬测者过S点）</td></tr>
<tr><td>天体赤纬与测者纬度异名（如图中天体K）</td><td>天体刚好不出，赤纬圈经过与纬度异名方位基点（即对于北纬测者，该天体赤纬圈过S点，南纬测者过N点）</td></tr>
</table>

续表

示意图	条件		现象
	天体 $Dec>90°-\varphi$	天体赤纬与测者纬度同名(如图中天体 H)	天体不没,只在上半天球运动
		天体赤纬与测者纬度异名(如图中天体 R)	天体不出,只在下半天球运动
	天体 $Dec<90°-\varphi$	天体赤纬与测者纬度同名(如图中天体 F)	有出没现象,天体在上半天球运行的时间长于下半天球,对于北纬测者,天体从 NE 象限出,NW 象限没,南半球测者从 SE 象限出,SW 象限没
		天体赤纬与测者纬度异名(如图中天体 D)	有出没现象,天体在上半天球运行的时间小于下半天球;对于北纬测者,天体从 SE 象限出,SW 象限没;南半球测者从 NE 象限出,NW 象限没

三、天体的中天现象

天体在周日视运动中,经过测者子午圈时称为天体的中天,其中当天体经过午圈的时刻称为上中天(upper meridian passage),经过子圈的时刻称为下中天(lower meridian passage),所有天体的赤纬圈都和测者子午圈相交,故都存在中天现象。

1. 上中天时天文三角形的三个角度值

在上中天过程中,天体半圆地方时角 LHA、半圆方位 A 及位置角 X 都在发生变化,时角变化如图 5-2-1(a)和(b)所示,图中 B_1、B_2、B_3 和 D_1、D_2、D_3 分别为 B、D 两天体逐渐中天的三个位置:

对于赤纬大于测者纬度($Dec>\varphi$)且与测者纬度同名的天体[如图 5-2-1(a)中 B 天体],随着接近上中天,LHA 逐渐减小,到中天时(B_3)为 0°,测者向北观测天体,方位角 A 为 0°,位置角 X 为 180°。

对于赤纬小于测者纬度($Dec<\varphi$)且与测者纬度同名的天体[如图 5-2-1(b)中 D 天体],随着接近上中天,LHA 逐渐减小,到中天时(D_3)为 0°,测者向南观测天体方位角 A 为 180°,位置角 X 为 0°。很显然,赤纬与测者纬度异名的天体有与此相同的结论。

2. 上中天过程中天体高度的变化

在接近上中天过程中,所有真地平以上天体的高度都在不断增大,出没时高度为

图片:
中天过程中天体角度变化

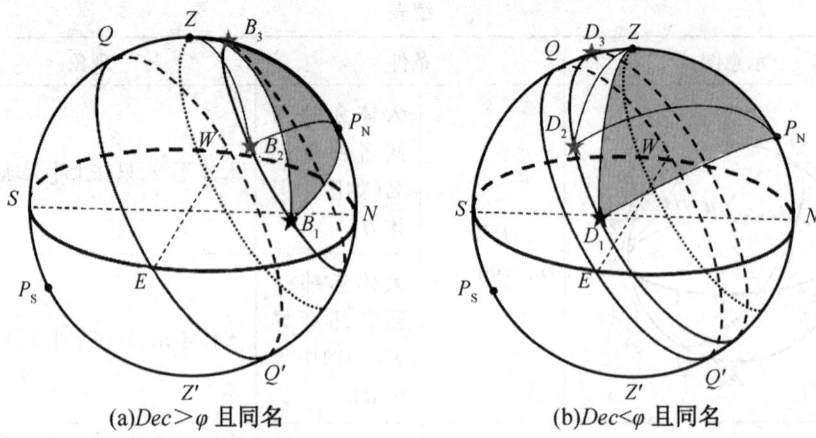

(a)*Dec*＞φ 且同名　　(b)*Dec*<φ 且同名

图 5-2-1　天体上中天示意图

0,然后逐渐增大,到达上中天时高度最大,上中天后高度逐渐减小。当测者纬度与天体赤纬都不变时,天体上中天高度称为中天高度,用 H 表示,如图 5-2-2(a)、(b)、(c)所示,天体中天高度 H、天体赤纬 *Dec* 与测者纬度 φ 存在如下关系:

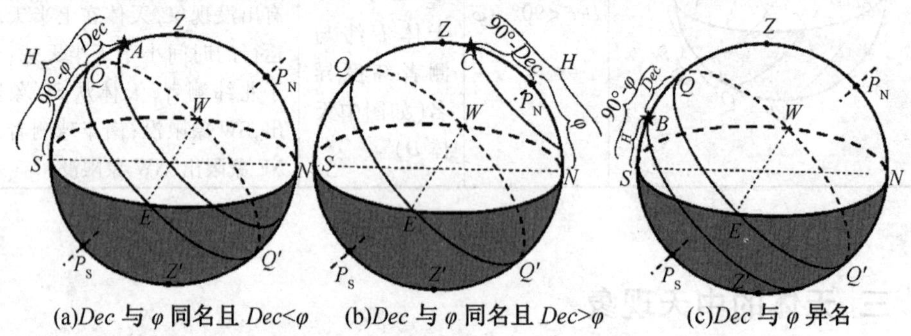

(a)*Dec* 与 φ 同名且 *Dec*<φ　(b)*Dec* 与 φ 同名且 *Dec*>φ　(c)*Dec* 与 φ 异名

图 5-2-2　中天高度与纬度、赤纬关系图

当赤纬与测者纬度同名,且赤纬小于纬度时,有:

$$H=(90°-\varphi)+Dec$$

当赤纬与测者纬度同名,且赤纬大于纬度时,有:

$$H=(90°-Dec)+\varphi=180°-[(90°-\varphi)+Dec]$$

当赤纬与测者纬度异名时,有:

$$H=(90°-\varphi)-Dec$$

三个公式可以简化为:$H=90°-\varphi \pm Dec$

式中纬度 φ 始终为"+",赤纬 *Dec* 与测者纬度 φ 同名时,取"+",异名时取"-"。计算值如大于 90°,则最后结果应用 180°减去计算值。

同样的道理,当观测到某天体中天高度 H,同时查出其赤纬 *Dec*,则可倒用上述公式求出测者当时所在的纬度,得到一条船位线。

3. 上中天过程中天体方位的变化

不同于时角在上中天过程中角度逐渐减小最终为 0°,方位角 A 的变化是不相同的。如图 5-2-3(a)、(b)所示,对于赤纬大于测者纬度($Dec>\varphi$)且与测者纬度同名的

天体[如图5-2-3(a)中A天体,A_1、A_2、A_3、A_4分别为其中天前的不同位置,其中在A_3点时的垂直圈恰好与赤纬圈相切],其赤纬圈与东西圈不相交,天体在中天前,由A_1经A_2运动到A_3,方位逐渐增大,到A_3点时达到最大,随后逐渐减小,到中天时为0°。天体只在NE与NW两个象限内运动。图中A_3点为赤纬圈与垂直圈相切的点,在这点上方位达到最大,位置角X为90°,天文上将该点称为距角,我们可以认为,凡是过测者天顶能做出赤纬圈球面切线的天体都能距角,切点处即为距角位置。

对于赤纬等于测者纬度且同名的天体,其赤纬圈与东西圈正好相切,也就是说其在中天时距角,其高度为90°,方位为0°或180°(天体在测者正上方)。

对于赤纬小于测者纬度且同名,以及所有赤纬与纬度异名的天体,由于其赤纬圈无法与垂直圈相切,不存在距角现象,其方位变化均逐渐增大。

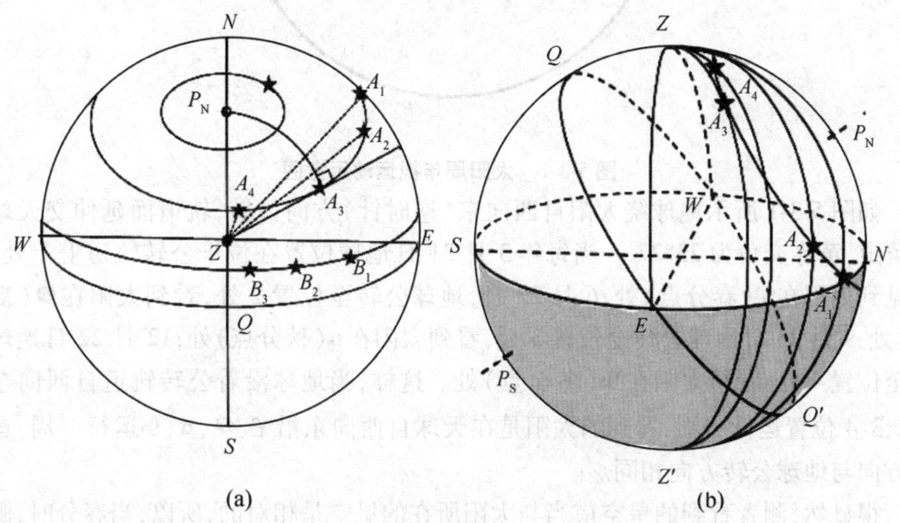

图5-2-3　天体方位变化及距角示意图

图片:
天体距角示意图

任务三　认识太阳和月亮视运动

一、太阳周年视运动简介

在日常生活中,人们能够感受到四季的变化,能够发现不同季节所见的星空是不同的,如果我们再仔细观察记录太阳每天的赤纬、赤经、高度等数值,会发现,这些量每天都在发生变化,且变化的周期恰好是一年,即地球绕太阳公转的周期。我们将太阳的这种以一年(约365.242 2日)为周期的运动现象称为太阳的周年视运动(sola annual apparent motion)。

1. 太阳周年视运动的成因

太阳之所以会产生周年视运动,是因为地球以一年为周期围绕太阳的公转运动。由于地球上的人们观察不到地球的公转,相对地感到太阳是在绕着地球转动,因此,太阳的周年视运动是地球公转的相对运动的反映。

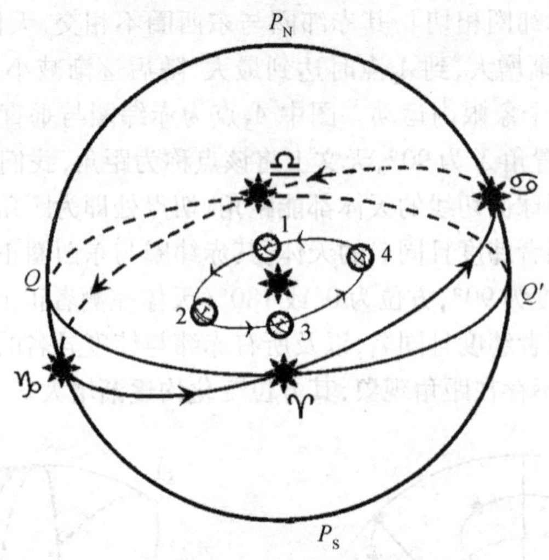

图 5-3-1　太阳周年视运动示意图

动画：
太阳周年视运动

如图 5-3-1 所示地球绕太阳自西向东（逆时针）方向公转，轨道面延伸交天球得到黄道，黄赤交角为 23°27′。当每年 3 月 21 日地球位置在位于公转轨道上 1 处时，可见到太阳在♈（春分点）处；6 月 22 日，地球公转至位置 2 处，看到太阳在♋（夏至点）处；9 月 23 日地球公转至位置 3 处，看到太阳在♎（秋分点）处；12 月 22 日地球公转至位置 4 处，看到太阳在♑（冬至点）处。这样，当地球沿着公转轨道自西向东按 1、2、3、4 位置运行一周，看到的太阳是在天球自西向东沿♈、♋、♎、♑运行一周，运行的方向与地球公转方向相同。

很显然，测者看到的星空应当与太阳所在的星空是相对的，所以，当春分时，测者所见的星空应当是以秋分点所在的时圈（$RA=180°$）为轴展开的，同理可知夏至、秋分、冬至所见星空分别是以 $RA=270°$、000°、090°展开的。

2. 太阳周年视运动的规律和特点

太阳在周年视运动期间，通过分点、至点的日期、坐标值及其变化规律如表 5-3-1 所示。

表 5-3-1　太阳周年视运动基本规律

日期	分至点	赤经	赤经日变化量	赤纬	北半球日照	说明
3 月 21	春分♈	0°	54′.3	0°	昼夜相等	北半球天文春季开始，太阳北赤纬开始逐渐增大
6 月 22	夏至♋	90°	62′.3	23°27′N	昼长夜短	北半球天文夏季开始，太阳北赤纬开始逐渐减小
9 月 23	秋分♎	180°	53′.8	0°	昼夜相等	北半球天文秋季开始，太阳南赤纬开始逐渐增大
12 月 22	冬至♑	270°	66′.6	23°27′S	昼短夜长	北半球天文冬季开始，太阳南赤纬开始逐渐减小

天文物理研究证明，地球绕太阳公转速度的不均匀性导致太阳的周年视运动速度也不均匀，其结果使得太阳从春分点运行到秋分点（赤经变化 180°）需要约 186 天，而由秋分点运行到春分点（赤经变化 180°）则需要约 179 天，两者相差约 7 天。

正是这种运动速度的不均匀性，加上本身黄道与赤道之间存在的黄赤交角，使太阳的赤经、赤纬变化是不均匀的，如表 5-3-1 所示，太阳在四个分至点的赤经日变化量分别为 54′.3、62′.3、53′.8、66′.6，其中分点前后变化小，至点前后变化大。太阳的赤纬日变化量为分点大，近似为 0°.4，至点最小，等于 0；一般计算可近似认为分点及其前后一个月赤纬日变化量为 0°.4，至点前后一个月约为 0°.1，其他时间约为 0°.3。

3. 太阳视运动的轨迹

由于太阳周日视运动和周年视运动是同时存在的，因此我们所见太阳视运动应当是这两种运动的合成运动，其中太阳的周日视运动表现为昼夜的交替变化，周年视运动表现为四季和四季星空的交替循环。所以，天球上太阳视运动的轨迹应当是连续的球面螺旋线，其变化范围不超过 23°27′N 和 23°27′S 的赤纬平行圈，这两个赤纬平行圈分别称为北回归线（或夏至线）和南回归线（或冬至线）。

二、月亮的视运动简介

1. 月球视运动的现象

月球是地球唯一的卫星。

月球与其他天体一样，由于地球的自转，产生东升西降的周日视运动。但是，月球与地球组成一个地月系，所以与此同时地月系统还绕着他们的公共质心运转，也就是通常所说的月球绕地球公转，我们在此讨论的月球视运动就是这种运动。

2. 月球运行轨道与周期

月球绕地球自西向东公转，其轨道是一个椭圆，该轨道在天球上的投影，称白道（Moon’s path）。白道与黄道的夹角称为黄白交角，平均为 5°09′，如图 5-3-2 所示。由于黄赤交角为 23°27′，故月球赤纬最大范围为 18°18′～28°36′。

由于地球与恒星之间的距离远大于地球与太阳之间的距离，故每天太阳中天总是落后于恒星中天，而同时月亮又绕地球自西向东公转，所以月亮中天又落后于太阳中天。由于一个回归年为 365.242 2 天，故每天太阳公转位移约为 1°，也就是每天太阳中天比恒星中天推迟 1°的时间，约 4^m。月球在天球上沿白道自西向东运行，以恒星为参考点，在天球上转动一周称为一个恒星月，一个恒星月约为 27.32 天，所以每天月中天较恒星中天落后约 13°.2（360°/27.32），比太阳中天则落后 12°.2（13°.2－1°），约 50^m。

根据上述的分析，月球在天球上沿白道自西向东运行，以太阳为参考点，在天球上转动一周称为一个朔望月，可以推出一个朔望月约为 29.5 天（360°/12°.2）。

3. 月相

月球本身不发光，依靠反射太阳光，人们才可以发现它。由于月球在地、日之间的位置变化，它的亮面以不同的角度朝向地球，这样，在一个朔望月中，从地球上看到

月面的形状呈现圆缺规律性的变化，这就是月相（lunar phases）。在地球上所见月相的变化规律，主要月相有4种，即新月、上弦、满月、下弦，如图5-3-3所示。

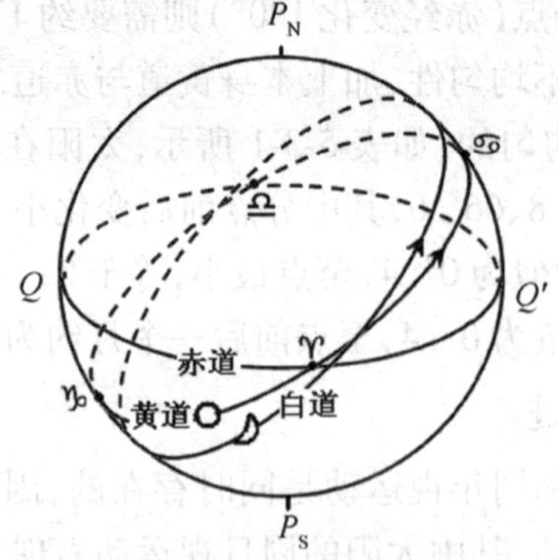

图5-3-2 赤道、黄道与白道

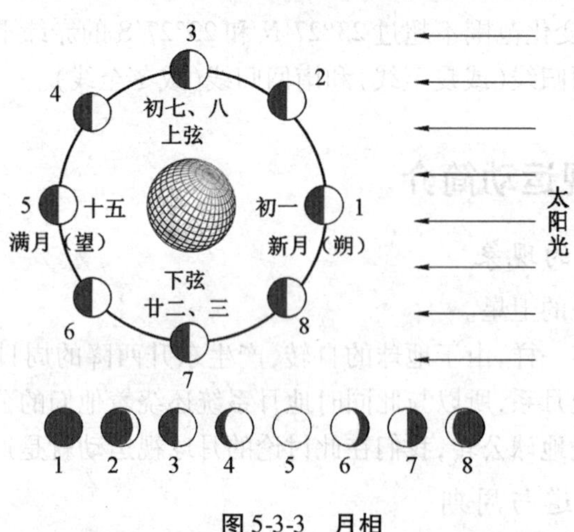

图5-3-3 月相

任务四 换算时间系统

一、时间概述

人们在实践中往往选择某种物质的周期运动作为时间的度量标准，这种运动必须具有两个基本要求，第一是周期运动的稳定性，也就是说时间要具有均匀性；第二是要周期运动的复现性，即周期运动要能不断重复。

到目前为止基本符合要求的时间系统主要包括以下三类：

世界时系统——建立在地球自转基础上；

历书时系统——建立在地球公转基础上由力学定律所确定；

原子时系统——建立在原子能级跃迁频率基础上。

在航海及人们日常生活中使用的主要是世界时系统与原子时系统。

1. 世界时系统(universal time system)

世界时系统是以地球自转为基础的时间计量系统。为了测量地球自转,人们在天球上选取了三个基本参考点:春分点、视太阳(apparent sun)和平太阳(mean sun),由此确定的时间分别称为恒星时(sidereal time)、视太阳时(apparent time,简称视时)和平太阳时(mean solar time,简称平时)。其中,平太阳时又分为地方平时(local mean time,*LMT*)和世界时(universal time,*UT*),世界时也称格林尼治平时(Greenwich meantime,*GMT*)。

近现代科学已经证明,地球的自转实际上是不均匀的,存在着长期减慢、周期性变化、不规律变化等多种形式,究其原因很复杂,有些到目前科学上还不能给出明确的解释。很显然,这种不均匀性影响到了时间的均匀性。为了保证时间的均匀性,应适应现代科技对时间的更高精度要求,国际天文联合会决定自 1956 年起,对直接天文观测得到的世界时进行两项修正,所以世界时被分为了三类:

(1)*UT*0——直接由天文观测所得到的世界时,由于存在地球自转不均匀所带来的误差,不用做统一时间。

(2)*UT*1——对 *UT*0 进行极移修正(即修正地球在自转中产生的地极移动所导致的对世界时观测值的影响)后所得出的时间。天文航海所用的时间就是 *UT*1。

(3)*UT*2——对 *UT*1 再进行季节改正修正后得出的世界时,这一时间是 1972 年以前国际上公认的标准时间。

2. 原子时(atonic time,*AT*)和协调世界时(universal time coordinated,*UTC*)

世界时系统中时间的不均匀性对日常生活是没有太大影响的,但在要求很高的生产、科研中就需要更精确的时间。20 世纪 50 年代,人们利用物质的原子内部发射的电磁振荡频率为基准,制定了新的时间计量系统,由于这种振荡频率非常稳定,所以由此得到的时间精度非常高,被称之为原子时。1967 年国际度量衡会议规定,铯-133 原子基态的两个超精细能级间在零磁场下跃迁辐射 9 192 631 770 周所持续的时间为 1 s,原子时起点定在 1958 年 1 月 1 日 0 时 0 分 0 秒(*UT*),即规定在这一瞬间原子时时刻与世界时时刻重合。但事后发现,在该瞬间原子时与世界时的时刻之差为 $0.003\,9^s$。这一差值就作为历史事实而保留下来。在确定原子时起点之后,由于地球自转速度不均匀,世界时与原子时之间的时间差便逐年积累,到 1986 年 10 月 1 日,两者之间就相差 27^s 以上,平均每年相差约 1^s。

这样看来,世界时建立在地球自转基础上,虽然时间不均匀准确,但和人们日常作息相符,原子时均匀准确,但与地球自转产生的昼夜交替无关。如果一直沿用原子时,多年以后的时间可能和人们传统作息时间相背。于是,人们综合了两者的优点,在原子时与世界时之间做出协调,产生了协调世界时(*UTC*)。

所谓协调世界时,是以原子时的秒长作为时间计量单位,但在时刻上与世界时时间(*UT*1)基本保持一致,差值保留在 $\pm 0.9^s$ 以内。也就是说,协调世界时是受世界时(*UT*1)制约的原子时。为了能保证 $\pm 0.9^s$ 以内的要求,必须定期对原子时时间进行调整,这一调整称之为跳秒,是由国际时间局(BIH)根据天文测时情况,做出跳秒决定的。一般跳秒的调整时刻是在每年 12 月 31 日或 6 月 30 日的最后一秒。对原子

视频：跳秒

时增加 1^s 称正跳秒，减少 1^s 称负跳秒。通常 $23^h59^m59^s$ 之后是次日的 $00^h00^m00^s$，而对于正跳秒，$23^h59^m59^s$ 后是 $23^h59^m60^s$，然后才是次日的 $00^h00^m00^s$，这实质上是把原子时 *AT* 的时刻推迟 1^s；对于负跳秒，$23^h59^m58^s$ 之后跳过 $23^h59^m59^s$ 直接到 $00^h00^m00^s$。这实质上是把原子时 *AT* 的时刻提前 1^s。具体跳秒时间和方法可查阅英版《无线电信号表》第二卷或英版《航海通告》第Ⅵ部分。

二、视时

视时是根据视太阳（即我们在视觉上观测到的真实的太阳，用⊙表示，后面简称太阳）的周日视运动而确定的时间，视时与人们长期形成的日出而作日落而息的生活习惯相适应。

1.视太阳日

周日视运动中，太阳连续两次通过同一个测者子圈所经历的时间间隔称为 1 视太阳日。1 视太阳日又按如下等分：

1 视太阳日 =24 视太阳小时（24^h）

1 视太阳小时 =60 视太阳分钟（60^m）

1 视太阳分钟 =60 视太阳秒钟（60^s）

2.视太阳时

在一个视太阳日中，太阳正好完成一整周 360°的周日视运动，视时的起算是当太阳第一次通过测者子圈时（太阳下中天），此时视时为 00^h；当太阳上中天时，太阳离开子圈 180°（过测者午圈），视时为 12^h；当太阳再次通过子圈时，太阳正好完成 360°圆周视运动，视时为 24^h；很显然，视时与视运动角度之间应当存在如下换算关系：

$24^h = 360°$　$1^h = 15°$　$1^m = 15'$　$1^s = 15'' = 0'.25$

$1° = 4^m$　$1' = 4^s$

3.视时的地方性

视时的确定由测者子圈起始，所以不同经度测者所确定的视时时刻肯定各不相同，存在地方性，即地方视时（Local apparent Time，*LAT*）。其中，格林经线上测者的地方视时称为格林视时（Greenwich Apparent Time，*GAT*）。在所有时间计算中，都遵循“东大西小”的规律，即位于东侧的时间早于位于西侧的时间，如图 5-4-1 所示，不同经度测者之间地方视时应当存在如下关系：

$$LAT_2 = LAT_1 \pm D\lambda^{E}_{W} \tag{5-4-1}$$

$$D\lambda = \lambda_2 - \lambda_1 \tag{5-4-2}$$

注意，在之前地理坐标系的计算中，经差不能大于 180°，但在时间计算中，时间差应当在 0°～360°（0～24 h）之间变化，所以在计算中如果 $D\lambda$ 大于 180°，不需要用 360°减去结果然后变向。

例 5-4-1：求经度为 120°15′E 测者 1 与 96°24′W 测者 2 的地方视时之差。

解：$\Delta LAT = LAT_2 - LAT_1 = D\lambda = \lambda_2 - \lambda_1 = 96°24'W - 120°15'E$

$= -96°24' - 120°15' = -216°39'$

$= -14^h26^m36^s$

即测者 2 比测者 1 视时晚 $14^h26^m36^s$

同理,*LAT* 与 *GAT* 之间的关系应当是:

$$LAT = GAT \pm \lambda_W^E$$

即地方视时与格林视时的差值与经差等值。

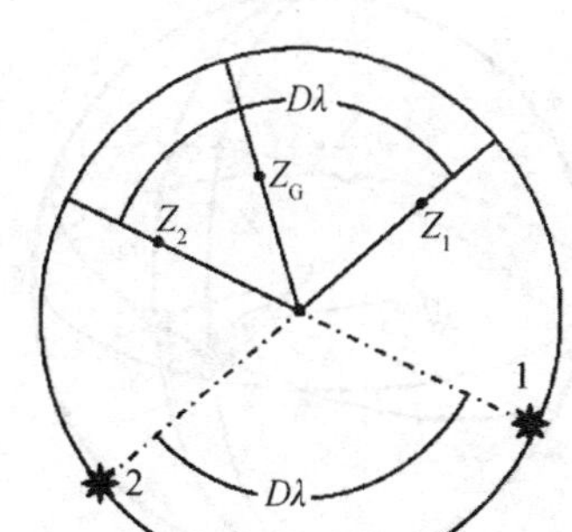

图 5-4-1 不同测者 *LAT* 之间的关系

4. 视时与时角的关系

由于太阳地方时角 $LHA^{\odot}$ 是从测者午圈起算的,而视时是从测者子圈起算的,因此,同一时刻视时 *LAT* 与太阳圆周地方时角 $LHA^{\odot}$ 相差 180°(12^h),如图 5-4-2 所示,两者之间的关系为:

$$LAT = LHA^{\odot} \pm 180° \begin{cases} LHA^{\odot} < 180° \\ LHA^{\odot} > 180° \end{cases} \qquad (5\text{-}4\text{-}3)$$

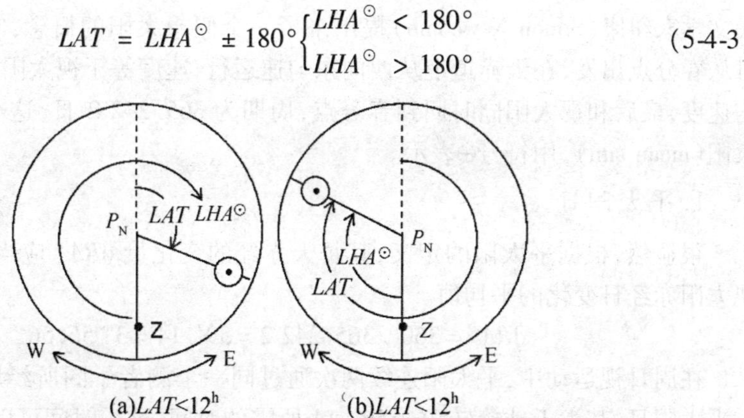

图 5-4-2 *LAT* 与 $LHA^{\odot}$ 之间的关系

5. 视太阳日作为时间计量单位的缺陷

与恒星在天球上位置"恒定"不同,在周日视运动当中,太阳的赤纬和赤经时刻在发生变化,如图 5-4-3 所示,当测者天顶在 Z_1' 处,太阳在位置 1 处过测者子圈,此时可认为 $LAT = 0^h$,当天球旋转一周(360°)完成周日视运动时,由于太阳的视运动,其已经在黄道上运行到了位置 2 处,产生了太阳赤经的变化角度,我们称为太阳赤经日变化量,用 $dRA^{\odot}$ 表示。则天球必须再旋转这一角度,才能让太阳第二次下中天,此时的 $LAT = 24^h$,由此可见一太阳日并非天球旋转一周(360°)所对应的时间,而应当是天球旋转($360° + dRA^{\odot}$)所需的时间。

但是由于 $dRA^{\odot}$ 是变量,至点大,分点小,故而视太阳时是不稳定的时间,不符合时间的均匀性,不适宜作为时间计量单位。但在天文计算中有时需要使用视时,例如《太阳方位表》(英版称为 Davis's Tables & Burdwood's Tables)查表就需要使用地方视时 *LAT*。

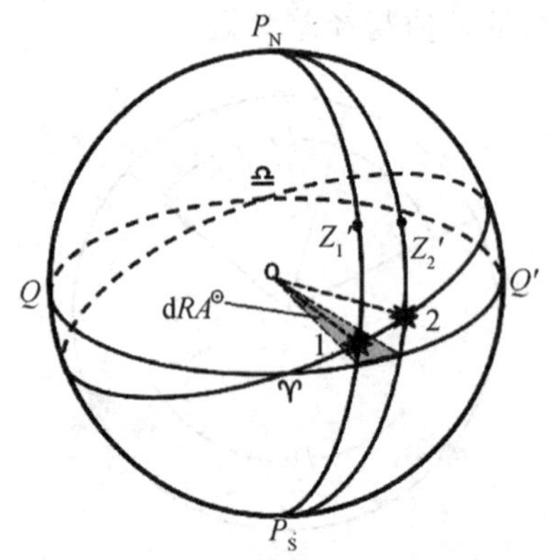

图 5-4-3 视太阳日示意图

三、平时

虽然视时由于其不均匀性不适合作为时间计量单位,但毕竟其能很好地适应人们的日常生活。为了确定既能与人们生活相适应,又准确均匀的时间计量单位,美国天文学家纽康(Simon Newcomb)提出来了一个假想太阳的概念,它每年和真太阳同时从春分点出发,在天赤道上从西向东匀速运行,速度等于视太阳在黄道上运行的平均速度,最后和视太阳同时回到春分点,周期为 365.242 2 日,这个假想太阳称为平太阳(mean sun),用符号⊕表示。

1. 平太阳日

很显然,根据平太阳的定义,其每天赤经的变化量 $dRA^{\oplus}$ 应当是固定的,应当是视太阳赤经日变化的平均值。

$$dRA^{\oplus} = 360°/365.242\,2 = 59'.14 = 3^{m}\,56.56^{s}$$

在周日视运动中,平太阳连续两次通过同一个测者子圈所经历的时间间隔称为一平太阳日,其为天球旋转 360°59′.14 所需的时间,这一时间可以认为是固定的,所以平时可以用作时间计量单位。

和视太阳日一样,平太阳日又被等分为 24 平太阳小时,1 平太阳小时为 60 平太阳分钟,1 平太阳分钟为 60 平太阳秒。

2. 地方平时

和视时一样,平时也是从测者子圈开始计量的,所以平时也具有地方性,称之为地方平时(Local Mean Time, *LMT*)。不同经度测者的地方平时之间的关系与视时相同,即存在以下关系:

$$LMT_2 = LMT_1 \pm D\lambda_{W}^{E} \tag{5-4-4}$$

$$D\lambda = \lambda_2 - \lambda_1 \tag{5-4-5}$$

计算中同样遵循“东大西小(东正西负)”及 $D\lambda$ 可以大于180°,此外,由于平时的地方性,所有地方平时应当标注测者所在的经度即具体日期。

例5-4-2:已知经度 $\lambda_1 120°E$ 的地方平时 $LMT_1 06^h24^m48^s$(2012年08月27日),求经度 $\lambda_2 120°W$ 地方平时 LMT_2。

解:

λ_2	120-00.0W	LMT_1	06-24-48	27/08-2012
$-\lambda_1$	120-00.0E	$-D\lambda_W$	16-00-00	
$D\lambda$	240-00.0W(—)	LMT_2	14-24-48	26/08-2012
	$=960^m=16^h$			

例5-4-3:2012年9月9日,已知经度 $\lambda_1 128°15'.3E$ 的地方平时 $LMT_1 16^h44^m25^s$,求经度 $\lambda_2 85°32'.4E$ 地方平时 LMT_2。

解:

λ_2	085-32.4E	LMT_1	16-44-25	27/12-2012
$-\lambda_1$	128-15.3E	$-D\lambda$	02-50-52	
$D\lambda$	42-42.9W(—)	LMT_2	13-53-33	27/12-2012
	$=168^m+171.6^s$			
	$=02^h50^m52^s$			

3. 平时与时角的关系

和视时一样,平太阳地方时角 $LHA^{\oplus}$ 是也从测者午圈起算的,而平时是从测者子圈起算的,因此,同一时刻视时 LMT 与太阳圆周地方时角 $LHA^{\odot}$ 相差180°(12^h),两者之间的关系和 LAT 与 $LHA^{\odot}$ 关系一样,为:

$$LMT = LHA^{\oplus} \pm 180° \begin{cases} LHA^{\oplus} < 180° \\ LHA^{\oplus} > 180° \end{cases} \tag{5-4-6}$$

4. 世界时(格林平时)

在周日视运动中,平太阳由格林子圈起,向西运行所经历的时间间隔称为世界时(universal time, UT),世界时必须同时注明日期。实际上,世界时就是格林经线上测者的地方平时,所以也称为格林平时(Greenwich meantime, GMT)。

很显然,如图5-4-4所示,地方平时 LMT 与世界时 GMT 之间的关系和前面地方视时 LAT 与格林视时 GAT 之间的关系相同,都存在东大西小,且时间差等于经度值的规律,关系为:

$$LMT = GMT \pm \lambda_W^E$$

例5-4-4:2012年7月15日,世界时 $GMT=3^h00^m08^s$,求经度 $\lambda_1 127°25'.8W$ 的地方平时 LMT。

解:①将经度转换为时间

$\lambda_1 = 127°25'.8W = (127 \times 4^m + 25.8 \times 4^s) = 8^h29^m43^s$

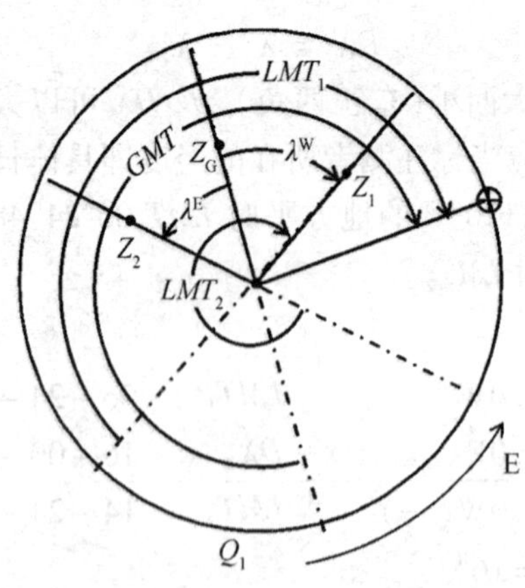

图 5-4-4 地方平时与世界时的关系

②求 *LMT*

GMT	3 - 00 - 08	15/07 - 2012
$-\lambda_W$	8 - 29 - 43	
LMT	18 - 30 - 25	14/07 - 2012

计算中一般保留到秒的整数，如果结果大于 24^h，则减去 24^h，日期增加一天，如果不够减，则借 24^h，日期减少一天。

5. 时差

同一时刻的视时与平时之差称之为时差（Equation of Time，*ET*），即：

$$ET = LAT - LMT$$

如图 5-4-5 所示，结合前面 *LHA* 与 *LAT* 及 *LMT* 的关系，以及 *LHA* 与 *RA* 的关系，可知：

$$ET = LAT - LMT = LHA^{\odot} - LHA^{\oplus} = RA^{\oplus} - RA^{\odot} \tag{5-4-7}$$

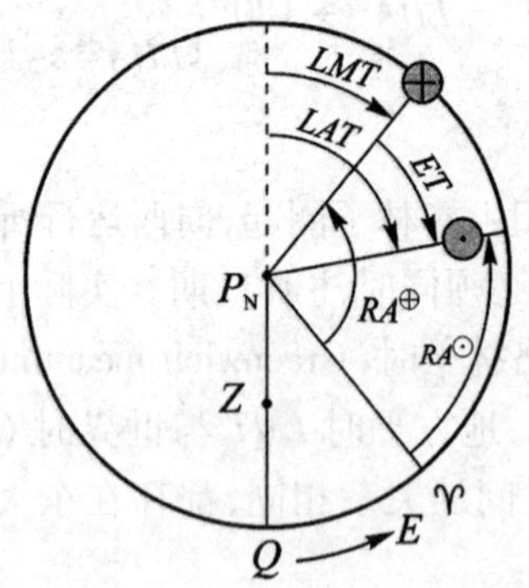

图 5-4-5 时差示意图

由公式可知：

①*LAT* > *LMT*，*ET* 为"+"，在周日视运动中，太阳⊙在前，平太阳⊕在后，即当地方平时为 12^h 时，平太阳⊕上中天，而实际上在此之前太阳⊙已经上中天了；

②*LAT* < *LMT*，*ET* 为"-"，在周日视运动中，平太阳⊕在前，太阳⊙在后，太阳在地方平时为 12^h 时之后上中天；

③$LAT = LMT$，ET 为"0"，在周日视运动中，平太阳⊕时圈与太阳⊙时圈重合，两者同时上中天。

很显然，时差是由于太阳与平太阳的赤经日变化量不一致而产生的。太阳的赤经日变化量在53′.8～66′.6 之间逐日变化。而平太阳赤经日变化量固定为59′.14。这样，在一年中太阳有时在平太阳的东边，有时在平太阳的西边，所以时差 ET 的值是逐日变化的，其值可在当日的航海天文历或太阳方位表中查取。如图 5-4-6 所示，一年中 ET 有四次为零，两次正极大值两次负极大值，最大为 $+16^{m}27^{s}$ 左右。

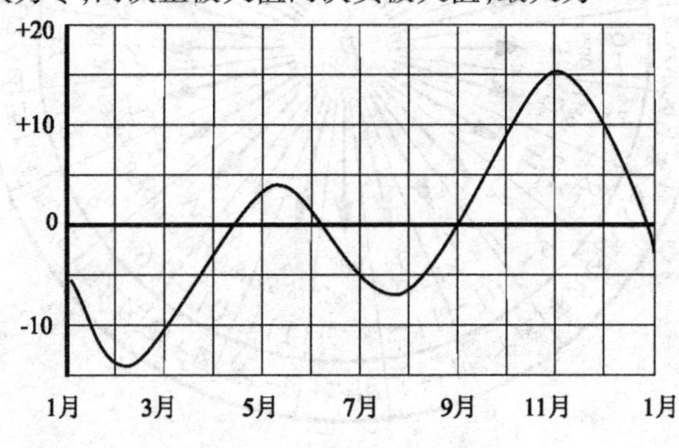

图 5-4-6　时差变化曲线

例 5-4-5：在《航海天文历》中查得 2012 年 4 月 10 日，时差 $ET = -3^{m}12^{s}$，求该日太阳上中天的地方平时。

解：当太阳上中天时，$LAT = 12^{h}$

$LMT = LAT - ET = 12^{h} - (-3^{m}12^{s}) = 12^{h}03^{m}12^{s}$

四、区时

由于地方平时的地方性，经度只要改变，时间就不一样，这给生活带来了极大不便。但如果都统一使用 GMT，又与人们的"日出而作日入而息"的生活作息规律相违背（我们都习惯上午 6 点左右天亮，下午 6 点左右天黑）。为了解决这个双重难题，1884 年，国际天文学会在平时的基础上，提出了区时制度（Zone Time System）的建议，由此产生了我们沿用至今的区时（ZT）。

1. 区时制度

如图 5-4-7 所示，根据区时制度，全球按经度分成 24 个时区，以 0°经线为基准，向东、西各取经度 7°30′，共计 15°经度划为一个时区，称零时区或中时区，0°经线是该时区的中央经度线，又称时区中线。从零时区东、西边界开始向东、向西每隔 15°经度划分为一个时区，依次为东一时区、东二时区……直到东十一时区，同样西时区也是从西一时区到西十一时区。剩下的西经 172°30′与东经 172°30′以 180°经线为中央经线，合称为十二时区，也称东西十二区，每个时区采用一个统一的时间标准。在航海习惯当中，有时将这两个时区分开，分别称东十二区和西十二区，这样划分总共为 25 个时区。

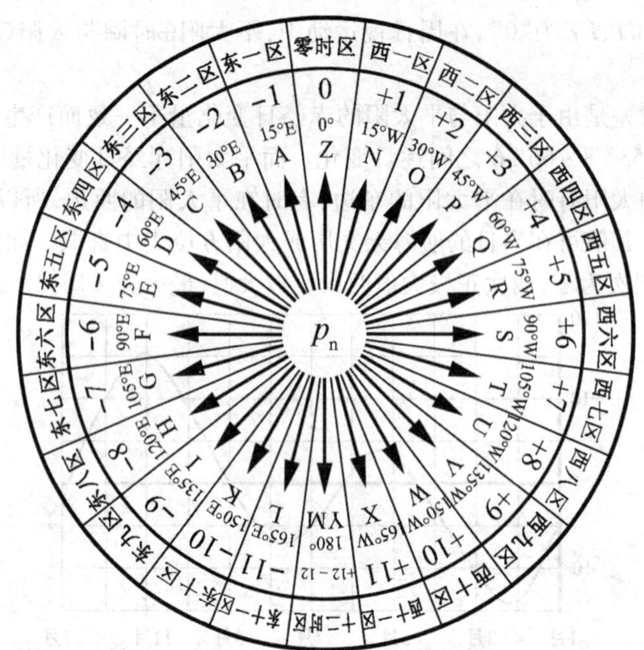

图 5-4-7 时区的划分

2. 区号

为方便起见,对时区进行必要的编号,即时区号(Zone Description, *ZD*)。区号的编号有两种方法,一种采用数字编号,零时区编号为0,东一区编号为(-1),东二区编号为(-2),后面顺次编号,直到东十二区编号为(-12);同样,西一区到西十二区用(+1)、(+2)一直到(+12)区。此外还可用字母进行编号,零时区编号为Z,东一区到东十二区顺次用字母A到M进行编号(J除外);西一区到西十二区用分别用N到Y。根据时区划分规则可知,区号数值乘以15°正好等于时区中央经线的度数,如东8区的中央经线度数为8×15°,为120°,其时区东西边界分别为120°±7°.5,即112°.5和127°.5。这样我们可以通过以下方法很快求出任意经度所在的时区区号:用经度除以15,看余数,如余数小于7°.5,则商为区号数,如余数大于7°.5,则商加1所得数值即为区号数值。

例5-4-6:求经度 $\lambda_1$87°25′.8W 的测者和 $\lambda_2$138°13′.8E 所在的时区

解:87°25′.8/15 = 5……余数 12°25′.8 > 7°.5,

所以 λ_2 测者所在时区为 +6 区。

138°13′.8/15 = 9……余数 3°13′.8 < 7°.5,

所以 λ_2 测者所在时区为 -9 区。

3. 区时

每一时区都采用时区中央经线上的地方平时作为时区内的统一时间,称之为该时区的区时,区时必须标注区号及日期。在航海中一般时间准确到分钟,用四位数字表示,例如东七区区时13点15分,可以记作 *ZT*1315(-8)。零时区的区时即为 *GMT*。

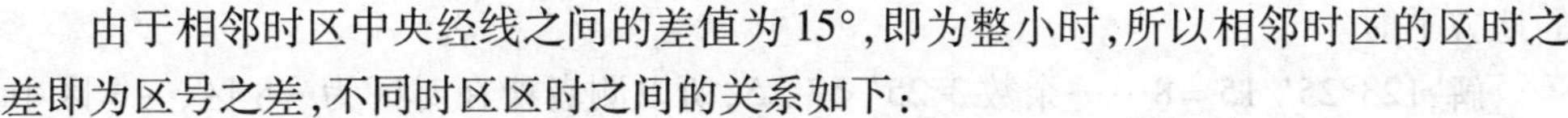

由于相邻时区中央经线之间的差值为 15°,即为整小时,所以相邻时区的区时之差即为区号之差,不同时区区时之间的关系如下:

$$ZT_2 = ZT_1 - DZD$$

$$DZD = ZD_2 - ZD_1$$

例 5-4-7:求经度在 87°25′.8W 的测者想要与北京公司总部通话,如果想公司总部在 2012 年 11 月 3 日 *ZT*0930(-8)接到电话,需在船上时间几点打电话。

解:87°25′.8/15 =5……余数 12°25′.8 >7°.5,所以测者所在时区为 +6 区。

$DZD = ZD_2 - ZD_1 = (+6) - (-8) = 14$

$ZT_2 = ZT_1 - DZD$

ZT_1	0930	03/11 -2012
$-DZD$	-1400	
ZT_2	1930	02/11 -2012

需在船上时间 2012 年 11 月 2 日 *ZT*1930(+6)打电话。

在船上,日常工作及生活一般依据船钟所指示的时间,船钟只能显示精确到分钟的区时,称之为船时(Ship's Mean Time,*SMT*),船时只是近似区时,在精度要求较高的航海计算中不采用这一时间。

4. 区时 *ZT* 与世界时 *GMT* 的关系

世界时即零时区的区时,区号为 0,带入上述不同时区区时之间的关系公式,可得 *ZT* 与 *GMT* 的关系如下:

$$GMT = ZT + ZD$$

很显然,和前面所有时间计算一样,*ZT* 与 *GMT* 之间的关系同样遵循东大西小的规律,其时间差即为区号。如果是用船时 *SMT* 求近似的世界时(精确到分钟),则公式为:

$$GMT' = SMT + ZD$$

例 5-4-8:某船 2012 年 6 月 15 日 $ZT09^h12^m35^s$,观测天体,观测时 GPS 瞬时船位 φ32°15′.0Nλ143°47′.8E,求观测天体时的世界时 *GMT*。

解:143°47′.8/15 =9……余数 8°47′.8 >7°.5,所以测者所在时区为 -10 区。

ZT	09 -12 -35	15/06 -2012
$+ZD$	-10	
GMT	23 -12 -35	14/06 -2012

5. 区时 *ZT* 与地方平时 *LMT* 的关系

区时是时区中央经线上的地方平时,所以,*ZT* 与 *LMT* 的关系与前面不同经度测者地方平时的关系一致,即:

$$LMT = ZT \pm D\lambda^{E}_{W} \quad (5\text{-}4\text{-}8)$$

$$D\lambda = \lambda - \lambda_m \quad (5\text{-}4\text{-}9)$$

其中 λ_m 为时区中央经线,计算中仍然遵循东大西小的规则。

例 5-4-9:2012 年 4 月 21 日,测者经度 123°25′E 的区时 $ZT15^h18^m33^s$,求该经度

的地方平时。

解:123°25′/15 = 8……余数 3°25′ < 7°.5，所以测者所在时区为 -8 区，-8 区中央经线 $\lambda_m = 8 \times 15° = 120°E$

$D\lambda = \lambda - \lambda_m = 123°25'E - 120°E = 3°25'E = 13^m40^s$，

测者在中央经线之东，根据东大西小的原则，取“+”

ZT	15-18-33	21/04-2012
$+D\lambda$	+13-40	
LMT	15-32-13	21/04-2012

例 5-4-10:2012 年 6 月 18 日，测者经度 078°20′W 的地方平时 $ZT07^h22^m46^s$，求测者所在时区的区时。

解:078°20′/15 = 5……余数 3°20′ < 7°.5，

所以测者所在时区为 +5 区，+5 区中央经线 $\lambda_m = 5 \times 15° = 075°W$

$D\lambda = \lambda - \lambda_m = 078°20'W - 075°W = 3°20'W = 13^m20^s$，

测者在中央经线之西，ZT 大于 LMT

LMT	07-22-46	18/06-2012
$+D\lambda$	+13-20	
ZT	07-36-06	18/06-2012

例 5-4-11:由《航海天文历》查得:2012 年 1 月 16 日，时差 $ET - 6^m24^s$，经度 118°20′E 的测者想观察太阳上中天，应当选择在区时什么时刻观测。

解:太阳上中天时，$LAT = 12^h$。则根据时差 ET 可求的当时的 LMT

$LMT = LAT - ET = 12^h - (-6^m24^s) = 12^h06^m24^s$ (16/01-2012)

118°20′/15 = 7……余数 13°20′ > 7°.5，所以测者所在时区为 -8 区，-5 区中央经线 $\lambda_m = 8 \times 15° = 120°E$

$D\lambda = \lambda - \lambda_m = 118°20'E - 120°E = 1°40'W = 6^m40^s$，

测者在中央经线之西，ZT 大于 LMT

LMT	12-06-24	16/01-2012
$+D\lambda$	+06-40	
ZT	12-13-04	18/06-2012

6. 日界线

按照之前确定的时间东大西小的原则，越往东时间越早，但是地球是圆形的，这样就构成了一个时间上的闭合体，永远无法确定哪个地方才是一天的开始。为了解决这一悖论，国际原则上将 180°经线作为地球上“今天”和“昨天”的分界线，东西 12 区共用中央经线上的地方平时作为区时时刻，但西十二区日期比东十二区的日期晚一天。在具体实施中，考虑到跨越 180°经线上的国家日期的一致，分界线有三处偏离 180°经线，成为一条折线。这条折线就是所谓的国际日期变更线，即日界线(Date Line)。所以，自西向东过日界线，或由东半球进入西半球，日期要减一天;反之，自东向西过日界线，或由西半球进入东半球，日期要加一天。跨越日界线及日期的变更需

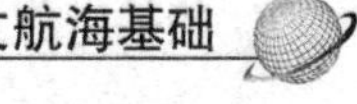

要记入到航海日志。

五、标准时与法定时

时区的划分,完全没有考虑地球上的海陆分布和政治疆界。实际上,任何一个国家都不可能正好跨一个时区。现实当中,世界各国往往根据本国的具体情况,在区时的基础上,采用一些特别的计时方法,并以法律规定的形式将其作为本国或地区的统一时间,称之为标准时(Standard Time)。

标准时的制定各国各不相同,很多国家采用向东偏移的原则,例如法国、荷兰、比利时、西班牙、马来西亚、新加坡都采用比本国所在时区区时早 1 h 的时间作为标准时。有些幅员广阔的国家,多采取分区制度,即将国内划分多个时区,例如美国、加拿大、澳大利亚等。我国虽然幅员辽阔,横跨 5 个时区,但统一用首都北京所在的时区(-8 区)的区时作为标准时。此外还有些国家根据本国所跨的经度范围,采用半时区的标准时,其中央经线和理论时区的中央经线相差 7°.5,如亚洲的伊朗(-3.5 区)、阿富汗(-4.5 区)、印度和斯里兰卡(-5.5 区)、缅甸(-6.5 区),澳大利亚中部(-9.5 区),太平洋中的瑙鲁(-11.5 区),北美洲的纽芬兰和南美洲的苏里南(+3.5 区)。此外还有一些特例,例如尼泊尔使用的时间比 -6 区慢 20^m,南极圈及以外 400 km 范围内统一使用 -4 区的区时作为同一时间供科考人员使用。

为了充分利用日光以达到节约能源的目的,有些国家规定在夏季某个时间段将时间拨快 1^h 或 30^m,结束后再拨回原时间,这种时间称之为夏令时(summer time)或日光节约时(Day light Saving Time, *DST*)。目前世界上大约还有 100 多个国家或地区采用夏令时制度,我国在新中国成立后曾在 1986 年到 1991 年实施过夏令时,目前已经废止。

无论是标准时还是夏令时,各国一般都是以法律的形式予以公布并执行的时间制度,统称为法定时(Legal Time)。船舶在到达任何港口之前,都要掌握港口所在的国家或地区所采用的时间制度,以便以此为据安排工作,以免造成不必要的麻烦。在英版《无线电信号表》(ALRS)第二卷(NP 282)中,专门有法定时时间表可供查阅(如图 5-4-8 所示),此外中版《航海天文历》中也有类似的表格。

电子书:《无线电信号表》第二卷 NP 282

Territory	Standard Time	Daylight Saving Time		
			Begins	Ends
Albania	—01	—02	Last Sun in March 0200h LT	Last Sun in Oct 0200 LT
………	………	…	………	………
United State of America				
Zone 1 Eastern	+05	+04	Second Sun in March 0200LT	First Sun in Nov 0200 LT
Zone 2 No longer used				
Zone 3 Central	+06	+05	Second Sun in March 0200LT	First Sun in Nov 0200 LT
Zone 4 Mountain(except Arizona)	+07	+06	Second Sun in March 0200LT	First Sun in Nov 0200 LT
Zone 5 Arizona	+07	*		
Zone 6 Pacific	+08	+07	Second Sun in March 0200LT	First Sun in Nov 0200 LT
Zone 7 Alaska(East of 169° 30′w)	+09	+08	Second Sun in March 0200LT	First Sun in Nov 0200 LT
Zone 8 Alaska islands(west of 169° 30′w)	+10	+09	Second Sun in March 0200LT	First Sun in Nov 0200 LT
Zone 9 Hawai'ian Islands	+10	*		
………	………	…	………	………

图 5-4-8　ALRS 第二卷中的法定时时间表

六、拨钟

船舶一般利用船钟来安排日常工作和生活，当船舶驶入相邻时区时，一般应当将船钟对应拨快或拨慢 1^h，否则时间就与一般习惯不相符。一般向东航行进入相邻时区，应将船钟拨快 1^h；向西航行进入相邻时区，应将船钟拨慢 1^h。但是，从东十二区进入西十二区或者相反，均不用拨钟，只需改变日期。

船上具体拨钟的方法以及是否需要拨钟由船长具体决定，二副或当班驾驶员具体实施，在拨钟前需要通知全船，拨钟动作要记录到航海日志当中。由于船上除了船钟外，还有其他设备也能显示区时，如雷达、GPS 等设备，对应地也应当将其时间做出相同的调整，这些设备一般都是通过改变时区来调整时间，而不是在时间上直接改变；而且，有些设备时区显示方法不同，调整后一定要确认显示的时间。例如古野的雷达，有的用"+"表示东时区，而用"-"表示西时区，一定要注意区分（实际上并非错误，其只是告诉雷达在 GPS 输入的世界时基础上加减几个小时以便得到区时）。同时建议船员将自己的计时工具做出同样的调整，以便安排个人工作生活时间与船上一致。

下面以某船由 -8 区进入 -9 区为例，介绍一般拨钟方法如下：

1. 方法一：只拨一次

由三副在 ZT2200（-8）将船钟拨快 1^h，航海日志中应记录：

2200　船钟拨快 1^h，使 $SMT = GMT + 0900$

拨快所导致减少的 1^h 由三个班共同均摊，即当晚每班驾驶员实际只需值班 3^h40^m，所以交接班时间分别为：

三副与二副交接班船时 $SMT = 2400 + 0040 = 0040(-9)$；

二副与大副交接班船时 $SMT = 0400 + 0020 = 0420(-9)$；

大副与三副交接班船时 $SMT = 0800(-9)$，至此交接班时间恢复正常。

2. 方法二：分三次拨

将拨快的那个小时分摊到三班中，每班拨快 20^m，具体为：

三副：ZT2200（-8）船钟拨快 20^m，按正常时间（2400）交接班，并在航海日志记录——拨快船钟 20^m，使 $SMT = GMT + 0820$；

二副：0100 船钟拨快 20^m，按正常时间（0400）交接班，并在航海日志记录——拨快船钟 20^m，使 $SMT = GMT + 0840$；

大副：0500 船钟拨快 20^m，按正常时间（0800）交接班，并在航海日志记录——拨快船钟 20^m，使 $SMT = GMT + 0900$。至此时间变为 -9 区时间。

两种方法各有利弊，方法一只拨一次，时间只指示区时，简单但交接班时间较乱；方法二虽交接班时间固定，但时间与区时不一致，为记录及其后检查带来不便。

对于跨越日界线，不需拨钟，但要在航海日志中记载日期的变更。

七、船用计时工具

船上用于计时的工具有很多，主要包括以下几种：

1. 天文钟(chronometer)

天文钟是指示世界时 $UT1$ 的仪器,有机械式和石英天文钟两种,目前船上使用的基本都是石英天文钟。石英天文钟需要定期更换电池,并每天记录其误差。其主要依靠无线电授时台所发射的授时信号(含 $UT1$)手动测定时间误差,称之为对时。对时台的呼号、发射频率、发射时间、时间制式可查阅英版无线电信号表(ALRS)第二卷(NP 282)或中版《航海天文历》附表。船上有时直接用 GPS 所显示的 UTC 时间来对时,由于 UTC 和 $UT1$ 之间的误差小于 $\pm 0.9^s$,所产生的误差在一般航海计算中基本可以忽略不计。

从天文钟上直接读出的时间称为钟时(Chronometer Time, CT),天文钟的误差称为钟差(Chronometer Error, CE)或自差(Chronometer Deviation),两者之和为世界时 GMT,即:

$$GMT = CT + CE$$

很显然,当 CE 为"-"说明天文钟快了,需要减少秒数;当 CE 为"+"说明天文钟慢了,需要增加秒数。

钟差在条件允许的情况下由二副每天测定一次,并求算出日差(Daily Rate, Daily Deviation),将测定的结果记录到天文钟自差记录簿(如图 5-4-9 所示)中。所谓日差是指钟差的每日变化量,其计算公式为:

日差 = (本次测定的 CE - 上次测定的 CE)/两次间隔的天数

天文钟自差记录簿

Chronometer Deviation Records

年 Year		校对时刻 Check time		积差 Accumulation Deviation	日差 Daily Deviation		校对信号来源 Signal sources for check	气温 Temperature	备注 Remark
月 M	日 D	格林威治时刻 Greenwich time	天文钟时刻 Chronometer time		快+ Fast	慢- Slow			
	1								
	2								
	3								
	4								
	5								
	6								
	7								

图 5-4-9 天文钟自差记录簿

日差应当小而稳定,如果出现日差较大,应当查看是否电池没电,更换电池后日差仍然很大则需要由厂家进行修理或更换。在测天时,要根据日差求算测天时钟差,公式如下:

测天时钟差 CE = 最近测定钟差 CE' + 日差 × 上次对时距离测天时的天数

例 5-4-12:2012 年 5 月 15 日 ZT1000(-8)对时,求得 $CE1 = +20^s$,5 月 18 日 ZT1000(-8)对时,求得 $CE2 = +32^s$,求 5 月 19 日 ZT0500(-8)观测天体时的天文钟钟差。

解:日差 = ($CE2 - CE1$)/间隔天数 = $(+32^s - 20^s)/3 = +4^s$

观测时距上次对时的时间差为:

$ZT0500$	19/05
$-ZT1000$	18/05

1900 = 0.8day

观测时钟差 = $+32^s + (+4^s) \times 0.8 = +35^s.2$

2. 卫星导航设备

GPS 等卫星导航仪不光能定位，还能显示由卫星直接给出的授时信号，不需要校正时间信号，其显示的时刻为 *UTC* 时刻。在测天定位中，也可以将 GPS 指示的 *UTC* 时刻当作世界时 *GMT* 使用，由此所引起的误差在允许忽略的范围之内。雷达、船舶组合电台（GMDSS 通信设备）、AIS、电子海图等电子设备中显示的时间一般都是通过船上 GPS 传送的同步信号。

3. 船钟

船钟用于指示船时 *SMT*，也就是近似世界时，船钟是安排船上日常工作生活的主要时间依据，目前多为电子船钟，即所谓的子母钟。一般在海图室安装主设备（母钟），其他各处包括机舱、餐厅，船员房间、走廊、工作场所安装分设备（子钟），所有子钟时间受母钟控制同步。开航前备车时与机舱的"对时"指的就是核对上下子钟所显示的时间是否一致。在测天定位中，船钟主要用来求近似世界时，以判定准确世界时日期。

4. 秒表

秒表是用来测定时间间隔的计时工具，我们在观测天体时，不能把天文钟带到外面进行观测，只能观测完后再看时间，或者观测前看时间。这样，必须要用秒表记录观测时到读取时间数据的时间间隔，如果先观测天体再读取时间，则要在观测好后迅速启动秒表，再到天文钟前读取时间，看准时间的同时停下秒表，则用读取的 *GMT* 减去秒表时间 *WT*，即为观测时的世界时。如果是先读取时间，同时启动秒表，然后再观测好天体时同时停止秒表，则用读取的 *GMT* 加上秒表时间 *WT* 即可得观测时的世界时。

除此之外，秒表还在观测船舶摇摆周期、浪的周期时使用。

八、求测天世界时

根据观测天体时的天文钟时间 *CT* 和钟差 *CE*，可以直接求出测天的世界时 *GMT*，即：

$$GMT = CT + CE$$

由于天文钟指示的是 *GMT* 而非区时 *ZT*，且天文钟钟面刻度为 $0^h \sim 12^h$，有时很难从天文钟的读数上判断世界时是上午还是下午及当时的具体日期，因此，在求测天世界时之前，应当先利用船钟显示的船时 *SMT* 求出测天时的近似世界时 GMT'，再根据近似世界时 GMT' 的整小时数和日期来判定观测天体的准确世界时（$0^h \sim 24^h$）和日期。

测天时刻与读钟时刻之间的时间差是用秒表来测量的，即 *WT*，则先测天还是先读钟，计算测天世界时的方法不同，分别介绍如下：

1. 先测天

如观测天体的高度，则当所测天体与水天线相切时迅速启动秒表，如果观测的是天体方位，则当读出方位数值时迅速启动秒表，然后回到海图室先读出天文钟的秒的数值，同时停止秒表，再读出天文钟的分钟和小时数，即可得到 CT 与 WT，最后求出测天时的钟差 CE，计算测天世界时的计算公式为：

$$测天世界时\ GMT = CT - WT + CE$$

2. 先读钟

在测天前先读出天文钟时刻，同时启动秒表，再观测天体，观测结束停止秒表，则可得到 CT 与 WT。再根据求测的钟差 CE，计算测天世界时，计算公式为：

$$测天世界时\ GMT = CT + WT + CE$$

例 5-4-13：2012 年 3 月 10 日，船时 SMT0655（-8）观测某天体，停秒表的天文钟时间 $CT = 10^h53^m42^s$，秒表读数 $WT = 01^m05^s$，天文钟差 $CE = 00^m34^s$（快），求测天世界时 GMT。

解：①求近似世界时 GMT'

SMT	0655	10/03 - 2012
ZD	-0800	
GMT'	2255	09/03 - 2012

②求测天世界时 GMT

CT'	10 - 53 - 42		
WT	- 01 - 05		（先测天）
CE	- 00 - 34		（钟差为快）
GMT	22 - 52 - 03	09/03 - 2012	（由 GMT' 判断时间应当为上午时间）

例 5-4-14：2012 年 8 月 21 日，船时 SMT1752（$+9$）观测天体，启动秒表的天文钟时间 $CT = 03^h49^m38^s$，秒表读数 $WT = 01^m32^s$，天文钟差 $CE = 1^m58^s$（慢），求测天世界时 GMT。

解：①求近似世界时 GMT'

SMT	1752	21/08 - 2012
ZD	$+ 1000$	
GMT'	0352	22/08 - 2012

②求测天世界时 GMT

CT'	03 - 49 - 38		
WT	+ 01 - 32		（先测天）
CE	+ 01 - 58		（钟差为快）
GMT	03 - 53 - 08	22/08 - 2012	（由 GMT' 判断时间应当为下午时间）

任务五 查阅航海天文表册

电子书：
中版《航海天文历》

一、中版《航海天文历》

《航海天文历》是天文航海的主要表册之一。它是根据天体视运动的规律而编制的，其中列出了一年内任意时刻航用天体的视位置以及与天文航海有关的数据。世界各主要航运国家均出版本国的《航海天文历》，内容大同小异。国际上以英、美海军当局联合出版的英版《航海天文历》(The Nautical Almanac)最具代表性，我国自1955年开始编制出版《航海天文历》。

《航海天文历》主要由"历书"和"时角、赤纬内插表"两部分组成。中版将"历书"部分称为《航海天文历》，每年编制出版一本；将"时角、赤纬内插表"称为《航海天文历附表》单独出版，不受年份限制，可供长期使用。英版《航海天文历》则将两部分合在一起，每年编制出版一本。

1. 历书

(1)天体位置表：按日期给出世界时每整小时的太阳(Sun)、金星(Vinus)、火星(Mars)、木星(Jupiter)、土星(Saturn)和月亮(Moon)的格林时角和赤纬，以及春分点的格林时角。若求非整点时刻的值，可利用附表内插得出。英版《航海天文历》左页还列有57颗常用恒星(Stars)的专名及其共轭赤经 *SHA* 和赤纬 *Dec*，以及四颗行星的共轭赤经 *SHA* 和中天时间(Mer. Pass.)。天体位置表占去历书的绝大部分篇幅。

电子书：
英版《航海天文历》

(2)恒星视位置表：列出航用恒星(中版159颗，英版173颗)每月十五日的赤经共轭量和赤纬值。对其中44颗常用的恒星又另列一表，称为《航海常用恒星视位置表》，用卡片纸印成插页，以便于使用。

(3)北极星高度求纬度表和北极星方位角表。

此外，英版《航海天文历》中还有世界各地标准时一览表等。

2. 时角、赤纬内插表

英版《航海天文历》将时角、赤纬内插表用黄色纸张列在书末，以便于使用。

中版的《航海天文历附表》除了时角、赤纬内插表外，还有星图、无线电时号和眼高差表、天体高度改正表和世界时区图等。内插表占去附表的绝大部分篇幅，它的查表引数是分、秒世界时和天体名称。

二、天体的时角变量和赤纬变量

1. 天体时角基本变量

天体时角基本变量是指天体每小时时角变化量的最小值的近似值。不同的天体所采用的数值不尽相同。

太阳和行星 14°59′(中版《航海天文历》)

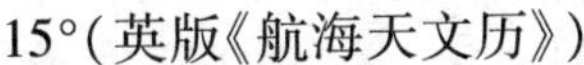

　　　　　　15°(英版《航海天文历》)
月　亮　　　14°19′.0
春分点　　　15°02′.5

2. 时角超差

时角超差是指天体每小时时角实际变化量超过时角基本变量的数值。中版《航海天文历》中代号为 $\bar{\Delta}$，恒为"+"值，英版《航海天文历》中代号为 υ，太阳没有时角超差，行星时角超差除金星外均为正值，每三日给出一值。

月亮的时角超差则按小时给出，列在整小时月亮格林时角的右侧。

春分点时角是匀速变化的，因而没有时角超差。

3. 赤纬差数

赤纬差数是指天体每小时赤纬的变化量。中版《航海天文历》代号 Δ，有"±"。太阳和行星的赤纬差数按日给出，列在每日天体位置表的最后。月亮的赤纬差数则按小时给出，列在整小时月亮赤纬的右侧。英版《航海天文历》代号 *d*。列出的赤纬差数没有注明正、负，需自行判断。

三、利用《航海天文历》求太阳行星的地方时角 *LHA* 和赤纬 *Dec*

查表计算步骤如下：

(1) 查《航海天文历》天体位置表中，以观测日期和整小时世界时为引数，在相应天体的一栏中查得整小时格林时角(*GHA′*)，时角超差，赤纬(*Dec′*)，赤纬差值；

(2)"时角，赤纬内插表"中，以世界时的分、秒为引数，在相应天体的一栏中查得太阳、行星(或月亮)的时角基本变量(m.s)值；

(3) 在上述同一页中，以时角超差或赤纬差为引数，查取时角超差订正值和赤纬差订正值；

(4) 根据公式：$GHA = GHA' + m.s +$ 时角超差订正值($\bar{\Delta}'$ 或 v')和 *Dec* 等于 *Dec′* 加赤纬差订正值(Δ'或 d')求出所测天体的格林时角和赤纬；

(5) 根据公式 $LHA = GHA \pm \lambda_{W}^{E}$，求出所测天体的地方时角。

例 5-5-1：2011 年 10 月 20 日，区时 *ZT*0946，推算船位 φ_c23°12′0S，λ_c157°01′.0E，观测太阳，停秒表天文钟时间 *CT′*11^{h}47^{m}44^s，秒表读数为 *WT*33^s，天文钟差 *CE*22^s(快)，分别用中、英版《航海天文历》求太阳的半圆地方时角 *LHA* 和赤纬 *Dec*。

解：①求 *GMT*

ZT	0946	20/10
ZD	−10	
GMT	2346	19/10

CT′	11^{h}47^{m}44^s	
WT	−33^s	
CE	−22^s	
GMT	23^{h}46^{m}49^s	19/10S

②求 *LHA* 和 *Dec*

GHA′	168 - 46′.0	$\bar{\Delta}$ 1′.1	*Dec′*10 - 07′.0S　Δ +0′.9
m. s	11 - 41′.5		Δ 订正值 +0′.7
$\bar{\Delta}$ 订正值	0′.9		
GHA	180 - 28′.4		*Dec* 10 - 07′.7S
λ_c	157 - 01′.0E		
LHA	337 - 29′.4		
	22 - 30′.6E		

四、利用《航海天文历》求恒星的地方时角 *LHA* ♈和赤纬 *Dec*

查表计算步骤如下：

(1)查《航海天文历》天体位置表中，以观测日期和整小时世界时为引数，在春分点一栏中查得整小时春分点格林时角 *LHA* ♈′值；

(2)"时角，赤纬内插表"中，以世界时的分、秒为引数，在时角基本变量一栏中查得春分点的时角基本变量值(*m. s*)；

(3)在"恒星视位置表"中，以星名(或专名，或星号)为引数，查取恒星的共轭赤经 *SHA* 和赤纬 *Dec*；

(4)根据公式：*GHA* = *LHA* ♈ + *m. s* + *SHA* 求出恒星的格林时角；

(5)根据公式：$LHA = GHA \pm \lambda^{E}_{W}$，求出恒星的地方时角。

例 5-5-2：2011 年 10 月 20 日，区时 *ZT*1846，推算船位 φ_c35°15′0N，λ_c122°20′.5E，观测天鹰座 α 星(河鼓二 Altair)，停秒表天文钟时间 *CT′*$10^h43^m30^s$，秒表读数为 *WT*30^s，天文钟差 *CE*25^s(慢)，分别用中、英版《航海天文历》求天鹰座 α 星(河鼓二 Altair)的半圆地方时角 *LHA* 和赤纬 *Dec*。

解：①求 *GMT*

ZT	1844	20/10
ZD	-8	
GMT′	1044	19/10

CT′	$10^h46^m30^s$	
WT	-30^s	
CE	$+25^s$	
GMT	$10^h46^m25^s$	19/10

②求 *LHA* 和 *Dec*

GHA ♈′	177°32′.2	*Dec*	8°54′.2N
m. s	11°38′.2		
SHA	62°09′.4		
GHA	251°19′.8		
λ_c	122°20′.		
	13°40.3W		

项目六 测罗经差

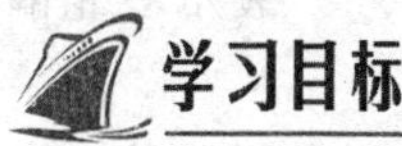

学习目标

◆知识目标

1. 掌握测罗经差的基本原理；
2. 掌握罗经差测量中的误差和注意事项。

◆能力目标

1. 能够利用陆标求测罗经差；
2. 能够利用低高度太阳方位求测罗经差；
3. 能够利用太阳真出没方位求测罗经差。

◆素质目标

1. 工作的细致程度、精益求精；
2. 航海安全意识。

任务一　测定罗经差原理及基本要求

船舶航向与方位的精度，直接影响到船舶的航行安全。而航向与方位的精度主要取决于罗经差是否准确。因此，船舶在航行中，要求航海人员利用一切机会来测定罗经差。一般情况下，一昼夜测定罗经差不得少于两次。同时，还要通过观察罗经差的变化及比对来检查罗经工作是否正常。

船舶近岸航行时，可以利用专设的方位叠标或天然叠标来测定罗经差。当船舶航行在宽阔的海面上时可以利用天体来测定罗经差。

一、测定罗经差原理

罗经差 ΔC 等于物标的真方位 TB 与物标的罗方位 CB 之差，即：

$$\Delta C = TB - CB \tag{6-1-1}$$

式中：罗经差 ΔC 为"+"表示罗北偏在真北的东边，ΔC 为"-"表示罗北偏在真北的西边。

船舶近岸航行时，可以利用专设的方位叠标或自然叠标来测定罗经差。先在海图上查出或量出叠标的真方位 TB，航行中的船舶在两标重叠的瞬间迅速读取叠标的陀罗方位 GB 或罗方位 CB，则：

$$\Delta G = TB - GB \text{ 或 } \Delta C = TB - CB \tag{6-1-2}$$

当船舶航行在开阔的海面上时，则只有利用天体来测定罗经差，而用天体测定罗经差时，无法获取天体的真方位，只能用天体计算方位 A_c 代替天体的真方位 TB。天体计算方位用下面公式求得，即：

$$\cot A_c = \cos\varphi_c \tan Dec \csc LHA - \sin\varphi_c \cot LHA \tag{6-1-3}$$

用上式直接求得的 A_c 为半圆方位，计算罗经差时应将其换算为圆周方位。因此用天体测定罗经差的准确性取决于天体的真方位 $TB(A_c)$ 和观测罗方位 CB 的准确性。

二、推算船位误差对天体真方位的影响

以推算船位为基准求得的天体计算方位与天体真方位之间存在一定的误差。一般来说，推算船位误差愈大，用计算方位代替真方位的误差也愈大。可以证明，由推算船位纬度误差 $\Delta\varphi$ 和经度误差 $\Delta\lambda$ 所引起的天体真方位误差 ΔA 为：

$$\Delta A = \tan h \sin A \Delta\varphi - \cos Dec \cos X \sec h \Delta\lambda \tag{6-1-4}$$

上式说明，当 $\Delta\varphi$、$\Delta\lambda$ 为定值时，ΔA 主要取决于 h 的大小。天体的高度 h 愈小，天体真方位的误差 ΔA 也愈小。这说明为了提高天测罗经差的准确性，应尽量观测低高度的天体。

此外，上式还表明当天体赤纬 Dec 趋近 90°且其方位趋近 0°时，由推算船位误差所引起的天体真方位误差 ΔA 趋近于 0。由此可知，赤纬接近 90°同时方位接近 0°的

北极星，是北半球低纬度（35°以下）海区夜晚测定罗经差的良好物标。

三、由罗经面倾斜而引起观测天体罗方位 CB 的误差

观测罗经差时，由于船舶摇摆和操作方法不当，常会使罗经面发生倾斜。

由于罗经面倾斜而产生的天体罗方位的误差 ΔB，可由下式求出：

$$\Delta B = \theta \tan h \tag{6-1-5}$$

式中：θ 为罗经面的倾斜角，h 为被测天体的高度。由此可知当天体高度为定值时，罗经面倾斜角 θ 越大，观测误差 ΔB 也越大。同时当罗经面倾斜角为定值时，所观测的天体高度越高，罗方位误差也越大。据此，为提高观测精度，应尽量观测低高度天体。

四、观测罗经差的注意事项

为了提高观测天体求罗经差的精度，应注意以下几点：

（1）尽可能选择低高度天体测定罗经差，一般不超过30°，最好低于15°。观测北极星时其高度应低于35°。

（2）观测时尽量保持罗经面处于水平状态。

（3）观测时要测天体的中心方位。

（4）罗方位读数精确到0°.5，观测时间精确到1^m；一般应连续观测3～5次取其平均值作为罗方位 CB，以减小观测的偶然误差和避免粗差。

（5）应尽可能使用较准确的推算船位来计算。

任务二　利用陆标求罗经差

一、利用叠标测定罗经差

在近岸航行时，可以利用人工或天然叠标测定罗经差。

首先选取一组适当的人工或天然叠标，并在海图上可查出或量出叠标的真方位 TB。然后准备好方位仪，锁定海面上的物标。

航行中，当船舶经过叠标线的瞬间，即在图6-2-1中的 A 位置时，此时在船上可以观察到两叠标串视，迅速读取叠标的陀罗方位 GB 或者罗方位 CB，即可求取船舶在该航向上的罗经差 ΔC 或陀罗差 ΔG，即：

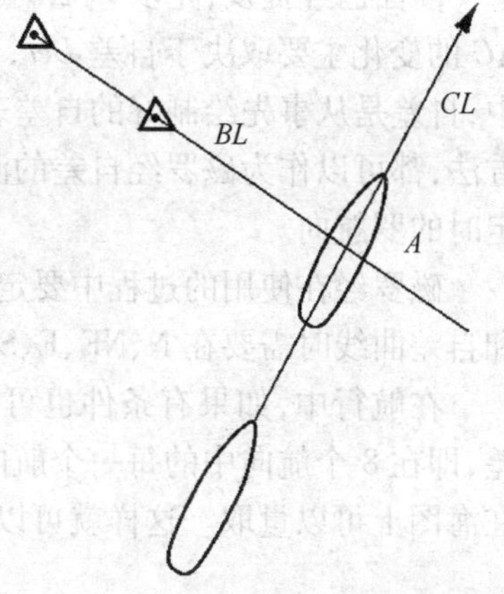

图6-2-1　利用叠标测定罗经差

$$\Delta C(\Delta G) = TB - CB(GB)$$

二、利用 GPS 船位测定罗经差

我们知道,利用方位仪可以测得海面上某物标的陀罗方位 GB 或者罗方位 CB。此时如果本船的船位及物标的位置确定,便可求得罗经差 ΔC 或陀罗差 ΔG。目前,高精度的 GPS 船位完全可以满足罗经差的测定要求。

首先在海面上选取一个合适的物标,最好满足孤立、显著、位置准确、距离适当的特点。然后准备好方位仪,在测定物标方位的同时,迅速记下 GPS 船位。

完成上述工作后,在海图上可以量取物标的真方位,再用上述公式求得罗经差。

三、利用航向比对法求取罗经差

通常,陀螺罗经的导航精度远高于磁罗经,而且在航海中导航定位均使用陀螺罗经,商船上的磁罗经仅作为应急设备而保留,并作为船舶适航的衡量标准之一。

由于磁罗经不依赖于电源,所以在船舶失电或陀螺罗经故障时,磁罗经可以作为应急导航。这样,就必须要求航海人员及时掌握正确的罗经差。在航海实际工作中,航海人员除了利用陆标和天体测定罗经差以外,还经常采用陀螺罗经航向与磁罗经航向的比对来求得罗经差和自差。这也是航行值班驾驶员交接班时必做的一项工作。

磁罗经一般安装在罗经甲板上,其航向不能方便地复示,而陀螺罗经的航向可以利用分罗经(罗经复示器)在船舶的不同部位精确地复示出来,所以航海人员随时可以在船舶不同的位置方便地测定陀螺罗经差。这样已知陀螺罗经差,同时读取陀螺罗经航向和磁罗经航向,计算出真航向从而求出罗经差和自差,即:

$$TC = GC + \Delta G$$
$$\Delta C = TC - CC$$
$$Dev = \Delta C - Var$$

前面已经提及,陀罗差 ΔG 通常仅与航速和纬度有关,而与航向无关。罗经差 ΔC 的变化主要取决于自差 Dev,而自差 Dev 是随航向的变化而变化的。在航海实践中,自差是从事先绘制好的自差表(或自差曲线)中查取的。以上几种测定罗经差的方法,都可以作为磁罗经自差的测定方法,但须注意的是,所求得的自差仅适用于测定时的罗航向。

磁罗经在使用的过程中要定期校正,同时自差表也要更新。一般在绘制自差表和自差曲线时需要在 N、NE、E、SE、S、SW、W、NW 这 8 个方向点上测定自差。

在航行中,如果有条件也可以按照图 6-2-2 所示的航法测定 8 个方向点上的自差,即在 8 个航向中的每一个航向上均测定一次叠标的罗方位 CB,叠标的真方位 TB 在海图上可以量取。这样就可以求出以上 8 个航向上的自差 Dev,即:

$$\Delta C = TB - CB$$
$$Dev = \Delta C - Var$$

如果不知道被测物标的真方位以及磁差,可以采用 8 个航向上物标罗方位的算数平均值来代替物标的磁方位 MB,从而求出 8 个航向上的自差。

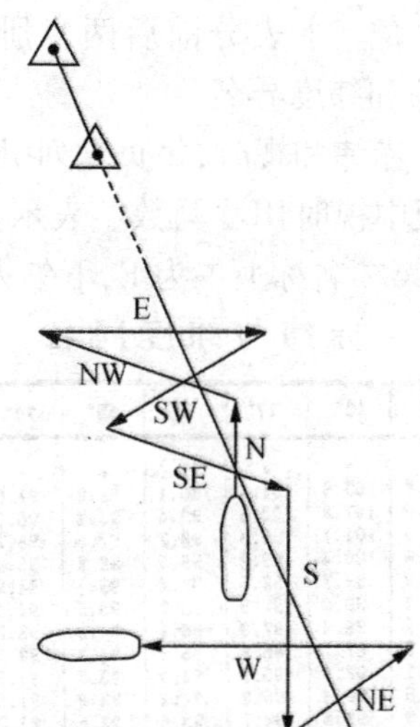

图 6-2-2 自差的测定航法

任务三 利用天体求测罗经差

一、观测低高度太阳方位求罗经差

观测低高度太阳方位求罗经差是目前船舶在海上测罗经差普遍采用的方法。所谓低高度指太阳观测高度要求在30°以下,最好在15°以下。

(一)观测低高度太阳方位求罗经差的步骤

(1)观测低高度太阳的罗方位,同时记下观测时间;

(2)求太阳的计算方位 A_c;

(3)求罗经差。

(二)利用《太阳方位表》求罗经差

目前在我国商船上使用的《太阳方位表》有中版的和英版的两种版本。两种版本排版格式基本相同,使用方法也完全一样。但由于两种版本造表所使用的原始数据不尽相同,所以计算的结果可能稍有差别。

使用《太阳方位表》求罗经差的方便之处是不必借助《航海天文历》即可求得太阳计算方位 A_c。

1.《太阳方位表》的结构

该表分两册:

第一册纬度范围 0° ~30°(英版称 Davis's Tables,戴氏表);第二册纬度范围 30° ~64°(英版称 Burdwood's Tables,柏氏表)。

每一册都分为主表和附表。主表分前后两半册,前半册赤纬和纬度同名(图6-3-1及图6-3-2),后半册赤纬和纬度异名。

主表中查表引数是纬度、赤纬和视时,每页左列引数为上午(a. m.)视时,右列引数为下午(p. m.)视时。英版中视时用罗马数字表示。从表中可以查得太阳的半圆方位,第一名称与纬度同名,第二名称上午为E,下午为W。

赤纬与纬度同名

纬度 34°

上午	12°	13°	14°	15°	16°	17°	18°	19°	20°	21°	22°	23°	24°	下午
时 分	°	°	°	°	°	°	°	°	°	°	°	°	°	时 分
9 0	107.2	106.1	104.9	103.8	102.6	101.4	100.1	98.8	97.6	96:2	94.9	93.5	92.1	3 0
8 56	106.4	105.3	104.2	103.0	101.8	100.6	99.4	98.2	96.9	95.6	94.3	92.9	91.5	4
52	105.7	104.6	103.4	102.3	101.1	99.9	98.7	97.5	96.2	94.9	93.6	92.3	91.0	8
48	104.9	103.8	102.7	101.6	100.4	99.2	98.0	98.8	95.6	94.3	93.0	91.7	90.4	12
44	104.2	103.1	102.0	100.9	99.7	98.5	97.4	96.1	94.9	93.7	92.4	91.1	89.8	16
40	103.4	102.4	101.3	100.2	99.0	97.9	96.7	95.5	94.3	93.1	91.8	90.6	89.3	20
36	102.7	101.7	100.6	99.5	98.4	97.3	96.1	94.9	93.7	92.5	91.3	90.0	88.7	24
32	102.0	101.0	99.9	98.8	97.7	96.6	95.4	94.3	93.1	91.9	90.7	89.5	88.2	28
28	101.4	100.3	99.2	98.1	97.1	95.9	94.8	93.7	92.5	91.3	90.1	88.9	87.6	32
24	100.7	99.6	98.6	97.5	96.4	95.3	94.2	93.0	91.9	90.7	89.6	88.4	87.1	36
20	100.0	99.0	97.9	96.9	95.8	94.7	93.6	92.5	91.3	90.2	89.0	87.8	86.6	40
16	99.3	98.3	97.3	96.2	95.2	94.1	93.0	91.9	90.8	89.6	88.5	87.3	86.1	44
12	98.7	97.7	96.7	95.6	94.6	93.5	92.4	91.3	90.2	89.1	87.9	86.8	85.6	48
8	98.1	97.1	96.0	95.0	93.9	92.9	91.8	90.7	89.6	88.5	87.4	86.3	85.1	52
4	97.4	96.4	95.4	94.4	93.4	92.3	91.2	90.2	89.1	88.0	86.9	85.7	84.6	3 56
8 0	96.8	95.8	94.8	93.8	92.8	91.7	90.7	89.6	88.5	87.5	86.3	85.2	84.1	4 0
7 56	96.2	95.2	94.2	93.2	92.2	91.1	90.1	89.1	88.0	86.9	85.8	84.7	83.6	4
52	95.6	94.6	93.6	92.6	91.6	90.6	89.6	88.5	87.5	86.4	85.3	84.2	83.1	8
48	95.0	94.0	93.0	92.0	91.0	90.0	89.0	88.0	86.9	85.9	84.8	83.7	82.6	12
44	94.4	93.4	92.4	91.4	90.5	89.5	88.5	87.4	86.4	85.4	84.3	83.2	82.2	16
40	93.8	92.8	91.9	90.9	89.9	88.9	87.9	86.9	85.9	84.8	83.8	82.7	81.7	20
36	93.2	92.3	91.3	90.3	89.3	88.4	87.4	86.4	85.4	84.3	83.3	82.2	81.2	24
32	92.6	91.7	90.7	89.8	88.8	87.8	86.8	85.8	84.8	83.8	82.8	81.8	80.7	28
28	92.1	91.1	90.2	89.2	88.3	87.3	86.3	85.3	84.3	83.3	82.3	81.3	80.3	32
24	91.5	90.6	89.6	88.7	87.7	86.8	85.8	84.8	83.8	82.8	81.8	80.8	79.8	36
20	90.9	90.0	89.1	88.1	87.2	86.2	85.2	84.3	83.3	82.3	81.3	80.3	79.3	40
16	90.4	89.4	88.5	87.6	86.6	85.7	84.7	83.8	82.8	81.8	80.8	79.8	78.8	44
12	89.8	88.9	87.9	87.0	86.1	85.2	84.2	83.2	82.3	81.3	80.3	79.3	78.3	48
8	89.2	88.3	87.4	86.5	85.6	84.6	83.7	82.7	81.8	80.8	79.8	78.9	77.8	52
4	88.7	87.8	86.9	85.9	85.0	84.1	83.2	82.2	81.3	80.3	79.3	78.4	77.4	4 56
7 0	88.1	87.2	86.3	85.4	84.5	83.6	82.7	81.7	80.8	79.8	78.9	77.9	76.9	5 0
6 56	87.6	86.7	85.8	84.9	84.0	83.1	82.1	81.2	80.3	79.3	78.4	77.4	76.4	4
52	87.0	86.1	85.3	84.4	83.5	82.5	81.6	80.7	79.8	78.8	77.9	76.9	75.9	8
48	86.5	85.6	84.7	83.8	82.9	82.0	81.1	80.2	79.3	78.3	77.4	76.5	75.5	12
44	85.9	85.1	84.2	83.3	82.4	81.5	80.6	79.7	78.8	77.8	76.9	76.0	75.0	16
40	85.4	84.5	83.6	82.8	81.9	81.0	80.1	79.2	78.3	77.3	76.4	75.5	74.5	20
36	84.9	84.0	83.1	82.2	81.4	80.5	79.6	78.7	77.8	76.9	75.9	75.0	74.0	24
32	84.3	83.5	82.6	81.7	80.8	79.9	79.1	78.2	77.3	76.4	75.4	74.5	73.6	28
28	83.8	82.9	82.0	81.2	80.3	79.4	78.5	77.6	76.8	75.9	75.0	74.0	73.1	32
24	83.3	82.4	81.5	80.6	79.8	78.9	78.0	77.1	76.3	75.4	74.5	73.6	72.7	36
20	82.7	81.9	81.0	80.1	79.3	78.4	77.5	76.6	75.7	74.9	74.0	73.1	72.2	40
16	82.2	81.3	80.5	79.6	78.7	77.9	77.0	76.1	75.2	74.4	73.5	72.6	71.7	44
12	81.6	80.8	79.9	79.1	78.2	77.4	76.5	75.6	74.7	73.9	73.0	72.1	71.2	48
8	81.1	80.3	79.4	78.5	77.7	76.8	76.0	75.1	74.2	73.4	72.5	71.6	70.8	52
4	80.6	79.7	78.9	78.0	77.2	76.3	75.4	74.6	73.7	72.9	72.0	71.1	70.3	5 56
6 0	80.0	79.2	78.3	77.5	76.6	75.8	74.9	74.1	73.2	72.4	71.5	70.6	69.8	6 0
5 56	79.5	78.6	77.8	76.9	76.1	75.3	74.4	73.6	72.7	71.8	71.0	70.1	69.3	4
52	78.9	78.1	77.2	76.4	75.6	74.7	73.9	73.0	72.2	71.3	70.5	69.6	68.8	8
48	78.4	77.5	76.7	75.9	75.0	74.2	73.3	72.5	71.7	70.8	70.0	69.1	68.3	12
44	77.8	77.0	76.2	75.3	74.5	73.7	72.8	72.0	71.2	70.3	69.5	68.6	67.8	16
40	77.3	76.4	75.6	74.8	74.0	73.1	72.3	71.5	70.6	69.8	68.9	68.1	67.3	20
36	76.7	75.9	75.1	74.2	73.4	72.6	71.8	70.9	70.1	69.3	68.4	67.6	66.8	24
32	76.2	75.3	74.5	73.7	72.9	72.1	71.2	70.4	69.6	68.7	67.9	67.1	66.2	28
28	75.6	74.8	74.0	73.1	72.3	71.5	70.7	69.9	69.0	68.2	67.4	66.6	65.7	32
24			73.4	72.6	71.8	71.0	70.1	69.3	68.5	67.7	66.9	66.0	65.2	36
20	日出	日出		72.0	71.2	70.4	69.6	68.8	68.0	67.1	66.3	65.5	64.7	40
16	5时27分	5时24分	日出		70.7	69.9	69.1	68.2	67.4	66.6	65.8	65.0	64.2	44
12	日没	日没	5时21分	日出			68.5	67.7	66.9	66.1	65.3	64.4	63.6	48
8	6时33分	6时36分	日没	5时18分	日出	日出		67.1	66.3	65.5	64.7	63.9	63.1	52
4	方位	方位	6时39分	日没	5时15分	5时12分	日出		65.8	65.0	64.2	63.3	62.5	6 56
5 0	75°.5	74°.3	方位	6时42分	日没	日没	5时 9分	日出			63.6	62.8	62.0	7 0
4 56			73°.0	方位	6时45分	6时48分	日没	5时 6分	日出	日出		62.2	61.4	4
52				71°.8	方位	方位	6时51分	日没	5时 3分	5时 0分	日出		60.9	8
48					70°.6	69°.4	方位	6时54分	日没	日没	4时57分	日出		12
44							68°.1	方位	6时57分	7时 0分	日没	4时53分	日出	16
40								66°.9	方位	方位	7时 3分	日没	4时50分	20
36									65°.6	64°.4	方位	7时 7分	日没	24
32											63°.1	方位	7时10分	28
28												61°.9	方位	32
4 24													60°.6	7 36

图6-3-1 《太阳方位表》—— 赤纬与纬度同名(纬度34°)

附表主要是"太阳赤纬表"和"时差表",见图6-3-3和图6-3-4。两表均按照4年中有一闰年的规定排列,故每一个附表中又分为4个小表。查表引数为观测的年月

赤纬与纬度同名

纬度35°

上午		12°	13°	14°	15°	16°	17°	18°	19°	20°	21°	22°	23°	24°	下午	
时	分	°	°	°	°	°	°	°	°	°	°	°	°	°	时	分
9	0	108.1	107.0	105.9	104.7	103.6	102.4	101.1	99.9	98.6	97.3	96.0	94.7	93.3	3	0
8	56	107.3	106.2	105.1	104.0	102.8	101.6	100.4	99.2	97.9	96.7	95.4	94.0	92.7		4
	52	106.5	105.4	104.3	103.2	102.1	100.9	99.7	98.5	97.3	96.0	94.7	93.4	92.1		8
	48	105.7	104.7	103.6	102.5	101.3	100.2	99.0	97.8	96.6	95.3	94.1	92.8	91.5		12
	44	105.0	103.9	102.8	101.7	100.6	99.5	98.3	97.1	95.9	94.7	93.4	92.2	90.9		16
	36	104.2	103.2	102.1	101.0	99.9	98.8	97.6	96.5	95.3	94.1	92.8	91.6	90.3		20
	32	103.5	102.5	101.4	100.3	99.2	98.1	97.0	94.8	94.6	93.4	92.2	91.0	89.7		24
	28	102.8	101.8	100.7	99.6	98.5	97.4	96.3	95.2	94.0	92.8	91.6	90.4	89.2		28
	24	102.1	101.1	100.0	98.9	97.9	96.8	95.6	94.5	93.4	92.2	91.0	89.8	88.6		32
	20	101.4	100.4	99.3	98.3	97.2	96.1	95.0	93.9	92.8	91.6	90.4	89.3	88.1		36
	16	100.7	99.7	98.7	97.6	96.5	95.5	94.4	93.3	92.2	91.0	89.9	88.7	87.5		40
	12	100.0	99.0	98.0	96.9	95.9	94.8	93.8	92.7	91.6	90.4	89.3	88.1	87.0		44
	8	99.4	98.4	97.3	96.3	95.3	94.2	93.2	92.1	91.0	89.9	88.7	87.6	86.4		48
	4	98.7	97.7	96.7	95.7	94.7	93.6	92.6	91.5	90.4	89.3	88.2	87.1	85.9		52
8	0	98.1	97.1	96.1	95.1	94.0	93.0	92.0	90.9	89.8	88.7	87.6	86.5	85.4	3	56
7	56	97.4	96.4	95.4	94.4	93.4	92.4	91.4	90.3	89.3	88.2	87.1	86.0	84.9	4	0
	52	96.8	95.8	94.8	93.8	92.8	91.8	90.8	89.7	88.7	87.6	86.5	85.5	84.3		4
	48	96.2	95.2	94.2	93.2	92.2	91.2	90.2	89.2	88.1	87.1	86.0	84.9	83.8		8
	44	95.5	94.6	93.6	92.6	91.6	90.6	89.6	88.6	87.6	86.5	85.5	84.4	83.3		12
	40	94.9	94.0	93.0	92.0	91.1	90.1	89.1	88.0	87.0	86.0	84.9	83.9	82.8		16
	36	94.3	93.4	92.4	91.4	90.5	89.5	88.5	87.5	86.5	85.5	84.4	83.4	82.3		20
	32	93.7	92.8	91.8	90.9	89.9	88.9	87.9	86.9	85.9	84.9	83.9	82.9	81.8		24
	28	93.1	92.2	91.2	90.3	89.3	88.4	87.4	86.4	85.4	84.4	83.4	82.4	81.3		28
	24	92.5	91.6	90.6	89.7	88.8	87.8	86.8	85.9	84.9	83.9	82.9	81.9	80.9		32
	20	91.9	91.0	90.1	89.1	88.2	87.3	86.3	85.3	84.3	83.3	82.4	81.4	80.4		36
	16	91.4	90.4	89.5	88.6	87.6	86.7	85.8	84.8	83.8	82.8	81.8	80.9	79.9		40
	12	90.8	89.9	88.9	88.0	87.1	86.1	85.2	84.3	83.3	82.3	81.3	80.4	79.4		44
	8	90.2	89.3	88.4	87.5	86.5	85.6	84.7	83.7	82.8	81.8	80.8	79.9	78.9		48
	4	89.6	88.7	87.8	86.9	86.0	85.1	84.1	83.2	82.2	81.3	80.3	79.4	78.4		52
7	0	89.1	88.2	87.3	86.4	85.4	84.5	83.6	82.6	81.7	80.8	79.8	78.9	77.9	4	56
6	56	88.5	87.6	86.7	85.8	84.9	84.0	83.0	82.1	81.2	80.3	79.3	78.4	77.4	5	0
	52	87.9	87.0	86.1	85.3	84.3	83.4	82.5	81.6	80.7	79.7	78.8	77.9	76.9		4
	48	87.4	86.5	85.6	84.7	83.8	82.9	82.0	81.1	80.1	79.2	78.3	77.4	76.4		8
	44	86.8	85.9	85.0	84.2	83.3	82.4	81.5	80.6	79.6	78.7	77.8	76.9	75.9		12
	40	86.2	85.4	84.5	83.6	82.7	81.8	80.9	80.0	79.1	78.2	77.3	76.4	75.4		16
	36	85.7	84.8	83.9	83.1	82.2	81.3	80.4	79.5	78.6	77.7	76.8	75.9	74.9		20
	32	85.1	84.3	83.4	82.5	81.6	80.8	79.9	79.0	78.1	77.2	76.3	75.4	74.4		24
	28	84.6	83.7	82.8	82.0	81.1	80.2	79.3	78.5	77.6	76.7	75.8	74.9	73.9		28
	24	84.0	83.1	82.3	81.4	80.6	79.7	78.8	77.9	77.1	76.2	75.3	74.4	73.4		32
	20	83.5	82.6	81.8	80.9	80.0	79.2	78.3	77.4	76.5	75.7	74.8	73.9	72.9		36
	16	82.9	82.1	81.2	80.3	79.5	78.6	77.8	76.9	76.0	75.1	74.3	73.4	72.4		40
	12	82.4	81.5	80.6	79.8	78.9	78.1	77.2	76.4	75.5	74.6	73.7	72.9	72.0		44
	8	81.8	81.0	80.1	79.3	78.4	77.6	76.7	75.8	75.0	74.1	73.2	72.4	71.5		48
	4	81.2	80.4	79.6	78.7	77.9	77.0	76.2	75.3	74.5	73.6	72.7	71.9	71.0		52
6	0	80.7	79.9	79.0	78.1	77.3	76.5	75.6	74.8	73.9	73.1	72.2	71.4	70.5	5	56
5	56	80.1	79.3	78.5	77.6	76.8	76.0	75.1	74.3	73.4	72.6	71.7	70.8	70.0	6	0
	52	79.6	78.8	77.9	77.1	76.3	75.4	74.6	73.7	72.9	72.0	71.2	70.3	69.5		4
	48	79.0	78.2	77.4	76.5	75.7	74.9	74.0	73.2	72.4	71.5	70.6	69.8	69.0		8
	44	78.5	77.6	76.8	76.0	75.1	74.3	73.5	72.7	71.8	71.0	70.1	69.3	68.5		12
	44	77.9	77.1	76.3	75.4	74.6	73.8	73.0	72.1	71.3	70.4	69.6	68.8	67.9		16
	40	77.3	76.5	75.7	74.9	74.1	73.2	72.4	71.6	70.7	69.6	69.1	68.2	67.4		20
	36	76.8	75.9	75.1	74.3	73.5	72.7	71.9	71.0	70.2	69.4	68.5	67.7	66.9		24
	32	76.2	75.4	74.6	73.8	72.9	72.1	71.3	70.5	69.7	68.8	68.0	67.2	66.3		28
	28	75.6	74.8	74.0	73.2	72.4	71.6	70.7	69.9	69.1	68.3	67.5	66.6	65.8		32
	24		74.2	73.4	72.6	71.8	71.0	70.2	69.4	68.6	67.7	66.9	66.1	65.2		36
	20	日出			72.1	71.2	70.4	69.6	68.8	68.0	67.2	66.4	65.6	64.7		40
	16	5时26分	日出	日出		70.7	69.9	69.1	68.3	67.5	66.6	65.8	65.0	64.2		44
	12	日没	5时23分	5时20分	日出		69.3	68.5	67.7	66.9	66.1	65.3	64.5	63.7		48
	8	6时34分	日没	日没	5时17分	日出		67.9	67.1	66.3	65.5	64.7	63.9	63.1		52
	4	方位	6时37分	6时40分	日没	5时14分	日出			65.8	65.0	64.2	63.4	62.6	6	56
5	0	75.3	方位	方位	6时43分	日没	5时11分	日出	日出		64.4	63.6	62.8	62.0	7	0
4	56		74.1	72.8	方位	6时46分	日没	5时 7分	5时 4分	日出		63.0	62.2	61.4		4
	52				71.6	方位70.3	6时49分	日没	日没	5时 1分	日出		61.7	60.9		8
	48						方位	6时53分	6时56分	日没	4时58分	日出		60.4		12
	44						69.1	方位	方位	6时59分	日没	4时54分	日出			16
	40							67.8	66.6	方位	7时 2分	日没	4时51分	日出		20
	36									65.3	方位	7时 6分	日没	4时47分		24
	32										64.1	方位	7时 9分	日没		28
	28											62.8	方位61.5	7时13分		32
4	24													方位	7	36
														60.2		

图 6-3-2 《太阳方位表》—— 赤纬与纬度同名(纬度 35°)

日。可查得世界时 $GMT12^h$ 的太阳赤纬 *Dec* 和时差 *ET*。使用附表一般不必进行内插。

太　阳　赤　纬　表

（每日世界时12时）

年 度	1976、1980、1984、1988、1992、1996、2000、2004、2008、2012、2016											
日 期	1月	2月	3月	4月	5月	6月	7月	8月	9月	10月	11月	12月
	° ′	° ′	° ′	° ′	° ′	° ′	° ′	° ′	° ′	° ′	° ′	° ′
1	南 23 02	南 17 13	南 7 22	北 5 46	北 15 15	北 22 08	北 23 04	北 17 52	北 8 05	南 3 24	南 14 36	南 21 53
2	22 57	16 56	6 59	5 09	15 33	22 15	23 00	17 37	7 43	3 47	14 55	22 02
3	22 52	16 39	6 36	5 32	15 50	22 23	22 55	17 21	7 21	4 11	15 14	22 10
4	22 46	16 21	6 13	5 54	16 08	22 30	22 49	17 05	6 59	4 34	15 32	22 18
5	22 39	16 03	5 50	6 17	16 25	22 36	22 44	16 49	6 36	4 57	15 51	22 26
6	22 33	15 45	5 27	6 40	16 42	22 42	22 38	16 33	6 14	5 20	16 09	22 33
7	22 25	15 26	5 03	7 02	16 58	22 48	22 31	16 16	5 51	5 43	16 26	22 40
8	22 18	15 07	4 40	7 25	17 14	22 54	22 24	15 59	5 29	6 06	16 44	22 46
9	22 10	14 48	4 16	7 47	17 30	22 58	22 17	15 41	5 06	6 28	17 01	22 52
10	22 01	14 29	3 53	8 09	17 46	23 03	22 10	15 24	4 43	6 51	17 18	22 57
11	21 52	14 10	3 29	8 31	18 01	23 07	22 02	15 06	4 21	7 14	17 34	23 02
12	21 43	13 50	3 06	8 53	18 16	23 11	21 53	14 48	3 58	7 36	17 51	23 07
13	21 33	13 30	2 42	9 15	18 31	23 14	21 45	14 30	3 35	7 59	18 06	23 11
14	21 23	13 10	2 18	9 37	18 46	23 17	21 35	14 11	3 12	8 21	18 22	23 14
15	21 12	12 49	1 55	9 58	19 00	23 20	21 26	13 52	2 49	8 43	18 37	23 18
16	21 01	12 29	1 31	10 19	19 14	23 22	21 16	13 33	2 26	9 05	18 52	23 20
17	20 49	12 08	1 07	10 40	19 27	23 24	21 06	13 14	2 02	9 27	19 07	23 22
18	20 38	11 47	0 44	11 01	19 40	23 25	20 55	12 55	1 38	9 49	19 21	23 24
19	20 25	11 26	南 0 20	11 22	19 53	23 26	20 44	12 35	1 16	10 11	19 35	23 25
20	20 13	11 04	北 0 04	11 43	20 06	23 26	20 33	12 16	0 53	10 32	19 49	23 26
21	20 00	10 43	0 28	12 03	20 18	23 26	20 22	11 56	0 29	10 54	20 02	23 26
22	19 46	10 21	0 51	12 23	20 30	23 26	20 10	11 35	北 0 06	11 15	20 15	23 26
23	19 32	9 59	1 15	12 43	20 41	23 25	19 57	11 15	南 0 17	11 36	20 27	23 25
24	19 18	9 37	1 39	13 03	20 52	23 24	19 45	10 54	0 41	11 57	20 39	23 24
25	19 04	9 15	2 02	13 22	21 03	23 22	19 32	10 34	1 04	12 17	20 51	23 23
26	18 49	8 53	2 26	13 42	21 13	23 20	19 18	10 13	1 28	12 38	21 02	23 21
27	18 34	8 30	2 49	14 01	21 23	23 18	19 05	9 52	1 51	12 58	21 13	23 28
28	18 18	8 08	3 13	14 20	21 33	23 15	18 51	9 31	2 14	13 18	21 24	23 15
29	18 03	南 7 45	3 36	14 38	21 42	23 12	18 37	9 09	2 38	13 38	21 34	23 12
30	17 46		3 59	北 14 57	21 51	北 23 08	18 22	8 48	南 3 01	13 58	南 21 44	23 08
31	南 17 30		北 4 22		北 22 00		北 18 07	北 8 26		南 14 17		南 23 03

图 6-3-3　太阳赤纬表

时　　差　　表

（每日世界时12时）

年 度	1976、1980、1984、1988、1992、1996、2000、2004、2008、2012、2016											
日 期	1月	2月	3月	4月	5月	6月	7月	8月	9月	10月	11月	12月
	m s	m s	m s	m s	m s	m s	m s	m s	m s	m s	m s	m s
1	3 18	-13 32	-12 19	- 3 48	+2 57	+2 09	- 3 53	- 6 16	+0 08	+10 28	+16 25	+10 51
2	3 46	13 40	12 06	3 30	3 04	2 00	4 04	6 12	0 27	10 47	16 26	10 28
3	4 14	13 47	11 54	3 12	3 10	1 50	4 15	6 07	0 47	11 06	16 26	10 04
4	4 42	13 53	11 40	2 55	3 16	1 40	4 25	6 01	1 07	11 24	16 25	9 40
5	5 09	13 59	11 27	2 37	3 21	1 29	4 36	5 55	1 27	11 42	16 24	9 15
6	5 36	14 03	11 13	2 20	3 25	1 19	4 46	5 48	1 47	12 00	16 21	8 49
7	6 02	14 07	10 58	2 03	3 29	1 08	4 55	5 41	2 08	12 17	16 18	8 23
8	6 28	14 10	10 44	1 47	3 33	0 56	5 05	5 33	2 28	12 34	16 13	7 57
9	6 53	14 13	10 28	1 30	3 36	0 44	5 14	5 25	2 49	12 50	16 08	7 30
10	7 18	14 14	10 13	1 14	3 38	0 32	5 22	5 16	3 10	13 06	16 02	7 03
11	7 42	14 15	9 57	0 58	3 40	0 20	5 30	5 06	3 31	13 21	15 56	6 35
12	8 05	14 15	9 41	0 43	3 41	+0 08	5 38	4 56	3 52	13 36	15 48	6 07
13	8 29	14 14	9 25	0 27	3 41	- 0 05	5 45	4 46	4 13	13 50	15 39	5 39
14	8 51	14 13	9 08	- 0 12	3 41	0 18	5 52	4 35	4 34	14 04	15 30	5 10
15	9 13	14 11	8 51	+0 02	3 40	0 30	5 58	4 23	4 55	14 17	15 20	4 41
16	9 34	14 08	8 34	0 16	3 39	0 43	6 03	4 11	5 17	14 30	15 09	4 12
17	9 55	14 04	8 17	0 30	3 37	0 56	6 09	3 58	5 38	14 42	14 57	3 42
18	15	14 00	8 00	0 43	3 35	1 10	6 13	3 45	5 59	14 54	14 45	3 13
19	10 34	13 55	7 42	0 56	3 32	1 23	6 17	3 31	6 21	15 05	14 31	2 43
20	10 52	13 50	7 25	1 09	3 29	1 36	6 21	3 17	6 42	15 15	14 17	2 14
21	11 10	13 43	7 07	1 21	3 25	1 49	6 24	3 02	7 03	15 25	14 02	1 44
22	11 27	13 36	6 49	1 33	3 20	2 02	6 26	2 47	7 24	15 34	13 46	1 14
23	11 43	13 29	6 31	1 44	3 15	2 15	6 28	2 31	7 46	15 42	13 30	0 44
24	11 58	13 20	6 13	1 55	3 10	2 28	6 29	2 15	8 06	15 50	13 12	+0 15
25	12 13	13 12	5 55	2 05	3 04	2 40	6 29	1 58	8 27	15 57	12 54	-0 15
26	12 27	13 02	5 36	2 15	2 57	2 53	6 29	1 41	8 48	16 04	12 35	0 45
27	12 40	12 52	5 18	2 24	2 50	3 05	6 29	1 24	9 08	16 09	12 16	1 14
28	12 52	12 41	5 00	2 33	2 43	3 17	6 27	1 06	9 29	16 14	11 56	1 44
29	13 03	-12 30	4 42	2 42	2 35	3 29	6 25	0 48	9 49	16 18	111 36	2 13
30	13 13		4 24	+2 49	2 27	-3 41	6 23	0 30	+10 08	16 21	+11 13	2 42
31	-13 23		-4 06		+2 18		-6 20	-0 11		+16 24		-3 10

图 6-3-4　时差表

太阳方位表主要内容形式如图 6-3-1 及图 6-3-2 所示。

2. 利用《太阳方位表》求罗经差的步骤

(1) 观测太阳罗方位 *CB*(*GB*)，同时记下观测时间，确定推算船位。

(2) 根据观测日期分别在“太阳赤纬表”和“时差表”中查取太阳赤纬 *Dec* 及时

差 ET。

(3)根据观测时的区时 ZT 和推算船位的经度求视时 LAT。

$$LAT = LMT + ET = ZT + D\lambda_m + ET$$

当视时 LAT 小于 12^h 为上午视时;当视时 LAT 大于 12^h 时,则为下午视时。

(4)求计算方位 A_c:

根据测者纬度 φ 和太阳赤纬 Dec 的同、异名,在主表的前半部或后半部,选择靠近表列引数的纬度、赤纬和视时,查取太阳的表列方位 A_t,由于实际的纬度、赤纬和视时不可能与表列的相同,所以,必须再进行三项比例内插后求得太阳的计算方位 A_c,即:

$$A_c = A_t + \Delta A_{Dec} + \Delta A_{\varphi} + \Delta A_{LAT}$$

A_c是半圆方位。第一名称与测者纬度同名,第二名称上午为 E,下午为 W。如果测者纬度为 0°,则方位命名第一名称与太阳赤纬同名。

(5)求罗经差:

将所求得的半圆方位化为圆周方位,求得罗经差,即:

$$\Delta C(\Delta G) = A_c - CB(GB)$$

例 6-3-1:2012 年 8 月 12 日,CA150°,ZT0840(-8)推算船位(34°38′.2N,123°28′.5E),测得太阳低高度罗经方位 CB101°.0,用《太阳方位表》求罗经差 ΔC。

解:①根据观测日期查附表"太阳赤纬表"(见图 6-3-3)和"时差表"(见图6-3-4)得:

太阳赤纬 $Dec = 14°48'$N,时差 $ET = -4^m56^s$

②求视时 LAT:

ZT	08^h40^m(12/8)	
$D\lambda_m$	$+13^m54^s$	($123°28'.5 - 120° = 3°28'.5 = 13^m54^s$)
ET	-4^m56^s	
LAT	$08^h48^m58^s \approx 08^h49^m$(12/8) $Dec = 14°48'$N	φ_c34°38′.2N

③求太阳真方位 A_c 和罗经差 ΔC:

以 φ_c35°N、Dec14°N、LAT 08^h48^m 为引数查《太阳方位表》,查得太阳真方位 A_t 102°.7(见图 6-3-1),然后对这三项分别进行内插。

A_t	102°.7
ΔA_{Dec}	-0°.9
ΔA_{φ}	+0°.6
ΔA_{LAT}	+0°.2
A_c	102°.6NE
	102°.6
-)CB	101°.0
ΔC	+1°.6

二、利用《航海天文历》和三角函数计算器求罗经差

天体的计算方位公式：

$$\cot A_c = \cos\varphi_c \tan Dec \csc LHA - \sin\varphi_c \cot LHA$$

利用上式计算应注意以下几点：

(1)纬度 φ 恒为"+"；

(2)赤纬 Dec 与纬度 φ 同名时 Dec 为"+"，与纬度 φ 异名时 Dec 为"-"；

(3)LHA 为半圆地方时角；

(4)计算方位 A_c 为半圆方位，第一名称与测者纬度同名，第二名称上午观测为"E"，下午观测为"W"。

该方法不但适用于观测低高度太阳方位求罗经差，而且还适用于观测低高度恒星方位和行星方位求罗经差。

例 6-3-2：利用《航海天文历》和三角函数计算器求例 6-3-1 中的罗经差。

解：①求 LHA 和 Dec

ZT	0840(12/8)			
ZD	-8			
GMT	0040(12/8)			
GHA'	178°44'.5	*Dec'*	14°54'.5N	*d* -0'.7
m. s	10°00'.0	*d'*	-0'.5	
GHA	188°44'.5	*Dec*	14°54'.0N	
λ_c	123°28'.5	φ_c	34°38'.2N	
LHA	312°13'.0 = 47°47'.0E			

②求 A_c 和 ΔC

$A_c = \text{arccot}(\cos\varphi_c \tan Dec \csc LHA - \sin\varphi_c \cot LHA)$

$= \text{arccot}(\cos 34°.64 \tan 14°.9 \csc 47°.78 - \sin 34°.64 \cot 47°.78)$

$= 102°.6\text{NE} = 102°.6$

A_c	102°.6
-) CB	101°.0
ΔC	+1°.6

三、观测太阳真出没方位求罗经差

(一)观测太阳真出没的时机

所谓的太阳真出没，也就是在太阳周日视运动过程中，太阳中心经过地心真地平的时刻，此刻太阳真高度 $h_t^{\odot}=0$。

当太阳真高度 $h_t^{\odot}=0$ 时，就可以观测太阳的罗方位求罗经差，这样既不需要记录观测时间也不必求太阳的地方时角，只需要根据推算纬度和当时的太阳赤纬就可

以求得太阳真出没时的计算方位，从而求得罗经差。利用该法可以相对简便地求出罗经差，是船上测定罗经差常用的方法之一。

前述，由于眼高差的存在，真地平一定高于视地平，也就是说太阳真出没时，太阳一定在水天线之上，这样也为观测太阳的罗方位提供了必要的条件。

假定测者眼高 16 m，查得眼高差 $d=7'$，取地平平均蒙气差 $\rho=30'$，视差 p 忽略不计，取太阳平均视半径 $SD=16'$，太阳视直径为 D，得太阳下边沿高度：

$$h_t^{\odot}=h_t^{\odot}-d-\rho+p+SD$$

$$h_t^{\odot}=h_t^{\odot}+d+\rho-p-SD=0+7+30-16=21'\approx 2D/3$$

由此得知，当太阳下边缘离开水天线的高度约为太阳视直径的 2/3 时，测得太阳的罗方位就是太阳真出没时的罗方位，如图 6-3-5 所示。

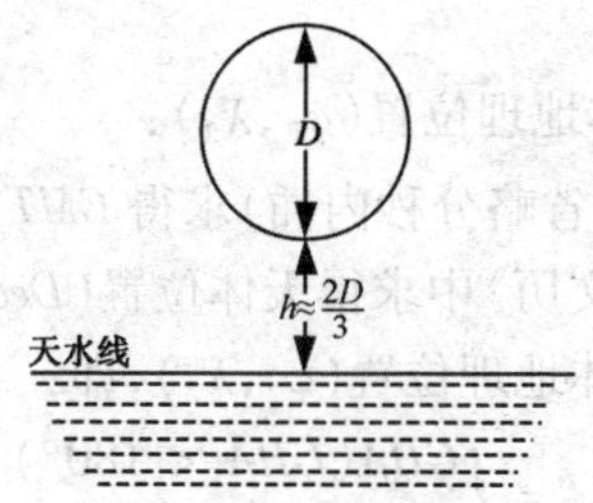

图 6-3-5　太阳真出没

（二）观测太阳真出没方位求罗经差

根据前面得出的求天体计算方位的公式：

$$\cos A_c=\frac{\sin Dec}{\cos\varphi\cos h}-\tan\varphi\tan h$$

当天体高度 $h=0$ 时，公式转化为：

$$\cos A_c=\frac{\sin Dec}{\cos\varphi} \tag{6-3-1}$$

根据公式，当太阳真出没时，只需要推算纬度 φ 和太阳赤纬 Dec 就可以求得太阳真出没时的计算方位 A_c，这样就有：$\Delta C(\Delta G)=A_c-CB(GB)$。

使用公式应注意以下几点：

（1）纬度不分南北均为“+”；

（2）太阳赤纬与测者纬度同名取“+”；太阳赤纬与测者纬度异名取“-”；

（3）计算所得太阳方位 A_c 为半圆方位，第一名称与测者纬度同名，第二名称真出为 E，没为 W。

四、利用 GPS 求罗经差

前面已经讲述过利用 GPS 船位求罗经差的方法，而这里的 GPS 求罗经差主要借助于 GPS 的高精度定位及大圆方位计算功能。随着 GPS 定位精度的越来越高，在实际工作中，就能快速求出较高精度罗经差。

(一)基本原理

利用观测低高度天体的罗方位求罗经差,既烦琐又受到推算船位精度的制约,而利用 GPS,这些问题将会得到有效解决。

在 GPS 卫导仪中均有按 $\cot A_c = \cos\varphi_1 \tan\varphi_2 \csc D\lambda - \sin\varphi_1 \cot D\lambda$ 关系设计的求两点间大圆航向的功能。在这里,出发点的船位(φ_1,λ_1)由 GPS 直接给出,到达点的位置(φ_2,λ_2)用天体的地理位置代替,天体的地理位置可以根据观测时间查《航海天文历》求得。而 $D\lambda$ 就是天体的半圆地方时角 *LHA*。这样,由 GPS 求得大圆航向也即天体的计算方位 A_c。

(二)求罗经差步骤

(1)预求观测时刻的天体地理位置(φ_2,λ_2):

①利用预定的 *ZT*(取整,省略分秒内插)求得 *GMT*;

②利用 *GMT* 在《航海天文历》中求得天体位置(*Dec*,*GHA*);

③将天体位置转化为天体地理位置(φ_2,λ_2),即:

$$\varphi_2 = Dec, \lambda_2 = \begin{cases} GHA(GHA < 180°), \mathrm{W} \\ 360° - GHA(GHA > 180°), \mathrm{E} \end{cases}$$

(2)将天体地理位置(φ_2,λ_2)输入 GPS 中,即可显示当时船位到天体地理位置点的大圆航向,也即当时天体的计算方位,注意不是观测时刻的计算方位;

(3)到预定时刻 *ZT* 测得天体的罗方位,同时读取此刻的天体的计算方位 A_c,此时应注意,测天体的罗方位与读取天体的计算方位 A_c 在时间上应尽量同步;

(4)求得罗经差:$\Delta C(\Delta G) = A_c - CB(GB)$。

项目七
计算潮汐和潮流

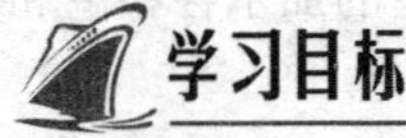

学习目标

◆知识目标

1. 理解潮汐形成的原理和潮汐不等现象；
2. 掌握基本的潮汐术语和潮汐类型；
3. 掌握中、英版《潮汐表》的基本结构；
4. 掌握回转流和往复流的特点。

◆能力目标

1. 能够熟练使用中版《潮汐表》求取主(附)港高(低)潮潮高与潮时；
2. 能够熟练使用英版《潮汐表》求取主(附)港高(低)潮潮高与潮时；
3. 能够求取任意时潮高以及任意潮高对应的潮时；
4. 能够计算通过浅滩时所需要的最小潮高以及过桥时的最大安全潮高；
5. 能够根据潮高计算实际水深；
6. 能够利用海图和潮汐表计算不同时刻的潮流。

◆素质目标

1. 养成严谨细致的工作作风；
2. 培养航海安全意识。

任务一　认识潮汐

微课：
潮汐现象

一、潮汐现象

生活在海边的人们可以观察到，海面每天会产生周期性的升降运动现象，我们把这种现象称为潮汐。伴随着海面周期性的升降运动而产生的海水周期性的水平方向流动称为潮流。

其实，人类很早就发现了这种现象。中国古时候人们把早晨海水上涨的现象叫作潮，把黄昏上涨的现象叫作汐，合称潮汐。

潮汐与航海的关系非常密切，对船舶驾驶来讲，意义重大，主要体现在以下几个方面。

(1)潮汐影响水深及通航高度。对于浅水航道、浅水海湾或者港口，吃水深的船舶就要利用高潮或涨潮时才能进入。例如，我国的上海港、印度的加尔各答港和英国的伦敦港等。此外，桥梁等的通航高度也会随潮汐的变化而变化。

(2)潮流影响航速、航向。船舶顺着潮流航行，就能加快航速，节约时间和燃料；反之则航速变慢，其结果是航行时间和燃油消耗都将增加。此外，潮流还直接影响到船舶的航向，影响到船舶是否航行在计划航线上。

(3)潮流影响船舶的操纵。潮流的变化，直接影响到船舶的航行、靠离泊、抛起锚等作业等。

(4)潮汐还影响到船舶停泊安全。靠泊船受潮汐的影响导致缆绳松紧发生变化，锚泊、系泊船受潮汐的影响将发生船位的较大变化甚至走锚等。

另外，潮汐与沿海地区的农业、渔业、盐业、港口建设、大地测量、潮汐能源开发、环境保护等方面都有着十分密切的关系。

本项目主要从航海实际应用出发，阐述潮汐的基本成因、潮汐术语和潮汐、潮流的计算方法等内容。

微课：
潮汐的基本成因

二、潮汐的基本成因

人类很早就知道潮汐和月球有密切的关系。中国汉代的王充(27—约97)在《论衡》一书中指出："涛之起也，随月盛衰，大小满损不齐同"。

到了17世纪，英国科学家牛顿(1643—1727)才根据他提出的万有引力定律，提出了平衡潮理论，用引潮力说明潮汐的原因，对潮汐做了科学的解释。

本章仅从航海实际需要出发，利用平衡潮理论(静力学理论)分析潮汐的基本成因。为了使问题简化，平衡潮理论有两个假设：

(1)整个地球被等深的大洋所覆盖，所有自然地理因素对潮汐不起作用。

(2)海水没有摩擦力和惯性力，外力使海水在任何时候都处于平衡状态。

平衡潮理论告诉我们，潮汐产生的原动力是天体的引潮力，即天体的万有引力和

“地球－天体”相对运动所产生的惯性离心力的向量和，其中主要是月球的引潮力，其次是太阳的引潮力。以下根据月球的引潮力讨论潮汐的基本成因。

(一)月球的引力

根据牛顿提出的万有引力定律，在地球和月球的引力系统中，月球与地球之间的引力与地、月两球的质量成正比，与它们之间距离的平方成反比。

$$f = k\frac{m_M \cdot m_E}{R^2} \tag{7-1-1}$$

式中：m_M——月球质量；

m_E——地球质量；

R——地球与月球中心间的距离；

k——万有引力系数。

这样，地球上某单位水质点 p 所受的月球引力为：

$$f_p = k\frac{m_M}{r^2} \tag{7-1-2}$$

式中：m_M——月球质量；

r——地球上单位质点与月球中心间的距离；

k——万有引力系数。

对于地球上各点来说，其所受月球引力的大小和方向均不相同，离月球近的水质点受力大，离月球远的则受力小，且引力的方向均指向月球中心，如图 7-1-1 所示。

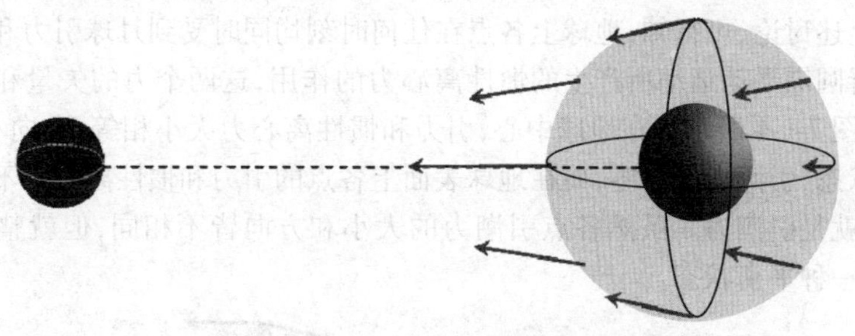

图 7-1-1　地球上单位水质点所受的月球引力

(二)惯性离心力

1. 地月系质心

月球对地球有吸引力，同样地球对月球也有吸引力。这样月地之间就构成一个互相吸引的引力系统，并有一个公共质心，称“月地系中心”或称“地月系质心”。这个质心，可根据力矩平衡原理(即质心与月心和质心与地月心和质心与地心的距离之比等于地球和月球的质量之比)求得，月地系质心位于距地心 0.73 倍地球半径的地方，并且地心、月心和质心在一条直线上，如图 7-1-2 所示。

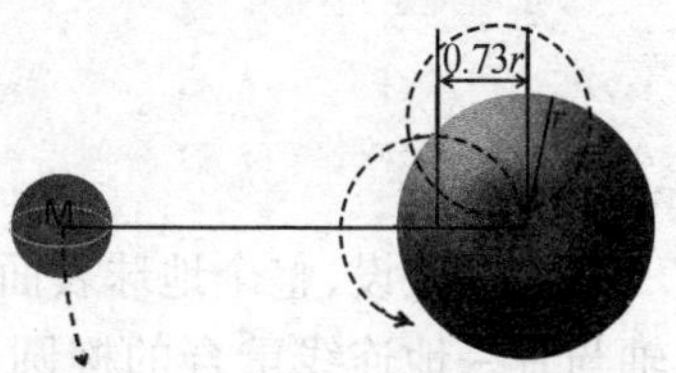

图 7-1-2　月－地系统的平动运动

2. 地球上各点的惯性离心力

大家知道，月球是绕地球公转的，其实这种运动是月球和地球绕着它们的公共质心（G）所做的圆周平动运动，周期为一个太阴月，约 27.3 日。运动的结果产生了惯性离心力，由于这种运动是圆周平动运动，所以地球上各点的惯性离心力方向相同、大小相等，方向背向月球，如图 7-1-3 所示。

当只考虑地、月系统时，地球中心所受到的月球引力与地球绕公共质心的平动运动产生的惯性离心力处于平衡状态，所以地球上单位质点的惯性离心力 f_E 的大小都等于地心质点受到的月球引力的大小，即：

$$f_E = k\frac{m_M}{R^2} \tag{7-1-3}$$

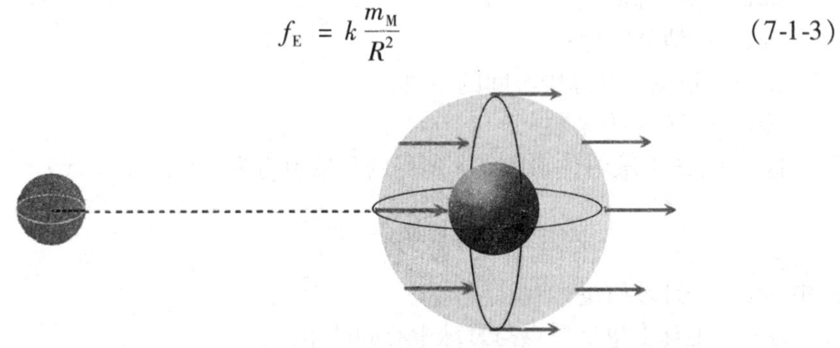

图 7-1-3　地球上质点受到的惯性离心力

动画：
潮汐成因

（三）月球引潮力与月潮椭圆体

通过上述讨论，可得知，地球上各点在任何时刻均同时受到月球引力和地球绕公共质心进行圆周平动运动所产生的惯性离心力的作用，这两个力的矢量和即为月球引潮力，如图 7-1-4 所示。在地球中心，引力和惯性离心力大小相等，方向相反，处于力的平衡状态，引潮力等于零，而在地球表面上各点的引力和惯性离心力不会相互抵消，其合力就是引潮力。虽然各点引潮力的大小和方向皆不相同，但就整个地球而言，仍处于一种平衡状态。

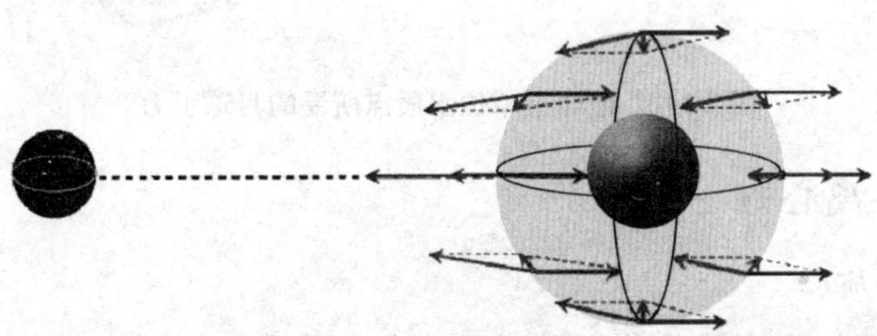

图 7-1-4　月球引潮力

根据假设，整个地球表面被等深的海水所覆盖，则在引潮力的作用下，形成了长轴与月 - 地连线重合的椭圆体，称为月潮椭圆体，如图 7-1-5 所示。在月潮椭圆体上，所受引潮力指向球心的各点所组成的水圈称为照耀圈。

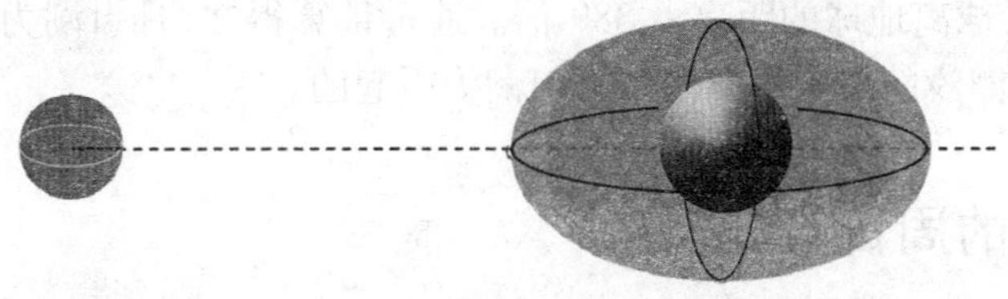

图 7-1-5 月潮椭圆体

(四)潮汐的形成

图 7-1-6 中的月潮椭圆体是假定月球赤纬为零时的月潮椭圆体,1、2、3、4、5 分别表示地球表面上任意一点 A 随着地球自转中的 5 个位置。当地球自转到 1 时,月球在该点上中天,该地海面水位升到最高,产生该地当日第一次高潮;当地球自转至 2(第一次过照耀圈)时,海面水位下降到最低,产生该地当日第一次低潮;当地球自转到 3 时,即月下中天,海面水位再次升到最高,即发生该地当日第二次高潮,当地球自转到 4(第二次过照耀圈)时,海面水位再次下降到最低,发生该地当日第二次低潮,由于月球的公转,地球自转回到 1 位置时,月球已经公转了约 13.2°,地球自转到 5 位置时,月球再次上中天时又发生了高潮。月球连续两次上(下)中天的时间间隔称为一个太阴日,约为 $24^h\ 50^m$。相邻两个高潮(低潮)间隔(约为 $12^h\ 25^m$)称为一个潮汐周期。这样,在一个太阴日中发生了两次高潮与两次低潮,如图 7-1-7 所示。

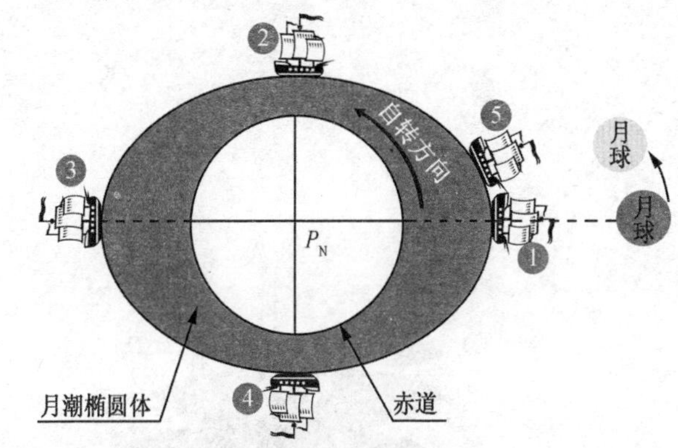

图 7-1-6 潮汐现象的成因

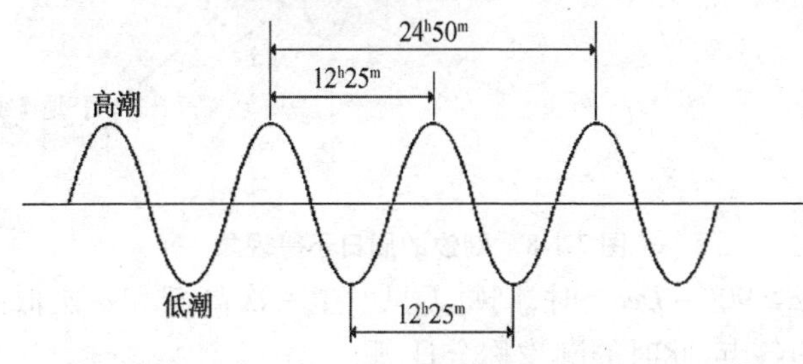

图 7-1-7 潮汐周期

以上是根据月引潮力来分析潮汐的产生原因,太阳作为天体,同样对地球的水质点产生引潮力,称日引潮力。太阳质量虽然比月球质量要大 2 710 万倍,但是太阳离地球的距离比月球离地球的距离大 389 倍。通过计算得知，月引潮力是日引潮力的 2.17 倍，所以说潮汐的产生主要是由月引潮力引起的。

微课：
潮汐周日不等现象

三、潮汐的周日不等现象

以上我们讲述了月赤纬等于 0°时的情况下地面某点潮汐一日的变化，从理论上讲，地面上各点在一个太阴日中发生的两次高潮潮高（低潮潮高）及相邻的高、低潮的时间间隔均相等，此时的潮汐称分点潮。

实际上，由于月球赤纬的变化，以及地理环境等因素的影响，在同一太阴日中所发生的两次高潮或两次低潮的潮高以及相邻的高、低潮的时间间隔并不相等，这种现象称为潮汐周日不等。

图片：
潮汐周日不等现象

如图 7-1-8 所示，当月赤纬不等于零时，潮汐椭圆体的长轴与赤道平面的夹角等于当时的月球赤纬（Dec^{*}）。当测者的纬度不为 0 时，如点 Z，由于地球的自转，当 Z 点在 Z_1 处时，发生第一次高潮，过一段时间后，处在 Z_2 位置时，发生第一次低潮。第二次高潮则发生在 Z_3 处，显然，同一太阴日中两次高潮（低潮）的潮高不等，而且 $Z_1Z_2 \neq Z_2Z_3$，即相邻的高、低潮时间间隔不等，或涨落潮时不等。当月赤纬增大时，这种潮汐周日不等现象更为显著。当月球赤纬达到最大时，潮汐的周日不等现象最显著，此时的潮汐称回归潮。

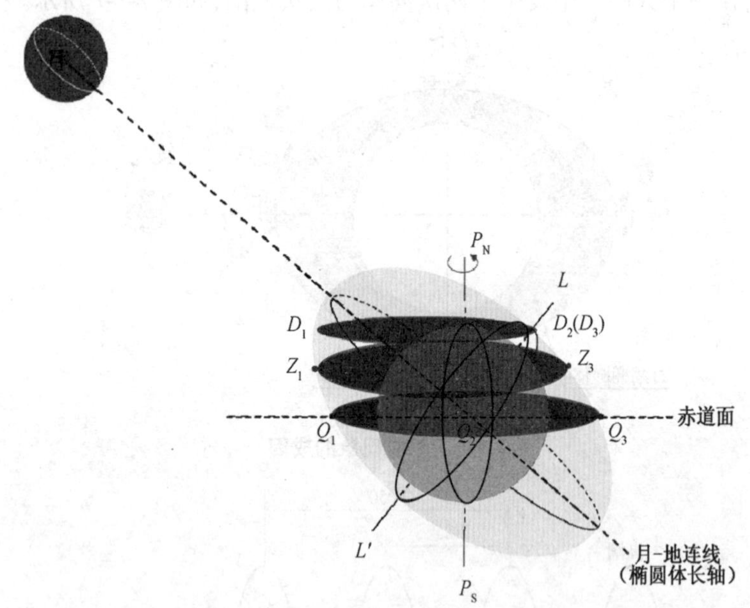

图 7-1-8　潮汐的周日不等现象

当测者纬度 $\varphi \geqslant 90° - Dec^{☾}$ 时，则每天只发生一次高潮和一次低潮，如图中的位于 D_1、D_2纬圈上的各点，此时的潮汐称全日潮。

对于赤道上的测者，在 Q_1处经历高潮，Q_2处低潮，Q_3处经历第二次高潮。显然，$Q_1Q_2 = Q_2Q_3$，所以赤道上的涨落潮时也相同，而且 Q_1和 Q_3处的高潮潮高相等，即赤道上的测者经历的两次高潮的潮高相同，再者 Q_2和其地球另一侧的相对点都位于照

耀圈上,所以两次低潮的潮高也相同,即赤道上无潮汐周日不等现象。

上述是以月球引潮力为例说明了潮汐的成因及潮汐的周日不等。虽然太阳的引潮力是月球的引潮力的1/2.17,但是太阳的引潮力同样会产生太阳潮汐椭圆体。同样,当太阳的赤纬不等于零时,也会发生潮汐的周日不等现象。

动画:
潮汐周日不等现象

四、潮汐的半月不等现象

太阳潮的存在增加了潮汐现象的复杂性,月球、太阳和地球的空间相对位置总是在周期性地改变着,在某些特定位置,太阳潮对潮汐的影响特别显著,这是产生了潮汐半月不等现象的主要原因。

如图7-1-9所示,当月球处在新月(朔,月相●)或满月(望,月相○)位置时,太阳、月球潮汐椭圆体的长轴在同一个平面内,即太阳潮汐椭圆体与月球潮汐椭圆体的长轴方向基本一致,日、月引潮力互相叠加,出现了高潮最高、低潮最低的现象,此时潮差最大,称为大潮。

动画:
潮汐半月不等现象

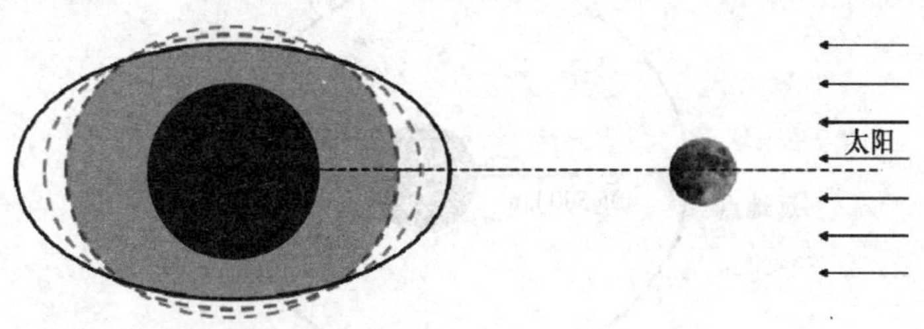

图7-1-9 大潮的产生

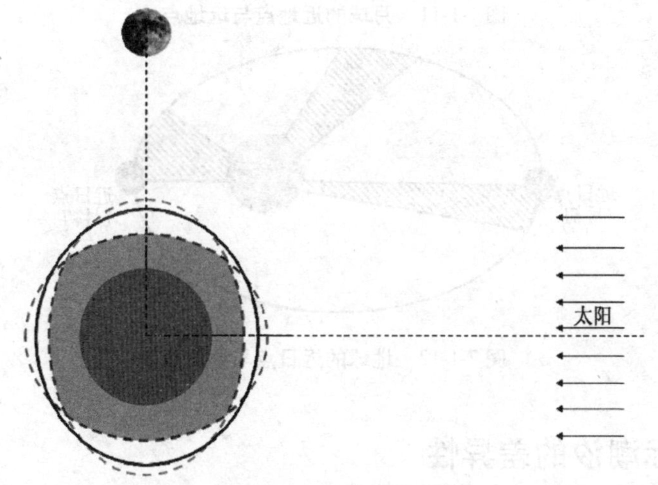

图7-1-10 小潮的产生

微课:
潮汐半月不等现象

如图7-1-10所示,当月球在上弦(月相☽)或下弦(月相☾)时,太阳潮汐椭圆体与月球潮汐椭圆体的长轴方向相互垂直,因此引潮力互相抵消,出现了高潮最低、低潮最高的现象,此时潮差最小,称为小潮。可见,从新月(朔)、满月(望)到两弦,潮差在不断地变化着。具体地说,就是从新月到上弦潮差逐渐变小;从上弦到满月潮差逐渐变大,到满月时潮差与新月时一样又达到最大。然后从满月到下弦,从下弦到新月又产生同样的反复。显然,潮差是以半个朔望月(约 14.5 天)为周期而变化的,称为潮汐的半月不等。

五、潮汐的视差不等现象

月球是沿椭圆轨道绕地球转动的,地球在椭圆轨道的一个焦点上。当月球位于近地点时(约 363 300 km)其引潮力要比位于远地点(约 405 500 km)时大 40% (如图 7-1-11 所示),其周期为一个恒星月,约 27.3 天。

太阳潮中也同样存在这种潮汐不等的现象,每年 1 月 3 日前后,地球离太阳最近,此点为近日点,而每年 7 月 4 日前,地球离太阳最远,此点为远日点(如图 7-1-12),近日点的引潮力比远日点的引潮力大 10%,其周期为一个回归年,约 365.242 2天。这种由于地球和月球、太阳距离变化而产生的潮汐不等,称为潮汐视差不等。

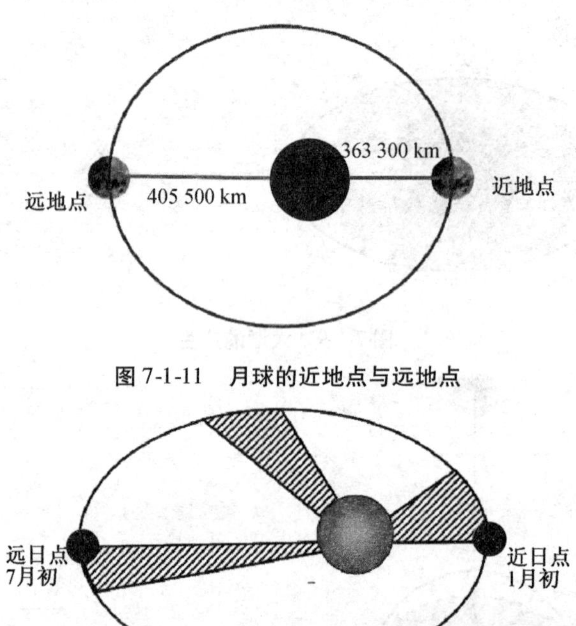

图 7-1-11　月球的近地点与远地点

图 7-1-12　地球的近日点与远日点

六、实际潮汐的差异性

上述对潮汐成因、潮汐不等问题的讨论,都是根据牛顿的潮汐静力学理论,在理想的假设条件下进行的。事实上,海水有黏滞性,海洋深浅不一,海底崎岖不平,海水与地面有很大的摩擦力,因此,高潮并不发生在月上(下)中天之时,而是滞后一段时间才发生;大潮也不发生在朔望之日,而往往发生在朔望后的 1 ~ 3 天。

另外,由于地理环境的差异以及气象条件的变化使潮汐出现异常的变化。例如我国的钱塘江大潮,是由杭州湾喇叭口的特殊地形所造成的特大涌潮,每年农历八月

十五，钱塘江涌潮最大，潮头可达数米。沿海地区由于受到台风等恶劣天气的影响会产生异常的风暴潮。入海河口的潮汐明显受到河流水位的影响等。

七、潮汐类型与潮汐术语

（一）潮汐类型

潮汐的涨落现象因时因地而异，各地潮汐归纳起来有四种潮汐类型：

1. 正规半日潮

一个太阴日内有两次高潮和两次低潮，两次高潮和两次低潮的高度都几乎相等，涨潮时间和落潮时间也接近相等。正规半日潮港如青岛港、巴拿马港等。

2. 正规日潮

在半个月中有连续 1/2 以上天数是日潮，而在其余天数则为半日潮。我国南海有许多地点的潮汐，都属于正规日潮类型港口。

3. 不正规半日潮混合潮

它基本上具有半日潮的特性，但在一个太阴日内相邻的高潮（或低潮）的高度相差很大，涨潮时间和落潮时间也不等。如浙江镇海港、亚丁港等。

4. 不正规日潮混合潮

在半个月中，日潮的天数不超过 7 天，其余天数为不正规半日潮。例如我国海南岛的榆林和南海泰国湾等。

（二）潮汐术语

潮汐术语如图 7-1-13 所示。

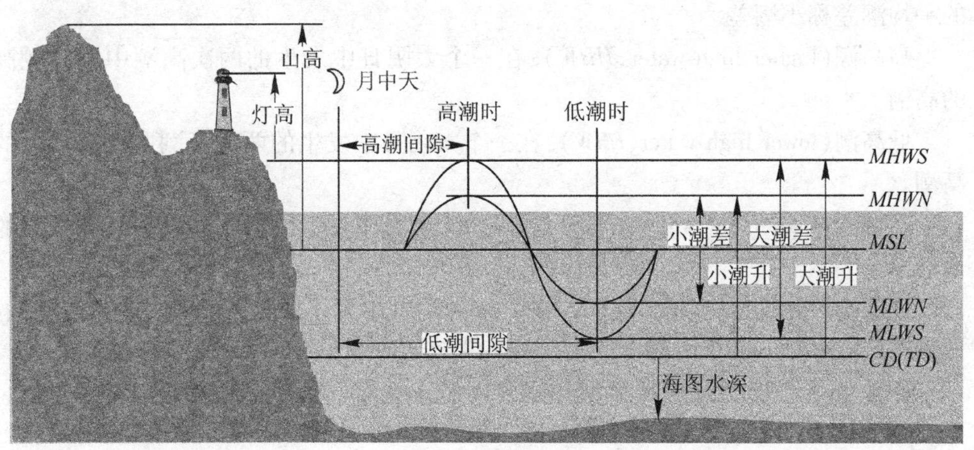

图 7-1-13　潮汐术语示意图

平均海面（mean sea level，*MSL*）：根据长期潮汐观测记录算得的某一时期的海面平均高度。例如我国的“1985 国家高程基准面”。

海图深度基准面(chart datum,*CD*):计算海图水深的起算面。

潮高基准面(tidal datum,*TD*):观测和预报潮高的起算面,从平均海面向下度量。潮高基准面一般与海图深度基准面一致。因此,实际水深等于当时潮高加上海图水深。如两者不一致,求实际水深时,应对两者的差值进行修正。

潮高(tide height):从潮高基准面至某潮面的高度。

高潮(high water,*HW*):海面升到最高。

低潮(low water,*LW*):海面降到最低。

涨潮(flood tide):海面由低潮上升到高潮的过程。

落潮(ebb tide):海面由高潮下降到低潮的过程。

平潮(slack)与停潮(stand):高潮发生后,海面往往会持续一段时间,既不升高也不下降,称平潮;同样,低潮发生后海面也会出现此现象,称停潮。

潮时(tide time):测定潮高的时间。高潮时指高潮发生的时刻,一般取平潮的中间时刻,为高潮时;低潮时指低潮发生的时刻,一般取停潮的中间时刻,为低潮时。

涨潮时间(duration of rise):从低潮时到高潮时的时间间隔。

落潮时间(duration of fall):从高潮时到低潮时的时间间隔。

大潮升(spring rise,*SR*):从潮高基准面到平均大潮高潮面的高度。

小潮升(neap rise,*NR*):从潮高基准面到平均小潮高潮面的高度。

平均高潮间隙(mean high water interval,*MHWI*):每天月中天时刻到当地高潮时的时间间隔的长期平均值。

平均低潮间隙(mean low water interval,*MLWI*):每天月中天时刻到当地低潮时的时间间隔的长期平均值。

潮龄(tidal age):由朔、望至其后实际大潮发生的时间间隔,一般为1~3天。我国沿海的大潮日一般为初三、十八,小潮日则为初十、廿五。

潮差(tidal range):相邻高、低潮潮高之差。大潮时的平均潮差称大潮差,小潮时的平均潮差称小潮差。

高高潮(higher high water,*HHW*):在一个太阴日中发生的两次高潮中潮高较高的高潮。

低高潮(lower high water,*LHW*):在一个太阴日中发生的两次高潮中潮高较低的高潮。

高低潮(higher low water,*HLW*):在一个太阴日中发生的两次低潮中潮高较高的低潮。

低低潮(lower low water,*LLW*):在一个太阴日中发生的两次低潮中潮高较低的低潮。

任务二 利用中版《潮汐表》计算潮汐

一、中版《潮汐表》介绍

微课：
中版《潮汐表》介绍

1. 出版情况

中版《潮汐表》的出版单位主要有国家海洋局海洋信息中心和中国人民解放军海军司令部航海保证部两个部门。目前，中国人民解放军海军司令部航海保证部出版的中版《潮汐表》共有四册，即：H101（黄、渤海海区）、H102（东海海区）、H103（南海海区）、H104（太平洋北西部）。本书以国家海洋局海洋信息中心出版的《潮汐表》为蓝本进行介绍。

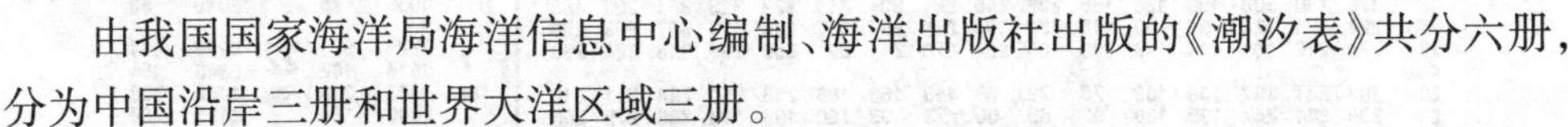

由我国国家海洋局海洋信息中心编制、海洋出版社出版的《潮汐表》共分六册，分为中国沿岸三册和世界大洋区域三册。

第一册：中国渤海和黄海沿岸，从鸭绿江口至长江口。

第二册：中国东海沿岸，从长江口至台湾海峡。

第三册：中国南海沿岸及诸群岛，包括广东、广西和海南诸省。

第四册：太平洋及毗邻水域，西起马六甲海峡，东到南北美西海岸，北起白令海，南到南极洲沿岸，还包括澳大利亚的整个沿岸港口。

第五册：印度洋及毗邻水域。

第六册：大西洋及毗邻水域。

《潮汐表》每年出版一次，本年度的《潮汐表》均在上年度提前编印出版。除了上述两种潮汐表外，一些地方海事部门也出版当地的潮汐表，资料就更详尽了。

2. 主要内容

(1) 主港潮汐预报表（主表）：刊载了各册表属区域的主港每日高（低）潮时、潮高预报，有的主港还提供每小时的逐时潮高。图 7-2-1 是天津塘沽 2012 年 1 月的潮汐表。

(2) 潮流预报表：刊载了部分海峡、港湾、航道以及渔场等潮流预报站点的每日潮流预报（第五、六两册不含此项内容）。

3. 有关说明

(1) 高（低）潮潮时用 4 位数表示，如 0812，表示 08 时 12 分；潮高单位为厘米（cm），当表中的潮高出现负值（－）时，表示潮面低于潮高基准面。潮高基准面在每页预报表下面有说明。

(2) 潮汐表中主港预报表日期的下方为星期几的英文缩写，SU、M、TU、W、TH、F、SA 分别表示星期日、一、二、三、四、五、六；星期下面的●、○、☽、☾代表月相，分别表示新月、满月、上弦月、下弦月，N、S、E、P、A 符号分别表示月亮赤纬最北、赤纬最南、赤纬最小、近地点、远地点。发生时间使用格林尼治时间。

塘　　沽

TANGGU

2012年潮汐表　38°59′N　117°47′E　1月

每时潮高（日期 1–16）

时间	1 SU	2 M	3 TU	4 W	5 TH	6 F	7 SA	8 SU	9 M	10 TU	11 W	12 TH	13 F	14 SA	15 SU	16 M
0	156	203	246	277	289	280	251	210	161	114	74	50	46	61	89	131
1	116	161	211	256	288	302	297	273	234	189	142	98	65	53	64	94
2	94	129	176	227	271	303	319	317	297	263	220	175	130	92	72	78
3	102	117	151	197	246	288	317	334	335	319	290	252	210	166	124	99
4	144	132	144	176	218	261	297	324	341	345	335	312	281	245	202	159
5	205	174	161	169	195	230	266	298	321	338	345	343	329	307	275	234
6	269	229	198	183	185	209	231	261	288	310	326	338	343	340	326	298
7	318	283	244	212	193	189	198	220	246	272	293	309	324	338	344	337
8	339	319	286	250	217	194	183	187	204	227	251	272	289	308	328	341
9	331	331	313	284	250	216	189	172	171	186	207	228	248	267	290	315
10	301	318	319	305	280	249	216	185	163	157	167	184	202	221	243	271
11	258	287	305	309	300	281	253	220	186	160	147	149	159	173	192	220
12	207	242	274	296	305	302	288	264	231	195	162	139	129	132	143	166
13	159	193	230	266	292	306	309	300	279	248	210	169	132	110	106	118
14	124	147	183	223	262	292	311	318	313	296	267	227	176	127	93	84
15	113	116	139	177	218	260	293	315	325	324	310	283	241	182	122	81
16	132	110	112	134	172	215	257	291	313	325	329	319	295	260	186	118
17	176	130	106	106	128	165	208	248	281	304	319	329	325	301	253	183
18	228	171	124	99	98	118	153	194	232	263	287	308	325	327	303	250
19	273	219	161	114	88	86	105	137	176	211	241	268	295	318	324	298
20	297	261	207	149	102	76	72	89	118	153	186	218	250	284	311	316
21	299	284	247	195	138	92	65	59	73	98	130	163	198	236	275	303
22	280	288	273	238	189	135	89	59	49	58	80	110	145	184	228	269
23	245	274	284	271	239	194	143	96	61	45	49	67	95	133	178	226

每时潮高（日期 17–31）

时间	17 TU	18 W	19 TH	20 F	21 SA	22 SU	23 M	24 TU	25 W	26 TH	27 F	28 SA	29 SU	30 M	31 TU
0	181	231	272	289	271	223	182	106	66	61	68	77	102	136	178
1	139	199	245	283	295	275	231	179	133	97	76	72	82	105	141
2	110	169	216	264	297	305	287	250	209	171	138	111	97	101	121
3	103	135	186	241	285	310	316	303	276	245	213	181	151	132	131
4	130	138	186	216	265	300	318	324	318	302	281	254	222	191	170
5	189	159	161	194	240	280	305	318	326	329	325	311	287	257	226
6	257	211	181	183	213	252	282	299	309	321	334	339	331	311	281
7	311	268	221	192	194	219	249	271	284	295	313	332	342	338	321
8	337	311	268	221	192	192	212	234	249	261	278	300	323	335	333
9	332	329	302	258	213	184	181	194	210	222	236	257	283	307	321
10	301	320	316	289	247	202	173	164	170	180	192	208	233	262	287
11	255	288	309	305	279	239	198	163	147	144	149	161	181	209	241
12	201	243	281	302	299	275	239	196	158	134	122	122	134	156	187
13	148	192	240	280	302	300	279	246	206	162	128	108	102	113	139
14	102	141	193	245	286	307	307	290	259	219	172	130	102	92	103
15	73	97	145	202	255	294	315	317	303	275	235	186	138	105	92
16	75	70	101	155	213	264	301	321	325	315	290	249	199	148	111
17	113	71	72	109	165	222	268	301	322	330	324	301	260	208	156
18	176	105	87	75	116	171	223	263	294	316	329	327	306	264	210
19	238	161	92	81	75	118	169	215	251	280	305	322	323	302	260
20	285	220	140	75	51	71	114	160	200	234	264	291	310	312	291
21	309	266	196	116	58	42	65	106	146	181	218	246	277	297	298
22	295	289	244	173	99	47	36	58	94	128	160	195	231	264	285
23	268	290	277	228	160	94	49	38	55	83	112	144	182	222	257

日期	潮时 时分	潮高 cm	日期	潮时 时分	潮高 cm
1	0217	93	16	0200	78
SU	0814	340	M	0738	343
	1452	119	☾	1435	78
	2034	301		2009	316
2	0258	117	17	0244	101
M	0858	331	TU	0820	339
A	1545	109	P	1526	69
	2144	289		2109	304
3	0348	144	18	0337	130
TU	0949	320	W	0910	328
	1645	105		1627	67
	2305	284		2232	292
4	0450	169	19	0442	160
W	1044	310	TH	1009	317
	1749	98		1740	66
5	0026	291	20	0007	289
TH	0602	185	F	0605	183
	1144	305	S	1120	306
	1854	88		1902	61
6	0133	305	21	0135	298
F	0716	189	SA	0735	180
☽ N	1243	307		1239	303
	1955	76		2019	50
7	0225	321	22	0246	311
SA	0815	182	SU	0849	184
	1335	313		1350	308
	2046	64		2123	39
8	0306	334	23	0335	320
SU	0902	172	M	0946	172
	1419	319	●	1451	315
	2131	55		2214	35
9	0341	342	24	0412	324
M	0945	163	TU	1033	159
○	1458	325		1541	323
	2213	48		2258	38
10	0415	346	25	0443	327
TU	1026	154	W	1113	146
	1534	328		1623	327
	2252	45		2336	47
11	0448	346	26	0514	330
W	1106	147	TH	1149	183
	1610	329	E	1702	330
	2329	44			
12	0520	345	27	0009	58
TH	1146	138	F	0546	335
	1648	328		1222	120
				1740	330
13	0006	46	28	0039	69
F	0553	343	SA	0618	340
E	1227	126		1255	108
	1730	328		1820	329
14	0042	51	29	0107	82
SA	0626	343	SU	0651	343
	1308	110		1330	98
	1817	328		1903	323
15	0120	62	30	0138	98
SU	0700	344	M	0724	341
	1350	92	A	1408	92
	1907	324		1951	319
			31	0212	121
			TU	0759	339
			☽	1451	91
				2048	299

时　区：-0800　　　　潮高基准面：在平均海面下 241 cm

图 7-2-1　塘沽潮汐表

4. 注意事项

(1)《潮汐表》中所给的潮时为当地使用的标准时(Standard time)。我国沿海港口用北京标准时(东八时);第四、五、六册中的外国诸港均在每页左下角注明所用标准时。若主、附港的标准时不同,在附表的潮时差中已包含其差别,使用者在计算附港潮时无须再做此修正。

(2)求实际水深时,必须注意潮高基准面(*TD*)与海图深度基准面(*CD*)是否一致。若两者不一致,应予以修正(详见本节“潮汐推算的应用”)。

(3)关于《潮汐表》的预报误差及水文气象对潮汐的影响

在正常情况下,中国沿岸主港的预报潮时的误差在$20^m \sim 30^m$以内,潮高误差在20~30 cm以内,但是对于一些位于感潮河段中的主港预报潮高与实际水位相差较大。在下列情况下也可能出现较大误差,应予注意:

①有寒潮、台风或其他急剧变化天气时,水位随之发生特殊变化,潮汐预报值将与实际出入较大。寒潮常常引起“减水”,使实际水位低于预报很多,个别强烈的寒潮可使实际水位低于预报1 m以上。夏秋季节受到台风侵袭的地区(尤其是闽浙沿海)常常引起较大的“增水”,个别情况也有引起实际水位高于预报1 m以上的现象。此外长江口附近春季经常有气旋出海而引起大风,也能引起水位的较大变化。

②处在江河口的预报点,如营口、燕尾、吴淞、温州、海门、马尾等,每当汛期洪水下泄时,水位急涨,实际水位会高于预报值很多。

③南海的日潮混合潮港,如海口、海安、北海等,因高潮与低潮常常有一段较长的平潮时间,预报的潮时有时会与实际差1 h以上,但这对实际使用影响不大,所报时间的潮高仍与实际比较相符。

④潮流预报表的站位分为两种情况,一是往复流性质的站位,给出逐日的转流时间、最大流速时刻及其流速;二是回转流性质的站位,给出潮流回转一周(大约一个潮汐周期)过程中的两个极大值和两个极小值以及与其对应的时刻。潮流预报表中预报的只是水流中的潮流部分,在一般情况下,本表预报的潮流是水流中的主要成分,可以近似地视为实际水流,但是在特殊情况下,表层海流受到风的影响很大,使潮流规律不明显,这时表中的预报与实际水流有较大的差别。

二、利用中版《潮汐表》推算潮汐

1. 求主港潮汐

主港高、低潮的潮时和潮高,以及部分主港的每整点时刻的潮高,可直接按日期查《潮汐表》的主表求得。但应注意船时与表列标准时是否一致,若不一致,应将求得的潮时修正到相应的船时。

2. 求附港的高、低潮时和潮高

微课:
求附港潮汐

《潮汐表》中刊载每日高、低潮的潮时和潮高预报的港口称为主港(Standard port),它通常是重要港口或者能够代表某类潮汐特征。如果某两个港口的潮汐特征类似,则两者之间具有几乎不变的潮时差和潮差比(差比关系)。此时,可利用其中一个港口(主港)的逐日高、低潮的潮时和潮高预报,通过它们的差比关系推算另一港口的潮汐,根据与主港的差比关系来推算潮汐的港口称为附港(Secondary port)。利用主港潮汐和主、附港间的差比数可推算求得附港潮汐,或利用港口的潮信资料也可以估算该港的潮汐。

(1)利用差比数求附港潮汐

附表中给出了附港相对于其主港的高潮时差、低潮时差、潮差比和改正值,统称为差比数。

①高(低)潮时差:附港与主港高(低)潮时之差的平均值,其值等于附港高(低)潮时减去主港高(低)潮时。因此,正号(+)表示附港高(低)潮时在主港高(低)潮时之后发生;负号(-)表示附港高(低)潮时在主港高(低)潮时之前发生。

②潮差比:对半日潮港,是指附港的平均潮差与主港的平均潮差之比;对日潮港,是指附港的回归潮潮差与主港回归潮潮差之比。

③改正值:使用潮差比由主港潮高计算附港潮高时,若附港基准面不是用主港基准面确定的,需要对附港潮高加以订正,使之变为从附港基准面起算。此订正数就是表列的改正值。

所以,附港的高(低)潮时和潮高可用下式求得:

附港高(低)潮时 = 主港高(低)潮时 + 高(低)潮时差

附港高(低)潮高 = [主港高(低)潮高 -(主港平均海面 + 主港平均海面季节改正数)] × 潮差比 +(附港平均海面 + 附港平均海面季节改正)

式中,“主港高(低)潮高 -(主港平均海面 + 主港平均海面季节改正数)”实质上是主港的半潮差($R/2$),而主港的半潮差乘以潮差比即得附港的半潮差,求得附港的半潮差后,只要加上经季节改正的附港平均海面就得到附港高(低)潮高。

当主、附港的平均海面季节改正均不大(一般指|平均海面季节改正|< 10)时,可不必进行这一改正,而直接用差比数栏中的改正值求得附港的潮高,即:

附港高(低)潮高 = 主港高(低)潮高 × 潮差比 + 改正值

此处的改正值是当平均海面季节改正忽略不计时根据公式算出来的,即:

改正值 = 附港平均海面 - 主港平均海面 × 潮差比

当利用第四册《潮汐表》求附港潮高时,计算公式应为:

附港高(低)潮高 = 主港高(低)潮高 × 潮差比 + 改正数 + 潮高季节改正数

式中的潮高季节改正数是将主、附港海面季节变化结合考虑后计算出来的,仅供由主港推算附港潮高时使用,而不是各港口的平均海面季节变化值。

一般,主港潮汐资料页下方的“潮高基准面”与附表中所列的“主港平均海面”在数值上是一致的,但也有不一致的情况。使用中,当两者不一致时,计算公式中的“主港平均海面”应采用主表中的“潮高基准面”。

需要注意的是,某一季节的平均海面由于受天气状况、海洋水文和海洋动力状况等因素的影响,与表中给出的平均海面可能略有差异。平均海面季节改正就是用以将表列平均海面改正到当月的平均海面。附表中列有“平均海面季节改正值”表。

例 7-2-1:求 2012 年 8 月 12 日铜沙潮汐。

解:查 2012 年第一册《潮汐表》,铜沙并未在主港表中列名,故应为附港。在“差比数和潮信表”中查得铜沙的差比数及相关资料如下:

铜沙的港口编号:5012,其主港为吴淞,吴淞的编号:5006。

高潮时差:-0157,低潮时差:-0221;潮差比:1.21。

横沙平均海面:260,吴淞平均海面:202。

根据主、附港编号从“平均海面季节改正值”表中分别查得吴淞和横沙 8 月份的平均海面季节改正值均为23(单位:cm)。

从“主港潮汐预报表”中可查出吴淞潮汐:

12 SUN	0256	167
	0737	220
	1403	156
	2044	300

附港铜沙的潮汐计算格式如下:

		高潮时		低潮时	
主港吴淞潮时		0737	2044	0256	1403
潮时差	+)	−0157	−0157	−0221	−0221
附港铜沙潮时		0540	1847	0035	1142
		高潮潮高		低潮潮高	
主港吴淞潮高		220	300	167	156
主港经季节改正后的平均海面(202+23)	−)	225	225	225	225
主港平均海面上的潮高		−5	75	−58	−69
潮差比	×)	1.21	1.21	1.21	1.21
附港平均海面上的潮高		−6	91	−70	−85
附港经季节改正后的平均海面(260+23)	+)	283	283	283	283
附港铜沙潮高		277	374	213	198

例 7-2-2:求2012年4月2日横沙潮汐。

解:查中版《潮汐表》第一册得知,横沙的主港为吴淞,在“差比数和潮信表”中查得横沙的差比数及相关资料如下:

横沙的港口编号:5013,其主港为吴淞,吴淞的编号:5006。

高潮时差:−0052,低潮时差:−0102;潮差比:1.09;改正值:−11。

铜沙平均海面:210,吴淞平均海面:202。

根据主、附港编号从“平均海面季节改正值”表中分别查得吴淞和铜沙4月份的平均海面季节改正值均为−6(单位:cm)。4月2日吴淞的潮汐:0249　129;0846　267;1624　102;2141　239。

此处由于主、附港的平均海面季节改正值都为−6 cm,不必进行此项改正,可利用改正值计算横沙潮汐。

		高潮时		低潮时	
主港吴淞潮时		0846	2124	0249	1624
潮时差	+)	−0052	−0052	−0102	−0102
附港横沙潮时		0754	2038	0147	1522
		高潮潮高		低潮潮高	
主港吴淞潮高		267	239	129	102
潮差比	×)	1.09	1.09	1.09	1.09
附港平均海面上的潮高		291	261	141	111
附港经季节改正后的平均海面(260+23)	+)	−11	−11	−11	−11
附港横沙潮高		280	250	130	100

(2)利用潮信资料估算潮汐

利用附表给出的各港口的潮信资料,可以大致估算该港口的潮汐。附表中的潮信资料包括:平均高潮间隙(*MHWI*)、平均低潮间隙(*MLWI*)、大潮升(*SR*)、小潮升(*NR*)和平均海面(*MSL*)。有了这些资料,可用下列各式估算港口的潮汐:

①高、低潮时估算

当地高潮时 = 格林尼治月中天时 + *MHWI*

当地低潮时 = 格林尼治月中天时 + *MLWI*

微课:
潮信资料概算附港潮汐1

或者根据月中天平均每天约推迟 50 min(约 0.8 h)的特点,按阴历日期先行估算当天的月中天时刻,然后用所求月中天时近似代替格林尼治月中天时,然后再求高、低潮潮时。因为初一的月上中天是 1200,十五的月上中天是 2400(即十六的月上中天是 0000),所以上半月某日的月上中天时可用下式估算:

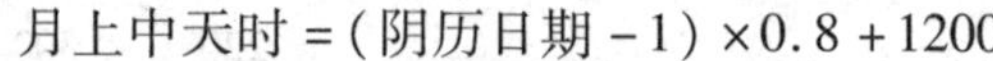

月上中天时 =(阴历日期 - 1)×0.8 + 1200

而下半月某日的月上中天时可用下式估算:

月上中天时 =(阴历日期 - 16)×0.8

对于半日潮港,应分别求出两次高潮和两次低潮的潮时,其间隔时间为 1225,即:

第二次高(低)潮潮时 = 第一次高(低)潮潮时 ± 1225

②高、低潮高估算

微课:
潮信资料概算附港潮汐2

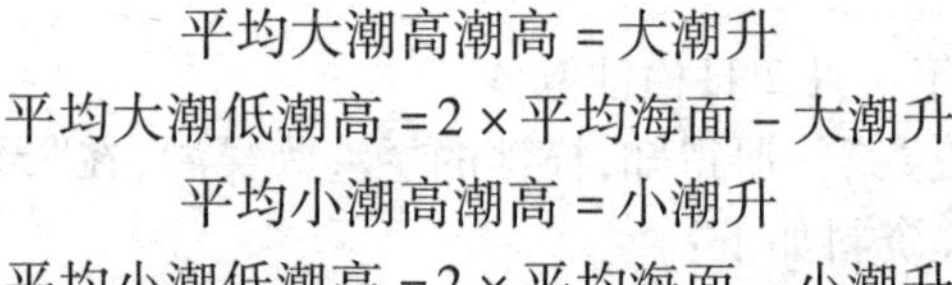

平均大潮高潮高 = 大潮升

平均大潮低潮高 = 2 × 平均海面 - 大潮升

平均小潮高潮高 = 小潮升

平均小潮低潮高 = 2 × 平均海面 - 小潮升

由于从大潮到小潮的平均间隔约为 7.5 天,某日高潮潮高可根据大潮升和小潮升用线性内插法求得,即:

某日高潮潮高 = 大潮升 - [(大潮升 - 小潮升)÷7.5] × 某日与大潮日相隔天数

式中的"(大潮升 - 小潮升)÷7.5"为每天的高潮潮高变化量,由于存在潮龄,大潮日因地而异,潮汐术语中已提到,我国沿海的大潮日一般为初三、十八。

某日低潮潮高 = 2 × 平均海面 - 某日高潮潮高

例 7-2-3:用潮信资料求 2012 年 6 月 25 日(农历五月初七)铜沙潮汐。

解:查该年《潮汐表》附表得铜沙的潮信资料为:*MHWI* 1021、*MLWI* 0445、*SR* 450、*NR*330、*MSL* 260。从《潮汐表》的"格林尼治月中天时刻表"中查得:月上中天为 1644、下中天为 0420。计算高、低潮时,则铜沙的高、低潮时计算如下:

	高潮时		低潮时	
月中天时间	1644	0420	1644	0420
平均高(低)潮间隙	1021	1021	0445	0445
(2705 - 2450)				
铜沙高(低)潮时	0215	1441	2129	0905

当格林尼治月上(下)中天时间未知时,对于半日潮港,可用公式估算:

高潮时 = (7 - 1) × 0.8 + 1200 + 1021 - 2450 = 0219

另一次高潮时 = 0219 + 1225 = 1444

低潮时 = (7 - 1) × 0.8 + 1200 + 0445 = 2133

另一次低潮时 = 2133 - 1225 = 0908

两种计算结果基本相同。

因为我国沿海的大潮日一般是农历初三和十八,所以当日潮高:

高潮潮高 = 450 - [(450 - 330) ÷ 7.5] × (7 - 3) = 386 cm

低潮潮高 = 2 × 260 - 386 = 134 cm

三、求任意潮时的潮高和任意潮高的潮时

在航海上,船舶如何根据潮汐的变化适时通过浅水航道或者通过通航桥孔等,除了应掌握航区的高、低潮的潮时、潮高外,还应掌握任意时刻的潮高或任意潮高的潮时的计算。

求任意时潮高和任意潮高的潮时的方法通常有以下两种方法。

1. 内插法

通常来讲,相邻整点潮高之间的潮高变化可近似看成线性变化,这样,就可以用线性内插法求得其间任意时的潮高或某一潮高的潮时。如果已知两相邻高低潮潮高潮时,在精度要求不高的情况下,也可用内插法求得高低潮之间的任意时的潮高或某一潮高的潮时。

2. 公式法

通过对潮汐的观测,可以发现在整个潮汐周期内,潮汐涨落的速度是变化的。在高(低)潮的附近,潮汐涨落较缓慢,而在高潮与低潮间的中间时刻,即接近于平均海面时,其涨落速度最快。而且潮汐的涨落运动近似为简谐运动,从高潮到低潮或者从低潮到高潮的变化规律近似于余弦曲线。

如图 7-2-2 所示,可以看出任意时水面与低潮面的潮高改正数 Δh 为:

$$\Delta h = \frac{1}{2}\text{潮差} - x = \frac{1}{2}R - \frac{1}{2}R\cos\theta = \frac{1}{2}R(1 - \cos\theta) \tag{7-2-1}$$

式中,θ 为任意时刻的相位角,由低潮时起算,从低潮到高潮相位变化为 180°,设涨潮或落潮的时间间隔为 T,任意时与低潮时的时间间隔为 t,则有:

$$\theta = \frac{t}{T} \times 180° \tag{7-2-2}$$

由此可以得出:

$$\text{任意时潮高} = \text{低潮潮高} + \Delta h = \text{低潮潮高} + \frac{1}{2}R(1 - \cos\frac{t}{T} \times 180°) \tag{7-2-3}$$

同理可以得出:

$$\text{任意时潮高} = \text{高潮潮高} - \frac{1}{2}R(1 - \cos\frac{t'}{T} \times 180°)$$

式中的 t' 是任意时与高潮的时间间隔。

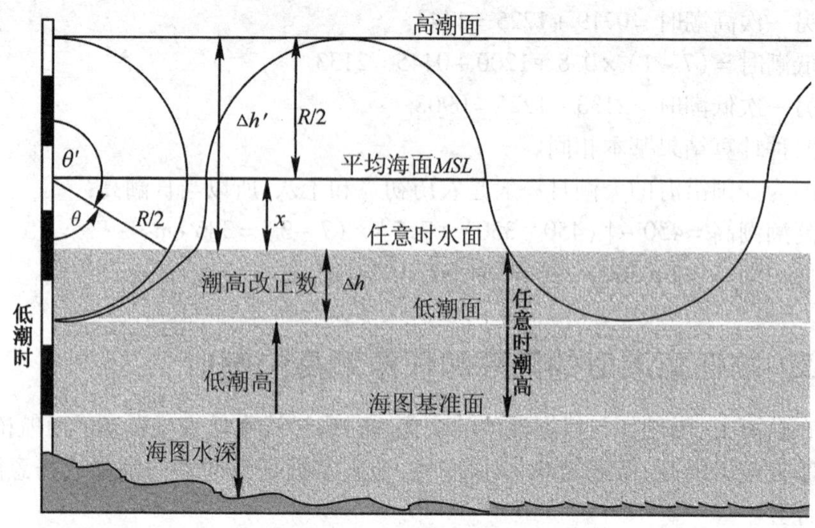

图 7-2-2　任意时的潮高

如要求任意潮高的潮时，先求出任意潮高时与高（低）潮潮时的时间间隔 t：

$$t = \frac{T}{180^\circ}\arccos\left(1 - \frac{2\Delta h}{R}\right) \tag{7-2-4}$$

注意，式中 Δh 为任意潮高与相邻高（低）潮潮高的差值的绝对值。

然后根据具体情况，得出：

任意潮高潮时 = 高（低）潮时 ± t

例 7-2-4：根据例 7-2-1 的计算结果，求 2012 年 6 月 25 日铜沙 1300 时的潮高。

解：由例 7-2-1 中得知铜沙该日潮汐为：

高潮		低潮	
0540	1847	0035	1142
277	374	213	198

$$铜沙 1300 时潮高 = 低潮潮高 + \frac{1}{2}R\left(1 - \cos\frac{t}{T} \times 180^\circ\right)$$

$$= 198 + \frac{374 - 198}{2}\left(1 - \cos\frac{1300 - 1142}{1847 - 1142} \times 180^\circ\right)$$

$$= 212 \text{ cm}$$

也可以用高潮潮高求解：

$$铜沙 1300 时潮高 = 高潮潮高 - \frac{1}{2}R\left(1 - \cos\frac{t}{T} \times 180^\circ\right)$$

$$= 374 - \frac{374 - 198}{2}\left(1 - \cos\frac{1847 - 1300}{1847 - 1142} \times 180^\circ\right)$$

$$= 212 \text{ cm}$$

例 7-2-5：同上题，求 2012 年 6 月 25 日下午铜沙潮高达到 300 cm 时的潮时。

解：该题可直接用已知条件求出 t' 或 t，便可求出潮时。

铜沙潮高达到 300 cm 时的潮时与低潮潮时的时间间隔：

$$t = \frac{T}{180°}\arccos(1 - \frac{2\Delta h}{R})$$

$$= \frac{1847 - 1142}{180°}\arccos\left[1 - \frac{2 \times (300 - 198)}{374 - 198}\right] = 0354$$

所以，铜沙潮高达到 300 cm 时的潮时 = 1142 + 0354 = 1536

同样可以利用高潮时间算：

$$t = \frac{T}{180°}\arccos(1 - \frac{2\Delta h}{R})$$

$$= \frac{1847 - 1142}{180°}\arccos\left[1 - \frac{2 \times (374 - 300)}{374 - 198}\right] = 0311$$

所求潮时 = 1847 − 0311 = 1536

3. 图解法

利用我国《潮汐表》中介绍的“等腰梯形图卡”（如图 7-2-3 所示），求取任意潮时及潮高。

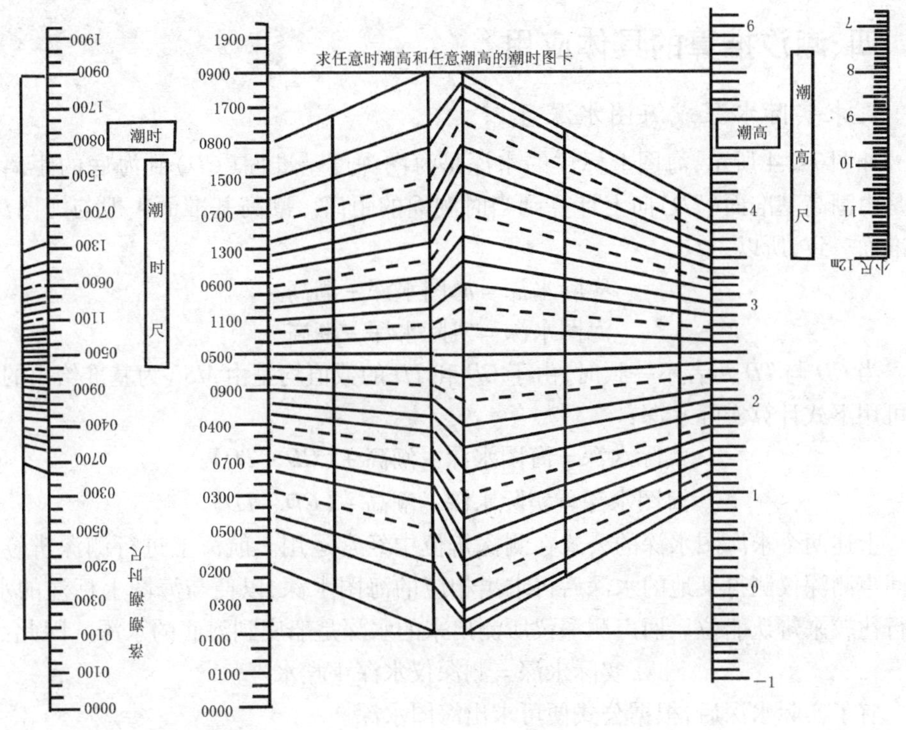

图 7-2-3　等腰梯形图卡

此“图卡”由三部分组成：

（1）主图

由左右两个等个等腰梯形构成。左侧表示潮时，右侧表示潮高。

（2）潮时尺

分两侧读数：涨潮时尺和落潮时尺。涨潮时应将涨潮时尺向上，落潮时应将落潮时尺向上，尺的两头可以相接，使时间相连续，以便查算跨日潮汐。

(3)潮高尺

分上、下两种刻度。上段大刻度自 1 ~ 8 m，适用于一般潮高，下段小刻度自 1 m 至 12 m，适用于潮高大于 8 m 或小于 1 m 者（小于 1 m 时，可将潮高扩大 10 倍，查后再缩小 10 倍）。

例 7-2-6：已知某港某日低潮时为 0200，低潮高为 1.0 m，高潮时为 0800，高潮高为 4.0 m。求任意时的潮高及任意潮高的潮时。

解：如图 7-2-3 所示，因为该题所述是个涨潮过程，所以应使涨潮潮时尺向上。

将右边读数 0800 和 0200 分别与主图左侧上、下两斜边相吻合，潮高尺读数 4.0 m和1.0 m 分别与主图右侧上、下两斜边相吻合。这时通过主图中的放射线即可查得：

微课：
潮汐计算应用1

0300 的潮高为 1.2 m，0330 潮高为 1.4 m，0400 的潮高为 1.7 m；

1.5 m 的潮时是 0335，潮高为 2.0 m 的潮时是 0420，潮高为 3.0 m 的潮时是 0540。

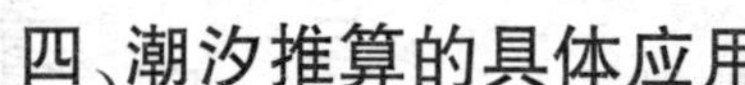

四、潮汐推算的具体应用

1. 求实际水深或海图水深

如图 7-2-4 所示，海图上标注的水深是海图深度基准面(*CD*)到海底的距离，潮高是由潮高基准面(*TD*)向上计算到当时潮面的距离。潮高基准面一般与海图深度基准面一致，所以：

微课：
潮汐计算应用2

实际水深 = 海图水深 + 潮高

海图水深 = 实际水深 - 潮高

当 *CD* 与 *TD* 两者不一致时，由于 *CD* 和 *TD* 的数值均是由 *MSL* 为基准给出的，所以可用下式计算实际水深：

实际水深 = 海图水深 + 潮高 + (*CD* - *TD*)

海图水深 = 实际水深 - 潮高 - (*CD* - *TD*)

上述两个求海图水深的公式在测深辨位中经常运用。航海上进行测深辨位时，用回声测深仪测得某地的水深后再求出相应的海图水深，以便与海图上标注的水深进行比较来辨认船位。回声测深仪所测出来的水深是船底到海底的水深。因此：

实际水深 = 测深仪水深 + 吃水

有了实际水深后，根据公式便可求出海图水深。

例 7-2-7：已知某地的潮汐为：0345　120，0930　450。该地海图深度基准面在平均海面下 300 cm，潮高基准面在平均海面下 350 cm，海图水深为 5.8 m。求 0500 时该地的实际水深。

解：先求得该地 0500 时的潮高：

$$\text{0500 时潮高} = 120 + \frac{450 - 120}{2}\left(1 - \cos\frac{0500 - 0345}{0930 - 0345} \times 180^\circ\right) = 157\ \text{cm}$$

0500 时该地的实际水深 = 5.8 + 1.57 + (3.0 - 3.5) = 6.87 m。

2. 求实际灯高、山高

灯高是平均大潮高潮面至灯塔灯芯的距离，中版航海图书资料与英版航海图书资料的定义是一样的。对于山高的高程标注，两者标注差异较大。我国沿海地区中版海图上的山高是从“1985 国家高程基准面”或当地平均海面起算到山顶的距离，而英版海图上的山高一般是从平均大潮高潮面或平均高高潮面起算的，如图 7-2-4 所示。

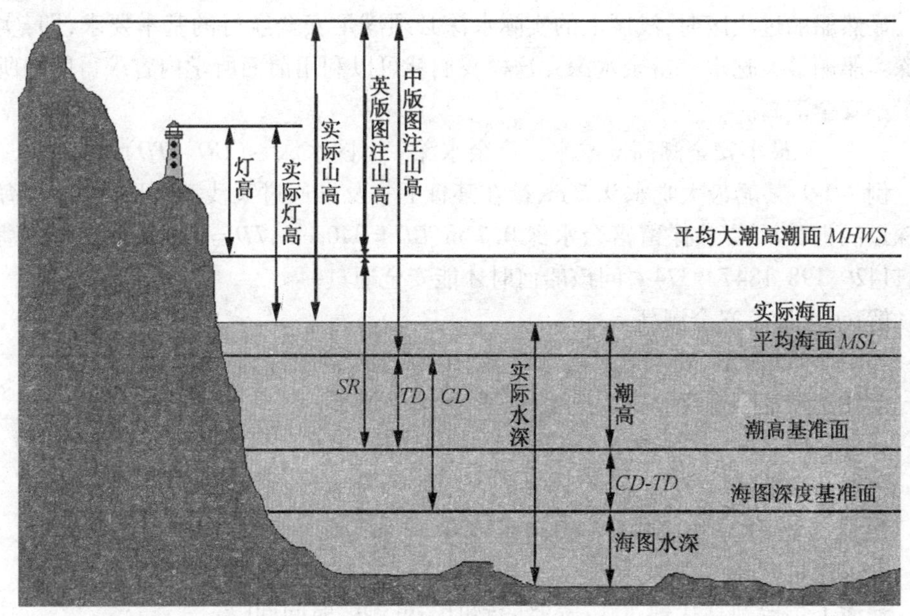

图 7-2-4 水深、灯高与山高

受潮汐的影响，海面上实际灯高与山高并非与图注高度一致，在实际应用过程中需根据当地潮汐进行修正。

实际灯高 = 图注灯高 + 大潮升（SR）- 当时潮高

中版实际山高 = 图注高程 + 平均海面（MSL）- 当时潮高

英版实际山高 = 图注高程 + 大潮升（SR）- 当时潮高

例 7-2-8：某船眼高 16 m，用六分仪测得某小岛最高点的垂直角为 1°02′，海图上查得小岛最高点的图注高程为 158 m，并且小岛上有一灯塔标注为：闪（2）10 s 98 m 25M。在潮信资料中查得大潮升 550 cm，平均海面 350 cm，并求得该海区当时潮高为 3.0 m，求小岛和灯塔的实际高度以及本船距小岛的距离。

解：①求实际灯高

实际灯高 = 灯高 + 大潮升（SR）- 当时潮高

$= 98 + 5.5 - 3.0 = 100.5$ m

②求实际山高

实际山高 = 图注高程 + 平均海面（英版为大潮升）- 当时潮高

$= 158 + 3.5 - 3.0 = 158.5$ m

③求距离

本船距小岛的距离 $= 1.856 \times H \div \alpha = 1.856 \times 158.5 \div 62 = 4.7$ n mile

3. 船舶过浅区及横跨建筑物

(1)船舶过浅区所需最小安全潮高

在狭水道、进出港航道、岛礁区和某些沿岸水域,以及许多内河水系的下游海港,往往存在着一些浅水区。大型船舶通过这些水域时,首先要考虑水深是否满足本船的要求,水深不足时,通常需要候潮,这要求潮高不小于某值,即不小于船舶过浅区所需的最小安全潮高,如图 7-2-4 所示。

显然船舶过浅区时,浅区上的实际水深必须满足安全航行的基本要求,即:实际水深≥船舶最大吃水+富余水深。这样我们就可以利用前面所学内容求得船舶所需的最小安全潮高。

$$\text{最小安全潮高} = \text{吃水} + \text{富余水深} - \text{海图水深} - (CD - TD)$$

例 7-2-9:某船最大吃水 9.5 m,欲在某日下午及早通过某浅滩,已知该浅滩海图水深最浅为 7 m,要求保留富余水深 0.7 m,$CD = 340$ cm,$TD = 320$ cm,该处的潮汐为:1142 198,1847 374。问该船何时才能安全通过?

解:①求最小安全潮高

如图 7-2-5 所示,安全通过航道时要求的最小所需水深为:

船舶所需最小水深 = 最大吃水 + 富余水深

$$= 9.5 \text{ m} + 0.7 \text{ m} = 10.2 \text{ m}$$

根据公式得:

最小安全潮高 $= 10.2 - 7 - (3.4 - 3.2) = 3$ m

②求通过时间

浅滩上午后潮高达到 300 cm 时的潮时与低潮的时间间隔:

$$t = \frac{T}{180°}\arccos(1 - \frac{2\Delta h}{R})$$

$$= \frac{1847 - 1142}{180°}\arccos[1 - \frac{2 \times (300 - 198)}{374 - 198}] = 0354$$

所以,该处潮高达到 300 cm 时的潮时 = 1142 + 0354 = 1536

即该船午后最早通过浅滩的时间为 1536。

(2)船舶通过横跨建筑物所需最大安全潮高

在一些航道上方往往有一些横跨航道的建筑物,如桥梁、架空管线等,这些建筑物对上层建筑较高的大型船舶就会构成障碍,当建筑物的通航高度不能满足船舶安全航行的要求时,船舶同样要候潮,要求潮高不能高于某值,即不能高于船舶所需的最大安全潮高,如图 7-2-5 所示。

通常,海图上标注的架空输电线或跨江海大桥的净空高度,是指航道上平均大潮高潮面(或江河设计最高水位)至输电线或大桥最低处的垂直距离。

以船舶通过大桥为例,显然,大桥下方的实际空间应能安全容纳船舶在水面上的最大高度,即:

$$\text{实际空间高度} \geqslant \text{船舶水面上最大高度} + \text{安全余量}$$

而实际空间高度受潮汐的变化而变化,即:

$$\text{实际空间高度} = \text{净空高度} + \text{大潮升潮高} - \text{潮高}$$

根据上述公式,我们就可以求出船舶所需的最大安全潮高:

最大安全潮高 = 净空高度 + 大潮升潮高 -(船舶水面上最大高度 + 安全余量)

式中,船舶水面上的最大高度可根据船舶资料,并结合船舶当时的吃水求出,即:

船舶水面上最大高度 = 船舶总高 - 吃水

在资料不充分或者有误,以及根据当时具体情形要求比较高的情况下,船舶水面上最大高度应进行实际测定。

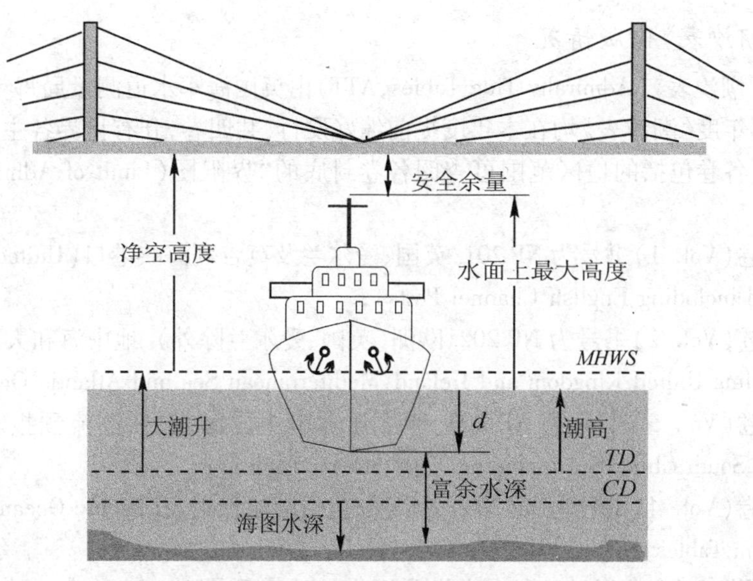

图 7-2-5　船舶过浅滩及横跨建筑物

例 7-2-10:某大桥的净空高度为 30.5 m,安全余量为 2.2 m。我船最大吃水为 12.5 m,船舶总高为 42.8 m。当地潮汐:0630　4.5,1320　2.2;大潮升 5.5 m。本船预计在 0830 时过大桥。问本船 0830 时能否安全过桥?如不能,应在上午最早何时后才能安全过大桥?

解:①求本船所需最大安全潮高

最大安全潮高 = 净空高度 + 大潮升潮高 -(船舶水面上最大高度 + 安全余量)

$= 30.5 + 5.5 - (42.8 - 12.5 + 2.2) = 3.5\ \text{m}$

②求 0830 时的潮高

$$0830\text{ 时潮高} = 4.5 - \frac{4.5 - 2.2}{2}\left(1 - \cos\frac{0830 - 0630}{1320 - 0630} \times 180°\right) = 4.05\ \text{m}$$

显然,0830 时船舶不能过大桥

③求潮高为 3.5 m 时的潮时

上午落潮到 3.5 m 时的潮时与高潮的时间间隔:

$$t = \frac{1320 - 0630}{180°}\arccos\left[1 - \frac{2 \times (4.5 - 3.5)}{4.5 - 2.2}\right] = 0308$$

潮高为 3.5 m 时的潮时 = 0630 + 0308 = 0938

即本船最早应在上午 0938 以后才能安全通过大桥。

任务三　利用英版《潮汐表》计算潮汐

一、英版《潮汐表》介绍

电子书：
英版《潮汐表》第一卷

1.《潮汐表》出版情况

英版《潮汐表》(Admiralty Tide Tables,ATT)由英国海军水道测量局每年出版，当年使用，下年度《潮汐表》均在本年度提前编好发行，共四卷，刊有世界各主要港口的潮汐资料，各卷包括的地区范围可查阅各卷封底的“界限图(Limit of Admiralty Tide Tables)”。

第一卷(Vol. 1)书号为NP 201,英国、爱尔兰及英吉利海峡港口(United Kingdom and Ireland including English Channel Ports);

电子书：
英版《潮汐表》第二卷

第二卷(Vol. 2)书号为NP 202,欧洲(英国、爱尔兰除外)、地中海和大西洋(Europe excluding United Kingdom and Ireland,Mediterranean Sea and Atlantic Ocean);

第三卷(Vol. 3)书号为NP 203,印度洋和南中国海，包括潮流预报表(Indian Ocean and South China Sea including Tidal Stream Tables);

第四卷(Vol. 4)书号为NP 204,太平洋，包括潮流预报表(Pacific Ocean including Tidal Stream Tables)。

各卷《潮汐表》的副封里印有本卷范围内的地区及时区(Areas and Time Zones)界限图。

电子书：
英版《潮汐表》第三卷

2.各卷主要内容

各卷的编排大致相同，主要分下述几大部分：

(1)第一部分：Part Ⅰ Tidal Predictions for Standard Ports

主港潮汐预报。预报主港(Standard Ports)的潮汐预报(主表)。预报主港每日高、低潮时和潮高。潮高以米(m)为单位。各港潮时采用当地标准时，并在每页的左上角用“TIME ZONE XXXX”标明。

电子书：
英版《潮汐表》第四卷

第一卷还有一些主要港口的逐时潮高预报(Part Ⅰ A Hourly Height Predictions);第三、四卷还有潮流表(Part Ⅰ A Tidal Stream Tables),载有潮流日变化很大的重要海峡和水道的潮流资料，对于同时具有半日潮和半日潮流性质的潮流的地方，其潮流的推算可以参考适当主港印在海图上的潮流资料进行。

有的表中在主港的潮汐预报前附有一张本港的平均大潮和小潮曲线图(MEAN SPRING AND NEAP CURVES),可用于求取本港的任意时潮汐。

(2)第二部分：Part Ⅱ Time and Height Differences for Predicting the Tide at Secondary Ports

用以预报附港潮汐的潮时差和潮高差。表中列出主港(用黑体字印刷)和附港编号(No.)、潮时差(Time Differences)、潮高差(Height Differences),每两页的右下页还印有平均海面季节改正(Seasonal Changes in Mean Level),表后有注意事项

(Notes),以便用这些资料求取附港的潮时和潮高。

(3)第三部分:Part Ⅲ Harmonic Constants

调和常数。这部分提供了编号、地点、平均海面和4个主要分潮(M_2,S_2,K_1,O_1)的调和常数;每2页的右下页还提供了平均海面和调和常数的季节改正(Seasonal Changes in Mean Level and Harmonic Constants),以便利用简化的调和常数法预报潮汐。

第二至四卷每卷后还印有"关于潮流的调和常数"(Part Ⅲa Harmonic Constants for Tida1 Streams),以便利用简谐调和常数法预报潮流。

3. 辅助表(Supplementary tables)

(1)表Ⅰ:米和英尺换算表(Conversion table: metres to feet)。

(2)表Ⅱ:乘积表(Multiplication table),该表顶端引数为主(附)港的潮差(Range),左边引数是由任意潮时和潮高曲线图查得的系数(Factor),乘积表所列数值为潮差与系数的乘积(即潮高改正数/Δh),精确到小数点后一位,如要求更精确需自行计算。

(3)表Ⅲ:在英国以米为单位的海图基准面相对于法定基准面的高度(Height of Chart Datum relative to Ordnance Datum in the United Kingdom)(注:仅第一卷有)。

(4)表Ⅳ:英国以外国家以米为单位的海图基准面相对于陆地平面系统的高度(Height of Chart Datum relative to the Land Levelling System in Countries outside the United Kingdom)。

(5)表Ⅴ:潮面资料(Tidal levels)。

所列潮面均由海图基准面起算。表中各栏内容包括:最低天文潮面(*LAT*)、平均大潮低潮面(*MLWS*)、平均小潮低潮面(*MLWN*)、平均海面(*MSL*)、平均小潮高潮面(*MHWN*)、平均大潮高潮面(*MHWS*)、最高天文潮面(*HAT*)以及观测和预报单位、观测年份。当潮面高度为"+"时,表示该潮面在海图基准面上;为"-"时表示在海图基准面下;为"0"时表示该面即海图基准面。

对于具有日潮或混合潮性质的主港,则用平均低低潮(*MLLW*)、平均高低潮(*MHLW*)、平均低高潮(*MLHW*)、平均高高潮(*MHHW*)潮面来表示。

(6)表Ⅵ:两周一次的浅水改正(Fortnightly Shallow Water Correction)。

(7)表Ⅶ:潮角和潮汐因子(Tidal Angles and Factors)。

(8)表Ⅷ:轨道要素(Orbital Elements)。

4. 其他内容

(1)索引

①主港索引(Index to Standard Ports)

印在各卷封里页,按港名字母顺序排列,给出主港预报资料所在页数。港名前注有"*"号者,是指该港预报资料亦刊载于另一卷《潮汐表》之中。

②地理索引(Geographical Index)

印在各卷书末,按主、附港名字母顺序排列,给出各港编号,其中主港名用黑体字印刷。

(2)求高、低潮之间任意时潮高曲线图(for Finding the Height of Tide at Time between High and Low Water)

这是根据潮汐涨落的运动曲线为余弦曲线的原理制成的曲线图,其原理和计算结果均与我国《潮汐表》中的梯形图卡基本相同,可以互用。

这种曲线图在第一卷和第二卷的欧洲水域除威尼斯外,每个主港印有一张与该主港潮汐性质相符的曲线图,供求该主港和其附港任意潮时和潮高使用,且对于一些比较特殊的附港也提供专用的曲线图。

第二卷也给出与第三、四卷相同的曲线图,供不能用专用曲线图的港口使用。

第三、四卷中每卷各印 1 张,供求该卷所有港口的任意潮时和潮高用。

(3)其他

前言(Preface)、目录(Contents)、序言(Introduction)、用法说明(Instructions for the use of tables)和潮汐出版物列表(List of tidal publications)等内容。

有关各卷《潮汐表》自付印之后的补遗和勘误等改正资料,均发布于《航海通告年度摘要(Annual Summary of Admiralty Notices to Mariners)》的年度第 1 号通告之中。该通告名为"英版潮汐表的补遗和勘误 "(Admiralty Tide Tables Addenda and Corrigenda),同时亦应注意可能附在潮汐表中的勘误表。

二、用英版《潮汐表》推算潮汐

1. 求主港潮汐

用英版《潮汐表》求主港潮汐的方法与用中版《潮汐表》求主港潮汐的方法相同。可从各卷封里的"主港索引"查欲求港所在的页码,然后翻到此页,即可查到所求日的高、低潮时和潮高。如船时与表列标准时不一致,则应进行改正。

2. 求附港潮汐

动画:英版《潮汐表》计算方法

求附港潮汐,需利用《潮汐表》的附表,从附表中查得附港对应其主港的潮时差(Time differences)和潮高差(Height differences)以及当月的主、附港的平均海面季节改正(Seasonal changes in mean level),然后用下列公式计算附港的潮时和潮高。

$$附港潮时 = 主港潮时 + 潮时差$$

$$\begin{aligned}附港潮高 = &(主港潮高 - 主港平均海面季节改正)\\ &+ 潮高差(经内插) + 附港平均海面季节改正\end{aligned}$$

利用上式计算时,对于第一卷各港和第二卷的欧洲港口表列潮时差及全部四卷中的表列潮高差都需经内插求取。

求附港潮汐的计算步骤如下:

(1)根据附港选定《潮汐表》;

(2)在《潮汐表》的地理索引中查取附港的编号,并根据编号在第二部分"用以预报附港潮汐的潮时差和潮高差表"中查得该附港的主港名称及编号、潮时差、潮高差和平均海面的季节改正数据;

(3)根据第二部分表中所标注的主港页码查取主港的高低潮时和潮高;

(4)经潮时潮高的内插计算,并采用"潮汐预报表格"(TIDAL PREDICTION

FORM)计算附港高、低潮时和潮高。

例 7-3-1:试求英国 Coverack 港 2012 年 5 月 5 日高、低潮时、潮高。

解:(1)据该港的位置,应选用英版《潮汐表》第一卷。

(2)从“地理索引”中查得 Coverack 的编号为 4,根据该编号在“用以预报附港潮汐的潮时差和潮高差”表中查得资料如图 7-3-1 所示。

No.	Place	Lat. N	Long. W	Time differences				Hght differences (in meter)				ML Z_0 m
				High Water Zone UT (GMT)		Low Water		MHWS	MHWN	MLWN	MLWS	
14	**PLYMOUTH** (DEVONPORT)	(see page6)		**0000 and 1200**	**0600 and 1800**	**0000 and 1200**	**0600 and 1800**	**5.5**	**4.4**	**2.2**	**0.8**	
……												
4	Coverack	50 01	5 05	**-0030**	**-0050**	**-0020**	**-0015**	-0.2	-0.2	-0.3	-0.2	3.08
SEASONAL CHANGES IN MEAN LEVEL												
No.	Jan. 1 Feb.1 Mar.1 Apr.1 May.1 June 1 July 1 Aug. I Sep. 1 Oct. 1 Nov.1 Dec. 1 Jan. I											
1-60b	Negligible											

图 7-3-1 预报附港潮汐的潮时差和潮高差表(1)

(3)翻到第 6 页,查得 Plymouth(Devonport)港 5 月 5 日高、低潮资料下:

	Time	m
5	0235	4.7
	0857	1.5
SA	1516	4.7
	2121	1.5

(4)潮时差内插计算

①高潮时差:

图 7-3-1 中看出,主港高潮 0000 和 1200 时,对应的潮时差 -0030;主港高潮 0600 和 1800 时,对应的潮时差 -0050。

所以,主港高潮 0235 时,其介于 0000 与 0600 之间,高潮时差为:

$$潮时差 = (-0300) + \frac{0235 - 0000}{0600 - 0000} \times [(-0500) - (-0030)] \approx -0039$$

主港高潮 1516 时,其介于 1200 与 1800 之间,高潮时差为:

$$潮时差 = (-0300) + \frac{1516 - 1200}{1800 - 1200} \times [(-0500) - (-0030)] \approx -0041$$

②低潮时差:

主港低潮 0000 和 1200 时,对应的潮时差 -0020;主港低潮 0600 和 1800 时,对应的潮时差 -0015。

所以,主港低潮 0857 时,其介于 0600 与 1200 之间,低潮时差为:

$$潮时差 = (-0015) + \frac{0857 - 0600}{1200 - 0600} \times [(-0020) - (-0015)] \approx -0017$$

主港低潮 2121 时,其介于 1800 与 0000(2400)之间,低潮时差为:

$$潮时差 = (-0015) + \frac{2121 - 1800}{2400 - 1800} \times [(-0020) - (-0015)] \approx -0018$$

(5)潮高差的内插计算

①高潮潮高差：

从图 7-3-1 中可以看出，一般来讲，主港最高高潮在 *MHWS*，为 5.5 m，对应潮高差 -0.2 m；

主港最低高潮在 *MHWN*，为 4.4 m，对应潮高差 -0.2 m。

主港高潮潮高 4.7 m 介于 5.5 m 与 4.4 m 之间，但由于潮高差都为 -0.2 m，所以主港高潮潮高 4.7 m 时的潮高差也是 -0.2 m，无须内插。

②低潮潮高差：

同样，主港最高低潮在 *MLWN*，为 2.3 m，对应潮高差 -0.3 m；主港最低低潮在 *MLWS*，为 0.8 m，对应潮高差 -0.2 m。

主港低潮潮高 1.5 m 介于 0.8 m 与 2.3 m 之间，则潮高差为：

$$潮高差 = (-0.2) + \frac{1.5 - 0.8}{2.3 - 0.8} \times [(-0.3) - (-0.2)] \approx -0.3 \text{ m}$$

(6)计算附港的高、低潮潮高和潮时，可采用竖式计算格式。以下采用英版《潮汐表》的“潮汐预报表格”（该表格以正式出版物形式出版，书号为 NP 204）格式进行计算，表格式样和计算结果见图 7-3-2。

TIDAL PREDICTION FORM

STANDARD PORT Devonport TIME/HEIGHT REQUIRED All

SECONDARY PORT Coverack DATE 2004.5.1 TIME ZONE GMT

	TIME 潮时		HEIGHT 潮高		
	HW	LW	HW	LW	RANGE
STANDARD PORT 主港潮时和潮高	1 0235 1516	2 0857 2121	3 4.7 4.7	4 1.5 1.5	5 3.2 3.2
Seasonal change 主港平均海面的季节改正	Standard port		6 0	6 0	
DIFFERENCES 潮时差与潮高差	7 -0039 -0041	8 -0017 -0018	9 -0.2 -0.2	10 -0.3 -0.3	
Seasonal change 附港平均海面的季节改正	Secondary port		11 0	11 0	
SECONDARY PORT 附港潮时与潮高	12 0156 1435	13 0840 2103	14 4.5 4.5	15 1.2 1.2	
Duration	16				

图 7-3-2　潮汐计算格式图(1)

表中栏目说明：

①1、2 栏分别为主港的高、低潮时，3、4 栏分别为主港的高、低潮潮高；

②5 栏为潮差；

③6 栏为平均海面季节改正；

④7、8 栏分别为高、低潮潮时差，9、10 栏分别为高、低潮潮高差；

⑤11 栏为附港平均海面季节改正；

⑥12、13 栏分别为附港高、低潮潮时；14、15 栏分别为附港的高、低潮潮高；

⑦16 栏为涨落潮时间。

例 7-3-2:求佘山岛 2011 年 8 月 10 日的潮汐。

解:(1)据该港的位置,应选用英版《潮汐表》第四卷。

(2)从“地理索引”中查得佘山岛的编号为 7281,根据该编号在“用以预报附港潮汐的潮时差和潮高差”表中查得资料如图 7-3-3 所示。

No.	Place	Lat. N	Long. E	Time differences		Hght differences (in meter)				ML Z_0 m
				MHW	MLW (Zone-0800)	MHWS	MHWN	MLWN	MLWS	
7284	**WUSONG**	(see page6)				**3.5**	**2.5**	**1.4**	**1.0**	
……										
7281	Sheshan Dao	31 25	122 15	**-0135**	**-0235**	+0.5	+0.4	+0.3	-0.4	2.29

SEASONAL CHANGES IN MEAN LEVEL

No.	Jan. 1	Feb.1	Mar.1	Apr.1	May.1	June 1	July 1	Aug. 1	Sep. 1	Oct. 1	Nov.1	Dec. 1
7235-7283	-0.1	-0.2	-0.2	-0.1	0.0	0.0	0.0	+0.1	+0.2	+0.2	+0.1	0.0
7284-7285	-0.2	-0.3	-0.2	-0.1	0.0	+0.1	+0.2	+0.2	+0.2	+0.1	0.0	-0.1

图 7-3-3　预报附港潮汐的潮时差和潮高差表(2)

(3)翻到第 129 页,查得主港吴淞 2011 年 8 月 10 日高、低潮资料如下:

	Time	m
10	0512	1.3
	1004	2.5
W	1645	1.3
	2233	3.6

(4)潮时差

在此潮时差无须内插,高潮时差:-0135,低潮时差:-0235。

(5)潮高差

①高潮潮高差:

从图 7-3-3 中可以看出,主港高潮潮高 2.5 m 时,对应潮高差为 +0.4 m;主港高潮潮高 3.6 m 时,对应潮高差为 +0.5 m,无须内插。

②低潮潮高差:

主港低潮潮高为 1.3 m 介于 1.4 m 与 1.0 m 之间,则潮高差为:

$$\text{潮高差} = (-0.4) + \frac{1.3 - 1.0}{1.4 - 1.0} \times [0.3 - (-0.4)] \approx +0.1 \text{ m}$$

(6)佘山岛潮汐计算结果如下:

3. 求任意时的潮高和任意潮高的潮时

通过计算求任意时的潮高和任意潮高的潮时的方法中英版基本一样,在此不做赘述。

这里只介绍利用英版《潮汐表》中提供的“求任意时潮高曲线图”用图解法求任意时的潮高和任意潮高的潮时,其原理和计算结果与我国《潮汐表》中的梯形图卡基本相同,但这也是一种方便的方法,特别是第一卷的曲线图针对不同主港和特别的附

TIDAL PREDICTION FORM

STANDARD PORT Devonport　TIME/HEIGHT REQUIRED All

SECONDARY PORT Coverack　DATE 2004.5.1　TIME ZONE GMT

	TIME		HEIGHT		
	HW	LW	HW	LW	RANGE
STANDARD PORT	1 1004 2233	2 0513 1645	3 2.5 3.6	4 1.3 1.3	5 1.2 2.3
Seasonal change	Standard port		6 -0.2	6 -0.2	
DIFFERENCES	7 -0135 -0135	8 -0235 -0235	9 +0.4 +0.5	10 +0.1 +0.1	
Seasonal change	Secondary port		11 +0.1	11 +0.1	
SECONDARY PORT	12 0829 2058	13 0238 1410	14 2.8 4.0	15 1.3 1.3	
Duration	16				

图 7-3-4　潮汐计算格式图(2)

港给出,其精度也是较高的。下面用实例来解释该曲线图的使用法。

例 7-3-3:已知英国 Coverack 港某日潮汐:0812　4.8 m;1450　1.0 m。求潮高为 3.0 m 的时间和 1200 的潮高。

解:因为 Coverack 的主港是 Plymouth(Devonport),所以利用 Devonport 的曲线图进行求解。该曲线图位于 Plymouth 港资料的首页,如图 7-3-5 所示。曲线图说明如下:

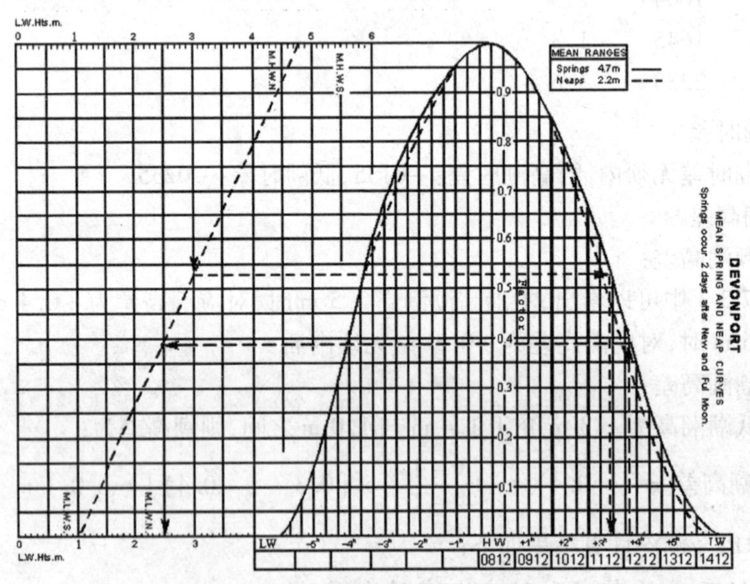

图 7-3-5　求 Devonport 港潮汐曲线图

①左边上、下横坐标是示潮高的坐标轴,上边标高潮潮高,下边标低潮潮高;

②曲线图的右边是潮汐涨落曲线,其下是潮时坐标,中间表示高潮时,右侧表示高潮后间隔 1 h 的潮时,左侧表示高潮前间隔 1 h 的潮时;

③潮汐涨落曲线的中线上的数字为求任意时潮高用的系数(Factor),与潮差相

乘即为潮高改正数；

④第一卷各港的曲线图的涨落潮曲线共有两条，实线为大潮曲线，虚线为小潮曲线，大潮和小潮的潮差在图的右上方给出；在求任意潮高和潮时时，如果当时潮差等于或接近大潮潮差，则利用大潮曲线。潮差等于或接近小潮差，利用小潮曲线，其他情况在两曲线间内插。

具体方法介绍如下：

(1)在曲线图左边上横坐标4.8 m点和下横坐标1.0 m点间连一辅助线。在潮时坐标高(HW)下的方格内填入高潮时0812，由于是落潮，再向右每间隔1 h的空格内填入相应时间至能将所求问题的时间包括在内为止。

(2)从图左部分上(或下)横坐标的3.0 m处向下(或向上)引一垂线交辅助线后水平向右引至与大、小潮曲线之间并稍靠近大潮曲线处(因本例潮差为3.8 m，接近于4.7 m的大潮差)，再由此处竖直向下引直线交潮时坐标轴于一点，此点便为潮高为3.0 m的潮时，约为1130。

动画：英版《潮汐表》曲线的运动

(3)从潮时坐标1200向上引竖直线至大、小潮曲线间并稍靠近大潮曲线的一点，再从此点水平向左引直线交辅助线后向上(或向下)作竖直线交潮高坐标轴于一点，该点坐标便为1200的潮高，约2.5 m。

此外，从横直线与潮汐曲线中线的交点可得出系数，1200的系数为0.39，用此系数乘以潮差(3.8 m)可得出潮高改正值(也可以在乘积表Ⅱ中利用该系数和潮差作引数查出)为1.5 m，该值和低潮高相加得2.5 m，即为1200时的潮高。

例7-3-4：已知韩国釜山港某日潮汐：1212　1.3 m；0655　0.2 m。求该港0900时的潮高。

解：该题应利用英版《潮汐表》第四卷提供的曲线图求解。该曲线图如图7-3-6所示。

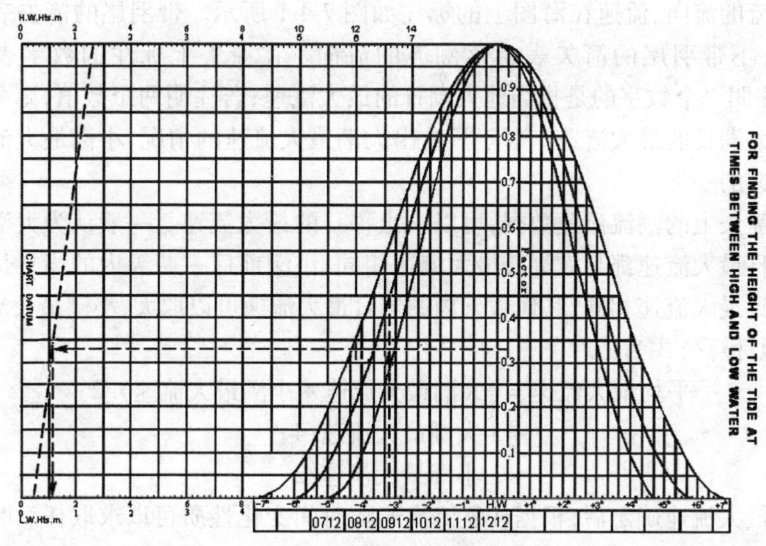

图7-3-6　求任意港潮汐曲线图

与第一卷曲线图相比，其不同点在于它不是给出大、小潮曲线，而是给出涨落潮时间为5 h、6 h和7 h的三条曲线，以适应不同港口使用。

根据题意,0900 位于 0655 至 1212 的涨潮过程中,0655 的潮高为 0.2 m,1212 的潮高为 1.3 m,按上述同样方法作辅助线,填写潮时。在 0900 处向上引竖直线至 5 h 和 6 h 两曲线偏靠 5 h 曲线(因为该题的涨潮时间为 0517,应在 05 h 和 06 h 之间内插),再从此点水平向左引直线交辅助线后向下(或向上)作竖直线交潮高坐标轴于一点,该点坐标便为 0900 的潮高,约 0.6 m。

注意,第二、三卷英版潮汐表所提供的通用曲线图只适合于涨(落)潮时为 $5^h \sim 7^h$ 之间且没有浅水改正的情况,如条件不满足必须使用调和常数法求取。

任务四　利用中版《潮汐表》计算潮流

一、海图上的潮流资料与潮流推算

前述,受月球和太阳引潮力的作用,地球上海水产生周期性垂直运动,与此同时也使海水产生周期性的水平方向的流动,即潮流。潮流变化的周期与潮汐周期也大致相同。潮流的流速与潮差成正比,大潮时潮差最大,流速也最大;小潮时潮差最小,流速也最小。著名的钱塘江潮,大潮时潮流流速可达 8 ~ 10 kn。

潮流可以分为往复流和回转流两种。

1. 往复流

在海峡、河道、港湾和沿岸一带,由于受地形影响,潮流以相反的两个方向交互流动(流向相差 180°),称为往复流。涨潮时,海水从外海向内海流动,称为涨潮流;落潮时,海水从内海向外海流动,称为落潮流。

往复流的流向、流速在海图上的标注如图 7-4-1 所示。带羽尾的箭矢表示涨潮流的流向,不带羽尾的箭矢表示落潮流的流向。在箭矢上标注的数字表示流速(kn),仅注明一个数字的是指当地大潮日的最大流速;若注明两个数值,则分别表示小潮日和大潮日的最大流速。对于只给出大潮最大流速的情况,小潮最大流速取大潮最大流速的一半。

利用箭矢上的潮流流速数据,可以求出每日的最大流速。一般认为大潮前后一两天内当日最大流速都与大潮日最大流速相同;小潮前后一两天内的当日最大流速都与小潮日最大流速相同;其他数天内的当日最大流速可以取大、小潮最大流速的平均值,近似计算公式为:

平均最大流速 = (大潮最大流速 + 小潮最大流速)/2

≈3 大潮最大流速/4

≈3 小潮最大流速/2

当日最大流速确定后,根据往复流流速随时间变化性质可以求取任意时间的潮流流速。

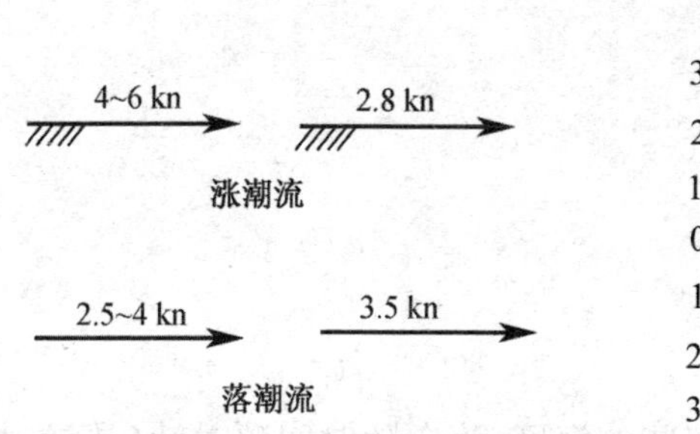

图 7-4-1　往复流图式

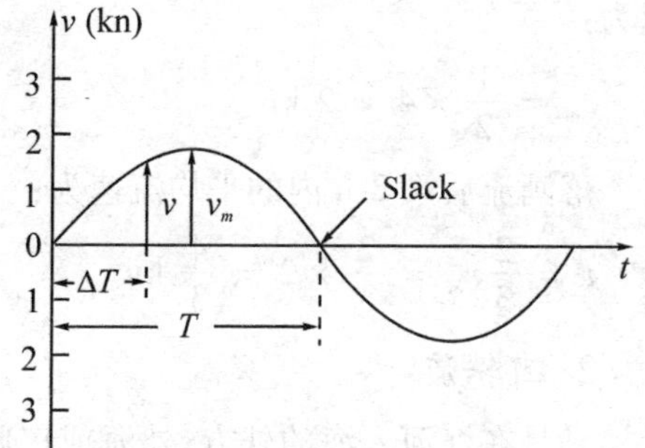

图 7-4-2　往复流流速变化曲线

潮流由涨向落或者由落向涨的变化，即潮流流向发生约 180°变化时，流速接近于零，此时称为转流，也称平流或憩流（Slack），其中间时刻，称为转流时间（Slack time）。在转流时流向不定，流速很小，可视为零节；转流以后流速逐渐由小增大，到相邻两次转流时间的中间时刻，流速达到最大；以后又逐渐变小，至下次转流时间流速又降至零。我们可将流速的这种变化规律近似地以正弦函数曲线来描述，如图 7-4-2所示。设纵坐标为流速，横坐标为时间。设当天最大流速为 v_m，涨（落）潮流持续时间为 T，所求时（t）与它前面的转流时间间隔为 ΔT，则所求时的流速 v 为：

$$v = v_m \sin\left(\frac{\Delta T}{T} \times 180°\right) \tag{7-4-1}$$

例 7-4-1：我国沿海某地往复流图式为 $\overset{6\ \text{kn}}{⫽\!\!\longrightarrow}$，涨落周期为 6 h，求该处农历初七涨潮流后 2.5 h 的流速。

解：我国沿海大潮日一般发生在初三、十八日，其前后两日的最大流速都为6 kn，初七既非大潮日又非小潮日，故单日最大流速为平均最大流速，即：

$$v_m = \frac{3}{4} \times 6 = 4.5\ \text{kn}$$

所以，涨潮后 2.5 h 的流速为：

$$v = v_m \sin\left(\frac{\Delta T}{T} \times 180°\right) = 4.5\sin\left(\frac{2.5}{6} \times 180°\right) = 4.3\ \text{kn}$$

对于半日潮港，一天中流速的变化，可认为涨潮流和落潮流的时间均约为6 h，这样可运用1、2、3、3、2、1 的简谐运动规律，概略估算任意时潮流的流速，具体方法为：

转流后 1 h 内的平均流速（即转流后第 1 h 内的平均流速，以下分别表示转流后第 2、3、4、5、6 个小时内的平均流速）是当日最大流速的 1/3；

转流后 1 ~2 h 内的平均流速是当日最大流速的 2/3；

转流后 2 ~3 h 内的平均流速是当日最大流速的 3/3；

转流后 3 ~4 h 内的平均流速是当日最大流速的 3/3；

转流后 4 ~5 h 内的平均流速是当日最大流速的 2/3；

转流后 5 ~6 h 内的平均流速是当日最大流速的 1/3。

例 7-4-2：我国沿海海图标注有箭矢：$\xrightarrow{4\ \text{kn}}$，求该处农历十一落潮流后第 2 h 内的平均流速。

解：根据我国沿海潮汐特点，农历十一处在小潮日附近，所以该日最大落潮流流速为：

$$v_m = \frac{1}{2} \times 4 = 2\ \text{kn}$$

落潮流后第 2 h 内的平均流速为：

$$v = \frac{2}{3} v_m = \frac{2}{3} \times 2 = \frac{4}{3}\ \text{kn}$$

2. 回转流

凡是在江河入海的外方、外海或广阔的海区，流向随时间顺时针（或逆时针）做 360°变化，流速也随时间变化的潮流称回转流。对半日潮来说，约 12 h 25 min 回转一周（360°）；而全日潮，约 24 h 50 min 回转一周（360°）。

航用海图上，回转流的资料用两种方式给出，即回转潮流图和回转潮流表。

（1）回转潮流图

图 7-4-3 为长江口附近某处的回转流图，中心地名表示主港港名，最外圈数字表示不同时间：0 表示主港高潮时，1、2、3……表示主港高潮前第 1、2、3……小时，Ⅰ、Ⅱ、Ⅲ……表示主港高潮后第 1、2、3……小时；数字所对应的箭矢为该时的潮流情况，箭矢的方向即流向；箭矢顶部的数字表示流速，较大的数字是大潮流速，较小数字是小潮流速。

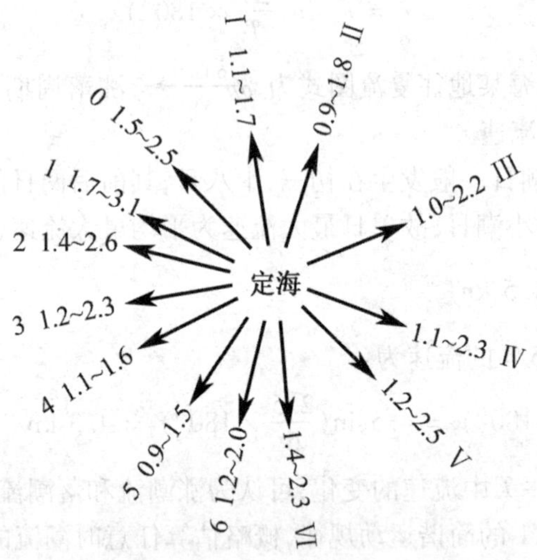

图 7-4-3 回转流图式

（2）回转潮流表

图 7-4-4 是一张回转潮流表，潮流表的使用是为了海图的清晰，它一般印在海图标题栏或不影响船舶航行的位置，仅在潮流发生处用符号Ⓐ、Ⓑ、Ⓒ、Ⓓ……来表示表列潮流发生的位置。回转流的流向可以根据主港高潮时和实际航行时间的关系根据图中箭矢代表的方向或表中给出的方向得出，如果时间不正好是图中或表中的时间可以进行内插求取。回转流的流速，可以根据航行日期和大潮日小潮日的关系，参考往复流中求取每日最大流的规律求取。

Hours		Ⓐ 51°20′.3N 1°34′.3E			Ⓑ 51°15′.0N 2°14′.0E		
		D_{tm}	Rate(kn) sp.	np.	D_{tm}	Rate(kn) sp.	np.
Before *HW* Dover	6	199°	2.0	1.2	248°	0.9	0.5
	5	204	2.6	1.5	236	1.6	0.8
	4	208	3.1	1.7	231	1.9	0.9
	3	213	2.8	1.5	225	1.7	0.7
	2	222	1.5	0.8	214	1.2	0.4
	1	357	0.8	0.5	166	0.5	0.2
HW		015	2.5	1.4	075	0.7	0.5
After *HW* Dover	1	023	3.2	1.8	058	1.5	0.8
	2	029	2.9	1.6	052	1.8	0.9
	3	044	2.2	1.3	045	1.7	0.8
	4	059	1.2	0.7	039	1.3	0.5
	5		Slack		006	0.5	0.2
	6	197	1.4	0.8	260	0.7	0.4

图 7-4-4 回转潮流表

二、中版《潮汐表》的"潮流预报表"与潮流推算

1. 潮流预报表内容

我国《潮汐表》第一册至第三册中的"潮流预报表"给出了我国一些重要水道、港湾和渔场等的潮流资料。预报的站位,分为两种情况,一是往复流性质的站位,逐日给出转流时间、最大流速时刻以及相应的最大流速;二是回转流性质的站位,给出潮流回转一周(大约一个潮汐周期)过程中的两个极大值和两个极小值以及与其对应的时刻和流向。

注意,表中的预报值只是海流中的潮流部分。在一般情况下表中预报的潮流是海流中的主要部分,可以近似地视为实际海流。但是,在特殊天气或预报站位处于河口或非潮流因素较强的海域,海流受风、径流以及其他非潮汐因素影响较大,这时表中的预报值与实际海流差别较大。

第四册中的"潮流预报表"只刊载了日潮潮流较大的海区中的一些重要地点的逐日潮流预报,对于半日潮潮流为主的海区,应利用海图上刊载的资料和专用的半日潮潮流图表,根据某一主港的潮汐预报推算临近水域的潮流。

每册均在每一页预报资料的上方给出:预报站位名称、经纬度、流速资料中的"+""-"号所代表的具体流向、预报年度和该地的标准时;第四册还在每页的下方说明了预报值中是否包含海流。

2. 潮流推算

对于表中往复流的推算方法如例 7-4-3。举例如下:

例 7-4-3:查表求成山角 2010 年 8 月 17 日 0930 的流向与流速。

解:查 2010 年中版《潮汐表》第一册的"潮流预报表",成山角 2010 年 8 月 17 日的潮流资料:

8 月

日期	转流	最大流	
	时分	时分	流速
17	0150	0454	-1.6
	0758	1108	1.8
TU	1422	1736	-1.7
	2058	2351	1.4

根据表中说明,"+"表示流向为 343°,"-"表示流向为 163°,流速单位为"kn"。

显然,0930 的潮流发生在 0758 与 1422 两次转流之间,此段时间流向为"+",最大流速为 1.8 kn,故 0930 流向为 343°,此刻流速为:

$$v = v_{m}\sin(\frac{\Delta T}{T} \times 180°) = 1.8\sin(\frac{0930 - 0758}{1422 - 0758} \times 180°) \approx 1.2 \text{ kn}$$

对于回转流性质的站点,给出潮流回转一周过程中的两个极大值和两个极小值以及与其对应的时刻和流向,其他时间的流向和流速可利用内插求取。查得 2010 年 7 月 16 日大沙渔场的潮流如下:

7 月

日期	时间	流向	流速	时间	流向	流速
	时分	度	节	时分	度	节
16	0122	302	1.3	0432	043	2.3
F	0856	142	0.9	1203	243	2.2
	1723	055	1.3	1851	094	1.3
	2019	129	1.3	2340	218	2.0

三、英版《潮汐表》中的"潮流表"与潮流推算

英版《潮汐表》中仅对某些重要而且潮流周日不等现象显著的区域编制潮流表。

欧洲大部分水域的潮流和潮汐均具有半日潮性质,附港潮汐可以根据海图上的潮流资料并参照主港的潮汐资料推算潮流,所以,英版《潮汐表》第一、二卷没有编制"潮流表",仅在第三、四卷中对某些重要而且潮流周日不等现象显著的地方编制了"潮流表"(PART Ⅰa TIDAL STREAM PREDICTIONS)。潮流表资料的具体编排与中国《潮汐表》第四册的"潮流预报表"的编排基本一样,所不同的是在表的开头给出了包括半日潮、日潮和混合潮港等四种类型的典型潮流曲线,以便对不同类型潮流的解释和理解。英版《潮汐表》二、三、四卷中都还印有"关于潮流的调和常数",供用简化的调和常数法推算潮流。

通常,英版《潮汐表》中的"潮流表"中只预报往复流类型的潮流,但应注意预报数据中是否包括有海流的成分,即"CURRENT INCLUDED IN PREDICTIONS"或"CURRENT NIL",如果预报数据中包括有海流,计算时应在最大流速的取值中将海流流速部分减去后计算出任意时的潮流的大小,再与海流矢量合成求出当时的总流速和流向。

项目八
查阅航海图书资料

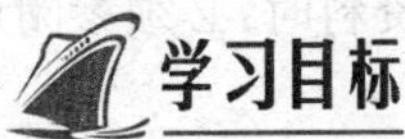

学习目标

◆知识目标

1. 掌握各种航海图书资料的结构和内容；
2. 掌握各种图书资料的主要用途；
3. 掌握各种图书资料的更新与管理要求。

◆能力目标

1. 能够熟练使用各种航海图书资料查阅相关航海信息；
2. 能够熟练更新和管理航海图书资料。

◆素质目标

1. 养成严谨细致的工作作风；
2. 培养航海安全意识。

任务一　查阅和使用航海图书资料

一、《世界大洋航路》

(一)概况

《世界大洋航路》(Ocean Passage for the World)由英国海军水道测量部出版,主要介绍世界海区机动船和帆船的大洋推荐航线。该书仅一卷,书号 NP 136,十几年出版一次,现行版为 2004 年第五版。

微课:
世界大洋航路

本书出版后定期出版补篇更新内容,新补篇发行后,前一期补篇即作废。新补篇未出版前,需更新的内容在周版英版《航海通告》的第Ⅳ部分印出。到月末仍然有效的通告的通告号目录在每月最后一期周版《航海通告》中刊出,而至年底仍有效的通告重印在英版《航海通告年度摘要》第Ⅲ部分之中。使用该本资料时,必须参阅最新补篇和周版《航海通告》第Ⅳ部分。

《世界大洋航路》用于查阅机动船和帆船的深海推荐航线。书中介绍了水文气象、影响航线拟定的因素、推荐航线的资料及相关插图。

电子书:
世界大洋航路

该书共 10 章内容,其中第一部分第 1 章是对航线设计的总体介绍;第二部分由第 2 ~7 章组成,各章按照不同海区分别介绍海区的气候条件和机动船推荐航线;第三部分由第 8 ~10 章组成,各章按照不同海区分别介绍常用帆船的推荐航线。

该书中机动船系指中等吃水并符合下列两种类型的船舶:

a. 高速船或能保持 15 kn 和 15 kn 以上海上速度的船舶;

b. 低速船或由于被拖带或损坏而不能满足高速船要求的船舶。

中等吃水是通常指吃水为 12 m 以下的船舶,不包括吃水超过 12 m 以上船舶的特殊要求。

书中机动船推荐航线主要是为 a 类船舶所提供的。该类船舶在大多数情况下应用港口间的最近航路,但是在某些情况下,这类船舶采用推荐的航线也能够很大程度地减轻船体损坏并省时省油。建议 b 类船舶在大多数情况下最好采用书中推荐的帆船航线。

书中还印有一些图表:位于封里的英版《航路指南》分区索引图、航路设计图分区索引图、世界气候图、波高图、洋流与世界主要表层洋流分布图、载重线区域图、航线图、帆船航路图。

该书书末有 5 个附表,即表 A 蒲氏风级表、表 B 西太平洋和印度洋季风表、表 C 热带风暴表、表 D 世界标准时区图、表 E 欧洲和北非标准时区图。还有附录 A 印度尼西亚群岛海上航线。

书末的 1 个地名词典和 2 个索引:

(1)地名词典

按地名首字母顺序列出主要地名及其经纬度,除始发港和目的港外,其他地方的位置均是概位，已作废的名称列在新名称后的括号内，位置后带星号(※)者是始发港或目的港，如图 8-1-1 所示。

GAZETTEER

The approximate geographical positions of places mentioned in the text are listed in the Gazetteer.
Obsolete names are given in brackets after new names.
Asterisks (*) follow positions which are Arrival and Departure Positions (1.4).

Place	Position	Place	Position
Abaiang Atoll	1 58 N 172 50 E	Amami Gunto	28 00 N 129 05 E
Abang Kecil (Pulau Abang-ketjil)	0 33 N 104 14 E	Amazonas, Rio	1 16N 49 30 W
Abang, Selat	0 32 N 104 15E	Ambon	3 41 S 128 10 E*
Abang-ketjil, Pulau; see Abang Kecil	0 33 N 104 14 E	Amchitka Pass	51 20 N 180 00
Abang-tengah, Pulau; see Rukan Tengah	0 35 N 103 46 E	Amherst Rocks; see Jigu Jiao	31 10 N 122 23 E
Abang-utara, Pulau; see Rukan Utara	0 37 N 103 45 E	Amirante Isles	5 30 N 53 20 E
'Abd al Kūrī (Abd-al-Kuri)	12 10 N 52 15E	Amoy; see Xiamen	24 27 N 118 04 E
Abrolhos, Canal dos	17 50 S 38 45 W	Ampat, Tanjung; see Tanjung Cikoneng	6 04 S 105 53 E
Abrolhos, Arquipelago dos	18 00 S 38 40 W	Amphitrite Baai; see Teluk Kualacenaku	0 10S 103 45 E
Acapulco	16 50 N 99 55 W	Amsterdam, Île	37 50 S 77 35 E
Acasta, Batu	1 39 N 106 18E	Anadyrskiy Zaliv	64 00 N 178 00 W
Acebuche, Punta del	36 02 N 5 27 W	Anambas, Pulau-pulau	3 00 N 106 00 E
Açores, Arquipelago dos	38 00 N 27 00 W	Andaman Islands	12 30 N 93 00 E
Adelaide	34 48 N 138 23 E*	Aniva, Mys (Naka Shiretoko Misaki)	46 02 N 143 25 E
		Anjer Lor	6 03 S 105 55 E

图 8-1-1　地名词典

(2)相关标题索引

相关标题索引(Index of general subjects and routes)，按字母顺序列出相关标题所在章节，该索引主要查取水文气候和注意事项等。

INDEX 用三级结构排列，大类项目为第一级在最左侧，有：Archipelagic Sea Lanes；Cautions；Charts；Magnetic anomalies；Natural conditions；Fog and visibility；Ice；Swell；Winds and Weather...；第二级缩进两个字符，是海域或地区；第三级再缩进两个字符，是该区域的大类下的具体细目及其所在的章节号，如图 8-1-2 所示。

INDEX TO GENERAL SUBJECTS AND ROUTES

Notes
1. References in italics are to Sailing Routes, Chapters 8, 9 and 10.
2. Geographical positions in the Index are Arrival and Departure Positions (1.4).
Geographical positions of other places are given in the Gazetteer.

	Paras.		Paras.
Abnormal waves	1.18	**Aden—*continued***	
Adelaide (34° 48′ S, 138° 23′ E)		Port Louis (Mauritius)	6.93, 9.65
Routes E from	6.127	Selat Sunda	6.164
Routes to:		Singapore	6.166
Aden	6.171	Snares Islands	6.172
Brisbane	6.127, 7.51	Strait of Hormuz	6.63
British Columbia	*10.3.5*	Torres Strait	6.167
Cabo de Hornos	*10.3.1*	Wellington	6.172
Cape Agulhas	6.159	Admiralty	
Cape Calavite	7.169	Chart Agents	1.10
Cape Leeuwin	6.126, 6.128	Distance Tables	1.12
Cape Town	6.159	List of Radio Signals	1.12
Chile	*10.3.4*	List of Lights	1.12
Darwin (W-about)	6.120, 6.128	Notices to Mariners	1.12
Durban	6.159	Sailing Directions	1.12
Fremantle	6.126, 6.128	Tide Tables	1.12
Guam	7.169, 7.174	Africa	
Hobart	6.127, 6.128	East and South coasts	
Hong Kong	7.169, 7.174	Routes to:	
Manila	7.169	Karachi	6.60
Melbourne	6.127, 6.128	Persian Gulf	6.59

图 8-1-2　相关标题索引

(3)航线索引

按字母顺序列出航线始发港名，在每一始发港名下按字母顺序列出各目的港名，其后是该航线所在章节号,其中帆船航线的章节用斜体字印出,本书的查阅主要使用该部分索引,如图 8-1-3 所示。

INDEX OF ROUTES

Adelaide (34°48′S, 138°23′E)
  Routes to:
    Aden 6.118
    Brisbane 7.40
    Cape Leeuwin 6.90
    Cape Town 107
    Durban 6.107
    Hobart 6.91, 7.40
    Melbourne 7.40
    Melbourne (Port Phillip) 6.91
    Routes east of 6.91
    Sydney 7.40
    Torres Strait 7.40
Aden (12°45′N, 44°57′E)
  Routes to:
    Adelaide 6.117
    Cape Leeuwin 6.117
    Colombo 6.57
    Darwin 6.115
    Dondra Head 6.57
    Fremantle 6.117
    Karāchi 6.44
    Mahé Island 6.79
    Melbourne (Port Phillip) 6.117
    Mocambique Channel 6.38

Apia (13°47′S, 171°45′W)
  Routes to:
    Auckland 7.75
    Brisbane 7.66
    Callao 7.228
    Guam 7.172
    Hong Kong 7.168
    Honolulu 7.187
    Iquique 7.228
    Juan de Fuca Strait 7.252
    Manila 7.168
    New Zealand 7.75
    Nuku`alofa 7.80
    Panama 7.235
    Papeete 7.82
    Prince Rupert 7.251
    San Diego 7.254
    San Francisco 7.253
    Shanghai 7.172
    Suva 7.79
    Sydney 7.58
    Torres Strait 7.71
    Valparaíso 7.228
    Verde Island Passage 7.168
    Wellington 7.75

Selat Sumba 6.87.4
South Indian Ocean 6.87.1
  Routes to:
    Eastern Archipelago 7.138
    South Africa 6.101

Bahía Blanca (39°10′S, 61°45′W)
  Routes to:
    Cabo de Hornos 3.20
    Comodoro Rivadavia 3.20
    Estrecho de Magallanes 3.20
    Falkland Islands 3.23
    Río de la Plata 3.20
Bali, Selat (8°10′S, 114°25′E) 7.84
Balikpapan (1°21′S, 116°56′E)
  Routes to:
    Hong Kong 7.118
    Manila 7.123
    Mindoro Strait 7.123
    Singapore 7.112
    Torres Strait 7.126
    Verde Island Passage 7.123
Balintang Channel

图 8-1-3　航线索引

(二)主要内容

第一部分第 1 章航线设计知识(Planning a passage)介绍:

(1)世界大洋航路(Ocean Passage for the World),包括“世界大洋航路”“航线”“指南”“始发港与目的港”“航程”“无线电导航设备”“地名词典”“索引”等。

(2)海图与书表(Charts and publications),包括航路设计图、大洋图、大圆海图、图书(包括:英版《航路指南》、英版《潮汐表》、英版《无线电信号》、英版《里程表》、英版《航海通告》、英版《航海通告年度摘要》、《航海员手册》及 5011 海图)、数字化出版物等。

(3)自然条件(Natural conditions),包括天气条件、季风、热带风暴、低气压、海浪与涌、异常波浪、洋流、冰、珊瑚礁水域、地磁异常等。

(4)航线设计,气象定线(Passage planning, weather routing),包括航线选取、气象航线、载重线规范、近岸设备、分道通航制、避离区域、全球航海警告系统、船舶报告系统、海域污染等。

第二部分从第 2 章至第 7 章分别介绍北大西洋、南大西洋、墨西哥湾与加勒比海、地中海、印度洋、太平洋及其附近海域等海区的机动船大洋航线。

各章内容及编排大致相同,每章开卷均介绍本海区有关的风和气候、涌浪、海流、冰及注意警告等内容,然后再介绍推荐航线。

第三部从第 8 章至第 10 章分别介绍北大西洋和地中海、印度洋、红海和东部群岛及太平洋海区的帆船推荐航线。各章内容及编排大致相同,仅介绍推荐航线,不对本海区有关的风和气候、涌浪、海流、冰及注意警告等内容再做介绍。供 b 类船舶和帆船参考采用。

(三)查阅航线资料步骤

(1)根据始发港和到达港港名在"航线索引(Index of routes)"中查得该航线资料所在的章节。

如果始发港和/或目的港的名称没在"航线索引"中列出,可找出在始发港和/或目的港附近而又在索引中列出的港口予以代替;在航线较长时,可对计划航线予以适当分段。在各章节的资料中通常注有"Diagram(×. ×××)"字样,在阅读各章节的正文内容时,应参阅这些有关的插图(一般在资料介绍所在页及附近页)。由于查到的航线是适合于 a 类船舶的航线,对于 b 类船舶这部分给出应参考的帆船航路部分的章节编号。

(2)阅读第 1 章和本航线所涉及的各章的水文气象资料及插图 1.14 和插图 1.18,以便了解航行季节中航区内的水文气象条件和有关航海注意和警告。

(3)根据关键词"Archipelagic Sea Lanes;Cautions;Charts;Magnetic anomalies;Natural conditions;Fog and visibility;Ice;..."等在"标题索引"中查得具体资料所在章节。

(4)在查阅《世界大洋航路》时,应与最新版每月航路设计图、有关《航路指南》及海图等资料一并阅读和分析。

(5)《世界大洋航路》及每月航路设计图只是根据大洋的盛行风、流及航行经验推荐的大洋航线,船舶应根据本船条件和当时大洋气象情况做具体分析,以便设计出一条安全经济的航线。

例 8-1-1:某船在 3 月份由新加坡航行至中国香港,试查阅推荐航线的具体资料。

解:由"航线索引"中以始发港和目的港查得该推荐航线章节号是 7.114(即第七章第 114 小节内容),即可翻阅到该部分,现将该航线具体情况摘录如下:

Singapore→Hong Kong

7.114 Diagram(7.111)

Main route(7.112.1)is the usual route at all seasons until midway between Macclesfield Bank and Bombay Reef,thence the route to Hong Kong Passes 15 miles W of Helen Shoal.

Distance 1460 miles.

译文提要:插图是(7.111),主航线(具体介绍在第七章第 112 小节第一点)是全年中常用航行航线,航行直至中沙群岛与 Bombay 礁之间,然后经过海伦浅滩以西 15 n mile至中国香港。

查阅 7.112.1 主航线的具体情况得:

North—South routes through South China Sea

7.112.1(Diagram 7.111)

Main route is recommended for full-powered vessels,N-bound or S-bound at all seasons.

From Singapore the route is:

Midway between Pulau Aur and Pulau-pulau Anambas,thence:

10°00′N,110°05′E,passing 25 miles SE of Charlotte Bank,thence:

Midway between Macclesfield Bank and Bombay Reef,thence:

Either side of Pratas island(for directions when passing,See Admiralty Sailing Direction),thence:

To Taiwan Strait,passing W of Taiwan Banks.

For cautions regarding currents and Macclesfield Bank,See Admiralty Sailing Direction.

译文提要:主航线是高速船全年北航或南航的推荐航线。其航线是:从新加坡出发,中途经 Pulau Aur 和 Pulau-pulau Anambas 岛之间,然后到 10°00′N,110°05′E,经 Charlotte 浅滩东南 25 n mile,然后经中沙群岛和 Bombay 礁之间,再从 Pratas 岛任何一边通过(有关通过时的说明,参阅英版《航路指南》)。到台湾海峡时,则从台湾浅滩以西通过(有关海流和中沙群岛需注意的事项,参阅英版《航路指南》)。

二、航路设计图

微课:航路设计图

(一)概述

航路设计图(Routeing Charts)是拟定大洋航线时的重要参考资料之一。图中较为直观、简明地标绘出了各大洋航区的推荐航线及各港间航程,以及各航线附近的风向、风力、洋流等资料。另外在图中还绘有冰区界限、载重线区域、气象附图等资料。使用本图时,可与《世界大洋航路》一起阅读使用,互相参阅,以便拟定大洋航线计划。

航路设计图由英国海军水道测量部出版,按墨卡托海图投影方法绘制,图中未标注水深,具体拟订大洋航线时,可作为大洋总图使用。世界海区被划分为五大洋区每个洋区每个月各一张航路设计图,故该套图共计有 60 张,使用时可根据航行区域及月份选择相应的图号。各洋区的图名及图号如下:

(1)北大西洋航路设计图(Routeing Charts-North Atlantic Ocean):5124(1—12)。

(2)南大西洋航路设计图(Routeing Charts-South Atlantic Ocean):5125(1—12)。

(3)印度洋航路设计图(Routeing Charts-Indian Ocean):5126(1—12)。

(4)北太平洋航路设计图(Routeing Charts-North Pacific Ocean):5127(1—12)。

(5)南太平洋航路设计图(Routeing Charts-South Pacific Ocean):5128(1—12)。

图片:航路设计图

(二)航路设计图的主要内容

航路设计图中的主要内容包括推荐航线、洋流、风花、冰区界限、国际载重线区域界限及气象附图资料等,现分述如下:

1. 推荐航线(Recommended Route)

推荐航线是指根据各种资料进行分析研究后所提供的比较适宜的航迹线。在航路设计图中,推荐航线用淡绿色实线标绘,其中直线为推荐的恒向线航线,凸向近极的曲线为大圆航线,在各航线上还注明有出发港、到达港的名称以及两港间的航程(n mile)。航线箭头所示方向表示航线的走向,如航线两端均有箭头,则表示该推荐航线是双向航线,可以往返使用。以北太平洋航路设计图 5127(7)为例,其中有:

Sanfrancisco to Shanghai 5,823 to Hong Kong 6,234 to Manila 6,232,旧金山至上海大圆航程 5 823 n mile,至中国香港 6 234 n mile,至马尼拉 6 232 n mile。此航线可

往返使用。

2. 洋流(Ocean Current)

航路图中所标绘的洋流资料用蓝色箭头的不同的线形表示当月该水域表层洋流的主要流向,不同的线形表示该洋流的持续性或稳定性。

——→高持续性,表示该洋流出现频率大于75%;

— — —→中等持续性,表示该洋流出现频率为50% ~75%;

- - - - -→低持续性,表示该洋流出现频率为小于50%;

··········→表示观测时该方向洋流微弱。

在各线形末端所标注数字表示平均流速(kn),如有“>1”,表示当地流速略大于1 kn。观测资料不足之处,用“··········→”表示可能的流向,那些地方的洋流一般比较弱。

3. 风花(Wind Rose)

航路设计图中的风花用红色圆圈和不同类型的箭杆,表示当地盛行风的可能风向出现的百分率和风力大小等数据。箭杆细端所指的方向,表示风向,箭杆的粗细代表不同的风力,箭杆的长度则按比例尺表示该风向可能出现的百分率,以2 in长(约5 cm)表示100%,如图8-1-4所示。

每个风花圈内一般有三个数字,上方的数字表示该月观测风的总次数,中间的数字为不定风向和风速在全部观测次数中所占的百分比,下方的数字则为无风观测次数所占的百分比。

如图8-1-4中,当月共计观测3 985次,不定风占全部观测次数的1.6%,无风占全部观测次数的2.8%。其中该海区该月盛行风是5 ~7级的东北风,最强风是8 ~12级。

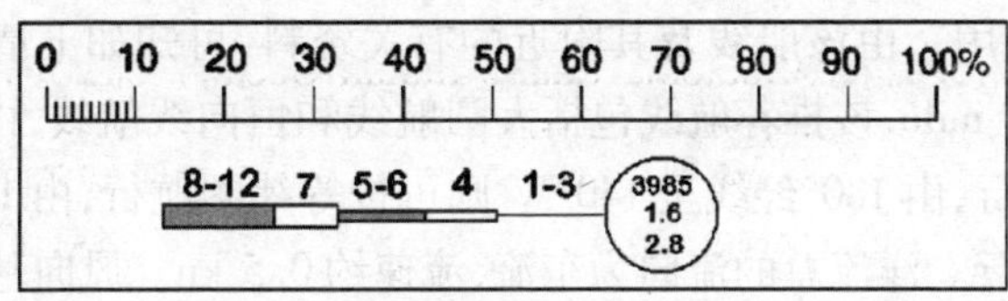

图8-1-4 风花

4. 冰区界限(Limits of Ice)

冰区用蓝色“⌒⌒⌒⌒”表示流冰冰群、小冰山、冰山等的界限。

5. 国际载重线区界限

根据《1998年国际载重线规则》(Road Line Rules 1998),用不同的颜色表示各载重线适航的区域界线。其中淡蓝色为冬季载重线适航区(Winter Zone),棕色为夏季载重线适航区(Summer Zone),淡绿色为热带载重线适航区(Tropical Zone)。有关详情可参考该公约区带、区域和季节期图或英版海图D6083,或《世界大洋航路》中的LOAD LINE ZONES(载重线区域图)。

6. 气象附图

每张航路设计图中，还附有以下四张气象附图（图本书略），供拟定大洋航线时参阅。

(1)平均气温气压图

图中绿色等温线表示当月海平面平均气温(℃)，红色等压线表示当月海平面平均气压(mbar)。

(2)雾与低能见度图

图中红色曲线表示能见度低于1 000 m(0.6 n mile)的百分率曲线，绿色曲线表示出现能见度低于8 050 m(5 n mile)的百分率曲线，据此可了解航经海区出现雾和低能见度的可能性。

(3)露点温度与海水温度图

图中红线表示露点温度(℃)，绿线表示平均海水表层温度(℃)，此两种要素可用以分析和了解海雾生成的可能性。在两者温度值较接近的海区，当条件适合时易形成雾。

(4)7级及7级以上大风和热带气旋路径图

图中绿色曲线表示当月出现七级或七级以上大风的百分率的曲线，红色曲线的走向是指自1988年以来所选择的若干条以往该月份所产生的热带风暴的路径，其中红色曲线上的红点代表每24 h热带风暴中心位置。

(三)航路设计图应用举例

例8-1-2：某船拟在七月份自日本横滨港驶往加拿大温哥华，试根据航路设计图说明该推荐线及沿线附近水文、气象及其有关情况。

解：查阅英版5127(7)北太平洋航路设计图，可见由横滨港至温哥华推荐仅能供单向(东航)航行使用。由该船线及其附近的有关资料，可知如下情况：

总航程4 344 n mile，该推荐航线包括大圆航线和恒向线航线，由横滨港至180°经线可按大圆航线航行，由180°经线至140°W则可按等纬圈航行，由140°W至温哥华则仍采用大圆航线航行。洋流总的流向为东流，流速约0.5 kn。风向基本上偏西风，风力在6级以上的百分率为10%～20%，过日界线后，7级以上大风偶有出现。沿途属夏季载重线区域。在航经150°W以后，出现雾和低能见度的可能性增大。由横滨东航时，该月正处于热带风暴多发的月份，应注意气象预报并按时接收气象传真图。

在具体工作中，还应参阅《世界大洋航路》《航路指南》等。

三、航路设计指南图

(一)概况

英版航路设计指南图(Admiralty Routing Guides)是针对主要海区出版的，给出拟定航行计划重要的参考资料，如交通管理等。该套图共三张，包括英吉利海峡和北海、苏伊士湾、马六甲和新加坡海峡，图号分别是5500、5501、5502。

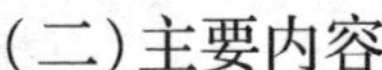

(二)主要内容

该海图给出航区的分道通航和航线资料,还包括大量的文字和图示说明,具体包括:

(1)标题栏资料包括航海通告、主要缩写、规则与建议、船舶应配备的图书资料、海图索引图、里程表、主要海图图式;

(2)重要说明部分包括使用本指南图制订航次计划、航线确定、特殊船舶的航线确定、本海区存在的危险、无线电报告和船舶交通管理、海上无线电服务、航标、引航服务、潮汐资料、备忘录等。

四、中版《中国航路指南》

(一)概况

电子书:《中国航路指南》

《中国航路指南》由海军航海保证部不定期出版,共分3卷,书号分别为A101、A102、A103,是介绍我国沿海水文气象、航线航法的主要资料,是海图资料的重要补充。

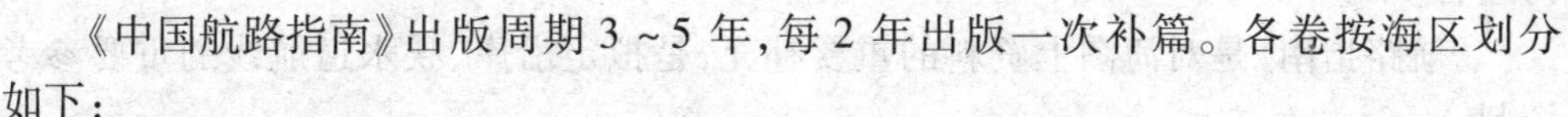

《中国航路指南》出版周期3~5年,每2年出版一次补篇。各卷按海区划分如下:

第一卷:从鸭绿江口至长江口北角,包括渤海、黄海及沿海岛屿;

第二卷:从长江口北角至闽粤交界处的绍安湾的我国东海海区,包括舟山群岛、台湾岛、钓鱼岛及赤尾屿等沿岸群岛和岛屿;

第三卷:从闽粤交界处的绍安湾至北仑河口的我国南海海区,包括海南岛、南海诸岛、黄岩岛和沿岸岛屿。

除《中国航路指南》外,海军航海保证部还出版了亚洲及太平洋水域的《航路指南》共18卷,本书仅对《中国航路指南》的内容和使用加以介绍,其他各卷《航路指南》的使用方法基本相同。

(二)主要内容

1. 卷首说明

中版《航路指南》的卷首部分包括前言、说明、索引图、目录和插图目录等几项内容。

2. 正文内容

中版《航路指南》每卷内容的编排基本相同。第一章为总论,介绍本卷包括海区的自然地貌、助航设施、渔港渔场、海难救助、水文气象、航路、港湾锚地等。第二章开始按岸线顺序介绍本卷包括海区概况、助航设施、水文气象、助航标志、碍航物、水道航法和港湾锚地等,其中包括一些可贵的航行经验。在介绍详细资料前均先给出所应参考的海图图号,正文中还附有大量的有关水深、底质、水文气象和航线等的插图和对景图。

3.使用方法

首先按照所在海区选择所需卷号,根据目录查取所需要的有关内容。阅读具体内容时应与有关海图对照,便于理解和领会。

五、英版《航路指南》

(一)概述

英版《航路指南》(Pilot or Sailing Directions,ASD),该套资料共70余卷,其书号为NP 1—NP 72。各卷《航路指南》所包括的海区范围,可查阅英版《海图及其他水道图书总目录》《世界大洋航路》《航海员手册》中的《航路指南》分区索引图。

《航路指南》通常每隔3年再版一次,其间不出补篇,也有隔2年、5年出版的,超过3年的,则每隔3年出补篇。各卷出版后的改正资料发布于英版周版《航海通告》(Admiralty Notices to Mariners)的第Ⅳ部分中,每年到1月1日仍有效的仅对《航路指南》进行改正的通告汇编在《英版航海通告年度摘要》(Annual Summary of Admiralty Notices to Mariners)第二分册。关于《航路指南》及其补篇的再版消息,均公布于《航海通告》中。

《航路指南》是对海图上资料的重要补充,是拟定沿岸、狭水道航线的重要参考资料。

图片:
英版《航路指南》索引图

(二)《航路指南》卷首说明部分

该部分一般包括下列内容:前言(Preface)、目录(Contents)、注释(Explanatory Notes)、其他图表(Other Diagrams)。

1.前言

前言主要是说明该卷版本的编者和资料来源。

2.目录

目录给出本卷各章内容所在页数。

电子书:
英版《航路指南》(NP 32)

3.注释

这是使用本书时应注意的事项,主要内容有:

(1)首先指出:“英版《航路指南》适合于船长12 m及以上的船舶使用,其扩充了海图上的航海资料,它载有在海图上和其他航海资料中没有的、但是安全航行所必需的参考资料。在阅读《航路指南》时,必须结合书中所引用的海图。”

(2)本书使用时必须参考最新补篇和航海通告的第Ⅳ部分以及其他有关航海图书资料,如《航海员手册》、《世界大洋航路》和航路设计图、《灯标表》、《无线电信号表》、《航海通告年度摘要》和《国际信号码语规则》等。

(3)对一些与航海有关的重要问题的说明和用于本书的计量单位和术语等。

4. 其他图表

(1)缩写(abbreviations)对照表

当阅读中遇到不明意义的缩写时,可参阅本缩写对照表。

(2)语汇表(glossaries)

在同一本《航路指南》中可能含有不同语系国家,而文中的有些地理名称和语汇往往使用当地语言。因此,各卷提供了本卷范围内的地方语言与英语的对照表,供使用者查阅。

(3)章号索引图(chapter index diagram)

章号索引图主要包括本卷的地区范围;本卷各章资料的地域范围及叙述顺序,用粗体数字与箭头及虚线框标出,使用者可利用章号及其顺序查找资料;本卷海区范围内可使用的英版航海图、港湾图等的图框及图号。

(三)《航海指南》的主要内容

(1)各卷第一章是本卷所述地区的总体介绍,各卷均包括以下三部分:

①A 部分——一般航海知识和规则(Navigation and Regulations)

内容有:本卷范围(Limits of Volume)、航路与航海危险(Routes and Navigational Hazards)、航海注意(Navigational Note)、无线电服务(Radio Services)、扫海区(Swept Areas)、浮标制度(Buoyage)、引航制度(Pilotage)、油污染(Oil Pollution)、规则(Regulation)、边防(Coastguard)、信号(Signals)、海难救助(Distress and Rescue)、分道通航制(Traffic Separation)、检疫和海关规定(Quarantine and Customs Regulations)等。

②B 部分——国家与港口(States and Ports)

内容有:各国一般情况(General Remark)、历史(History)、政府(Government)、人口和居民(Population and Inhabitants)、语言(Languages)、物产、工业和贸易(Products, Industries and Trade)、币制、度量衡(Currency, Weight and Measures)、节假日(Public Holidays)、运输和交通(Transport and Communications)、港口(Ports)、健康(Health)、修理(Repairs)、服务实施与供应(Facilities and Supplies)、灭鼠(De-ratting)等。

③C 部分——自然条件(Natural Conditions)

内容有:海底的地形(Topography of the Sea Bed)、地磁异常(Magnetic Anomalies)、海浪和涌(Sea and Swell)、海流(Current)、海平面改正(Change in Sea Level)、潮流(Tidal Stream)、气候与天气(Climate and Weather)、气候表(Climate Table)、换算表(Conversion Tables)等。

(2)第二章以后各章,一般是分海区顺岸分别叙述航海有关说明,个别卷的第二章为该卷所包括海区的航线介绍。每章的编排格式基本相同,各章开始前均附有一张索引图,图上提供了本章地域范围、本章各节的范围及介绍顺序,使用者可根据本船的位置查找节号。

各章航海说明的主要内容有:总论(General Remarks)、地理情况(Aspect)、危险物(Dangers)、灯标(Lights)、立标(Beacon)、浮标(Buoy)、锚地(Anchorages)、禁止抛锚(Prohibited Anchorage)、潮流(Tidal Streams)、航法(Directions)、码头(Wharf)、突码头(Pier)、小码头(Jetty)、油船泊位(Tanker Berth)、登陆处(Landing Place)、水上飞机

场(Seaplane Station)、港章(Harbour Regulations)、信号(Signals)、暴风信号(Storm Signals)、交通信号(Traffic Signals)、港口信号(Port Signals)、引航(Pilots)、供应(Supplies)等。

(四)《航路指南》附录、索引

(1)各卷《航路指南》均有一些附录(Appendix),包括一些对本卷所包括国家和地区的特殊规定、重要设施等的补充说明。

(2)各卷的末尾有该卷的索引(Index),按地理名称字母顺序排列,以便查阅,如图 8-1-5 所示。

INDEX

Abalone Point: (39°40′N, 123°48′W) 11.36
Abalone Point: near Newport Bay ... 8.160
Abalone Point: Santa Catalina Island .. 8.83
Abbey Island 14.67
Aberdeen 14.22
Abernathy Point 13.55
Abreojos, Punta 7.55
Acajutla 4.155
Acamama, Punta 5.88
Acantilado Blanco 7.13
Acantilado, Pico 7.146
Acantilado, Punta: Baja California .. 6.248
Acantilado, Punta: Isla Angel
  de la Guarda 6.237
Acapulco 5.95
  Arrival information 5.102
  Berths 5.113
  Directions 5.108
  General information 5.95
  Harbour 5.103
  Limiting conditions 5.101
  Port services 5.116
  Small craft 5.117
Acapulco, Bahía de 5.103

Algodones, Cerro 6.191
Algodones, Estero 6.40
Algodones, Los 6.191
Alijos, Rocas 2.39
Allegany 12.71
Almagre Chico, Isla 6.70
Almagre Grande, Isla 6.59
Almejas, Bahía 7.21
Alotengo, Laguna de 5.86
Alphecca Seamount 2.38
Alsea Bay 12.95
Alsea River 12.95
Altamura, Estero de 6.22
Altamura, Isla 6.22
Altata, Bahía de 6.21
Altata, Puerto de 6.21
Alto, Cabo 5.202
Alviso Slough 10.150
Amapala, Puerto 4.103
Amapala, Punta de 4.123
Ameca, Río 5.216
Americano, Estero 11.17
Amortajada, Bahía 6.145
Amphitrite Point 1.28

Arenal=extensive area of sand;
  see proper name
Arenas, Bahía 3.28
Arenas, Ensenada 3.34
Arenitas, Punta 3.88
Arguello Canyon 2.70
Arguello, Point 8.291
Arista, Puerto 5.35
Arlington 13.167
Armeria, Río 5.151
Armuelles, Puerto 3.65
Army Point 10.243
Arranca Barba, Punta 3.187
Arranca Cabello, Punta 6.106
Arrecife=reef; see proper name
Arriba, Isla 3.185
Arrow Point 8.83
Arrowhead Point 9.65
Arroyo=stream, rivulet; see proper name
Arroyo Grande Creek 9.12
Artavio, Isla 3.30
Asadero, Barra 5.239
Aserradores, Isla de 4.67
Asososca, Cerro de 4.5

图 8-1-5 地名索引

(五)《航路指南》的查阅

(1)首先选择所需在海区资料的卷号,根据相关主题,使用目录或索引查找资料。

(2)利用目录查询

如需了解该卷《航路指南》所述地区的总的情况,可查阅第一章的目录。

(3)利用索引查询

卷末索引(Index)是按本卷范围内的地域、港口、物标、岛屿、水道、河道、岬角、浅滩等的名称字母顺序排列并给出资料所在的章、节号。如需了解沿岸重要物标、岛屿、水道资料及各港的有关航海说明时,则可利用该索引,按地名查找其所在章、节号。

(4)利用章、节号索引图查询

可按船舶所到海区直接从章号索引图中查得有关章号,从节号索引图中查得所需内容。

(5)阅读《航路指南》时,应查阅其最新补篇和与《航路指南》有关的航海通告。

(6)阅读《航路指南》时,对照相关海图进行研究,更加易于理解。

《航路指南》所提供的资料是对海图资料的重要补充。在拟定航线时,除参阅

《世界大洋航路》、航路设计图等资料外，还应同时参阅《航路指南》的有关内容。

六、进港指南

（一）概况

《进港指南》（Guide to Port Entry）由英国航运指南公司发行，每两年一版，新版发行，即宣布原版本作废。目前该书每版由四本组成，按英文国名第一字母顺序排列分为四册，其中包括 A ~ K、L ~ Z 港口资料正文（Text）两册，对应于 A ~ K、L ~ Z 的港口泊位平面图两册，该书是进出港口的重要参考资料。

电子书：《进港指南》部分（美国PLAN）

（二）主要内容

每本正文（Text）部分以国名首字母顺序排编，各国名除印在有关页介绍该国港口内容之前外，还印在单数页的右上角，各国名后又以其重要港口名的字母先后顺序排列。

各港口资料提供下列内容：港口经纬度、港界（Port Limits）、进港应提交的文件单证（Documents）、引航制度（Pilotage）、锚地情况（Anchorages）、限制进港时间（Restrictions）、最大尺度（Max. Size）、健康（Health）、无线电台（Radio）、高频无线电话（HF）、雷达（Radar）、拖船（Tugs）、泊位（Berthing）、起重机械（Cranes）、散货装卸设备（Bulk Cargo Facilities）、特殊货物起运设备（Specialised Cargo-Handling Facilities）、桥梁（Bridges）、装卸工（Stevedores）、医疗（Medical）、油船（Tankers）、密度（盐度）[density（salinity）]、淡水（Fresh Water）、燃料（Fuel）、消防措施（Fire Precautions）、领事（Consuls）、修理（Repairs）、干船坞（Dry Docks）、验船师（Surveyors）、舷梯/甲板看守人（Gangway/Deck Watchman）、开关舱（Hatches）、烟酒的海关允许量（Customs Allowance：Tobacco/Wine Spirits）、货物传送设备（Cargo Gear）、遣返回国（Repatriation）、航空港（Airport）、时制（Time）、节假日（Holiday）、警察/救护/火警（电话号码）（Police/Ambulance/Fire）、船岸电话（Telephones）、服务（Service）、登岸（Shore Leaves）、身份证（Identification Cards）、规章（Regulation）、装或卸燃料预计在泊位的延时（Delays）、发展（Developments）、船舶驾驶员报告（Ship's Officers Reports）、其他有关资料（General）、港口当局（Authority）、代理（Agent）。但各港情况有差异，因此上述内容不一定都有。

我国也出版《港口资料》和《世界港口》。《世界港口》重点介绍了世界各国主要海港的地理位置、港口性质、航道、泊位、引航以及有关进出港手续和各种服务项目，是船长、驾驶人员以及外运专业人员有用的参考书。《世界港口》共有十分册：亚洲部分四册，欧洲部分两册，美洲部分两册，非洲和大洋洲部分各一册。

（三）查阅方法

（1）根据港口所属国家名称的首字母确定查阅 A—K 卷或 L—Y 卷的正文或港图卷；

（2）翻到正文或港图卷后的索引"TEXT OR PLAN INDEX"（橘黄色书页），依据港名可查得资料和港图所在页数，翻到相应页即可查阅有关资料。

七、中国沿海《航标表》

（一）概况

（1）中国沿海《航标表》由中国人民解放军海军司令部航海保证部出版，每年出版一次，按海区分为三卷：第一卷，黄渤海区（G101）；第二卷，东海海区（G102）；第三卷，南海海区（G103）。

另外，中国航海图书出版社也出版了中国《航标表》。本书仅对中国人民解放军海军司令部航海保证部出版的三卷中国沿海《航标表》进行介绍。

（2）每卷《航标表》主要由“航标表”“罗经校正标、测速标表”“无线电指向标及差分全球定位系统表”“船舶自动识别基站”四部分组成，卷首部分列有中、英文两种文字印刷的前言、改正记录表、目录、说明、航标灯质图解、《中国海区水上助航标志》国家标准简图和本卷航标索引图和改正记录表。改正记录表由“航海通告”期号和日期两栏组成，当责任驾驶员根据某期“航海通告”对《航标表》进行改正后，应将改正日期填入该“航海通告”期号后面的日期一栏的横线上。

（3）凡使用《航标表》的单位，需及时根据“航海通告”的有关内容对其进行改正。

电子书：
中版《航标表》

（二）《航标表》的主要内容

1. 航标表

《航标表》以编号、名称、位置、灯质、灯高、射程、构造、附记 8 栏列出各航标之详细情况，如图 8-1-6 所示。

编号 No	名称 Name	位置 Position	灯质 Characteristic	灯高 Height	射程 Range	构造 Structure	附记 Remarks
4024	表角灯塔(有) Biao Jiao (Watched)	23 14.3 116 48.4	闪白 8 s	61.8	20	白色圆柱形混凝土塔;15.6	雾号: 周期 20 s（鸣 5 s,停 15 s） 音响距离 2 n mile 雷达应答器: 信号 K(—·—)
4024.05	濠江鱼礁 1 号灯浮 Haojiang Yujiao No 1	23 14.8 116 48.0	莫(P)黄 12 s			黄色柱形,顶标为黄色“X”形	专用标

图 8-1-6　航标表内容

（1）编号：一般按地理位置由北向南、由东向西、由海进港的顺序，将军用、民用航标统一连续编排。航标与其编号固定对应。若在两个相邻航标编号之间插入新的航标，则用带小数的航标编号表示。

（2）名称：均以新版海图为准。凡射程在 15 n mile 以上的灯标，其名称用黑体字排印，名称下注“有”字样，是表明该标有人看守；无注明的，为无人看守。无人看守的航标可靠性较差。

（3）位置（经纬度）：均为概位，只供航海人员参照海图时便于检查之用。

(4)灯质:以光质、光色、周期(明+灭)列出,光质有定、闪、快闪、甚快闪、明暗、等明暗、莫尔斯、互光等共13种,详细说明请参阅“航标灯质图解”。

(5)灯高:平均大潮高潮面至灯光中心的高度,以米表示。

(6)射程:通常指在晴天黑夜条件下,按照观察者眼高在海面上5 m所能看到灯塔(桩)灯光最大的距离,以海里表示。由于能见度影响,实际灯光射程可能会超过或达不到表上所列数字。

(7)构造:指灯标建筑物结构、颜色,便于日间辨认,所列数字为以米为单位的灯塔(桩)自地面至塔(桩)顶的高度。

(8)附记:记有航标种类、灯光光弧界限、雷达反射器、雾警设备、无线电信标及其他说明。

2. 罗经校正标、测速标表

该表以名称、位置、构造、附记四项内容编表。罗经校正标、测速标以场为单位,用前面相应注有“L”和“C”的偶数编排,奇数用作新插入的罗经校正场、测速场的编号。每个罗经校正场、测速场首页均有布标示意图。图8-1-7是某湾罗经校正标表与校正场配标示意图。

名　称 Name	位　置 Position	构　造 Structure	附　记 Remarks
东组前标	20 01.8 110 15.0	白色三角形混凝土,中间漆一黑色竖条;15.0	东组前标 与后左标:170° 与后中标:180° 与后右标:190°
东组后左标	20 01.7 110 15.0	白色三角形混凝土,中间漆一黑色竖条;15.0	
东组后中标	20 01.7 110 15.0	白色三角形混凝土,中间漆一黑色竖条;15.0	
东组后右标	20 01.7 110 15.0	白色三角形混凝土,中间漆一黑色竖条;15.0	

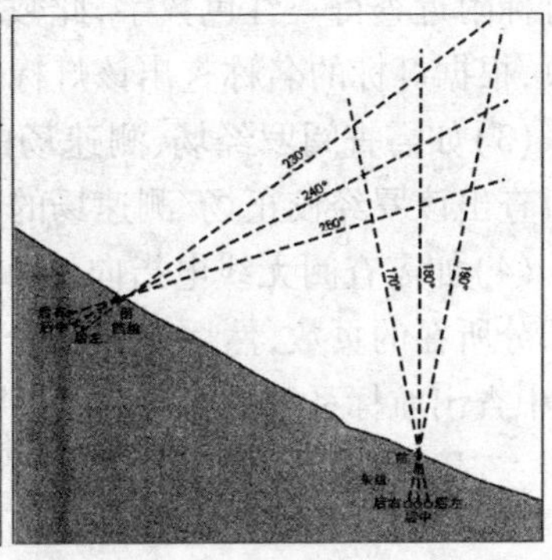

图8-1-7　某湾罗经校正标表与配标图

3. 无线电指向标及差分全球定位系统表

该表首先给出该册所覆盖海区该种航标和系统的分布图,然后给出每航标系统的编号、名称、位置、射程、频率、工作时间等资料。

4. 船舶自动识别基站

该表首先也给出该册船舶自动识别基站分布图,然后给出每个基站的名称、位置、频率、工作模式及海上识别码(MMSI)等资料。

(三)其他说明

(1)中国海区的灯船船身及灯架,均涂红色,甲板上的建筑物涂白色,船身两舷写白色船名,灯质视需要确定。

有人看守的灯船漂离原位时,分别悬挂下列信号:

日间——在船首、尾各悬挂黑球一个,或红旗一面,并悬挂国际信号旗“PC”,表明“本船不在原位”。

夜间——在船首、尾各悬挂红灯一盏。

当有人看守的灯船离开原位时，原发射的灯光及雾号即停止工作。

(2)浮标和无人看守的灯船容易漂离原位或灯光熄灭，尤其在暴风雨后，更容易发生上述现象，航行时应加注意。

(3)我国沿海各灯塔附设的雾警设备有雾笛、雾角、雾钟、雾锣、雾哨等，航海人员使用时应注意：

①雾警设备发声所达距离，常随天气情况(主要是风向)而变化，船舶不能以其声音大小作为定位依据。

②有时灯塔附近已发生大雾，而灯塔处未发觉，故雾警设备未工作，这种情况夜间较多。

③浮标上装的雾哨、雾钟在有风浪时才能发声，其声音大小随风浪大小而变化。

(四)《航标表》的使用

(1)根据所查航标所在的海区，抽选相应册别的中国沿海《航标表》。

(2)如需查阅航标资料，可参考目录找到并查相应册第一部分的“航标索引图”，在灯标附近查得一红色数字，此数字为该灯标资料在《航标表》中的页数，然后翻到该页，根据灯标的名称查出该灯标的8栏细节。

(3)如需查阅罗经场、测速场的资料，首先根据目录得出其所在页数，翻至该页即可查出该罗经校正场/测速场的详细资料。

(4)如需查阅无线电指向标和差分全球定位系统的资料，可首先根据目录得出该部分所在的页数，然后在该部分开始的“无线电指向标和差分全球定位系统分布图”中查出航标系统的名称，再根据名称，在正文中查得该指向标或差分系统的详细资料。查阅船舶自动识别基站资料也是如此。

八、英版《灯标和雾号表》

微课：
《灯标表》

(一)概况

英版《灯标和雾号表》(Admiralty List of Lights and Fog Signals, ALL)简称《灯标表》，按不同地理区域共分为11卷，书号自NP 74 ~ NP 84，代号为A、B、C、D、E、F、G、H、J、K、L。《灯标表》详细记载了全世界各种灯塔、灯桩、灯浮(主要是灯芯高度大于和等于8 m者)、雾号资料，作为海图资料的补充。各卷《灯标表》包括的地区界限图均印在每卷《灯标表》的封底及英版《航海图书总目录》或《世界大洋航路》中的灯标表索引图上。

每卷《灯标表》每年重新出版一次，有关新版消息刊载在每季度末的那期周版《航海通告》中，每卷已改正到的日期可在封里和前言中查到，付印后的改正应根据英版《航海通告》(周版)第V部分的改正资料进行。

(二)主表内容

《灯标表》中主表部分的内容共分 8 栏,以载明每个灯标细节和特征,这 8 栏是:

第一栏:灯标的编号(No.)。该编号前加上《灯标表》的卷代号字母便是依照国际水道组织决议确定的灯标的国际编号,无论什么时候涉及灯标,都要引用这种由字母和数字组成的国际编号。

第二栏:位置、名称(Location,Name)。位置是以用印刷,凡射程等于或大于 15 n mile 的灯标名称用黑体字印刷;射程小于 15 n mile 者正体字印刷;灯船名称用大写斜体字印刷,而所有其他灯浮名称则用小写斜体字印刷。

第三栏:纬度、经度(*Lat.*,*Long.*)均是概位。

第四栏:灯质和灯光强度(Characteristics and intensity)。灯光强度以坎德拉(cd)为单位,用小写斜体数字给出。

第五栏:灯芯高度(Elevation),以米(m)为单位。

第六栏:射程(range),以海里(n mile)为单位,如等于或大于 15 n mile 者用黑体数字;小于 15 n mile 者用正体数字。表列射程为主管当局发布的数字,使用额定光力射程(Nominal range)的国家在"特殊说明(Special remark)"部分列出。

第七栏:结构的细节和以米为单位的塔(标)高(Structure height in metres),提供有关灯标建筑物结构的说明,所列塔(标)高系指从地面起算的建筑物的高度。

第八栏:备注(Remarks)。注明灯光亮、灭(Phase)的时间分配、光弧(Sectors)、可见光弧、较小灯标(烛光较小的自动无人看守灯标)(Minor lights),如图 8-1-8 所示。

F3730	- Langgang Shan Liedao. Zhongkui Dao	30 26·16 N 122 55·96 E	Fl(4)W 10 s	107	10	White round concrete tower 14	*(fl 0·5, ec 1) x 3, fl 0·5, ec 5*
⋮	- - -	..	Racon	..	.. ..		ALRS Vol 2 Station 81750
F3746	- **Huaniao Shan**	30 51·67 N 122 40·34 E	Fl W 15s	89	**24**	Black and white round tower 16	*fl 1.* Vis 071°-294°(223°). Vis 301°-306°(5°)
⋮	- - Emergency light	..	Oc(4)W 34 s	..	6		
	- -	..	Horn(5) 60 s	..	.. ..		*(bl 3, si 2) x 4, bl 3, si 37*
	- -	..	Racon	..	.. ..		ALRS Vol 2 Station 81805
	- -	..	AIS	..	.. ..		MMSI No 004132202
				m	M		
F3750	- *Nanzhi Lt V*	30 59·15 N 122 10·46 E	Fl W 10 s	..	10	Red hull, name on sides	*fl 0·8.* Ra refl
	- -	..	Bell	..	.. ..		Wave activated
	- -	..	Racon	..	.. ..		ALRS Vol 2 Station 81800
	- -	..	AIS	..	.. ..		MMSI : 999412209

图 8-1-8 《灯标表》主表内容

(三)其他主要内容

1. 改正方式(System of correction)与改正登记表(Notation of amendments)

改正方式与改正登记表印在《灯标表》的封里。改正方式说明《灯标表》改正资料的来源是英版《航海通告》,解释通告的格式、用语和符号,并简单介绍如何利用通告提供的资料对《灯标表》进行改正的问题。改正登记表与中国沿海《航海表》的改正记录表的编排和使用均一样。

2. 地理能见距离表(Geographical Range Table)

地理能见距离表是根据地理能见距离公式编制的,利用眼高和物标的高度作引数可在表内查得物标的地理能见距离。

3. 光力射程图(Luminous Range Diagram)

光力射程图可以用来求得不同能见度条件下灯光的可见距离。它的上边横坐标为额定光力射程,下边横坐标是以坎德拉为单位的灯光强度,左边纵坐标是不同能见度时的光力射程,单位均为海里,图中画有各种能见度曲线,如图 8-1-9 所示。

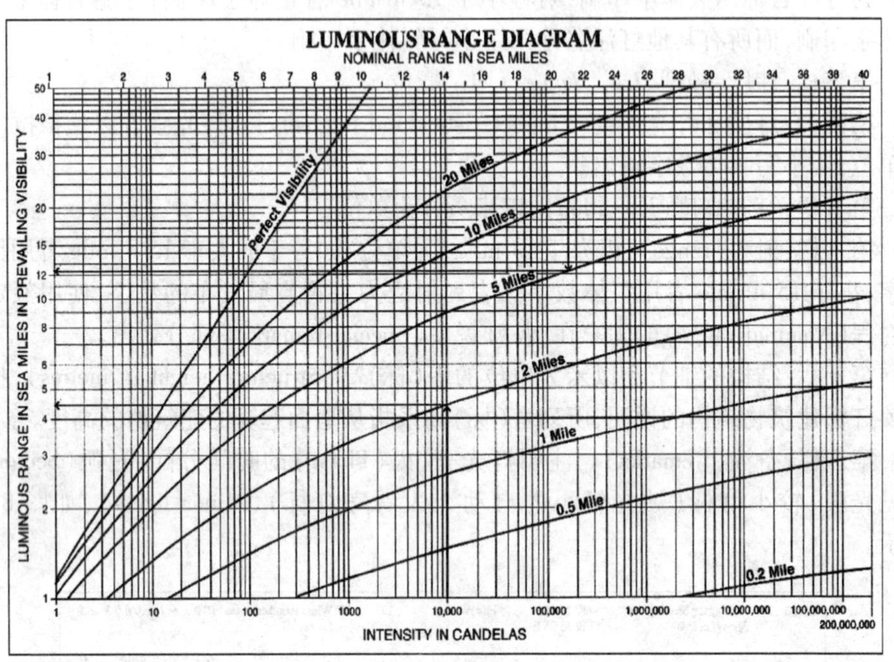

图 8-1-9 光力射程图

利用该图可以查得灯标在不同能见度条件下的光力射程。

如图 8-1-9 所示,例如某灯标额定光力射程为 21 n mile,在能见度为 5 n mile 时,该灯光的光力射程为 12.4 n mile。又如某灯标光强为 10 000 cd,如观测时气象能见度为 2 n mile,则该灯光的光力射程为 4.5 n mile。

在使用此图时应注意:

(1)所求得的距离数为概值。

(2)测者与灯塔之间的大气透明度不一定一致,灯塔的背景亮度会在不同程度上影响灯光距离。

4. 灯标的有关解释

(1)海空两用灯标(Aeromarine lights)

这是一种航海灯标,但部分光束在水平面上有 10°~15°的仰角,可供飞机使用。

(2)航空灯标(Aero lights)

航空灯标灯光强度及高度一般均较大,其灯光和光芒可能在接近陆地时最早被发现,从海上可见者列入《灯标表》中,并在灯质前有“Aero”字样,此种灯标并非为航

海而设置的,它常有变更,且往往不能迅速通知航海人员。

(3)对空障碍灯标(Obstruction lights)

对空障碍灯标用来标示无线天线塔、烟囱及其他航空障碍物的灯标,与航空灯标一样,不是为航海所设,通常为红色定光、闪光或明暗光,或则采取其他的颜色及灯质。

其中光力较强并能从海上见到者列入《灯标表》,并在第四栏中灯质前标有"Aero"字样,在第八栏加注"Obstruction"字样。灯光较弱者定为"次要灯光"(Minor lights)并在第八栏中注明。

(4)白昼灯标(Daytime lights)

在24 h内均显示灯光,且其灯质不变的灯标,在第八栏中即注明为白昼灯标;如果在白天其灯光和灯质有差异者,则在第四栏中注有"By day"。

(5)雾号灯标(Fog lights)

雾号灯标凡是在低能见度时显示的灯质,均在第四栏中加注"In fog"。

(6)雾情探测灯标(Fog detector lights)

雾情探测灯标可以装于灯标站的结构上,也可以建在距灯标一定距离的位置上。它们的目的是自动地探测雾情和接通雾号,并且自动地将能见距离发送到数据中心,以便向航海广播。在使用上有多种类型,一些仅仅在一个狭窄弧范围可见,一些显示强烈带蓝色白闪光,其他则可能向前和向后扫描而被误认为信号。

雾情探测灯白天和夜间都工作。

5. 雾号(Fog signal)

(1)雾号种类

①低音雾角(Diaphone)用压缩空气发声;

②雾角(Horn)用压缩空气或电动发声;

③雾笛(Siren)用压缩空气发声,各种类型的音调和功率差别很大;

④弱高音雾角(Reed)用压缩空气发出的较弱高音;

⑤爆响雾号(Explosive)用爆炸物发声;

⑥雾钟(Bell)分机动、手动和波击发声;

⑦雾锣(Gong)同上;

⑧雾哨(Whistle)同上;

⑨莫尔斯码语雾号(Morse code fog signals)按一个或数个莫尔斯信号发生。

(2)使用雾号应注意以下几点:

①雾号可能在极其不同的距离上听到;

②由高音或低音组成的雾号,在某种大气条件下,其中之一可能听不到;

③在雾号声源周围,偶尔会有听不到雾号的寂静区存在;

④雾可能存在于距离雾号站远的距离处而没有被发现,因此雾号未启动;

⑤某些雾号的发声器不能在发现雾后立即发声。

微课:
《灯标表》的查阅

6. 特殊说明(Special remarks)

各卷《灯标表》的"特殊说明"首先列出本卷中采用额定光力射程的国家和地区

名称,未列出的国家则采用光力射程。然后,针对本卷所包括的地区和国家的有关灯标、雾号、遇难信号、危险信号等特殊的规定与特点进行必要的说明。

7. 索引(Index)

索引列在各卷《灯标表》的最后,按灯标名称的字母顺序排列,并给出该灯标的编号,便于查找灯标的细节说明。

(四)《灯标表》查阅

(1)根据该灯标所在的地区,查任一卷《灯标表》的卷末"灯标表分卷界限图(Limit of Volumes of Admiralty List of Lights)",即可知该灯标所在的卷号(册号)。

(2)根据卷号,查阅该卷书末索引(Index)部分,根据以英文字母为顺序的灯标名称,查出该灯标的国际编号(No.)。

(3)根据该灯标的国际标号查出其所在的页数,即可阅读该灯标的细节。

例 8-1-3:查阅我国东海海区 2012 年花鸟山灯标的细节。

解:查灯标表任一卷卷末界限图,可知我国东海海区的灯标均在 F 卷中,书号 NP 79。

由 F 卷在灯标索引中查出该灯标的国际编号,可知该灯标的国际编号为 F3746。

查 2012 年版 F 卷正文中的国际编号 F3746,得知花鸟山灯标的细节为:灯塔位置在 $\varphi = 30°51'.67N$, $\lambda = 122°40'.34E$。灯质为白闪光,周期 15 s,灯高 89 m,射程 24 n mile,塔高 16 m,结构为黑白两色圆形塔状结构,该灯塔附有雾号、雷达应答器(Racon)、AIS 等。

九、英版《无线电信号表》

(一)概述

英版《无线电信号表》(Admiralty List of Radio Signals, ALRS)共分 6 卷,书号 NP 281—NP 286,除第四卷每 18 个月改版一次外,其余每年出版一次。出版消息见周版《航海通告》,季末版也刊有各卷的现行版信息。出版后的改正资料发布于英版《航海通告》的第Ⅵ部分中。各卷主要内容如下:

微课:
英版《无线电信号表》第二卷的结构

第一卷(Vol. 1, NP 281):Maritime Radio Station(海运无线电台)。

主要内容包括:Global Maritime Communications(全球海运通信);Satellite Communication Services(卫星通信服务);Coastguard Communications(海岸警卫通信);Tele-Medical Martime Assistance Service(TMAS)(海事远程医疗协助服务);Radio Quarantine and Pollution Reports(无线电检疫和污染报告);Anti-Piracy Contact Table(防海盗联络表)等。

该卷按海区分为两册,第一册书号 NP 281(1),海区包括欧洲、非洲和亚洲(不包括远东地区);第二册书号 NP 281(2),海区包括大洋洲、美洲和远东地区。

第二卷(Vol. 2, NP 282):Radio Aids to Navigation(无线电航标);Differential GPS(DGPS)(差分 GPS);Legal Time(法定时);Radio Time Signals(无线电时号);Electronic Position Fixing System(电子定位系统)。

该卷仅一册,主要内容包括:无线电助航标志(如雷达航标)、无线电时号、法定时、电子定位系统、卫星导航系统(如 GPS、DGPS、GLONASS 等)以及大量相关图表。

第三卷(Vol. 3, NP 283):Maritime Safety Information Services(海运安全信息服务)。

该卷按海区分为两册,第一册书号 NP 283(1),海区包括欧洲、非洲和亚洲(不包括远东地区);第二册书号 NP 283(2),海区包括大洋洲、美洲和远东地区。

主要内容包括 Marine Weather Services(海运气象服务);Maritime Safety Information Broadcasts(海运安全信息广播);Worldwide NAVTEX and Safety NET information(世界性的 NAVTEX 和安全网信息)以及与此有关的台站分布图等。

第四卷(Vol. 4, NP 284):Meteorological Observation Stations(气象观测台站)。

该卷仅一册,主要包括气象观测站一览表及其相关图表。

第五卷(Vol. 5, NP 285):Global Maritime Distress and Safety System, GMDSS(全球海险和安全系统)。

该卷仅一册,主要包括全球海上遇险与安全系统(GMDSS)及供学生使用的 GMDSS 资料,还有大量解释性图表。

第六卷(Vol. 6, NP 286):Pilot Services(引航服务);Vessel Traffic Services and Port Operations(船舶交通服务及港口工作)。

该卷每年海区划分有所变化,以 2011 年版本为例,该卷按海区分为七册,第一册书号 NP 286(1),海区包括英国、爱尔兰;第二册书号 NP 286(2),海区包括东北大西洋;第三册书号 NP 286(3),海区包括非洲;第四册书号 NP 286(4),海区包括印度洋和南太平洋;第五册书号 NP 286(5),海区包括北美洲和西北大西洋;第六册书号 NP 286(6),海区包括东北亚和俄罗斯;第七册书号 NP 286(7),海区包括南美洲。

该卷主要包括引航服务、港口业务和船舶交通服务、船舶报告制度的资料及相关图表。

(二)各卷主要内容

英版《无线电信号表》虽然每卷内容不同,但在编排上有很多相同之处,掌握这一点对使用该表很有帮助,现归纳如下:

本卷改正指南、对航海通信类出版物的介绍、总论、缩写、术语和定义,此外还有目录(Contents)、前言(Preface)、注意(Notice)等。

正文编排上大都是同类资料前给出详细资料的编排格式及细节介绍(Introduction),最后给出专项索引。以下仅对第二卷的主要内容和使用加以介绍,其他各卷可参照使用。

(三)英版《无线电信号表》第二卷主要内容及使用

1. 主要内容

主要内容可分为无线电航标地理区域索引,无线电测向台,雷达航标,卫星导航系统,标准时、法定时、世界时与无线电时号,电子定位系统和专项索引几大部分,按目录编排顺序介绍如下：

(1)无线电航标地理区域索引(Index of Geographical Sections for Radio Navigational Aids)

利用该索引可根据国家或地区名称的字母顺序查得无线电测向台、雷达航标所在的页码，翻至该页码，可查得该国家或地区的航标的细节。

电子书：
《无线电信号表》
第二卷（NP 282）

(2)无线电测向台(Radio Direction-Finding Stations)

包括：定义与总论(Definitions and General Information)、序言(Introduction)、服务资料细节(Service Details)。

VHF 测向台目前仅用于遇难船，由海岸警卫电台管理。在其作用距离内的遇难船可用 VHF 在规定频道上发射信号，VHF 测向台就能测出遇难船的方位。应遇难船请求，海岸警卫电台可在其测向点用测向天线发射遇难船的方位信号。资料编排格式见图 8-1-10。

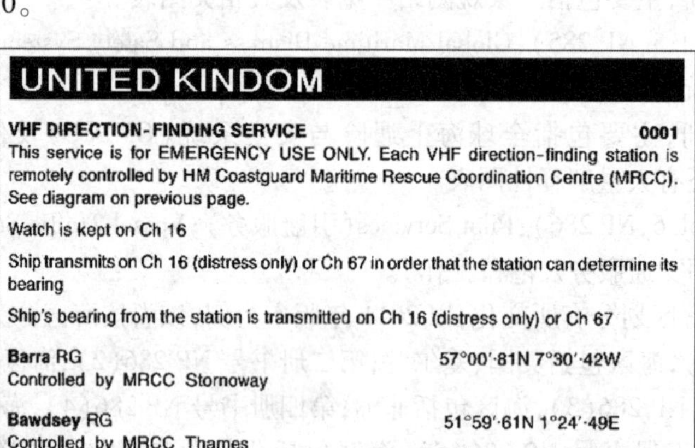

UNITED KINDOM

VHF DIRECTION-FINDING SERVICE **0001**

This service is for EMERGENCY USE ONLY. Each VHF direction-finding station is remotely controlled by HM Coastguard Maritime Rescue Coordination Centre (MRCC). See diagram on previous page.

Watch is kept on Ch 16

Ship transmits on Ch 16 (distress only) or Ch 67 in order that the station can determine its bearing

Ship's bearing from the station is transmitted on Ch 16 (distress only) or Ch 67

Barra RG 57°00'·81N 7°30'·42W
Controlled by MRCC Stornoway

Bawdsey RG 51°59'·61N 1°24'·49E
Controlled by MRCC Thames

图 8-1-10　无线电测向台资料

(3)雷达航标(Radar Beacons)(Racons and Ramarks)

这一部分与无线电测向台的编排基本相同，包括总论(General information)、序言(Introduction)和服务资料细节(Service Details)。其中资料细节包括类别、名称、周期、有效扇区、作用距离、识别信号、地理位置、编号、莫尔斯识别码及有关注释等，如图 8-1-11 所示。

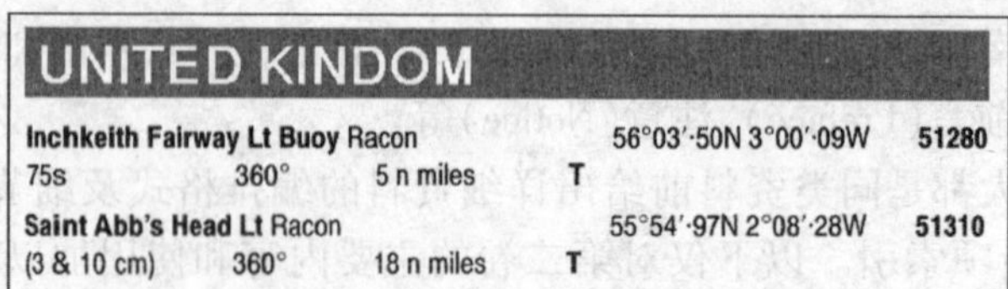

UNITED KINDOM

Inchkeith Fairway Lt Buoy Racon				56°03'·50N 3°00'·09W	**51280**
75s	360°	5 n miles	T		
Saint Abb's Head Lt Racon				55°54'·97N 2°08'·28W	**51310**
(3 & 10 cm)	360°	18 n miles	T		

图 8-1-11　雷达航标资料

如图 8-1-11 所示，给出雷达航标资料有航标名称、编号、位置、航标类型(racon 或 ramark)；3 & 10 cm 指雷达波长，即适合 3 cm 雷达和 10 cm 雷达，若无标注，说明该航标适用于 3 cm 雷达；对于低速扫描雷达航标，则给出在雷达荧屏上出现信号所需扫描时，如图中的 75 s；航标的作用范围是从海上看航标的方位范围，这里的 360°，标明为全方向航标;5 或 18 n mile 指航标的作用距离;T 即航标的莫尔斯识别号码。

(4)卫星导航系统(Satellite Navigation Systems)

卫星导航系统主要内容包括:序言与误差源、导航星全球定位系统 The NAVSTAR Global Positioning System(GPS)、全球导航卫星系统 The Global Navigation Satellite System(GLONASS)、GPS 与 GLONASS 联合全球导航卫星系统 GPS and GLONASS Global Navigation System(GNSS)、卫星增强导航系统 Satellite Based Augmentation System(SBAS)和伽利略系统(Galileo)、关于海图水平基准面与卫星定位位置的说明(Horizontal Datums on Charts and Satellite-derived Position Notes)、DGPS 导航系统 Differential GPS(DGPS)。

(5)标准时、法定时、世界时与无线电时号

①标准时(Standard Time)

这一部分介绍了统一时间制度(Uniform Time System),包括:海上保持区时制度(System of Time-Keeping at Sea by Means of Time Zone)、国际日界线位置(International Date Line)、特定标准时名称(Standard Time Designators)和世界时区图(The World: Time Zone Chart)。

②法定时(Legal Time)

按国家或地区首字母顺序给出各国家或地区的法定时,"-"代表东时区,法定时在世界时前,"+"代表西时区,法定时在世界时后。有些国家或地区因季节变化采用夏令时,表中给出其由标准时变为夏时的生效细节。表中星号(*)表示该国家或地区本年度预期不执行夏令时,如图 8-1-12 所示。

Territory	Standard Time	Daylight Saving Time		
			Begins (LT)	Ends (LT)
Sweden	-1	-2	Last Sunday in March 0200h	Last Sunday in October 0300h
Switzerland	-1	-2	Last Sunday in March 0200h	Last Sunday in October 0300h
Syria	-2	-3	First Friday in April 0000h	Last Thursday in October 2400h
Taiwan	-8	*		
United Kingdom	0	-1	Last Sunday in March 0100h	Last Sunday in October 0200h
United States of America				
Zone 1 Eastern (EST)	+5	+4	Second Sunday in March 0200h	First Sunday in November 0200h
Zone 2 Central (CST)	+6	+5	Second Sunday in March 0200h	First Sunday in November 0200h
……				

图 8-1-12 法定时

③世界时(Universal Time)

介绍协调世界时(*UTC*-Co-ordinated Universal Time)、世界时(*UT*1 or *UT*, Universal Time)、格林尼治平时(*GMT*, Greewich Mean Time)、国际原子时(IAT, International Atomic Time)、协调世界时,世界时与协调世界时之差(*DUT*1)以及时号的播发、跳秒(Leap Seconds)等。

④无线电时号(Radio Time Signals)

包括:序言(Introduction)、服务资料细节(Service Details),按时号发射台编号排列给出编号、名称、呼号、概位、频率、发射制式、功率、发射时间、时号类别、*DUT*1 信号来源和精度等细节。

(6)电子定位系统(Electronic Position Fixing Systems)

介绍罗兰C系统的一般情况和现行工作状态(Current Operation Status)、罗兰C台的资料(Loran-C:Chains in Operation)、罗兰C的覆盖区域图。

(7)7个专项索引

微课：NP 282 的使用

①无线电测向台索引(Index of Radio D-F Stations)

根据无线电测向台的名称查得测向台的编号,利用编号便可查得资料的细节。

②雷达航标索引(Index of Radar Beacons)

根据雷达航标的名称查得其编号,利用编号便可查得资料的细节。

③DGPS信标国家索引(Beacons Transmitting DGPS Corrections-Index of Countries)

根据国家(或地区)名称查得该国家(或地区)DGPS信标资料的起始页码,在该页有该国家(或地区)该项资料的说明。

④DGPS信标索引(Index of Beacons Transmitting DGPS Corrections)

根据信号标的名称查得该表资料所在的页码,查找资料细节。

⑤无线电时号的地理区域索引(Index of Geographical Sections for Radio Time Signals)

根据国家或地区的名称查得该国家或地区的时号发射台所在的页码,便可查到资料细节。

⑥时号发射台索引(Index of Stations Transmitting Time Signals)

根据时号发射台的名称查得页码,根据页码便可查得资料细节。

⑦时号发射台呼号索引(Index of Call Signs of Stations Transmitting Time Signals)

根据收到的时号发射台的呼号或台名查得所在页码,根据页码便可查得资料细节。

2. 第二卷的使用

(1)如果要查阅某国家或地区的无线测向台、雷达航标或时号发射台的资料,可利用该卷后面的不同索引,查找相应的内容。如雷达航标资料的查阅,按照雷达航标名称首字母顺序在雷达航标索引找到对应的航标国际编号,即可在正文中找到具体航标信息。

(2)查找国家和港口的标准时、法定时,可直接查阅目录。

微课：《无线电信号表》第六卷结构

(四)英版《无线电信号表》第六卷的主要内容及使用

1. 内容

第六卷主要提供引航服务、船舶交管服务和港口工作情况等方面的资料。

正文内容主要分两部分,第一部分给出国家或地区的“GENERAL NOTES”,介绍有关保安通信、引航规定、抵港注意事项及报告制度。如图8-1-13(a)所示。

紧接着的第二部分给出国家或地区的主要港口水域引航服务、船舶交管服务和港口工作情况的具体信息。这些信息包括概述、服务地区、台站呼号、岸台工作细节、联络情况、频率的表示方法、服务时间、申请引航或进港应遵循的要领、报告点的位

置、重点报告点、事故报告点、雷达监控、雷达协助、紧急协调中心、信息广播等。图8-1-13(b)是中国北海港有关的引航等业务资料。

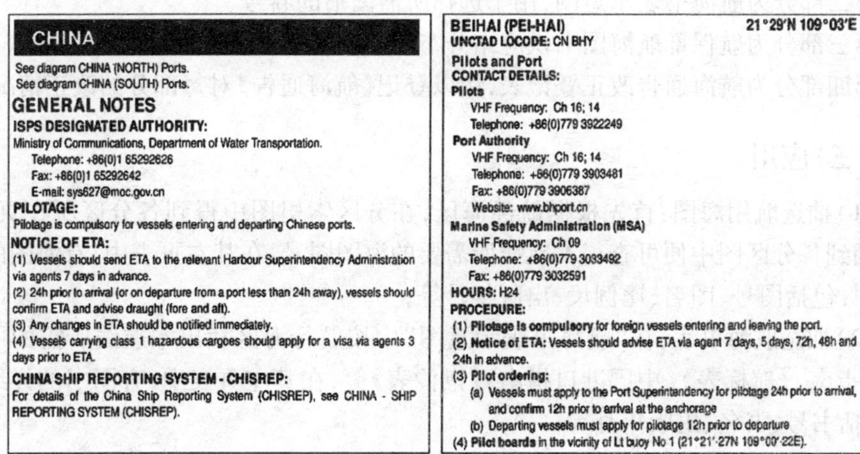

CHINA

See diagram CHINA (NORTH) Ports.
See diagram CHINA (SOUTH) Ports.

GENERAL NOTES

ISPS DESIGNATED AUTHORITY:
Ministry of Communications, Department of Water Transportation.
Telephone: +86(0)1 65292626
Fax: +86(0)1 65292642
E-mail: sys627@moc.gov.cn

PILOTAGE:
Pilotage is compulsory for vessels entering and departing Chinese ports.

NOTICE OF ETA:
(1) Vessels should send ETA to the relevant Harbour Superintendency Administration via agents 7 days in advance.
(2) 24h prior to arrival (or on departure from a port less than 24h away), vessels should confirm ETA and advise draught (fore and aft).
(3) Any changes in ETA should be notified immediately.
(4) Vessels carrying class 1 hazardous cargoes should apply for a visa via agents 3 days prior to ETA.

CHINA SHIP REPORTING SYSTEM - CHISREP:
For details of the China Ship Reporting System (CHISREP), see CHINA - SHIP REPORTING SYSTEM (CHISREP).

(a)

BEIHAI (PEI-HAI) **21°29′N 109°03′E**
UNCTAD LOCODE: CN BHY

Pilots and Port
CONTACT DETAILS:
Pilots
VHF Frequency: Ch 16; 14
Telephone: +86(0)779 3922249
Port Authority
VHF Frequency: Ch 16; 14
Telephone: +86(0)779 3903481
Fax: +86(0)779 3906387
Website: www.bhport.cn
Marine Safety Administration (MSA)
VHF Frequency: Ch 09
Telephone: +86(0)779 3033492
Fax: +86(0)779 3032591
HOURS: H24
PROCEDURE:
(1) **Pilotage is compulsory** for foreign vessels entering and leaving the port.
(2) **Notice of ETA:** Vessels should advise ETA via agent 7 days, 5 days, 72h, 48h and 24h in advance.
(3) **Pilot ordering:**
(a) Vessels must apply to the Port Superintendency for pilotage 24h prior to arrival, and confirm 12h prior to arrival at the anchorage
(b) Departing vessels must apply for pilotage 12h prior to departure
(4) **Pilot boards** in the vicinity of Lt buoy No 1 (21°21′·27N 109°00′·22E).

(b)

图 8-1-13　《ALRS》第六卷正文资料格式

2. 使用

英版《无线电信号表》第六卷查阅方法如下：

(1)首先在《航海图书总目录》或《无线电信号表》各卷封底查阅分区索引图，选择港口所在的卷号；

(2)如要查阅国家或地区的船舶交通管理及其规定，用户只要按国家或地区名称从“CONTENTS LIST”中查找页码；

(3)查阅具体港口的引行业务等信息可根据港口或地域名称的英文字母从卷末索引(Index)中直接查找页码，也可以按港口所属国家或地区名称从“CONTENTS LIST”中查得港口所在页码；

(4)有关缩写、正文中的术语及有关内容的解释、改正等内容可以在目录中查得所在页码。

电子书：
《无线电信号表》
(NP 286)

十、中版《航海图书目录》

(一)概述

中版《航海图书目录》为海军司令部航海保证部每年出版，它供使用者查阅中国海区的现行航海图、港湾图以及渔业图等专用图和航海书、表(簿)的名称、编号、范围等。该书的修改根据航保部发布的周版《航海通告》进行。

(二)主要内容

中版《航海图书目录》主要有四大部分内容。

第一部分为中国海区海图，首先是海图图号索引(包括图号、图名、页码、图积)，其次是分区索引图，标识该海区海图所在的页码，再次是中国海区及附近和中国海区的总图索引图，给出小比例尺的图号，最后是各海区海图分区索引图。

第二部分为航海书表示意图，用于选择所需图书的卷号。

第三部分为航保部航海图书供应站分布图和航海图书价格表。

第四部分为航海通告改正登记表，用以登记《航海通告》对每部分的改正情况。

（三）应用

（1）抽选航用海图：首先根据航经海区，在分区索引图中得到各分区所在页码，然后翻到各分区图中便可查得本航线所需要的海图图号，在其左页表中，有海图的详细说明，包括图号、图名、比例尺、出版年月等；

（2）抽选航海书表：在"航海书表示意图"中按航行海区找出本航线所需的中版《航路指南》《航标表》《中国港口指南》《潮汐表》等，在其左页表中，有图书的详细说明，包括书号、书名、出版年月等；

（3）查取中版航海图书供应站地点及图书资料的价格：根据"航海图书供应站分布图"，便可查知获取中版航海图书资料的地点，右页是供应站分布示意图，左页是供应站名称、地址、联系方式等；

（4）校验本船航海图书是否适用，可作为添置航海图书资料的依据。根据《航海通告》改正到最近之日，即可利用《航海图书目录》中所列的海图和图书的详细资料，检验本船海图和图书是否适用，并据其查出本船需添置的航海图书资料。

十一、英版《海图与其他水道图书总目录》

（一）概况

英版《海图及其他水道图书总目录》（Catalogue of Admiralty Charts and Other Hydrographic Publications）简称《航海图书总目录》，包括由英国海军水道测量部出版的全部海图及其他航海图书的详细信息，书号为NP131，每年1月修订再版。

本书的改正，一者利用本书出版时自带的"补遗和勘误表"，用来改正印刷中的遗漏或错误；再者主要根据其付印之日以后的周版《航海通告》第Ⅰ部分和季末版《航海通告》发布的图书新版，作废消息进行改正。

（二）主要内容

每年版本虽稍有变动，但基本为下述六方面内容：

1. 总论及其他

其包括总目录（Contents）、图书目录的改正说明与登记表（Directions for Updating this Volume）、总论（General Information）、英版海图和图书指定代销店分布图（Distribution of Appointed Agents for the Sale of Admiralty Charts and Publications）、英版海图及图书代销店一览表（List of Admiralty Charts Agents for the Sale of Charts and Hydrographic Publications）、适用于英版光栅扫描海图和电子海图的设备和软件的制造商一

电子书：
航海图书总目录

览表(ARCS/ENS Compliant Equipment Software Suppliers)、航用海图(Navigational Charts)、航海通告的获取与在线服务(Availability of Notices to Mariners and-on-line-Services)。

2. 航用海图(Navigational Charts)

本部分内容主要用于抽选和检验航用海图,主要包括:

(1)英版海图分区索引图(Limits of Admiralty Charts Indexes):以字母和数字标出各海图索引分区的页码,便于索查。

(2)索引图 AA 是比例尺很小的制订计划用海图索引图,索引图 A 是世界大洋总图的索引图,索引图 A1 是世界 1∶3 500 000 或同等比例尺的海图索引图,索引图 A2 则是东北大西洋、欧洲水域地中海小比例尺海图索引图。

(3)各分区海图索引图均印在 B—W 页的右页,左页为该分区内所有海图的细节说明,包括图号、图名、比例、出版年月、新版年月等。凡图号旁注有“*”号者,表示该图中另包含一平面图(Plan),注有“I”号者,表示该图为国际海图(International Chart),注有“⊙”号者,表示该图另有光栅扫描海图(ARCS)可供使用,注有“V”号者,表示该图为小艇海图。

3. 专用海图(Thematic Charts)

主要包括下列海图和图表:

航路设计图(Routeing Charts)、航路设计指南图(Routeing Guides Charts)、心射投影海图(Gnomonic Charts)、教学用图(Introduction Charts)、水道测量工作和符号图表(Hydrographic Practice and Symbols)、天文图表(Astronomical Charts)、气象图表(Meteorolgical Charts)、磁差曲线图(Magnetic Variation Charts)、潮汐要素图表(Tidal Charts)、空白定位图(Plotting Diagram and Sheets)、深海测量图(Navigational Publications)等。

4. 航用图书(Navigational Publications)

本部分内容主要用于抽选和检验航用图书资料,主要包括:

无线电信号表(Admiralty List of Radio Signals)、《航路指南》(Sailing Directions)及索引图、《灯标和雾号表》(Admiralty List of Lights and Fog Signals)及索引图、《世界大洋航路》(Ocean Passages for the World)和《航海员手册》(The Mariner's Handbook)、潮汐图书(Tidal)、数字化灯标表(Digital list of lights)、光盘版潮汐表(Total Tide)、每年再版的英国水道测量局图书目录(Admiralty Catalogues published annually)、航海通告累计表与年度摘要(Admiralty Notices to Mariners-Cumulative lists and Annual Summary)等。

5. 其他

有关英版出版物(Related Admiralty Publications):英版航海通告(Admiralty Notices to Mariners);里程表(Distance Tables);天文用图和出版物(Astronomic Charts and Publications);航海通告的获取和在线服务(Availability of Notices to Mariners and Online Services)等。

6. 海图图号索引(Numerical Index)一览表与价格表(Price List)等

(三)主要用途

1. 抽选航用海图

(1)利用索引图 AA 查取本航线所需制订航行计划用海图,利用索引图 A 查取所需总图,利用索引图 A1 查取 1∶3 500 000 的海图,利用索引图 A2 查取东北大西洋、欧洲水域和地中海小比例尺海图;

(2)查阅分区索引图,可知本航线将航经的分区字母代码,即页码;

(3)分别翻到本航线所找到的分区代码页,查取所需航用海图号。

例 8-1-4:试抽选新加坡至大连所需的各种大小比例尺航用海图。

①抽选航行计划用海图。

AA:4016;A1:4508,4509;航路设计图:5126。

②根据航路设计图的推荐航线,查分区索引图界线图:I2,J,J3,K,K1。

③翻到各字母页,查得航用海图。

I2:4044,4043,4042,3831;J:2403,2869,3482;J3:3483,3489,1968,2412;K:1760,1761,1754,1759,1199,3480;K1:1254,1255,3697,3690。

注意,在抽选海图之前应初步拟订好航线,并参考有关推荐航线的资料,作为抽选海图的依据。航海图抽选原则是抽选的海图比例尺大小适当,如沿岸及狭水道水域应选较大比例尺海图,洋区一般选小比例尺海图,海图之间相邻水域应能衔接,同时视具体情况,抽选必要的航行参考图。在我国沿海航行应使用中版航海图书资料。

2. 抽选本航次所需航海图书

根据航次命令,利用该书的第四部分航海图书(Publications)抽选本航次所需航海图书,如《航路指南》《灯标和雾号表》《潮汐表》《无线电信号表》等。

例 8-1-5:试抽选新加坡至安特卫普航线的《航路指南》《灯标和雾号表》《潮汐表》《无线电信号表》。

以 2011 年版本《航海图书总目录》查阅:

(1)从第四部分的《航路指南》分区索引图(Limits of Volumes of Admiralty Sailing Directions)查得该航线需要的《航路指南》卷号为:NP 44、NP 38、NP 64、NP 49、NP 45、NP 67、NP 22、NP 27、NP 28;

(2)从第四部分英版《灯标和雾号表》分区索引图(Limits of Volumes of Admiralty List of Lights)中查得该航线所需卷号为 F、E、D、A、B;

(3)从“潮汐图书”(Tidal Publications)查得所需《潮汐表》第一卷(NP 201)、第二卷(NP 201);

(4)从《无线电信号表》中查得所需卷号为:NP 281(1)、NP 281(2)、NP 282、NP 283(1)、NP 283(2);NP 284、NP 285、NP 286(1)、NP 286(3)、NP 286(4)、NP 286(6)。

3. 查验船上所存海图、图书是否适用

(1)翻至该书的“海图图号索引”(Numerical Index),根据抽选的本船所存的海

图图号或书号，查得该图、书的细节所在页码；

（2）翻到该图、书所在页码，其中信息中有海图、图书的出版日期（Date of Publication）、新版日期（New Edition），将本船海图、图书的出版日期、新版日期与总目录查得日期比较，便可知本船海图、图书是否适用。

例 8-1-6：本船 2009 年 4 月 15 日从上海开往新加坡，需用长江口海图 1602，船上该海图的出版日期是 Dec. 1980，新版日期 Sept. 2008，查阅 2009 年《航海图书总目录》中第九部分的"海图图号索引"知 1602 号图在 78 页，查得该海图的出版日期是 Dec. 1980，新版日期 Sept. 2008，故该图为最新版，是适用的。

4. 查阅海图和图书代销点和获取航海通告的地点，从而添置航海图书资料和获取航海通告

在目录的第一部分"总论和其他"中，利用"英版海图和出版物指定代销点配布图"和"英版海图及图书代销点一览表"便可查到本航线沿途可购海图和图书的代销地址，而利用"航海通告的获取"页，可查得本航线沿途获取《航海通告》的机构，在海图和图书代销点也可获得《航海通告》的复印本。此外，当新船需要配置航海图书资料时，可首先在目录中查得需要的航海资料清单，然后选择适当的代销点的代销店配置资料。

（四）抽选海图的注意事项

（1）在抽选航用海图之前应初步拟定航线，并绘画到总图上，作为查找分区代码的依据；

（2）同一海区有不同比例尺海图时，原则是尽量抽选较大比例尺海图，同时视具体情况，抽选必需的航行参考图；

（3）抽选海图时，相邻的海图必须能够很好衔接。

十二、中版《航海通告》

电子书：中版《航海通告》

航海通告（Notice to Mariners）是通报涉及航行安全信息，用以改正海图、图书的定期或不定期出版物。通常每周出版一期，不同国家还出版每月、每年的各种汇编。通告按生效情况可分为永久性通告、临时性通告和预告性通告三种。英国海军水道测量部出版的《航海通告》使用较广。中版《航海通告》有两种版本，即由海军司令部航海保证部出版的纯中文版，中国航海图书出版社出版的中英文对照版。《航海通告》的发行有传统的纸面印刷和数字化发行两大类，数字化《航海通告》现已在不少船上使用，如中版、英版《航海通告》可直接在海军司令部航海保证部、英国水道测量局网站上免费下载。

（一）中版《航海通告》

每周出版一期，主要内容有：

1. 海图、图书出版信息和索引

海图、图书出版信息主要用于改正中版《航海图书总目录》，由"地理区域索引"

和“关系海图索引”两部分组成，用以指明本期通告的内容所涉及的有关海区和需要改正的有关海图及图书。

2. 航海通告

航海通告主要刊载了与航行安全有关的海区资料变化情况和新的航海图书资料出版的消息等，其编排顺序是先国内海区后国外海区，国内又以渤海、黄海、东海、南海为序，一般先刊印永久性通告，后刊印临时性通告和预告。

3. 无线电航行警告

其内容覆盖国际划分的NAVAREA Ⅺ区的范围，由两部分组成，前一部分是发布至今仍有效的航行警告的年份与号码的汇编，后一部分刊印新的航海警告内容。

4. 航标表改正

按照我国《航标表》的卷名，编号顺序编排，每个编号的改正资料按八栏单面印出，便于贴改。

5. 行路指南及港口资料改正

其刊印对我国《航路指南》及有关港口资料的改正。

6. 其他

凡不能包括在上述五项而又与航行安全有关的内容均在此栏刊出，但是以上六部分的内容不一定每期都有。

（二）使用中版《航海通告》的注意事项

（1）《航海通告》中有的通告号后用括号（临）（预）（参）等字样，分别表示该项目内容为临时性、预告性或参考性的，这类通告仅用铅笔改到有关海图和航海图书上即可，而凡通告号后未加注者，为永久性内容，应用红色墨水笔在有关海图和航海图书上进行改正。

（2）《航海通告》中给出的位置是最大比例尺的最新版海图为准，用经纬度或方位、距离表示，如在位置数据后面附加以“概位”或“疑存”等字样，表示为概略位置或怀疑存在（危险物）。

（3）方位均系真方位，但所记灯光光弧或导标方位线等，系自海上视灯塔、灯桩的方位。

（4）每一号航海通告一般由通告号码与标题，通告本文，应改正的海图图号（该图号之后用小括号括起来的数码表示该号海图应该改正本通告中的第几款内容，而中括号内的数码表示该号海图应该改正上次的通告号码）和资料来源四部分组成，例如2010年第3期121号：

121 南海 雷州湾东南方———存在沉船

加绘 概位 (+++)（1）在20°43′00″N，110°59′00″E

(+++)（2）同上述（1）

海图 15770（1）［2009-1740］ 15700（1）［2009-1892］ 15020（1）［2009-1945］

10016(2)[2009-1954] 104(2)[2010-75] 102(2)[2010-75]
F10517(1)[2009-1892] F11009(2)[2009-1954]
资料来源英版通告 2008-(28)-3718

该例中海图后面的 15770(1)[2009-1740]表示对 15770 号海图仅改正通告中的第 1 款内容,而[2009-1740]则表示该海图的上一次小改正应是 2009 年的 1740 号通告。

十三、英版《航海通告》

(一)概述

英版《航海通告》(Admiralty Notices to Mariners, ANM)每周末出版一期,它汇集英国水道测量部发布的全部航海通告,提供对所有英版海图及其他航海图书的改正资料。

周版《航海通告》封面内容如图 8-1-14 所示。

电子书:
周版《航海通告》

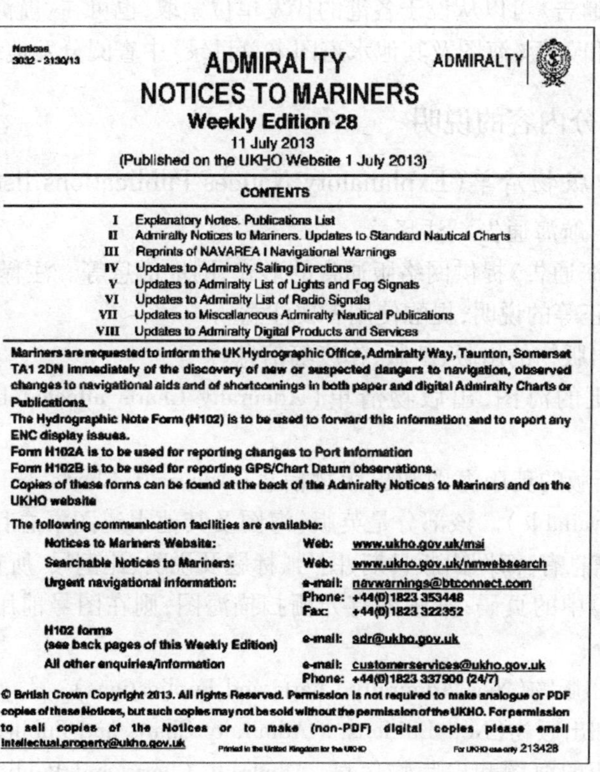

Notices
3032 - 3130/13

ADMIRALTY

ADMIRALTY
NOTICES TO MARINERS
Weekly Edition 28
11 July 2013
(Published on the UKHO Website 1 July 2013)

CONTENTS

I	Explanatory Notes. Publications List
II	Admiralty Notices to Mariners. Updates to Standard Nautical Charts
III	Reprints of NAVAREA I Navigational Warnings
IV	Updates to Admiralty Sailing Directions
V	Updates to Admiralty List of Lights and Fog Signals
VI	Updates to Admiralty List of Radio Signals
VII	Updates to Miscellaneous Admiralty Nautical Publications
VIII	Updates to Admiralty Digital Products and Services

Mariners are requested to inform the UK Hydrographic Office, Admiralty Way, Taunton, Somerset TA1 2DN immediately of the discovery of new or suspected dangers to navigation, observed changes to navigational aids and of shortcomings in both paper and digital Admiralty Charts or Publications.
The Hydrographic Note Form (H102) is to be used to forward this information and to report any ENC display issues.
Form H102A is to be used for reporting changes to Port Information
Form H102B is to be used for reporting GPS/Chart Datum observations.
Copies of these forms can be found at the back of the Admiralty Notices to Mariners and on the UKHO website

The following communication facilities are available:

Notices to Mariners Website:	Web: www.ukho.gov.uk/msi
Searchable Notices to Mariners:	Web: www.ukho.gov.uk/nmwebsearch
Urgent navigational information:	e-mail: navwarnings@btconnect.com Phone: +44(0)1823 353448 Fax: +44(0)1823 322352
H102 forms (see back pages of this Weekly Edition)	e-mail: sdr@ukho.gov.uk
All other enquiries/information	e-mail: customerservices@ukho.gov.uk Phone: +44(0)1823 337900 (24/7)

Printed in the United Kingdom for the UKHO   For UKHO use only 213428

图 8-1-14 英版《ANM》封面

封面的基本信息有:右上角为英国水道测量部徽标;左上角为本期的通告号(英国水道测量部对其所发的通告按发布顺序全年连续进行编号)的范围(如 3032-3130/13),月末版还注有有效的临时通告和预告(T&P Notices in Force),季末版注有有关图书改正或出版标题(如:Updates to Sailing Directions in Force;Current Hydrographic Publications;Cumulative List for Admiralty List of Radio Signals);周版号(如 Weekly Edition 28)及出版日期;目录(CONTENTS);对航海者提供有关信息要求;网上《航海通告》的信息等。

目前英版《航海通告》,提供以下部分内容:

(1)Explanatory Notices、Publications List(注释、出版物清单);

(2)Admiralty Notices to Mariners. Updates to Standard Nautical Charts(航海通告,海图的更新);

(3)Reprints of Radio Navigational Warnings(无线电航海警告的重印);

(4)Updates to Admiralty Sailing Directions(《航路指南》的更新);

(5)Updates to Admiralty List of Lights and Fog Signals(《灯标和雾号表》的更新);

(6)Updates to Admiralty Lists of Radio Signals(《无线电信号表》的更新);

(7)Updates to Miscellaneous Nautical Publications(其他各种出版物的更新);

(8)Updates Admiralty Digital Products And Service(英版数字出版物的更新与服务)。

英版《航海通告》可以从设于各港的代发单位索取,也可在《航海通告年度摘要》的第 14 号通告和英版《海图及其他水道图书总目录》中查阅分发地址。

(二)各部分内容的说明

1. 注释、出版物清单(Explanatory Notices Publications list)

(1)网络版《航海通告》、注释

网络版《航海通告》提供网络版通告的形式、网址信息等。注释是关于每期通告的截止日期、改正等的说明,提醒使用者要注意。

(2)海图、出版物的出版、新版、作废等信息

①有关变更的海图、出版物清单(Admiralty Charts affected by the Publication List)。

②新出或新版的英版海图和出版物信息(Admiralty Charts and Publications Now Published and Available)。该部分是英版《海图及其他水道图书总目录》更新的主要资料。它们的信息有:海图出版日期、图号、标题及说明、比例尺、所在图夹号、该图在本年度《总目录》中的页码;某张图有光栅扫描海图,则在图号前用符号"⊙"标出。包括以下两部分:

i. 新图、新出版物(New Admiralty Charts and Publications);

ii. 新版图和出版物(New Editions of Admiralty Charts and Publications)。

③即将出版的海图和出版物信息(Admiralty Charts and Publications to be Published)。

刊有近期将要出版的海图和出版物及与此图有关联的图书将要作废的信息。

④永久性作废的海图和出版物(Admiralty Charts and Publications Permanently Withdrawn)。

⑤有关电子出版物信息,包括:

i. Admiralty Vector Chart Service and ECDIS Service；

ii. Admiralty Raster Chart Service-Latest Issue Dates of Regional Discs。

⑥现行版的图书(Current Nautical Publications)。

其刊有目前最新的 Sailing Directions, List of Lights, Lists of Radio Signals, Tidal Publications & Digital Publications 等的版本信息。

(3)月末、季末周版的增加内容

每月月末版《航海通告》(在下一个月月初出版)的一期航海通告中还包括：

临时性通告和预告月度汇编(IA Temporary and Preliminary Notices)，首先列出本月取消的临时性通告和预告的清单，然后按 26 个地区汇编列出至该月底仍有效的通告编号、相关海图、位置与主题和图夹编号的汇编。

在每季度末出版的《航海通告》中还包括：

季末版《航海图书》增加仍有效的临时性与预告性通告的汇编和图书出版一览表(Current Hydrographic Publications)，该一览表有《航路指南》及其补篇、《灯标和雾号表》、《无线电信号表》、《潮汐表》等图书现行版本一览表，以便了解和检验航海图书的新版情况。

2. 航海通告，海图的更新(Admiralty Notices to Mariners. Updates to Standard Nautical Charts)

(1)三个索引

①地理索引(Geographical Index)

地理索引共有 27 项，前 26 项是各海区地理索引，27 项为临时通告与预告的索引，如图 8-1-15 所示。

GEOGRAPHICAL INDEX

(1)	Miscellaneous	2.6
(2)	British Isles	2.6 – 2.10
(3)	North Russia, Norway, The Færoe Islands and Iceland	2.10 – 2.11
(4)	Baltic Sea and Approaches	2.11
(5)	North Sea and North and West Coasts of Denmark, Germany, Netherlands and Belgium	2.12 – 2.14
(6)	France and Spain, North and West Coasts, and Portugal	2.14
(7)	North Atlantic Ocean	2.14 – 2.15
(8)	Mediterranean and Black Seas	2.16 – 2.18
(9)	Africa, West Coast and South Atlantic	2.19
(10)	Africa, South and East Coasts, and Madagascar	2.19
(11)	Red Sea, Arabia, Iraq and Iran	2.19 – 2.20
(12)	Indian Ocean, Pakistan, India, Sri Lanka, Bangladesh and Burma	2.20 – 2.21
(13)	Malacca Strait, Singapore Strait and Sumatera	2.21 – 2.22
(14)	China Sea with its West Shore and China	2.22 – 2.24
⋮		
(24)	East Coast of South America and The Falkland Islands	2.29
(25)	Caribbean Sea, West Indies and the Gulf of Mexico	2.29
(26)	East Coast of North America and Greenland	2.30
(27)	T & P Notices	2.31 – 2.39

图 8-1-15　地理索引

②通告与图夹编号索引(Index of Notices and Chart Folios)

通告与图夹编号索引列出了每个通告所在页码和该通告涉及的图夹的编号。如图 8-1-16 所示。

INDEX OF NOTICES AND CHART FOLIOS

Notice No.	Page	Admiralty Chart Folio	Notice No.	Page	Admiralty Chart Folio
1362	2.21	55	1419(T)/13	2.48	63
1363	2.22	55	1420(T)/13	2.48	64
1364	2.22	55	1421(T)/13	2.49	65
1365	2.22	55	1422	2.25	52
1366	2.22	55	1423	2.28	48
1367	2.22	55	1424*	2.33	96
1368	2.23	55	1425	2.33	98
1369	2.23	53, 55	1426	2.32	74
1370	2.23	53	1427	2.17	25
1371	2.23	54	1428	2.11	13
1372	2.24	54	1429	2.17	26, 27
⋮	⋮	⋮	⋮	⋮	⋮
1405	2.17	30	1462	2.28	58, 59
1406	2.12	10, 11	1463*	2.10	1
1407	2.12	11	1464	2.18	24
1408(P)/13	2.43	43	1465	2.34	87
1409	2.20	43	1466	2.38	81
1410	2.26	46	1467	2.39	81
1411	2.26	46	1468	2.35	87
1412(T)/13	2.45	66	1469	2.5	5, 47
1413(T)/13	2.46	66			
1414(T)/13	2.47	66			
1415(T)/13	2.47	66			
1416(T)/13	2.47	66			
1417(T)/13	2.48	66			
1418(T)/13	2.48	66			

图 8-1-16 通告与图夹编号索引

③相关海图索引(Index of Charts Affected)

相关海图索引列出本期有关改正海图图号与通告,以供登记与海图相关的通告号码用,如图 8-1-17 所示。

(2)航海通告

该部分主要用来对英版海图出版或新版后的更新。航海通告分为永久性通告、临时性通告和预告性通告三种。

①永久性通告

图 8-1-18 为 2013 年第 13 期的一则永久性通告。改正海图的永久性通告内容包括通告编号(如 1400)、通告涉及的地点与更新标题(如 UKRAINE-Odesa North-eastwards and South-eastwards-Wreck. Obstruction. Depths.)、资料来源(通告号码旁注有"*"者,是指通告来源于原始资料)、通告所涉及的海图(Chart 2212)、上次改正的通告号/年份([previous update 1399/13])、海图坐标系(WGS-84 Datum)、具体更新内容等。

②临时性通告和预告性通告

临时性通告(Temporary Notices)和预告性通告(Preliminary Notices)在通告号码后面分别用缩写(T)和(P)注明,这类通告列于永久性通告的后面,并且单面印刷,以便于汇编成册,如图 8-1-19 所示。

③澳大利亚和新西兰周版《航海通告》的重印

在第Ⅱ部分末尾部分是重印的澳大利亚和新西兰某些周版《航海通告》,周版的

INDEX OF CHARTS AFFECTED

Admiralty Chart No.	Notices	Admiralty Chart No.	Notices
2	1389	2258	1435
18	1463	2262	1402
45	1395P	2291	1452
84	1408P, 1409	2296	1406, 1407
86	1393	2299	1407
90	1409	2303	1403
119	1439T	2506	1424
140	1440T	2537	1464
144	1395P	2538	1464
187	1429	2589	1455
194	1464	2638	1462
⋮	⋮	⋮	⋮
2056	1410, 1411	4749	1451
2107	1454	4751	1441
2123	1464	4752	1441
2124	1464	4757	1445
2137	1411	4762	1449
2182B	1438P	4765	1450
2182C	1390, 1438P	4767	1449
2182D	1389, 1390	4770	1450
2194	1468	4776	1446
2202	1399	4789	1447
2205	1399, 1400	4790	1447
2209	1469	4953	1448
2212	1399, 1400		
2232	1400		
2243	1400		

图 8-1-17　相关海图索引

1400　UKRAINE - Odesa North-eastwards and South-eastwards - Wreck. Obstruction. Depths. Buoyage. (continued)

Chart 2212 [*previous update 1399/13*] WGS-84 DATUM

Insert　*Wk*　(a) 46° 32′·09N., 30° 48′·40E.
　　depth 20_4　(b) 46° 24′·56N., 30° 50′·34E.

Delete　*Q(6)+LFl.15s*　46° 30′·2N., 30° 45′·5E.
　　depth 5_4, adjacent to:　(a) above
　　depth 21_6, close NE of:　(b) above

Chart 2232 [*previous update 584/13*] UNDETERMINED DATUM

Insert　depth 20_4　(a) 46° 24′·6N., 30° 50′·3E.
Delete　depth 23, close E of:　(a) above

Chart 2243 (plan A, Odesa) [*previous update 889/13*] WGS84 DATUM

Move　*Fl.G.3s No7*, from:　46° 30′·239N., 30° 44′·430E.
　　to:　46° 30′·317N., 30° 44′·395E.

Delete　*Q(6)+LFl.15s*　46° 30′·29N., 30° 45′·47E.

图 8-1-18　永久性通告格式

1379(T)/13　JAPAN - Kyūshū - South Coast - Kagoshima Wan - Kagoshima Kō - Shinkō Kō - Groyne. Works.

Source: Japanese Notice 9/5130(T)/13

1. Groyne construction works are taking place, until 22 June 2013, in the vicinity of position 31° 34′·9N., 130° 34′·2E. (WGS84 Datum).

Chart affected - 654

1398(P)/13　INDONESIA - Kalimantan - Selat Makassar - T. Bayur Eastwards - Works.

Source: DG SeaComm

1. Works are in progress to install eight anchor points centred on position 0° 44′·03S., 118° 20′·52E. (WGS84 Datum).
2. Mariners are advised to navigate with caution in the area.
3. The chart will be updated when more information becomes available.

Chart affected - 2893

图 8-1-19　临时性通告与预告性通告

期数也同时给出。

(3)改正字条与贴图

在该部分最后印有小块复印图，叫贴图(Blocks)，一般用来根据该部分正文相关通告对较大比例尺海图进行贴改，如图 8-1-20 所示；还有改正字条(Notes)，也要根据该部分相关通告贴到有关海图的指定位置，如图 8-1-21 所示。

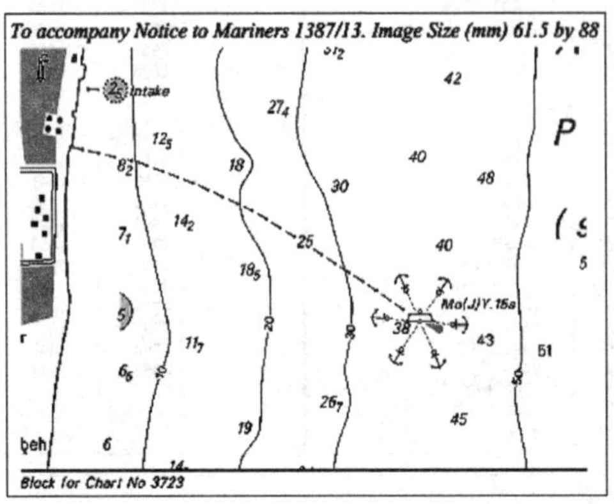

图 8-1-20　贴图

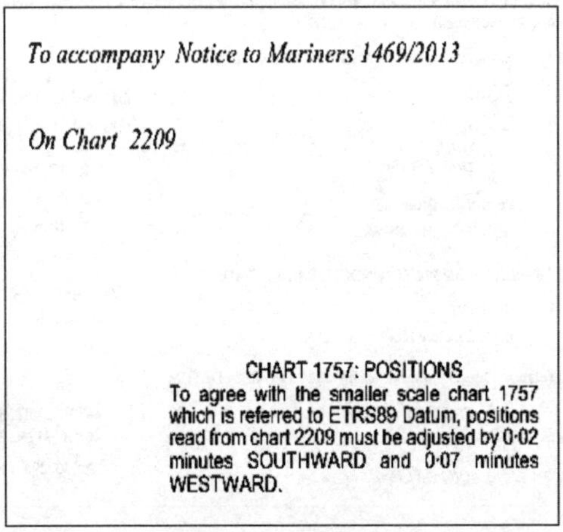

To accompany Notice to Mariners 1469/2013

On Chart 2209

CHART 1757: POSITIONS

To agree with the smaller scale chart 1757 which is referred to ETRS89 Datum, positions read from chart 2209 must be adjusted by 0·02 minutes SOUTHWARD and 0·07 minutes WESTWARD.

图 8-1-21　改正字条

3. 无线电航海警告的重印(Reprints of Radio Navigational Warnings)

(1)无线电航海警告概述

无线电航海警告(Radio Navigational Warnings)是将有关资料变更消息通过无线电快捷地发布出来。周版《航海通告》第三部分就是将截至该期通告出版之日仍有效的这些无线电航海警告的编号及本周内发布的警告报文的复印汇编。

无线电航海警告多数属临时性质，有些警告的有效期可达数周，直至最后为航海通告所代替。无线电航海警告可能包括下述内容：定位系统及重要浮标的变迁或变更；在航路附近的石油勘探装置等的动态；在拥挤水域中工程作业；新发现的危险沉船或弃船；操纵不便的大型船的动态；在拥挤水域中的漂雷；海上军事演习等。

(2)无线电航海警告分类

无线电航海警告分为全球性警告、沿岸性警告和地区性警告3类。

①全球性警告(NAVAREA Warnings)

国际水道测量组织(IHO)和国际海事组织(IMO)联合建立了世界范围航海警告业务(World Wide Navigational Warning Service,WWNWS),将全世界水域划分成16个航警区域(NAVAREAS)。

每一区域内的无线电航海警告由指定国家、指定海岸电台负责发布。除了全球分区性警告外,美国的远距离警告(Long Range Warnings)业务提供了HYDROLANT和HYDROPAC两个大区的警告。上述两种无线电航海警告共覆盖如下18个区:

Navarea Ⅰ(NE Atlantic)、Navarea Ⅱ(E Atlantic)、Navarea Ⅲ(Mediterranean)、Navarea Ⅳ(NW Atlantic)、Navarea Ⅴ(W Atlantic)、Navarea Ⅵ(SW Atlantic)、Navarea Ⅶ(SE Atlantic)、Navarea Ⅷ(Indian Ocean)、Navarea Ⅸ(Persian Gulf,Red Sea,NW Arabian Sea)、Navarea Ⅹ(Australia,New Guinea)、Navarea Ⅺ(Malacca Strait,China Sea,N Pacific)、Navarea Ⅻ(NE Pacific)、Navarea XIII(NW Pacific)、Navarea XIV(SW Pacific)、Navarea XV(SE Pacific)、Navarea XVI(E Pacific)、Hydropacs(Pacific,Indian Ocean)、Hydropacs(Atlantic)。

《航海通告年度摘要》的13号年度通告中概述了全球性航海警告的情况,并给出了区域划分图及区域内的警告发布国、发布电台及其代号等资料。

②沿岸性警告(Coastal Warnings)

沿岸性警告是播发某特定沿岸水域重要的信息,沿岸性警告多于全球分区性警告,且仅限于危险出现地点周围的水域,这种警告通常是全球分区性警告的补充,世界各地的沿岸性警告由警告发布国播发。

③地区性警告(Local Warnings)

地区性警告是对沿岸性警告进行补充,通常特指近岸水域并由海岸警备队、港口或引航当局发布。

(3)无线电航海警告的重印

周版《航海通告》第三部分开始是一个简要的说明,所有重印的警告内容分区编排,并采用单面印刷。每一区域内,先列出至本期出版之日仍有效的警告的年份和号码,已撤销的警告号码不再列出。然后是新近发布的警告内容,文字简明,阅读时应注意。每一条警告仅抄引一张英版海图图号,但这并不意味着该警告只与这一张海图有关。主要内容形式如图8-1-22所示。

目前英版《航海通告》只复印Navarea Ⅰ的航行警告,其他可在国际水道组织(IHO)官方网站上查询。

(4)对《航路指南》的改正

第Ⅳ部分中列出了对《航路指南》的改正资料,包括至本期周版通告刊印之日仍有效的关于《航路指南》改正的周版通告期号汇编,该汇编分《航路指南》书号、页数、标题、周版、期号(Weekly Edition)等栏。

月末版的《航海通告》中还有“有效的改正《航路指南》通告月度汇编”。

Weekly Edition 26, 27 June 2013 (published on the UKHO Website 17 June 2013).

(1) Navarea I (NE Atlantic) *Weekly Edition 26*
The following NAVAREA I warnings were in force at 170500 UTC Jun 13:
2013 series: 049 063 070 072 084 092 111 114 118 119 125 131 133 134 135.

049 ORKNEY ISLANDS. Graemsay. Chart BA 2249.
Hoy Low Light, 58-56.4N 003-18.6W, range permanently reduced to 12 Miles.

063 GPS. PRN 30 unusable.

070 SCOTLAND, WEST COAST. Sound of Sleat. Chart BA 2208.
Eilean Sionnach Light 57-08.6N 005-46.8W, range permanently reduced to 12 Miles.

⋮

135 1. RIGLIST. Correct at 170500 UTC Jun 13.

Southern North Sea: 51N to 55N

	52-21.6N	003-20.5E	Noble Lynda Bossler ACP P11-B NL Sector
	52-45.2N	003-45.4E	GSP Saturn ACP P6-A NL Sector
	⋮		
NEW	53-57.3N	002-47.2E	Noble Byron Welliver
	54-02.4N	000-26.4E	Maersk Resolve
	⋮		

图 8-1-22 重印的无线电航海警告

(5)对《灯标表》的改正

对《灯标表》的改正的资料按书卷号的顺序(A,B,…,L)编排,各卷内的灯标按灯标编号顺序编排,编号前有卷号,如 A1848。资料格式与灯标表上的格式完全一致。改正《灯标表》时,只要将相应的改正条目剪下并贴到相应书卷的对应灯标编号处即可,注意不要贴死原条目的资料。

(6)对《无线电信号表》的改正

对《无线电信号表》的改正资料按书卷号的顺序编排。通告内容包括三个方面:各卷的卷号、版本、出版周;上次改正的通告期号与该期的出版时间;改正内容及所在的页码。

改正时按要求进行删改、增设等,还要根据要求将电台资料等剪贴到相应书卷中,但原文不要贴死。

(7)对其他各种出版物的更新

这部分通常针对《潮汐表》、《世界大洋航路》、《航海员手册》、英版海图图式、国际浮标系统等英版图书资料的改正。

(8)英版数字出版物的更新与服务。

(三)网络版《航海通告》

网络版《航海通告》提供了自 2000 年及以后的所有航海通告,可免费下载。下载可登录英国水道测量部网站主页(www. ukho. Gov. uk/msi)。

网络还提供可选项目的查询下载,单击 www. ukho. Gov. uk 主页的 Searchable NMs,或直接进入 www. nmwebsearch. com,便出现可选的菜单项如下:

(1)Search for Updates by Chart Number——根据海图号查航海通告;

(2)Search for Updates by Chart Number + from a specified NM Number/Year only——根据海图号和周版号/年份查航海通告;

(3) Search for Updates by Chart Number + from a specified date only——根据海图号和日期查航海通告;

(4) Search for Individual Notices to Mariners by NM Number and Year——根据通告号和年份查航海通告;

(5) View Update list by Chart Number——根据海图号查看航海通告号、年份、改正标题列表。

利用上述菜单能迅速查找到相关的航海通告。除了软盘版和网络版的《航海通告》外,英国水道测量部还提供对英版电子海图的更新用的光盘版《航海通告》。

数字化的英版《航海通告》的情况可参阅《总目录》。

十四、英版《航海通告年度摘要》

《航海通告年度摘要》(Annual Summary of Admiralty Notices to Mariners)是《航海通告》(周版)内容的重要补充,每年再版一次,分两册(Part 1 和 Part 2),书号 NP 247(1)和 NP 247(2),《航海通告年度摘要》具有航海资料的性质,必要时应予以查阅。

(一)《航海通告年度摘要》第一册内容

电子书:《航海通告年度摘要》第一部分

《航海通告年度摘要》第一册内容分以下两部分:

1. 每年最初的 1—26 号航海通告

这些通告与改正海图无关,但与航海安全有关。如一号通告是对本年度英版《潮汐表》的补遗和勘误,还包括英版海图和特殊代销店一览表、海难与救助、炮火演习区、《航海通告》的获取、分道通航制、航海图书的配置、加拿大海图与图书规则、美国关于航行、海图与图书的安全规则、高速船、海洋环境高危区域等。年度通告的通告编号、标题与内容每年有所变化,但变化不大。凡通告内容与上年有变化时,在书中左侧用黑线标出,以示醒目,部分内容刊载在《航海员手册》中,在此不再重印。需要注意的是,并非每个通告号码都有内容,很多通告随着时间的推移,已经不再使用了。以 2018 年版为例,目前仅余 13 个通告,各项内容大致如下:

INDEX OF 2018 ANNUAL NOTICES

(Annual Summary dated 29th December 2016 is hereby cancelled and should be destroyed)

Notice number and title

1. ADMIRALTY Tide Tables 2018—General Information. The addenda and corrigenda previously contained in this Annual Notice to Mariners have been transferred to the Weekly Notices to Mariners, Section Ⅶ.

2. Suppliers of ADMIRALTY Charts and Publications.

3. Safety of British merchant ships in periods of peace, tension or conflict.

5. Firing Practice and Exercise Areas.

10. Mine-Laying and Mine Countermeasures Exercises—Waters around the British Isles.

12. National Claims to Maritime Jurisdiction.

16. Protection of Historic, Dangerous and Military Wreck Sites.

19. Global Navigation Satellite System Positions, Horizontal Datums and Position Shifts.

20. Mandatory Expanded Inspections-EU Directive 2009/16/EC.

21. Canadian Charts and Nautical Publications Regulations.

22. US Navigation Safety Regulations Relating to Navigation, Charts and Publications.

23. High Speed Craft.

26. Marine Environmental High Risk Areas.

2. 临时性通告(T)和预告(P)汇编

重印至本年1月1日仍有效的临时性和预告性通告全部内容,通告按26个区域顺序排列。可通过该部分的地理区域索引和通告号索引,查阅所在的页码。

电子书:《航海通告年度摘要》第二部分

(二)《航海通告年度摘要》第二册内容

《航海通告年度摘要》第二册的内容分以下两部分:

(1)现行版本《航路指南》及最新补篇一览表;

(2)对《航路指南》改正有效的通告汇编。

本部分重印至本年1月1日对《航路指南》改正仍有效的通告内容,通过《航路指南》卷号索引,可查得某卷改正通告的所在页。这部分内容作为《航路指南》资料的重要补充,阅读《航路指南》时应查阅该书。

十五、《英版航海通告累计表》

《英版航海通告累计表》(Cumulative List of Admiralty Notices to Mariners)书号为NP 234,是英国海军水道测量部每半年(1月和7月)出版一期的表册,该表册有两大部分:

电子书:《航海通告累计表》

第一部分是海图改正内容,共三栏:第一栏为英国海图号,首先为英国海图,其次为澳大利亚海图和新西兰海图;第二栏为海图的最新版日期;第三栏为改正的航海通告列表,按照先后顺序列出近两年内的永久性航海通告的编号。该表不仅可在一定程度上替代海图卡片和"本船航海用海图图号表",而且可供船舶驾驶员和主管部门检验海图是否为最新版并及时进行改正。

第二部分是图书出版一览表(Current Hydrographic Publications),该一览表有《航路指南》及其补篇、《灯标和雾号表》、《无线电信号表》、《潮汐表》等图书现行版本一览表,以便了解和检验航海图书的新版情况。

该累计表与《航海通告》一样,本身是免费提供的,但船方需向代销店付一定的运输、管理和服务费。

任务二　航海图书资料的更新

由于海区的事物总在不断变化，所以，航海图书资料出版发行后，为及时反映变化的情况，驾驶员应及时了解最新信息，及时对它们进行改正更新，保持航海图书资料处于最新状态。

保持航海图书资料最新状态的主要方式有：出新版、出最新补篇、发布航海通告和发布无线电航海警告等。补篇、航海通告和无线电航海警告是英版图书出版后的基本改正手段。

补篇刊有相关出版物现行版发行后一段时间内所有的改正资料，通常只针对出版周期较长的出版物，如《世界大洋航路》、非连续改版的《航路指南》和《航海员手册》等；周版《航海通告》是改正航海图书资料的最经常、最直接的手段和主要依据，每周一本，不仅可通过船舶代理代为获取，还可从网上进行下载；无线电航海警告能及时地将影响航行安全的资料变更情况通过海岸无线电台或广播的形式进行发布，是目前船舶获得改正资料最快捷的方式之一。

随着电子海图的发展与应用，目前已出现了光盘和网络形式的航海通告，使用者可将相关内容打印出来进行纸质资料的改正，或者将改正光盘插入存有电子海图的计算机中，自动改正电子海图。

为了充分利用航海图书资料，除了及时认真地对它们进行改正外，还应该对它们进行高效的管理。图书资料更新与管理工作主要是资料的添置、存放、改正与作废。这些工作具体由二副负责，船长负有检查、监督之责。本章仅介绍英版海图、图书资料的更新和管理，其他的可参照进行。

一、海图改正

微课：
海图改正

海图的改正是根据《航海通告》和无线电航海警告进行的。

（一）《航海通告》的获取

英版《航海通告》是改正英版海图及其他航海资料的主要依据，必须及时地取得《航海通告》，以便对海图、图书资料进行改正。

（1）船舶到港前，通过代理及时获取未收到的《航海通告》，有条件的船舶使用软盘版数字化《航海通告》，索取与本船航海图书资料有关的通告，也可直接在网上下载，如在港口停留时间较长，亦应索取在停留期间发布的《航海通告》。

可以索取《航海通告》的港口信息，可查阅英版《海图和出版物总目录》和《航海通告年度摘要》第二号通告。

（2）各期《航海通告》送船后，二副应检查是否缺期，并在每期通告上注明送船日期及停留港名，做好相应的登记，见表 8-2-1。对于软盘版《航海通告》应在查明其内容后在盘面上注明送船日期和停留港名，以上工作做完后请船长过目。

表 8-2-1　海图改正记录簿样表

通告期号	收到日期	相关海图图号	改正日期	改正人	备注

(二)《航海通告》的处理

(1)《航海通告》的第Ⅰ部分刊有新出版的、新版的以及作废的海图信息。航海人员应据此校核本船所备有海图的适用性,及时购置新版图或用最相近海图替换。

(2)《航海通告》的第Ⅱ部分是针对海图改正的航海通告。航海通告有三种类型:正式通告、临时性通告和预告性通告。正式通告反映了海图资料的永久性变动;临时性通告是对那些资料变更的时间不能确定时所发的通告,表明资料的改正只是暂时性的;预告性通告则仅仅对资料的可能变更做出预告。驾驶员可根据要求对海图进行改正。

(3)《航海通告》第Ⅲ部分是重印的无线电航海警告,可拆下来,按地区逐期加以装订,同时根据最近一期《航海通告》勾销已失效的警告,这种"航海警告汇编簿"在航海中应置于驾驶台备查。

(4)《航海通告》第Ⅳ部分是对《航路指南》的改正,该部分如有改正的内容,将通告期号登记在相应的《航路指南》的补篇上,小的改正可直接在《航路指南》中改正。

(5)《航海通告》的第Ⅴ部分是对《灯标和雾号表》的改正,可以将该部分拆下来,将有关页分别插入相关的各卷《灯标和雾号表》中,以便抽空及时剪贴改正。对于软盘版《航海通告》,可采取随时检索,打印通告内容并剪贴改正。

(6)《航海通告》的第Ⅵ部分是对《无线电信号表》的改正,也可拆下来(对于软盘版《航海通告》可将有关部分打印出来)送交负责改正《无线电信号表》的人员进行改正,或由二副及时改正。

(7)《航海通告》的拆卸过程中,应注意不要将改正海图用的贴图和改正字条失散。

(三)海图改正及注意事项

海图代销店负责海图永久性的改正,不负责临时性和预告性通告的改正。因此,新到海图的小改正以及所有的临时性和预告性通告均应由使用者负责。

1. 海图改正的步骤

海图改正要及时和准确,因船舶配备的海图数量多,改正工作量很大,因此要熟练掌握海图的改正方法。海图改正步骤如下:

(1)首先根据"本船海图图号表"与《航海通告》第Ⅰ部分"相关海图索引"(Index of Charts Affected)比对,将本期本船需改正海图号勾出来,在海图卡片或在英版《海图改正登记簿与图夹索引》中登记通告号和年份。

(2)将所需改正的海图一一抽选出来。

(3)根据通告号在《航海通告》第1部分中的“通告和图夹编号索引”(Index of Notices and Chart Folios),查阅该通告所在页码或按照通告号直接翻阅,找到该条通告。

(4)改正前的比对一致。根据通告末尾海图号后的上一次改正(Last correction)的通告号与海图小改正登记比较。如果一致,方可改正本通告;如果不一致,查阅上次改正通告,直到衔接一致为止,并逐一改正。

在改正前应仔细阅读通告内容,避免误解。

(5)准确找准经纬度位置,然后根据通告改正的要求进行删除、插入、替换等改正工作。改正时,永久性通告用细尖红墨水钢笔改正,其他通告用铅笔改正。《航海通告》中的符号、斜体和缩写,原则上都要求填入海图。符号、文字或缩写的填入要严格按照海图图式的规定进行,字体端正,符号清晰正确,不致被人误解。填入的内容所占位置要足够小,且不可掩盖海图上的原有资料。符号在规定位置填画不下时,可移至一边,并用箭头指明其准确位置,具体方法是:位置处用一小圆圈表示,符号画在其他空处,箭头指向小圆圈。被删除的符号或缩写仅用一红线划掉原内容,这样既表示删除原内容,且原内容仍可辨。如有“贴图”(the accompanying block)或者“改正字条”(the accompanying note),应将贴图或改正字条贴在通告指定的地方,对正贴齐。

(6)改正后,应在海图卡片上或《海图改正登记簿与图夹索引》中将登记的通告号码用对勾勾掉,并在“小改正”登记栏中按年份登记改正过的通告号码,临时性和预告性通告用铅笔另起一行登记。

2.海图改正注意事项

(1)海图改正应在航线拟订前结束,并交船长审阅。对航行有重要影响的改正应报告船长,作为拟订航线和制订航行计划时的参考。与本航次航行无关的海图,也要根据工作的轻重缓急,安排时间改正,以免长期积压不改,用时只好购买新图,造成不必要的浪费。

(2)凡涉及灯光光弧及导标方位等改正时,应明确光弧界限及导标方位都是指从海上看灯标的真方位;而其他一切用方向、距离来指明位置时,都是指从参考点出发的方向,两者方向恰好相反。

(3)改正海图时应严肃认真,对航行安全负责。所有航海通告内容原则上都应按要求改正到有关海图上去,同一通告可先改大比例尺海图,后改小比例尺海图。对同一张海图上所需改正的各个通告,原则上还是从前往后改正;如采用自后向前改正,则要预先将各通告看一遍,以防发生差错。

(4)应注意通告中也会有差错,特别是方位、距离、经纬度等数据,如有异议,根据其他有关资料,反复核对查实。

3.临时性通告和预告性通告的改正

(1)临时性通告和预告性通告因其内容是临时和未来的,所以海图代销店不对这类通告进行改正。故使用者对此类通告的有效性要追查到该图出版或新版之日,并对至今仍有效的临时性通告和预告性通告进行改正。

(2)临时性通告和预告性通告一律用铅笔进行改正,在改正处应注明临时通告或预告的号码与年份,然后在海图“小改正”栏用铅笔另起一行专门登记通告的号码。

(3)为了查阅方便,每周《航海通告》第Ⅱ部分最后的临时性通告和预告性通告,可按26个地区汇编成“临时性通告和预告汇编簿”,在船保留一年即可,因来年1月1日出版的《航海通告年度摘要》将重印仍有效的全部临时性和预告性通告。

(4)利用月末版《航海通告》中的“临时性通告和预告每月汇编”,可按地区查核此类通告是否有效。因此,在改正海图时,按此汇编查核通告是否有效,如已失效,应将通告勾销,并将海图上的改正擦去。

(四)无线电航海警告的收听及处理

(1)船舶建立“无线电航海警告汇编簿”,将每期《航海通告》中重印的航海警告按地区根据编号逐期汇订成册。这种汇编簿还应包括每年第一期《航海通告》中重印的仍有效的航海警告的内容。“无线电航海警告汇编簿”以一年为限,次年另设,以免混乱。每期《航海通告》收到后或至少在开航前,应对照最近期通告中有效警告号码表,将已撤销的警告在“汇编簿”中划去。

(2)船舶开航前,应按所经地区查阅“汇编簿”,阅读与本航次有关的内容并用铅笔改注在海图上,对于撤销的警告应予擦去。与航行安全有关的重要警告及时报告船长,作为拟订航线及航行计划的参考。

(3)船舶在航行中要定时收听该区的航海警告,与航行有关的内容应根据船长指示标注在海图上。全球分区性航海警告的抄收稿应保存至这些警告的复印内容收到后为止;沿岸性和地区性航海警告的抄收稿应保存至本航次结束。

(4)无线电航海警告一方面由指定的海岸电台广播,同时又通过航空或其他较快的手段将这些报文分送到某些港口当局或海关,因而通常能在收到《航海通告》之前收到这些报文内容。建议船舶在港期间,向港方有关机构索取报文的内容。如在港停留的时间较短,应保持收听本区域的警告。

二、海图管理

(一)海图的配备与添置

配备与添置海图时,既要满足航行安全的需要,又要本着厉行节约的精神,反对浪费。新船配备海图时,应考虑将本船预定航行区域的总图、航用海图及参考用图配齐。配备港泊图时,不仅要考虑到船舶营运可能到达的港口,也要考虑到避风锚地等因素。避免久备不用,造成浪费。在购买海图前,应了解海图的版本及新版情况的预告信息,避免买后不久即告作废的情形发生。

远洋船舶还应备有足够数量的空白定位图,其纬度范围应包括本船要航行的大洋水域,对于本船航线接近东西向的大洋区域,其纬度范围的空白定位图应有一定的重复数量。

海图送船后,应检查该图是否为最新版,海图中的小改正是否改正到最近的有关通告,不合格的应予退回。

新图及新版图添置或更新后,应设立或更换海图卡片,其图号应加入"本船海图图号表"及"本船海图新版及作废登记簿"中,如果使用英版《海图改正登记簿与图夹索引》,也要同样登记。

(二)海图存放的要求

(1)海图存放应在阴凉、干燥的海图桌内。海图一旦受潮,应平压在玻璃板下阴干,忌烘烤暴晒,以免变形。根据海图图幅尺寸来检验海图是否变形,如伸缩变形过大不宜使用。

(2)海图在柜内平放时,图号应保持在右下角,海图折放时,背面图号应朝上,便于抽选使用。

(3)因英版海图的数量较多,在海图柜的存放方式有:按图号顺序存放,按区域或图夹存放。如班轮航线,单独按航线顺序存放,如按分区域存放时,应另编海图序号和目录,便于抽选和查找。

(三)建立海图卡片

海图卡片是船舶海图的档案卡,每张海图配备一张(如果一张不够使用可附加),用于记载图号、图名、出版发行资料、并留出大部分空间用于登记与该海图改正有关的航海通告的编号。海图卡片样式如图 8-2-1 所示。

每张航用海图都应建立一张海图卡片,用以反映海图的出版和改正情况,便于登记改正和查阅。海图卡片应按图号顺序存放在卡片盒内妥善保管,卡片上的登记及勾销应及时地反映海图的新版和小改正情况。如有英版《海图改正登记簿与图夹索引》,应将本船海图的图号醒目标记,可代替海图卡片。

图号　　　　海图卡片

航区________编号________

图夹________编号________

图名____________海图目录区域____________

出版年月____________出版国家____________

新版或改版日期________________________

航海通告登记________________________

____

图 8-2-1 海图卡片

(四)编制"本船航用海图图号表"

应自行按图号顺序编制打印一份"本船航用海图图号表",以反映本船实际备有的全部航用海图。专用海图、图书资料也应列出清单,以便及时掌握本船航海图书资料的情况。

(五)建立“本船海图新版及作废登记簿”

海图的新版及作废的登记,目前有两种方式:一种是建立登记簿,每期逐行登记;另一种是登记在海图卡片上。前者登记简便,但查核十分混乱,后者虽不易混乱,但登记比较费时,且查核时也麻烦。最好设立“本船海图新版及作废登记簿”,登记簿可与“本船航用海图图号表”合用,登记簿中各栏均用铅笔登记,当新版图到船后,及时修改海图新版日期,登记簿可长期使用。

(六)用《航海通告累积表》建立海图管理档案

最新的《航海通告累积表》不仅反映出最新的海图,而且反映出最新的小改正信息,用它来管理海图显得十分方便。一本《航海通告累积表》几乎就可以代替海图卡片箱。

(1)直接在《航海通告累积表》上对本船常用海图进行标记。

(2)利用《航海通告累积表》对现有的海图进行校核。

图书资料的正确使用与改正管理,是拟定航线、安全航行的重要保证,因而是船上二副工作的一项重要内容,工作重要而烦琐,应以严肃认真的态度,建立科学而合理的管理制度,务必把这一工作做好。

三、航海图书资料的改正与管理

(一)《航路指南》的改正

1. 利用补篇(Supplements)改正

《航路指南》的出版方式现有两种:一般为每隔约 2 ~ 3 年出新版(连续改版),其间不出补篇;还有一种是出版周期在 3 年以上(非连续改版),其间大约每隔 3 年发行一期补篇。各卷及其补篇的现行版信息刊于季末一期周版《航海通告》中。

补篇汇集有关《航路指南》的改正资料。每期新补篇发行,即宣布上期补篇作废。补篇按《航路指南》的页数(以黑体数字印在行间的中央),行数(左行以 L,右行以 R 并跟以行数)顺序列出改正资料。

收到《航路指南》的最新补篇后,应夹在对应的卷中,并抽出原补篇作废,然后登记到“本船《航路指南》及补篇表”中。将补篇中的改正内容在《航路指南》的相应处做一记号,提醒读者注意该处应参阅最新补篇,如是小的改正,用红笔直接在书中改注。

2. 利用《航海通告》改正

在新补篇发行前后的有关《航路指南》的改正资料载于每周版的《航海通告》的第Ⅳ部分中。对于连续改版的航路指南,可直接改正或用剪贴法改正。而对于非连续改版的航路指南,由于其仍有补篇,应将该通告号码注明在相应的补篇上,并登记到“本船《航路指南》及补篇一览表”中,以便参考。

此外，在每季度末的一期周版中，刊有出版日仍有效的改正《航路指南》的通告以及所涉及的书号、标题及通告号，用以检查改正《航路指南》通告汇订本中的通告的有效性。在英版《航海通告年度摘要》中重印了至当年初仍有效的对《航路指南》改正的所有改正资料。

(二)《航路指南》的管理

为做好《航路指南》的管理工作，应建立"本船《航路指南》及补篇一览表"，用铅笔登记本船《航路指南》的书号、书名、版别、出版年份、补篇的期数、年份、通告号码、期号，以便与季末的《航海通告》中最新补篇的现行版别、年份、期数进行核对和及时更新。此表可长期使用，在阅读《航路指南》时，查阅此表，便可知与本卷《航路指南》有关的最新补篇期数，通告期号，可一并抽出阅析。

四、《灯标和雾号表》的改正

(1)新版《灯标和雾号表》，图书代销机构不负责改正，一切改正资料均发布于《航海通告》第Ⅴ部分中，第Ⅴ部分的改正资料按 A—L 册的顺序单面印出，以便剪贴改正。

(2)收到《航海通告》后，将第Ⅴ部分拆下来分别插入各册以便抽空剪贴。改正资料格式和《灯标和雾号表》是一致的，空白栏表示无更改。

(3)改正时应按灯标的国际编号，将剪下来的改正贴条贴在相应灯标上，各栏要对齐但不要贴死，原始说明资料仍可见。小的改正直接用红色钢笔改正，新增灯标根据其编号顺序插入在有关灯标之间，注意不要将原上下灯标资料贴死。简单的改正可用红墨水笔直接在表上进行改正。

(4)改正完毕，应在《灯标和雾号表》封里的"改正登记表"中登记改正的通告号与改正日期。

五、英版《海图和出版物总目录》的更新与改正

英版《海图和出版物总目录》(以下简称《总目录》)每年出新版，其印刷期间的资料变更或印刷错误用随附本书的一张勘误表(Addendum)改正，其后的更新按周版《航海通告》的 Section Ⅰ中的有关通告用红墨水笔进行改正，以使《总目录》能随时反映英版图书的现行版情况。改正后，应在 CONTENT 页的右下角表(directions for updating this volume)中将改正日期填写到对应的周版号右侧。

Section Ⅰ中的有关通告主要有：

(1)New Admiralty Charts And Publications(新图、新出版物)。船舶驾驶员必须将新图、新书的这些信息添加到《总目录》中去。

(2)New Editions of Admiralty Charts and Publications(新版图、新版出版物)。船舶驾驶员必须将《总目录》中原有的这些海图、出版物的版本信息诸如版本号、新版日期等进行更新。

(3)Admiralty Charts and Publications Permanently Withdrawn(永久性作废的海图

和出版物)。驾驶员必须将《总目录》中的这些资料用红线划去。

(4) Admiralty Chart Agent/Distributor Information(英版海图代销机构等的更变信息)。这是对代销机构的修改。

(5) Admiralty ENC(Electronic Navigational Charts)、AVCS(Admiralty Vector Chart-Service) and ECDIS(Electronic Chart Display & Information System) SERVICE(英版电子海图和出版物信息),Admiralty Raster Chart Series,ARCS(英版光栅扫描海图光盘信息)。这些也是对《总目录》中相应信息的补充和修改。

六、其他航海资料的改正

(一)《潮汐表》的改正

《潮汐表》的改正资料在《航海通告年度摘要》的第 1 号通告中,该通告为“英版潮汐表的补遗勘误”(Admiralty Tide Tables-Addenda and Corrigenda),并且还应注意表本身附的勘误表。

(二)《无线电信号表》的改正

《无线电信号表》是利用《航海通告》第Ⅵ部分提供的单面印刷资料进行粘贴改正的,改正方法类似于《灯标和雾号表》的改正。改正完成后,应将改正用的通告的周刊号及改正日期按顺序登记在卷首封里的 Recode of Amendments(改正登记表)表内。

(三)《世界大洋航船》的改正

《世界大洋航船》改正资料来源于补篇和《航海通告》的第Ⅶ部分,其改正方法与《航路指南》的改正相同。同样,用周版《航海通告》改正后,应在该书封里的改正登记表(record of amendments)中将周版号登记在相应的年份栏。

项目九
识别浮标

学习目标

◆知识目标

1. 能够识记航标的作用及分类；
2. 能够识记国际海区水上助航标志制度中各种助航标志的特征及作用；
3. 能够识记国际海区水上助航标志制度中A、B两个区域的区别及联系；
4. 能够识记中国海上助航标志中各种助航标志的特征与作用。

◆能力目标

1. 能够正确区分不同种类的航标并合理使用；
2. 能够正确辨别并使用各类助航标志；
3. 能够有效区分航行区域归属于国际海区水上助航标志制度中A、B两个区域；
4. 能够正确辨识中国海上助航标志中各种助航标志并有效运用。

◆素质目标

1. 能够在实际工作中有效辨识助航标志并指引船舶安全航行；
2. 能够正确辨识助航标志的异常情况并及时通报主管部门；
3. 能够养成良好的安全意识与良好的船艺。

任务一　识别国际水上助航浮标

一、航标及国际浮标制度概述

微课：
航标及国际浮标制度概述

(一)助航标志的作用

助航标志是保证船舶沿航道或预定航线安全航行的重要助航设施。其主要作用有：

1. 指示航道

在岛岸明显处，设置引导标志或在水上设立浮标、灯浮及灯船等，引导船舶沿航标所指示的航道航行。

2. 供船舶定位

利用位置固定、准确的航标测定船位。

3. 标示危险区

标示航道附近的沉船、暗礁、浅滩及其他危险物，指引船舶避开这些危险物。

4. 供特殊需要

标示锚地、检疫锚地、测量作业区、禁区、渔区以及供船舶测定运动性能和罗经差使用的水域等。

(二)助航标志的分类

助航标志包括灯塔、灯标、浮标、立标、雷达站、无线电导航设备及雾号等。根据标志的主要特点与用途归类如下。

1. 固定航标

固定航标设置在海岸上、水中礁石上和浅水区内，其位置固定不动，包括：

(1)灯塔(lighthouse)

如图9-1-1所示，灯塔一般设置在重要位置，如显著岬角、港湾入口处、重要航道附近以及孤立危险物上。

灯塔是一种比较高大而坚固具有显著形状和颜色并发出特定灯光的塔状建筑物，它由基础、塔身和发光器三部分组成。灯塔是某些港口和地区的标志性建筑。古代埃及亚历山大城的法罗斯灯塔，建成于公元前285年左右，高达135 m，被称为世界七大奇观之一。

灯塔所处位置一般较高且装有强光灯，以其特定的光色和光质作为识别特征，夜间能在较远的距离上被及时准确发现。灯塔多附设雾号。有的灯塔尚有音响信号、无线电信号等。在航标表中对每座灯塔的外观及附属设备均有描述。

灯塔大多有专人看守，工作可靠，海图位置准确，是陆标定位的良好标志。灯塔

通常有灯光初显和初隐,可以帮助驾驶员及时发现陆地与定位。

(2)灯桩(light beacon)

灯桩一般设置在航道附近的岸上或浅水处、孤立的礁石上或港口附近的防波堤上,常用于港内避险和导航。灯桩大多无人看管,结构比灯塔简单,多为柱状或铁架结构。灯桩灯光强度较弱,一般无灯光初显和初隐,如图 9-1-2 所示。

图 9-1-1 灯塔

图 9-1-2 灯桩

(3)立标(beacon)

立标大多设置在浅水区及水中礁石上,用以标示沙嘴和浅滩尽头以及礁石等较小碍航物,无发光灯,专供白天导航和避险。设在岸上的立标多作为导标或叠标,用于船舶进出港导航以及测定船舶运动性能和罗经差等。立标结构更简单,杆状,其顶部带有球形或三角形等标志。

2. 漂浮航标

漂浮航标是指漂浮在水面上的标志,用锚或沉锤加锚链系留在海床上的指定位置。漂浮航标可以在固定位置为中心的一定范围内移动,并且在遇大风浪或遭遇船舶碰撞时可能会移位或漂失,故一般不能用于定位。漂浮航标包括:

(1)浮标(buoy)

浮标一般设置在港口、航道以及水下危险物附近,用以标示航道和指示碍航物位置。浮标按其用途不同而有其特定的形状、颜色和顶标。浮标可能装有发光器、音响设备和雷达反射器等。有发光器的灯标又称为灯浮标,简称灯浮(light-buoy),灯浮光力一般较弱。浮标水线以上部分的基本形状主要有罐形、锥形、球形、柱形和杆形 5 种。

(2)灯船(light vessel,Lt. V)

灯船是一种具有船体的大型漂浮标志,一般设置在不便建造灯塔的重要航道水域,用于标志港口、航道的进口和浅滩等。灯船具有能经受风浪袭击和顶住强流的坚实结构和牢固的锚泊设备,在甲板高处设有发光设备,灯光射程较远,可靠性较好。有的灯船还有人看管,其可靠性更好。灯船的船身一般涂红色,船体两侧有醒目的白色船名或编号,桅上悬挂黑球,供白天识别用,如图 9-1-3 所示。

中国海区的灯船船身及灯架均涂红色,甲板上的建筑物涂白色,船身两舷写白色船名,灯质视需要而定。有人看守的灯船漂离原位时,日间在船首尾各悬挂黑球一个,或红旗一面,并悬挂国际信号旗“PC”,表明“本船不在原位”;夜间在船首尾各悬挂红灯一盏。当有人看守的灯船离开原位时,原有灯光及雾号即停止工作。

图 9-1-3 灯船

(3)大型助航浮标(Large Navigational Buoy,Lanby)

设置在重要水域的大尺度浮标,我国称“蓝比”。这种浮标的浮体直径约 12 m,灯光高度 10 ~ 12 m,标型大,在美、英、法等国或某些水域用它代替灯船,以节省费用。这种大型浮标通常配置有灯器、雾号、无线电指向标、雷达应答器等,如图 9-1-4 所示。

图 9-1-4 大型助航浮标

3. 音响航标

音响航标是指附设有雾警设备的航标,能在雾、暴雨、大雪和霾等能见度不良天气时发出特定的音响雾信号以供船舶驾驶员导航避险之用。音响信号包括笛、角、哨、钟、锣等。

(1)雾笛(siren)

雾笛多装在灯塔和灯船上,利用压缩空气经发声器发声或用电力推动发声,各种类型雾笛的音调和功率差别很大,大多声音清晰、洪亮,有效距离可达 3 ~ 10 n mile。

(2)雾角(horn)

雾角多装在港口附近的岸边或有发电设备的灯塔上,发声原理和普通电喇叭相似。其中的雾角能清晰地发送信号编码,以便船舶收听和识别,有效作用距离为3~5 n mile。

(3)雾哨(whistle)

雾哨一般装在浮标上,利用波浪起伏吸进和压出空气,经气流而发声。其声音大小随风浪大小而变化。其有效作用距离为1~4 n mile。

(4)雾钟(bell)

雾钟一般设在礁石或浅滩附近的灯浮或无人看守的船上,是一种古老、简单的音响装置,借助波浪起伏摇摆自动波击发声,也有机动和手动发声。雾钟的声音强弱取决于钟和波浪的大小,有效作用距离为1~2 n mile。

(5)雾锣(gong)

雾锣通常装在有人看守的灯船上,在有雾的天气里,从听到船舶发放雾号时起,每隔一定时间鸣锣,有效距离为1~2 n mile。音响信号还有低音雾角、弱高音雾角、爆响雾号、莫尔斯码雾号和雾炮等。

4. 雷达航标

雷达航标包括雷达反射器、雷达指向标和雷达应答标等。

(1)雷达反射器(radar reflector)

雷达反射器是一种附装在航标或岬角、堤坝上的强反射体,具有一定的反射面积和将入射电波向原方向反射的特性,可以有效地增加雷达目标回波强度,使物标易于被雷达发现。

(2)雷达指向标(radar beacon,Ramark)

雷达指向标设于固定位置,供船舶测定方位。其本身具有发射设备,定期发射具有一定频带的信号,使用者根据其信号被雷达接收后显示在荧光屏上的径向亮线可测得雷达指向标的方位。

(3)雷达应答标(radar responder beacon,Racon)

雷达应答标设于固定位置,是一种有源被动雷达信标,受船载雷达波的触发,发出具有一定符号特征(如莫尔斯码)的电波被船载雷达接收,可显示该标的具体位置,用于船舶定位与导航。

5. 无线电航标

装有无线电助航设施的航标通称为无线电航标。

(1)全向无线电信标(omnidirection radio beacon)

这是一种发射无方向性电波,供船舶测定方位用的无线电信标。它在规定的时间内无方向性地发射特定电波信号,供船舶无线电测向仪测定电波来向,用于定位和导航。

(2)无线电测向台(radio direction-finding station)

无线电测向台设于固定位置,用于测定船舶发射的无线电波的方位,即所谓岸测船。

(3)定向无线电信标(directional radio beacon)

其功用是引导船舶循直线航道航行。它交替发射两种电波,这两种电波的方向角在航道轴线方向及其可航范围内有一定的重叠。船上可用通信接收机收听其信号。当船舶听到两种信号音响合为一连续音响时,说明船舶是在其引导的航道上行驶;如仅听到其中的一种信号,则表明偏离航道。

(4)旋转式无线电信标(rotating pattern radio beacon)

它是将"8"字形指向特性的电波从正北按顺时针方向每旋转2°定时地发射出点信号,使用者用类似收音机的简单接收机接收信号,计算信号到最弱点的短点数,即可得知信标台的相对方位。

(5)DGPS信标(DGPS beacon)

DGPS即差分GPS,差分技术的原理是在一个已知精确坐标固定点放置一台基准站GPS接收机接收GPS卫星信号并解算出系统的误差,再将误差修正参数传送至正在测量未知点坐标的移动站GPS接收机并消除该误差,从而使移动GPS定位数值的精度大大提高。

信标技术是利用现有的航海无线电信标台,在其所发射的信号中加一个副载波调制,以发射差分修正信号,提供米级精度定位导航。目前,已在全球多数国家和地区建立并统一规定了频率,达到全球通用,极大地节省了用户的使用成本。

中国海事局目前已经完成了我国沿海地区的信标台站的建设,现有的信标信号可以向沿海延伸500 km,向内陆延伸300 km,信标台站可以全天候播发RTCM(The Radio Technical Commission for Marine Services)标准格式信号,并可免费使用。

(6)船舶自动识别系统(AIS)

AIS是一种新型无线电助航系统,是近年来几个国际组织,特别是国际海事组织(IMO)、国际航标协会(IALA)、国际电信联盟(ITI-R)共同研究的成果。

AIS基站的目的是使安装有无线电应答器系统的船舶之间和安装AIS基站的岸站之间自动交换信息。信息中最重要的数据包括船籍、船位、航线、航速、航向、转向速度等。

AIS使用海上移动VHF波段交换数据,其设备的成本相对于雷达设备要低,"可视"范围却几乎等于雷达。由于这种特性,AIS将为船舶提供一种有效的避碰措施,并极大地增强雷达功能。配有AIS基站的VTS中心可以自动获得所有装有AIS船舶的完整的交通动态信息,提高了VTS的效率。此外,如果将定期航行和固定航线的船舶的相关信息按需加在传送信息中,AIS将成为一种船舶报告系统。这些附加的信息包括船舶呼号、船名、货种、始发港和目的港以及实际吃水等。

如果在航标上安装AIS设备,不仅能够自动识别航标,而且当灯标发生移位时,灯标上的AIS设备就能把移动了的位置报告出来并报警,加强了船舶航行安全。

(7)虚拟航标

虚拟航标建立在AIS技术与ECDIS(电子海图)基础上。虚拟航标包括仿真航标与虚拟航标两种。仿真的虚拟航标具有航标实体,但有关的AIS航标信息并不在实体上发出,而在其他基站发出,这就大大简化了真实航标的技术性,同时也加强了航标的可靠性。

一般的虚拟航标指没有实体的航标,也就是说在实际水域并没有航标,而在 AIS 及 ECDIS 上相应的水域可以显示出航标的符号,驾驶员可以利用显示出的符号进行定位导航。虚拟航标特别有利于在新危险物水域以及实体航标设置起来难度较大的水域的设置,具有简单、明了、成本低、安全可靠、不占用航道等特点,是航标发展的方向。

当然,虚拟航标并不能完全替代实体航标,主要原因是虚拟航标要求船舶必须装有 AIS 和 ECDIS,并且其可靠性也受到 AIS 和 ECDIS 的制约,还有船舶的视觉导航也离不开实体的航标。

(三)国际海区水上助航标志制度概述

国际航标协会(lnternational Association of Lighthouse Authorities,IALA)(1956 年成立)经过长期研究和反复协调,于1980 年11 月在东京召开的第10 届国际航标会议上确定了完整的国际航标协会浮标制度。

国际浮标系统在世界范围内分为两个地区,称为 A 区域和 B 区域,亦称为 A 制度和 B 制度。其中,B 区域包括美洲和亚洲的日本、韩国、菲律宾。其余地区均为 A 区域。

A 区域和 B 区域标志的主要区别在于两区域的侧面标志的颜色、顶标颜色、灯光颜色正好相反,其余均无差别,A 区域为“左红右绿”,B 区域则为“左绿右红”。

1. 适用范围

浮标制度适用于所有固定和漂浮的标志(不包括灯塔、光弧灯标、导灯和导标、大型助航浮标、某些大船型灯浮和灯船),用以指明可航水道的中央线、边侧界限;可能有待规定的航行区域;天然危险物和其他碍航物;与航海有重要关系的其他特征等。

2. 标志的类型

助航标志共有五种类型标志:侧面标志、方位标志、孤立危险物标志、安全水域标志和专用标志。

3. 标志的颜色

红色和绿色为侧面标志专用色,黄色为专用标志专用色,黑黄或黑红横纹或红白竖纹用于其他类型的标志。

4. 标志的形状

助航标志共有五种基本形状:罐形、锥形、球形、柱形和杆形,也有可能出现其他形状,如船形等。

5. 顶标的形状

助航标志仅采用罐形、锥形、球形和 X 形四种顶标。

6. 灯光颜色

红光和绿光为侧面标志专用,黄光为专用标志专用;白光用于其他类型的标志,并以发光节奏加以区别。

7. 反光器

将反光性材料以特定方式和一定的编码置于不发光浮标上，以便夜间对浮标进行识别，共采用标准码和组合码两种编码。在特定区域，只能使用一种编码，并对公布的编码在《航路指南》中加以说明。

二、侧面标志

侧面标志包括左侧标、右侧标和推荐航道左侧标、推荐航道右侧标。

侧面标志结合浮标习惯走向，通常用于界限明确的航道。左侧标、右侧标标示航道左、右侧界限，顺航道走向行驶的船舶应将该标志置于本船同名舷通过。

微课：
侧面标

当航道分叉，形成两条航道可到达同一目的地时，则主要航道称为推荐航道，另一航道称为支航道。推荐航道左侧标和推荐航道右侧标设在航道分叉处，标示推荐航道在该标志的异名侧；用于特定航道时，标示该航道的左、右侧界限，顺推荐航道或特定航道走向行驶的船舶应将该标志置于本船同名舷通过。

确定浮标习惯走向的方法有两种：一是船舶由海向里，即从海上驶近或进入港口、河口、港湾或其他水道的方向，称为浮标的局部走向；二是由航标主管部门确定的方向，且只要有可能，原则上应是环绕大片陆地的顺时针方向，称浮标的总走向。浮标的总走向通常在《航路指南》中说明，在海图上一般用洋红色箭矢符号“⇨”标明。

A 区域侧面标志的名称、颜色、形状、顶标、灯质等见表 9-1-1。

表 9-1-1　A 区域侧面标志

标志名称	标身形状	标身颜色	顶标	灯质	图式	
					A 区域	B 区域
左侧标	罐形、柱形或杆形	红色	单个红圆罐	红，除 Fl（2+1）外	R R R	G G G
右侧标	锥形、柱形或杆形	绿色	单绿圆锥锥尖向上	绿，除 Fl（2+1）外	G G G	R R R
推荐航道左侧	同左侧标	红色中间宽绿横纹	同左侧标	红，Fl（2+1）	RGR	GRG
推荐航道右侧	同右侧标	绿色中间宽红横纹	同右侧标	绿，Fl（2+1）	GRG	RGR

A 区域标志的规律是左红右绿、左罐右锥，即 A 区域左侧标的标身、顶标和灯光均为红色，右侧标则均为绿色；左侧标形状和顶标均为罐形，右侧标形状和顶标均为锥形。B 区域侧面标志只将表示颜色的规律改为左绿右红即可，实图如图 9-1-5 所示。B 区域使用的侧面标志除标志的颜色、顶标的颜色和灯光的光色和 A 区域左右相反外，其余均与 A 区域标志相同。

侧面标志的编号,一般顺着浮标习惯走向顺序进行。

A 区域与 B 区域侧面标志的配布如图 9-1-6 所示。

图 9-1-5　A 区域侧面标志

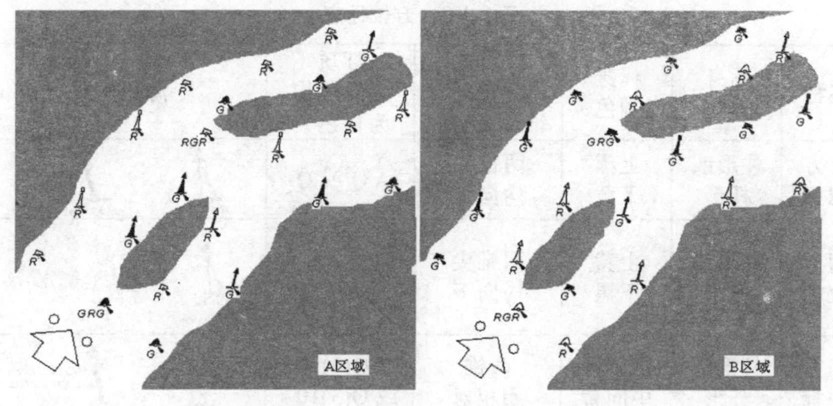

图 9-1-6　侧面标志的配布示意图

三、方位标志

方位标志结合罗经使用,设在以危险物或危险区为中心的四个隅点方位线所划分的四个区域内,即真方位 NW 至 NE、NE 至 SE、SE 至 SW、SW 至 NW,并分别命名为北方位标、东方位标、南方位标、西方位标,如图 9-1-7 所示。标示可航水域在本标同名一侧。方位标志也可设在航道的弯道、分支汇合处或浅滩的终端。其作用为:

(1)指明某个区域内最深的水域在该标名称的同名一侧。

(2)指明通过某危险物的安全一侧。

(3)引起对航道中的特征的注意,如弯道、河流汇合处、分支点或浅滩两端等。

方位标志的颜色、形状、顶标、灯质及海图图式等见表 9-1-2。

微课:方位标志

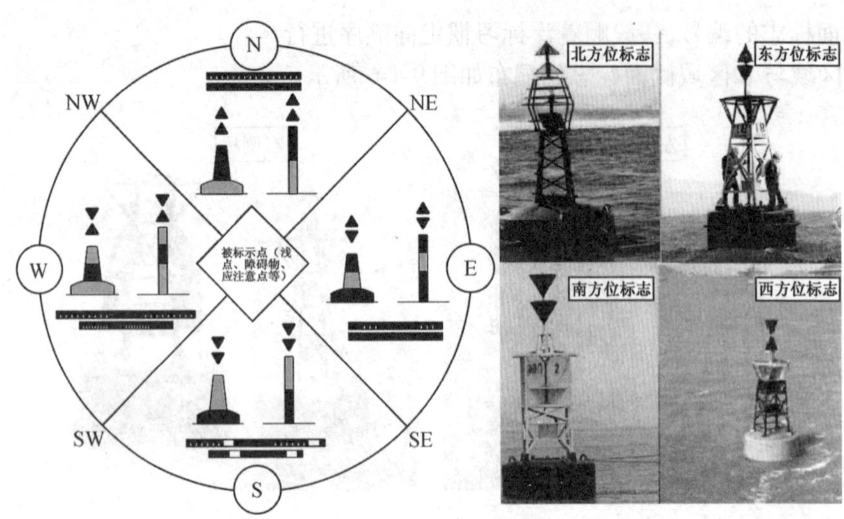

图 9-1-7　方位标志

表 9-1-2　方位标志

名称	标身形状	标身颜色	顶标（两黑色锥体组合）	灯质（光色均为白色）	海图图式
北方位标	柱形或杆形	上黑下黄	两锥尖均向上	VQ 或 Q	B Y　B Y VQ or Q
南方位标	柱形或杆形	上黄下黑	两锥尖均向下	VQ(6)+LFl.10 s 或 Q(6)+LFl.15 s	Y B　Y B VQ(6)+LFl 10s or Q(6)+LFl 15s
东方位标	柱形或杆形	上下黑中间黄	两锥底相对	VQ(3)5 s 或 Q(3)10 s	B Y B　B Y B VQ(3)5s or Q(3)10s
西方位标	柱形或杆形	上下黄中间黑	两锥尖相对	VQ(9)10 s 或 Q(9)15 s	YBY　YBY VQ(9)10s or Q(9)15s

方位标志的两个圆锥形的顶标是每个方位标志在白天所看到的很显著的特征。方位标志光质可以和时钟联系起来记忆。

微课：孤立危险物标志

四、孤立危险物标志(isolated danger marks)

孤立危险物标志固定或系泊在孤立的危险物之上,或尽量靠近危险物的地方,标示孤立危险物所在,船舶应参照有关航海资料避开本标航行,如图 9-1-8 所示。

孤立危险物标志的颜色为黑色,中间有一条或多条宽阔的红色横纹;形状任选,如果是浮标则使用柱形或杆形;顶标是上下两个黑球;光色为白色,联闪 2 次,参见表 9-1-3。

孤立危险物标志的重要特征是顶标两个黑球与灯光联闪 2 次。

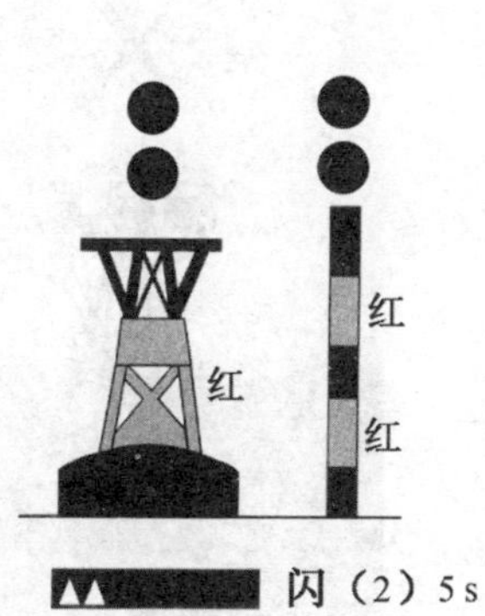

图 9-1-8 孤立危险物标志

五、安全水域标志（safe water marks）

安全水域标志设在航道中央或航道的中线上，标示该标志周围均为可航水域，船舶可在其任何一侧航行，该标亦可指明固定桥下最好的通过点，如图 9-1-9 所示。

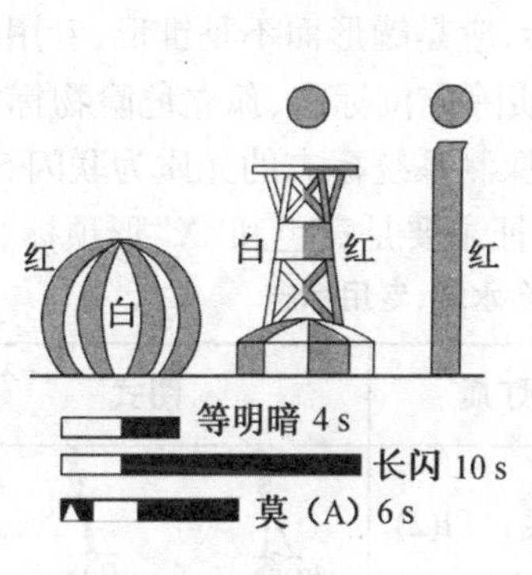

图 9-1-9 安全水域标志

安全水域标志的形状为球形浮标或带有球形顶标的柱形或杆形浮标；颜色为红白相间竖纹；顶标是单个红球。球型浮标不需安装顶标；光色为白色，光质为等明暗[Iso]，明暗[Oc]或长闪 1 次周期 10 s[LF1. 10 s]或莫尔斯信号“A”[Mo(A)]，参见表 9-1-3。

安全水域标志的主要特征为单个红球和红白相间的竖纹。

六、专用标志（special marks）

专用标志主要不是为助航目的而设置的，它用于指示某一特定水域或特征。例如海洋资料探测系统（ODAS）标志、分道通航制标志、弃土（淤泥）场地标志、军事演习区域标志、电缆或管道线（包括排水管）标志和娱乐区域标志等，如图 9-1-10 所示。

专用标志可标注字母以指出其用途。

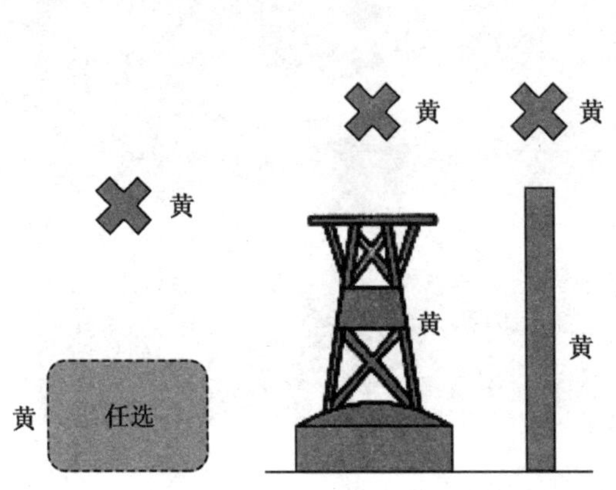

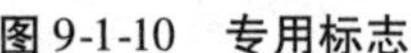
图 9-1-10　专用标志

微课：
专用标志

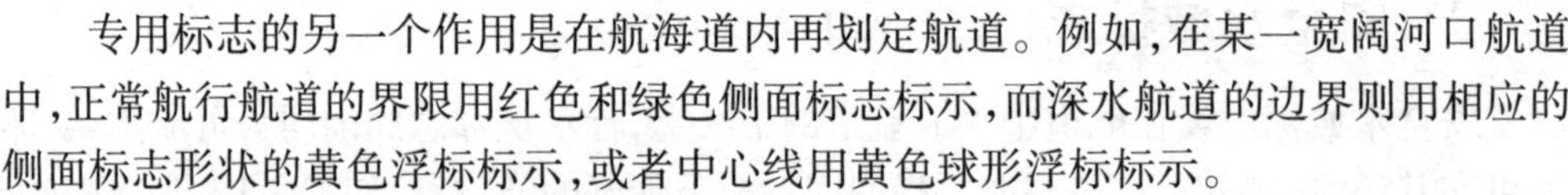
专用标志的另一个作用是在航海道内再划定航道。例如，在某一宽阔河口航道中，正常航行航道的界限用红色和绿色侧面标志标示，而深水航道的边界则用相应的侧面标志形状的黄色浮标标示，或者中心线用黄色球形浮标标示。

专用标志形状可任选，但不得与侧面标志和安全水域标志所使用的形状相抵触。例如一个位于航道左侧的排水管出口处的浮标，应是罐形而不是锥形；专用标志标身颜色黄色；顶标单个黄色“X”形；灯光黄色，灯质除方位标志、孤立危险物标志和安全水域标志使用的白色光质外任选，但海洋资料探测系统标志的光质为联闪 5 次、周期 20 s[F1(5),20 s]，参见表 9-1-3。专用标志特征主要是黄色和“X”形顶标。

表 9-1-3　孤立危险物、安全水域、专用标志

名称	标身形状	标身颜色	顶标	灯质	图式
孤立危险物标志	任选，浮标为柱、杆形	黑红横纹	上下两个黑球	白色，Fl(2)	BRB　BRB　Fl (2)
安全水域标志	球型或柱、杆形	红白竖纹	柱、杆标上单个红球	白色，Iso，Oc，或 LFl.10s 或 Mo(A)	RW　RW　RW　Iso，Oc，LFl.10s　Mo (A
专用标志	任选，但不与侧面标和安全水域标抵触	黄色	单个黄色“X”形	黄色，除方位标、孤立危险标志和安全水域标志外任选	Y　Y　Y　Y　Fl.)

七、新孤立危险物的标识

新危险物是指新发现的，但没有在海图上和航路指南中表明，也没有利用航海通告发布的障碍物。新危险物包括自然出现的障碍物如沙滩、礁石，或人为的危险物如

沉船等。新危险物可用下述方法标示：

(1)新危险物用一个或几个方位标志或侧面标志来标示。如果这个危险物特别严重，则其标志中至少有一个必须尽快地设置重复标志，直至该危险物的消息已经充分播报为止。

(2)灯光节奏应是甚快闪或快闪。如果用的是方位标志则显示白光，若用的是侧面标志则显示红光或绿光。

(3)新危险物可以装设雷达应答器来标示，发莫尔斯信号“D”，在雷达显示器上显示出 1 n mile 长度的信号。

微课：
新孤立危险物标志

任务二　识别中国海区水上助航浮标

一、中国海区水上助航浮标制度

我国在国际航标协会浮标制度（A 地区）的基础上，依据等效采用原则，于 1984 年制定了《中国海区水上助航标志》国家标准（GB 4696—1984），并已于 1985 年 8 月 1 日付诸实施。1999 年，交通部海事局组织专家对该标准进行了较大的修改，制定了《中国海区水上助航标志》国家标准（GB 4696—1999），取代了旧国家标准（GB 4696—1984）。新标准自 2000 年 4 月 11 日实施。

电子书：
中国海区水上助航标志国家标准

该标准适用于中国海区及其海港、通海河口的所有浮标和水中固定标志（不包括灯塔、扇形光灯标、导标、灯船和大型助航浮标）。水中固定标志是指水中的立标和灯桩，标志的基础或标身的一部分被平均大潮高潮淹没，如果其作用与浮标相同，则其颜色、顶标和灯质也都与相应的浮标或灯浮标一致。

国家标准（GB 4696—1999）的标志种类、性质和设置方法均与国际航标协会浮标制度（A 区域）一致，故不再重复，现仅将我国国家标准中的某些具体规定介绍如下：

（一）航道走向

航道走向是船舶在沿海、河口的航道航行时用以确定航道左右侧的根据，即浮标系统习惯走向。具体规定如下：

(1)从海上驶近或进入港口、河口、港湾或其他水道的方向；

(2)在外海、海峡或岛屿之间的水道，原则上指围绕大陆顺时针航行的方向；

(3)在复杂的环境中，航道走向由航标管理机关规定，并在海图上用洋红色“ ”标示。

（二）标志的灯质

在国际浮标制度中，除方位标志外，对其他标志的灯光光质均未详细规定，而在我国国家标准（GB 4696—1999）中则做了比较具体的规定，如表 9-2-1 所示。

表 9-2-1　国际浮标制度与我国国家标准对灯质规定对比

序号	标志名称	光色	国际浮标制度	我国国家标准（GB 4696—1999）
1	侧面标志	左红右绿	除 Fl(2+1)外任选	闪 4 s 或闪(2)6 s 或闪(3)10 s 或快闪
2	推荐航道侧面标	左红右绿	Fl(2+1)	闪(2+1)周期 6 s 或 9 s 或 12 s
3	北方位标	白色	VQ 或 Q	同左
4	东方位标	白色	VQ(3)5s 或 Q(3)10s	同左
5	南方位标	白色	VQ(6)5 s+LFl. 10 s 或 Q(6)5 s+LFl. 15 s	同左
6	西方位标	白色	VQ(9)10 s 或 Q(9)15 s	同左
7	孤立危险物标志	白色	Fl(2)	闪(2)5 s
8	安全水域标志	白色	Iso,Oc,或 LFl. 10 s 或 Mo(A)	等明暗 4 s 或长闪 10 s 或莫(A)6 s
9	专用标志	黄色	除 3~8 的光质外任选	莫尔斯码周期 12 s

（三）专用标志

国家标准（GB 4696—1999）中列举了专用标志的 7 种用途，即用于标志锚地、禁航区、海上作业区、分道通航、水中构筑物、娱乐区和水产作业区等。为了便于识别和使用，规定各种专用标志应在标体明显处漆以特殊标记。专用标志的灯质采用莫尔斯码。各种专用标志的标记和灯质的具体规定见表 9-2-2。

表 9-2-2　（GB 4696—1999）关于专用标志的标记和灯质的具体规定

标志用途	标记特征		灯质（光色均为黄色）	
锚地	黑色锚形		莫(Q)— — · —	12 s
禁航区	黑色“×”形		莫(P)· — — ·	12 s
海上作业区	对角线等分矩形半红半白		莫(O)— — —	12 s
分道通航	相反的两黑色单箭头		莫(K)— · —	12 s

续表

标志用途	标记特征		灯质(光色均为黄色)	
水中构筑物	黑空心三角形		莫(C)—·—·	12 s
娱乐区	半球形，红白竖条纹		莫(Y)—·——	12 s
水产作业区	黑色鱼形		莫(F)··—·	12 s

(四)新危险物——应急沉船示位标

应急沉船示位标是标示新发生的沉船所在。它设置或系泊在新沉船之上，或尽可能靠近新沉船的危险地方，船舶应参照有关航海资料，避开此标谨慎航行，如图9-2-1所示。

图 9-2-1　应急沉船示位标

应急沉船示位标根据《中国海区应急沉船示位标设置管理规则(试行)》设置，该规则是中华人民共和国海事局根据《中国海区水上助航标志》(GB 4696—1999)国家标准和有关法规、国际海事组织相关通函和国际航标协会相关建议和指南制定的，于2007年9月1日起施行。

应急沉船示位标的标记和灯质的具体规定见表9-2-3。

表 9-2-3　应急沉船示位标的标记和灯质的规定

形状	柱形或杆形
顶标	单个直立的黄色十字形(如装有)
标身颜色	蓝黄相间的垂直条纹(4~8个条纹)
灯质	黄蓝互闪光，周期为3 s(蓝1 s+暗0.5 s+黄1 s+暗0.5 s)
其他	如果为标示同一危险沉船设置了多个标，其灯质必须同步闪光；可以考虑加设雷达应答器，其莫尔斯编码为“D”，或加装AIS应答器

(五)关于标志编号

(1)标志编号应遵循航道走向顺序编排;同一航道的标志号码可按顺序连续编排,也可按左双右单编排;航道内增加的标志,其号码可暂用前一座标志号码的后面另加一个数字,例如在13和14号标志之间增加一个标志时,新增标志的编号即为"13-1",以此类推。当标志变动过多,使用不便时,应对全线标志的编号进行全面调整。

(2)杆形标志因为标身小,可不写编号;水中固定标志,一般不写编号,连续设置时,也可以写编号。

(3)编号一律用阿拉伯数字,写在浮体的顶板上和灯架横板上,字迹要求清晰明显。在红、绿、黑的底色上,编号用白色;在黄、白的底色上,编号用黑色。

(六)关于海图图式

我国国家标准(GB 4696—1999)图式基本与国际航标协会浮标制度(A地区)的图式一致,只是我国均采用中文来标识标志的颜色、灯质等。

二、中国内河助航标志制度

内河航标是设置在江河、湖泊、水库航道上的助航标志,其功能是反映航道尺度、确定航道方向、标志航道界限、引导船舶安全航行。

我国现行的内河航标标准,是1994年9月1日开始实施的《内河助航标志》(GB 5863—1993)。现简要介绍如下:

电子书:
中国内河助航标志国家标准

(一)决定河流左、右岸的原则

按水流方向确定河流的上、下游,面向河流下游,左手一侧为左岸,右手一侧为右岸。

对水流方向不明显或各河段流向不同的河流,按下列顺序确定上、下游:

(1)通往海口的一端为下游;

(2)通往主要干流的一端为下游;

(3)河流偏南或偏东的一端为下游;

(4)以航线两端主要港埠间的主要水流方向确定上、下游。

(二)航标颜色的确定

左岸航标为白色(黑色),灯光光色是绿光(白色),右岸航标为红色,灯光光色为红光。

不区分左、右岸的内河航标,其颜色按背景的明暗确定,背景明亮处为红色(黑色),背景阴暗处为白色。

(三)内河航标分类

内河航标按功能分为航行标志、信号标志和专用标志三类(详图见附录六)。

1. 航行标志

航行标志的功用是指示航道方向、界限和碍航物的位置。

航行标志包括过河标、沿岸标、导标、过渡导标、首尾导标、侧面标、左右通航标、示位标、泛滥标和桥涵标等十种。下面仅将侧面标做一简单介绍。需要提醒注意的是,江河左岸和右岸,通常与国际海上浮标制度中的浮标习惯走向的左和右刚好相反。内河航标的走向是由江河入海即出口方向,而海上浮标习惯走向通常是由海进江河即进口方向。因此,下述的内河侧面浮标的左锥右罐与海上浮标的左罐右锥实际上是一致的。

侧面标标示航道的侧面界限,指示船舶在航道内航行。

侧面浮标的形状为柱形、锥形、罐形、杆形或桅顶装有球形顶标的灯船。需要同时以标志形状特征区分左右岸两侧时,左岸一侧浮标为锥形或加装锥形顶标,右岸一侧浮标为罐形或加装罐形顶标;也可只在左岸一侧浮标加装球型顶标。固定设置在岸上或水中的侧面标(灯桩)可采用杆形或柱形。杆形灯桩需要增加视距时,左岸一侧可加装锥形顶标,右岸一侧可加装罐形顶标。

侧面标左岸一侧颜色为白色(黑色)。杆形灯桩的标杆为白、黑相间横纹,浮标加装的锥形或球形顶标为黑色(白色)。

侧面标右岸一侧为红色。杆形灯桩的标杆为红、白相间横纹。浮标加装的罐形顶标为红色。

灯船的球型顶标均为黑色。

侧面标的灯质,左岸一侧为绿色(白色),单闪光或双闪光;右岸一侧为红色,单闪光或双闪光。

设置侧面标时,应保证在航道同一侧相邻的两座浮标或同一侧相邻的浮标与岸标规定的最小安全航行距离的相连直线内,不得有小于维护水深或揭示水深的障碍物存在。

侧面标的设置可根据水位情况适当放宽或收窄。

2. 信号标志

为航行船舶揭示有关航道信息的标志称为信号标志,包括通行信号标、鸣笛标、界限标、水深信号标、横流标及节制闸标六种。

3. 专用标志

专用标志是用来标示沿、跨航道的各种建筑物,或标示特定水域的标志。专用标志包括管线标及专用标两种。其中的专用标,用于标示锚地、渔场、娱乐区、游泳场、水文测量、水下钻探、疏浚作业等特定水域,与国际浮标制度中的专用标志用途相似;其标志颜色为黄色,与国际浮标制度中的专用标志颜色相同。

项目十

航线及航行方法

◆知识目标

1. 掌握船舶大洋航行的航线选择与航法要领;
2. 掌握船舶沿岸航行的航法要领;
3. 掌握船舶狭水道航行的基本方法,包括各种导航、转向、避险等方法;
4. 掌握船舶岛礁区航行的基本要领;
5. 掌握船舶雾中航行的基本要领与注意事项;
6. 掌握船舶在冰区航行的基本要领。

◆能力目标

1. 能引导船舶大洋航行;
2. 能引导船舶沿岸航行;
3. 能引导船舶狭水道、岛礁区航行;
4. 能引导船舶在特殊条件下航行。

◆素质目标

1. 养成严谨细致的工作作风;
2. 培养航海安全意识和风险意识;
3. 培养多角度思维的方式。

任务一　大洋航行

一、大洋航行与航线选择

大洋航行就是引导船舶跨越大洋的长距离航行。

（一）大洋航行的特点

微课：
大洋航行的特点

（1）离岸远，航行时间长，气象、海况变化大，一旦遇到灾害性天气则较难避离；

（2）受洋流、冰况影响较大；

（3）驾驶员对多变的大洋海区的了解熟悉程度不够，往往只能依赖航海图书资料的介绍与气象预报。

（4）水深大、障碍物少、海域广阔、避让条件好，航线有较大的选择余地。

基于上述的特点，大洋中航行，在保证安全的同时，做到节省航行时间，对于降低运输成本和减少航行风险具有重要的实际意义。

（二）大洋航线的选择

大洋航行可采用以下几种航线：

（1）大圆航线：它是地球圆球体上两点之间的最短航程线。但它与所有子午线相交呈不等的角度（子午线和赤道除外），即沿大圆弧航行时，必须时刻改变航向。

（2）恒向线航线：它不是地球面上两点之间的最短航程线（子午线和赤道除外）。但在低纬度或航向接近南北时，它与大圆航线的航程相差不大。

（3）等纬圈航线：若两地在同一纬度，则沿纬度圈航行，即计划航迹向为090°或270°。它是恒向线航线的特例。

（4）混合航线：为了避开高纬度的航行危险区，在设置一限制纬度的情况下，采用大圆航线与等纬圈航线相结合的最短航程航线。

大洋航行中，两地相距较远，根据具体情况整个航程可能并不采用一种固定航线。如果按考虑航线上可能遭遇到的水文气象因素来讲，大洋航线又可分为：

（1）最短航程航线：地球面上两点之间的大圆航线或混合航线。

（2）气候航线（Climatic Route）：是在最短航程航线的基础上，考虑了航行季节的气候条件和可能遭遇的其他因素而设计的航线。如航路设计图和《世界大洋航路》中推荐的航线。

（3）气象航线（Weather Route）：是气象定线公司在气候航线的基础上，再根据中、短期天气预报，考虑气象条件和船舶本身条件后，向航行船舶推荐的航线。

（4）最佳航线（Optimum Route）：是在上述各种航线的基础上，确定的航行时间最少、船舶周转最快、营运效率最高的航线。

二、大圆航线

大圆航线是跨洋长距离航行时所采用的地理航程最短的航线。若将地球当作圆球体时,地面上两点间的距离,以连接两点的小于 180°的大圆弧为最短,而当航线所在纬度较高并又横跨经差较大时,大圆航程比恒向线航程有时会缩短达数百海里。

例如,从美国的诺福克到法国的布雷斯特,其航线横跨大西洋,恒向线航程为 3 227 n mile,而大圆航线航程为 3 111 n mile。

由于大圆弧与各子午线的交角,除赤道与子午线外,都不相等,因此,船舶若要沿着大圆弧航线航行,就要随时改变航向,既麻烦又很难做到。所以,实际上所谓的大圆航线,并不是真正沿着大圆弧航行,而是将大圆弧分成若干段,每一段仍按恒向线航线航行,整条航线只是接近大圆航线,分段越多越接近。

大圆航线可以取大圆弧内接分段恒向线法,如图 10-1-1 所示,即在 A、B 两点间的大圆弧上作分点 a_1、a_2、a_3、…… 每段航线可以是相邻分点间的恒向线弦线 Aa_1、a_1a_2、a_2a_3、……也可以取大圆弧外切分段恒向线法,如图 10-1-2 所示,即是各分点的恒向线切线 AA_1、A_1A_2、A_2A_3、……这样,只要分点足够多,整个航线就基本上接近大圆弧航线。

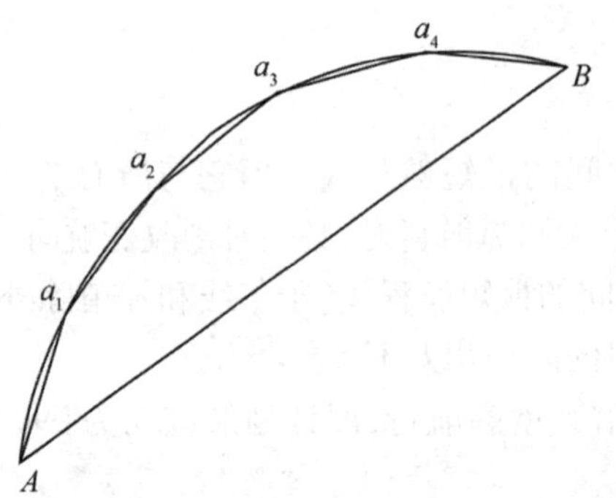

图 10-1-1 大圆弧内接分段恒向线

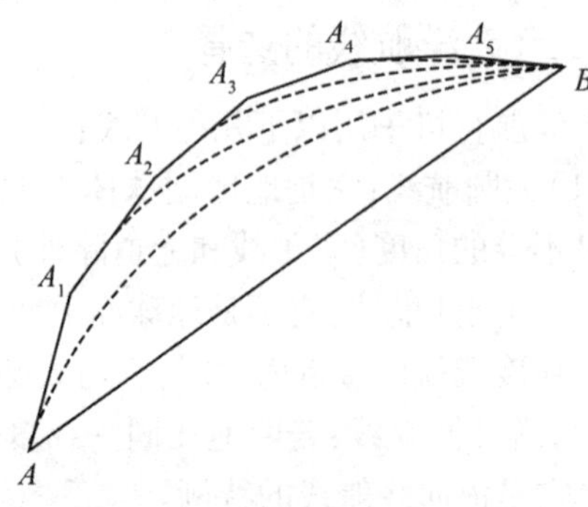

图 10-1-2 大圆弧外切分段恒向线

微课:
大圆航线分点求法

根据以上所述,大圆航行主要是解决两个问题:

(1)求分点,即将整个大圆弧航线划分若干段。大圆航线的分段原则是每隔经差 5°或 10°,或以一昼夜左右的恒向线航程为一个分段,且一般将分点经度取为整度。因而,若能求出大圆弧航线的分点坐标,就能在墨卡托海图上绘画出大圆航线。

(2)求各分点间的恒向线航向。

求算大圆航线的方法主要有以下几种:

(一)大圆海图法

大圆海图(Gnomonic Chart)是根据心射平面透视投影原理绘制的,由于是心射投影,大圆海图上所有大圆弧呈现为直线(大圆弧平面都过球心,大圆弧平面与投影平面的交线为直线)。利用大圆海图这一特点,可以在大圆海图上求得大圆航线分点的经纬度。具体步骤如下:

(1)根据航行海区查《航海图书总目录》抽选相应的大圆海图。

(2)选择大圆航线的起始点和到达点。

起始点最好选择在能够利用灯塔、陆标和雷达测得准确船位的地点;到达点附近最好不存在暗礁和其他障碍物等,并有从远处可看见的显著物标和有利于雷达观测的物标。

(3)将起始点和到达点按其坐标标在大圆海图上,用直线连接两点,即为大圆航线。

(4)在大圆航线上确定各分点。

一般按每隔经差 5°或 10°,或以一昼夜左右的恒向线航程为一个分段来确定分点,通常取整度经线与该线的交点为一分点,然后量出各分点的经纬度,如图 10-1-3 所示。

(5)在航用海图上确定分点及大圆航线。

将各分点按其经、纬度移画到航用海图上去,并用直线连接相邻分点,便得折线状大圆航线,每段折线即为分点间恒向线航线,如图 10-1-4 所示。

(6)量出各段恒向线的航向和航程,并列表备航。

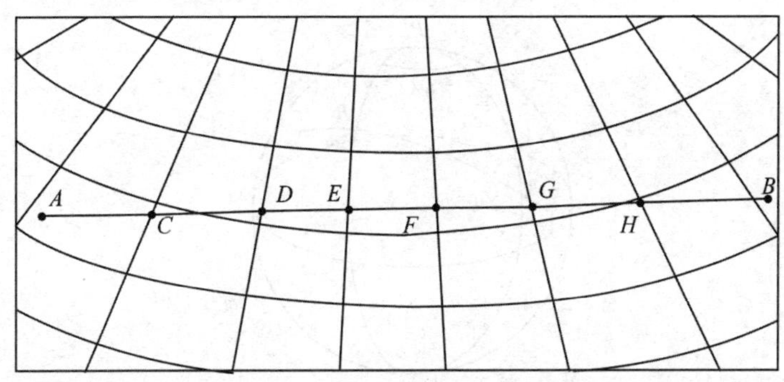

图 10-1-3 在大圆海图上确定分点

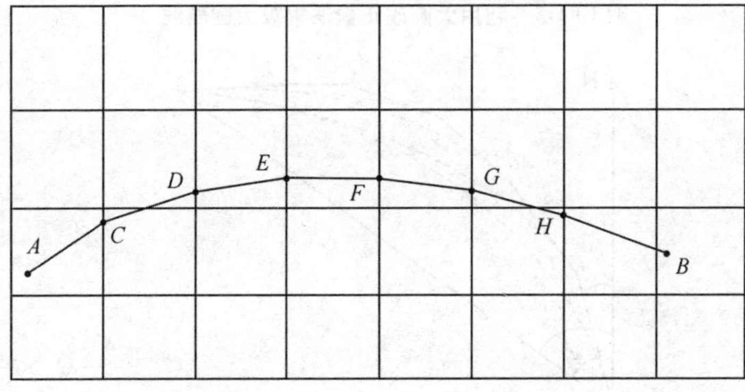

图 10-1-4 在墨卡托海图上确定大圆航线

(二)大圆改正量法

当两点间距离不太远时,在航用海图上两点间的大圆方位和恒向线方位相差一

个大圆改正量值 ψ。

$$\psi = \frac{1}{2}(\lambda_B - \lambda_A)\sin\frac{1}{2}(\psi_B - \psi_A) \tag{10-1-1}$$

实际工作中，可在航用海图上用恒向线接起始点、到达点，量出其恒向线航线航向 C_R，利用式(10-1-1)算出或从航海表中的“大圆改正量表”查得 ψ，于是可以求得大圆的起始航向 C_G。

$$C_G = C_R - \psi$$

如图 10-1-5 所示，C_G 为沿大圆弧切线航行时 A 点的大圆始航向，即第一段恒向线航向。

航行约一昼夜后，根据当时的准确观测船位，用大圆改正量法求出下一段的大圆切线航向，即得出第二段恒向线航向。以此类推，直至到达点，亦可结合推算，在开航前做出整个折线状大圆航线。

大圆改正量公式在出发点与到达点之间距离较远时会出现较大误差，所以这种方法只适用于距离较近的大圆航行。

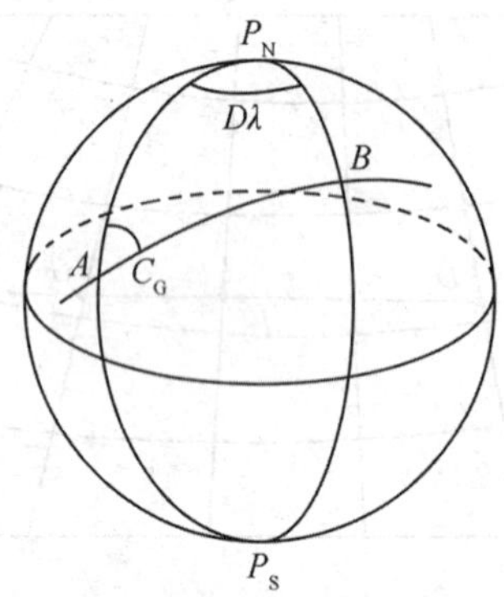

图 10-1-5　利用大圆改正量法求算大圆航线

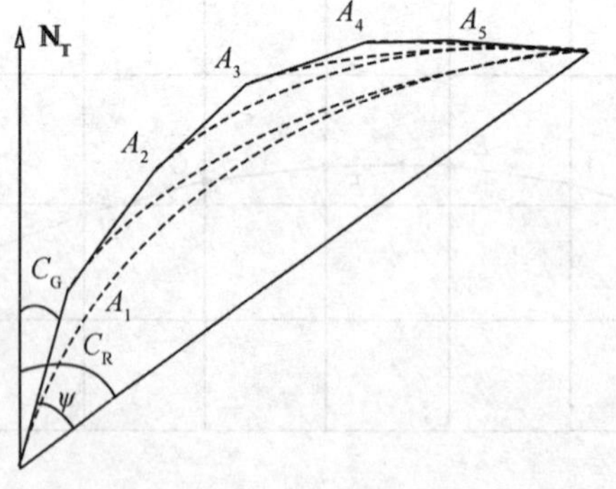

图 10-1-6　利用公式计算法求算大圆航线

(三)公式计算法

根据球面三角公式,利用计算机可方便地计算大圆航线的航向,航程和分点坐标。随着电子计算技术的发展,人们越来越习惯于利用计算法求取大圆航线的初始航向和航程以及各分点的坐标。目前应用较多的是利用卫星导航仪和数字航海计算器。使用中,一般只要输入起、终点经纬度,再输入各分点的经度(任选),便可计算出对应的各分点纬度,也可计算出各分点之间的恒向线航向与航程。航海人员只要将它提供的数据绘画到航用海图上,就能得到大圆航线,甚是方便。当然,利用一般的三角函数计算器也能计算大圆航线的分点坐标、航向和航程。

如图 10-1-6 所示,$A(\varphi_A,\lambda_A)$、$B(\varphi_B,\lambda_B)$分别为大圆航线的起程点与到达点。利用球面三角形的余弦公式,大圆弧航程 S_G(Great circle distance)为:

$$\cos S_G = \sin\varphi_A \sin\varphi_B + \cos\varphi_A \cos\varphi_B \cos D\lambda \tag{10-1-2}$$

利用球面三角形的四联公式,大圆初始航向 C_G为:

$$\tan C_G = \frac{\sin D\lambda}{\cos\varphi_A \tan\varphi_B - \sin\varphi_A \cos D\lambda} \tag{10-1-3}$$

或者当求得 S_G后,用下式求:

$$\cos C_G = \frac{\sin\varphi_B - \cos S_G \sin\varphi_A}{\sin S_G \cos\varphi_A} \tag{10-1-4}$$

式中:$D\lambda = \lambda_B - \lambda_A$

在利用上述公式计算时,经差($D\lambda$)和起程点的纬度(φ_A)恒取正值,到达点的纬度(φ_B)若与 φ_A同名,则 φ_B取正值;若与 φ_A异名,则 φ_B取负值。求得的 C_G为半圆航向。

$$C_G = \begin{cases} C_G(C_G\text{ 大于 }0°\text{ 时}) \\ C_G + 180°(C_G\text{ 小于 }0°\text{ 时}) \end{cases}$$

而半圆航向的命名规则为:第一名称与起程点的纬度(φ_A)同名,第二名称与经差($D\lambda$)的方向同名。最后应将半圆航向换算成圆周航向 C_G。

C_G为沿大圆弧切线航行时 A 点的大圆始航向,即第一段恒向线航向。航行约一昼夜后,根据当时的准确观测船位,用公式法求出下一段的大圆切线航向,即得第二段恒向线航向。以此类推,直至到达点。

例 10-1-1:某船位于 41°30′N、145°24′W,拟采用大圆航线去往 48°30′N、125°24′W 处,求大圆始航向和航程。

解:$D\lambda = \lambda_B - \lambda_A = -125°24' + 145°24' = 20°\text{E}$

$$\begin{aligned}\cos S_G &= \sin\varphi_A \sin\varphi_B + \cos\varphi_A \cos\varphi_B \cos D\lambda \\ &= \sin 41°30' \sin 48°30' + \cos 41°30' \cos 48°30' \cos 20° \\ &= 0.466\,34 + 0.496\,27 = 0.962\,617\end{aligned}$$

$\therefore S_G = 15°.761 = 942'.95$

$$\begin{aligned}\tan C_G &= \frac{\sin D\lambda}{\cos\varphi_A \tan\varphi_B - \sin\varphi_A \cos D\lambda} \\ &= \frac{\sin 20°}{\cos 41°30' \tan 48°30' - \sin 41°30' \cos 20°}\end{aligned}$$

$=1.527\ 685$

$\therefore C_G = 56°.8NE = 056°.8$

三、混合航线

采用大圆航线时,往往要通过高纬度地区。为了避开高纬度地区的恶劣水文气象条件或岛礁等航行危险区,例如,北太平洋有阿留申群岛阻隔,冬季多风暴,夏季多雾;北大西洋多冰山等,可以根据航行季节及航区具体情况,设置一限制纬度(φ_L),使船舶不超过此纬度航行,但又要尽可能缩短航程。因此,混合航线就是有限制纬度时的最短航程航线,如图 10-1-7 所示。混合航线由三段组成:

第一段:由起航点 A 到与限制纬度圈相切的点 M 的大圆航线 AM。

第二段:在限制纬度圈上由点 M 到点 N 沿等纬圈的恒向线航线 MN。

第三段:由限制纬度圈相切的点 N 与到达点 B 到的大圆航线 NB。

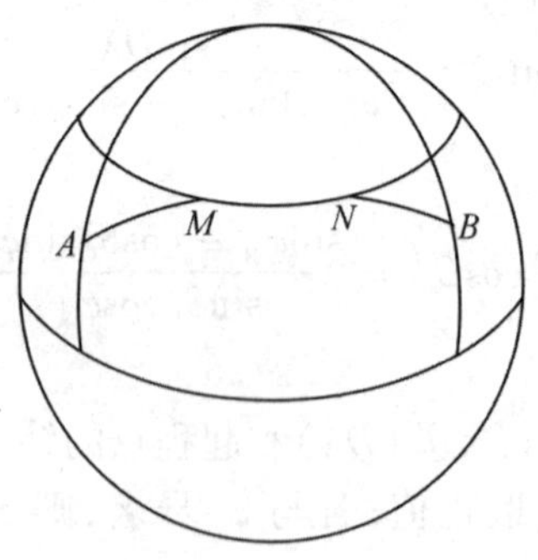

图 10-1-7 混合航线

混合航线同样可以利用大圆海图求算,也可以用公式计算。在此主要介绍利用大圆海图求算混合航线,其步骤如下:

(1)查阅、分析航海图书资料,选取大圆海图,确定限制纬度。

(2)在大圆海图上从起始点 A 和到达点 B 分别作限制纬度圈的切线,切点分别为 M、N,则航线分为 AM、BN 和 MN 三段,AM、BN 两段为大圆航线,MN 为等纬航线,如图 10-1-8 所示。

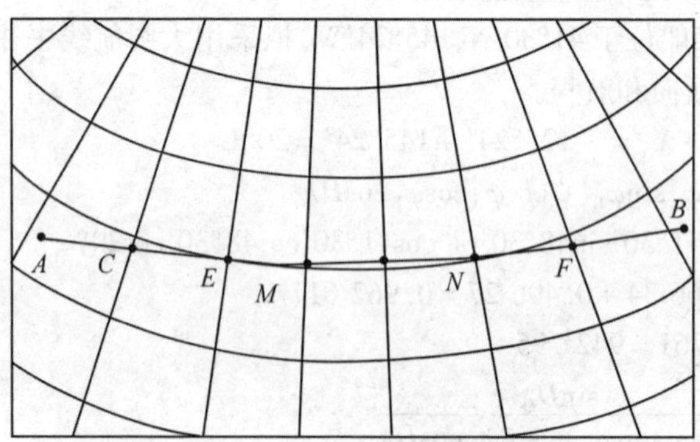

图 10-1-8 利用大圆海图求算混合航线

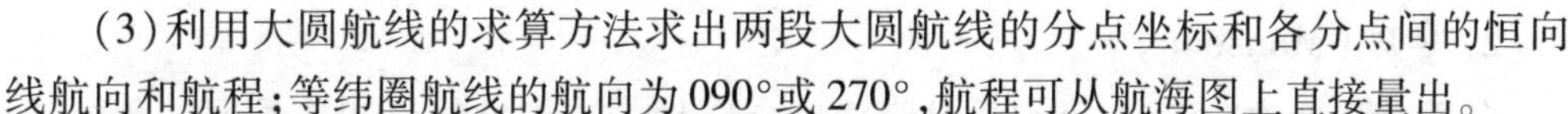

(3)利用大圆航线的求算方法求出两段大圆航线的分点坐标和各分点间的恒向线航向和航程;等纬圈航线的航向为090°或270°,航程可从航海图上直接量出。

(4)将各段恒向线的航向和航程列表备航。

四、选择大洋航线应考虑的因素

选择大洋航线应该在保证安全的前提下选择航行时间最短、经济效益最高的航线,但是这条航线并不一定是航程最短的航线。在拟定大洋航线时,主要应考虑以下几个因素:

(一)气象条件

驾驶员主要应考虑本航次中遭遇大风和灾害性天气的可能性。为此,驾驶人员对大气环流的一般规律应当有所了解。

1. 世界风带

一般大洋的风是比较有规律的,但随季节和海区也稍有变化。世界风带的一般规律如图10-1-9所示。

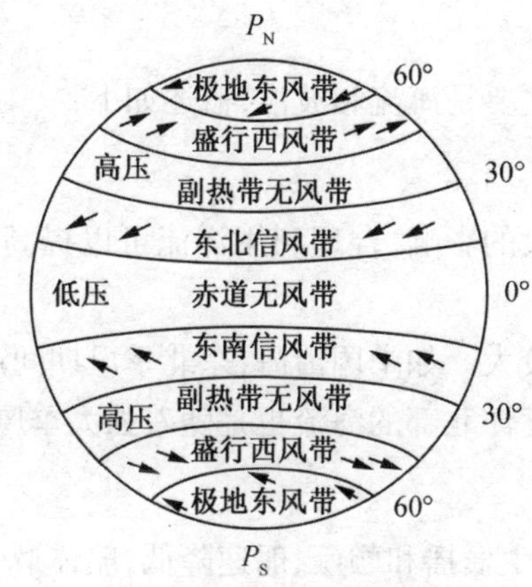

图10-1-9　世界风带

从副热带高压带(纬度30°附近)吹向赤道的风,由于受地球偏转力的影响,北半球为东北风,南半球为东南风。因为它风向稳定、风力不大,一般只有3~4级,其中心区域可达5级,若无台风影响,几乎全年如此,被称为信风或贸易风。所以人们把南北纬度10°~30°之间的东风带,叫作信风带。

南北信风带之间在赤道附近的静稳区,叫作赤道无风带。

从副热带高压带向极地吹的风,在地球偏转力的影响下,北半球为西南风,南半球为西北风,风力平均有5~6级,故将这一带(纬度30°~60°)叫作盛行西风带,而在好望角附近叫作咆哮西风带。

在纬度30°附近,即在信风带和盛行西风带之间是副热带无风带。

极地高压区向中纬度吹的是偏东风,因此在纬度60°~90°之间形成了极地东风带。

2. 季风(Monsoon)

冬季从陆地吹向海洋,而夏季从海洋吹向陆地的周期性的风叫作季风。我国是世界上著名的季风国家。冬季我国东海岸吹西北风,南海岸吹东北风;而夏季则相反,东海岸吹东南风,南海岸吹西南风。转换期一般在4、5月和9、10月。冬季季风比夏季季风强,冬季季风一般可达8级,而夏季一般只有3~4级。

印度洋北部季风也特别强盛。冬季吹东北风,夏季吹西南风,在阿拉伯海西部西南季风特别强盛。

3. 热带低气压和温带低气压(Depression)

热带风暴一般产生在夏秋季的低纬度大洋上,形成后会构成灾害性天气,应特别注意。西北太平洋的温带低气压和比斯开湾的低压在秋冬季节非常强盛。

4. 雾

世界上的多雾区大都发生在寒流和暖流的交汇处。如大西洋的纽芬兰岛和英吉利海峡附近,太平洋的北海道东南岸、千岛群岛、阿留申群岛和美洲西岸等,在夏季多有浓雾。

(二)海况

与航海有重大关系的主要是海流和波浪,概述如下:

1. 大洋环流

洋流对船舶航行有较大的影响,合理利用洋流可以提高船舶运输效率。大洋环流与风带有着密切关系。

近海海流受季风影响较大。如中国沿海,东北季风期间产生西南海流,西南季风期间则产生东北海流。印度洋北部的海流也是随着强大季风的变化而变化的。

2. 海浪

船舶受波浪影响后,产生横摇和颠簸,船速降低,船体遭受很大的冲击力,使所载货物可能发生移动,稳性受到影响。波浪还时常使船首没入波间、船尾被抬出水面,产生打空车的现象。同时船首常常被风浪压向下风偏离航向,不得不经常用较大舵角来保持航向。较大风浪使船舶安全受到威胁、船员生活受到影响。因此,在选择航线时,应尽可能地避免穿越大风浪区。

3. 流冰和冰山

鄂霍次克海、北海道南岸局部地区有流冰。冰山多见于大西洋纽芬兰附近,常出没于欧美航线附近,非常危险,应予以注意。

(三)障碍物

大洋上一般很少有障碍物,但高纬度地区则不然。北太平洋高纬度岛屿比较多,北大西洋高纬度地区则冰山经常出没,使大圆航线往往受到限制。必须对岛礁、冰山等危险障碍物予以充分注意,设计航线应留有足够的安全距离。

(四)定位与避让条件

选择航线时,应充分考虑到利用各种定位方法。接近陆地时,应选择有显著物标或有明显特征等深线的水域。还要重视避让条件,特别是能见度不良时,更应尽可能避免航线通过渔区和拥挤水域。

(五)本船条件

在选择大洋航线时,必须充分考虑本船条件。例如,本船的新旧、船型、吨位、船舶结构强度、航行性能、船速、船舶吃水、续航能力、船员的应变能力和技术水平,以及所载货物的性质、特点与布局等。

1. 本船结构强度

船龄对船舶的结构强度影响较大,老船因船壳锈蚀,容易在大风浪中被冲击漏水,所以选择航线时要慎重考虑。即使是新船,也会因遭遇风浪而发生意外事故。

2. 吃水

空船吃水浅,船体受风面积大,车效和舵效都不能充分发挥,而满载则上浪厉害,容易损伤船体。

3. 船速

低速船在大风浪中顶风航行,航程进展小,傍风航行又会产生较大偏移,舵效较差。船在大风浪中航行应合理选择船速,以减小风浪对船体的影响。

4. 船舶吨位

一般来说,吨位大的船抗风能力也大。此外,船型不同,适航性能也不同。但只要措施得当,吨位并不是重要因素,而船长与波浪长度的关系对船舶的抗浪能力及船舶安全影响却很大。

5. 客货载情况

航线选择时应考虑货载情况,如是满载还是空载,是散装货还是杂货,有无危险品,有无甲板货;封舱、衬垫和绑扎情况如何,稳性大小怎样等。客船应选择风浪小的航线。

6. 船员

船员的技术水平、熟练程度和对紧迫局面的应变能力密切关系到船舶航行安全。在其他条件一定的情况下,船长的经验和船员集体的应变能力是选择航线应当考虑的一个重要因素。

由于大洋航行时间长,各种不确定的因素比较多,对于上述各种因素的利弊,应当充分加以权衡。总之,航线的选择,首先应考虑的是船舶安全,在保证安全的前提下,应合理选择航线,缩短船舶航行时间,以提高船舶营运效率。

五、气象定线概述

上述选择大洋航线很重要的考虑因素是航行期间航行海区的气象与海况。《世界大洋航路》和航路设计图上介绍的航线,是根据长期的统计资料,经综合分析后推荐的,一般称之为“气候航线”,它们具有很高的参考价值。然而,船舶航行期间的实际情况,往往与统计情况不一致,因而,设计航线时还必须考虑气象和海况预报。

随着收集海洋资料和气象资料先进技术的发展,以及气象预报技术和船舶通信技术包括气象卫星的出现和发展,使船上能较方便而迅速地得到最新气象预报,天气形势图以及海浪、冰况等预报,从而可以根据气象海况条件并结合被导船舶的性能、船型、装载情况、航行要求等而拟定并实施最佳天气航线,这个过程也就是气象定线。事实证明,气象定线对于保证航行安全和缩短航行时间以及节省燃料和减少船、货的损失方面具有显著效果。有关的统计数字表明,300 h 左右的跨洋航行,采用气象定线,平均可节省航行时间 5 h,相当于总航行时间的 1.6%。

气象定线,通常由岸上的专门机构来进行,故简称岸导,也就是由岸上的专门机构向接受气象定线的船舶提供航线设计指导或航行期间的航线修改建议。岸导的一般步骤:

(1)启航前数天给有岸导机构提供本船资料,一般包括:

①船名、呼号及船速;

②受雇公司名称、地址;

③预计起航时间;

④出发港、目的港(及中途港);

⑤船舶稳性,干舷、吃水和载货情况等;

⑥其他要求与说明。

气象定线公司收到船舶的申请后,结合气象预报资料,通过计算机及时分析处理,为船舶提出推荐航线和开航后未来 5 天的天气形势、风浪、海雾、海流等情况;同时根据各种类型船舶船速曲线的特点和货载安全的需要,向被导船舶提供导航指导意见。

(2)船舶收到定线公司的定线咨询报后,应在仔细分析的基础上确定本船的计划航线。起航后尽快将实际开航时间(*ATD*)电告气象导航机构。

(3)航行中,船舶和气象定线公司应密切配合。一般情况下,船舶每两天把中午船位、航向、航速、风向、风级和海况等电告定线公司;定线公司也每两天发一次跟踪导航的指导电报。如果船舶因非天气原因发生故障或减速,或船舶自行改变航线,应速电告定线公司;如遇复杂的天气情况,双方加发电报联系协调。

(4)航行结束时,船长应尽快电告定线公司实际到达时间(*ATA*);定线公司将及时做出航次总结并发给船舶公司,副本送船长。

目前,岸导已广泛使用于大西洋、太平洋。有关岸导的费用、联系方法及其他细节,可查阅英版《无线电信号表》或从岸导机构获取。

应当指出,岸上机构不负有指导失误的法律责任。航线的制定和修改权掌握在船长手里。

采用气象定线,要求用无线电传真机及时接收地面分析图、24 h 和 48 h 的地面预报图,以及 72 h 和 96 h 的 500 mbar 高空图。同时应具备航行海域的风浪预报图和海流图,分析地面和高空预报,以掌握长期的风暴动态和海况。当本船装备有较完善的气象传真机等仪器,船长和驾驶员又有较丰富的气象知识和相当的分析及判断能力,那么可根据充分的海洋气象预报资料、天气传真以及现场观察资料,由船长和驾驶员自己实施气象定线或局部气象导航,也就是所谓的自导。

岸导与自导相比,岸导具有较高的准确性。这主要由于岸上机构的仪器及分析手段完备、资料丰富、气象预报人员受过专门训练且富有经验。从目前的实践看,已有越来越多的船舶接受岸导,尽管要付出一些费用,但与船舶安全、节省燃料和减少货损等方面来看,仍是有利的。

船舶气象导航已成为现代航海技术的一个组成部分,它在保证船舶航行安全、提高航行经济效益方面所起的作用已为国内外航运界所确认。

六、大洋航行注意事项

在大洋航行中,应综合各种因素,选择最佳航线,无疑是很重要的。但是在航行过程中应及时发现并补充航线选定方案中的不足,以及根据变化的情况不断修正航线,采取及时、正确的航海措施,这些也是保证航行安全不可或缺的重要环节。为此,应注意以下一些事项。

(一)认真推算

微课:
大洋航行注意事项

在大洋航行中,推算船位既是进行天文定位、无线电定位等的基础,又是发现观测船位错误的重要参数,因而不可忽视航迹推算对于航行安全的重要作用。为了尽可能提高推算的准确度,发挥航迹推算的作用,应该做到:

(1)航迹推算的起始点应是利用陆标等测定的准确观测船位。

(2)应尽可能利用计程仪测定准确航程,以提高推算的精度。在航行中,应经常注意计程仪的工作情况,掌握准确的计程仪改正率。

(3)罗经工作正常与否,直接关系到航行安全与航迹推算的准确性。因此,远航中应注意:

①在每次改向后或长时间在同一航向上航行时,应每隔1~2 h对比一下磁罗经与陀螺罗经之间、标准罗经与操舵罗经之间的读数,计算磁罗经差。如发现有问题,应立即查明原因,采取适当措施,并把情况记入航海日志。

②应利用天体测定罗经差。每天利用日出日没或太阳低高度方位,早晚各求一次罗经差,并把测定结果记入航海日志。

③应根据航行地域的地磁变化,计算磁罗经差。

④当航行跨越赤道后,应对罗经自差进行检查,看其有无较大的变化。

(4)正确计算风流压差。虽然洋流的流速不大,但在长时间、长距离航行中,其累积影响也很可观。

(二)充分利用机会进行船位观测

尽管目前的GPS具有很高的定位精度,但为了可靠起见,也应抓住其他测定船位的机会,如太阳移线船位,测星定位以及无线电导航仪器定位等;并应注意分析船位差产生的原因,作为继续进行航迹推算的参考。有时若只能测得单条位置线,也不要轻易放过,它可以作为分析推算误差的参考。

(三)掌握转向点

在到达转向点之前,尽可能求得观测船位,然后根据观测船位与转向点之间的航行时间或计程仪读数进行改向。而根据推算船位转向时,必须对推算船位的准确度心中有数。改向后应及时寻找机会测定船位,校验改向后的船位是否在计划航线上。

(四)注意接近海岸前的安全

(1)远航接近海岸前,要特别仔细地研究海图,注意识别物标,准确定位,确保航行安全。除应选择显著物标作为接岸点外,必须仔细了解接岸区的地形特点、水深变化规律、水中危险障碍物位置、水流情况和助航设施等。

(2)在估计沿岸物标在望时,应提前加强瞭望。当初次发现陆标时,千万不能主观臆断,必须用雷达、罗经等反复观测或与已知船位进行核对,直到确认无误时为止。

(3)应采用一切有效手段测定船位,只有在确认船位后,才可接近海岸和港口,不可贸然行动。

(4)如已接近海岸,但未看到预计能够看到的物标,或对所见物标有疑问时,则应根据当时情况许可,采取减速、停车或抛锚等措施,等弄清楚情况后再续航。

(五)认真收听气象报告和接收气象传真图

由于气象变幻莫测,灾害性天气时有出现,大洋航行时,必须按时收听有关气象台站的气象报告和传真图,结合本船的气象观测资料进行分析判断。如有灾害性天气,应采取必要的避离和预防措施。

(六)按时接收航海警告

大洋航行,持续时间长,应按时收听航行海区的无线电航海警告,并及时进行必要的改正。

(七)拨钟

在大洋航行中,为了维持正常的作息时间,并使船时与所航行海区的时间一致,应及时按时区拨钟,通过日界线时应变更日期,并记入航海日志。

(八)正确使用空白定位图

航行在大洋上,航用海图的比例尺一般都比较小,为了提高推算和定位的准确性,应该选用比例尺适当、与航行纬度匹配的空白定位图来进行海图作业。

目前远洋船上使用的多为英版空白定位图(Plotting Sheet),也有用中版、日版或美版的。英版空白定位图的比例尺为1:670 000,从纬度0°~69°,共23张,每张图的纬度范围为3°。

空白海图的特点是,图上只有经纬线及其图尺,而且只在纬线上标明纬度读数,

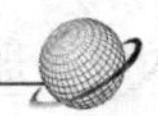

微课：
空白点位图

而经线上则未标明任何读数，可由使用者根据航行经度范围自行标注。空白海图南北纬可以通用，只要纬度合适即可。空白图上纬度图尺有正、倒两个读数，用于南纬时，仅需将海图上下倒置，纬度图尺读数采用由北向南（即由上向下）逐渐增加的那一个。图上的向位圈也有内外两圈，用于南纬时，应使用内圈。

在大洋航行中使用空白海图时，首先应根据航区的纬度选用适当的空白海图。然后根据航区的经度在空白海图上用铅笔将经度值标注在适当的经线处。因此，只要纬度合适，同一张空白海图可重复使用经度线，只要改写经度值即可。

使用空白海图时，必须经常对照该海区的航用海图，并应将早、中、晚的观测船位移到航用海图上去，以便及时了解船舶周围的海区情况。

（九）注意航速与燃油消耗的关系

大洋航行由于可能遭遇灾害性天气等意外原因，有时会延长航行时间，造成燃料储存短缺。因此，船舶除应有额外燃油储备（一般不少于两天的耗油量）外，航行中应注意航速与燃油消耗的关系，选择适当航速，以保证船舶续航至中途港或目的港。

船舶航行时每小时耗油量 Q（单位：t）与船舶排水量 D（单位：t）和航速 V（单位：kn）的关系为：

$$Q \propto D^{\frac{2}{3}} \cdot V^3 \tag{10-1-5}$$

船舶航行时耗油量 F（单位：t）与航速 V（单位：kn）和航程 S（单位：n mile）关系为：

$$F \propto V^2 \cdot S \tag{10-1-6}$$

微课：
航速与油耗

例 10-1-2：某船以 18 kn 航行，已知航行 1 000 n mile 所需燃油 100 t。现仅存燃油 80 t，但船舶至目的港尚有 1 200 n mile 航程。为了使船舶能在不增加燃料的情况下续航至目的港，试求船舶应采用的适当航速。

解：设船舶应采用的适当航速为 x kn，根据式（10-1-8），得：

$(18^2 \times 1\,000):(x^2 \times 1\,200) = 100:80$

$x = \sqrt{\dfrac{18^2 \times 1\,000 \times 80}{1\,200 \times 100}} \approx 15$ kn

即船舶应降速至 15 kn，方能抵达目的港。

例 10-1-3：某船排水量 10 000 t，以 15 kn 航速航行一天燃油消耗量 28 t，试求：

（1）若航速增加 1 kn，一天燃油消耗将增加多少吨？

（2）加载 2 000 t 货物后，以 14 kn 航速航行，一天燃油消耗量多少吨？

解：（1）设航速增加 1 kn，一天燃油消耗增加 x，根据公式得：

$(10\,000^{\frac{2}{3}} \times 15^3):(10\,000^{\frac{2}{3}} \times 16^3) = 28:(28 + x)$

$x = \dfrac{10\,000^{\frac{2}{3}} \times 16^3 \times 28}{10\,000^{\frac{2}{3}} \times 15^3} - 28 = 5.98$ t

即航速增加 1 kn 后，一天燃油消耗将增加 5.98 t。

（2）设加载 2 000 t 货物后，以 14 kn 航速航行，一天燃油消耗量为 y 吨，则：

$(10\,000^{\frac{2}{3}} \times 15^3):(12\,000^{\frac{2}{3}} \times 14^3) = 28:y$

$$y = \frac{12\ 000^{\frac{2}{3}} \times 14^3 \times 28}{10\ 000^{\frac{2}{3}} \times 15^3} = 25.71\ \text{t}$$

即船舶加载 2 000 t 货物后，以 14 kn 航速航行，一天燃油消耗量为 25.71 t。

七、大洋航线选择举例

（一）北太平洋航线

1. 航线拟定应考虑的主要因素

（1）本船条件；

（2）东航还是西航。

一般东航是顺风顺流，选择航线时要研究如何充分利用这些自然条件。西航则相反，主要是如何回避不利的自然条件。此外，理论上大圆航线航程最短，但如加上气象和海洋因素，航行总时间就不一定最短，因此在具体运用时要全面考虑。

（3）气象

北太平洋的气象特征主要有：

①由北太平洋高压、阿留申低压、赤道低压这三个恒定气压带形成的风。此外，还有由于季节的变化在大陆产生的气旋和反气旋形成的风。

②在北纬 30°～60°一带的西风带，从 12 月至翌年 2 月最显著。在 180°经线以东，平均风力为 5～6 级。180°经线以西，平均风力可达 6～7 级。3 月份起风力逐渐减弱，夏季海面基本平稳。冬季除了偏西大风外，还经常有从大陆来的气旋经过，所以几乎每天都有大风。

③大致从北纬 5°～25°，东经 150°到距加利福尼亚海岸约 200 n mile 的海域，受东北信风带影响，东部风向为东北，西部为偏东，风力一般可达 4～5 级，在夏威夷群岛附近常达 6 级或 6 级以上。

④航行中的天气预报，在西太平洋可收听日本台，在东太平洋可收听旧金山台，在 170°E 到 160°W 之间可收听阿拉斯加台和火奴鲁鲁台、关岛台，但这些地区因观测资料少，往往不太准确，因此在分析天气预报或天气图时要参考当地的天气和海面情况。

⑤冬季在北太平洋航行时，很少有测天的机会。

（4）海流

在北纬 30°～47°、东经 130°到西经 150°区域内，有按顺时针方向回转的北太平洋环流。环流的北部为东流，从日本一直向东到加拿大哥伦比亚省沿岸，后折向东南到南，再折向西南。环流的南部为西流，横断太平洋一直到菲律宾东岸，其中大部分折向西北到北，称黑潮，经中国台湾地区东部转向东北，再通过琉球西岸、日本南岸折向太平洋。在日本附近黑潮的流程每天可达 20～60 n mile。

（5）季节

北太平洋的航线选择主要是由气象条件决定的，而气象条件又因季节不同而不同，因此季节不同应选择的航线也不同。

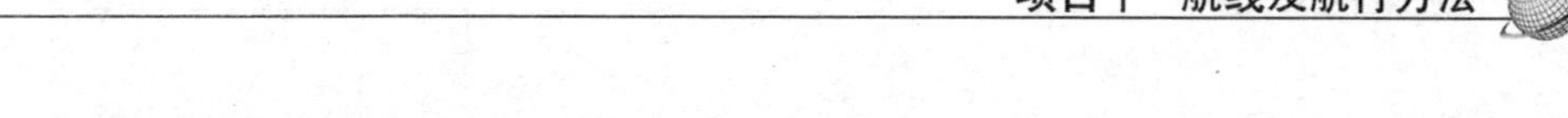
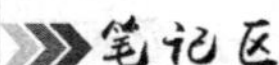

在载重线区域图中把北太平洋北纬35°以北海区的大部分划为冬季季节航区，这也是对气象情况进行了统计分析和研究后得到的结果。

在实际中，很多低速船在冬季航行时，往往采用夏季吃水沿35°N以南的平行纬度圈航行。有的东航船开航时为夏季吃水，待燃料、淡水等消耗到冬季吃水时再进入冬季航区航线。

2.航线举例

以“上海—温哥华”航线为例。

(1)东行

最短航程航线是航经对马海峡、日本海和津轻海峡，在驶离襟裳岬后放洋，以恒向线航线航至49°N、180°处，然后再按恒向线航线直至胡安·德富卡海峡入口处。最后，进入海峡并航行至温哥华，航程约5 080 n mile。

这条航线基本上为顺流。在海峡入口处的维尔岬角附近有灯塔，物标易识别，并有无线电信标可供利用。

(2)西行

可用阿留申群岛的南侧航线和北侧航线，为避免逆流的不利影响及冬季高纬度地区的恶劣天气，冬季西行船还可航行于较低纬度的中纬航线。

(3)南线

从胡安·德富卡海峡放洋取恒向线航经49°30′N、130°W，50°10′N、135°W，50°35′N、140°W，50°45′N、145°W，50°50′N、150°W，50°50′N、160°W，50°40′N、165°W，50°30′N、170°W，50°30′N、175°W和50°30′N、180°。

到达180°经线后，根据不同季节选取某一恒向线航线：

11月—翌年3月，航经50°30′N、175°E，50°10′N、170°E，49°30′N、165°E，48°20′N、160°E，46°30′N、155°E，44°N、150°E。

4月—10月，航经50°N、175°E，49°15′N、170°E，48°20′N、165°E，47°10′N、160°E，45°20′N、155°E，44°N、152°E。

然后航经津轻海峡和对马海峡到上海。

(4)北线

从胡安·德富卡海峡放洋取大圆航线至54°10′N、162°45′W，然后驶经乌尼马克岛水道到54°25′N、165°30′W，驶大圆航线至52°25′N、175°00′E，接驶大圆航线至43°40′N、147°00′E，然后航经津轻海峡和对马海峡到上海。

紧靠阿留申群岛南侧通过的航线，总体上位于西风的北部，且整个航线几乎都受到西流的有利影响。该航线航经一俄罗斯管制区域(50°55′N、164°00′E与47°35′N、167°35′E之间，其详情可参阅航路指南)。

(5)中纬航线

从胡安·德富卡海峡放洋先采用大圆航线航至30°N、180°处，然后基本上沿纬度圈航行，通过鸟岛与须美寿岛之间，经大隅海峡到上海，航程约5 780 n mile。

(二)北大西洋航线

1. 应考虑的气象与海况

北大西洋的低压整年在冰岛、格陵兰和加勒比海附近,高压则在亚速尔群岛南方,呈东西约600 n mile、南北约300 n mile 的椭圆形。其中心在冬季约位于 38°N、39°W,夏季约在 36°N、32°W。

(1)风系

中纬度高压区和赤道低压带之间,整年吹热带偏东风。中纬度高压区以北是偏西风带。

(2)低气压

北大西洋的低气压,一般由纽芬兰南面向东北东方向通过苏格兰北部,有时向英吉利海峡方向袭去,它随亚速尔高压区的强弱而异。冬季发生的低气压异常猛烈,船舶难以航行。北大西洋的热带低气压叫气旋。它与北太平洋的台风一样,大都产生在 10°N ~20°N、40°W ~70°W 的地方,其路径大约是在 17°N 以南向西—西北方向移动,在 20°N ~30°N、75°W 附近转向,然后向北—东北方向挺进。

(3)雾

纬度 40°N 以北海域,由于墨西哥暖流和拉布拉多寒流的汇合,长年有雾。特别是在 7 月份,纽芬兰以东经常有浓雾出现。在 40°N ~50°N、48°W ~55°W 地方雾日约占 45%,在它的南方与东方则显著减少。

(4)北大西洋环流

北赤道流的主流在 15°N ~20°N 之间,西流至西印度群岛后转向东北成墨西哥湾流,在 45°N、30°W 附近分成两股。南方一股东进至欧洲沿岸,成为葡萄牙海流,经非洲沿岸向西南流去,成为加那利寒流,然后接上北赤道流。北方一股也就是北大西洋海流,向东北—东北东方向流到英国和挪威沿岸。这个环流在佛罗里达半岛附近的流速大约 1.3 ~4 kn;在北美沿岸大约 0.5 ~2 kn;在这以后只有 0.5 ~1 kn。

(5)拉布拉多寒流

从北极圈每天以 6 ~20 n mile 的速度南下,至纽芬兰海岸的东方与墨西哥湾流汇合,对雾的发生和冰山漂流影响很大。

(6)冰山

在格陵兰西部海岸有 100 多条冰河,每年流向大海的冰山达 7 000 座之多。这些冰山一部分随东格陵兰寒流或拉布拉多寒流沿拉布拉多海岸南下,在纽芬兰海岸东边与从西南方向来的墨西哥湾流混合,在暖风和暖水中融化。在那里拉布拉多寒流水温只有 0.5 ~2 ℃,而墨西哥湾流水温竟达 15 ℃。

在纽芬兰海岸附近,4、5、6 月经常有冰山出现,其中 5 月为最多,曾流到39°N以南海域,7 月开始减少,11 月—翌年 1 月则比较稀少。

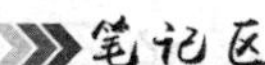

(7)波浪

北大西洋的波浪,从12月—翌年1月,以55°N、22°W为中心的地区为最甚,波高4 m的出现率可达40%,多为西南~东南向。

2.航线

在西北欧至北美的航线上,要经过纽芬兰大滩附近。由于那里是墨西哥湾暖流和拉布拉多寒流的汇合处,全年易发生浓雾,夏季冰山漂流,且渔船很多。为了避免这些不利条件,防止碰撞,曾由有关国家的轮船公司协商定出不同季节往返欧美之间的协定航线,并在《国际海上人命安全公约》中对协定航线做了规定。

大滩附近是世界上最繁忙的航路之一,同时也是最危险的航路之一。浮冰、冰山经常出没于此,浓雾常见,低气压通过此地常有大风,加上渔船众多,油气和矿产开发平台渐增。因此,1974年国际海上人命安全会议忠告所有船舶,应尽可能远离大滩,远离43°N以北的纽芬兰渔场,远离冰山危险水域航行。

国际冰山巡逻服务忠告,在4月中旬之前不应进入45°30′N以北的冰山危险区。

因此,欧美往返推荐航线都经过大滩之南42°30′N、50°00′W处。从北美各港与该转向点间为恒向线航线,转向点与欧洲各港间基本采用大圆航线。

5月—11月之间,比斯开湾及以北港口与北美港口间也可选择Cape Race以南20 n mile作为转向点。同样,从北美各港与该转向点间为恒向线航线,该转向点与欧洲各港间基本采用大圆航线。

(三)印度洋航线

1.航线应考虑气象与海况

(1)气象

印度洋主要受季风影响。

①东北季风:冬季亚洲大陆冷高压向赤道低压带移动,形成东北季风。它从10月开始至翌年4月,其中在12月和1月为最盛期。东北季风从阿拉伯海和印度西岸开始,逐渐向南延伸,所以阿拉伯海西部此时有风向固定、风力达4~5级的东北风。此期间印度沿岸空气干燥、天气良好。

②西南季风:夏季亚洲大陆受太阳强烈照射,产生宽广的低压区,形成从海洋吹向大陆的西南风。4月开始从印度洋南部刮西南风,至7月达到最盛期。阿拉伯海西部最大风力平均达6~7级,可是在62°E以东、9°N以南风力较弱。西南季风期间一般多雨,能见度不良。季风转换期为4月和10月。

③北印度洋热带偏东风很不明显。但南半球的盛行西风带,因陆地很少,比较发达,在40°S附近常达11级,有咆哮西风带之称。

④印度洋的热带低气压叫“气旋”。北印度洋“气旋”大都发生在5、6月和10、11月,源地在尼科巴群岛和马尔代夫群岛,进路为西北—北北西。南印度洋气旋大都发生在11月—翌年5月,源地主要是塞舌耳群岛,最盛期1月—3月路经毛里求斯附近。

(2)海况

北印度洋的海流主要是季风海流。

①冬季海流

北印度洋由于东北季风流形成逆时针的环流。南印度洋南部也是逆时针的环流区,但在北部还有一个顺时针的环流区。

i. 东北季风流:在东北季风开始后一个月,即 12 月份在阿拉伯海和孟加拉湾开始形成逆时针的东北季风流。近岸边是西南西或西南流,大洋中主要是偏西流,与北赤道流一致。它们在靠近非洲沿岸时左转变成南流,以后与赤道逆流连接。2 月以后,孟加拉湾和阿拉伯海北部沿岸会产生顺时针方向的回流。

ii. 赤道逆流:在 3°S 附近有一股强大的向东海流。当靠近苏门答腊时,逐渐左转向东北,而后向北,在 5°N 附近向西接上东北季风流,形成冬季北印度洋的环流。

iii. 南赤道流:在 10°S ~ 15°S 的南赤道海流西流,于马达加斯加岛东方分成两股,一股南下成为莫桑比克海流和厄加勒斯海流,强且稳定。另一股沿大陆东岸北上,与赤道逆流连接形成南印度洋北部的顺时针环流。南赤道流的另一股,沿马达加斯加岛南下,与西风漂流连接形成南印度洋南部的逆时针环流。

iv. 西风漂流:在 40°S 附近是环绕全球的西风漂流东流。它流至澳大利亚西岸,其中一股北上成为西澳海流。这支海流至 20°S 附近汇入南赤道流。

②夏季海流

印度洋北部为顺时针环流,南部则仍是逆时针环流。

i. 西南季风流:在北印度洋的主流是偏东流。在阿拉伯海和孟加拉湾是东北流、东北东流或东南流。沿岸形成顺时针方向的流。

ii. 赤道逆流:与西南季风流几乎一致。

iii. 南赤道流:沿非洲北上的南赤道流,至 7°N 附近分成两股,一小部分向瓜达富伊角海岸流去,与阿拉伯海的东北流汇合,大部分转向索科特拉岛附近形成东流,所以夏季北印度洋形成顺时针方向的环流。

iv. 西风漂流:与南赤道流仍形成印度洋南部的逆时针环流。

2. 新加坡—亚丁(Aden)航线

(1)往航

出新加坡海峡后,从 Pulau Iyu Kechil 灯塔起航,过 Fair Channel Bank 和 Long Bank 之间的西北方,从一拓浅滩处通过至韦岛西方 5°49′N、95°00′E 处,然后驶恒向线至斯里兰卡南端的栋德拉头外海,再通过加勒角航至米尼科伊岛灯塔南面8°06′N、73°00′E 附近。然后:

①东北季风期(10 月—翌年 4 月):从米尼科伊岛灯塔南方定航向,对着亚西尔角(Ras Asir)的瓜达富伊角灯塔航行,并以 10 n mile 距离绕过该岬角,直驶亚丁。

②西南季风强盛期:从米尼科伊岛灯塔南方定航向,到索科特拉岛东北方 13°10′N、54°50′E(距岛约 40 n mile)处,然后直航亚丁。

为避开阿拉伯海的强风,也有从米尼科伊岛灯塔南方,经 8°N、60°E,再通过索科特拉岛东北方,驶往亚丁的备选航线。

③西南季风期的低速船航线:通过八度海峡后,航至 6°N、67°E,然后沿等纬圈航至 60°E,再经过 8°N、52°40′E 驶向瓜达富伊角灯塔,最后绕过亚西尔角直驶亚丁。

米尼科伊岛灯塔南方水很深,易识别,北方有暗礁。夏季在索科特拉东部有很强的偏东流，有时很不稳定，且能见度不佳，不宜靠近该岛。东北季风时，航线应从索科特拉岛南方通过；西南季风时则从其北方通过，以策安全。

(2)返航

①通过索科特拉岛南方(10 月—翌年 4 月)：从瓜达富伊角外海(12°25′N、50°30′E)驶向八度海峡(8°06′N、73°00′E)。然后驶恒向线经栋德拉头南方 5°50′N、80°36′E 至韦岛，再经马六甲海峡到新加坡。

②通过索科特拉岛北方(5 月—9 月)：出亚丁港，通过索科特拉岛北方，经 13°10′N、54°50′E到米尼科伊岛南方 8°06′N、73°00′E，然后经栋德拉头南方至新加坡。如出索科特拉岛转向受横风较大，可改驶孟买方向，待经过 62°E 之后再转向 8°海峡。

③出亚丁港后，经瓜达富伊角沿非洲海岸南下至哈丰角后，改驶 070° ~080°航向，经 62°E 之后驶向 8°海峡去韦岛。

④低速船也可经哈丰角后南下直插 1°.5 海峡，再驶向韦岛。

任务二 沿岸航行

一、沿岸航行的特点

沿岸航行是指船舶在沿海各港口间的近岸海上航行。沿岸航行时交通环境复杂，事先选择一条安全、经济的航线，了解航线附近水文气象、地形和助航设施、交通管理规章等特点，对确保船舶航线安全、提高营运效益都具有十分重要的意义。

沿岸航行离岸线近，许多情况下船舶回旋余地较小，航行中要集中精力，谨慎驾驶，以确保船舶的航行安全。航行前要仔细研究航海资料，熟悉航区特点。其特点如下：

(1)距沿岸的危险物近，地形复杂，水深一般较浅；

(2)潮流影响大，水流较为复杂；

(3)交通密集度大，来往船只和各种渔船较为密集，航行和避让都有较大的困难；

微课：
沿岸航行特点

(4)当遇到紧迫局面时，船舶操纵困难；

(5)沿岸航行所涉及的航海图书资料一般详尽、准确；

(6)沿岸航线距岸较近，可用于导航定位的物标较多，能较容易获取较为准确的陆标船位；

(7)沿岸交通复杂海区，大多实现交通管制，以确保船舶安全航行。

二、沿岸航线的选择

沿岸海区船舶通航历史较长，航区内的图书资料比较详尽，许多地方均有推荐航线，在条件允许的情况下应予以采用。同时，在沿岸航行时随时间的变化，航线也不

是固定不变的。在具体选定航线时,应充分做好以下三个方面的工作:

(一)分析航次情况

根据航次任务,综合考虑本船性能、仪器设备性能、积载情况、航程长短,以及航区的风、流、能见度、障碍物、可能出现的灾害性天气及避风港选择等情况。

(二)研究有关资料

根据航次任务的一般要求,详细研究有关航海图书资料并及时根据航海通告和航海警告对有关图书资料进行认真而仔细的改正。对本航次中可能遇到的困难条件,应做到心中有数并做好必要的安排工作。

(三)拟定航线

在确定和预画航线前,应根据安全和经济的原则充分考虑如下内容:

1. 尽可能采用推荐航线

在没有特殊原因的情况下,应尽可能采用海图和航路指南中的推荐航线,包括采用通航分隔航路。

在 IMO 采纳的分道通航制区域或其附近航行时,必须遵守船舶定线制和国际海上避碰规则的有关规定。不使用分道通航制的船舶应尽可能远离该区域。

使用通道分航制的船舶,拟定航线时应:

(1)将航线设计在相应的通航分道内,并尽可能从其端部与该分道内交通流总流向以尽可能小的角度进入或离开;

(2)所选航线尽量与分道内船舶总流向相一致,并注意让开分隔带和分隔线,双向航路内的航线应尽量靠近航道的右侧;

(3)谨慎使用深水航路,深水航路是考虑到船舶吃水和水域水深,为有必要利用这种航路的船舶提供的,不考虑这些因素的船舶,应尽可能将其航线设计在深水航路以外;

(4)选择双向推荐航线时,应将航线设计在推荐航线右侧适当的地方,以尽可能地避免航行中与来船构成对遇和不协调避让局面。

2. 确定适当的航线离岸距离

航线离岸距离应根据船舶吃水的深浅,航程的长短,测定船位的难易,海图测绘的精度,能见度的好坏,风、流影响的大小,白天还是夜间,航行船只的密集程度以及本船驾驶员技术水平、航行经验等情况加以确定。有些海区还要考虑该水域的治安情况与政治气氛,例如,有无海盗活动、国际关系是否正常、国内形势是否稳定等;同时,还应为避让和转向留有足够的余地。

一般情况下,在能见度良好的条件下,距陡峭无危险的海岸 2 n mile 以上通过,以保证能清楚地辨认岸上物标;沿较平坦倾斜的海岸航行时,大船应以 20 m 等深线为警戒线,小船可以 10 m 等深线为警戒线,或至少应在本船吃水 2 倍的等深线之外航行。夜间航行,如定位条件不好或能见度不良,应在离岸 10 n mile 以外水域航行,

以利安全。在定位条件不好的海区沿岸航行时,采取与岸线总趋势平行的航线有利于船舶安全。在夜间,特别是在可能遇到吹拢风或向岸流影响时,应将航线再适当地向外海偏开一些,以确保航行安全。为了有利于避让,航线应避开船舶的交会点,应尽可能避开渔船作业区,必要时以绕航为宜。

3. 确定航线离危险物的安全距离

沿岸航行,确定航线距其附近的暗礁、沉船、浅滩、鱼栅、鱼礁等危险物的安全距离时,应根据下列因素决定:

(1)从接近危险物前所能测到的最后一个陆标船位距危险物的航程长短和所需的航行时间:一般情况下,这段航程越远、航行时间越久,通过时的或然航迹区距该危险物的距离也就越近,则航线距离危险物的距离应远些。

(2)危险物附近海图测量的精度:通过未经测区比通过精测区的距离应远些。通过精测过的危险物,可从其外缘以 1 n mile 为半径画出危险圆,并考虑本船的船位误差范围,再确定距危险圆的距离。

(3)危险物附近有无显著的可供定位和避险的物标。

(4)通过危险物时的能见度情况、是白天还是黑夜。

(5)风、流对航行的影响。

(6)水下障碍物还是可见障碍物以及是否设有危险物标志。一般有陆标可供不断观测定位时,至少应在 1 n mile 以上通过危险物。如果是在潮流影响较大的海区或者受吹拢风影响,或者能见度不良时,离危险物的距离应该加大。在通过远离陆地而又未设有标志的危险物时,应根据水流情况和最后一个实测船位到危险物航程的远近,以 6 ~ 10 n mile 的距离通过。当黑夜或者能见度不好时,此距离还应当增大。

此外,为了确保船舶航行安全,拟定沿岸航线时,最好应避开以下水域:

(1)周围水深较浅、水深变化不规则的水深空白区;

(2)连续的长礁脉及其边缘附近;

(3)孤立的岩礁以及水深明显比周围浅的点滩;

(4)未经精确测量的岩礁和岛屿之间的狭窄水域;

(5)珊瑚礁附近未经系统地扫海测量、水深浅于 100 m 的水域。

4. 绕航

选定沿岸航线,有时为了避开风浪、不利水流或者为了安全通过危险物等原因而需要绕航。须知避离危险物的绕航,即使离开危险物距离增大 2 倍时,由此而增加的航程也是很有限的,而船舶的航行安全却因此而得到较大的保证。如图 10-2-1 所示,从 A 到 B 直航的时航程为 110 n mile,航线离危险物为 2 n mile;为了避离危险物

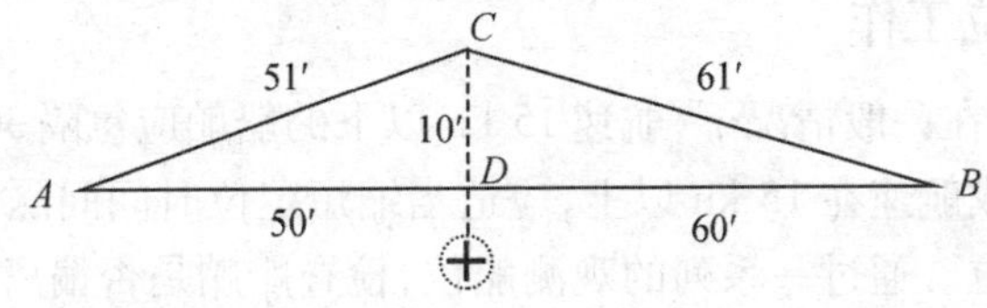

图 10-2-1　绕航示意图

更远些，拟距其 12 n mile C 处通过，绕航后的全程为 $AC+CB=112$ n mile，航程仅增加 2 n mile，绕航渔区的情况也是如此。

5. 定位与转向条件

沿岸航行，应考虑在各种航行情况下，都能有较好的定位条件。在重要转向点，应选择在转向侧正横附近的位置准确的显著物标作为转向物标，如灯塔、立标、岛屿、山头等，避免用平坦的岬角或者浮标作为转向物标。

绕岛屿与岬角航行，不必都采用正横转向。因为这样转向，船与物标的距离会越来越近。若连续三次正横转向 30°，则最后距物标的距离约为原先第一次转向时的 2/3。最好采用定距绕航的方法，先在海图上画出航线，标出几个转向点，然后用雷达观测距离，使船舶保持在计划航线上航行；也可采用平行方位转向法，就能保证转向后船舶航行在新航线上。此外，还应该根据本船吃水，设定适当的避险位置线，以防转向中接近海岸或危险物。

三、沿岸航行注意事项

船舶在沿岸航行时，一般应注意以下一些问题：

微课：
沿岸航行注意事项

（一）正确选用与使用海图

沿岸航行时为了进一步提高推算和定位的精度，应尽可能采用新版大比例尺海图。因为在大比例尺海图上，资料比较详尽、准确。海图作业应按规定进行，并要保持整齐清洁。在换图后，只要条件允许，应立即定位进行核对。此外，航行中应注意收听航海警告，并及时进行资料及海图的改正工作。

（二）准确、连续进行航迹推算

沿岸航行一般均离岸较近，除了有定位精度较高的 GPS 定位除外，获得准确的陆标船位也较为容易。但是，认为沿岸航行定位方便，因而忽视航迹推算甚至中断推算，一旦出现异常情况，就可能丢失船位，其后果是十分严重的。因此，平时应注意分析推算的精度，积累资料，以作为能见度不良时或者情况异常时航行的参考。

推算起始点应是准确的观测船位。在到达推算起始点前，应启用计程仪，并使其正常工作。航迹推算应保持连续性，在水流影响显著地区航行，每小时推算 1 次船位；在其他地区航行，一般情况下，每 2 h 或 4 h 定位一次。到达引航水域或者接近港界有物标可供定位航行时才可终止推算。

（三）做好定位工作

如果条件许可，在一般情况下，航速 15 kn 以下的船舶应每隔 30 min 测定船位一次。接近危险地区或航速在 15 kn 以上，应适当缩短定位时间间隔。能见度不良时，应充分利用雷达定位。通过一系列的观测船位，检查船舶是否偏离计划航线；系统地分析船舶偏离计划航线的原因；同时根据实测船位的间距，计算出实际航速及看到或到达下一个重要物标的时间。

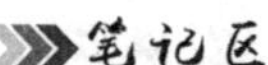

正常情况下,物标在视界之内时,应尽量使用目测定位。雷达、回声测深仪以及无线电定位仪器等,均应保持良好的工作状态。在重要航区,应采用多种定位方法定位,以消除单一定位方法可能存在的误差和局限性。必要时可采用方位距离、方位测深、天文船位线和助航仪器等综合定位方法测定船位。使用转移船位线时,应特别注意推算的准确度。

准确识别物标是准确定位的前提。只有物标确认无疑后,方可用以定位和导航。如:浮标在大风之后常有移位或漂失的情况;灯浮有时也会灯光熄灭;灯塔的灯光也可能被云雾遮住,而不能被及时发现等。

(四)加强瞭望

许多海事,特别是碰撞事故,大部分是由于瞭望疏忽引起的。瞭望应由近及远地连续扫视水平线内的一切事物。不要忽视任何微小的异常现象,如:海面的漂浮物、平静海面的异常浪花、大海中海水颜色的突然改变等,它们往往是危险的预兆。在航行条件比较复杂的情况下,更应尽量做到保持连续不间断的瞭望,以提前发现危险。夜航时,应注意尽可能减少在海图室内逗留的时间,保持夜眼。必要时应及时开启雷达,使用雷达协助瞭望。

(五)把握最佳转向时机

转向前应尽可能地测得准确船位,以此推算出到达转向点的时间。要事先选择好显著易认的、转向侧正横附近的转向物标。在重要的转向点,必要时可多选择一个转向物标,以便在一个转向物标因故被遮蔽时利用另一个。转向时最好选用小舵角逐渐转过。如果船至转向物标的横距比设计的距离过大或过小,可适当提前或延后转向,以使船转向后驶上计划航线。转向时应特别注意避让,因为重要的转向点往往也是船舶的交汇点,此处是对遇,或者是横交,局面随时在变化,不易判断。因此,应特别加强瞭望,谨慎驾驶。在转向后,应在海图上和航海日志中记下转向时间、计程仪读数和船位,然后在条件许可时,应立即利用一切机会测定船位,校验转向后船舶是否偏离计划航线。

(六)应充分利用单一位置线

微课:
单一位置线

如能正确利用单一位置线,有时对航行安全会起到一定的保证作用。如果测得一条与计划航线垂直的船位线,可用以判断船位超前或落后于推算船位的程度;如果测得一条与计划航线平行的船位线,则可用已判断船位偏离计划航线的程度。若船位线是南北方向的,可用它来确定船舶的经度;若船位线是东西方向的,可用它来求纬度。总之,单一位置线可以缩小推算船位的或然船位区,也可以用来避险、导航和测定仪器误差等,还可用于转向,故应充分利用。

(七)正确识别岸形和物标

沿岸航行或大洋航行接近目的港时,正确识别岸形和物标,是搞好定位、保证航行安全的前提。实践证明,许多海事是由于对岸形和物标识别的错误引起的。即使充分使用了对景图等有关航海资料，亦不能完全避免识别错误，特别是浮标，在大风之后，常有移位或漂失的情况；有时灯浮也会灯光熄灭，应当注意识别，不可主观臆断。只有对物标确认无疑时，方可用以定位和导航。因此仔细分析、反复辨认和判断物标识别情况是完全必要的。常见的判断方法有：

1. 参考概率船位区判断

如图 10-2-2，船在推算船位 F 点，发现岸上的一个物标，其外形与海图上的 A 和 B 物标相似。因此，首先必须辨认 A 和 B 哪一个是所发现的物标。为此，在推算船位点 F 附近画出概率船位区，并在图上分别自两物标画出所测得的方位位置线。结果从图上物标 A 画出的方位位置线通过概率船位区。显然可以肯定，图上的 A 是所发现的物标。推算精度越高，这种识别方法的效果会越好。如果概率船位区位于两条距离线中间，那就难以判断了。

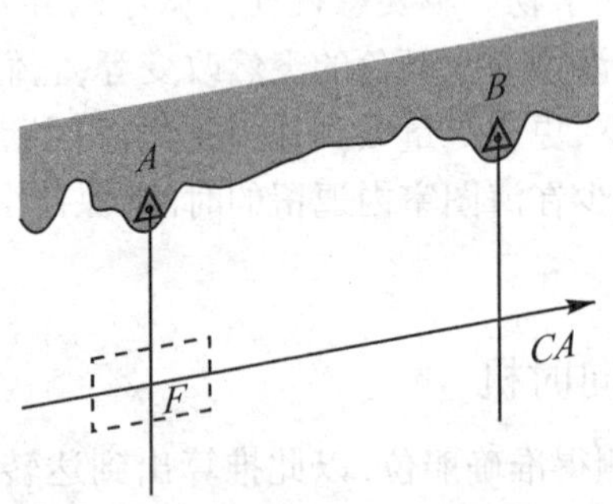

图 10-2-2　参考概率船位区识别物标

如果在视界内只有一个物标可供观测，由于这时造成的物标识别错误没有其他办法可以帮助发现，并在随后的航行定位中会继续被误用，这是最危险的。在这种情况下，务必细心，防止盲目自信，要注意分析，并尽可能获得其他的校验办法。在确有把握之前，不能轻易转移船位。

2. 根据船位的分布判断

(1) 两方位定位

在船舶沿计划航线保向保速航行，连续利用两物标方位定位时，如果错误识别了物标将因此而得出错误的船位。如果连续观测定位，所得船位点不是沿直线分布，而是出现曲线分布，且各船位之间的距离也不与观测时间间隔或航程成比例，即可判定识别物标存在错误。如图 10-2-3 所示，就是误以 B' 为 B 进行观测，而从 B 画方位线时错误船位的分布曲线情形。当然，罗经差有误差时也会出现类似情况，应注意分析辨别。

(2) 两距离定位

图 10-2-4 为船舶沿直线航行，当 A 物标识别正确，而误以 B' 为 B 时，两距离定位所得船位分布情况。如果在航行中连续多次采用两物标距离定位的船位分布呈曲线状，且各船位之间的距离与相应的航程不成比例，或者出现两圆弧位置线无法相交的情况，都表明物标识别有错误。

由于物标相对位置关系等因素，错误船位分布的曲线可能是椭圆、抛物线或双曲

线中的任何一种。

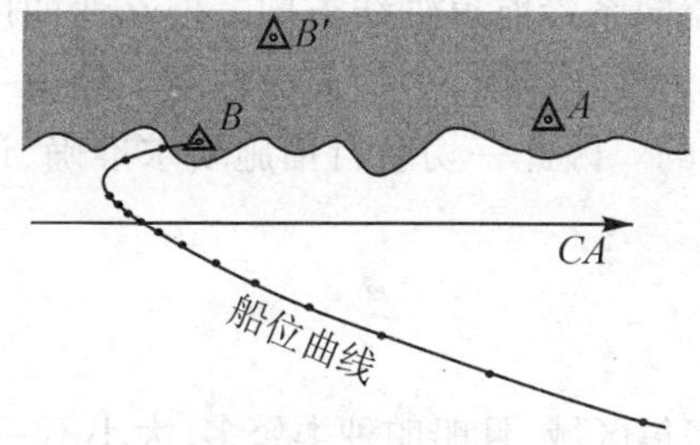

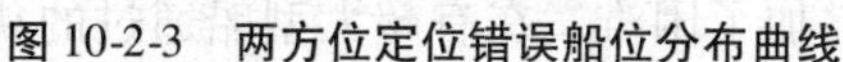
图 10-2-3　两方位定位错误船位分布曲线

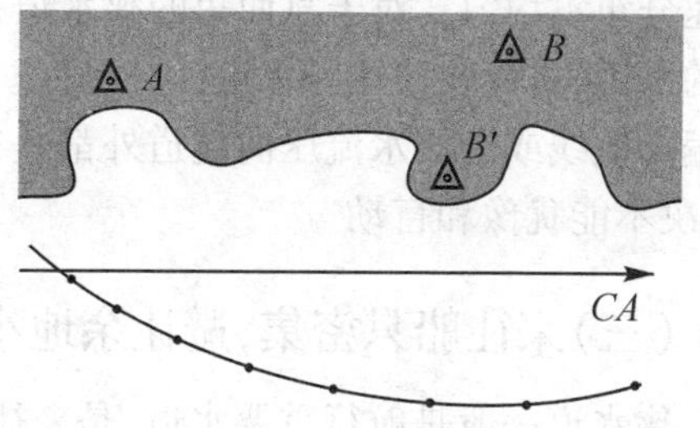

图 10-2-4　两距离定位错误船位分布曲线

(八)其他

所有助航仪器都应保持非常良好的工作状态。应该利用航行中一切机会测定罗经和计程仪误差。同时,注意收听有关的气象预报,如发现航路的进程中有灾害性天气,应及时果断地改变航行计划,借以避离。

任务三　狭水道、岛礁区航行

一、狭水道航行的特点

微课:
狭水道航行特点

狭水道是港口、海峡、江河、运河以及岛礁区等水道的总称。一般而言,狭水道内不仅航道狭窄弯曲,而且水深、水流变化明显;航道距危险物近;通航密集度大;一般不能用通常的定位方法保证航行安全,航行较为困难。因此,驾驶员了解狭水道的航行特点,掌握狭水道内各种导航、转向和避险等航行方法以及通过浅滩、岛礁区等的特殊方法十分必要;同时,在狭水道航行时更应谨慎驾驶,并不断积累和总结狭水道航行的经验,以提高驾驶水平。

(一)航道狭窄、弯曲、水深浅,变化大

狭水道往往狭窄而弯曲,船舶航行没有足够的回旋余地。例如,我国许多港口的主航道多为人工疏浚,有的航道宽度不足 100 m,大多数港口的进出口航道水深都有限。特别是江河入海口处的航道,往往由于上游挟带大量泥沙的沉积而形成浅滩,这种浅滩位置,随季节和江河水势的差异而多有变迁,因此航道水深变化较大,船舶进出该水道一般都要候潮。这些都给船舶航行和操纵带来了较大的困难。因此,许多狭水道内除有天然和人工陆标定位、避险导航外,还专门设有浮标指示航道或航海危险。大部分狭水道,近年来都实施了分道通航。

(二)离危险物近,水流情况复杂

由于狭水道受岸形的限制,可航水道一般离浅滩、暗礁等航行危险物较近。同时

由于航道狭窄,无论是两段均为较宽阔的水面,还是江河入海口狭窄航道,流向复杂,流速分布不均匀。对于直而短的狭水道,潮流流向系沿航道轴线方向。但在弯曲度大的水道,主流线往往与水道横交;流速也有较大变化,航行中应充分注意。船舶一旦偏离航线或者被水流压向航道外都是很危险的。因此一切航行措施要求准确、迅速,决不能犹豫和盲动。

(三)来往船只密集,避让余地小

狭水道一般是航行重要水道,是来往船只密集区域,且船舶种类繁多、大小不一,有些航道时有小船堵道,给船舶的操纵与避让增加了困难。在有超大型船通过的狭水道,要注意大船预告,注意避让。否则,由于大船行动迟缓,又不能偏离深水航道,容易造成紧迫局面。

(四)可供定位的物标多、距离近

狭水道航行,可用以定位的物标多、距离近,但物标的方位变化快。因此,用一般的航海定位方法,在速度和精度上都不能确保航行的安全,必须预先研究掌握各物标特点,采用目视引航方法来确定狭水道航行的安全。

微课:
狭水道航行准备工作

二、过浅滩的航行方法和注意事项

(一)最小安全水深的确定

许多内河水系,特别是下游港口,经常有海船进出。江河入海口航道上,往往有拦江沙滩,由于浅水的作用,会使船舶阻力增大、船速降低、舵效变差、吃水增加,造成航行和操纵上的困难。大船通过浅滩往往需要候潮,所需最小安全水深可由下式求得:

$$\text{最小安全水深} = \text{最大吃水(出发港)} - \text{油水消耗减少吃水} + \text{咸淡水差} + \text{横倾增加吃水} + \text{船体下沉} + \text{半波高} + \text{保留水深} \tag{10-3-1}$$

现对式中各项分别讨论如下:

1. 出发港最大吃水

通常在受载时就应根据航行时间、油水消耗量、潮汐预报情况等按照式(10-3-1)先进行预算,合理受载,以期在通过浅滩时,既可达到艏、艉吃水适当,又有足够的保留水深,争取尽早安全通过。

2. 油水消耗减少吃水

根据本船每天油水消耗量、每厘米吃水吨数和航行天数,可按照式(10-3-2)计算油水消耗减少吃水的厘米数:

$$\text{油水消耗减少吃水(cm)} = \frac{\text{每天油水消耗量} \times \text{航行天数}}{\text{每厘米吃水吨数}} \tag{10-3-2}$$

3. 咸淡水差

船舶由一种密度的水域驶入另一种密度的水域，由于水密度的变化，其吃水将随之发生改变，相应的变化量 δd 为：

$$\delta d = \frac{\Delta\rho}{100TPC}\left(\frac{1}{\rho_2} - \frac{1}{\rho_1}\right) \tag{10-3-3}$$

式中：δd——不同水密度的水域中吃水变量(m)；

Δ——进入新水域前的排水量(t)；

TPC——该排水量下的标准海水密度时的每厘米吃水吨数(t/cm)；

ρ——标准海水密度($\rho = 1.025\ \text{g/cm}^3$)；

ρ_1——原水域的水密度；

ρ_2——新水域的水密度。

4. 横倾增加吃水

在水深有限的狭水道中航行，要考虑横倾增加吃水的因素。如图 10-3-1 所示，吃水增加量可按下式近似计算：

$$\Delta T = \frac{B \cdot \theta^\circ}{2 \times 57^\circ.3} \approx \frac{B \cdot \theta^\circ}{120} \tag{10-3-4}$$

式中：ΔT——横倾增加吃水(m)；

B——船宽(m)。

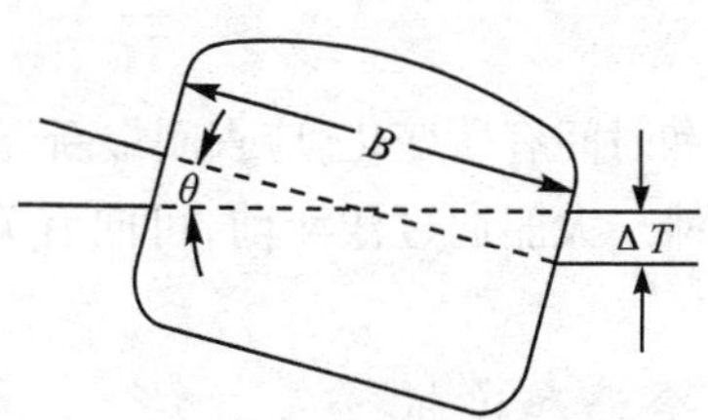

图 10-3-1　横倾增加吃水

5. 船体下沉及吃水差变化

船舶在浅水中航行，船底至海底之间过水断面变小，水流速度加快，水压降低，原来的平衡被破坏，通过船体下沉达到新的平衡，从而使吃水增加。由于船体艏、艉下沉量不同，故同时也引起吃水差的变化。

浅水中船体下沉及纵倾变化，较之深水更为激烈。船首上浮的时机较早，而且水深越浅，达到最大艏倾和开始变为艉倾所需船速越低。在商船速度范围内，浅水中低速时就出现船体下沉，船速越快或是船型越肥胖的船舶，船体下沉及吃水差的变化程度就越大。

6. 半波高

波浪有波峰和波谷，当船舶处于波谷时，相当于水深变浅，通常减小半个波高。过浅滩遇有波浪时，有必要考虑半波高，以免坐底。

7. 保留水深

保留水深应视该浅滩处潮高预报误差、海图水深测量误差和底质性质确定。确定保留水深时要注意留有充分余地,通常可取0.1~0.5 m的保留水深。

(二)过浅滩注意事项

1. 调整吃水

船舶到达浅滩以前,应及时调整船舶吃水,使其到达浅滩时刚好为平吃水且无横倾。如当地水深允许,可将船舶调整至适当艉倾,以改善船舶操纵性能。值得注意的是,船舶由咸水水域进入淡水或半淡水水域,平均吃水增加,船舶浮心后移,导致吃水差增加。因此,要保证船舶在淡水或半淡水水域时为平吃水,则在咸水水域时应有适当的艉倾。

2. 候潮

过浅滩往往需要候潮,最佳时机通常选择在当地高潮前1 h,此时水面已上涨到了一定的高度,有利于船舶安全通过浅滩。另一方面,船舶一旦搁浅,因尚未达到高潮,潮水还在不断上涨,船舶还有可能自行脱浅。

3. 控制航速

浅水中的船体下沉和纵倾变化,较之深水更为剧烈,对船舶操纵影响较大,甚至可能产生擦碰海底的事故。船舶通过仅有少量富余水深的浅滩时,必须控制好航速,必要时可使用拖船协助,停车淌航。

4. 掌握最新资料

拦江沙浅滩往往随季节和时间有所变化,应查阅最新资料。受风向的影响,有时潮水也会提前或推迟到达浅滩。大船通过浅滩前,可向有关部门查询当时的实际潮高和水深,以资核对。

5. 尽量避免在浅水区会遇和追越

船舶在浅水区舵效较差,相距较近还会出现船吸现象,可提前通过VHF相互协调,使其中一船先行通过,另一船在浅滩外航道上慢车等候。万一两船在浅水区会遇,应各自靠航道右侧航行,采用减速和变速对驶通过。应尽最大可能避免在浅水区追越。

三、狭水道导航方法

为了满足狭水道导航的需要,狭水道中除了有众多的天然物标外,还设有许多用于提供连续目测导航使用的浮标、叠标和导标等。

(一)浮标导航

在江河入海口处,往往岸线低平,必须设置一系列的灯船、灯浮等来标示航道、指示危险,引导船舶安全出入港。某些海上雷区航道,由于离岸较远,导航准确度要求较高,也设置浮标导航。我国长江口南水道就是一个比较典型的使用浮标导航的水道。

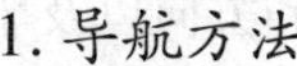

1. 导航方法

(1)查看前后浮标法

查看前后浮标，将前后浮标设想连成直线，能直观地判断本船是否行使在航道上。如图 10-3-2 所示，A、B 是前后两个浮标，设置在航道南侧，北侧为可航水道。a、b、c 表示船的三个位置。a 位在前后标连线的右侧，说明本船已偏离航道进入浅水区，应立即左转离开此地；b 位在前后浮标连线上，说明已进入航道边线，也应左转离开连线位置；c 位在前后连线的左侧，说明本船在航道内。

(2)前标舷角变化法

如图 10-3-3 所示，船位于 A 浮标正横附近时测得前标 B 方位为 Q，航行中不断观测前标 B 的舷角，即可判断船舶偏航情况：如果航行中舷角不断增加，表明船舶在通过前标前将行驶在航道内；如果舷角不变，船舶将与前标碰撞；一旦舷角越来越小，船舶将偏离航道进入航道另一侧的浅水区。

微课：浮标导航

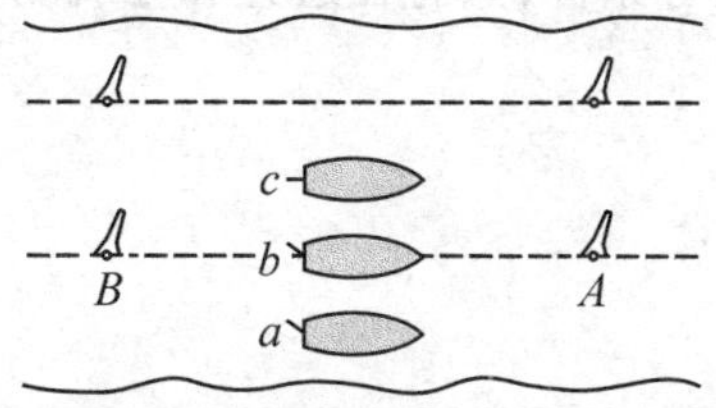

图 10-3-2　查看前后浮标法导航

图 10-3-3　前标舷角变化法导航

(3)舷角航程法

浮标导航目测正横距离，可判断船舶是否偏离自己的航线。无风流情况下，除四点方位法外，还可以使用舷角航程法。如图 10-3-4 所示，A、B 为两浮标，其间距设为 6 n mile。船与 A 浮标正横时，测得 B 浮标的舷角 $Q = 1°$，则船通过 B 浮标的正横距离，可按公式计算得：

$$BD = AB \times \frac{Q}{57°.3} = 6 \times \frac{1}{57°.3} = 0.1\ (\text{n mile}) \qquad (10\text{-}3\text{-}5)$$

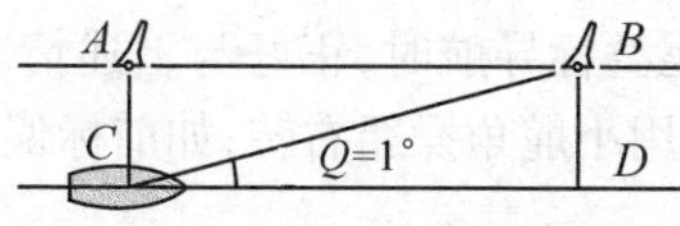

图 10-3-4　舷角航程法导航

2. 注意事项

浮标导航方法，实际上就是逐个通过浮标的航行方法。航行前，应查阅海图和航路指南等资料，了解浮标制度和浮标的配置情况，预画好航线，并熟记相邻浮标之间的航向和航程。航行中要认真地逐一核对灯浮的形状、颜色、灯质、灯标和编号等，确保船舶行驶在计划航线上。

浮标导航时，应在航道内靠本船右舷一侧航行。通过浮标的距离不宜过近，防止因风、流影响将船压上浮标。

浮标导航时,转向时机应根据船舶性能、装载量、水流的大小和方向以及船位偏离航线的远近来确定。正常情况下,选择在浮标正横时转向。顺流航行,应适当提前转向;顶流航行,则应适当推迟转向。如果转向前船位偏在航线某侧,则当新航线向同一侧改向时,应适当推迟转向;否则,应适当提前转向。具体转向位置和提前量应根据船位偏移情况和转向角度,通过海图标绘来确定。

江河口外的浮标或灯船,在大风浪之后有时会发生位移、灯光熄灭,严重时也有漂失的。应不断根据前后两浮标间的航行时间计算出航速,用它推算到达下一个浮标的时间。如果估计应该看见的浮标而看不见或位置不对,应立即采取措施,谨慎驾驶,必要时应立即减速或停车,同时尽可能利用各种手段反复校验船位,确定船位正确后才可以继续航行。发现浮标移位、漂失等情况,应向有关部门报告。此外,某些港口因冬季结冰,可能撤除浮标,或用其他标志代替,航行时应予注意。

在浮标导航中,要特别加强瞭望,注意避让,严格遵守有关的国际和地方规则。能见度不良时,要充分考虑昼夜、吃水和航道等条件,只有在避让和导航均有把握的前提下,才能继续航行。

微课:
叠标导航

(二)叠标导航

1. 方位叠标导航

在许多港口和狭水道地区,为了准确地引导船舶按照推荐航线安全航行,通常设置专用的方位叠标。方位叠标由前后两个标志组成,离船近的称为前标,离船远的称为后标。两标志连线向航道一侧的延长线,即为相应的方位叠标线。只要船舶准确地沿方位叠标所指示的推荐航线航行,就能保证行驶在安全的航道上。船舶一旦偏离叠标线,前后标志就会互相错开,从而及时发现船舶偏离推荐航线,以便采取必要的措施。

(1)导航方法

方位叠标导航时,叠标线就是船舶的计划航线,航行中只要始终保持前后两叠标标志重叠,就能保证船舶航行在计划航线上。利用船首叠标导航,如发现前标偏左,表明船舶偏右,应及时用小舵角操船左转;如发现前标偏右,表明船舶偏左,应及时用小舵角操船右转。利用船尾叠标导航时,正好与上述情况相反,即如发现前标偏左,表明船舶偏右,此时应及时用小舵角操船右转;如前标偏右,表明船舶偏左,应及时用小舵角操船左转。

(2)方位叠标灵敏度

船上测者能够发现前后叠标标志错开时船舶偏离叠标线的最小距离,称为叠标灵敏度。如果船舶偏离叠标线很远时,叠标才呈现错开现象,这种叠标的灵敏度是比较低的;反之,只要船舶稍微偏离叠标线,即能发现两叠标错开,这种叠标的灵敏度是较高的。使用灵敏度高的叠标导航,可增加导航的准确性和安全性。

如图 10-3-5 所示,A 和 B 表示彼此相距为 d 的两个叠标标志(即 $AB=d$),C 表示在叠标线上的船位,其距前标 A 的距离 $CA=D$。设船舶偏离叠标线至 S 点($CS=p$)时初次发现两标志错开,则 p 即为该叠标的灵敏度。由于人眼目测可分辨 A、B 对船舶的张角的最小值为 $1'$,可以证明,方位叠标灵敏度 p 等于:

$$p = \frac{D(D+d)}{d} \cdot \text{arc}1' \tag{10-3-6}$$

或

$$p(\text{m}) \approx \frac{1\,852D(D+d)}{3\,438d} \approx \frac{D(D+d)}{2d} \tag{10-3-7}$$

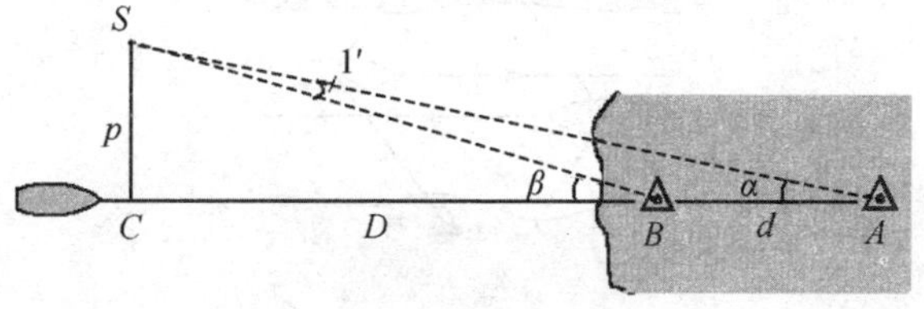

图 10-3-5 叠标导航灵敏度

p 值越小,叠标的灵敏度越高。在叠标标志之间的距离 d 已定的情况下,船舶距前标的距离 D 越近,叠标灵敏度越高。对于供校正罗经等专用的叠标,D 和 p 基本固定,则叠标灵敏度取决于两标志之间的距离 d。d 越大,灵敏度越高。此外,叠标的灵敏度还与标志的大小、形状和标志本身及背景的亮度有关,因为只有当两标志之间呈透光现象时,才有可能发现标志错开。当然,叠标过于灵敏,也不是所希望的结果,因为在容许的范围内,船舶稍微偏离航道轴线,亦不要求标志立即呈现错开。

综上所述,一般选用方位叠标应符合下列条件:

①在 $\frac{d}{D} \geqslant \frac{1}{3}$ 时,便符合一般要求;

②叠标标志越细长越好,良好的自然物标,如旗杆、烟囱、教堂尖顶或精测过的山峰等,亦可选做叠标标志用;

③注意标志本身和背景的亮度,易于辨别。

2. 雷达距离叠标导航

如图 10-3-6 所示单向通航航道,计划航线在航道轴线上,A、B 为两个测距标志,AB 的垂直平分线为航道轴线。实际导航时,用雷达的活动距标连续测定两标志的距

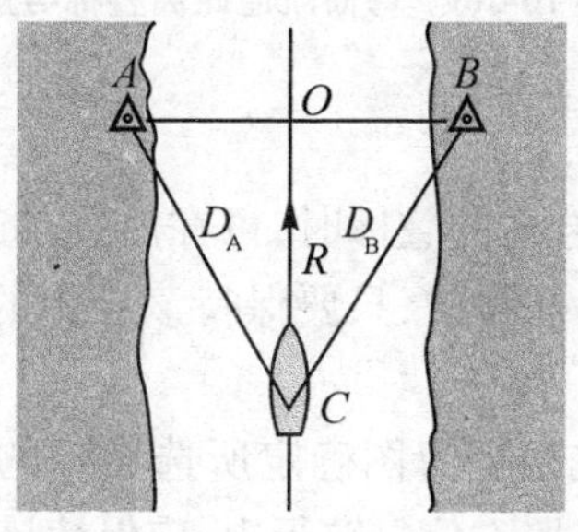

图 10-3-6 雷达距离叠标导航

离,只要保持 $D_A = D_B$,即两标志的回波同时保持在活动距离圈上,就可以准确而简便地使船舶保持在推荐航线上。保持活动距离圈始终与较近的一个标志的回波相切,此时若发现右侧的 B 标志的回波呈现在距离圈之外,则表明船舶已偏左,应向右调整航向;反之,若左侧的 A 标志回波在距离圈之外,则表明船舶已经偏右,应向左调

整航向。

在双向航道上，则可设两组距离叠标，如图 10-3-7 所示，船舶可利用叠标保持在各自的计划航线上航行。

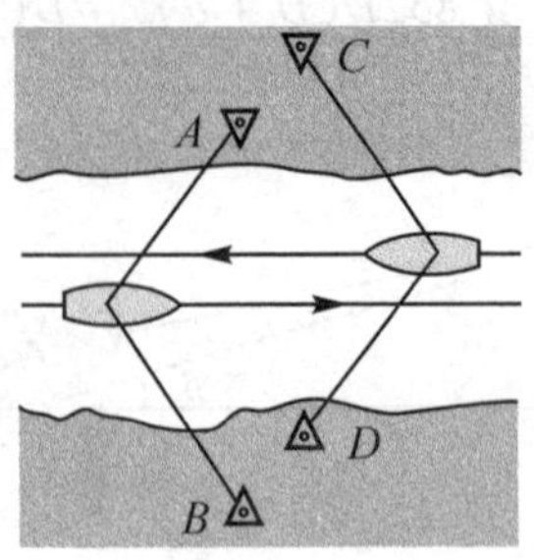

图 10-3-7　距离叠标对遇情况下导航

雷达距离叠标不受能见度限制，这是它突出的一个优点。这种叠标标志可设在岸上，必要时亦可设在水中，为了使回波易于发现和辨认，可在所设标志上加装雷达反射器。

距离叠标导航两标志间的距离越大，叠标越灵敏；而船距标志连线 AB 的距离 R 越大，则灵敏度越低；当 $R=0$ 时，即船在 AB 连线上，距离叠标的灵敏度最高。

在弯曲航道上，为了便于转向，可设三个标志组成两组距离叠标，使转向前后的导航互相衔接起来（如图 10-3-8 所示）。

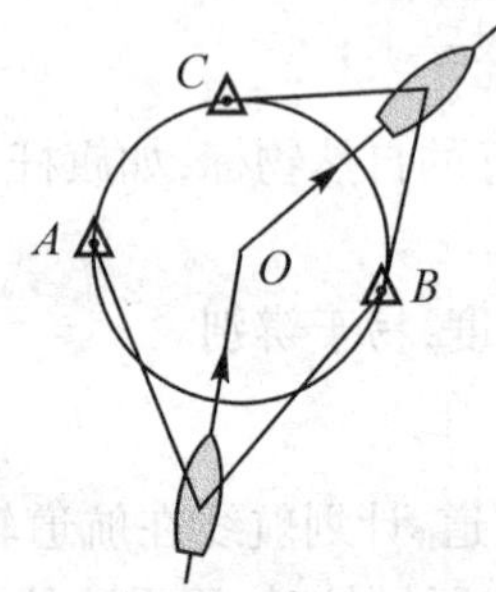

图 10-3-8　弯曲航道距离叠标导航

微课：
导标方位导航

（三）导标方位导航

如果预定的航线上没有合适的叠标时，可在航线的正前方或正后方选择一个明显的物标，作为导标来导航。航行中，只要保持该导标的方位不变，即可安全航行在该导标所指示的计划航线上。

导标方位导航时，应事先根据海图确定所选导标的真方位，然后结合本船罗经差，换算成相应的陀罗方位或罗方位。航行中，应保持该导标实测方位等于事先设定的方位值。利用航线前方的物标导航（如图 10-3-9 所示），如果发现实测的方位增大（TB_1），说明船向左偏离了航线，应用右舵纠正；反之，如果发现方位减小（TB_2），则表明船向右偏离了航线，应用左舵纠正。利用航线后方的导标导航，刚好与上述情况相反。

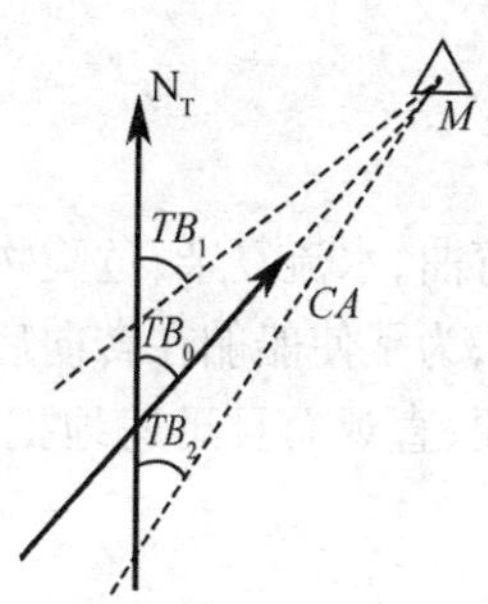

图 10-3-9 导标导航

(四)平行线导航

微课:
平行线导航

当航线前后无适当的叠标或导标可供导航时,可借助雷达,利用航线两侧附近的物标进行平行线导航。

平行线导航,应事先结合海图,选取离航线近、显著、准确的物标,并量取该物标至计划航线的最近距离。调整雷达至北向上相对运动显示方式,活动距标至相应的最近距离值,电子方位线与计划航线平行,在调整电子方位线扫描中心,使其刚好在物标同侧与活动距标圈相切,如图 10-3-10 所示。航行中,根据物标回波和电子方位线的相对位置关系调整航向,使物标回波始终沿该电子方位线做相应的移动,即可确保船舶顺利航行在计划航线上。普通雷达利用平行方位标尺,也可达到类似的导航的目的。但由于视差等的影响,其导航精度要低一些。

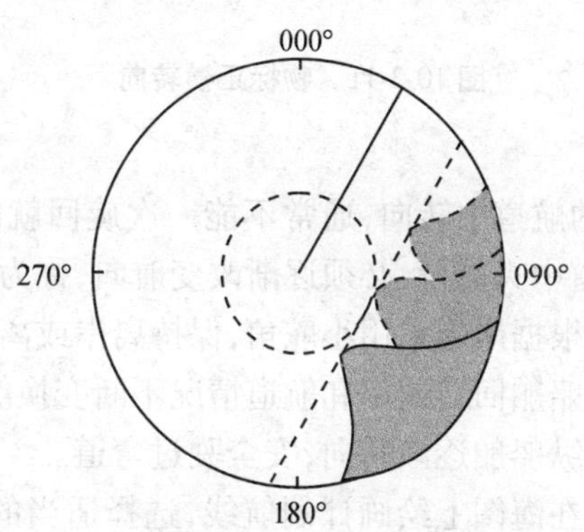

图 10-3-10 平行线导航

为了提高平行线导航精度,应尽可能选择船舶正横附近离船较近的导航物标,长航线时应及时更新导航物标。

目前,世界上许多国家在本国沿海建立了定位精度为米级的 DGPS 系统,为狭水道导航提供了可能性。在准确适用坐标系修正量基础上,DGPS 结合电子海图是狭水道航行中非常有效和可靠的先进导航方式。

微课：
狭水道转向方法

四、狭水道转向方法

通常，狭水道内航道狭窄弯曲，水流复杂，危险物众多，船舶转向时机的把握对船舶航行安全起到很重要的作用，为了使船舶在转向后仍能航行在计划航线上，要求航海人员能借助适当的标志，简便、直观而且迅速地把握转向时机，及时使船舶准确地转至新航线上。

1. 物标正横转向

利用转向点附近物标正横确定转向时机简便、直观，这种方法在航海上被普遍采用（如图 10-3-11 所示）。应尽可能选择转向同一侧的孤立、显著、准确的人工或自然标志作为转向物标。转向时，应根据当时船舶偏航情况和水流的顺逆，结合船舶操纵性能，适当提前或推迟转向。

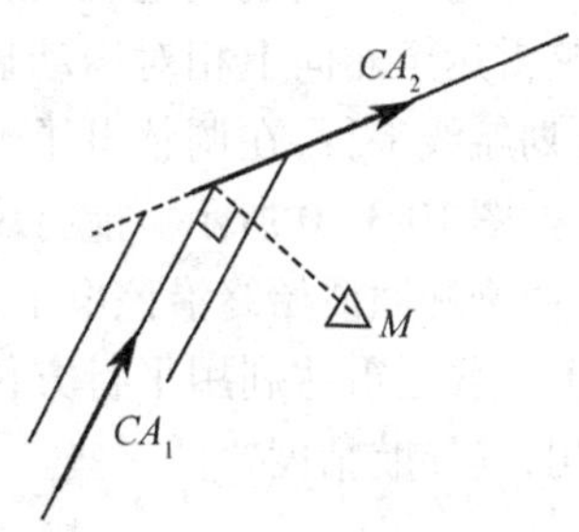

图 10-3-11　物标正横转向

2. 逐渐转向

在狭窄且弯度较大的航道中转向，通常不能一次旋回就能转入下一航线。为了保持船舶能在弯曲的航道中央航行，必须逐渐改变航向，称为逐渐转向法。

当弯道不太长时，可根据岸形采用小舵角，保持离岸或离某物标一定距离连续转向。转向过程中，要根据船舶回转速率和航道情况不断变换舵角大小和车速的快慢，甚至于停车和正舵，以操纵船舶逐渐转向，安全驶过弯道。

弯道较长时，应事先在海图上绘画计划航线，选择适当的导航和转向物标，分段逐渐转向，如图 10-3-12 所示。

3. 导标方位转向

当新航线正前方或后方有适当的导标时，可直接观测该导标方位确定转向时机。这样，不论转向前船舶是否偏离计划航线，均能确保船舶顺利地转到新航线上（如图 10-3-13 所示）。利用新航向正前方或正后方的导标，可判断转向时机，转向后还可以用它来导航。

4. 平行方位线转向

如果新航线两侧有危险物，又没有合适的方法来确定转向时机时，可采用平行方位线转向法。如图 10-3-14 所示：CA_1 和 CA_2 为转向前后两条计划航线，在转向点附

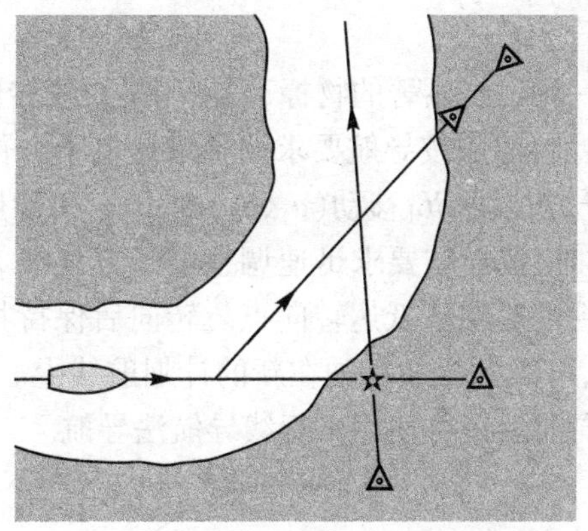

图 10-3-12 弯道分段逐渐转向

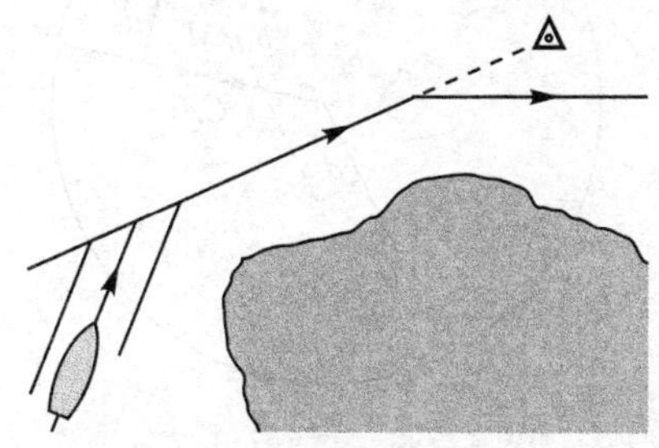

图 10-3-13 导标方位转向

近，尽量靠近新航线处选择一明显物标 M，在海图上过 M 做新航线的平行线 MA，并求取相应的罗方位。根据航速推算由 A 点航行到 B 点所需的时间 T。航行中，当测得 M 的罗方位等于预先求取的罗方位时按下秒表，经过时间 T 后转向，即可转到新航线上。考虑从驾驶员发令到船舶实际转到新航向上需要一定的时间 t，故应在经过时间 $T-t$ 后，即当船舶在 B' 点时发出转向指令。采用平行方位转向法，无论转向前船舶是否偏离原航线，转向后都能使船舶准确地转到新航线上，从而安全避开新航线两侧的危险物。

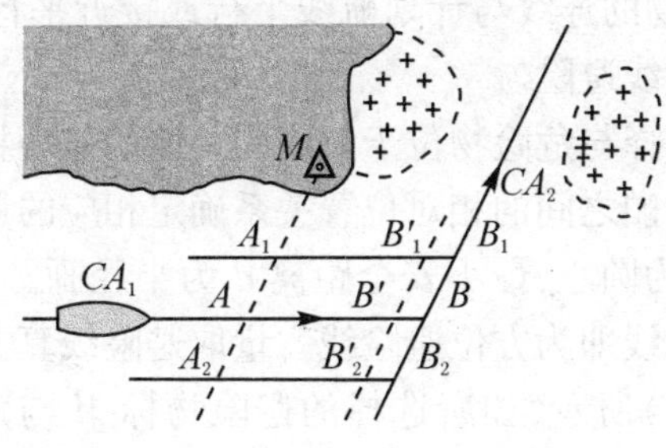

图 10-3-14 平行方位线转向

5. 平行线转向

利用转向点附近某一孤立、显著的物标,可使用平行线转向法确定转向时机。如图 10-3-15 所示,在转向前,船舶按导航要求调整雷达电子方位线 EL_1 与 CA_1 平行,保持物标 M 的回波沿电子方位线 EL_1 移动($a_1,a_2,a_3,\cdots$),引导船舶行驶在转向前的计划航线上。接近转向点时,按导航要求迅速调整电子方位线 EL_2 与 CA_2 平行,一旦物标的回波抵达 M,即可判定船舶已抵达转向点。转向后保持物标回波沿电子方位线 EL_2 移动($b_1,b_2,b_3,\cdots$),可确保船舶行驶在新的计划航线上。采用平行线转向法,物标的选择余地较大,转向前后还可使用平行线导航法导航。

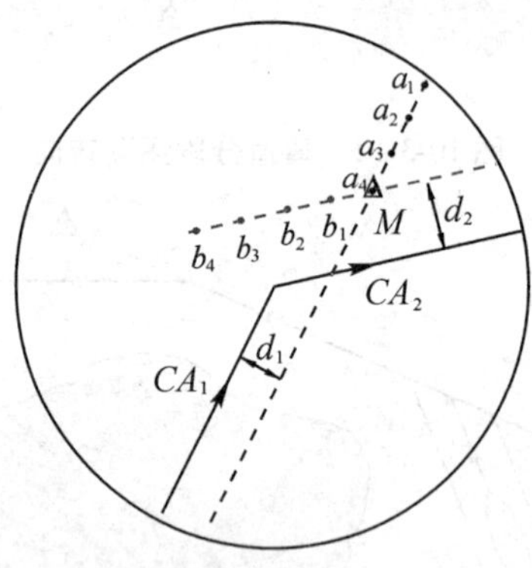

图 10-3-15 平行线转向

五、避险方法

狭水道航行,航道附近浅滩、礁石等危险物众多,除了定时测定船位外,还应适当采取简便并且有效的避险方法,避开航线附近的危险物,确保船舶行驶在安全水域。选择危险物附近适当的物标作为避险物标,可根据一定的方位、距离、水平角、垂直角和横距等相对关系来避离危险物。通常的避险方法有:

(一)方位避险

微课:
方位避险

当避险物标与危险物的连线与计划航线平行或接近平行时,为避开航线一侧的危险物,可采用方位避险线避险。

采用方位避险,应选择与危险物位于航线同一侧的显著物标作为避险物标,并根据避险物标、危险物和船舶之间的相对位置关系确定相应的避险方案。

在海图上以危险物为圆心,最小安全距离 d 为半径画圆弧,再自 M 作靠近航线一侧的圆弧的切线,该切线即为方位避险线。量取避险线真方位 TB_0,即为相应的避险方位。如图 10-3-16(a)所示,如所选择的避险物标 M 与危险物同位于航线的右侧,且避险物标位于危险物的前方时,航行中,只要保持实测 M 的真方位 $TB \geqslant TB_0$,即可安全地避开该危险物;如避险物标 M 与危险物同位于航线右侧,但避险物标位于危险物的后方时,如图 10-3-16(b)所示,则应保持实测方位 $TB \leqslant TB_0$,方可安全避开该危险物;如果避险物标和危险物同位于航线左侧,避险方案刚好与上述相应情况

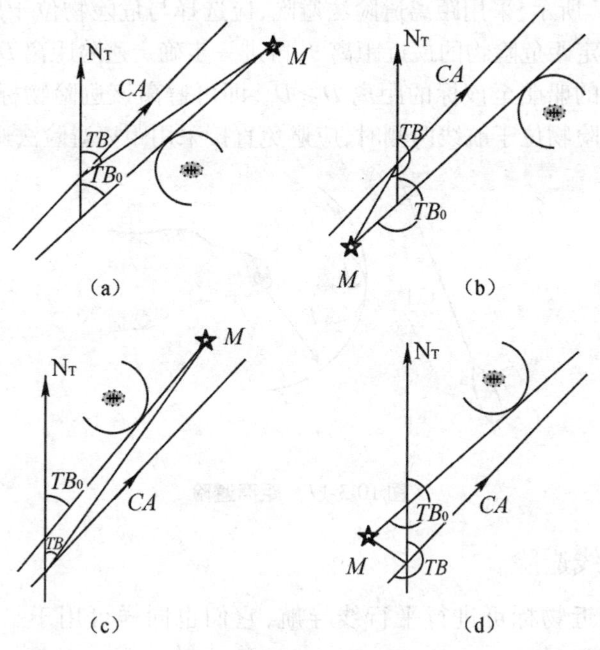

图 10-3-16　方位避险

相反,当避险物标位于危险物前方时,如图 10-3-16(c)所示,为安全避开危险物,应保持实测方位 $TB \leqslant TB_0$;当避险物标位于危险物后方时如图 10-3-16(d)所示,应确保实测方位 $TB \geqslant TB_0$。

根据避险物标和危险物之间的相对位置关系,方位避险可分为如表 10-3-1 所示的 4 种情况。如物标位于危险物的前方,且两者位于航线同一侧时,避险要求与物标方位安全变化是一致的(大于时增加;小于时减小),根据多次观测,不仅能迅速判断每次观测时船舶是否存在危险,还可以进一步预测船舶是否正逐渐接近危险物。当利用位于危险物后方的物标来避离危险时,由于避险要求与物标安全方位变化趋势相反(大于时减小;小于时增加),仅观测物标方位,只能判断观测时刻船舶是否存在危险,而无法正确预测未来趋势,应谨慎使用。

表 10-3-1　不同情况下方位避险表

相对位置关系		避险要求	方位安全变化趋势
同在航线右侧	物标在危险物前方	$TB \geqslant TB_0$	TB 逐渐增大
	物标在危险物后方	$TB \leqslant TB_0$	TB 逐渐增大
同在航线左侧	物标在危险物前方	$TB \leqslant TB_0$	TB 逐渐减小
	物标在危险物后方	$TB \geqslant TB_0$	TB 逐渐减小

(二)距离避险

当所选避险物标和危险物的连线与计划航线垂直或接近垂直时,可采用距离避险法避险。

微课：
距离避险

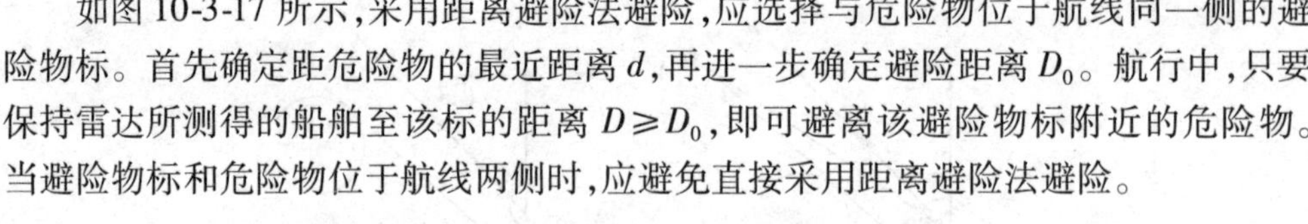

如图 10-3-17 所示，采用距离避险法避险，应选择与危险物位于航线同一侧的避险物标。首先确定距危险物的最近距离 d，再进一步确定避险距离 D_0。航行中，只要保持雷达所测得的船舶至该标的距离 $D \geqslant D_0$，即可避离该避险物标附近的危险物。当避险物标和危险物位于航线两侧时，应避免直接采用距离避险法避险。

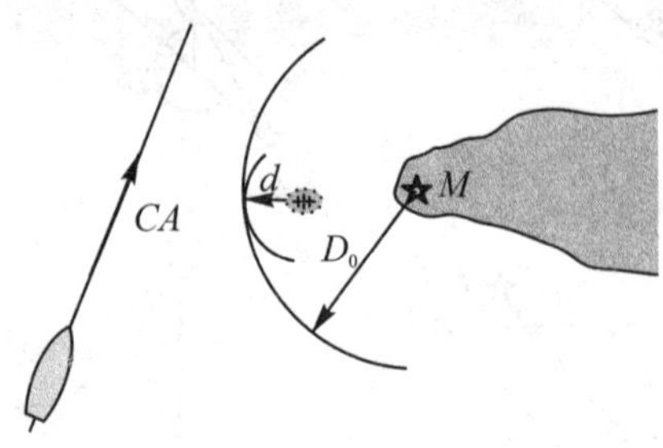

图 10-3-17　距离避险

微课：
平行线避险

（三）平行线避险

利用航行附近物标可进行平行线导航，它们也同样可用于平行线避险，如图 10-3-18所示。

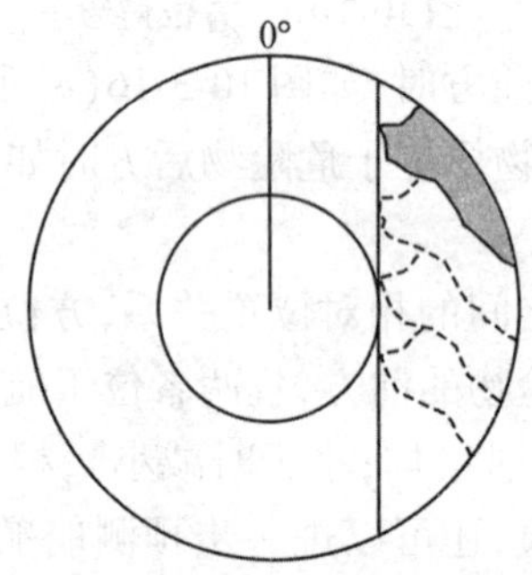

图 10-3-18　平行线避险

微课：
水平角避险

平行线导航，引导船舶始终行驶在计划航线上。事实上，由于船舶在航行中避让操纵等影响，船舶往往不得不暂时偏离航线。如果事先根据海图确定出船舶最大偏航距离，从而进一步确定航行中船舶与所选物标之间的最大（最小）距离，按平行线导航中所述方法设定避险线。航行中，只要保持物标的雷达回波始终位于该避险线的安全一侧，即可确保船舶安全地避离航线附近的危险物。

（四）水平角避险

如图 10-3-19 所示，为避开 M、N 间的危险水域，在海图上过 M、N 作包含整个危险水域的圆弧 MN，其水平角为 α_{max}，航行时测得 M、N 间的水平角为 α，只要满足 $\alpha \leqslant \alpha_{max}$，船舶即可安全地避开危险物水域。

当航线的另外一侧还有危险物时，用同样的方法作排除该危险水域的圆弧，其水平角为 α_{min}，显然，船舶在两危险物中间的狭窄水域航行时，只要保证用六分仪所测物标 M、N 水平角 α 满足：$\alpha_{min} \leqslant \alpha \leqslant \alpha_{max}$，即可以保证船舶的航行安全。

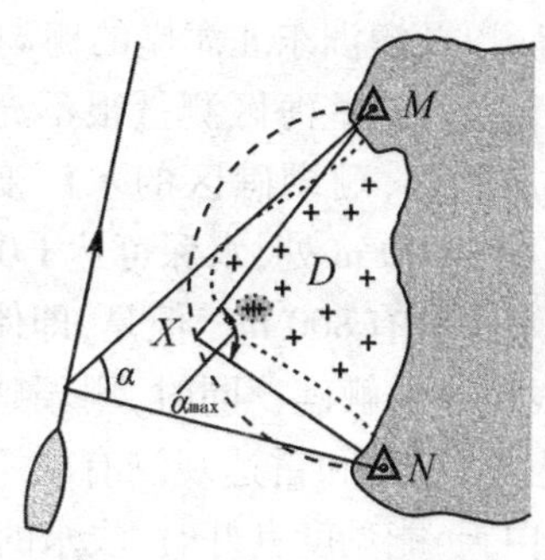

图 10-3-19　水平角避险

微课：
垂直角避险

（五）垂直角避险

利用危险物附近已知高度的高大、显著物标，可采用垂直角避险方法来避开航线附近的危险物。

如图 10-3-20 所示，设物标 M 的高度为 H，D_{min} 和 D_{max} 分别是船舶为了避开两危险物而应与物标 M 保持的最小和最大距离。根据 H、D_{min} 和 D_{max}，可分别求出相应的最大垂直避险角 α_{max} 和最小垂直避险角 α_{min}。同样，当船舶航行在危险物附近时，只要保证用六分仪所测物标 M 的垂直角 α 满足：$\alpha_{min} \leqslant \alpha \leqslant \alpha_{max}$，即可安全地避开航线两侧的危险物。

海图上所标物标高程是指高程基准面以上的海拔高度。在有潮海区，应根据船舶通过危险物时当地的潮汐情况，将海图所标避险物标的高度换算为该物标当时的实际海拔高度，以确保船舶航行的安全。

无论是水平角避险还是垂直角避险，当避险物标和危险物位于航线同一侧时，要求实测角 α 满足 $\alpha \geqslant \alpha_{max}$，这一条件只有在危险物附近航行时才成立，而在远距离上是不成立的。实际工作中，往往还要事先确定相应的适用范围，使用时要特别谨慎。

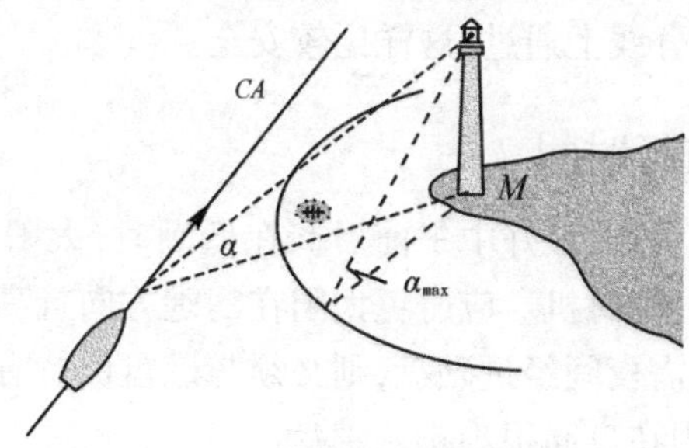

图 10-3-20　垂直角避险

六、岛礁区航行的特点

岛礁区航行是指沿岸岛屿之间的内水道和热带珊瑚岛附近水域内的航行。我国舟山群岛和东南沿海、斯堪的纳维亚沿岸的岛区属岛礁区。我国南海的南沙群岛、西沙群岛、中沙群岛和东沙群岛，以及澳洲东北海岸的珊瑚海，均属著名的珊瑚礁海区。

珊瑚礁海区海流和潮流复杂。这些海区测量很不充分，水深100 m内未经扫海的地区，多有不明暗礁存在。此外，珊瑚礁区的水深变化很大，一般离礁1 500 ~ 2 000 m处，水深有800 m；离礁3 000 m处，水深可达1 000 m。有的上部露出水面的桌形珊瑚礁，距其800 m处，水深就有800 m。但是，即使在1 500 m深的珊瑚礁区航行，也有可能因水深突然变浅而导致触礁。同时，珊瑚礁大部分都是干出礁，在高潮时可能被淹没，低潮时可能露出，目测和雷达观测有时不易发现。因此，珊瑚礁区可供定位和导航的物标很少。白天，能见度良好时，浅水的礁盘有如下的特征：

微课：
岛礁区航行特点

(1)礁盘所在的水天线附近，天空常有反光。晴天该处的水天线及其上空比别处明亮。若其上空有白云，云底呈淡青色。这种反光在面向太阳时不易看出，在背对太阳时比较明显。如注意观察，距离10 n mile左右即可发现。

(2)稍有风浪，礁盘边缘即起白浪。由上风向望去特别明显。能见度良好时，距离4 ~ 5 n mile即可看到沿礁缘呈现一长条滚滚白浪。

(3)礁盘上水呈青绿色，礁盘边缘浅水区呈浅蓝色，与周围海水颜色有显著不同。船舶只要不接近变色海水就无危险。这种大片变色海水，在白天距离3 ~ 4 n mile即可看到。

六、岛礁区导航

(一)正确选择航线，使用最新的大比例尺海图

海图上测深点稀疏时，应尽量把航线画在测深点上，航线离礁距离至少在5 ~ 6 n mile以上，不宜过分接近岛屿或珊瑚礁。选定航线以后，还应根据航行时的气象条件和船位观测的难易程度，进行必要的修正。如有风时，应在礁盘的上风侧通过礁区，因为上风侧浪花大，容易发现礁盘。必须通过两礁间的水道时，应在两礁间最窄处的岛礁连线的垂直平分线上通过，这样比较安全。

(二)正确选择航行时间

岛礁区航行应选择白天，最好中午前后。在低潮时，太阳在背后高照，海面又有微波，是发现珊瑚礁的最好时机。应避免太阳在岛礁方向且高度甚低，海面阳光反射强烈时去接近岛礁。如需夜间经过礁盘，则必须与礁盘保持有足够的距离，估计最大船位差也不至于触礁，因在夜间很难辨认礁盘。

(三)根据水色波纹来判断浅区礁盘

在预计接近岛礁之前，应安排有经验者在桅顶或其他高处协助瞭望，因为在高处更容易发现岛礁上的特殊波纹和浪花。在高处瞭望，很远就能发现水中5 ~ 7 m的暗礁。太平洋的一些礁区岛屿海域，可参考水的颜色估计水深。水深1 m呈淡褐色，2 m以内呈绿中带棕色，5 m以内呈绿中带黄色，10 m呈绿中带青色，15 m呈青带白色，20 m呈青色，30 m以外呈紫青色，等等。即使是孤立的暗礁，只要注意瞭望，有些

亦可根据浪花、水色发现暗礁的存在。夜航时，满月晴夜与白天的观察几乎相同。发现岛礁后应减速认真辨认，绝不能在没有准确船位的情况下去接近岛礁。

(四)采用多种目视定位、导航、避险等手段

在沿岸岛屿之间的航道，多为狭窄、弯曲，水流急，危险物多，但可供定位和导航物标一般也比较多。岛礁区航行与狭水道航行具有许多共同之处，也是以目视导航为主。

在岛屿间航行，可充分利用方位、距离避险线避离危险。其中使用叠标避险线，即两物标(如山头、小岛等)的开门和关门的机会更多。如图10-3-21所示，船舶CA_1航行过程中，只要保持A岛和B岛西端闭视以及E角和B岛东端开视，即可避开航线两侧的危险物。A岛东端和B岛上的灯塔串视，可用于导航。E角和G岛“开门”，可用于确定由CA_1到CA_2这一转向时机。由CA_2到CA_3的转向时机，可利用D岛和F角“关门”来确定。船舶沿CA_3航行时，保持D岛北端和B岛南端开视，即可避开航线右侧的航海危险区。

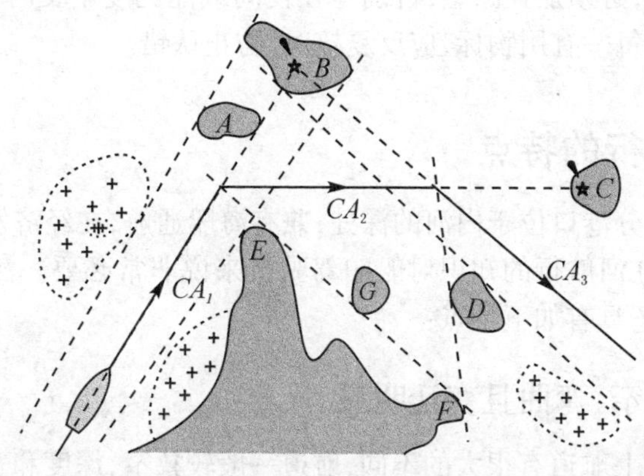

图10-3-21　岛礁区航行

(五)采用“二次转向法”

岛礁区航行时，可采用“二次转向法”：先将转向点附近某物标置于航线正前方用来导航，待物标接近到一定距离时，适当向该物标安全一侧转向，到该物标正横时再转至下一航向，而不采用该物标一次性正横转向法。采用二次转向法，直观、方便，有利于导航和避险，能大大减轻航海者的工作紧张程度，对航程的影响也较小，可忽略不计。

七、岛礁区航行注意事项

(一)研究航海资料

航行前仔细研究海图及有关的航海资料，拟定好航行计划，选择好各种导标、叠标及转向物标，设计好合适的避险线。最好在比较困难的航道上，多设想几种航行方

微课：
岛礁区航行注意事项

法，以防发生意外。

（二）掌握准确船位

岛礁区航行，掌握准确船位是非常重要的，但陆标定位条件较差，因而即使有GPS这样的高精度定位系统，也不应忽略测天与其他方法定位，甚至单一位置线的利用，以确保航行安全。注意推算的准确度是掌握船位的重要依据，同时应根据准确的观测船位随时修正推算船位。要吸取在礁区失去推算船位，或单凭经验而忽视航向、航程的正确推算，致使发生触礁、沉船事故的沉痛教训。

（三）注意测深，观察水深的变化

岛礁区海底崎岖，水深往往从几百米迅速减至几十米，应注意经常测深，观察水深的变化。在水深急剧变浅时，应慢车、停车或倒车，仔细观察水色，以防触礁。

（四）加强瞭望

在岛屿间航行，必须加强瞭望，特别是在夜间或能见度不良时，要警惕小船和渔船的突然出现。对每一有用物标，应反复核对，防止认错。

八、江河航行的特点

许多国家的部分港口位于内河的深处，兼有海船通航，在经济发展中起着重要的作用。因此，了解江河航行的知识对船舶驾驶员来说非常必要。江河航行除一般狭水道航行特点外，还具有如下特点：

（一）航道狭窄、弯曲且变迁明显

江河航道与海上航道有很大的不同，航道一般较狭窄，深度和宽度都受到较大的限制。有时河面看上去很宽，但实际可航宽度却很窄，只能单向通航，尤其是在枯水期更为明显。同时，航道多弯曲，航行中必须要频繁转向；并且航道在洪水期和枯水期的水深变化较大，个别地方可相差十余米，经过洪水期的冲刷和泥沙的沉淀，航道两侧的岸形、宽度和深度经常发生显著变化，导致航道位置发生变迁的现象不仅可能年年有变，而且有时是一年数变。

（二）水流变化明显

江河中，水流分布不均匀，流速、流向与季节、河道深度和宽度及走向有关。洪水期，在河道窄而河槽坡度大的地方，流速很大；而在枯水期和河道较宽的地方，流速则较小；在河底和两岸附近流速最小，水面流速从两岸向最大水深处逐渐增大。在弯曲的航道中，凸岸流速较小，凹岸流速较大，流向一般与航道轴线平行；沿岸可能形成回流，流向与主航道流向相反。同时，受潮流影响的河段，落潮比涨潮时流速大。

（三）航标特点

根据江河航道的具体特点，有关当局一般都制定有相应的助航标志制度，并设置专用的江河航标，以标示江河航道的方向、界限与碍航物等，为船舶航行指示安全航道。

我国早在1986年制定了适用于我国江、河、湖泊、水库航道所配置的《内河助航标志》，现行的内河航标是国家技术监督局1993年12月4日批准，1994年9月1日起实施的GB 5863—1993《内河助航标志》，并引用GB 5864—1986《内河助航标志的主要外形尺寸》。《内河助航标志》规定了航行标志、信号标志和专用标志三大类十八种内河航标。

(四)船舶操纵性能变化

海船驶入江河航道，由于在浅水中兴波阻力的增加，将会降低航速。浅水与深水比较，造成兴波阻力的浅水临界航速要比深水低很多。在浅水区，当达到船体阻力急剧增加的航速时，虽然再增加主机转速，但是也不能按正常比例加快航速。这就是船舶从深水进入浅水时，航速会突然下降的原因。

同时，由于通过船底的流速增加、水压减小，使船舶吃水增加；船舶自海上驶入江河水域时，水密度也会发生变化，也同样会增加吃水，这样在浅水区航行，由于船底富余水深有限，有时会发生舵效降低或失灵的现象。在两舷水深不同的水域航行时，由于浅水侧船首前方水位抬高较难扩散，使船首受水压力影响有向深水一侧偏转的现象，而在船中后，由于浅水侧流速大、水压小，对船后产生吸引作用，因此会增加船头找浅水的偏转作用。

九、江河航行的注意事项

(1)为了保证江河航行的安全，在航行前应全面了解和熟悉航道、航标、岸形、水深、水流和气象条件等航行条件，在结合船舶实际和船员的情况下，认真确定航线。同时，事先要将航线、航向、等深线、重要物标等绘画在江河航用图册上，熟记各段航向、航程以及重要导航物标的特点，以便随时查阅与核对。

(2)江河航行时，不宜对江河航行图过于信赖，必须获取最新的有关资料并加以研究；即使有引航员在船引航时，也不能放松警惕，履行好船长、驾驶员应尽的职责。

(3)应特别注意弯曲航道、浅滩、急流等困难航段。在该航段航行时，应严格遵守避碰规则和有关的地方规则，加强瞭望，控制航速，必要时备车备锚航行。

(4)利用浮标导航时，应逐一核对每一座航标，正横一个浮标后，力求及早发现下一个浮标，并警惕风、流的影响，及时采取适当的措施，保持足够的距离通过，切勿使船被压向浮标。

任务四　特殊条件下的航行

一、雾中航行

雾中航行,是能见度不良情况下航行的一种习惯叫法。根据国际雾级规定,凡能见距离在 4 km 以下者,称能见度不良(poor visibility),包括因雾、降雨、下雪、霾等使能见度受到限制的情况在内,其中雾又是造成能见度不良的最主要和最常见因素。

雾根据其成因可分为平流雾、锋面雾、辐射雾和地形雾。其中平流雾浓度大,厚度大,水平范围广,持续时间长,是由暖湿空气流经冷水面或沿岸形成的,有很强的季节性和区域性,对航行安全威胁最大。

(一)海洋雾区

世界海洋的雾主要产生在冷暖海流汇合处的冷水面以及信风海洋东岸附近的翻腾冷流上,此种海雾一般多出现在春末夏初季节。

1. 我国沿海主要雾区

我国沿海的雾大致可分为两大类:一类主要是受下垫面影响而形成的雾,如辐射雾、平流雾等。另一类与某些天气系统的活动和变化直接有关,如锋面雾等。我国沿海各地的海雾日数,总的趋势是南方少北方多,以黄海、东海沿岸较多,渤海和南海沿岸较少。多雾区主要分布在黄海沿岸的山东成山角到石岛一带、长江口到福建北茭一带、辽东半岛东部沿岸大鹿岛到大连一带以及琼州海峡附近。海南岛以南及台湾以东终年受暖流控制,水温较高,雾极少出现。总体雾季有从南向北推迟的规律。我国沿海各地的海雾日数分布如下:

(1)老铁山水道:年均雾日 30 天,6、7 月最显著。

(2)成山角海域:年均雾日 87 天,6、7 月最显著,最多年份达到 96 天,最长连续日竟达 27 天,被称为我国“雾窟”。

(3)长江口、舟山群岛海域:年均雾日 60 天以上,5、6 月最显著,多平流雾。

(4)台湾海峡:年均雾日 35 天,3、4、5 月最显著。

(5)珠江口水域:年均雾日 30 天,3、4 月最显著。

(6)琼州海峡水域:年均雾日 41 天,2、3 月多雾。

2. 世界主要雾区

(1)日本北海道东部至阿留申群岛。这里是黑潮暖流与亲潮冷流的汇合处,雾多出现于6—8 月的夏季,7 月为最盛。冬季多为锋面气旋产生的锋面雾。

(2)纽芬兰附近海面。这里是墨西哥暖流与拉布拉多冷流的交汇处。4—8 月的春夏季雾最盛。此海面冬季多为锋面气旋产生的锋面雾。

(3)挪威、西欧沿岸与冰岛之间的海面。由于北大西洋暖流和冰岛冷流在西北欧水域交汇,加之英吉利海峡因潮汐涨落、冷暖交换频繁等原因,西北欧近大西洋沿

岸、英吉利海峡、北海沿岸等水域常年多雾，是世界著名雾区之一，闻名遐迩的伦敦“雾都”就在此区域。整个欧洲水域常年多雾。冬季整个西欧沿岸和北欧多受锋面气旋的影响而多锋面雾。而5、6、7、8月份为欧洲雾季最盛的时期，尤其是英吉利海峡和北海沿岸，在这段时间几乎天天被浓雾所笼罩。

(4)阿根廷东部海面、塔斯马尼亚岛与新西兰之间的海面、马达加斯加南部海面等海面的雾多发生在夏季。在南纬40°以南整个中高纬度的西风漂流上，终年有雾。

(5)加利福尼亚沿海、秘鲁和智利沿海、北非加那利海面和南非西岸海面等信风带海洋的东岸，每年的春夏季雾较多，但范围和浓度都不大。

(二)雾中航行的特点

微课：
雾中航行特点

雾中航行，首要的特点就是能见度不良，值班船员视线受限，视觉瞭望时对周围海域的风、流、物标、航标、船舶动向等的判断效果大大降低，从而对船舶定位、导航和避让等操作造成很大的困难。

此外，雾中航行采用安全航速后，风流对船舶的影响加大，使推算航速和航程的准确性受到较大影响，降低了推算船位的精度，同时，也直接影响到船舶在浅滩等危险物附近的航行安全。这些困难在船舶开行前制定航行计划时就应该给予充分考虑并制定出有效可行的应急预案，在航行中遇到能见度不良的情况时按照预案并根据当时情况采取措施可以最大限度地保证船舶航行安全。

(三)船舶雾航前的准备工作

船舶进入雾航之前，应尽快完成下述各项准备工作：

(1)通知机舱备车，及时报告船长；

(2)采用一切可行方法测定船位，尽可能确定出准确船位为后续工作打好基础；

微课：
雾中注意事项

(3)尽可能了解周围水域情况以及附近船舶动态；

(4)根据实际情况由船长确定安全航速，施放雾号；

(5)充分利用好各种航海仪器，如开启雷达ARPA，如有备用雷达设备也要一并开启；

(6)船首和其他必要场所增派瞭望人员；

(7)操舵模式由自动舵转为随动舵；

(8)保持肃静，打开驾驶台门窗，保证一切必要的听觉和视觉瞭望。

(四)雾中航行

雾航时，由于能见度不良，无法用陆标和天文定位。但可根据海区条件进行无线电定位导航或测深辨位导航。

1. 使用无线电助航仪器

(1)大洋航行，可利用卫导、罗兰C等远程定位系统定位，雷达用于协助瞭望和避碰。

(2)充分利用DGPS进行定位与导航。

(3)当海岸在雷达作用距离范围之内时，雷达也可用于定位与导航。狭水道航行时,雷达的定位、导航以及避让作用,更加明显。

(4)充分利用 AIS、VHF 等,进行导航和协助避让。

2. 测深辨位与导航

(1)测深辨位方法

测深辨位方法的具体做法是:在海图上推算船位附近沿航线选定数个水深点,量出各相邻两点之间的大致距离;根据本船当时的航速,计算出各相邻两点之间所需的航行时间,作为测深时间的依据;如此连续测深,记下测深时间、计程仪读数和水深数据,并将测得的水深改正到相应的海图水深:

海图水深 = 测深值 + 吃水 - 潮高

按与海图相同的比例尺将计划航线和各次测深时的推算船位画在透明纸上,并将改正潮高后的水深标注在相应的推算船位附近;将透明纸转移至海图上计划航线附近,平行移动透明纸,并保持其上计划航线与海图上的计划航线相平行,直至透明纸上的各水深点与海图上的相应水深点大体一致时为止;此时,最后一个水深点位置即为最后一次测深时的大概船位。

(2)测深辨位精度

该测深辨位法的精度,主要取决于计划航线上水深的变化情况:如果计划航线上水深变化明显且均匀,则结果精度较高;反之,水深变化不明显或存在急剧的不规则变化,则辨位精度较差;而计划航线上的水深变化又与计划航线和等深线的交角有关:当交角较大,两者相互垂直或接近垂直时,水深变化较明显。所以测深辨位的精度主要取决于计划航线与等深线的交角,当两者相互垂直时,辨位精度最高。此外,测深辨位法的精度还取决于测深和潮高改正的准确性、海图水深点的位置、所标水深的准确性等。

(3)特殊水深测深辨位

当船舶接近特殊水深区时,可去寻找该特殊水深,一旦测得这样的水深,便可得知船舶的所在。

(4)等深线的其他作用

①避险

若所选航线与等深线平行,航行中可利用等深线来避离航线靠岸一侧的危险物。

②判断离岸距离

当航线与等深线垂直时,各条等深线与岸的距离可在海图上量出。因此,可根据所测得的水深来判断离岸距离。

③缩小概率船位区

雾航时,一般推算船位的误差较大,即概率船位区较大,船舶在通过等深线前后利用测深仪测深,可缩小概率船位区。

3. 逐点航法

(1)定义

所谓逐点航法,就是将原来较长的直航线改成若干段短航线组成的曲折航线,各段航线的转向点选择在物标附近,从而由一个物标正对下一个物标航行的方法。

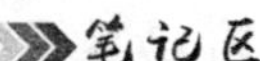

(2)适用范围

航线附近有适当的物标(如灯塔、浮标、雾号站等),而其周围危险物又较少时。

(3)优缺点

逐点航法优点是在不易测得船位的情况下,可以不断地控制和缩小推算误差;缺点是必须故意接近物标,在能见度极差时具有较大的危险性。

(4)注意事项

①转向点不可离物标太近,只要在雷达作用距离内即可;

②航行时,应根据航速和两物标之间的距离,预算到达下一物标的时间,注意瞭望;

③如到时不能发现物标,则应及时抛锚待航,绝不可盲目航行。

(五)船舶雾航时的注意事项

船舶进入雾中航行应注意以下事项:

(1)应及时适当地调整航线的离岸距离,如果按良好能见度设计的计划航线离岸距离为2~3 n mile,在雾航中航线与海岸之间应有3~4 n mile,甚至5 n mile以上,以保证船岸之间有足够的回旋余地。

(2)值班驾驶员要认真做好航迹推算工作。为提高推算船位准确性,非不得已时不宜频繁改变航向、航速。

(3)沿岸航行时,测深是检查推算的重要办法之一。有时,某一等深线还可作为避险警戒线用。测深数据和时间,应记在海图上相应的推算船位附近,以供分析航迹推算情况和估计以后的趋势。对推算船位的准确度,要有适当的估计,必要时应画出并设法缩小概率船位区。一旦仪器发生故障,推算船位就成为唯一的船位根据。

(4)尽可能利用一切可获得的手段来定位和导航,尤其要充分使用雷达,但不可盲目地相信和依赖雷达而忽视目视瞭望。利用雷达进行瞭望时,应该选择适当的距离挡:大洋航行可用12~24 n mile距离挡;沿岸航行可用6~12 n mile距离挡;狭水道航行应远近距离挡兼用,以2~6 n mile为主。为了不影响值班驾驶员的瞭望和工作,雾航时可安排专门人员负责雷达观测和标绘。

(5)雾中航行,应时刻掌握当时能见度状况下的实际能见距离。这可利用目视发现某一物标的同时用雷达测出其距离的办法求得。当然,雾中的能见距离会根据雾的浓度有所变化,不可能是固定不变的,应予注意。

(6)注意倾听声号。雾中声号的作用是向船舶警告危险之所在。声音的作用距离随天气(风向、风力等)因素变化而变化,不能根据声音的大小判断距离的远近。声音在空气中并非直线传播,特别是在声源附近呈不规则现象。虽处声源附近,但在不同的位置上,有时会听不到声号,即有寂静区存在。当雾号站附近海上有雾而其周围无雾,雾警设备可能不工作,船舶就不能听到雾号,这种情况尤其在夜间经常发生。此外,雾哨、雾钟仅在有风浪时才工作,且声音随风浪大小而变化,因此,雾中航行,不可单凭声音的大小或有无来判断船舶航行安全情况。总之,听见声号,应视船舶在危险区域内,注意采取一切必要的避险措施。在应该听见的位置上而未听见声号,亦不应武断认定尚未进入危险区。

(7)在沿高而陡的岸边2~3 n mile距离航行时,根据本船声号的回声,可粗略推算出船岸距离,即当开始施放声号时启动秒表,听见回声时停秒表。按声音的传播速度乘上秒表读数的1/2,即得船岸的大概距离。实际应用时,可取下式概算离岸距离:

$$D(\text{n mile}) = 0.09t\ (\text{s})$$

式中:D——船岸距离(n mile);

t——本船发出声号到听到回声之间的秒表读数(s)。

(8)及时发现船舶周围的任何微小变化。风向、风速稳定时,波浪突然减弱,说明船舶可能已接近上风的海岸或浅水区;反之,若风浪突然增大,则说明上风沿岸可能有大的湾口;航行条件没有变化,而风力突然变小,说明船可能已接近高陡的岸边;如果海水越来越浑浊,说明船可能已接近泥底海岸或河口;在海上发现漂浮物,诸如海草、海藻等,这是接近海岸的迹象;如果海面发现渔具、垃圾和油迹等,则说明船附近有船只等。

(9)雾航时,各种定位方法可交叉使用,以便彼此核对;无线电航海仪器无论怎样可靠,都存在一定的局限性,均不可与目视导航的直观性相比。

(10)雾航时应严格遵守有关雾航的规定。如《国际海上避碰规则》《海上雾中航行规则》等。

二、冰区航行

由于冰区海域的特殊性质,船舶在冰区航行作业会面临很多限制及航行危险,这就要求船员充分掌握冰区特点、应对措施以及注意事项,采取一切必要措施保证航行安全。

世界冰区分布于南、北两极附近水域,冰区范围随着季节变化,冬季向低纬度扩大。南半球商船通常挂靠的港口和基本航线一般不受冰区影响。北半球可航水域冬季冰区分布的区域广,北美大西洋沿岸包括圣劳伦斯湾;格陵兰水域;波罗的海的波的尼亚湾、里加湾和芬兰湾;北太平洋东部太子港以北沿岸及其河流;北太平洋西部日本海北部、鄂霍次克海和白令海沿岸;北极地区和南极地区;渤海和黄海北部部分港口和沿岸水域;其他高纬度的港口、河流和海岸附近也可能结冰;西欧和太平洋东岸太子港以南水域由于受到暖流的影响海上一般不结冰,但河道内和部分沿岸可能轻微结冰。

(一)有关冰况概念

1. 冰山

冰山是南北两极附近冰川崩塌滑落而漂浮于水面或在浅水区域搁浅的巨大冰块。通常高数十米,长百余米,有的表面平坦,也有的呈尖塔形。尖塔形冰山的吃水深度约为水面高度的1~2倍,而其水上和水下部分的体积比例,视其对海水的比重而定,大致约为其总体积的1/8和7/8。

流冰主要是随风漂流,也受潮流和海流的影响。流冰的移动速度约为风速的

2%,移动方向约在下风侧偏右 30°~40°。冰山随风、洋流向低纬度海域漂移,北太平洋冰山平均南移到 58°N,个别可南下到 40°N;北大西洋冰山南移到纽芬兰东南部;南极冰山也可能进入太平洋和印度洋航线。

微课:
冰区航行

2. 海冰

海冰是海水在 -1.9 ℃以下结冻生成。按其生成过程可分为:冰晶(Ice Crystal),薄片状的结晶,对船舶正常航行无影响;冰泥(Ice Slush),浮于海面的初期极薄冰层,对船舶正常航行安全不会产生影响;软冰(Sludge),由冰泥固结的软冰层,直径约为3~30 m,成圆盘状,对低速航行船舶无碍;荷叶冰(Pancake Ice),厚度达 30 cm,直径约为 30 cm~3 m,冰块与冰块之间相互接缘,对船舶航行产生较大的影响,操作不当将造成船体或螺旋桨损坏。冰群(Pack Ice),在风浪和潮流的作用下,由海岸或冰原破碎冰和海上形成的冰聚集而成。大部分冰群较为平坦,但冰与冰相互挤压重叠可结冻为冰丘(Ice Ridge),船舶应避免进入冰群海域。

3. 冰量

冰量是指冰在海面上的覆盖率。在冰情警告和预报中通常采用百分之几或十分之几描述冰量,但一些场合也有将十分之几称为几度描述冰量。同时,根据船舶在冰区航行的困难程度有时用如下名称代表冰量:无屏蔽水域(Open Water),海面冰的覆盖率为 1/10 以下,船舶可自由航行;稀疏冰(Scattered Ice),冰量 1/10~5/10,船舶应根据冰况改向航行;疏散冰(Broken Ice),冰量 5/10~8/10 以上,船舶无破冰船协助难以单独航行;固结冰(Consolidated Ice),海面 100% 被冰覆盖并形成冰原。

(二)冰区航行的特点

非不得已,一般不要随便进入冰区航行,只要有可能,应尽量绕过冰区走曲折航路。倘若一定要通过冰区,一定要做好充分准备,谨慎航行。

(1)冰区海域冰情复杂,碰撞危险增加,对船舶航行安全构成严重威胁。

(2)冰区航行,出于避让海冰的需要,船舶经常改向、变速,计程仪一般无法正常使用;在冰区,测定风流压也困难。因此,冰区航行时也无法正常进行航迹推算。

(3)冰区航行,地处高纬,且频繁改向、变速,故罗经工作的可靠性大大降低。

(4)操纵和控制船舶困难增加。

(5)低温可能会影响船舶机械设备的正常运转,存水舱室和管路结冰。

(6)冰区海域情况复杂,雷达回波不易识别;无线电波传播和大气折射异常,因此陆标定位、无线电助航仪器定位及天文定位都将产生困难。

(7)冰区通常能见度降低,目视瞭望效果不佳。

(8)浮冰可能对船体及操纵设备造成损害。

(9)船员工作环境恶化。

(三)进入冰区前的各项准备工作

(1)开航前应检查自身船舶有无冰区加强和冰区加强的级别。

(2)收集冰清资料,掌握航行区域的冰区组织、通信联系、冰区引航点、破冰船队航行操作等情况。认真分析有关冰情资料和冰情报告,做好紧急情况应对方案。通常冰量在6/10以下,冰厚在30 cm时还能航行。

(3)确保主机和操舵系统、助航设备和通信设备等处于良好工作状态,特别是雷达要能够正常工作。

(4)调整好船舶的吃水和吃水差,一般应尽可能增大吃水,并保持1~1.5 m的艉倾,使螺旋桨尽可能没入水中。这样,既能使船舶具有较好的破冰能力,提高稳性并保护螺旋桨和舵不受损伤,又不会因为过大的艉倾而影响船舶的操纵性能。

(5)在船头、船尾和驾驶台设置性能良好的探照灯,以便夜间航行时能及时探明冰情。

(6)准备好各种堵漏器材,包括千斤顶、电钻、各种大小堵漏用的螺栓和铁板、长短方木、快干水泥等。船壳轻微渗漏时应积极想办法堵漏。

(7)准备好各种御寒器材,甲板管线做好防冻处理,管道内积水应尽量排干,压载水舱不可注满,关闭水密门窗。

(四)接近冰区的预兆

1. 接近流冰征兆

(1)晴天,蓝色的天空下,在远处水天线附近出现冰光,犹如一条明亮的黄色光带。

(2)船舶远离陆地,周围波浪突然减弱,通常的大洋涌浪也逐渐减小,也能确认上风方向有浮冰存在。

(3)发现零星碎冰通常意味着将接近大片的浮冰。

(4)浮冰边缘上方经常有浓雾出现,雾中发现局部出现的小片白色浓雾,表明近处有浮冰存在。

(5)在北冰洋远离陆地,突然出现海象、海豹和鸟类,表明船舶正逐渐接近浮冰区。

(6)通常表层水温下降到1 ℃时,从安全角度考虑,应认为船舶距离浮冰边缘不超100 n mile或150 n mile;当表层水温降至-0.5 ℃时,表明船舶距离最近的浮冰不超过50 n mile。

2. 接近冰山征兆

(1)远离陆地,海面有清风,但海浪突然消失,表明上风方向有较大的冰山存在;

(2)宁静的夜晚,船舶以慢速航行,如能听到冰山崩解或冰块破裂坠海所发出的巨响,可判定附近有冰山存在;

(3)水温、气温下降,听到本船汽笛回音,也说明附近可能有冰山存在;

(4)发现冰片或碎冰,表明附近有冰山,并于上风方向。

(五)冰区航行要领

(1)航行时开启雷达及早发现冰中比较清爽的水域,尽量选择在冰最少、冰质弱或在冰裂缝中航行。遇到冰山应及早在下风保持适当的距离避航。避开任何形式的冰川、冰群、冰山。

(2)尽量从冰区的下风方向接近冰区,应保持船艏与冰缘垂直,并将冲力降到最小。当船艏顶住冰块时,再逐渐增加车速,推开冰块,驶向冰块松散的方向。

(3)采用适宜航速。航速过高,会导致船体损伤;航速过低,又有被冰围困的危险;一般应采取 3 ~ 5 kn,即维持舵效的最低航速。

当有破冰船引航时,航速将由破冰船指定:一般冰量为 4/10 时,可取 8 kn 航速,冰量每增加 1/10,航速减少 1 kn;当冰量大于 7/10 ~ 8/10 时,航速不应超过 5 kn。

(4)天黑后,如果没有好的探照灯,不要进入冰群航行。夜晚,可开启驾驶台射灯航行,以协助瞭望。如果能见度不好,船舶滞航时,应保持螺旋桨低速旋转。

(5)加强瞭望和雷达观测,以便及早发现浮冰、冰山。随时准备采用全速倒车,用倒车时,应格外小心,应确认螺旋桨附近没有浮冰及障碍物,并保持正舵。

(6)抓住一切时机测定船位。应利用各种无线电导航仪器等尽可能地测定准确船位。

(7)破冰船引航时,应注意与破冰船或前船保持适当距离。一般取 2 ~ 3 倍船长,必须熟悉破冰船的引航信号,加强联系,注意动态,确保安全。

(8)尽量避免在冰区内抛锚,若必须抛锚,应选择在冰层最薄处下锚,且出链长度不得超过当地水深的 2 倍。

(六)冰困后的措施

冰区航行,船舶可能会被冰所困,此所谓冰困。通常冰困的形成与航速的平方成反比,在轻度冰中,一般 12 kn 的航速不会出现冰困。因此船舶应根据冰的集结程度、船体结构、能见度等,选择合理的速度防止冰困。

冰中航行,一旦发生冰困,应立即设法使船脱出。否则,船随冰漂,可能导致船舶进入危险水域或船体被冰挤压损坏。脱困措施主要有以下几点:

(1)全速前进,左右满舵,以使船首有所松动,再用快倒车正舵退出。

(2)通过调节压载水舱的水,使船身左右或前后倾侧,以松动船身。

(3)在船尾抛下冰锚,带缆绞船,并配合倒车。

(4)根据具体情况采用机械或爆破的方法松动冰块。

(5)等待破冰船救助或气候转佳。

特别注意的是,冰困中,不论是采取脱险措施,还是等待破冰船救助或气候转佳,都应保持螺旋桨和舵的转动,以免水道被冰完全封住。

(七)冰情资料

进入冰区航行前应尽量收集相关冰情资料,为及时调整航行计划、船舶操纵和制定应急预案提供可靠依据。

(1)收听冰况警告和报告;

(2)备齐有关的《航路指南》;

(3)按月份出版的有关北极海区、西北大西洋和北太平洋的冰情图(Monthly Ice Charts);

(4)北半球冰区图册(Ice Atlas of the Northern Hemisphere);

(5)北大西洋引航图(Pilot Chart of the North Atlantic Ocean);

(6)英版“北大西洋航线每周冰情报告”;

(7)北大西洋航路设计图(North Atlantic Routing Charts);

(8)《世界大洋航路》中的冰区推荐航路;

(9)《无线电信号表》第Ⅲ卷中的“无线电航海警告和冰情报告”(Radio Navigational Warnings and Ice Reports-service Details);

(10)美国海岸警卫队每年2月末3月初开始并持续6个月、每天2次向船舶播发的“国际冰情监视(International Ice Patrol)报告”;

(11)英版《航海员手册》(The Mariner's Handbook)。

我国渤海湾沿岸的初冰出现于12月上、中旬,终冰在次年2月中、下旬或3月初。天津航道局,每年冬季发布冰凌预报,告知大沽、塘沽、新港、渤海等港口和海面的冰冻情况,冰情预报共分为3级,用代号表示:代号(1)——航行无阻;代号(2)——航行尚宜;代号(3)——航行困难。如遇特殊情况,另行通知。

项目十一
拟定航行计划及记录航海日志

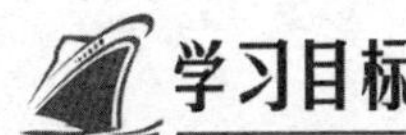

学习目标

◆知识目标

1. 能够识记航行计划制订步骤、内容和注意事项；
2. 能够识记航海日志填写内容及规范要求。

◆能力目标

1. 能够根据船舶实际制订航行计划；
2. 能够根据实际情况正确填写航海日志。

◆素质目标

1. 具有航海日志记载的法规意识；
2. 能够养成良好的安全意识。

任务一　拟定航行计划

电子书：
航线设计教程

一、拟定航行计划的步骤

就制订航行计划的整个过程讲，应包括船舶在起讫港泊位间的整个进程，要做到：开航前，做好准备工作，做出周密细致的航行计划，做计划时要留有余地；航行中，要督促驾驶员认真执行航行计划，必要时可对其做出修正；航次结束后，应认真总结经验，对航行计划进行必要评价。

电子书：
IMO航次计划指南

船舶在接到航次命令后，应立即做好各种准备工作，如装、卸货工作，船舶设备和物料的置备工作，人员、证书和船舶文件的配备工作，但最为重要的是在开航之前必须做好周密的航行计划，特别是远航或到一个陌生的海域、港口。

在制订航行计划时，首先考虑的是航行安全，其次才是缩短航程、节约燃料和减少航时等问题。制订航行计划的步骤是：

1. 备妥各种航海图书资料

根据航次命令，利用《海图及其他水道图书总目录》查取有关航海图书资料，包括海图和各种图书资料，并且确保《航海通告》已改正到最新。

2. 研究各种资料，了解航线详细情况

(1)查阅有关港口的航路指南、进港指南、港口介绍、港图、港章等，了解本航次所经港口的详细资料。

(2)查阅有关气候图、洋流图、航路设计图、气象预报、潮汐表和潮流图表等，了解航区航行季节的水文气象条件、可能遇到的灾害性天气及可以利用的风、流条件等。

(3)查阅灯标和雾号表、无线电信号表与海图等，了解航区助航设备的条件、制度和必要的图表等。

(4)查阅海图、航路指南和地方性规则等，了解近岸航区的危险区域、禁区、渔区、船舶交汇点、分道通航制、协定航线、海上交通安全法规、内河避碰规则等。

3. 确定航线，估算航行时间

根据航次任务及航行条件，选定进出港航行、沿岸航行和大洋航行等的计划航线，确定是否需要采用大圆航线、混合航线或气象定线等。然后在总图或者大洋图上粗略画出航线和量出大致的航程，估算航行所需的时间。

4. 绘制航线

随后应在大比例尺海图上绘制出全程航线，求出准确的航程及航行时间。

5. 确定燃料与备品

根据航线与本船特点以及航行时间，船长应与大副、轮机长协商，预先确定并落实本航次所需各种燃物料、淡水以及备品的数量。

无论在哪个航区航行，燃料总储备量的富余量不得少于船舶 2 天的耗油量。

6. 航法研究

航行中的航法研究是航行计划的重要环节，在航行过程中应特别注意以下水域的航行方法的研究。

(1)本航线经过的狭窄水域、岛礁区、浅区等航行困难水域。

(2)受潮汐、风、浪影响较明显的水域。

7. 航行中可能遭遇的海况及恶劣天气

及时获取各种气象信息，了解航行中可能遭遇的海况及恶劣天气，制定相应的预防与应急措施。

电子书：
航线设计样例

8. 抵港信息

抵达港口的信息对船舶安全顺利进港至关重要，应根据进港指南、无线电信号表和海图等掌握港口概况、通信方式、引航、通航规则及航道特征等。

9. 制订航行计划书

航行计划最终应以书面的形式出现，一方面用于本船的航行参考与指导，另一方面以备港口 PSC 的检查。

二、拟定航行计划的内容

航线设计是航行计划的重要组成部分，是航行计划的具体实现。本船应通过航行资料研究，结合本船的特点，拟定出一条安全经济的航线。

(一)航线设计应考虑的主要因素

(1)本船因素，主要包括本船的大小及装载情况、本船的续航能力、船员情况、技术状态、装备等。

(2)航线的水文与气象条件。

(3)航线附近障碍物、复杂水域、未精测水域等。

(4)根据船舶的定位与避让条件，以及其他环境因素，如白天还是夜间、通航密度、渔区等，合理选择航线。

大洋航线应特别考虑使用推荐航线，是否应采用大圆航线或混合航线，可根据《航路设计图》和《世界大洋航路》，选择一条适合本船的大洋航路；沿岸航线应充分考虑船舶富余水深、离岸距离、与危险物应保持的安全距离，以及各种航行受限水域等。

(5)船舶航行受限水域，如禁航区、限制区、分道通航等。

(二)航线设计具体步骤

1. 抽选海图与图书资料

根据航次任务，利用《海图及其他水道图书总目录》或《航海图书总目录》抽选航次所需的海图与图书资料。

2. 草拟航线,估算时间

通过研究各种有关的航海图书资料、气象情况,选定航线。在总图或者大洋图上草拟航线,确定转向点及量出各分段航向航程。

3. 绘制航线

将上述的草拟航线移画在大比例尺航用海图上,同时做好正确的标注工作。

(1)列出起始点、各转向点和讫点的经纬度,或(和)以某物标的方位和距离表示。

(2)标出各点间的计划航程、计划航向。

(3)在海图上标出必要的警戒线。

(4)标出重要的灯标、雷达目标等。

(5)标出重要航区的潮流情况。

4. 填写航线表

将本航次所需的海图及图书资料整理归类,并将其信息填入海图及图书资料一览表中。将计划航线上的转向点、航向、航程、累积航程等资料填入航线表中。计算出总的航行时间。

航行计划的参考用表主要有以下几种:

(1)海图及图书

①航用海图

编号	图号	图名	比例尺	出版日期	新版日期	最新改正	备注

②图书

编号	书号	书名	出版时间	最新改正	备注

(2)航线表

编号	转向点位置	转向时间		计划航向	航程	累计航程	剩余航程	海图图号	备注
		ZT	*GMT*						

(三)航线设计应注意的问题

(1)首先应考虑安全,然后再考虑缩短航程、节省航行时间、提高航速等问题,即如何提高营运效率的问题。

(2)航线设计应符合海图作业规范,清楚、简洁、明了,并尽量使用大比例尺海图。

(3)注意避开障碍物、危险物、浅点、特殊水域等,为了航行安全,应尽可能设计绕航航线。对航线附近的重要物标应做必要的标注。

电子书:
某企业航次计划检查表

(4)对于航行受限水域,应注意遵守有关规定和避离。

航行受限水域通常可分为有关当局公布的受限水域和有关国际公约规定的受限水域。

①有关当局公布的受限水域

i. 军事演习区

禁止驶入已经宣布为禁航区的军事演习区;临时的演习区可以在演习时段外驶入,但应注意加强瞭望和收听航行警告,还要注意不宜在此区域进行捕捞、锚泊和疏浚等作业。

ii. 倾倒区和雷区

此类区域航线设计一般应避开。

iii. 禁区

禁锚、禁渔区一般可通航。但禁航区不应驶入,没有说明禁区的种类,一般以禁航区看待。

iv. 海上油田

通常航线设计应远离设施 1.5 n mile 以外,如海图上标有油田区界线,则航线应离界线 500 m 开外。

v. 历史性与危险性沉船禁区

航线设计时应特别注意水深,通常应避开这样的禁区。

②有关国际公约规定的受限水域

i. 分道通航制水域

船舶应严格遵守分道通航制和其他通航规定。分道通航制水域的航线设计应注意以下几点:

· 在航线设计时切勿随意将航线画入沿岸通航带内。

· 进出通航分道的航线应与通航分道的船舶总流向形成尽可能小的角度。应避免在通航分道的端部,将航线画成近直角右转进出通航分道的端部,更忌以接近直角左转进出其端部。

· 一般情况下,应将航线画于通航分道的中线上。但当两对驶的通航分道仅有一分隔线之隔或只有一个狭窄分隔带相隔,则宜将航线置于距分隔线或分隔带稍远之处;反之,如通航分道的左侧有很宽的分隔带或有很好的航标显示其界限,而通航分道右侧的边缘仅有海图上的一条线也无航标显示其界限,宜将航线置于稍偏向左侧的分隔带。

· 穿越通航分道,则应尽量以直角通过,勿斜穿过其通航分道与分隔带。对于穿越地点的选择除了靠近目的港所在处外,一般可选择两对驶的通航分道之间有一块较宽敞的分隔带为宜,以利本船在分隔带中有条件等待时机直角通过前方的通航分道。但不宜选择通航分道的端部或附近、几条通航分道的汇合处、环形航道或附近及水上交通频繁的警戒区。

· 深水航路:为深吃水船和吃水受限船使用,一般吃水船可不采用此航路,但在不妨碍深吃水船和吃水受限船的情况下,也可以驶入。

·避航区:根据具体情况选择避开此区域。

ii. 载重线季节区域

船舶应根据本船吃水考虑是否受国际载重线公约的制约。

iii. 领海与内水(Territorial Sea & Internal Waters)

领海水域一般有无害通过权,但不宜在此停泊、抛锚、旋回试验、校正仪器等;内水一般不宜驶入,除非情况特殊,如避风、救助等,但也必须报告有关当局。

iv. 渔业管辖区和专属经济区

渔船的进入应考虑有关渔业管辖区的有关规定;船舶应尽量避免进入沿岸国在该区域所设立的海上工程设施与勘测活动区范围。

(5)航线绘制完毕,应认真核对。

电子书:
某企业航次计划风险评估表

三、拟定航行计划的注意事项

航行计划的拟定过程,就是船舶出航前的航海准备过程,所以必须认真、周密、仔细地对待。拟定航行计划应注意以下问题:

(1)航行计划应力求措施适当、时间准确、切实可行,须经船长审核、批准后正式确认。在执行过程中,驾驶员也应认真核对,及时发现不当甚至错误之处。

(2)航行计划在执行过程中,船长应根据实际情况及时进行修改,做好必要记录,并告知大家。必要时可根据具体情况重新拟定航行计划。

(3)航行计划在执行过程中,值班驾驶员对船位或航行方式有任何怀疑,应立即报告船长,并在必要的情况下,采取对船舶安全有利的措施。

(4)航线较长时,可以先拟定航行计划总概要,然后分段完成,先具体完成前一段的计划,后一段的计划在航行过程中逐步充实完善。

任务二　记录航海日志

电子书:
中国航海日志国家标准

一、航海日志的格式内容

航海日志通常由封面、扉页、说明和正文等几部分组成。

目前,我国的航海日志执行航海日志国家标准(GB 18093—2000),航海日志的格式内容见表 11-2-1。

表 11-2-1　航海日志格式内容

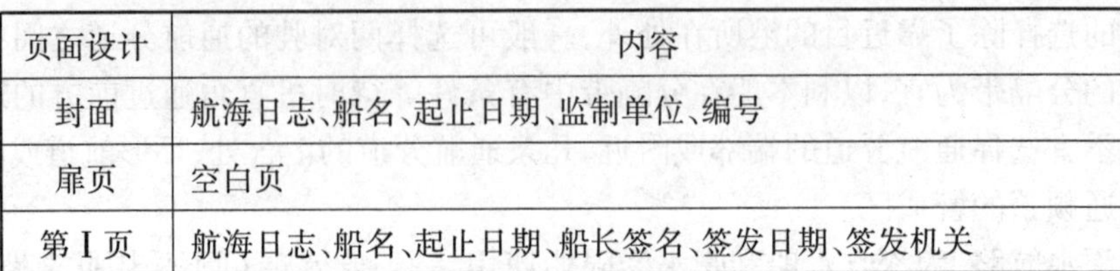

页面设计	内容
封面	航海日志、船名、起止日期、监制单位、编号
扉页	空白页
第Ⅰ页	航海日志、船名、起止日期、船长签名、签发日期、签发机关

续表

页面设计		内容
第Ⅱ页		主管机关有关管理规定
第Ⅲ页		船长、驾驶员动态表
第Ⅳ页		演习记载表
第Ⅴ页		船舶主要资料
第Ⅵ页		航海日志记载基本要求、航海日志保管要求、左页记载内容、右页记载内容
第Ⅶ页		同上
第Ⅷ页		航海日志常用术语及其缩写代号、气象海况观测记录符号、云状表、常用船位及其对应符号
第Ⅸ页		同上
正文	左页	左页记载内容
	右页	右页记载内容

二、航海日志的正文填写内容

航海日志的正文填写内容包括：在航行中凡与海图作业有关的内容；为了保证航行安全而进行的观测记录、计算结果和采取的措施等；海难，救助，人员的死亡、出生，航线的变更，主要船员职务的变化；消防、救生等演习与设备检查；停泊时的生产和其他有关活动等。

航海日志的正文内容分左页和右页，左页是主页，右页是记事栏，格式如表11-2-2和表11-2-3所示。

图片：航海日志左页

表 11-2-2　航海日志的正文左页表格式样

____年 ____月 ____日　　星期 ____

航行记录													气象海况记录														值班		
时间		罗经航向					真航向	风流压差	计划航向	计程仪读数	实测时速	推进器转速	观测时间	天气现象	能见度	气压	气温		海水温度	风		云		浪		驾驶员	水手	
		陀螺		磁罗经																								
时	分	航向	改正量	航向	磁差	自差											干	湿		向	级	状	量	向	级			
04	00																											
08	00																											
12	00																											
16	00																											
20	00																											
24	00																											

舱水测量记录												
时间	位置	舱制										
		饮水柜和压载水舱							污水沟			
上午八时	左											
	中											
	右											
下午四时	左											
	中											
	右											

中午测量						
船位					两港统计	
	纬度		经度		昼夜航程	
实测					昼夜平均航速	
推算					航行时间	
油水存量		消耗量	添加量	现存量	累计航程	
	重油				距下港航程	
	轻油				日出时间	
	淡水				日没时间	

图片：
航海日志右页

表11-2-3 航海日志的正文右页表格式样

第____航次　　　　自________讫________　　　停泊港名________

记事栏	重大事项记录

(一)左页填写的内容

左页分四个记录部分：航行记录部分；气象、海况记录部分；值班部分；舱水测量记录部分和中午测量部分。

1.航行记录

航行记录部分主要内容有时间、航向、风流压差和航速等。除每班记录一次外，当航向、罗经改正量、风流压差值有变动时，应记录一次。如航向、船速变动频繁时，可记"船长(或引航员)领航，航向、船速不定"。记录项目和要求如下：

(1)时间：记定速或转向时的船时。

(2)罗经航向：记陀螺罗经和标准磁罗经度数。

(3)罗经改正量：记陀螺罗经和标准磁罗经的改正量。标准磁罗经的改正量指磁差与自差之和，分别记录磁差与自差，精确到0°.1。

(4)真航向：记罗经航向与罗经改正量之和。

(5)风流压差：记风流压差值和符号。

(6)计划航迹向：记真航向与风流压差之和。

(7)计程仪读数：记计程仪读数，精确到0.1 n mile。

(8)计程仪航速：记前一小时与本小时计程仪读数之差。

(9)实测航速：记根据实测船位算得的平均航速。

(10)推进器转数：记推进器转速表每分钟平均转数，于每班终了时或在转速变更时记录。如转数变换频繁时，可记"不定"。

航向均用三位数字表示，不足三位数字左边用零补齐，如 *CA*120°、*CA*005°等。

2.气象、海况记录

气象、海况记录部分主要内容有天气现象、能见度、气压、气温等。航行中每4 h记录一次，停泊中每日0800、1200和1600各记录一次，必要时(如遇恶劣天气或天气突变)应增加观测和记录次数。记录项目和要求如下：

(1)天气现象：记天气现象符号。

(2)能见度：根据视距远近记录等级。

(3)气压:记订正后的海面标准大气压力。

(4)气温:记室外摄氏温度。

(5)海水温度:记海水摄氏温度。

(6)风:记真风向、真风力。

(7)云:记云状、云量。

(8)波浪、涌浪:记相应的等级。

3. 值班

填写值班驾驶员和值班水手姓名,无论何时都应填写。

4. 舱水测量记录

正常情况下每日 0800、1600 由木匠各测量一次压载水舱及污水沟,必要时可增加测量次数;每日 0800 由木匠测量一次淡水舱,大副应及时将舱水测量数据填入航海日志。

5. 中午测量

每日中午由二副将中午的船位(实测或推算)和位移差、天文钟时间和误差、油水存量及昼夜航行时间、航程、平均航速、距上港累计航程和航时、距下港航程等填入航海日志。实际航程是根据实测船位所得的航迹线上的实际里程。

(二)右页填写内容

无论航行、停泊或修理,凡左页不能包括但与航海有关的内容,均记录。有关船舶的动态、货物装卸情况、航行措施、前后吃水、船位、天气海况等一切现象和动作,当值驾驶员均应按时间顺序逐行详细填写;交班时应紧接本班填写之后的右下角签名。

1. 记事栏填写

(1)到、离港前

①对影响航行安全的主要航行设备的校对与检查结果。

②装卸货开始及完毕时间及到离港时船舶吃水。

③载货数量、类别,燃油、淡水、压载水存量,海水比重及船舶常数。

④驾驶台备航情况。

⑤进出口办理手续的单位、人数、登船、离船时间及结果。

(2)靠、离泊位

①引航船船名及靠离时间,引航员登离船时间、地点及姓名。

②拖船船名及靠上和解拖时间及动态。

③系上第一根缆和靠妥泊位时间,开始解缆和解掉最后一根缆的时间。

④抛锚及锚抛妥或开始起锚及锚离底的时间。

⑤泊位名称、锚位、锚别、链长及水深、底质等。

⑥备车、完车或定速时间等。

(3)航行中

凡与海图作业有关的内容,以及用于保证航行安全的操作、观测、计算结果和所采取的措施,都应填写,主要包括但不限于下列内容。

①船位：天测、推算和交接班船位应准确到分以下小数点一位的纬度和经度记载，陆测、测深、雷达和无线电助航仪器等船位，应记其观测数据，若出现位移差时，应记其数据，以及采取的措施。

②经长时间航行初显的重要物标或经过重要物标的时间、方位和距离。进出分道通航区域或特殊区域的时间，以及经过主要航标的时间和正横距离。

③计程仪开启、停止时间，计程仪改正量及测校的时间、数据和方法。

④起止或改变使用风流压差的时间，船位及风向、风速，流向、流速的数据。

⑤改变航向航行的时间、船位及计程仪读数。

⑥发现对本船安全有影响的来船情况及避让中采取的重要措施和时间。

⑦气象、海况发生突变的时间、船位及按章所采取的措施。

⑧开关航行灯、升降国旗及显示各种信号的时间，拨钟时间和数据，经过日界线时间。

⑨货舱的检查结果和保管货物的措施，每班的巡回检查情况。

⑩其他：航道及航标变异，发现漂浮物和其他异常情况。发生海事的情况，自救或救助他船(人)的经过、措施和结果。

(4)停泊中

①货物装卸开、停工时间，舱号及停工原因，各舱装卸情况，每天0800船舶水尺。

②上下旅客开始和结束的时间，或停止上下旅客的原因。

③他船靠离本船时间、事由。

④补给淡水、燃料、物料的时间及数量。

⑤清舱、洗舱，注入或排出压载水的时间、舱号、数量及安全措施。

⑥船舶检验，货舱或货物检验，熏舱消毒。

⑦船舶主要部分及设备的预防检修措施，重要的临时性修理及明火作业时间和内容，船舶厂修时每天开工的主要项目及进度情况。

⑧升降国旗时间，显示号灯、号型的起止时间及气象情况。

⑨交接班锚位的陆标方位、距离，或系泊、移泊情况，以及规定的巡回检查情况。

⑩三副、三管轮以上船员调动登离船时间。

2. 重大记事栏填写

由船长、大副填写，记载船上非经常性及较重大事件。

①发生海事、船员伤亡事故、船员严重失职和不守纪现象。出生、死亡或途中因病离船事件。

②对救生、消防器材以及防污染设备检查的时间和情况。

③应急演习的时间、地点及经过情况。

④到离港货物、燃料、淡水、压载总数及旅客人数，艏、艉吃水，稳性数据。

⑤上下旅客时间及安全措施。

⑥船长和主要船员调动及交接手续办理完毕的时间。

⑦船舶重要结构的改装和修理；船舶换旗、接收或移交、试航；船舶证书更换及重要签证等。

⑧航海日志填写中有严重错漏的更正。

船舶驾驶员还应根据航海日志等填写航次报告。航次报告是船公司了解掌握船舶本航次生产和营运好坏的最重要和最有价值的依据。航次报告的种类比较多,但主要包括航行和停泊两部分内容。航行部分包括进出港的机动航行和海上的定速航行;停泊部分包括系泊装卸和靠泊装卸。船舶驾驶员应认真填写航海日志,这样才能及时向船公司报送航次报告以供研究。

(三)航海日志填写要求

(1)由值班驾驶员负责用不褪色的蓝色或黑色墨水笔填写,无论航行或停泊,均不得中断。填写的内容应词句准确、简明完整、字迹清楚端正,不得含糊其辞和随意更改。根据填写的内容,应当能够完整地反映出航行和停泊的主要情况。必要时,事后可根据航海日志的填写情况重新画出当时的航迹和反映当时航行及生产的基本情况。

(2)按时间和页码顺序如实填写,不得留有空页和空格、中断填写或撕页、添页。所有缩写和符号,都应按统一规定使用。航海日志应填写直接测得和看到的原始数据,如罗航向、罗方位、计程仪读数及其改正量数值,而不直接填写改正后的数值。

(3)对填写中的错误,可用红墨水笔将错误字句画一横线,被划掉的字样仍清晰可辨,在旁边改正后由改正人加括号签字。修改处应经船长同意,必要时需经船长签字认可。不得用小刀或橡皮擦拭或修补,更不许整页撕掉。交班时,交班驾驶员应在本班填写内容之后签字。

(4)航行中遇有大风浪等灾害性天气时,到港后可将航海日志有关内容的正本送港务局认定,作为日后处理可能发生的保险、海损业务的重要依据。

(四)航海日志管理要求

(1)航海日志由大副负责具体管理和保存,船长有检查之责。航海日志用完后,留船负责保管 3 年后交船舶所有人保存 5 年方可销毁。

(2)启用新本前应查核是否缺页,是否和轮机日志页数一致,将主要船舶资料经船长审查后填入新本扉页。

(3)大副应每天审阅航海日志的填写是否正确并签字。

(4)船长应经常检查并指导驾驶员正确填写航海日志,监督驾驶员的改错和补记,应亲自主持将严重错漏的更正填写于重大事项记录栏。船长除随时审阅和督导外,至少每星期(或每航次)做全面的审阅和签字。船长对监督航海日志填写之正确和完整负全部责任。

(5)当发生海事时,应将航海日志连同有关海图交船长封存。在不得已弃船时,船长必须将航海日志及有关海图随身携带离船,妥善保存。

项目十二 管理船舶交通

学习目标

◆知识目标

1. 能够识记船舶交通管理系统的组成及其功能；
2. 能够识记船舶定线制的相关术语；
3. 能够识记船舶定线制的基本方法和使用；
4. 能够识记船舶报告的相关规定。

◆能力目标

1. 能够正确遵守船舶管理系统各项规定；
2. 能够正确结合船舶航行实际正确使用船舶定线制相关规定；
3. 能够有效遵守船舶报告系统相关规定并及时有效发布船舶报告信息；
4. 能够正确辨识中国海上助航标志中各种助航标志并有效运用。

◆素质目标

1. 能够有效遵守船舶管理系统相关规定并指引船舶安全航行；
2. 能够正确识读船舶定线制相关信息并能够采取与之相符的有效措施；
3. 能够形成良好船艺。

任务一　理解船舶交通管理系统

微课：船舶交通管理系统概述

一、船舶交通管理系统概述

船舶交通是指在一定范围水域中的船舶有目的的运动和行为的总和。海上的船舶交通也称海上交通。船舶交通管理是对指定水域内船舶的运动与行为总体进行管理。目前世界许多港口、狭水道等水域都已建立起船舶交通管理系统，其目的就是在增进该水域内船舶交通安全，提高交通效率，保护水域环境。

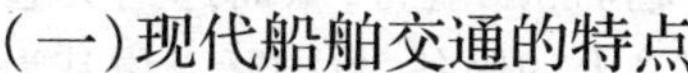

(一)现代船舶交通的特点

由于世界经济与科学技术的迅速发展，船舶运输业也随之快速发展，主要反映在：

1. 船舶种类多样化

出现了油船、散货船、集装箱船与滚装船等专用船舶，还出现了水翼船等新型船舶。这些船舶的出现使得船舶性能差异加大，船舶行动的协调变得困难。

2. 船舶趋于大型化

为降低运输成本，现代船舶不断向大型化发展，越来越多的超级油船、大型散货船、集装箱船与滚装船的制造和使用带来了新问题：大型船舶本身的操纵难度增加，也就对航路、港湾等提出了新的要求，要为其航行安全提供良好的交通环境、特殊的措施和服务；同时大型船舶与中小型船舶之间以及各自的航行性能之间的差异增大，造成相互间的行动协调变得困难。

3. 船舶交通流量大大增加

交通流量的增加使得港口和狭水道等水域变得拥挤繁忙，增大了有限水域内船舶的会遇次数，从而增加了船舶交通的危险度。

4. 船舶设备条件不断改善

现代科技的发展，使得船舶各种设备有了很大的改善，尤其是导航定位、操纵避让及通信设备不断更新，为有效的交通管理提供了必要的条件。

5. 航路条件得到改善的同时，也受到了更多的限制

各国为了发展船舶运输而积极地创造良好的交通环境，从航路的开辟及助航设施的改善方面着手，改善交通环境，增进船舶的航行安全。同时，各国对保护水域环境已越来越重视，因此对航行水域的管理也日益加强，相关法规不断颁布，法定航路不断增多，这既对船舶航行安全有利，也给船舶的航行增加了多方面的限制。

6. 世界范围水域内的导航系统日趋完善

世界范围水域内的导航系统日趋完善，航行服务项目不断增多，对保证船舶安全和提高营运效率起到积极作用。

7. 船舶交通的法规不断完善

船舶的各种交通法规的实施对于整顿船舶交通秩序、维护船舶交通安全和水域安全具有非常重要的作用。

(二)船舶交通管理系统

船舶交通管理(Vessel Traffic Management,VTM),是通过监控、整顿船舶交通,建立良好的交通秩序,协助船舶航行,减少海难事故,特别是船舶碰撞、搁浅、触礁这些船舶交通事故的发生,从而保证船舶安全,保护水域环境和社会环境,提高船舶交通的效率。

船舶交通管理不是单纯管制船舶航行、约束船舶行动,而是通过对管理水域内的船舶交通状态的掌握,提供航行环境信息,指导并支持船舶航行,从而达到交通管理的目的。因此,船舶交通管理可以说是一种积极意义上的服务,故国际上称其为船舶交通服务(Vessel Traffic Service,VTS)。从局部看,维持港口及其进出港航道、狭水道等交通要道的畅通对保证船舶正常营运和港口的正常生产十分重要;从整体看,维持了运输体系的正常运转,才能保证国民生产的正常进行和维护良好的经济秩序。此外,船舶海难事故的发生会造成严重的海洋污染,破坏生态及社会环境,从而造成巨大的社会经济损失。因此实施船舶交通管理已不仅是航运界的要求,而且是整个社会的要求,故国际海事组织(IMO)提出“航运更安全、海洋更清洁”的目标。多年来实施的船舶交通管理的经验和效果充分说明,通过一定形式的船舶交通管理与服务确实可以增进船舶交通安全,提高船舶交通效率。

为了对船舶交通进行有效的管理与服务,必须建立一系列有效的管理法规,这样既可以使管理机关有法可依,也可以使船舶航行有法可循。目前,涉及船舶交通管理的国际性法规有《1972 年国际海上避碰规则》,它对缔约国船舶具有法律效力。另外,还有《船舶定线》《船舶报告系统》等。这些文件不具有法律效力,只是国际海事组织(IMO)成员国对这些问题的共同认识的反映,各国在制定相应的法规时应参考这些文件。

目前我国有关船舶交通管理的法规有《中华人民共和国海上交通安全法》《中华人民共和国对外国籍船舶管理规则》《中华人民共和国船舶交通管理系统安全监督管理规则》等。

交通服务是船舶交通管理的另一有效手段。服务的形式有信息服务、助航服务等,主要通过向船舶提供各种交通信息来对船舶交通实施动态和即时的管理。

二、船舶交通管理系统的组成

(一)船舶交通管理系统的原理与组成

简单来说,VTS 系统的基本原理是在岸上建设基站,通过雷达、AIS 等对重点水域的所有目标实施监控,从而达到监控、管理与服务的目的。

VTS 系统由雷达扫描、数据处理与显示、VHF 通信等主要部分组成。

微课：
船舶交通管理系统组成

雷达扫描就是利用雷达收发信设备，获取指定水域的船舶、航标、沙滩、码头等目标的数据，经视频处理后，存入数据库。根据雷达扫描数据，系统软件在维护终端上形成实时的船舶动态图像。再利用 VHF、AIS 与船舶进行交流，管理人员就可以确认船舶身份，并进行标识，各种记录同时存入数据库备份。通过维护界面作图的方式，可以完成确定航道、定位航标、设立警戒区等工作。这样，管理人员通过 VTS 就可以实现对船舶的监控、管理与服务工作。

（二）船舶交通管理系统的功能

船舶交通管理系统是实施船舶交通管理所必需的硬件系统，是广义的船舶交通服务系统的一个组成部分。广义的船舶交通服务系统是交通管理机关所建立的以增进船舶交通安全和提高交通效率以及保护环境为目的的综合性服务系统，它的范围从提供简单的信息到广泛管理一个港口或水道的交通。其主要功能包括以下几项：

1. 数据收集（data collection）

广泛地收集各种交通数据或信息，以便为船舶交通管理的正确决策提供依据，数据收集包括用适当的设备如水文气象传感器、雷达、VHF、AIS 等收集航道和交通状况的数据；在指定的海上安全和遇险频道上保持值班守听；接收船舶报告；获取有关船体、船机、设备或人员和有关运载危险或有害货物等船舶情况的报告。数据包括动态数据和静态数据。动态数据包括船舶的航向、航速、船位等有关船舶运动数据和气温、气压、能见度等有关水文气象方面的数据；静态数据则包括有关船体、船机、设备、人员和运载的货物等方面的数据以及有关航道、助航设施的信息。

2. 数据评估（data evaluation）

数据评估是根据由各种方式所收集到的信息、数据来判断管辖水域内的船舶有无违反国际的、国家的或当地港口的法规和法令的船舶行为。

3. 信息服务（information service）

信息服务包括播送有关船舶动态、能见度条件或他船意图的信息以协助所有船舶；与船舶交换有关安全的信息（航行通告、助航设施状况、气象与水文资料等）；与船舶交换有关交通条件与情况的信息（如驶近船舶或被追越船舶的动态和意图）；向船舶发布诸如操纵能力受限制的船舶、密集渔船群、小船、特殊作业的船舶等航行障碍的警告，并提供选择航线的有关信息等。

4. 航行协助服务（navigational assistance service）

航行协助服务简称助航服务，是应一艘船舶的请求或在 VTS 中心认为必要时提供的服务，也包括在困难的航行或气象环境下，或一旦出现故障或损坏时协助船舶。这项服务与信息服务同为船舶交通管理系统实施船舶交通管理的主要形式。

5. 交通组织服务（traffic organization service）

交通组织服务在一定程度上是对船舶交通进行调度指挥，即具有强制性质。使用 VTS 的船舶有义务接受 VTS 的交通组织服务。

6. 支持联合行动（support allied activities）

支持联合行动是与其他海上交通管理部门密切配合，特别是在通信联系、传达信息和现场指挥等方面的联合行动。

任务二　了解船舶定线

一、船舶定线目的及概述

微课:
船舶定线目的及概述

(一)概述

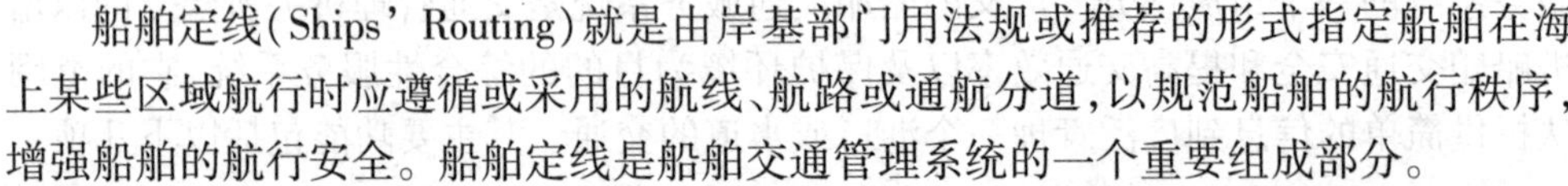

船舶定线(Ships' Routing)就是由岸基部门用法规或推荐的形式指定船舶在海上某些区域航行时应遵循或采用的航线、航路或通航分道,以规范船舶的航行秩序,增强船舶的航行安全。船舶定线是船舶交通管理系统的一个重要组成部分。

首个分道航行的建议是美国的琼斯提出的。在一次美国客船与法国货船于海上雾航时发生碰撞导致300多名旅客和船员丧生后,琼斯向美国海军莫里上尉提出分道航行建议,莫里立即推荐了分隔汽船的通航分道,建议所有船舶采用。1967年6月1日,多佛尔海峡在世界上首次实现分道通航制,并以航行通告方式通知船舶并在海图上标明。多佛尔海峡实施分道通航制后,在保障该水域船舶交通安全和减少对遇、碰撞事故方面取得了极大的成效。

为了指导各国具体参考和建立实施船舶定线制,1977年IMO第十届大会通过A.378(X)号决议,产生《船舶定线制的一般规定》这份规范性文件,至此,船舶定线制的应用步入成熟阶段。目前,世界上许多重要海区都建立了分道通航制,如多佛尔海峡、博斯普鲁斯海峡、劳伦斯海峡等,都已经建立了分道通航制。实践表明,船舶定线制的建立,大大减少了船舶碰撞事故的发生。

我国的船舶定线制与国际相比,起步相对较晚,但发展步伐相对较快。1996年9月,《成山角水域船舶定线制》《成山角水域强制性船舶报告制》在国际海事组织航行安全分委会第45次会议上获得通过。2000年5月,经国际海事组织海上安全委员会第72届大会审议,以大会93号决议通过,并于2000年12月1日起施行,作为强制性要求对所有相关船舶生效。这两个规定是中国政府提出的海事领域第一个经国际海事组织审议通过并对中外籍船舶施行的国际性法规。接着在长江口、大连的大三山、中国香港等地也相继实施了船舶定线制,并推广到内河水域。

(二)《船舶定线》

《船舶定线》是国际海事组织出版的文件,凡被IMO所采纳的船舶定线制均刊载在该书中。《船舶定线》共分以下几个部分:

Part A:船舶定线的一般规定(General Provisions on Ships' Routing)

Part B:分道通航制(Traffic Separation Schemes)

Part C:深水航路(Deep-water Routes)

Part D:避航区(Areas to be Avoided)

Part E:其他定线措施(Other Routing Measures)

Part F:有关航行的规则和建议(Associated Rules and Recommendations on Navigation)

Part G:强制船舶报告制、船舶定线制和禁止抛锚区(Mandatory Ship Reporting-Systems, Mandatory Routing Systems and Mandatory No Anchoring Areas)

Part H:岛屿间航路采用、指定和替代(Adoption, Designation and Substitution of Archipelagic Sea Lanes)。

其中,Part A 是船舶定线的一般规定,阐明了就船舶定线的目的、定义、程序与责任、方法、规划、设计标准、分道通航制的临时调整、定线制的使用和海图上的表述方法等 9 个方面的具体要求。自 B 部分开始印有国际海事组织采纳的世界各水域的各种定线制和规则等的详细资料,并附有图式,船舶航行至相关水域时可结合海图使用。

(三)船舶定线制的目的与作用

船舶定线制(Ship's Routing System)是指以减少海难事故为目的,而为船舶实施的单一航路或多航路和定线措施。它是船舶交通管理系统的一个重要组成部分,其目的是增进船舶较集中、交通密度大,或由于航路上的碍航物使船舶操纵受限,或因水深有限、气象条件不利使船舶操纵受限的水域中船舶的航行安全。

船舶定线制具体包括以下部分或全部内容:

(1)分隔相反方向航行船舶的交通流,以减少船舶对遇;

(2)减少横向穿越船舶与通航分道内航行船舶之间发生碰撞的危险;

(3)简化船舶汇聚区域的交通流形式;

(4)在近岸海洋勘探、开发活动集中的水域内,组织安全的交通流;

(5)对所有船舶或某类船舶的交通流进行组织,以避开航行危险区域;

(6)在水深易变或存在危险的水域,为船舶提供特别指导,以减少搁浅危险;

(7)指导船舶避开渔场或组织船舶通过渔区。

二、船舶定线的相关术语

凡是以减少海难事故为目的的任何一条或多条航路或定线措施,均称为船舶定线制。它包括分道通航制、双向航路、推荐航路、避航区、沿岸通航带、环行航道、警戒区和深水航路等。它们各自的定义如下:

(1)分道通航制(Traffic Separation Schemes, TSS):是通过适当方法建立通航分道,分隔相反方向交通流的一种定线措施。

(2)分隔线(带)(Separation line/zone):将相反或接近相反方向行驶的交通流的通航航路分隔开,或将通航航道与相邻海区分隔开,或将同方向行驶的特殊种类船舶的指定通航航道分隔开的线(带)。

微课:
船舶定线相关术语

(3)通航分道(Traffic lane):其中确立了单向通航的限定区域——船舶的通航航路,其边界可以是指定的,也可能是由自然碍航物所构成的。

(4)双向航路(Two-way route):是确立了双向通航交通的航路,其目的是在航行困难或危险水域内为通航船舶提供安全航路。

(5)推荐航路(Recommended route):推荐航路是为船舶通过方便而设置的未指定宽度的航路,一般用航路中线浮标作为其标志。

(6)推荐航线(Recommended track):推荐航线是经过专门测量,确保船舶无航行危险,并建议船舶沿该航线航行的一种航线。

(7)指定的交通流方向(Established direction of traffic flow):指定交通流的方向,船舶要顺其航行,在图上用空心实线箭矢表示其方向。

(8)推荐的交通流方向(Recommended direction of traffic flow):在不可能或不必要采用指定交通流方向时,建议船舶通航的交通流方向,在图上用空心虚线箭矢表示其方向。

(9)避航区(Area to be avoided):航行特别危险,因而所有船舶或特定类型船舶必须避离的区域。

(10)沿岸通航带(Inshore traffic zone):是指分道通航制的向岸一侧边界与相邻海岸之间的水域。该水域内一般不允许过境交通使用,并适用地方性特别规定。

(11)环行航道(Round about):在限定的范围内,由分隔点或圆形风隔带与一圆形通航分道组成的航路。在该航道内船舶绕分隔点或圆形分隔带逆时针循通航分道环行,从而实现交通流的分隔。

(12)警戒区(Precautionary area):船舶必须谨慎驾驶的区域,在警戒区内可能有推荐的交通流方向。

(13)深水航路(Deep water route):水深业已经过准确测量的适于深吃水船舶航行的航路。

(14)禁锚区(No anchoring area):是指一个具有规定界限的区域所构成的定线措施,该区域内禁止所有船舶或者某类船舶抛锚,除非船舶或者人员面临紧迫危险。

三、船舶定线的基本方法和使用

(一)船舶定线的方法

为达到船舶定线的目的,可以根据水域的自然环境条件、交通状况等因素,采用船舶定线制中的一种或多种方式组合,最终建立起有利于水域船舶航行安全的最佳船舶定线制。这种组合方法有:

1. 采用分隔带或分隔线

如图 12-2-1 所示,用分隔带或分隔线将相反或接近相反方向的交通流分隔开,在无法采用分隔带时采用分隔线,有条件时使用分隔带为宜。在海图上,分隔线仍用具有一定宽度的着色线表示,要注意与分隔带的区别。

2. 利用自然碍航物和地理位置明确标示的物标分隔相反方向的交通流

这一方法适用于有岛屿、浅滩和岩礁的水域,这些碍航物限制了船舶的航行,但也给船舶提供了与其相反方向的交通流分离的参照物,如图 12-2-2 所示。

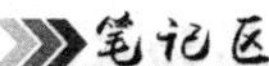

微课：
船舶定线的基本方法和使用

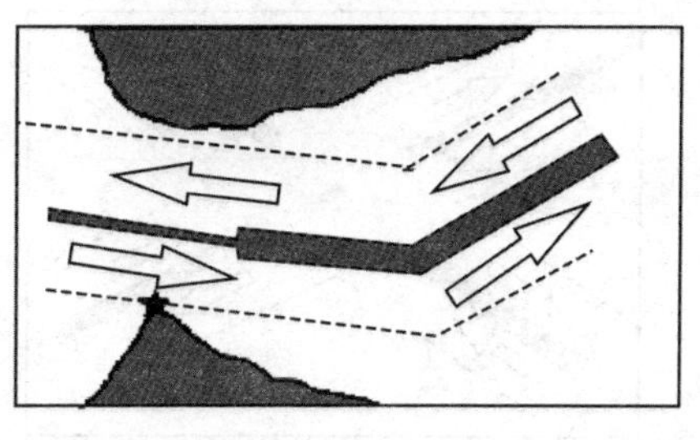
图 12-2-1　利用分隔带和分隔线的通航分隔

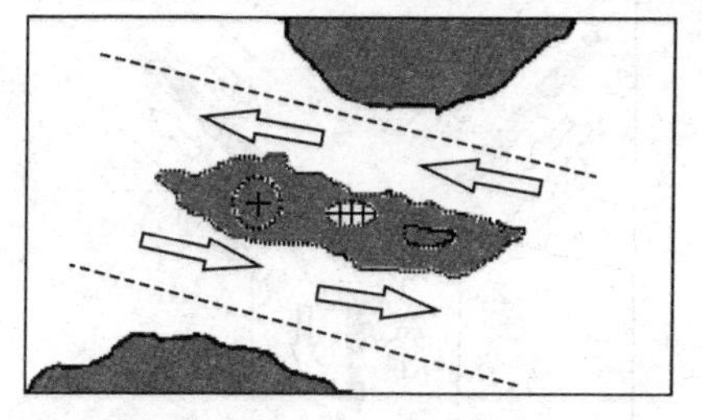
图 12-2-2　利用自然物标的通航分隔

3. 利用沿岸通航带分隔过境船舶和地方船舶的交通

如图 12-2-3 所示，在分道通航区向外海一侧的边界之外水域，船舶可以以任何航向航行。向岸一侧的分道的外边界与沿岸通航带之间可设分隔线或分隔带。这种方式使得过境船舶交通和地方船舶交通分离，而过境船舶通常只能使用分道通航区通过该水域。

4. 在交通汇聚区附近，设置扇形通航分道

在船舶从各个方向汇聚到一点或一狭小区域，如港口进出口处、海上引航站、近陆浮标或灯船设置处、狭水道和河口等，可设置扇形通航分道（见图 12-2-4），以分隔不同方向汇聚来的交通流。

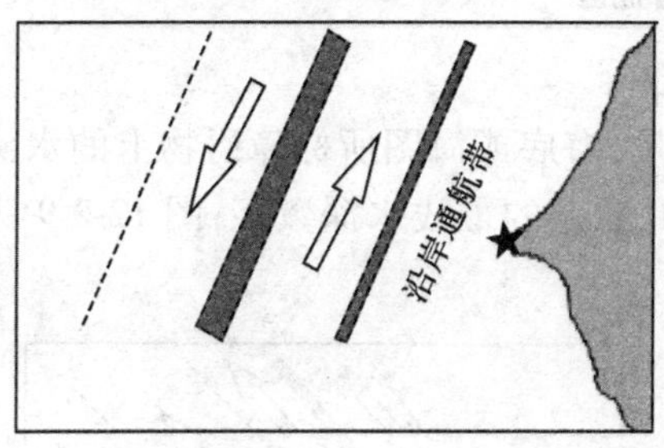

图 12-2-3　利用沿岸通航带的通航分隔

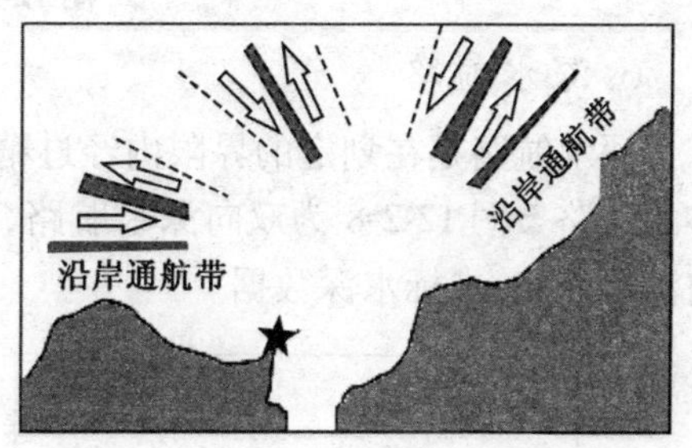

图 12-2-4　扇形通航分道

5. 在交通汇聚区、航道连接处或航道交错区定线制方法

此时可从如下定线制方式中选择最合适的定线制方法：

（1）环行航道：在交通汇聚区，可设置环行航道（见图 12-2-5），使不同方向的来船绕环行航道按逆时针方向航行。

（2）交叉航道：两条航路连接处或交叉处，可采用如图 12-2-6 所示的方法。

在连接或交叉处的各部分交通流方向按相应的相邻通航分道内的交通流设定。分隔带的中断是为了强调船舶应以正确的航行方法通过该区域。在中断处应谨慎驾驶。

（3）警戒区：在交通汇聚处，也可不设环行道而设置如图 12-2-7 所示的警戒区，以强调在此处应谨慎驾驶。

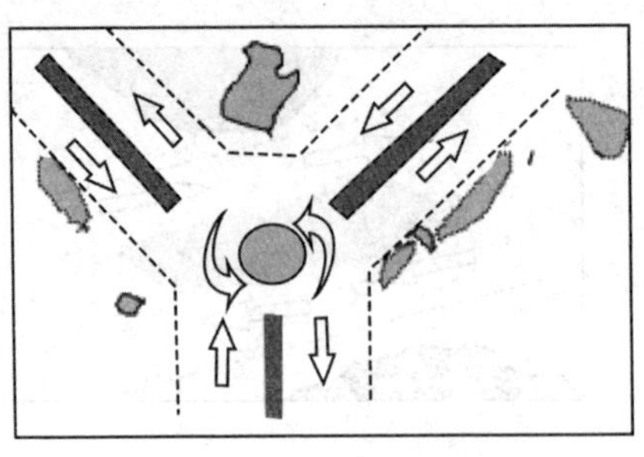

图 12-2-5　环行航道

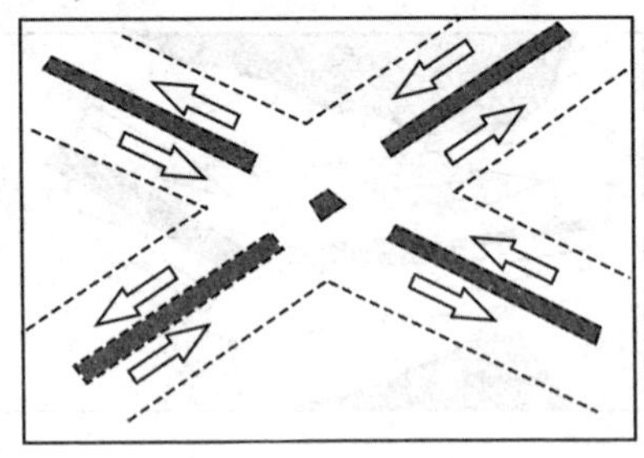

图 12-2-6　交叉航道

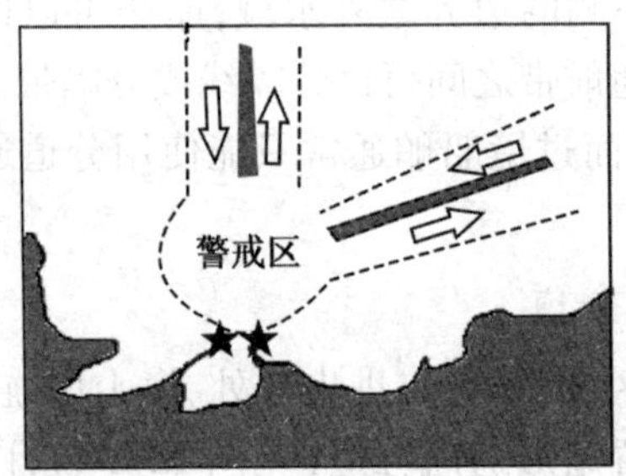

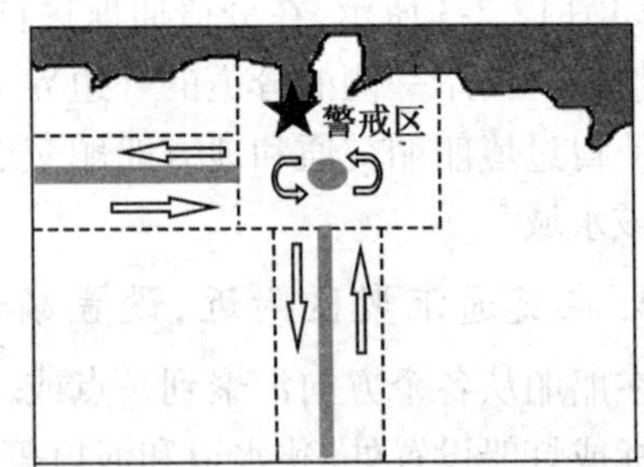

图 12-2-7　警戒区

6. 深水航路

深水航路是在划定的界限内经过精确测量，海底或海图所标障碍物上的水深足够的航路。图 12-2-8 为双向深水航路，并标有航路的最浅水深数字；图 12-2-9 为单向深水航路，未标水深数据。

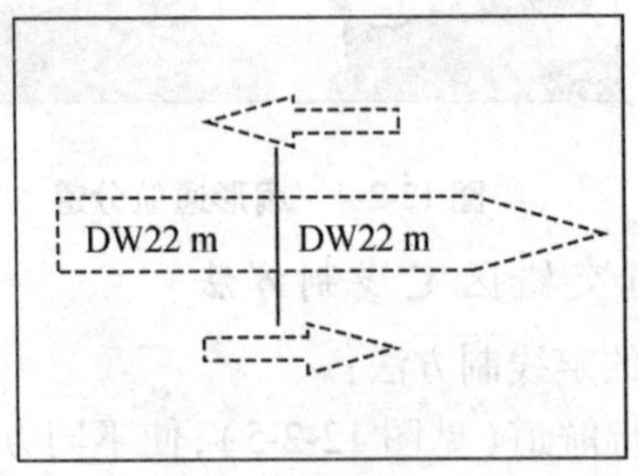

图 12-2-8　双向深水航路

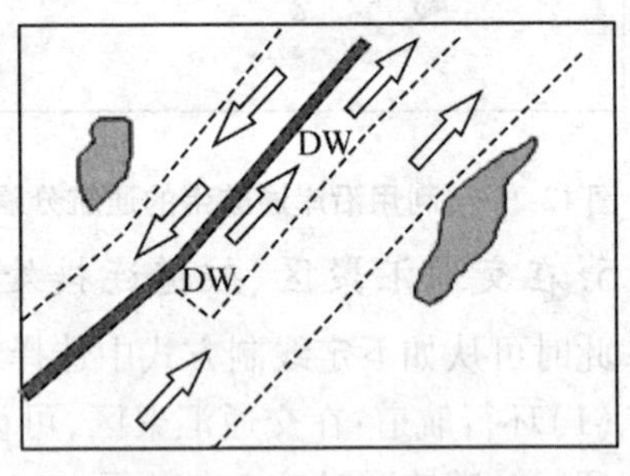

图 12-2-9　单向深水航路

有的是仅标注中心线的深水航路，其中实线一般表示有固定导航标志的深水航路，如图 12-2-10(a)所示；虚线表示推荐的深水航路，如图 12-2-10(b)所示，无固定导航标志。箭头表示航路方向。

7. 其他定线方法

其他定线方法还有很多，如避航区(见图 12-2-11)、双向航路(见图 12-2-12)及推荐航路(见图 12-2-13)等。

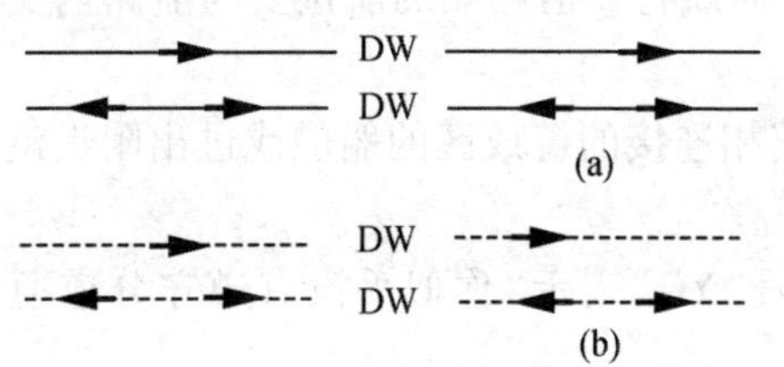

图 12-2-10 中心线表示的深水航路

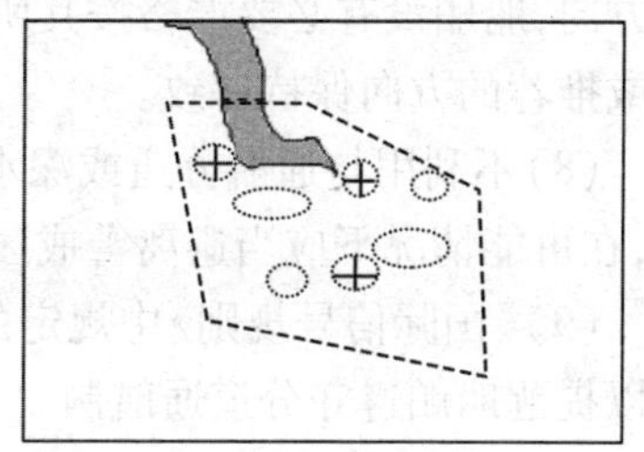

图 12-2-11 避航区

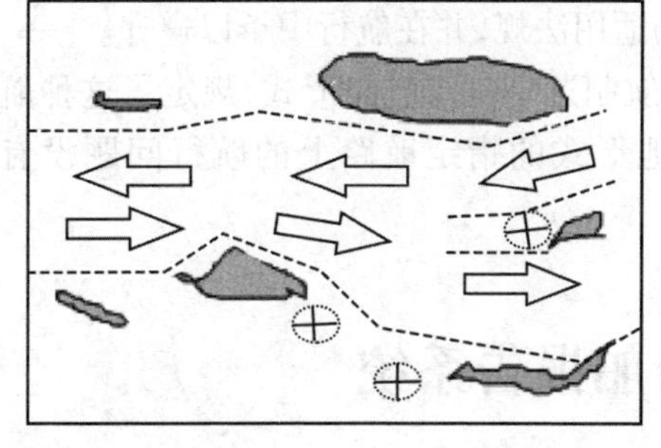

图 12-2-12 双向航路

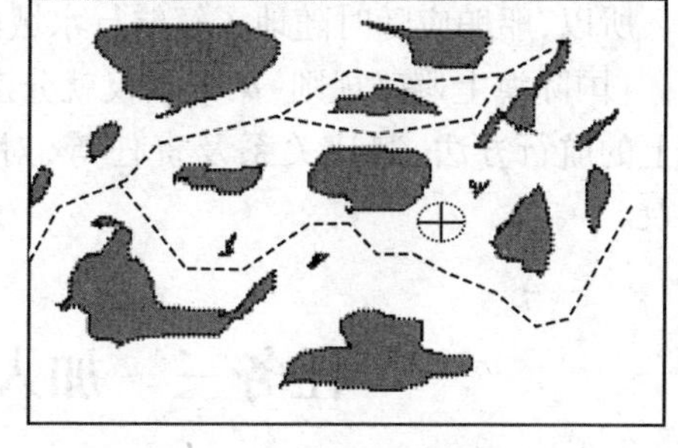

图 12-2-13 推荐航路

以上所介绍的方法只是基本方法,各国、各地会根据当地水域条件、地方的习惯做法而建立稍有区别的航路指定形式。

(二)船舶定线制区域船舶的航行

在某一水域建立船舶定线制的最终目的是提高船舶的航行安全。航路的指定通常是由有关部门依法进行的,指定航路的使用、航路内的航行方法等一般均是依法规规定,船舶应予以遵守。

指定航路内的航行操纵,根据航路所在地点不同可适用当地法规或《国际海上避碰规则》。在 IMO 的《船舶定线制一般规定》中,对指定航路的利用也有具体的建议。

(1)船舶定线制中的指定航路及其航行方法在不冻水域和不需要特殊操船行动或不需要破冰船援助的薄冰区域内,任何时间、任何气象条件下均适用。

(2)除有特殊说明外,一般指定航路及其航行方法对所有船舶适用。当船舶利用指定航路时,应考虑到水深问题,出现问题的后果是由船舶承担的。

(3)在 IMO 认可的分道通航区或其附近航行的船舶必须遵守《国际海上避碰规则》第十条的规定,且该规则的其他条款在所有情况下均适用。

(4)在船舶汇聚区域,完全的通航分割实际上是行不通的。因此,在这种区域内船舶应十分谨慎,且任何船舶均无特权。

(5)深水航路是考虑到船舶吃水、水域内的水深,为有必要利用这种航路的船舶提供的。可不考虑这些因素的船舶应尽可能不使用深水航路。

(6)在双向航路(包括深水双向航路)上,船舶应尽可能地靠右行驶。

(7)海图上所标示的指定航路中的交通流方向箭矢仅示交通流设定或推荐的大

致方向,船舶没有必要严格按其所指方向航行。但船舶的航迹要与航路内交通流设定或推荐的方向保持一致。

(8)不利用与通航分道或深水航路相连接的警戒区的船舶或进出附近港口的船舶,在可能情况下应当避离警戒区航行。

(9)《国际信号规则》中规定的信号"YG"表示"你似乎没有遵守分道通航制",用以提醒船舶遵守分道通航制。

地方性交通管理法规中,有的也涉及船舶定线制。这种法规的制定考虑了当地水域实际情况,国家的管理策略以及管理方法,也可能会参考有关的国际法规和规定。所以,船舶应随时随地了解航行水域内的适用法规,并在航行中予以遵守。

《国际海上避碰规则》第十条仅就分道通航制这一指定航路形式,规定了这种航路上的航行方法、避让关系及责任等,对其他形式的指定航路上的航行问题没有涉及。

任务三　加入船舶报告系统

一、船舶报告系统概述

船舶报告系统(Vessel Reporting Systems,VRS)是通过无线电通信或其他手段提供、搜集和交换与船舶救助、交通管理、防污和天气预报有关信息的系统。

微课:
船舶报告系统概述

目前船舶报告系统主要有以船舶救助为主要目的报告系统和以船舶交通管理为主要目的的报告系统。这两个报告系统兼顾海洋、水域防污和天气预报所需信息的收集、交换和提供。

(一)以船舶救助为主要目的报告系统

以搜索救助为主要目的的船舶报告系统的具体任务是:

(1)缩短从与船舶失去联络至开始搜救活动的时间;

(2)迅速确定能及时提供救助支援的船舶;

(3)在有限区域内准确确定搜索区域;

(4)及时向无医生在船的船舶提供医疗援助或建议。

这种报告系统将被引入已经建立的全球海上遇险安全系统中,它也是船舶交通服务的一部分。显然,其主要目的是监视海难事故是否可能发生;提供避免海难事故发生的信息;在事故发生后,及时对遇难船实施搜救;保护船舶财产和船员的人命安全,防止船舶造成海洋污染。在这种系统中,船岸之间相互按一定程序和要求交换有关信息,如船舶基本参数、航行计划、船位、气象海况数据等。

岸上主管部门负责:

(1)对实施船舶报告的船舶的航迹进行标绘,跟踪船舶;

(2)按照规定的程序、时间、报告格式接受船舶的报告;

(3)对信息予以记录、处理,向船舶提供所必需的咨询。

以搜索救助为主要目的的船舶报告系统一般以较大海域为服务对象，对船舶不予限定，服务一般是免费的。现在使用的系统有美国的 AMVER、日本的 JASREP、澳大利亚的 AUSREP、新西兰的 VOLUNTORY SHIP REPORTING SYSTEM。中国的是 China Ship Reporting System，简称 CHISREP。不同的系统报告格式、报告程序、报告手段也不同，船舶在利用这些系统时应查阅相关资料。

船舶是否要利用以船舶救助为主要目的的船舶报告系统，是由船舶来确定的。

（二）以船舶交通管理为主要目的的报告系统

以船舶交通管理为主要目的报告系统一般隶属于船舶交通管理系统。其目的是收集管理水域内航行船舶的有关参数、航行计划、载货状态等信息，建立与船舶的联系，并随时进行相应的信息服务和助航服务等。在船舶交通管理系统中，船舶报告对某些船舶是强制的，船舶应严格按规定进行报告。

船舶报告系统的加入和退出都比较简单，只要其向船舶报告系统提交了航行计划报告就被视为加入，做出最终报告即被视为退出。

二、IMO 船舶报告相关规定

（一）船舶报告的标准格式

微课：
IMO规定船舶报告相关规定

IMO 在《船舶报告系统的一般原则》中提出了船舶报告应包括的项及应使用的标准格式，见表 12-3-1，IMO 所列项目有 26 项，进行船舶报告时，有些项目在各种报告中是必须要明确的，如欲参加的系统名称，即报告对象、报告种类、船名呼号等。有些项目可根据报告种类以及具体情况进行取舍，如船舶尺度（项目 U）数据在报告中报告一次即可，其他的报告中不必再行报告。

每一种报告在报告完必需项目后，再根据该类报告的要求报告其他项目的内容。使用无线电报进行报告时，项目名称可使用表的单字母符号。报告的形式可以用无线电话、电报，有些国家也可用书面报告。报告使用的语言可以是英语和当地语言，使用英语时，应尽可能使用 IMO 标准航海英语。

（二）报告的种类、程序、内容

根据 IMO 船舶报告系统文件，船舶报告分为一般报告和特殊报告。一般报告有：船位报告（PR，Position Report）；变更报告（DR，Deviation Report）；最终报告（FR，Final Report）。特殊报告有：危险货物报告（DG，Dangerous goods Report）；有害物品报告（HS，Harmful substances Report）；海洋污染报告（MP，Marine pollutants Report）；其他报告（Any other Report）。

表 12-3-1 船舶报告标准格式和要求

标准报告的项目名称		项目内容	报告的信息及格式
电报	无线电话		
A	ALPHA	船舶	船名、呼号、国籍或船站识别码
B	BRAVO	日期和时间	6 位数,前 2 位表示日期,后 4 位表示时间。当不使用 *UTC* 时,B 必须注明时区号
C	CHARLIE	船位	纬度:4 位数后跟 N/S;经度:5 位数后跟 E/W。精确到分
D	DELTA	船位	物标名称、方位(3 位数,°)、距离(n mile)
E	ECHO	真航向	真航向(3 位数,°)
F	FOXTROT	航速	航速(3 位数,kn)前 2 位表示整数,后 1 位小数
G	GOLF	上一港	上一港名称
H	HOTEL	加入系统日期、时间、地点	日期、时间表示法同 B,地点同 C 或 D
I	INDIA	目的港及预计到达时间	目的港名及日期、时间(同 B)
J	JULIET	引航员情况	说明是否有深海引航员或港内引航员在船
K	KILO	退出系统日期、时间、地点	同 H
L	LIMA	航路信息	计划航线
M	MIKE	无线电	船舶电台全称和保护频率
N	NOVEMBER	下次报告时间	同 B
O	OSCAR	当前的最大吃水	4 位数,前 2 位表示米,后 2 位表示厘米
P	PAPA	载货	货物及有关危险货物(可能对人或环境有危害)的简单描述
Q	QUEBEC	故障、缺陷、受损及受限情况	故障、缺陷、受损及受限情况的简单描述
R	ROMEO	污染或者危险货物丢失情况	污染(油类、化学品)或者危险货丢失的种类及位置(同 C 或 D)的简单描述
S	SIERRA	气象情况	当前气象、海况的简单描述
T	TANGO	船东和/或船东代表	船东和/或船东代表的名称及所要求的其他详细资料
U	UNIFORM	船舶种类和尺度	船长、船宽、吨位、船舶种类及所要求的其他资料
V	VICTOR	医务人员	医生、医生助理、护士或无医务人员
W	WHISKEY	在船人数	人数
X	XRAY	其他事项	任何其他事项、信息

1. 一般报告

(1)航行计划报告(SP,Sailing Plan)

它是船舶进入相应的报告系统区域或者在该系统区域内开始活动时做出的报告。其是船舶发送给船舶报告中心的第一份报文。航行计划报告既是船舶加入船舶报告系统的正式申请,也是船舶报告中心对船舶进行跟踪标绘的依据。

当船舶在船舶报告区域内港口并准备加入船舶报告系统时,应在离港前或接近离港时发送航行计划报告;或当船舶从非船舶报告区域进入船舶报告区域并准备加入船舶报告系统时,应在接近报告线或进入报告线后发送的报告。

航行计划报告的内容一般包括船名、船舶呼号或船舶识别码、出发日期和时间(*UTC*)、出发地点、下一停靠港、航行计划(航法和重要转向点)、航速及预计到达时间(*ETA*)和到达日期等详细情况。

例如澳大利亚的 AUSREP,航行计划报告(SP):

①从海外进入 AUSREP 区域,必须报告的内容有 A、F、G、H、K、L、M、N、V、X

AUSREP SP A. ASIA ANGEL/J8JP2 F. 12 kts G. QING DAO, P. R. CHINA H. 230900UTC 1200s 1160IE K. 251200UTC DAMPIER L. RL175 TO Pilot Station M. 9VG, VIP, XSQ (INMARSAT C 437600334) N. 0600UTC V. NO MEDIC X. PASS TO AMVER NAME/CALLSIGN CHANGED FROM DELAWARE/ELDL2 SINCE LASTREPORT

②在 AUSREP 区域内某港开往区域外某港,必须报告的内容有 A、F、H、I、K、L、M、N、V、X

AUSREP SP A. ASIA ANGEL/J8JP2 F. 12 H. 020500UTC DAMPIER I. 181600UTC TIANJIN PRC K. 040100UTC 1200s 1160IE L. RL355 TO EXIT POINT M. VIP. XSQ(INMARSAT C 43760334) N. NO MEDIC X. Nil.

③从 AUSREP 区域内的某港驶往另一港必须报告的内容有 A、F、H、I、L、M、N、V、X

AUSREP SP A. UESPERUS/BCBC F. 12 H. 212200UTC ADELAIDE I. 231400UTC M. ELBOURNE L. COADTAL DIRECT M. VIM N. 0100UTC V. NO MEDIC X. NIL.

④在 AUSREP 区域内过境必须报告的内容有 A、F、G、H、I、K、L、M、N、V、X

AUSREP SP A. UESPERUS/BCBC F. 12 G. DURBAN H. 120800UTC 3550S07500E I. SURABAYA 192000UTC K. 172330UTC 0806S 10107E. L. GC N. 0600UTC V. NO MEDIC X. PASS TO AMVER

(2)船位报告(PR,Position Report)

船位报告是由船舶发出的表示船舶当时所在位置的报告。目的:一是用于船舶报告中心更正跟踪的船位;二是表达船舶安全状态即船舶是否遇险。首次报告一般在航行计划报告后 24 h 或 48 h 做出,此后每隔 24 h 或 48 h 发送。报告内容比较少,一般只有船名、时间、船位。例如 AUSREP PR:

AUSREP PR A. ASIA ANGEL/J8JP2 B. 050200UTC C. 1657S 11628E E. 355F. 12 X. ETA NOW 060330UTC

(3)变更报告(DR,Deviation report)

这是在实际船位与已报告的预计船位相差甚远,或改变航行计划,或船长认为必要时做出的报告。其内容是当前的船位以及航行计划中改变的项目等。例如AUSREP DR:

AUSREP DR A. ASIA ANGEL/J8JP2 B. 050200UTC C. 1806S 11608E F. 8 I. P T. HEDLANG X. REDUCED SPEED DUE TO MAIN ENGINE PROBLEMS

(4)最终报告(FR,Final report)

这是船舶参加报告系统发送的最后一份报告。其是船舶到达目的地或离开报告系统覆盖区域时做出的报告,表示船舶已脱离该报告系统。船舶报告中心收到该报文后,将停止对该船舶的跟踪与标绘。最终报告的内容包括船名、船舶呼号或船舶识别码、离开本系统覆盖区域或到港的日期和时间(UTC)等。例如AUSREP FR:

①抵达某一澳大利亚港口

AUSREP FR A. ASIA ANGEL/J8JP2 K. 250330UTC DAMPIER X. FINAL REPORT.

②驶出AUSREP区域

AUSREP FR A. ASIA ANGEL/J8JP2 K. 060306UTC 1200S 11600E X. FINAL REPORT.

2. 特殊报告

(1)危险货物报告(DG,Dangerous goods report)

这是当船舶运载的危险货物在距岸200 n mile范围内因故散失,或可能散失于海上时所做出的报告。其内容包括船名、时间、船位、船舶电台呼号、载货情况、船舶损失情况、污染物情况、天气、船舶代理、船舶的参数及其他内容。

(2)有害物品报告(HS,Harmful substances report)

这是当散装的有毒液体货物(依据MARPOL 73/78附则Ⅰ)或燃油(依据MARPOL 73/78附则Ⅱ)因故散失或可能散失时做出的报告。其内容包括船名、时间、船位、航向、航速、航线信息、船舶电台呼号、下次报告时间、载货情况、船舶损坏情况、货物散失情况、天气、船舶的代理、船舶参数及其他内容。

(3)海洋污染报告(MP,Marine pollutants report)

这是国际海上危险货物运输规定中被定义为海洋污染物(MARPOL 73/78附则Ⅲ)的有害物品因故散失或可能散失时做出的报告。

其内容与危险货物报告大致相同。

(4)其他报告(Any other report)

这是按照报告系统的规定程序所必须做出的上述报告之外的任何其他报告。其内容视具体情况而定。

三、中国船舶报告系统的相关规定

船舶报告系统(China Ship Reporting System,CHISREP)是自2001年6月1日起实施的。它是GMDSS的一个重要组成部分。其任务是及时、准确地提供船舶动态

微课：
中国船舶报告系统相关规定

信息，保证船舶的航行安全，提高搜救效率，防止和控制船舶造成的海洋污染。

（一）适用区域和对象

1. 适用区域

CHISREP 的报告区域为 9°N 以北、130°E 以西的海域，但不包括其他国家的领海和内水。

2. 适用船舶

强制参加 CHISREP 的船舶有：①航行于国际航线 300 总吨及以上的中国籍船舶；②航行于中国沿海航线 1 600 总吨及以上的中国籍船舶；③自 2005 年 1 月 1 日起航行于中国沿海航线的 300 总吨及以上、1 600 总吨以下的中国籍船舶。

自愿参加 CHISREP 的船舶有：①上述航程不足 6 h 的船舶；②上述船舶以外的其他中国籍船舶；③外国籍船舶。

（二）加入方式

船舶进入 CHISREP 区域时，按照《CHISREP 船长指南》规定的格式向中国船舶报告中发送报告。

当船舶首次加入 CHISREP 时，可由船公司或其代理向中国船舶报告中心提供船舶基本概况表。

如果船舶的基本概况发生变化，船公司、代理或船舶应当将变化的情况及时向中国船舶报告中心报告。

当船舶加入 CHISREP 后，可通过下列方式发送报文：

（1）通过 CHISREP 指定的上海、广州和大连三个海岸电台发送船舶报告。

（2）如果船舶在某一个中国沿海港口，可以通过电传、传真或电子邮件的方式直接向中国船舶报告中心报告航行计划报告或最终报告。

（3）可通过 INMARSAT-A、B、C、M 地球站发往中国船舶报告中心。

（4）中国船舶报告中心也接收船公司或代理通过电子邮件或电传方式发送的集团报告。

（5）由于某种原因不能发送船位报告和最终报告的船舶，可通过他船或岸上的有关机构代为报告。

（三）CHISREP 的报告格式、种类和内容

CHISREP 共有 7 种类型，每一种报告类型由若干个按规定次序排列的报告构成。报告以 CHISREP 加报告类型的识别字母开头，以报告项 Z 结尾。这 7 种报告又可分为一般报告（航行计划报告、船位报告、变更报告、最终报告）和特殊报告（危险货物报告、有害物质报告、海洋污染物质报告）两大类。

1. 航行计划报告（SP）

船舶在离开中国沿海港口或从国外进入 CHISREP 区域时，应向中国船舶报告中心发送航行计划报告，并应遵循以下规定：

(1)在进入 CHISREP 区域的划定界限前 24 h 至进入后 2 h 之内发送；

(2)在离开任何中国沿海港口前 2 h 之内发送。

从国外进入 CHISREP 区域，并停靠中国港口或者国内两个港口之间的 SP 必报项：CHISREP SP A(船名呼号)、F(航速)、G(上一停靠港)、H(日期时间 *UTC*/进入 CHISREP 区域的船位)、I(下一停靠港及其 *ETA*)、L(计划航线信息)、M(船舶电台全称和保护频率)、Z。船舶认为必要时，可加入 E、K、N、O、S、T、U、W、X、Y 项。

从中国港口驶往外国港口的或者过境船(自国外某港口到国外某港口，其航线穿过 CHISREP 区域的船舶)SP 必报项：CHISREP SP A、F、G、H、I、K、L、M、Z。船舶认为必要时，可加入 E、N、O、S、T、U、W、X、Y 项。

2. 船位报告(PR)

船舶按照规定的时间或约定的报告时间向 CHISREP 发送船位报告，使船舶报告中心掌握足够的船舶信息。

第一份船位报告要求在最新航行计划报告后 24 h 内发出，以后每隔 24 h 或在每天约定的时间发送，但两个报告之间的时间间隔不应超过 24 h，直到抵达中国沿海港口或驶离 CHISREP 区域界线。船位报告中的信息将被 CHISREP 用来更新该船的船舶动态。

如在船位报告发送前 2 h 发送变更报告(DR)，那么下一份船位报告的发送时间应改为变更报告后 24 h。预计抵达目的港或 CHISREP 分界线的时间应当在最后一次的船位报告中得到确认。船舶改变 *ETA*，可在任何一份船位报告中更正。如船舶的航行时间小于 24 h，可不发船位报告，只要在开航时发航行计划报告并在抵港时发一份最终报告即可。

3. 变更报告(DR)

船舶发生下列情况时必须发送变更报告：

(1)船舶改变其计划航线时；

(2)船舶的实际船位偏离计划航线超过 2 h 的航程时。

4. 最终报告(FR)

当船舶抵达中国沿海港口或驶离 CHISREP 区域界线前后 2 h 内，应发送最终报告。危险货物报告(DG)、有害物质报告(HS)、海洋污染物质报告(MP)如前所述。

5. 船舶延误报告处理

(1)船舶超过规定报告时间或约定报告时间 3 h，系统将自动对该船进行预报警，提醒工作人员检查中国船舶报告中心是否已收到船舶的报告，直接与配有 INMARSAT设备的船舶进行联系并在海岸电台通报表上列出该船舶，提醒其发送报文。

(2)延时超过 6 h 的船舶，将在海岸电台通报表中，对这些船舶进行呼叫。

(3)延时超过 12 h 的船舶，将对船公司代理、经营人及可能见过该船或与该船联系过的其他船舶进行查询，核实该船是否安全。

(4)延时超过 18 h 的船舶，将在海岸电台通报表中，对这些船舶进行紧急呼叫，并在该船呼号后加 PANPAN。

  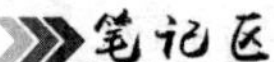

(5)延时超过24 h的船舶,船舶报告中心制定搜救方案并报指挥端站(中国海上搜救中心),由指挥端站指定海上救助协调中心(RCC)进行搜寻救助,开始搜救行动。

项目十三
使用电子海图显示与信息系统

学习目标

◆知识目标

1. 熟悉电子海图系统的主要类型与系统构成；
2. 掌握矢量海图与光栅海图的区别；
3. 熟悉有关 ECDIS 的定义与术语；
4. 了解 ECDIS 数据的主要特性。

◆能力目标

1. 掌握 ECDIS 显示特征；
2. 掌握海图数据显示等级范围与选择；
3. 掌握 ECDIS 自动与手动功能；
4. 掌握航线设计功能；
5. 掌握航路监控技术；
6. 了解航次记录、操作与回放航迹。

◆素质目标

1. 养成严谨细致的工作作风；
2. 培养航海安全意识；
3. 培养信息化航海素养。

任务一 电子海图显示与信息系统的组成

微课：
电子海图介绍

一、电子海图及其分类

随着电子计算机技术和航海技术的发展，产生了以数字形式表示的、描写海域地理信息和航海信息的电子海图以及各种电子海图应用系统。电子海图的出现，引起了水道测量领域和航海领域的一场技术革命。自 20 世纪 80 年代提出至今，海图的研究、生产和使用跨入了一个崭新的纪元，由于电子海图具有纸质海图无法替代的优势，目前在航海领域得到广泛使用。

电子海图作为一个总概念可分为两部分：一部分是电子海图数据，另一部分是基于电子海图数据的应用系统。所以，从广义角度上讲，电子海图及其应用环境组成了电子海图系统，就是通常所说的电子海图显示与信息系统（Electronic Chart Display and Information System，ECDIS）。

（一）电子海图的分类

电子海图按照制作方法可分为光栅电子海图和矢量电子海图两大类。

1. 光栅电子海图（Raster Charts，RC）

以栅格形式（也就是通常所说的图像方式，如 TIF、JPG 等格式文件）表示的数字海图，通过对纸质海图的一次性扫描，形成单一的数字信息文件，以像素点的排列反映海图的要素，依靠眼睛识别航海要素。因此，光栅电子海图被认为是纸海图的复制品，所包含的信息（如岸线、水深等）与纸海图一一对应。光栅电子海图也可与定位传感器（如 GPS）连接，但由于光栅电子海图制作原理上的局限性，光栅电子海图不能提供选择性的查询和显示功能（如查询某一海图要素特征，或隐去某类海图要素等）。光栅电子海图被称为“非智能电子海图”。

2. 矢量电子海图（Vector Charts，VC）

以矢量形式表示的数字海图。矢量海图以空间数据和属性数据所组成的矢量数据（vector data）描述海图及相关信息。海域中的每个要素是以点、线、面等几何图元的形式存储在电子海图数据文件中的，具有存储量小、显示速度快、精度高、支持智能化航海等优点。用户可查询矢量电子海图中任意图标的细节（如灯标位置、颜色、周期等），可根据需要有选择地显示不同层次的信息（如只显示小于 10 m 的水深点）。矢量电子海图与其他船舶系统结合，能提供警戒区、危险区等自动报警功能，所以矢量电子海图被称为“智能电子海图”。

目前，电子海图以矢量电子海图为主，光栅电子海图在没有矢量电子海图的海域作为补充使用。

微课：
IMO电子海图性能标准要求

(二)标准电子海图和非标准电子海图

标准电子海图就是指符合 IHO 相关标准的电子海图,分标准的光栅电子海图和矢量电子海图两种,即光栅扫描航海图和电子航海图。

光栅扫描航海图(Raster Navigational Chart,RNC),符合国际水道测量组织(IHO)《光栅航海图产品规范》(S-61)的光栅电子海图,是通过国家水道部或国家水道部授权出版的海图数字扫描而成,并与显示系统结合提供连续的自动定位功能的电子海图。

RNC 具有以下属性:

(1)由官方纸质海图复制而成;

(2)根据国际标准制作;

(3)内容的保证由发行数据的水道测量局负责;

(4)根据数字化分发的官方改正数据进行定期改正。

RNC 通常用于单一海图或海图集的一些标准中。目前世界上主要的光栅扫描航海图产品有英国水道测量局(UKHO)生产的 ARCS 和美国国家海洋及大气管理局(NOAA)生产的 RNC 等。

电子航海图(Electronic Navigational Chart,ENC)是完全符合相关国际标准的、由政府或政府授权的航道测量机构或其他相关政府机构发布的与 ECDIS 一起使用的数据库,具有标准化的内容、结构和格式。ENC 包含安全航行所需的所有海图信息,并可包含如航路指南等纸质海图上没有但安全航行所需的补充信息。

ENC 具有以下属性:

(1)内容基于主管水道测量局的原始数据或官方海图;

(2)根据国际标准进行编码和编制;

(3)基于 WGS-84 坐标系;

(4)内容的保证由发行数据的水道测量局负责;

(5)由主管水道测量局负责发行;

(6)根据数字化分发的官方改正数据进行定期改正。

通常所说的标准电子海图就是指 ENC。

非标准电子海图是指不符合标准的电子海图,以及由非官方机构按自己数据格式生产制作的电子海图数据。

在航海域常用的非标准电子海图主要有 C-Map 公司的 CM93 数据、Transas 公司的 TX97 数据和美国国家地理空间情报局(NGA)生产的数字航海图(Digital Nautical Chart,DNC)。相对于标准电子海图(ENC),非标准电子海图存在如下缺陷:

(1)不是由官方水道测量机构制作的,不能保证数据的权威性;

(2)不直接从事水道测量,不能保持数据的实时更新;

(3)通用性较差。

正是由于这些缺陷的存在,非标电子海图可能在航海安全方面给用户带来致命的安全隐患。虽然美国国家地理空间情报局(NGA)生产的数字航海图(Digital Nautical Chart,DNC)是美国官方的水道测量机构,但其产品主要覆盖美国沿海海域,在特定海域使用。美国标准的ENC主要由另一家官方水道测量机构——美国国家海洋及大气管理局(NOAA)生产制作。

(三)电子航海图和系统电子航海图

电子航海图(Electronic navigational chart,ENC)是矢量电子海图,其内容、结构和格式符合IHO S-57(3.1版)标准和规范。数字化海图数据可以像没有边界的海图那样显示,ENC由它的个别元素(objects)构成的数据库编制而成。ENC装入ECDIS后被转换成系统的内部格式SENC。ENC依据其比例尺可以作为单一海图,也可作为无边界显示的多海图浏览。ENC由各国官方或官方授权的水道测量部门或者其他的相关政府机构制作和发行。ENC是应用于ECDIS的官方电子海图,它不仅包含了所有航海安全所需的海图资料,还可能包含纸质海图以外的补充资料,如航路指南上被认为对航海安全有用的资料。

系统电子航海图(System electronic navigational chart,SENC)是ENC经过更新、补充并转换成ECDIS格式后形成的可以在ECDIS直接使用的电子海图数据库。如果把ENC看成ECDIS的基础数据,则SENC是ENC经更新的系统数据,因此SENC等效于现行版的、已改正到最新状态的海图。但无论是基础数据还是更新数据,均必须符合IHO S-57(3.1版)的标准和规范,从而使不同国家的水道测量机制作的ENC可以在各个符合IHO要求的ECDIS上准确有效地使用。

SENC中包含了所有ENC信息,其与ENC关系如图13-1-1所示:

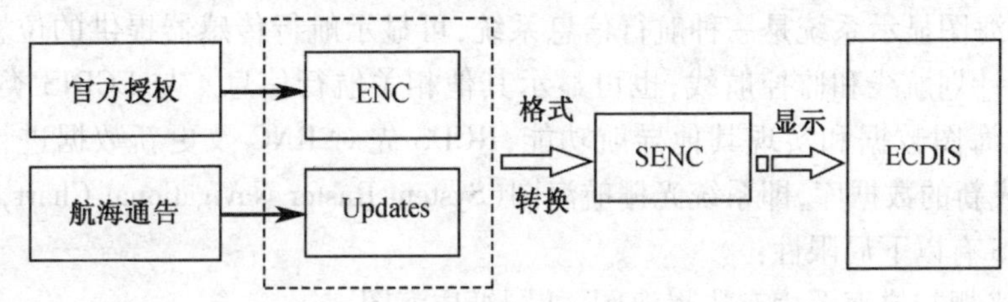

图13-1-1　ENC、SENC、ECDIS关系图

二、电子海图应用系统

电子海图,无论是矢量电子海图还是光栅电子海图,都只是将海上空间信息按照数据的方式进行组织和存储而形成的数据文件,无法单独使用。电子海图需要与计算机、通导设备和应用系统软件等相结合,实现信息显示、船位标绘、航线设计等导航功能。

电子海图应用系统是指接收并显示电子海图数据,提供一定功能的软件或设备(包括软件和硬件)。电子海图应用系统的种类很多,目前主要有电子海图显示与信息系统(ECDIS)、电子海图系统(ECS)和光栅海图显示系统(RCDS)。

(一)电子海图显示与信息系统

电子海图显示与信息系统(Electronic Chart Display and Information System,

微课：
电子海图的功能和优点

ECDIS)是指一种有足够备用装置，符合经修正的1974年SOLAS公约第V/19条和第V/27条要求的最新海图的航行信息系统，可有选择地显示系统电子航海图(SENC)信息及航行传感器的位置信息，帮助用户进行航线设计和航行监控，以及显示其他相关航行信息。

ENC是唯一可以合法地用于ECDIS上的电子海图数据库。目前IMO允许ECDIS设备工作于两种模式：一种为ECDIS模式，使用ENC数据；另一种是当没有ENC数据时，工作于光栅海图显示系统(Raster Chart Display System，RCDS)的模式。

(二)电子海图系统(Electronic Chart System，ECS)

ECS是用来显示非官方矢量电子海图或光栅电子海图数据库的海图显示系统，但是它不必符合IMO、IHO和IEC的有关国际标准，主要用于小型船舶导航。ECS的基本功能与ECDIS类似，但在硬件和软件方面可根据用户的需要灵活设计。

ECDIS与ECS的区别在于，ECDIS必须严格符合IMO、IHO和IEC的有关国际标准，并且得到有关组织的认证，其可靠性高、性能稳定，能够满足SOLAS公约的要求。ECS相对来说更加灵活，它不必严格符合有关国际标准，可根据用户的需要灵活设计功能，但其产品可靠性不如ECDIS。对于适用SOLAS公约的船舶最好使用ECDIS，对于那些小型船舶可根据需要选用适合的ECS。

(三)光栅海图显示系统(Raster Chart Display System，RCDS)

光栅海图显示系统是一种航行信息系统，可显示航行传感器提供的位置信息来帮助用户计划航线和监控航线，也可显示其他相关航行信息。与ECDIS类似，为了快速显示海图数据和实现其他导航功能，RCDS先对RNC及更新数据进行格式转化，再生成新的数据库，即系统光栅航海图(System Raster Navigational Chart，SRNC)。

RCDS有以下局限性：

(1)光栅扫描海图为有边界海图，如同纸质海图；

(2)光栅扫描海图不能启动诸如防止搁浅的自动报警功能，但可以由用户加入信息的方式产生某些报警功能(如船舶的安全等深线、孤立危险物等)；

(3)海图基准面和投影可能与ENC不同；

(4)海图上的特征不能被简化或移除以满足某些特定航行要求，如雷达信息的叠加；

(5)光栅扫描海图应以其纸质海图的比例尺显示，过分地放大或缩小会严重降低RCDS的性能；

(6)RCDS的海图变向显示会影响海图资料的读取；

(7)不能对海图物标的附加信息进行选择性查询；

(8)不能设置和高亮度显示安全等深线或水深；

(9)基于光栅扫描海图，不同的颜色可能用于显示类似的海图信息，也可能出现白天和夜间颜色的不同。

三、电子海图系统相关标准

(一)ECDIS 相关国际标准

目前,ECDIS 相关国际标准主要有五个:IMO ECDIS 性能标准;IHO S-52,即 ECDIS 的海图内容和显示规范;IHO S-57,即数字化水道测量数据传输标准;IHO S-63,即数据保护方案;国际电工委员会(International Electrotechnical Commission,IEC)的 IEC 61174,即硬件设备性能和测试标准。此外,IHO 也制定了一些关于电子海图其他方面的配套标准。

1. IMO ECDIS 性能标准

1995 年 11 月,IMO 第 19 届大会正式通过 A. 817(19)号决议"IMO ECDIS 性能标准"。2006 年 12 月 5 日通过经修订的电子海图显示和信息系统(ECDIS)性能标准的 IMO MSC. 232(82)决议以确保此种设备的操作可靠性,改进了先前的 A. 817(19)决议所提出的 ECDIS 性能标准,使之成为现行的"IMO ECDIS 性能标准",俗称 IMO PS。

IMO ECDIS 性能标准给出了 ECDIS 的定义、适用范围、提供和更新海图信息、操作和功能要求、比例尺、其他航行信息的显示、显示模式和邻近区域的生成、颜色和符号、显示要求、航线设计、航路监控和航程记录、计算和精度、性能试验、故障报警和指示、备用装置、与其他设备连接、电源等内容。

该标准有 7 个附件:

附件 1:制定标准时所参照的其他标准。

附件 2:ECDIS 在航线设计和航路监控过程中可显示的海图信息分类。

附件 3:ECDIS 中所使用的航行要素和参数的术语及其缩写。

附件 4:ECDIS 在航线设计和航路监控过程中应自动检测到的特殊地理区域。

附件 5:ECDIS 的报警及指示的形式和内容。

附件 6:对 ECDIS 备用装置的要求。

附件 7:RCDS 操作模式的相关要求。

MSC. 232(82)建议各国政府确保:

(1)在 2009 年 1 月 1 日及以后安装的 ECDIS 设备,符合不低于本决议附件所规定的性能标准;

(2)1996 年 1 月 1 至 2009 年 1 月 1 日期间安装的 ECDIS 设备,符合不低于经 MSC. 64(67)决议和 MSC. 86(70)决议修正的 A. 817(19)决议附件所规定的性能标准。

2. IHO 关于 ECDIS 的相关标准

IHO 一直致力于有关海图与航海出版物规范、海图符号规格及其显示等方面的标准化工作。目前 IHO 制定的关于 ECDIS 的标准主要包括:

(1)IHO S-52,是 IHO 关于电子海图的内容和 ECDIS 显示方面的标准(IHO Specifications for Chart Content and Display Aspects of ECDIS),现行版本为 2010 年 3

月第6版。该标准规范了ECDIS显示ENC信息时的方式,包括颜色、符号样式、线型等一系列问题,保证不同厂商生产的ECDIS显示海图信息的方式、基本海图功能都是一致的,利于用户识读。

该标准有三个附件和一个附录:

附件A:IHO ECDIS表示库。

附件B:颜色显示初始校准程序。

附件C:显示标准的维护程序。

附录1:电子航海图更新指南。

(2)IHO S-57,是IHO关于数字化水道测量数据即电子海图数据的传输标准(IHO Transfer Standard for Digital Hydrographic Data),现行版为2000年11月第3.1版。

该标准描述了用于各国航道部门之间的数字化水道测量数据的交换以及向用户、ECDIS的生产商发布此类数据的标准。该标准是具有法律效力的矢量形式电子航海图的数据交换和传输标准。该标准内容主要包括两部分以及两个附件:

第一部分:一般性介绍。

第二部分:理论数据模型。

附件A:IHO物标目录(物标分类和编码系统)。

附件B:产品规范(电子航海图产品规范、IHO物标目录数据字典产品规范)。

(3)IHO S-63是IHO关于数据保护方案的标准(IHO Data Protection scheme),现行版为2008年3月第1.1版。

该标准主要用于规范电子海图数据的分发与服务,包括防盗版、防伪造、选择性存取、数据制作者一致性和原始设备制造商(OEM)一致性等条款,是安全结构与操作规程的推荐性标准,使用对象为数据发行机构(如国家水道测量部门)、ECDIS/ECS设备制造厂商和最终用户。

除上述标准外,IHO还制定通过了其他与电子海图数据或应用系统有关的标准。

S-58《ENC有效性检验推荐标准》(Recommended ENC Validation Checks):ENC生产中质量控制的参考标准,现行版为2011年2月第4.2.0版。

S-60《WGS84坐标变换用户手册》(User's Handbook on Datum Transformations involving WGS 84):介绍了各坐标系转换到WCS-84坐标系的修正值和公式,现行版为2003年7月第3版,2008年8月进行了修正。

S-61《光栅航海图产品规范》(Product Specifications for Raster Navigational Charts):是RNC制作的主要标准,现行版为1999年1月第1版。

S-62《ENC生产商代码》(ENC Producer codes):给出了全球官方的ENC生产商,现行版为2009年12月第2.5版。

S-64《IHO ECDIS测试数据集》(IHO Test Data Sets ECDIS):用于ECDIS测试,现行版为2008年12月第1.1版。

S-65《ENC生产指导》(ENC Production Guidance):用于ENC生产,现行版为2009年10月第1.2版。

S-66《电子海图及配备要求》(Facts about Electronic Charts and Carriage Requirements):介绍了关于电子海图的基本知识和配备要求,现行版为2010年1月第1.0.0版。

3. IEC 的相关标准

国际电工委员会发布的 IEC 61174《海上导航和无线电通信设备及系统电子海图显示与信息系统(ECDIS)操作要求和性能要求、测试方法和要求》[Maritime navigation and radio-communication equipment and systems—Electronic chart display and information system(ECDIS)—Operational and performance requirements, methods of testing and required test results]现行标准为2008年9月发布的第3.0版。

该标准描述了 ECDIS 的性能测试方法和要求的测试结果。任何厂家生产的 ECDIS 系统必须按该标准经严格测试并达到标准要求的结果,才能被官方认可投入市场。因此,通过该标准的测试是 ECDIS 合法地成为船用设备的基础。符合该标准的 ECDIS 得到了类型认可(Type-approved)后,才可合法地成为船用设备。

(二)我国关于船载电子海图系统(ECS)的功能、性能和测试要求

中国交通部海事局在参考相关国际标准的基础上,于2010年初颁发了《国内航行船舶船载电子海图系统(ECS)功能、性能和测试要求(暂行)》,规定了船载电子海图系统(ECS)的功能、性能技术要求、相应的试验方法和要求的检验结果。

该要求指出,ECS 可作为中国国内航行船舶的主要导航手段。当 ECS 作为主要的导航手段时,为确保 ECS 失效时的航行安全,船舶应做出足够的备用装置。

该要求将 ECS 分为 A、B、C 三类,其中"A"类 ECS 可作为国内航行船舶的主要导航手段,也可作为 ECDIS 设备的备用装置,但需符合 MSC. 232(82)附录6和 IEC 61174 的要求;"B"类 ECS 可用于未要求配备"A"类 ECS 的国内航行船舶,并可作为其导航手段;"C"类型 ECS 适用于辅助导航,用于船位标绘和监视。对三类 ECS 的最低性能标准和测试要求分别做了详细规定,规定了电子导航的一般要求及导航显示器上导航相关信息的显示,规定了 ECS 工作和性能要求,包括海图信息、位置监视、航线设计、航行监视、航行记录、计算和精度、接口。

中国交通部海事局组织制定了《国内航行船舶船载电子海图系统和自动识别系统设备管理规定》,结合实际状况,分阶段制定了沿海和内河船舶配备设备时间表;组织制定了《国内航行船舶船载电子海图系统和自动识别系统设备检验指南》,指导船舶检验单位实施设备检验;组织修订了《国内航行海船法定检验技术规则》和《内河航行船舶法定检验技术规则》,将船载 ECS 和 AIS 设备的配备纳入船检规范。2012年中国船级社发布了《电子海图显示与信息系统(ECDIS)检验指南》指导性文件。

《国内航行船舶船载电子海图系统和自动识别系统设备管理规定》规定中国海事局负责船载电子海图系统的统一管理、类型认可(也称型式认可)和产品检验管理;各地海事管理机构负责对船舶配备船载电子海图系统实施监督检查;各船检机构负责设备配备及安装情况的检验。中国籍国内航行船舶配备的船载电子海图系统设备应符合《国内航行船舶船载电子海图系统(ECS)功能、性能和测试要求(暂行)》中的 A 级设备要求。

微课：
电子海图系统的构成

四、电子海图显示与信息系统的组成

电子海图显示与信息系统主要由硬件和软件两大部分构成。它是集软件、硬件、海图信息数据库、更新信息数据库为一体的综合设备，为了实现其更强大的航海功能，众多的外界设备参与其中进行数据交换。基本结构网络如图 13-1-2 所示：

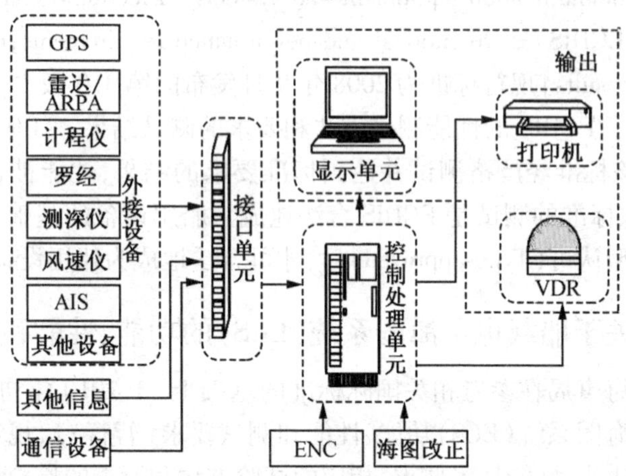

图 13-1-2　ECDIS 组成结构

（一）系统硬件组成

ECDIS 实质上是一个具有高性能的内、外部接口符合 IHO S-52 标准要求的船用计算机系统。系统的中心是高速中央处理器和大容量的内部和外部存储器。外部存储器存储容量应保证能够容纳整个 ENC、ENC 更新数据和 SENC。

中央处理器、内存和显存容量应保证显示一幅电子海图所需时间不超过 5 s，当然由于计算机硬件技术的迅速发展，加上对 SENC 的合理通信设备设计，目前各厂商都能实现在 1 s 内完成一幅电子海图的显示。

图形显示器用于显示电子海图，其尺寸、颜色和分辨率应符合 IHO S-52 的最低要求，即画面最小尺寸应为 350 mm × 270 mm，不少于 64 种颜色，像素尺寸小于 0. 3 mm。在进行航路监视时显示海图的有效尺寸至少应为 270 mm × 270 mm。

文本显示器用于显示航行警告、航路指南、航标表等航海咨询信息，其尺寸应不小于 14 in，支持 24 × 80 字符显示。事实上，当前的 ECDIS 大多采用在图形显示器上以开窗方式显示相关的文本信息。

内部接口应包括图形卡、语音卡、硬盘和光盘控制卡等。以光盘或软盘为载体的 ENC 及其改正数据，以及用于测试 ECDIS 性能的测试数据集可通过内部接口直接录入硬盘，船舶驾驶员在电子海图上所进行的一些手工标绘、注记，以及电子海图的手动改正数据的输入等可通过键盘和鼠标实现。同喇叭相连接的声卡，用以实现语音报警。

利用打印机可实现电子海图和航行状态的硬拷贝，以便事后分析。VDR 按国际海事组织的要求记录航行数据。

外部接口一般是含有 CPU 的智能接口，保证从外部传感器（包括 GPS、罗经、雷达/ARPA、AIS、计程仪、测深仪、风速风向仪、自动舵等设备）接收信息，并按照一定的调度策略向主机发送信息。

通过船用通信设备不仅自动接收 ENC 的改正数据，实现电子海图的自动改正，而且还可接收诸如气象预报数据等其他信息。

（二）系统软件组成

ECDIS 软件是 ECDIS 系统的核心，该软件需要包括以下基本功能模块：

海图信息处理软件由 ENC 向 SENC 转换的软件、电子海图自动和手动改正软件、海图符号库的管理软件、航海咨询信息的管理软件、电子海图库的管理软件、海图要素分类及编码系统的管理软件、用户数据的管理软件等组成。

电子海图显示系统软件由电子海图合成软件（给定显示区域、比例尺和投影方式，搜索合适的海图数据，并进行投影和裁剪计算，生成图形文件）、电子海图显示软件（根据图形文件调用符号库，在屏幕上绘制海图）、电子海图上要素的搜索软件、航海咨询信息的显示软件等组成。

计划航线设计软件，在电子海图上手工绘制和修改计划航线、计划航线有效性检查、经验（推荐）航线库的管理、航行计划列表的生成（每段航线的距离、航速、航向、航行时间等）。

传感器接口模块是与外部设备（如 GPS、雷达/ARPA、AIS、罗经、计程仪、测深仪、风速风向仪、卫星船站、自动舵等）连接的接口软件，以及从这些传感器所读取的信息的调度和综合处理软件。

航线监控软件计算船舶偏离计划航线的距离、检测航行前方的危险物和浅水域、危险指示和报警等。

航行记录模块用于记录船舶航行过程中所使用的海图的详细信息以及航行要素，实现类似“黑匣子”的功能。

航海问题的求解软件用于船位推算、恒向线和大圆航法计算、距离和方位计算、陆标定位计算、大地问题正反解计算、不同大地坐标系之间的换算、船舶避碰要素（*CPA*、*TCPA*）计算等。

五、ECDIS 替代纸质海图的条件

（一）SOLAS 公约关于海图配备要求

《国际海上人命安全公约》（SOLAS 公约）第Ⅴ章第 2 条规定海图或航海出版物系指专用的图或书，或支持这种图或书的经特殊编辑的数据库，由政府主管当局、经授权的水文局或其他相关的政府机构正式颁布，以满足航海要求。

SOLAS 公约第Ⅴ章第 2 条有关水文服务规定：

（1）各缔约国政府承担义务，安排水文资料的收集和编制，并且出版、传播以及不断更新为安全航行所必需的所有航海资料。

(2)各缔约国政府承担义务尽可能进行合作,以最适合于助航目的的方式进行下列导航和水文服务:

①确保尽可能按安全航行的要求进行水文勘测。

②编制和发布海图、航行指南、灯标表、潮汐表和其他航海出版物(如适用)以满足安全航行的需要。

③向航海者颁布通告以使海图和航海出版物尽可能及时更新。

④提供数据管理安排以支持这些服务。

(3)各缔约国政府承担义务,确保尽最大可能统一海图和航海出版物,并且无论何时都要考虑到有关的国际决议和建议。

(4)各缔约国政府承担义务尽最大限度协调其活动,确保在全球范围内尽可能及时、可靠并明确地提供水文和航行资料。

SOLAS 公约的第Ⅴ章第 18 条关于航行系统和设备以及航行数据记录仪的认可、检验和性能标准规定:

(1)需满足本章第 19 条和第 20 条要求的系统和设备应为主管机关认可的型式。

(2)2002 年 7 月 1 日及以后安装的,适用第 19 条和第 20 条的功能要求的系统和设备,包括相关的备用装置,其性能标准应不低于本组织通过的性能标准。

(3)2002 年 7 月 1 日以前建造的船舶更换或增加系统和设备时,其系统和设备应在合理和可行的范围内符合本条(2)的要求。

(4)在本组织通过相关的性能标准之前安装的系统和设备,主管机关在充分考虑了本组织通过的建议衡准后,可以对其免除完全符合这种标准的要求。但是,对于视为满足 19.2.1.4 条之海图配备要求的电子海图显示与信息系统(ECDIS),该系统所达到的相关性能标准应不低于本组织所通过且在其安装之日有效的性能标准;或者,对于 1999 年 1 月 1 日以前安装的系统,应不低于本组织在 1995 年 11 月 23 日通过的性能标准。

SOLAS 公约第Ⅴ章第 19 条关于船载航行系统和设备的配备要求规定所有船舶,不论其尺度大小,均应设有:

(1)海图和航海出版物,用于计划和显示船舶预定航程的航线以及标绘和监视整个航程的船位;电子海图显示与信息系统(ECDIS)可视为满足本节的海图配备要求。

(2)满足上述功能要求的备用装置,若该功能全部或部分由电子装置完成。

SOLAS 公约第Ⅴ章第 27 条海图和航海出版物中规定海图和航海出版物,如航路指南、灯标表、航海通告、潮汐表,以及预定航程所需的所有其他航海出版物均应充足并保持更新。

(二)电子海图取代纸质海图的条件

ECDIS 的性能标准、海图显示规范、数据标准、硬件设备标准的建立为 ECDIS 的合法化和实用化铺平了道路,标志着 ECDIS 取代纸质海图的时代来临。

如果 ECDIS 满足以下条件,可认为符合 SOLAS 公约第Ⅴ章海图配备方面相关要求，即可取代传统纸质海图。

(1)ECDIS 需符合 IEC 61174 标准，并通过有关机构的类型认可；

(2)ECDIS 需使用改正至最新的官方 ENC(由官方水道测量部门提供并符合 IHO S-57 标准，具体内容、显示方式，以及颜色和符号的使用等要符合 IHO S-52 规范)；

(3)配备适当的备用装置。

(三)备用装置

《ECDIS 性能标准》要求，船舶应提供适当的、独立于 ECDIS 的备用装置(Back-up Arrangement)(其性能可以低于 ECDIS，但能够进行基本的海图显示、航线设计、航线监控、航行记录、本船状态显示和所有的航行报警)，以确保在 ECDIS 发生故障时能够利用备用装置继续保持安全航行，即一旦 ECDIS 失灵，船舶还有一套可以确保剩余航程航行安全的系统。

《ECDIS 性能标准》附则 6 对 ECDIS 备用装置提出总体要求，列出了备用装置的必需功能，主要包括：

(1)能以海图形式显示水道测量和地理环境的相关信息。

(2)能接管原先在 ECDIS 上的航线设计，并能手动或通过航线设计设备传输来调整计划航线；能接管原先由 ECDIS 进行的航行监控；能自动或在海图上手动标绘本船船位和对应的船时；可在海图上显示计划航线，量取航向、距离和方位，标绘经纬度、方位位置线、距离位置线。

(3)如果备用装置为电子设备，则至少能显示 ECDIS 的标准显示模式下的信息。

(4)整个航次的海图信息应该使用最新的官方版本，并改正到最新；应不能改变电子海图信息的内容；应显示海图或海图数据的版本和发布日期。

(5)如果备用装置为电子设备，当信息以比数据库中的比例更大的比例显示，或覆盖本船船位的海图比例尺大于系统提供的比例尺时，应能提供指示。

(6)雷达和其他航行信息的叠加应符合相关要求。

(7)应能记录船舶航迹，包括船位和相应船时。

(8)在主要环境条件和正常操作条件下备用装置应能提供可靠的操作。

对上述功能的解释和定义，以及采用何种技术方案进行适当的备份，仍有待于各国海事主管机关进一步研究和明确。

备用装置方案需满足备份要求的选择方案有以下几种：

(1)另外一部使用独立电源和独立 GPS 位置传感器的 ECDIS；

(2)满足整个航次所需的改正到最新的最新版纸质海图；

(3)另外一部使用 RCDS 模式的 ECDIS；

(4)一部基于雷达的、符合 IMO“海图－雷达”性能标准的“海图－雷达”系统。

怎样才能具备 ECDIS 的“足够有效”的备用装置，最终由各国海事局来决定。在使用电子海图系统时，船舶应向船旗国的海事主管机关咨询，并应获得相应的确认文件。一些国家要求本国国籍的船舶配备几种类型的 ECDIS 备用装置；而有的国家则要求某种特定类型的备用装置。港口国也会提供相应的服务(如提供 ENC 数据和更新),使 ECDIS 在本国的水域里正常使用。在实际应用中,很多船舶购置两个完全相同的 ECDIS 互为备份,驾驶员无须掌握另外的特殊操作。

任务二 系统数据与显示

数据是电子海图系统的核心,ECDIS 数据来自 ENC 数据。但 ECDIS 将 ENC 数据首先转换成 SENC 数据格式,同时通过适当方法改正 ENC,并且由航海人员输入其他航海信息,包括航线设计使用的点、线和区域以及 ECDIS 图库和文本注记信息。SENC 供 ECDIS 显示存取以及完成其他航海功能。因此,ECDIS 直接读取和显示的数据库是 SENC。

一、ENC 的生成

首先各成员方水道测量组织将电子海图数据库生成的 ENC 数据递交给相应的 ENC 区域协调中心;ENC 区域协调中心将各成员国的 ENC 数据汇编成该区域数据库,再生成可分发的 ENC,交由相应分发机构进行分发;ECDIS 将所需的 ENC 和改正信息综合到 SENC,使显示设备读取和显示电子海图。ENC 的生成过程如图 13-2-1 所示。

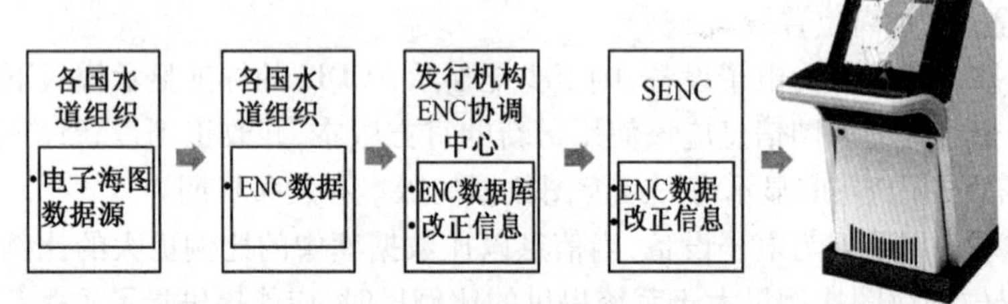

图 13-2-1 ENC 的生成过程

电子航海图(ENC)是采用矢量化的方式制作的,将海图上的等高线、岸线、水深点、灯标、障碍物、分道通航区等海图信息进行矢量化,得到经纬度,连同其属性,按类别存储到计算机数据库,全世界各海区信息不重叠。当需要显示某一个海区的海图时计算机根据给定的经纬度范围,从该数据库中提取相应信息,创建海图。

纸质海图以张为计量单位,而 ENC 数据则以单元(cell)为计量单位。单元是某地理区域的 ENC 数据分发的基本单位。每个 ENC 单元的数据以专用单元名(文件名)单独存储,数据文件不超过 5 MB。文件名由 8 位字母和数字构成,如 CN611020.000,其中,前 2 位“CN”代表生产商,CN 表示中国、FR 表示法国、GB 表示英国(具体的生产商编码列表可以参见 IHO S-62);第 3 位“5”为比例尺数字代码(范围为 1 ~ 6),如表 13-2-1 所示,代表按比例尺划分的不同航行用途;第 4 位至第 8 位“11020”代表图号,是海图单元识别码,可以是数字或大写字母;小数点后为数据文件后缀名,代表海图版本,000 为数据原始版本,改正数据文件在 000 基础上依次增加,如

CN611020.020 表示第 20 次改正，最大可达到 999 次。

电子海图的比例尺分编辑比例尺（Compilation scale）和显示比例尺（Display scale）。编辑比例尺是指为满足 IHO 关于海图精度的要求而由相关水道测量组织在数据最初编辑阶段时建立的比例尺，也称为原始比例尺。表 13-2-1 中的比例尺即为编辑比例尺。显示比例尺为两点间的显示距离与其实际距离的比值。因此，对于某一单元海图而言，编辑比例尺是固定的，而显示比例尺可在显示时改变。

表 13-2-1　海图类型和比例尺范围

代码	用途	名称	比例尺范围
1	概览（Overview）	总图	<1:1 499 999
2	大洋航行（General）	远洋航行图	1:350 000 ~ 1:1 499 999
3	沿海航行（Coastal）	近海航行图	1:90 000 ~ 1:349 999
4	近海航行（Approach）	沿岸航行图	1:22 000 ~ 1:89 999
5	港内航行（Harbour）	港湾图	1:4 000 ~ 1:21 999
6	靠离码头（Berthing）	码头图	>1:4 000

二、数据检验

为了保证标准数据模型中的所有目标均被正确处理，在 S-57 数据正式交付使用之前，必须检验海图数据质量是否符合相关标准。国际标准海图数据的质量检验是海图出版发行的合法化、规范化的重要保证。为此，IHO 发布了 ENC 有效性检验的推荐标准 S-58。

三、数据加密

ENC 在交换和传输过程中的安全性和完整性涉及版权和航行安全，是数据提供商和数据用户共同关注的问题。为了防止传输中 ENC 被损坏、修改和非法复制，需要建立一套有效的 ENC 数据保护方案。

S-63 是一种数据加密方式，其采用动态的 CELL KEY，每次发布更新文件，都采用新的 CELL KEY，大大加强了数据的安全性。即使有人破解旧的 S-63 数据，但还需重新破解。S-63 加密方式可以保证数据的安全，保护版权。

S-63 标准有四类参与者，分别为系统管理员、数据服务商、设备制造商、ECDIS 用户。该电子海图数据保护系统是在上述的四个成员之间相互合作，相互鉴别、认证的情况下进行的，采用数字证书和数字签名的现代加密技术，从而达到电子海图数据的完整性和安全性。

每个模块之间的交互依靠互联网络、电话、E-mail 等现代化手段，但是，目前数据服务商模块和 ECDIS 用户交互 ENC 数据主要采用 CD-ROM 光盘的形式，随着S-63标准的实施，网络交互将会成为主导方式。

按照 S-63 标准的内容，将该保护系统的流程分为以下四个阶段：

(1)系统成员加入该保护系统的资格认证；

(2)数据服务商对 NEC 数据加以保护，并且通过网络或者光盘进行发布；

(3)设备制造商生产满足 S-63 标准的 EPS 系统；

(4)ECDIS 用户获得经过数据服务商处理的 ENC 数据，利用 EPS 系统对 ENC 数据进行处理，转化成 SNEC，更新 ECDIS。

四、ENC 的内容

ENC 至少应包含现有纸海图上所描述的与航海有关的全部信息。ENC 中的信息使用 IHOS-57 给出的编码方法和数据格式来描述。ENC 产品应符合 S-57 附录B.1 给出的《ENC 产品规范》的要求。在电子海图上，当用户将光标定位到自己感兴趣的要素上并点击之后，ECDIS 应将该要素的全部描述信息(包括地理坐标及特征)提供给用户。某些单独出版的航海资料(如航路指南、航标表等)所包含的文本类信息也可编入 ENC。ENC 的内容应至少包含以下因素：

(1)控制点、高程点、陆地方位物；

(2)海岸、岛屿；

(3)陆地地貌、水系、道路、境界、桥梁、涵闸、管线；

(4)居民区；

(5)港口设施、近海设施；

(6)干出滩；

(7)水深、等深线、底质；

(8)航行障碍物；

(9)助航设施；

(10)航道、锚地、各种海区界线；

(11)海流与潮汐；

(12)对景图、观景点、磁差；

(13)各种地名、专有名称标记、说明标记；

(14)地理坐标网及标记、图解比例尺。

一些纸质海图所特有的信息，如图廓注记、罗经花、资料索引图等不含在 ENC 内。当然，用户在特定的航行条件下可能不需要显示 ENC 的全部信息，ECDIS 应提供有选择地显示海图信息的功能。

五、数据显示

由于电子屏幕尺寸的局限性、信息的多样性、电子海图显示比例尺放大与缩小显示控制等，使得显示在电子屏幕上的信息可能会出现杂乱无章、无法辨别的状况。因此，表示库对电子海图信息分成三个不同的层次进行分类显示控制，称为分层显示，以便船员对海图信息的筛选，从而实现在保证航行安全的基础上保持显示界面的良好。IMO ECDIS 性能标准规定 ECDIS 应能显示所有的 SENC 信息，并将在航线设计和航路监控时显示的 SENC 信息分为 3 种类型:基础显示、标准显示和所有其他信息。ECDIS 显示信息构成如图 13-2-2 所示。

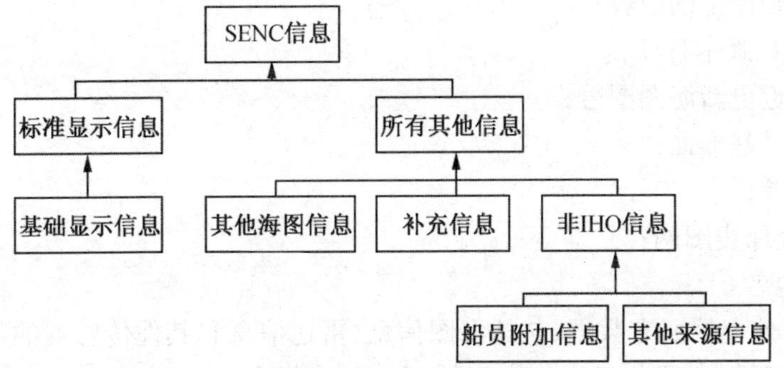

图 13-2-2 ECDIS 显示的所有信息组成

基础显示(Display Base)是指不能从显示中消除的海图内容,由任何时候、任何地域、任何条件下均必需的信息构成。

基础显示信息并非足以保证安全航行的信息,基础显示的信息包括:

(1)海岸线(高潮潮位);

(2)本船的安全等深线;

(3)安全等深线所定义的安全水域内的水下孤立危险物,其水下深度小于安全等深线;

(4)安全等深线所定义的安全水域内的孤立危险物,如固定结构和架空电缆等;

(5)比例尺、范围、指北符号;

(6)深度和高程单位;

(7)显示模式。

标准显示(Standard Display)是在进行航线设计和航路监控时至少应使用的显示模式。标准显示的信息包括:

(1)基础显示信息;

(2)干出线;

(3)浮标、立标、其他助航标志及固定结构;

(4)航道、海峡等的边界;

(5)视觉和雷达显著物标;

(6)禁航区和限制区域;

(7)海图比例尺边界;

(8)警告注记的指示;

(9)船舶定线系统和渡轮航线;

(10)群岛海上航路。

所有其他信息(All Other Information),是指系统默认不显示,用户可根据需要决定显示或不显示的信息。例如:

(1)水深点;

(2)海底电缆和管线;

(3)所有孤立危险物的详细信息;

(4)助航标志的详细信息;

(5)警告标记的内容;

(6)ENC 版本日期;

(7)最近更新海图图号;

(8)测量基准面;

(9)磁差;

(10)经纬线图网;

(11)地名。

ECDIS 处理的所有数据,包括海图信息、雷达信息和其他传感器的数据,都按照 S-52 进行了数据分层与显示优先级管理。S-52 规定,ECDIS 应将数据至少分成 10 个优先处理等级,级内可以分为多层信息,1 层内可分为多种要素,分级信息如下:

(1)ECDIS 视觉警告/指示(如坐标系、深度基准面异常警告、显示比例大于或小于 ENC 原始比例尺的警告)。

(2)水道测量组织(IHO)数据:点、线、面及正式改正数据。

(3)手动输入的航海通告和无线电航海警告。

(4)ENC 警告(海图上的警告和注意信息)。

(5)IHO 的颜色填充区域数据。

(6)根据用户要求显示的 IHO 数据。

(7)雷达信息。

(8)用户数据(用户在电子海图上做的标注):点、线、面。

(9)ECDIS 制造商的数据:点、线、面。

(10)用户的颜色填充区域数据。

在显示过程中,如果信息空间重复,应优先保证高级别信息清晰且被完全显示,低级别信息不能覆盖高级别信息。雷达信息应具有显示/关闭控制开关。上述优先级顺序并不是指绘图时的优先顺序,如颜色填充要在点线之前绘出。

六、系统电子航海图

ENC 不是存储、操作或准备数据的最有效方法。各 ECDIS 系统生产商都将 ENC 转化为自己的存储格式或数据结构,而使其系统满足相应的性能要求,由此产生的数据库,即系统电子航海图(SENC)。由此可见,ECDIS 的信息基础是 SENC。ECDIS 功能的强弱、运行速度和工作效率取决于 SENC 的内容、结构和数据文件格式。SENC 的设计是 ECDIS 研制的关键技术,它的建立是 ECDIS 的研制者所面临的首要任务。

(1)SENC 需符合 IHO S-57 标准和 IMO ECDIS 性能标准要求。

ECDIS 使用的海图信息应是由水道测量权威部门提供的符合 IHO 标准的最新信息;ECDIS 应能够接受符合 IHO 标准的正式的 ENC 改正数据。该性能标准规定了 ECDIS 的研制者在设计 SENC 时,须考虑 IHO S-57 标准的要求,使其从内容上能够完整体现和表示 S-57 格式的 ENC 所描述的信息。

(2)SENC 还需支持 IMO ECDIS 性能标准。

SENC 设计的一个重要原则就是要快速、高效地支持 IMO ECDIS 性能标准规定的 ECDIS 的各项功能。因此,性能标准要求 SENC 信息可分为三类,即基础显示、标准显示和其他信息;其目的是保持 ECDIS 屏幕上的信息清晰,使用户能根据海图要素的属性信息和用户输入的安全等深线及安全水深,对 SENC 中的信息进行分类,以便在海图显示时减少信息筛选所需的时间,提高显示速度。

(3)SENC 还需支持 IHO S-52 标准。

符合 IHOS-52 标准是对电子海图显示的基本要求。在设计 SENC 时必须考虑使数据的组织支持该标准。例如,为了使 ECDIS 屏幕上的信息能够按照预期的叠盖次序显示(点状物标和线状物标可以叠盖在区域状物标上,重要物标可以叠盖在次要物标上),必须为每类信息规定显示优先级,即必须将 SENC 中的每类信息按照优先级顺序排序,以便于电子海图的显示。IHO S-52 标准所推荐的表示库将显示优先级分为 10 级。

七、数据的可信度

ECDIS 的可靠性建立在数据的质量上,数据的质量依赖于数据测量精度、数据制作精度、数据覆盖范围、数据是否完整以及是否更新等。ENC 数据可信程度与原始数据的提供者、ENC 发行机构和分发机构、ECDIS 制造商和用户有关。

1. 原始数据提供者——水道测量局

(1)水道测量局所提供的 ENC 数据更新信息应使发行机构能清晰地辨认出该条信息所反映的变化,能适用于所有比例尺和各种航海需要。

(2)涉及 ENC 改正信息准备与分发的所有部门均应使改正信息从发布无线电航海警告到发布航海通告的时间间隔不超过 42 天。现有的数字化技术和电信技术完全有可能使这一时间间隔大大缩短。

(3)对影响到边界区域的更新信息的内容和提交方式,由相邻辖区的水道测量局相互协调。各水道测量局应建立适当的质量管理机制,以保证 ENC 更新信息的搜集、管理和分发。

(4)鉴于越来越多的海员将非水道测量机构提供的如海岸无线电警告、地方性航海通告/船运通告等一些可能与 ECDIS 相关的信息也输入到 ECDIS 中,提供这些信息的机构应尽可能增加方便手动输入的附加信息,以减轻海员工作量。

2. 权威发行机构——地区性电子航海图协调中心

(1)ENC 权威发行机构负责 ENC 的官方更新信息。

(2)ENC 权威发行机构应建立适当的质量管理机制,以保证 ENC 更新信息的搜集、管理和分发。

(3)权威发行机构负责建立 ENC 更新信息的分发网络。

(4)为了支持至少能通过硬媒介进行半自动更新,应定期分发 ENC 更新信息,分发数量应满足航行安全需要。最佳的更新服务方式是通过 INMARSAT-C 安全网络定期发布更新信息进行 ENC 的海上全自动更新。由海员通过高速电信网络从权威发行机构直接获取 ENC 更新信息等其他更新服务方式,有待进一步研究。

(5)按 S-57 附件 B《ENC 产品规范》所设计的误差检测方案进行数据完整性检查。

(6)应使其他权威发行机构能够立即得到 ENC 更新信息的拷贝。

(7)官方 ENC 更新信息应符合 S-57 之 ECDIS 修订(ER)填充规范。

(8)应能在 ECDIS 显示器上清晰地辨认出 ENC 更新信息所反映的变化。

(9)每一条更新信息必须能根据 S-57 的产品规范要求被清楚和没有歧义地识别。

(10)应尽早建立 INMARSAT-C EGC 安全网络等,以实现 ENC 更新信息的全球定期发布。

(11)如果当前无更新信息,也应定期发布零信息消息。

(12)在数据更新过程中,有关水道测量局和权威发行机构之间的关系和法律责任的划定问题应由有关各方自行解决。

(13)ENC 新版本发布前,应在新版本生效 8 周前公告,在生效 4 周前分发。生效后,旧版本废除,不再发布旧版本的更新信息。

3. 分发机构

(1)分发机构从权威发行机构收到更新信息至将更新信息分发到船,其时间间隔应足以支持安全航行;

(2)分发机构应该建立适当的质量管理机制,以保证 ENC 更新信息的分发。

4. ECDIS 用户

(1)如同必须使用最新版纸质海图并改正至最新一样,海员使用电子海图时有责任使 SENC 保持最新。

(2)只有负责船用 ENC 的权威发行机构发布的数字化格式官方 ENC 更新信息才能被综合进 SENC;其他来自航海通告、地方航海通告、无线电航海警告、船员注释等一切更新信息或者航海安全信息只能作为附加信息,采用手动方式进行改正。

(3)手动改正只是临时性手段,应该尽快由官方 ENC 更新信息所取代。

任务三　数据更新与海图改正

一、ENC 数据更新

及时更新 ENC 数据,能够确保 ECDIS 中航海信息的准确性,确保航行安全,也是 IMO-ECDIS 性能标准的基本要求。

ENC 改正的信息源有两个:正式改正数据和手动改正数据。正式改正数据是由官方 ENC 制作部门提供的数字形式的海图改正数据。在船舶航行时,可通过卫星通信线路将正式改正数据直接传送到船上。例如,使用 INMARSAT-C 的 EGC 广播,可

向航行在某一海区的所有船舶发送 ENC 改正信息,船舶 C 站在接收到该信息后可自动输入 ECDIS,实现 ENC 的自动改正。

船舶在港时,能够以软盘、光盘等为载体将正式改正数据提供给船舶,用户只需简单操作,便可实现 ENC 半自动改正。ENC 的自动更新流程如图 13-3-1 所示。正式改正数据可以是 ENC 的再版、局部单元的替换或数字化航海通告,必须以标准格式 S-57 来存储和传输。

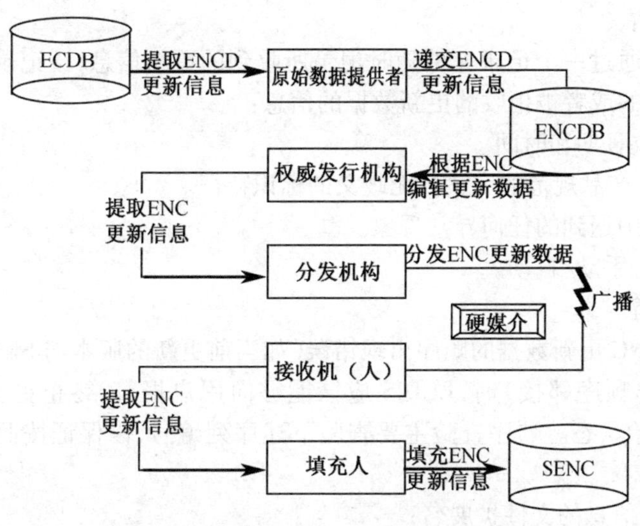

图 13-3-1　ENC 自动更新流程

ECDIS 的自动改正模块将标准格式转换为改正数据库中的文件格式。在手动改正方式下,由操作员依照 ECDIS 手动改正模块所提供的人机界面从纸质航海通告或无线电航行警告中提取改正数据,通过键盘录入 ENC 改正数据库。

对海岸无线电警告、地方性航海通告/船运通告等非水道测量机构提供的海图改正信息,只能采用手动改正方式。但手动改正比较烦琐、容易出错,一旦这些海图改正信息由水道测量机构通过官方 ENC 更新信息正式发布,应尽快以官方 ENC 更新信息取代手动改正信息。

采用自动方式向船舶传送正式的改正数据应成为 ECDIS 的主要工作方式。电子海图的更新处理主要由 ECDIS 完成。

(1)数据完整性检验

ECDIS 应查验 ENC 更新信息权威发行机构的身份识别是否与相应 ENC 识别特征相符,应能够处理 ENC 更新数据且不能降低 ENC 的信息内容或者 ENC 更新数据的质量。例如,必须考虑到数据的属性、逻辑关系、几何形状以及拓扑特性等全部信息。

(2)更新验证

为确保更新数据已被正确地接收进 SENC,ECDIS 提供的改正方法应能够使用户查看当前的更新数据内容或在海图上显示当前的更新数据内容。

(3)更新显示

更新信息应该能够从显示器上清楚地被辨认,通过官方工具(如网络、光盘等介质)更新的信息应与原始 ENC 数据没有任何区别,而通过其他途径(如手动输入的改正内容)更新的信息应能区别显示。

(4)分别存储

ECDIS 应该将所有更新信息与 ENC 分别存储,即不应改变 ENC。

(5)复读显示

ECDIS 应该能够根据需要用高亮度显示方式重新查看原先存储的更新。

(6)记录文件

ECDIS 应该通过一个记录文件随时记录所收到的更新信息,该记录文件应该包括每一条被接受的或者被拒收的更新数据的信息:

①接受/拒收日期和时间。

②符合 S-57 产品规范的完整且无歧义的标识特征。

③更新过程中遇到的任何异常现象。

④更新类型:手动/自动。

(7)数据错序

当某一个 ENC 更新数据的顺序出现错误(如当前更新的版本与 SENC 中现有的更新记录版本非顺序邻接)时,ECDIS 应该能够向用户报警,终止更新作业,并将 SENC 恢复到初始状态。顺序查验主要查验下述序列编号,以保证按照正确的顺序积累更新信息:

①ENC 更新信息的文件扩展名;

②ENC 更新信息的编号;

③ENC 更新信息中个体记录的更新序列编号。

(8)更新信息的修改

船员可利用手动更新的方法拒收或修改更新信息。如果对更新信息有疑义,应该在记录文件中将其标注为异常。

(9)一致性查验

应该将过去未能成功接受的 ENC 更新信息全部通知使用人。

(10)总结报告:每一份由权威发行机构发布的官方更新文件在接收完毕之后均应提交总结报告,至少应包括以下内容:

①权威发行机构的身份识别。

②更新文件的更新编号。

③有关地理单元的单元识别特征。

④所涉地理单元的版本编号和日期。

⑤有关地理单元的更新信息数量。

二、海图改正

海图数据更新主要有自动和手动两种方式。

(一)自动改正

ECDIS 通过已经建立的通信链路,或者通过载有更新数据的实体介质,实现更新数据的获取、验证、接受、存储，自动完成电子海图的数据更新，并将更新数据融合到SENC中。更新的数据在显示方面与ENC数据没有区别。自动更新的途径按目前的技术状况可分为全自动更新和半自动更新。

全自动更新不必任何人员介入即可更新信息。全自动更新从分发人处直接传入ECDIS，可以通过广播或者INTERNET完成传送，在确认或接收过程完毕后，ECDIS即可自动处理更新信息，并传送给SENC。

半自动更新需要人员介入才能够在传输媒介和ECDIS之间建立连通渠道(例如插入更新磁盘或者建立电话通信线路)，在确认或接收过程完毕后，ECDIS即可自动处理更新信息并传送给SENC。

(二)手动改正

手动改正由用户手动将信息键入ECDIS。为使ECDIS能够接受手动改正数据，更新信息必须以某种合理的结构输入，其结构至少应与有关的ECDIS标准相符，并能够区别显示。电子海图手动改正的主要特点如下：

1.输入与记录

(1)信息输入

能够以方便的途径和方式添加点、线、区域类物标和文字信息。可以通过鼠标在屏幕上选取空间位置或通过表格输入坐标点的方式确定物标空间，再通过符号的选择或属性的选择来确定物标的特征。

(2)改正记录

保证所键入的全部与新情况和更新信息来源有关的更新文本信息均由系统加以记录，以便根据需要予以显示。

(3)指示和报警

如同处理综合ENC更新信息时一样，ECDIS应该能够检测手动改正信息有关的指示信号和报警信号。

2.显示与查询

手动改正的信息应作为ENC信息，用同样的符号进行显示，并在原有物标位置处叠加橘黄色的特殊标记符号做标记(海图原始数据不允许修改)，以示与原始ENC数据区别。

叠加符号的表现形式是：删除标记符号为斜杠“/”(位置居中)，添加标记符号为竖杠“|”(位置偏下)。移动或修改则标记为两者的组合。具体操作方法是：

(1)添加物标

点物标：在添加的位置上，再叠加显示“|”符号。

线物标：在添加的线上，均匀分布叠加显示“|”符号。

区域物标：在添加区域的边界线上，均匀分布显示“|”符号，在显示的中心符号上再显示“|”符号。

(2)删除物标

点物标：在原物标符号上叠加显示“/”符号。

线物标:在原来的线上均匀分布叠加显示"/"符号。

区域物标:在区域的边界线上,均匀分布叠加显示"/"符号,在显示的中心符号上显示"/"符号。

(3)移动物标

原来的物标按删除物标处理。移动到新位置的物标按添加物标处理。

(4)修改物标

如果修改仅仅是附加(例如,一个已有的浮标附加一个雷康,没有其他改变),则按添加处理,即在原物标符号上叠加显示"|"符号。

如果修改仅仅是部分删除(例如,一个已有的浮标去掉一个雾号),则要引起一个改变和一个删除,要同时进行添加与删除处理,即在原物标符号上叠加显示"|"和"/"符号。

任务四　海图显示与信息查询

电子海图的数据性特点提供了极其丰富的多样化显示,在 ECDIS 的显示控制中,用户可随心所欲地选择适当、合理、实用的显示方式,以满足不同条件、环境、要求下的显示观察需要;可以对海图上任意点海图信息进行查询操作,查询物标的属性,特别是显示一些纸海图中不能反映出来而需要查询的信息。

一、电子海图显示

(一)显示方式

IHO S-52 要求,在监视模式下,海图显示的基本原则是选择本船位置处最大比例尺的海图进行显示,但这一原则可能不符合船员的实际需要。因此,ECDIS 允许用户可根据需要自行控制或选择海图显示方式。

由于电子海图数据是在纸质海图(幅)或单元的基础上生成的,所以当前在电子屏幕上显示的海图不一定能充满整个屏幕。为此,IHO S-52 要求,ECDIS 应提供自动显示控制功能,使用户可根据需要决定是否自动变换海图和比例尺,在显示比例尺变化、海图漫游操作或航路监控阶段决定是否自动更换海图,在手动换图时决定是否改变显示比例尺。

海图载入模式有自动和非自动两种。自动载入模式是 ECDIS 根据搜图原则,在 SENC 中查找符合当前显示比例尺且能够覆盖当前位置电子屏幕的海图,把覆盖屏幕中心的海图作为当前显示海图,再用其他海图的数据自动填充未被当前显示海图填充的区域。

非自动载入模式是 ECDIS 只记忆当前海图,无论后续如何操作,不管电子屏幕是否被当前海图充满,都只显示当前海图。

比例尺模式是利用海图列表选择更换当前海图时,如果采用自动比例尺模式,ECDIS 按被选择图的编辑比例尺进行显示;否则,ECDIS 按当前的显示比例尺来显示被选择的海图。

(二)比例尺变换

与纸质海图只能按固定比例尺显示不同,ECDIS 不仅可按原始比例尺显示海图,也可根据需要灵活变换海图显示比例尺。

(1)放大:当前图中心不变,根据缩放比率放大显示,海图范围变小。

(2)缩小:当前图中心不变,根据缩放比率缩小显示,海图范围变大。

(3)预设比例尺级别:当前图中心不变,根据选择的常用比例尺级别,快速变换显示。

(4)鼠标拉框放大:根据鼠标在屏幕上拖拽的矩形框,将其放大到充满整个屏幕,也称无级比例尺显示。

(5)滚轮缩放:利用鼠标的滚轮功能进行缩小和放大。

对于放大和缩小,有些 ECDIS 系统会提供缩放比率,有些系统则默认采用 1 倍比率。在比例尺变换时,电子海图类型不同,显示特点和效果不同。

光栅电子海图在放大或缩小时,会出现像素密度变化,导致图像模糊不清,难以识别。而矢量海图,由于其空间的数值性和显示符号的规定性,在放大或缩小时,实现了空间按比例地扩大或缩小,不存在图像失真的问题。

需要注意的是,当海图显示比例尺变化后,会引起人们视觉的测量误差,可能导致物体之间相对关系的判断错误,加大航行风险。

此外,ECDIS 还提供了“一键恢复”功能,用一个快捷键可快速将当前海图显示比例尺恢复为原始比例尺。

(三)运动模式

一般 ECDIS 允许采取以本船相对海图的真运动(True Motion,TM)或相对运动(Relative Motion,RM)两种显示模式。

真运动模式是以海图内容为固定的参照物,描绘本船位置及其他活动目标(如雷达目标)在地球表面运动的情况,即船动图不动。

相对运动模式是以固定在显示器屏幕中央附近的本船位置为参照物,相对移动海图和其他活动目标,即图动船不动。

(四)显示方向

目前 ECDIS 所采取的显示方向主要有以下方式:

(1)北向上(North Up):以海图真北对准屏幕竖向向上为基准,显示 SENC。采用北向上显示方式,有利于比较和观察目标的真方位,是一种常规的习惯显示方式。

(2)艏向上(Head Up):以船首向对准屏幕竖向向上为基准,显示 SENC。采用艏向上,可方便观察周围情况和比较目标与本船的相对关系。但由于船首向不稳定,容易导致图像频繁变化或抖动,影响显示效果。

(3)航向向上(Course Up):以设定该模式时刻的本船运动方向对准屏幕竖向向上为基准,显示 SENC。其显示特点同艏向上,不同的是航向向上显示的图像是稳定的，但转向后应重新设定，以保持当前航向向上。

此外，有些 ECDIS 也提供了航线向上（Route Up）的显示方式，即以航路监控中的本段航线向上显示的方式。不论何种方式显示，海图上所有的点状符号与字符缩写必须保持在屏幕画面上，保证可以正视。因此在北向上以外的模式下，符号、文字等均应做相应的旋转变换，但应按足够大的步幅改变，以避免海图信息不稳定显示。

（五）本船位置

为了便于用户查看本船周围的环境状态，ECDIS 允许用户根据需要设定本船在海图显示区的位置。本船位置设置有两种模式：

（1）居中显示：本船始终显示在海图显示区中心。

（2）偏心显示：本船显示在某侧固定距离。

航路监控时，只要海图显示覆盖所在区域，屏幕上就能显示所选航线和本船位置；同时应能显示覆盖本船以外的其他海区（例如在超前显示、设计航线时）。海图漫游时，ECDIS 设置了一个快捷方式可立即从海图漫游恢复到覆盖本船位置的航路监控显示。

（六）显示背景

纸质海图的显示是反射光，而电子海图的显示是发射光。纸质海图在光线不良状况下不易识别；而电子海图在光线不良情况下反而会太明亮。白天，驾驶台上的光线从日出到日落不断变化，光线太强会冲淡显示的信息。因此，要求电子海图在白天应有明显的对比度，而在夜间，显示屏亮度必须减弱，以避免影响海员夜视和正常瞭望。

S-52 制定了电子海图的颜色规范，通过用户设置，使 ECDIS 能自动调节显示背景和各种物标符号与线边界的颜色，适应驾驶台的光线条件，得到合适的显示效果。S-52 的早期版本定义了 5 个颜色表，为简化操作，现在的最新版本将其减少到 3 个，即白天、黄昏、夜晚，以适应船员肉眼观察。有些系统仍然保持着另外两种颜色，即白天白背景和白天黑背景。每种颜色表都是在不同光线条件下进行比较测试后制定的，保证了在各种特殊条件下，显示器以适当亮度的显示背景达到最佳的显示对比度。

需要指出的是，颜色配置可能不会完全满足实际使用的需要，在实践中，可以通过显示器的亮度和对比度调节，增设适当的滤光器或遮光板来获得更加理想的显示效果。

（七）显示符号

纸质海图已经有了几百年的历史，海图符号的形状、颜色、大小等已被用户熟悉。考虑到纸质海图与电子海图还将长期共存，S-52 在设计和规定电子海图符号时尽量遵循纸质海图的使用习惯。但由于 ECDIS 中海图颜色及符号的有效显示同时受到多种因素的影响，例如不同任务（如航线设计、航路监视）、驾驶台环境（白昼或夜间）、人的因素（色彩识别和感受）、显示中“非海图”信息相互影响（如航迹、用户的

注释)、其他显示的干扰(AIS 目标、雷达图像)、ECDIS 内部的相互作用(如 ENC 结构与显示能力间的关系)、技术问题(如阴极射线管校准)等,因此还需要对传统符号进行一定的简化和改变,从而在一定程度上提高人机交互的效果。所以,ECDIS 的显示符号在形状、颜色和尺寸上与传统的纸质海图有一定差别。与纸质海图相比,ECDIS 增加了四类显示符号:

(1)用于识别危险水域的特殊 ECDIS 海图符号,如安全水深、安全等深线等(详见本节“强调显示”)。

(2)简单符号和符号化边界:对点状物标,使用圆点、菱形等简单符号,如方位标志的简单符号(见图 13-4-1)。因为简单符号更加简洁、明显,特别适合夜间显示背景模式。使用简单符号可清楚地显示浮标的位置,既辅助航行又可避免碰撞浮标。与纸海图类似的符号称为传统符号,也称纸海图符号,如方位标志的传统符号(见图 13-4-2)。

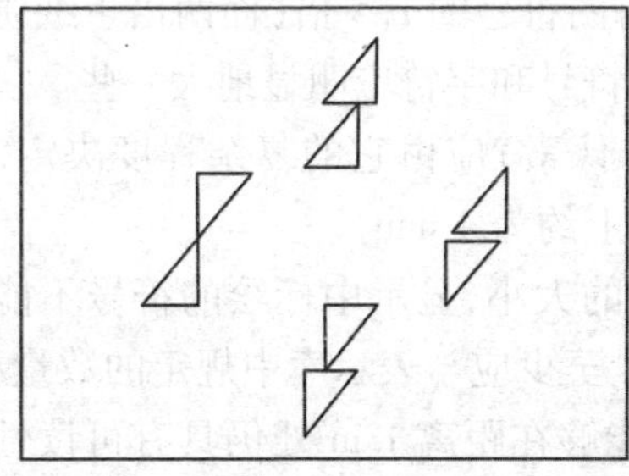
图 13-4-1　方位标志的简单符号

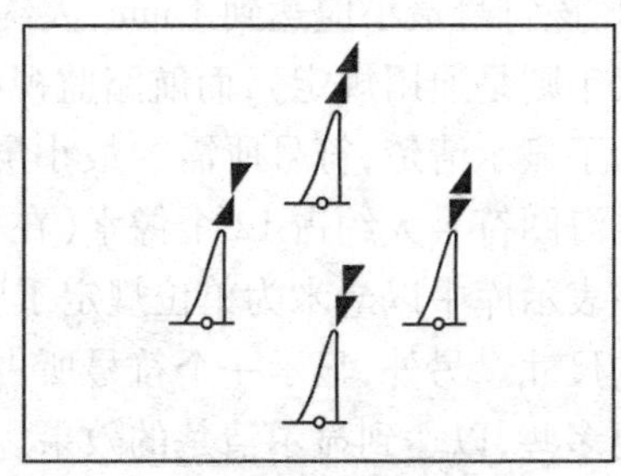
图 13-4-2　方位标志的传统符号

对锚地、航道、禁渔区等边界,使用直观的符号化边界。特别是在因显示比例尺较大导致某一区域没有全部显示时,符号化边界可以直观反映该区域的性质和类型,同时还能表明相应的区域范围应该位于界限的哪一侧。而对于使用实线、虚线等简单线型显示边界线,称为简单边界。锚地的简单边界如图 13-4-3 所示,符号化边界如图 13-3-4 所示。

图 13-4-3　锚地的简单边界

图 13-4-4　锚地符号化边界

电子书:
英版电子海图图式

对于同一物标,用户可根据情况选择使用简单符号或传统符号、简单边界或符号化边界。

此外,为了更加清晰、直观地表明区域的边界、性质,ECDIS 通过以下方式显示和区分:

①采用不透明颜色填充,如深水区、浅水区、陆地、没有海图资料的区域;

②采用半透明颜色填充,如分道通航制;

③采用线型填充,如航道会聚区、比例尺超大区域;

④采用连续的图案或纹理填充,如疏浚区域、冰区;

⑤采用符号填充,如水产业区;

⑥在区域中心显示单个符号,如禁锚区、通航分道。

(3)新海图符号,如指北符号、比例尺界限、小于安全水深的区域。

(4)IEC 为 IMO 制定的有关航海要素符号,如计划航线、本船符号,主要参照 IEC 61174 和 IEC 62288(海上导航和无线电通信设备和系统——船载导航显示导航相关信息的表示——通用要求、测试方法和要求的测试结果)。

对于线、符号、字母数字的大小,S-52 表示库也做了相应的规定,基本原则是应大到在操作视距内能轻易解读。研究表明,符号和字母数字尺寸应不少于从眼睛至屏幕 20 弧分所对的弦的长度才能清楚识别。例如,对于航线设计,从 70 cm 处看一个符号,该符号最小应达到 4 mm,大约是纸质海图符号的 1.5 倍(而两倍于纸质海图符号大小则是通用规定),而航路监视中重要的符号和字符应明显地大一些。

为了显示清楚,符号所需的最小屏幕单元(像素)应由它的复杂程度决定,一个简单的海图符号大约占 12 个像素(在标准屏幕上约为 4 mm)。

在表示库中以毫米为单位规定了所有符号的大小,显示中标绘的符号不能小于规定的尺寸。另外,显示一个符号所占像素数量至少应与表示库中规定的数量相同,甚至更多些,以达到显示清楚的效果。文字应能够在距离 1 m 处仍具有可读性。当显示比例因海图放大或缩小而增大或变小时,符号的显示尺寸不应改变。

(八)显示内容的选择

ECDIS 应能显示所有 SENC 信息,并将在航线设计和航路监控时显示的 SENC 信息应分为 3 种类型:基础显示、标准显示和所有其他信息。

当一幅海图最初在 ECDIS 上显示时,应当使用 SENC 中显示区域的最大比例尺的数据提供标准显示。IMO ECDIS 性能标准同时还要求 ECDIS 应能在任何时候仅靠操作员的一个操作提供标准显示。

从 ECDIS 显示中应能容易地增加或删除 ECDIS 显示的信息,但不能删除基础显示的信息。S-52 同时也规定应能够使用户通过操作单独增加或删除标准显示或所有其他信息的某项内容。如果消除标准显示中的信息种类已按指定规格显示,对此应有永久标示。ECDIS 在关闭或断电后打开时,应恢复至最近手动选择的显示设置。

在 ECDIS 的使用中,应充分考虑显示分类的功能,在航行过程中,合理选择、控制显示模式及其内容,达到最佳的屏幕显示效果,获得最好的观察界面。如在公海航行时选择基础显示;在近岸航行时选择标准显示;在港区航行时,选择其他显示并挑选必要的航行信息(如水深点等)。

(九)强调显示

航行中,船长和驾驶员对水深、浅水区、危险物尤为关注。ECDIS 通过对安全水深、浅区、危险物等进行强调突出显示,以引起船员的注意,加强航行辅助监视。

1. 安全水深

根据用户选择的安全水深,等于或小于所设安全水深值的水深以高亮或粗体强调显示在海图上。

2. 安全等深线

根据用户选择的安全等深线,等于或临近本船安全等深线的海图等深线以高亮或粗体强调显示在海图上。安全等深线默认为 30 m。如果用户所设的安全等深线或默认 30 m 等深线不在显示的 SENC 中,或者源数据改变而导致在用的安全等深线无法使用,ECDIS 则自动将安全等深线转换为下一个较深的等深线,并给出提示信息。

3. 孤立危险物

如果孤立危险物(如礁石、沉船)等深线确定的安全水域,但其水深小于安全等深线,该孤立危险物被强调显示;即使孤立危险物位于危险水域且小于安全水深,也可强调显示。

4. 双色水深区

以本船安全等深线为界,小于该值的一侧用深色填充。双色水探区显示可使用户直观感知水域的“浅、深”,快速判定安全水深区域。为强调显示浅水区域,避免观察判断错误,例如显示的整个水域都小于安全等深线,且在夜间,由于水深区域的颜色深浅差别较小,不易判定当前水域是浅水区域还是深水区域。ECDIS 可以对浅水区域采用暗格填充模式进行加重显示,以明确标识出浅水区域。

5. 四色水深区

以本船安全等深线、设置的浅水等深线(Shallow Contour)和深水等深线(Deep Contour)为界划分为四个水深区,分别用四色填充,使用户直观感知水域的“很浅”“较浅”“较深”“更深”(对应的颜色通常为深蓝、蓝、浅蓝、白)。

(十)辅助显示

为增强电子海图的显示能力和效果,ECDIS 提供诸多辅助显示手段,帮助用户理解和判定当前的显示状态,更好地使用和利用 ECDIS。辅助显示主要包括:指北符号、光标拾取、比例尺棒和纬度尺、经纬线、水深单位、比例尺索引、海图数据质量指示器、海图图例等。

1. 指北符号

ECDIS 可以采用多种显示方向,因此要求在电子海图上指示出相应的方向基准。指北符号应始终显示在海图的左上角,并确保其显示清晰,即使比例尺棒占了海图显示区的整个左侧高度。如果显示方式不是北向上,则要旋转指北符号至真北。

2. 光标拾取

由电子海图数据模型可知,矢量海图数据是由空间和特征属性组成的,因此,通过空间可筛选查询某位置的物标及其特征属性,如灯塔的名称、高度,灯标颜色、信号组、闪光节奏等。

通过光标拾取获得一个物标符号隐含的附加信息的能力是 ECDIS 功能的一个重要部分,也称为光标查询。ECDIS 提供通过光标点击屏幕符号(如海图物标、本船、移动目标、船员注记等)来查询该符号代表物标的细节信息,如它附带的复合物标、属性。

ECDIS 还可通过光标查询显示某些特殊物标(如他船、航标等)与本船的方位、距离、*CPA/TCPA* 等相互关系。

3. 比例尺棒和纬度尺

由于 ECDIS 可以改变显示比例,为了保证用户能够准确、直观地了解本船与周围其他物标特别是危险物标的距离,以及帮助用户及时确定避让等操作时机,IHO S-52要求 ECDIS 应显示比例尺棒及距离指示器。

比例尺棒符号(显示优先级 9,覆盖雷达,显示基础类)位于海图区域的左侧距底边约 3 mm。当显示比例尺大于 1:80 000 时,画代表长度为 1 n mile 的比例尺棒符号;当显示比例尺为 1:80 000 或更小时,画代表长度为 10 mile 的纬度尺符号。

4. 经纬线

经纬线网格属于所有其他信息类,用户可选择是否显示经纬线网格,方便观察与判定船舶或其他物标的位置。

5. 水深单位

水深单位为显示基础类(显示优先级为 9,覆盖雷达),以符号形式显示在海图左下角或其他适当位置。

6. 比例尺索引

在不同比例尺海图的邻接重叠区域,ECDIS 将显示出重叠区两种比例尺图的图廓边线;同时,ECDIS 也可能提供是否显示海图图廓的选择控制,以便在需要时(如航线设计)查看某区域不同比例尺海图是否存在,确定如何显示和利用。

7. 海图数据质量指示器

海图数据质量信息是通过两个元物标的属性来实现的。对于测深数据,通过数据质量元物标的数据置信度区类属性(A1、A2、B、C、D、U 置信度区)来表达。各置信度区图式如表 13-4-1 所示。

8. 海图图例

一个标准图例要能够至少显示如下的信息(可以显示在当前图中,也可以在需要时单独显示):

(1)深度单位;

(2)高度单位;

(3)显示比例尺:用户选择的当前显示比例尺(缺省为原始比例尺);

(4)数据质量指示器;

(5)测深/垂直基准面:如平均大潮低潮面(可选种类:22 种);

(6)水平基准面:如全球地心坐标系(可选种类:4 种);

(7)安全水深值:用户选定的当前值(默认是 30 m);

(8)安全等深线：用户选定的当前值(默认是 30 m)；

(9)磁差：每一项必须显示磁差值、测量年份和年差，例如：4°15′W1990(8′E)；

(10)更新版本：采用的最后更新单元和更新文件日期和版本号；

(11)版本编号和日期：当前发行的 ENC 数据集中的最终版本编号和日期；

(12)海图投影：ECDIS 显示所用的投影变换方式(例如：倾斜方位角)。

表 13-4-1　海图数据精度

数据精度等级	ECDIS 显示图示	位置精度	水深精度	测量范围
A1	*** ** *	0.5 m±5%水深	0.5 m±1%水深	覆盖区域全部测量，特别是底质和水深
A2	*** **	±20 m	1.0 m±2%水深	覆盖区域全部测量，特别是底质和水深
B	*** *	±50 m	1.0 m±2%水深	覆盖区域未全部测量，可能存在未标注的碍航物
C	***	±500 m	2.0 m±5%水深	覆盖区域未全部测量，水深异常可能存在
D	* *	比以上的精度还差		覆盖区域未全部测量，水深大的异常可能存在
U	U	未评估，数据质量无法评估		

二、航海信息查询

1. 海图信息

在 ECDIS 中，用户可利用鼠标在海图界面上点选查询对应位置的物标。与鼠标点击点位置相关的物标包括：

(1)位置在该点处的点物标：如灯塔、沉船、本船、引航站。

(2)通过该点的线物标：如等深线、海岸线、海底电缆、航路。

(3)包含该点的区域物标：如等深区、禁航区、锚地、限制区、航道。

(4)位置在该点的文字：如信息符号、文本串。

ECDIS 按照上述点、线、区域、文字信息顺序，一般以树形结构显示各个物标及其属性细节信息。

2. 传感器数据

理论上,ECDIS 可以与所有船舶导航设备或具有数字信息输出的其他设备连接。ECDIS 对外部传感器设备传递来的数据进行综合处理后,再统一显示在电子海图上。目前,ECDIS 传感器主要包括定位设备(如 GPS、DGPS、罗兰 C 等)、测深设备、雷达、AIS、罗经、气象仪等。ECDIS 可以从上述设备接收下列类型数据:

(1)定位数据:本船的位置、航向、航速。

(2)测深数据:本船测深仪所在位置处的水深。

(3)雷达数据:雷达数字图像;雷达跟踪目标的相对位置、运动速度和运动方向。

(4)AIS 数据:接收到的本船周围的其他 AIS 目标的静态信息(如船名、呼号等)以及动态信息(如船位、航速、航向等)。

(5)罗经数据:以本船罗北为基准。

(6)气象数据:风向、风速等数据。

此外,有些 ECDIS 还可与 NAVTEX、自动舵等设备连接。

3. 其他航海信息

对传统的纸质航海图书资料进行信息电子化处理,实现传统手段无法比拟的方便、快捷查询。ECDIS 可以显示的其他航海信息主要包括:

(1)航路指南:世界航路指南信息。

(2)港口信息:相当于港口指南的信息。

(3)潮汐信息:相当于潮汐表的信息,并能够根据地理位置和时间进行推算潮位。

(4)气象信息:风向、风力以及天气情况、气象图等。

(5)海流信息:流向、流速信息,能以表格形式显示,也能以矢量方式在海图界面上显示。

(6)台风信息:可以输入台风信息,能够显示风力范围以及预计影响范围,并可根据本船航行参数进行遭遇预警。

三、信息查询方法

1. 属性查询

属性查询是最普通和最常用的信息查询方法。属性查询以传统的书目查询方法为基础,通过对若干主体名称、类别归属等的属性组合条件查询信息库,以文本表格的方式筛选出结果,或将匹配的结果显示到当前视窗中。查询时,根据对要查询对象的识别程度、查询条件的选择,输入查询内容。例如,要查询上海港港口信息,可选择港口名称方式,输入港口名称(Shanghai 或上海);也可以选择归属国家方式,输入国家(China 或中国)名称筛选出该国家的港口列表,再通过名称排序浏览查找。

2. 空间查询

空间查询是通过已知的物标地理位置在海图上进行信息查询的方法。例如,在港口查询时,可以在显示的海图上,通过位置查询某水域附近存在的港口信息。

对上述查询结果,ECDIS 以文字串(如潮位站的描述信息)、表格(如潮汐数据)等形式显示语言描述类信息和量值类信息;也可通过设定显示基准或标尺曲线(潮汐曲线)、特定形状(地图中的点、线)、向量(海流、风)等图形形式显示量值类信息。

四、航海测量与标记

1. 经纬度

在电子海图上可动态显示光标所在位置的经纬度。查看某地经纬度时,只需通过鼠标或滚球使光标移动至该地即可。

2. 方位距离

方位距离测量(ERBL):两点之间的方位与距离测量,是最常用的航海测量。在电子海图上,一般会通过鼠标点选两个点位,自动计算出两点的距离、正方位和反方位;也可以通过输入两点的坐标来计算。通常有如下两种处理方法:

(1)本船方位距离

本船到某地理位置点的方位距离,一般会从本船到该点画一条连线并显示方位、距离的数值。

(2)任意两点方位距离

从 *A* 点到 *B* 点的方位距离,一般以第一点为基准点,连线到第二点,并给出两者的方位、距离值。

3. 距离圈

ECDIS 也提供类似雷达的活动距标圈(VRM)功能,它是以本船为中心,通过鼠标拖曳控制改变距离圈半径。与雷达不同的是,ECDIS 的距离圈中心可以拖动到任意点上。

五、船位标记

在海图上标记船位,是驾驶员的常规工作。在电子海图上,可自动进行船位标记。只需设置船位标记的时间间隔,就能在适当的时间点自动将船位标绘在海图上。当然,特定需要时,驾驶员也可即时进行船位标记。

ECDIS 性能标准规定,应允许用户在海图上添加有助于航行安全的注记信息,作为其他显示类,可控制是否被显示。船员注记的显示一般明显区别于海图数据,通常为橘黄色,符号通常为简单的点、线、区域和文字等。操作方法与手动改正的添加物标类似,一般通过鼠标在屏幕上直接点击或输入经纬度坐标确定空间位置,也可以利用鼠标直接拖动进行点位移动,并且可以随时删除。

用户可以在海图界面上添加文字信息,以辅助观察和引起注意。用户可以在海图界面上添加各种符号,并可附带文字信息供查询提示。用户可以在海图界面上添加线状边界、封闭区域(可填充图案)。

任务五 航线设计与航次计划

ECDIS 应能以简单可靠的方法进行航线设计和航次计划的编制。

ECDIS 应能进行包括直线和曲线的航线设计;应能用字母、数字和图形调整设计的航线,包括对航线增加航路点、删除航路点和改变航路点的位置。

除了已选择的航线外,还应能设计一条或多条替代航线,并使所选的航线与其他航线能明显区分。

航线设计完毕,可根据提供的出发时间、航向航速,预算出预抵时间;或根据要求,预算航行所需要的航速。

一、航线设计

利用 ECDIS 设计航线,只要输入转向点,ECDIS 就会自动在电子海图上绘画航线,自动计算出各航段航向、航程和总航程。在航线设计过程中或在航线设计完成后,ECDIS 可自动地根据最大比例尺海图和预先设定的参数对航线进行安全检查。航线编辑完成后,要以能够助记的方式进行命名保存。

1. 航线参数

航线参数是构成航线自身以及进行航线跟踪报警所使用的相关量值,基本参数包括转向点(WP)和航段(leg)。转向点是航线的基本内容,相邻的转向点组成一个航段,包括航向和航程;航段类型可以是恒向线或大圆航线。航线监控报警参数包括偏航报警距离(XTE)、偏向角度、旋回半径,用于航行过程中对转向点和航段的监控报警与显示控制。ECDIS 通常将这些参数定义为通用参数,可以在航线通用参数设置中进行设置,在航线设计时默认引用,必要时也可以进行特殊修改。

2. 航线编辑

航线编辑可以采用图形编辑或表格编辑两种方式。图形编辑是利用鼠标快捷地在海图界面上确定基本航线参数;表格编辑是以航线表的形式编辑航线。ECDIS 中,这两种方式能同时在显示屏上显示,且能互动,当用鼠标在海图界面上点选转向点时,表格也相应地滚动到该转向点所在的行,反之亦然。

(1)设置通用参数:在设计新航线前,应在航线通用参数设置中检查航线监控报警参数是否合适,以免在完成航线设计后,参数被引用所带来的修改麻烦。

(2)添加转向点:航线设计过程中可逐个添加转向点,也可在当前的转向点前或转向点后插入转向点。

(3)修改转向点:可以在航线表中重新输入某一转向点的经纬度或以图形编辑方式通过鼠标或滚球移动所选转向点。

(4)删除转向点:可以在航线表中或以图形编辑方式删除所选转向点。

3. 航线连接

ECDIS 可以将多条航线依次连接成一条新航线。ECDIS 可将已存的 AB,BC,…,

GH 多条航线依次连接成一条新航线 *AH*。

4. 反向航线

当需要沿已有的航线反向航行，即将原目的地改为出发点，将原出发点改为目的地，ECDIS 只需将原航线设成反向航线即可实现。当然，使用此功能时，须考虑航行规则和航行安全需要，对其中某些特殊航段（如分道通航、危险物等）还需适当的修改。

5. 航线审核

传统的航线设计需要人工对水深、航线离岸距离、离障碍物距离等方面进行核查。而 ECDIS 则能自动根据 ECDIS 规定的报警条件（如特殊区域、限制区域、无 ENC 海图）和预先设置的报警参数进行航线安全检查，检测 SENC 中可用的最大比例尺海图所提供的海图数据是否符合设置要求。

报警参数主要包括：

（1）安全水深：用于判断搁浅危险。

（2）安全等深线：用于判断进入或穿越小于安全等深线的水域是否安全。

（3）安全距离：用于判断碰撞危险。

（4）安全高度：用于判断通过桥梁或架空电缆是否安全。

检测内容主要包括：

（1）航线穿越了非官方海图：系统在某航段处没有标准的 ENC 海图数据（此处的航行不能参照电子海图）。

（2）穿越安全等深线：航线中航段跨越了安全等深线，提醒检查确认。

（3）穿越禁航区：航线中的航段进入了限制航行区域，给出报警信息。

（4）穿越浅水区：航线中的航段进入了小于设置的安全等深线水域，提醒检查确认。

（5）临近危险物：航线附近的沉船、障碍物、浮标等小于设置的安全距离，提醒检查确认。

6. 航线管理

ECDIS 针对航线主要有如下管理功能：

（1）创建新航线：根据当前的通用航线参数，准备进行新的航线编辑。

（2）航线查询与修改：在海图界面上显示航线图形并在参数表格中列出航线参数数据供查看，并可以进行航线编辑。

（3）航线删除：对过期的航线、作废的航线，应该及时删除，避免占用系统空间和影响工作效率。

（4）航线导出：ECDIS 提供将航线输出到外部设备/文件的功能。

（5）航线导入：ECDIS 能够将一定格式的航线数据导入航线数据库中。

二、航次计划

1. 航次参数

ECDIS 的航次计划参数主要是指能够计算的航次内容，主要包括每个转向点及其航段的预计开航时间、停留时间间隔、预计抵达时间和航行速度，各参数含义如下：

(1)预计开航时间(ETD)：一般只应用在航线的第一个转向点上，精确到分钟。

(2)停留时间间隔(STAY)：在转向点处预计停滞的时间段，一般用分钟计算。

(3)预计抵达时间(ETA)：到达转向点的预计时刻。

(4)航行速度(SPEED)：一般表示当前转向点前的航段设置的预计航行速度。

上述四个参数对每个转向点(航段)具有逻辑条件排斥性，如当某转向点具有了开航时间且下一点也赋予了预抵时间，则这个航段的速度就是已知的，不能再进行航速的更改设置。

2. 航次计划编制

航次计划编制是指对航次参数的设定与综合计算的过程，分为新计划创建和已有计划修改两种。航次计划制订后，需要保存，以便在进行航行监控时使用。ECDIS 提供自动和手动两种计划编辑模式。

当航线设计完成后，不考虑在转向点上的停留时间，仅根据本船的平均航速计算该航线的时间计划。第一转向点的时间为 00:00，则最后一转向点的时间为整个航程所需航行时间。在此基础上，只要确定开航时间以及其根据实际航行需求修改其他相关参数，即可获得完整的航次计划。采用自动计划编制时，只要修改了某转向点上的某个航次参数，全航线的各参数就会重新计算，方便了航次计划的审核与修改。

手动计划编制是一种半自动方式。船员可根据需要，按照逻辑关系，在适当的转向点上输入航行参数，系统通过计算得出整条航线的计划结果，得到完整的航次计划。对于传统航次计划中的其他内容，如人员与燃油配备、航行注意事项等，ECDIS 会提供文本空间供输入处理。

3. 计划管理

ECDIS 针对航次计划主要有如下管理功能：创建新计划，针对选择的某航线，进行新的航次计划编辑；计划查询与修改，打开已有的计划，查看并可以进行计划编辑；计划删除，对过期的计划、作废的计划，应该及时删除，避免占用系统空间和影响工作效率；计划打印，ECDIS 提供航次计划打印功能，相当于传统的报给船长的航次计划报告。

任务六　航行监控

一、航线监视与航行监控信息

航线监视(Route Monitoring)是 ECDIS 航行监控的主要内容。ECDIS 的航线监视包括监视航线的选择、备用航线的考虑以及为达到良好视觉效果对被监视航线的显示控制。

1. 选择监视航线

在 ECDIS 中,设计的航线与监视的航线概念不同;前者在传统的航线设计阶段,在海图上进行标绘航线、计算和计划确认,而后者则根据当前的航行,在已经设计好的航线上进行航行状态的比对、航行情况的标记。因此,在航线设计完毕后,通常应将其退出显示状态,避免海图界面上出现不必要的信息充斥;在航次开始时,再调出所设计的计划航线作为当前航线,ECDIS 对其进行监视。

2. 监视航线基本显示

被监视的航线通常被特殊显示,以明显区别于海图上的其他物标的颜色。

(1)颜色:一般以红色为基本色调。

(2)线型:通常用比设计航线粗一倍的实线或点划线。

(3)从第一转向点(记为 0 或 1)开始以递增的顺序标号,并用特殊标记(如菱形)区别显示下一个转向点。

3. 监视航线状态显示

ECDIS 提供了在被监视航线的转向点和航段上控制显示航线计划和航行辅助控制相关数据(不同的 ECDIS 开发商可能提供的内容不同),主要包括:

(1)转舵线(弧):可根据需要显示各转向点处的施舵点及根据旋回半径所画出的旋弧线。

(2)累计航程:各转向点距离第一转向点的累计航程。

(3)航段属性:相邻两转向点之间的航向和航程。

(4)计划属性:转向点预抵时间、计划航速等。

4. 选择备用航线

ECDIS 可选择一条备用航线作为补充,以备应急时替代监视航线。

5. 航行状态信息

ECDIS 将来自传感器的信息与电子海图信息融合在一起,通过显示控制,实时给出本船的航行状态信息,因此,驾驶员可直观地观察和判断船舶是否偏离计划航线,航行前方是否存在危险。需要注意的是,ECDIS 显示的航行状态信息来自 ECDIS 的主定位设备,所有的航行运算也是基于该主定位设备,而辅定位设备只显示轨迹,以提供主辅两者的比较。

航行状态信息可以从海图界面上直接看到符号表达，也可以从附加的窗口中显示出具体的量值，主要包括：

(1)本船(Ownship)：以本船符号或经纬度坐标显示。本船符号包括基本符号和比例船型两种。基本符号是以本船船位为中心的黑色双圆圈(在表示库中有定义)，并带有船舶横向线来表示船舶的型体横向。在当前海图显示比例尺下换算所得的本船显示长度小于6 mm时，使用基本符号显示本船。

(2)比例船型：按显示比例尺对船长和船宽进行屏幕尺度换算，以简单的5点模型构筑成一个对称的船型。显示的基点是根据本船定位设备的位置设置，换算得到本船的船中点作为船型的图形中点。值得注意的是，是否能够准确地换算得出图形中心，需要船员在使用ECDIS时能够设置定位设备天线在船上的准确位置。比例船型在近岸、狭水道或靠泊航行时可直观地显示船舶外部边缘与周围水域环境的关系，有助于直接进行操船判断和决策。

(3)定位时间：当前时间(可能存在刷新周期的误差)。

(4)轨迹：一般在海图界面上显示带有时间标志的本船主航迹和辅助航迹。可以控制显示时间段和轨迹点之间的时间间隔，在本船当前位置后显示设定时间段内本船的历史轨迹。

(4)航向：在船舶符号处以矢量线形式或在特定位置以数值形式显示。

(5)船首向：以罗经北为基准，在船舶符号处以矢量线形式或在特定位置以数值形式显示。

(6)航速：在船舶符号处以矢量线形式或在特定位置以数值形式显示，可以控制显示为对地或对水。

6. 航线状态查询

以列表形式，实时显示被监控航线的状态，如当前转向点号、下一转向点信息(下一转向点号、航向、计划航速、预抵时间、航段距离等)、选择转向点信息(编号、预抵时间、航程等)。

7. 航行预测

转向点预抵时间推算，若以设定航速航行，预计何时抵达某地时，可选择转向点，输入预计航速(可以是当前航速，也可以是前一段时间的平均航速或航线设计阶段设定的计划航速)，ECDIS即可算出沿监视航线航行到该转向点的预计抵达时间。

转向点航速推算，若已知抵达某地的时间，预计本船应采用多大航速时，可选择转向点，输入预计抵达时间，ECDIS即可算出沿监视航线航行到该转向点应采用的航速。

二、系统报警与指示

1. 参数设置

在航行过程中，ECDIS根据用户的报警参数设置、选择的监视航线等进行规定的报警计算和提示。需要设置的监控内容主要包括安全参数和报警参数两种。

本船的安全参数,除可控制海图显示样式(如双色水深区、四色水深区、水深强调显示等)外,还可用于对航线进行有效性检测、航路监控的安全计算与报警提示。安全参数主要包括:

(1)定位设备配置:主定位设备、辅定位设备的连接,如选择连接主 GPS 或辅 GPS 或采用航迹绘算(DR)等。

(2)安全水深:用户可以根据本船实际情况设定,缺省为 30 m。

(3)安全等深线:用户可以根据本船实际情况设定,缺省为 30 m。

(4)安全距离:用于判断碰撞搁浅危险。

(5)安全高度:用于判断通过桥梁或架空电缆是否安全。

(6)警戒矢量:用于判断目标是否处在本船的警戒方向范围。

(7)警戒圈:用于判断目标与本船距离是否在警戒距离范围内。

与海图显示相关的报警信息由 ECDIS 自动判断,其他报警参数和报警条件需由用户自己设置。报警参数和报警条件的设置分布在航线设计、本船参数、系统参数、航行监控各项功能中。报警参数主要包括:开关报警,通过控制打开或关闭来决定是否进行报警,如声音、偏航报警距离(XTE)等;量值报警,通过设置报警具体的量值界限来决定是否进行报警运算,一般以"0"值表示不报警,以"非 0"值表示报警极限量,如 CPA/TCPA、穿越限制区、转向点提前报警、碰撞、闹钟、穿越安全等深线、锚位检测等;自动报警,有些报警的条件与报警参数需要分别设置,如偏航报警距离在航线设计时设置,而报警要在报警参数的偏航报警开关是否打开时设置。

2. 报警与指示

报警是指利用音响方法或视听手段告知一个需要注意的事项的一种警报或警报系统。指示是指给出系统或设备有关状况的信息的一种可视性指示。

ECDIS 的报警与指示主要有四种类型,包括海图报警、设备报警、航行预警和航行报警。

ECDIS 关于海图的报警,是由 S-52 标准规定的自动求算报警,是对航行安全的一种保护性警示或提示。ECDIS 一般会在明显位置以文本形式显示当前显示海图的性质(ENC、VEC 或 RNC),以黄色背景表示有报警或警示。

若当前海图显示的比例尺大于或小于海图的编辑比例尺,则显示的空间尺度图形在海图原始空间尺度基础上进行了一定程度的放大或缩小,可能造成用户视觉上的空间判断失误。

当前显示的海图数据为非官方来源。若仅有限的非官方数据添加到官方数据中一起混合显示以增加海图信息,则非官方数据应按照 S-52 相关标准特别显示。若同一水域既有官方数据又有非官方数据,而用户可能选择了显示非官方数据,或者海图显示区内两水域分别使用官方数据和非官方数据,则 ECDIS 应提示显示内容为非官方数据,并建议参阅官方 RNC 或纸质海图,同时在海图显示区内标明非官方数据的范围。若海图显示区内所有数据均为非官方来源,则仅需给出提示即可。

当前显示范围内有些区域无海图数据。在没有海图数据的区域,ECDIS 将无法进行一切依赖于海图数据的航行监控。

当前显示的区域中存在光栅海图。由于光栅海图不具备运算能力,此时,虽然能够进行视觉的海图监视,但 ECDIS 也无法进行一切依赖海图数据的航行监控。

通常情况下,ECDIS 会在显著的位置给出其连接的主定位设备信息(如 GPS、DR 等),在报警或警示情况下为黄色,当出现报警文本时,会弹出信息内容:连接故障:设置了连接,但未检测到连接的设备;运行故障:连接的设备无信号或其他故障;数据错误:传递的数据无法正确解析。

ECDIS 根据本船当前的航行状态,结合电子海图数据对未来的趋势进行预测,以防止可能出现的危险局面。

在设置了最小会遇距离 *CPA* 和最小会遇时间 *TCPA* 临界值后,ECDIS 将根据本船与所有其他各目标船的航行状态,逐个计算与本船的会遇局面。达到会遇紧迫局面时,即 *CPA* 和 *TCPA* 同时进入设定的临界值范围内时,就会给出预警信息。

对电子海图标示的特定区域或危险区域,可预先设置提前报警的时间(如 6 min)。ECDIS 根据本船的航速和航向,判断本船是否可能进入某限制区域,在可能的进入点会闪烁显示一个符号。

对危险物,如沉船、障碍物、水上标志(浮筒、浮标等),可预先设置安全距离。ECDIS 根据本船的航速和航向,判断与本船周围危险物的距离是否小于安全距离、本船的航行趋势是否接近该危险物。若存在碰撞趋势,给出预警信息,并会在危险物处闪烁显示一个符号。

设置抵达下一转向点的提前报警时间。到了预定时间,ECDIS 给出报警,提醒驾驶员及时转向。

航行监控中,当使用海图漫游模式或其他操作导致本船船位不在显示器屏幕内时,ECDIS 会显示船位丢失的报警提示。此时,可以通过确认该报警信息或操作船舶监控模式(本船居中),将本船符号显示到监控屏幕内。

当本船船位偏离计划航线的距离大于预设的距离限定值时报警。一般情况下,偏航报警是自动进行的;但有些 ECDIS 开发商会提供开关功能,由用户自行选择是否报警,此时可能需要提供密码。偏航报警距离限定值可以各航段不同,也可以采用统一默认值。

当船舶航行的方向与当前航段方向线之间的夹角超过了设定的报警参数偏向角度值时发出报警。偏向报警属于量值报警类型,当偏向报警角度值不等于 0°时即开启了偏向报警功能。

需要注意的是,偏向不等于偏航,它只是提示当前的航向与计划航向不同,有偏航可能。

开航前,可在 ECDIS 上预定航速和开航时间,自动计算各转向点的 ETA 形成时间表。实际航行时,如果时间与预定时间相差较大(如 10 min),则触发报警。

航行中,有时需要监视本船与某地理位置点的距离。在 ECDIS 上,首先选择要监测的某地理位置点,设置输入提前报警提示的距离限定值,启动距离报警功能。航行中,如果本船与该点距离超过限定值,自动给出报警提示。ECDIS 中可以设置 2 个目标的距离报警。

航行中,有时需要监视本船与某地理位置点的方位。在 ECDIS 上,首先选择要监测的某地理位置点,设置输入提前报警提示的方位限定值,启动方位报警功能。航行中,如果本船与该点方位超过限定值,自动给出报警提示。ECDIS 中可以设置 2 个目标的方位报警。

在限速的水域航行时,可通过设定超速限制提醒本船是否超速。

锚泊时设定锚位和走锚监视半径,当本船漂移出监视圈(船位在监视圈外)时,ECDIS 给出走锚报警信息,警告本船已经走锚。

定时提醒如同闹钟报时。ECDIS 可能提供两种定时提醒功能:一是一次性定时报警,即设置一个时刻,当时钟到达该报警时刻时即启动报警提醒;二是周期性报时提醒,即设置报时开始时刻和周期间隔,当时钟到达设置的开始时刻时,即给出报警提醒,此后每过一个周期,就报警提醒一次。

设置抛锚点坐标,启动本功能,即在抛锚点处画一个锚位符号,在本船与抛锚点的连线上显示到抛锚点的方位距离,指引操船。

实际应用中,可以利用该功能实现一些带标引性的任务,如本船与某海图物标点的方位距离跟踪运算、航行过程中对某特定水域的进入监视等。该功能在雨雾或夜晚,或在船舶密集的港区进入锚地时使用,显得特别方便。

落水救捞,在 ECDIS 中标记为“MOB”(人员落水)。该功能是 ECDIS 强调实现的功能,能一键式启动,相当于“紧急按钮”。启动该功能时,ECDIS 立即以当前船位作为落水位置,遂即打开特定窗口,监控落水物与本船的相对位置关系,辅助船舶的救助操作。

3. 报警处理

ECDIS 产生的报警及其提示信息,有些能够在报警条件变为不满足报警条件时自动消除,有些则会一直在界面上显示(这种情形可能会造成显示混乱或影响视觉效果),需要船员确认,以示该报警已经被知晓,危险已被处理,才能取消提示或显示。

任务七 航海日志

一、航行记录

ECDIS 应能够滚动保存至少 12 h 内的可以再现本船航行历史状态的数据,以便能够在发生事故时提供证据,也可用于航行观摩、演示等。航行记录类似于“黑匣子”,航行状态保存后,船员不能编辑、删除所保存的记录,只能查看记录和添加一些附注信息。

ECDIS 中的记录存储通常以日期命名保存,便于识别和选取。记录内容包括记录时刻(日期、时刻)、船位(纬度、经度)、对地航向和航速(COG、SOG)、艏向和航速(HDG、LOG)、定位设备(使用的主定位设备)、辅定位设备(使用的辅定位设备)、记录事件类型(该记录是因哪种事件而存储的)、事件描述(事件内容的简短描述)、海图信息(正在使用的海图图号以及海图生产商、版本、更新版本号)等。

ECDIS 要求,应该允许船员在需要时,通过一键式操作,向航行记录中添加一个特殊的航行记录(EVENT 事件)。该记录除以特殊事件 EVENT 保存在航行记录中外,还作为特殊轨迹点保存在轨迹中,并在海图上用特殊的小方块或小信封符号进行特殊标记显示。

为了使航行记录更加完整,ECDIS 提供在航行记录中设置的附注(REMARK)字段,可以在附注字段中输入文字描述信息;船员在查询航行记录时,能够找到特定时刻或满足要添加附注信息的某个记录。附注信息添加功能的实现,使得航行记录信息具备了替代传统航海日志的能力。

二、存储与输出

1. 定时存储

ECDIS 规定的存储方式,即 1 min 保存一个新记录。

2. 事件存储

除定时保存外,ECDIS 要求,凡发生如下事件时,都要自动向航行记录中增加保存一个新记录,包括:

(1)必要事件:主要包括系统开启、关闭、过转向点。

(2)船员设置参数:主要包括调用或取消监控航线、启动或停止报警功能。

(3)设备:连接设备、断开设备。

(4)系统报警:产生任何报警时。

(5)变换海图显示:主要包括分层控制、筛选物标、变更比例尺、自动换图、手动换图。

(6)船员特记:船员操作强制保存功能。

3. 轨迹存储

ECDIS 中航行记录与航次轨迹分别存储。在 ECDIS 中可设置轨迹存储时间间隔(最大间隔 4 h)。所记录的轨迹可直接作为船位标记显示在电子海图界面上,包括标记点和时间标签。

4. 记录查询和打印

记录通常以时间先后排序。用户可根据记录存储时保存的记录列表,选择某时间(记录名称)的记录文件,对记录信息进行浏览。某些系统在默认情况下只显示系统自动存储的必要信息记录,而对其他记录信息则可根据记录的事件性质,提供筛选性查询。某些系统提供打印、查询显示航行记录的功能。

5. 航迹再现

在传统的纸质海图上,航行历史回顾是逐张查看航用海图上的海图作业标记。而在电子海图上,只需选择某时间段的航行记录或轨迹记录,即可利用航迹再现功能在电子海图界面上观看历史轨迹和当时的航行环境,包括使用的海图信息。

ECDIS 通常以表格形式显示各记录(轨迹)点的数据信息,同时在电子海图上显示出记录点的符号图形信息,表格的记录行和图形中的记录点之间可互动查询,即表格上选中某个记录点(行),图形上也跳至该点的对应显示状态。

航迹再现包括航行再现和轨迹再现两种方式。航行再现是再现 12 h 内的航行记录条件下的航行状态;ECDIS 可调出并显示每个记录点信息,包括本船的航行状态信息,当时使用的海图、所选用的比例尺等(有些系统会提供类似录放机式的操作模式)。航行再现也称为“航行回放”。

轨迹再现是再现较长时段的航次轨迹。由于轨迹记录类似于传统的船位标记,因此轨迹再现只表现为所选择的航迹记录的轨迹点历史,给出的是以往某航次的概要航路经历。

任务八　过分依赖电子海图的风险

ECDIS 虽然功能强大,但它只是一种助航仪器,ECDIS 自身的局限性、显示误差和故障、用户对系统的不适当设置和使用、传感器误差、备用装置使用上的及时性和有效性问题等,所以,广大用户在享受 ECDIS 带给现代航海舒适与便捷的同时,也应该看到过分依赖电子海图带来的风险。

用户应全面了解 ECDIS 的性能,掌握 ECDIS 的功能及其正确使用方法,充分了解 ECDIS 自身可能存在的弱点及由此可能产生的安全问题,应充分利用独立于 ECDIS 的手段和方法检验 ECDIS 的有效性、合理性和误差,降低航行风险。航行中,仍然应保持有效瞭望,真正实现 ECDIS 促进航行安全的目的。

一、数据误差导致的风险

使用 ECDIS 的数据风险主要是来自 ENC 数据误差的风险和传感器数据的风险两方面。海图数据误差是海图数据在形成过程中产生的误差以及不同数据来源所依据的基准不同引起的误差。

1. 海图误差

海图数据的质量主要依赖于数据测量精度、数据制作精度、数据是否覆盖所有水域范围、数据是否完整以及是否及时更新等。目前电子海图数据主要来源于纸质海图;纸质海图的水道测深数据及其标示的位置可能存在误差;从纸质海图到电子海图的转换过程中数据扫描可能有遗漏,如在海图之间出现缝隙或丢失数据,也有可能出现添加一些不必要的、冗余的、无关的信息,还有可能出现某些区域的两个数值相矛盾。

2. 坐标系误差

不同的助航仪器和海图都有各自的坐标系统,当定位系统所依据的坐标系与海图数据的坐标系不一致时,如果没有对船位误差进行修正,则海图上显示的船位不符合海图坐标系。

3. 方位误差

方位误差主要指真北与罗经北(雷达)的误差,即在 ECDIS 中海图数据所依据的方位以真北为基准,而导航设备以罗经北为基准,如雷达、船艏向,两者相差一个罗经差。当然,方位误差的大小还取决于罗经差的误差。

4. 传感器设备本身误差

任何设备都具有自身固有的偏差,是无法调整和避免的。

二、船位误差或错误导致的风险

船位误差属于时变数据产生的误差,主要是由于定位系统定位不准确及定位系统与 ECDIS 时间不完全同步,导致显示的位置和计算的结果与实际不符。

1. 本船定位设备位置误差

定位设备提供的船位是天线所在位置坐标,而 ECDIS 显示的船位以船舶的对称中心点为基准,定位设备天线位置一般都不在该中心点上,两者存在偏差。

虽然在 ECDIS 中可设置定位设备天线与中线的相对位置,以修正它们之间的偏差,但相对位置设置通常以米级为单位,存在一定的误差。

2. 目标船位误差

与本船位置类似,目标船位本身也存在一定的定位误差。

3. 数据延时

ECDIS 中本船船位数据一般来自 GPS 传感器,目标船位数据主要来自雷达和 AIS 传感器。GPS 定位一般每秒产生 3 个位置数据,雷达一般 3 s 为一个扫描周期,即每隔 3 s 才显示雷达的图像和所跟踪的目标。AIS 的信息更新周期如表13-8-1所示,ECDIS 中显示 AIS 目标存在不同程度的时间延时。ECDIS 每隔 1 ~ 3 s 刷新一次海图数据和其他航海信息,因此,ECDIS 并非实时显示海图数据和目标的位置,存在一定的延时。

表 13-8-1 AIS 信息更新周期

信息类型	船舶状态	信息更新时间间隔
静态信息		6 min;当数据已被更换时,根据请求及数据有变化时和接收到发送要求时每 6 s 更新
动态信息(取决于航速和航向的变化)	锚泊船	3 min
	航速 0 ~ 14 kn 的船舶	12 s
	航速 0 ~ 14 kn 的变向船舶	4 s
	航速 14 ~ 23 kn 的船舶	6 s
	航速 14 ~ 23 kn 的变向船舶	2 s
	航速 >23 kn 的船舶	3 s
	航速 >23 kn 的变向船舶	2 s
航次数据		根据请求每 6 min(当数据已被更换时)更新

三、设备故障与性能下降导致的风险

在使用过程中，外部设备有可能出现故障及长期使用后出现性能下降的现象。

1. 性能下降

设备使用时间过长，容易导致部件老化，从而可能引起设备的使用性能下降，而无法达到其设计标准。如定位设备的精度可能由使用初期的 10 m 以内，降低到 20 m以内，测深仪的误差可能由原来的厘米级下降到分米级，从而导致 ECDIS 获得的数据从来源上就存在不稳定和不准确性。

2. 连接故障

ECDIS 与外部设备的连接主要是有线方式，采用无线方式较少。但无论哪种方式，都有可能出现连接上的问题，如接触不良、信号不稳定等，如果连接出现故障，外部设备就无法为 ECDIS 提供数据，ECDIS 也就无法提供相应信息。

3. 突发故障

硬件故障，如 GPS、AIS、Radar 等出现故障，可使 ECDIS 获得的数据失真或无法获取，信息无法置信，极有可能导致灾难性后果。

四、系统操作误差导致的风险

船员在操作 ECDIS 过程中，由于不熟练、知识欠缺或工作不认真等造成 ECDIS 处于不能正常工作状态或不能领会其中的意思，导致操作失误。

1. 海图显示不当

ECDIS 的海图显示，不仅要求原始数据要准确，而且在选择使用数据时要充分考虑航行安全的需要。过多的数据内容可能造成系统过载，出现工作异常，而且容易使重要的信息被覆盖或淹没；但如果选择的数据过少，则可能不能满足航海安全的需要。

2. 设置错误

在 ECDIS 中，只有选择适当的诸如系统报警参数、航线监视报警参数、本船船参数等，才能有效地发挥 ECDIS 的相关功能。例如偏航报警，如果设置的报警限制值过小，就会经常发生报警（可能是不必要的）；反之，如果过大，就会在应该报警的时候，无法给出。又如搁浅报警，如果设置的提前报警时间过短，就会形成虽然产生了报警，但是由于没有给后续的操船留有充分的时间，进入浅水区的危险就有可能无法避免。

3. 操作错误

操作错误是由于动作失误或选择错误造成的后果，应当在 ECDIS 使用中尽量避免。有可能是在选择操作菜单时，由于鼠标操作不熟练而选择了不应该选择的菜单行（临近）；也由于鼠标等操作不当使原来已经设计好的数据发生变化而又不能及时被发现；还有可能是在选择显示分类时，没有将应该显示的物标类型选为显示物标类。

五、系统的可靠性差导致的风险

1. 海图数据的可靠性

应使用权威机构发行的 ENC 海图数据。如果使用了其他数据，其可靠性就大为下降。商业公司制作和推广的电子海图，其海图数据多依赖于水道测量机构，其权威性和时效性不如官方机构，这就要求使用者认真甄别其来源是否可靠和坐标系是否统一。

区分电子海图数据是否为官方 ENC，在购买数字产品时，注意检查发行机构是否为官方或由官方授权；在显示电子海图时，按 ECDIS 性能标准规定，如果不是官方的 ENC，则会在显示器上出现特定的警示信息。官方 ENC 也需要定期更新，可以通过《航海通告》手动改正，也可以通过改正光盘或登录国际互联网改正。

2. 信息显示的可靠性

完全按照电子海图的信息显示来操船是不可取的。应了解电子海图系统的各项性能，掌握各传感器切换方法，充分发挥设备或仪器的功能优势，选取最佳的定位或导航方式；还应充分熟悉相关航路资料。

单凭 ECDIS 对航线进行检查和航行监控是不科学、不完整的。尤其是在近岸和进出港口水域，有较为完善的陆地导航系统，如浮标、导标、叠标等，可利用这些标志或系统进行导航或避险，方法简单、结果直观，便于检查、校核 ECDIS 的导航精度。应熟悉电子海图系统和航路资料，才能准确地评估显示信息是否正确，以引导船舶安全航行。

3. ECDIS 设置的可靠性

有些参数的设置不一定满足整条航线的需要，所以应熟悉 ECDIS 的不同显示方式及其特点。在不同水域、不同时间或使用不同的船舶监控功能时选用合适的显示方式。

注意报警参数的正确输入和报警功能的合理使用。要熟练掌握初始参数设置、航线设计、航路监控、报警的设置与排除、电子海图的改正、安全水深的设置、各种相关数据的判断与处理等与航行安全密切相关的操作和信息。航线偏航报警设置或防搁浅设置，一般使用于港外航路，在进出港口时，航道的宽度有限，与定位精度、偏航报警阈值等不相称，所以要充分利用港口设置的各种导航标志。

正确解读告警信息。危险信息一般用红色表示；安全信息一般用黄色表示，航行监控时如果系统还设置在浏览模式，那么系统会自动出现黄色的信息予以提醒。定位传感器故障等也会发出类似信息。

4. 系统设备的可靠性

ECDIS 工作时间长，从开航前拟定航行计划开机，到抵达目的港关机，往往要持续几天甚至几十天的时间。船舶可能跨越的空间大，从低温地区到高温地区，从干燥地区到潮湿地区，设备硬件要经受各种不同环境的考验。因此，驾驶台要保持合适的温度,要注意防尘、防潮。配备双套电子海图系统的船舶,要定期转换使用,使每台设备都得到休整。长时间不使用电子海图系统时,要定期通电除潮。

应定期对外部设备进行性能检测,及时掌握设备的运行情况以及可能存在的误差,保证传递的数据达到要求。

为确保 ECDIS 功能的正常运行,要定期自动或手动对 ECDIS 进行主要功能在船测试,包括传感器输入数据的完整性测试、航线监控功能的实现等。根据操作手册进行 ECDIS 相关自检。

正确使用备用装置。ECDIS 需要备用装置,在紧急情况下可以取代主系统执行各种功能直到抵达下一港口。如果在雾中航行或进出狭水道时出现电子海图系统等故障,应该降低船速,按照传统的航行方式航行。

5. 系统软件的可靠性

系统的稳定运行离不开软件,软件出现故障可能降低系统性能,甚至导致系统崩溃。要坚持专机专用,不能将设备挪作他用,否则容易影响设备的性能或感染计算机病毒。

要预防计算机病毒,使用经过系统供应商认可的正版杀毒软件定期杀毒。要坚持导航手段多样化,通过其他手段检验和校核电子海图系统的观测结果,及时发现系统可能存在的问题和缺陷。

应注意制造商发布的信息,对可能存在问题或缺陷进行修正。删除数据或文件都会给船舶带来危险,驾驶员不得随意删除与航行安全有关的数据。

6. 驾驶台设备配置

注意 ECDIS 与船舶其他系统之间的匹配。尽量安装同一制造商的产品,有利于各系统之间的兼容;互不兼容的设备之间要通过信号转换装置来连通。

要正确地进行系统设置,如 DGPS 选用的坐标系统应该与电子海图的坐标系统一致。

要输入准确可靠的导航参数,如航向、航路点的经纬度、陀螺罗经差、磁罗经自差、磁差、风流压差以及各种仪器启动时的初始数据。要熟悉和掌握 ECDIS 中各种传感器的原理、特性和功能,使各种传感器工作在最佳状态。

要充分认识到各种传感器的局限性,最好将定位数据、导航参数等进行比较分析,选择精度高和可靠性好的船位。

7. 电力供应

ECDIS 的电源通常会有直流 24 V 和交流 220 V 两种接口(插头),一般会与船舶电源插口相匹配,不至于连接错误。

常规电源:要根据船舶电源的稳定情况,选择适当的接口进行连接。

应急电源:应该在其他导航设备,特别是定位设备已经具备应急电源的前提下,在 ECDIS 上使用应急电源;否则,如果仅仅是给 ECDIS 准备了应急措施,也将因为没有航行监控的来源数据而无法正常工作。

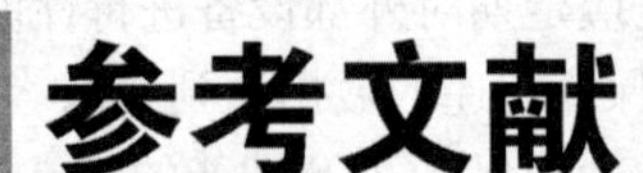

参考文献

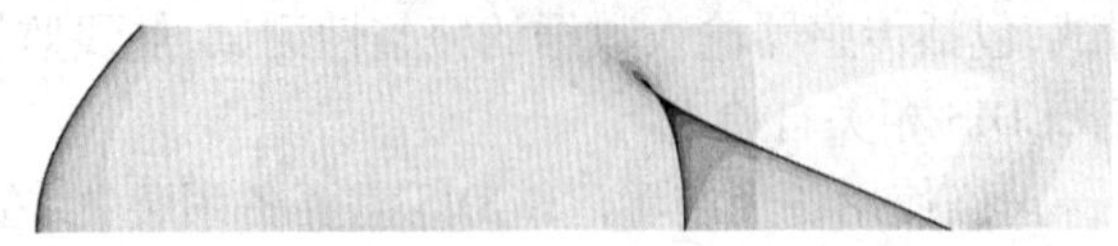

[1] 郭禹. 航海学. 大连：大连海事大学出版社,2014.

[2] 高玉德. 航海学. 大连:大连海事大学出版社,2013.

[3] 徐宏元. 航海学. 北京:人民交通出版社,2004.

[4] 中国海事服务中心. 航海学. 北京：人民交通出版社,2012.

[5] 朱华统. 大地坐标系的建立. 北京：测绘出版社,1986.

[6] 国家海洋局海洋信息中心. 潮汐表,2012.

[7] 国家质量技术监督局. 中国海图图式(GB 12319—1998),1998. 1. 2.

[8] 国家质量技术监督局. 中国海区水上助航标志(GB 4696—1999),1999. 5. 31.

[9] 国际航标协会,国际航标协会(IALA)海上浮标制度推荐标准,1980.

[10] 李浑成,沈长治. 航海天文学. 大连:大连海事大学出版社,1989.

[11] 中国人民解放军海军司令部航海保证部. 航海天文历(2012).

[12] Symbols and Abbreviations used on Admiralty Charts(Chart 5011),5th Edition, 2011.